改正新民法註釋
總則編・物權編

池田虎雄
岩崎通武 校閲
川原閑舟
池田撝卿 著

明治三十一年發行

改正新民法註釋

總則編
物權編

日本立法資料全集 別巻 1153

信山社

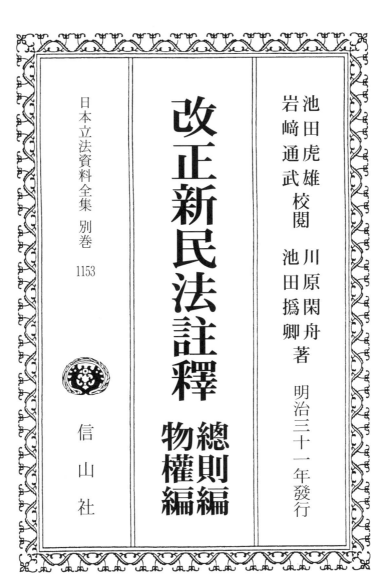

注記

一　池田虎雄・岩﨑通武校閲＝川原閑舟・池田攜卿著『改正新民法註釋』（積善館、一八九八〔明治三一〕年）は、その紙幅が多いため、「總則編・物權編」、「債權編」、「親族編・相續編・施行法」の三つに分けて、復刻することとした。例言、目次等については、「債權編」、「親族編・相續編・施行法」においても、「總則編・物權編」所載のものをご参照いただきたい。

一　本書の校閲者及び著者の氏名については、大扉と本文・奥付の間で食い違いがある。復刻に際しては、大扉に依拠することとしたが、その異同は次のとおりである。

（大扉）池田虎雄、　（本文一頁）池田虎男、

（大扉）池田攜卿、　（奥付）　池田攜鄕、

〔信山社編集部〕

法學士池田虎雄君校閲　川原閑舟著
法學士岩崎通武君校閲　池田撝郷著

改正新民法註釋

大阪　積善館發兌

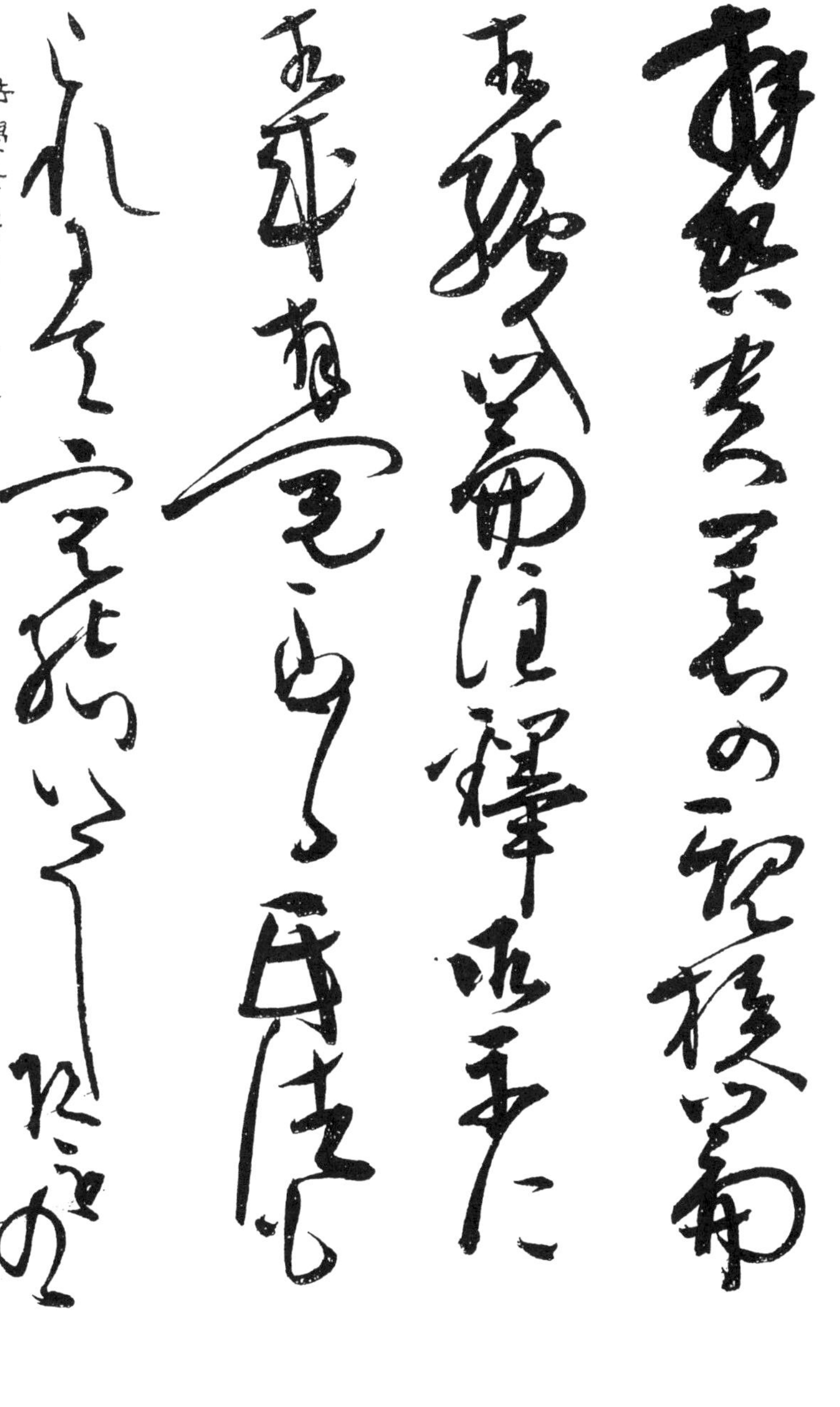

法學士 岩嵜通武君序

渡する河曲下乃へと
宇春里へのことなかにも見
ますら行くへもしれぬ秋かな
かくさこゆめにたつよし

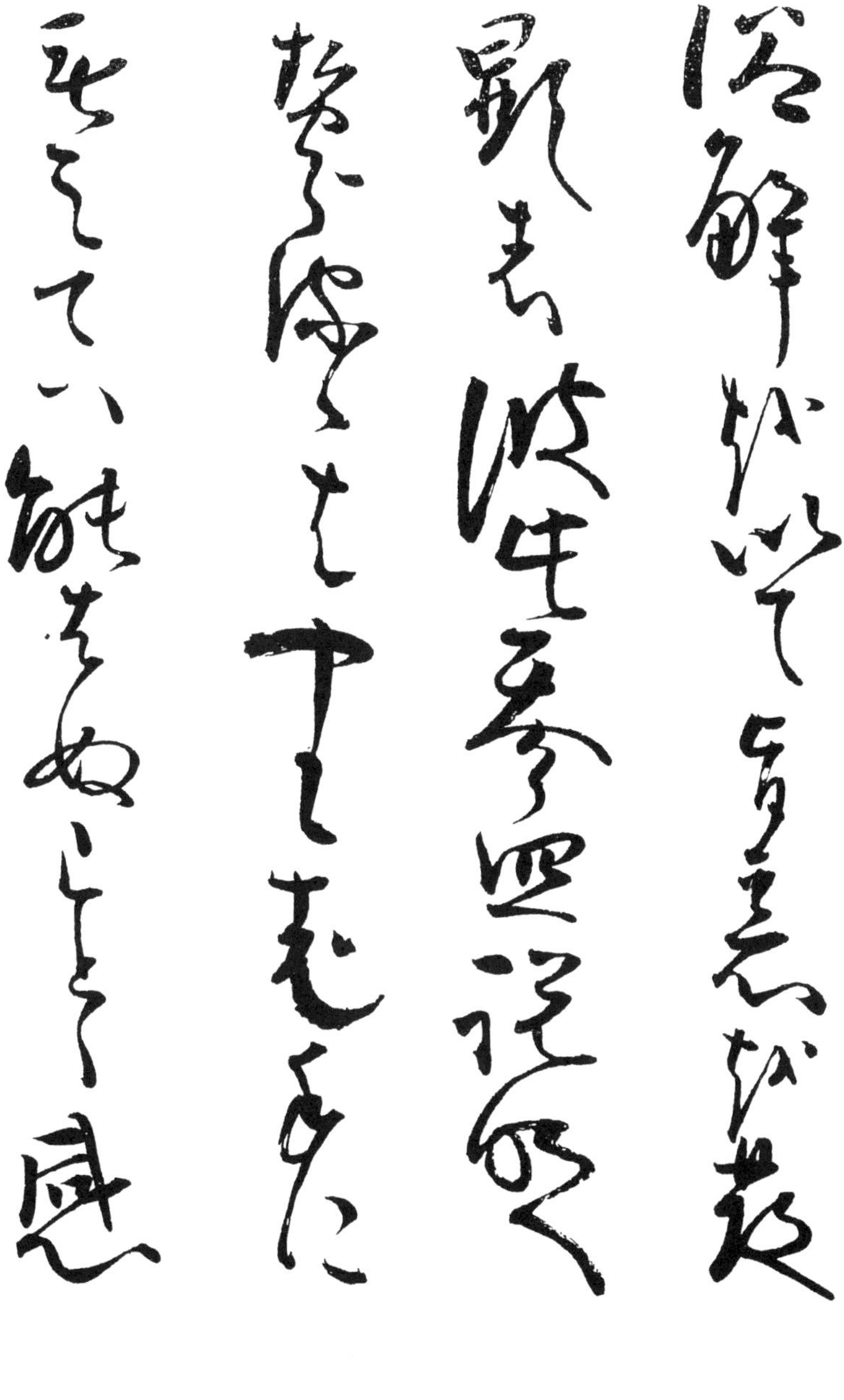

法學士 岩崎通武君序

秋のかきそれぞれ正れて
美しはの彩紅色にして
宮に國家者是の事と
律令以て治罪刑

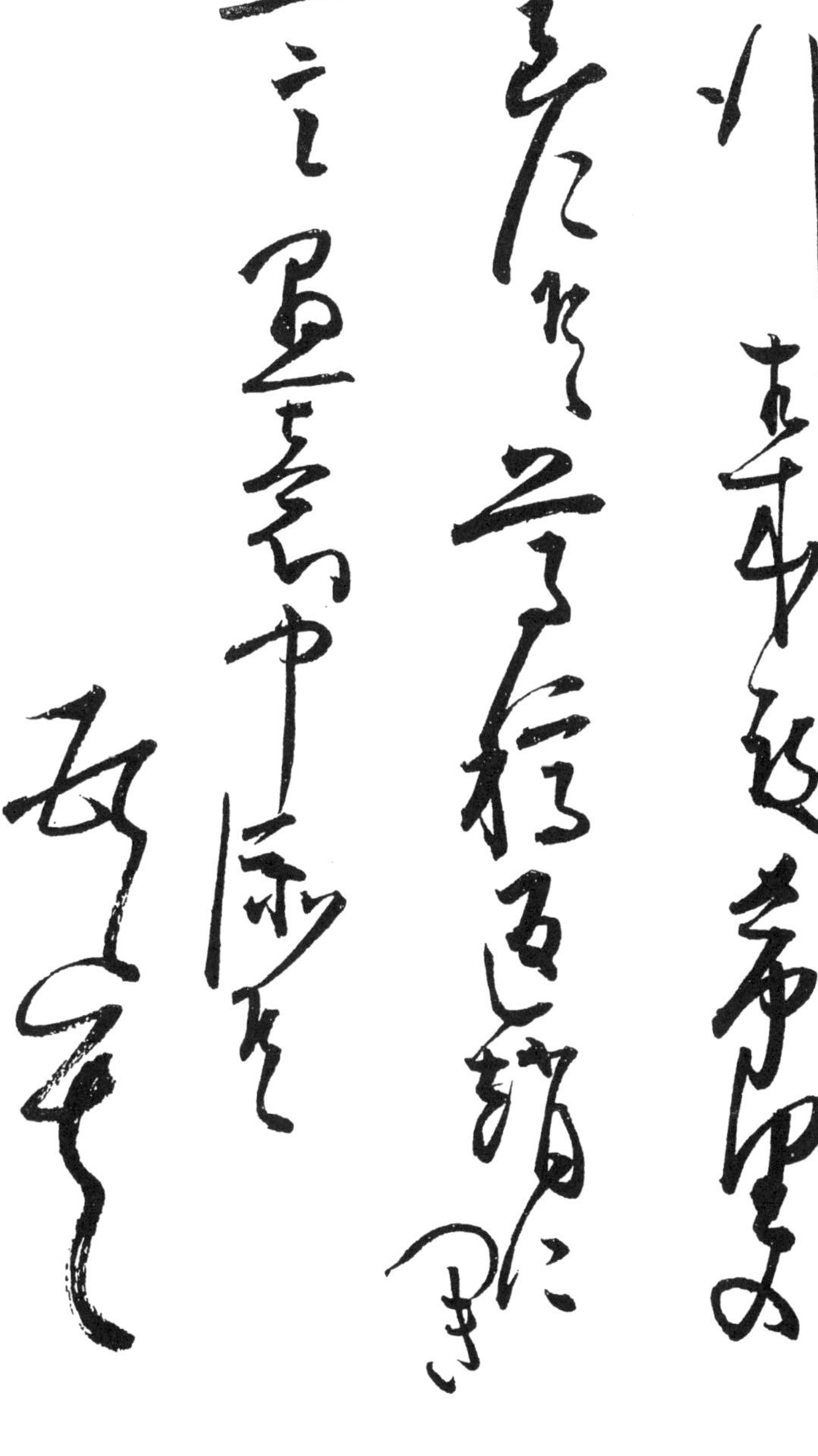

法學士 岩崎通武君序

かぞへ通む

池田哲之

叙

法律ハ猶劍ノ若キ乎、劍ハ以テ身ヲ護ルベク、以テ人ヲ殺スベクシテ、而シテ法律ハ以テ國家ヲ統治スベク、以テ權利ヲ保障スベキナリ、然リト雖モ、諺ニ謂ハスヤ、生兵法ハ大傷ノ基ト、赤子ヲシテ劍ヲ弄セシムル、以テ巳レノ身ヲ傷フベシ、是レ劍ノ利ヲ解スルノ眼ナキナリ、民人ヲシテ徒ニ法律ヲ説カシムル、偶々以テ己レノ權義ヲ失墜スベシ、是レ未タ法律ノ眞意ヲ知ルノ明アラザルナリ、則チ縦令ヘ正宗ノ名劍、十二銅律ノ制定アリト雖モ、之ヲ用フルノ術ヲ解セザルトキハ、寧ロコレ無キニ如カザルナリ、民法ハ一國法律中ノ一大法典ニシテ、國民ノ率由セザルベカラザルモノナリ、是ヲ以テ我カ政府凡ソ三十年ノ年所ヲ累ネ、例ヲ各國ノ憲章ニ執リ、法ヲ古今ノ慣習ニ考ヘ、幾タヒカ成リテ幾タビカ更メ、前ニ總則、物權、債權ノ三編ヲ發シ、後ニ親族、相續ノ二篇ヲ布キテ、全編既ニ成レリ、實ニ我國未曾有ノ大典ニシテ、民人ノ安寧幸福、頼リテ以テ享受スルコトヲ得ベキナリ、豈ニ昭代ノ一大慶事ト謂ハザルベケンヤ、然リ而シテ條章浩瀚。其文ハ極メテ簡ナルモ、其意ハ甚タ深シ、之ヲ一再讀ノ下ニ知悉セントスルハ、學者猶ホ得ベカラサルナリ、況ンヤ其他オヤ、若シ夫レ立法ノ大意ヲ知ラスシテ恣マニ之ヲ語ランカ、猶赤子ノ劍ヲ弄スルト一般ナリ、何ソ大傷ヲ招カサルコトアランヤ、愼マサルベカラサルナリ、浪華積善館主人茲ニ見ル所アリ、新民法註釋ヲ發刊ス、請テ之ヲ讀ムニ、行文ハ俗ニ隨テ而シテ其釋義ハ盡セリ、俗ナリ故ニ之ヲ解スルニ易ク、盡セリ故ニ法ヲ誤ルコトナシ、苟ニ此書ノ如キ蒙ヲ發クモノト謂フベクシテ、而シテ著者胸ニ万卷ヲ藏スルニアラザレハ能ハザルナリ、乃チ斷ジテ謂ハントス、此書ヲ讀ム者能ク兵ニ通シテ、而シテ正宗ノ劍ヲ手ニスルノ威力アルヲ、讀ミ了リテ一言ヲ題シ艮書ノ出ルヲ慶ス、

明治戊戌秋日於梧影蟲聲之下　蠡舟老夫題

例言

一 民法ハ國家《コツカ》ノ一大法典ニシテ多年ノ調査《テウサ》修正《シウセイ》ヲ經《ヘ》テ茲ニ始メテ完結《クワンケツ》スルヲ得、既ニ實施《ジツシ》セラルヽノ日トナレリ乃チ國民タルハ常《ツ子》ニ此法典ノ下ニ服從《フクジウ》シテ權利義務ノ消長《セウチヤウ》伸縮《シンシユク》テ圖《ハカ》ラザルベカラザルナリ然《シカ》リ而シテ一千餘條ノ法文之ヲ知悉《チシツ》センコトハ實ニ容易ナラザルノミナラズ之ヲ解釋《カイシヤク》センコト亦實ニ難《カタ》シトナス是レ特ニ本書ヲ編纂《ヘンサン》スル所以ナリ

一 本書ヲ講讀《コウドク》セントスルニハ其用意《ヨウイ》一ニシテ足ラズ須《スベカ》ラク先ヅ其大体ヲ知リテ次ニ條文ニ入ラザルベカラズ乃《スナハ》チ其最モ要《エウ》スル所ノモノニ就テ聊《イサヽ》カ説明スル所アラントス

一 民法トハ如何ナル法律《ハフリツ》ナリヤヲ知ランコト最モ必要《ヒツエウ》ナリ凡ソ法律ニハ公法ト私法トノ二ツアリテ其公法《コウハフ》ト稱スルモノハ公益《コウエキ》ノ上ヨリ國家ト臣民トノ關係《クワンケイ》ヲ規定セシモノ即チ憲法《ケンハフ》、刑法ノ如キノ謂ヒニシテ私法《シハフ》トハ私益《シエキ》ノ上ヨリ臣民ト臣民トノ關係《クワンケイ》ヲ規定セシモノ即チ民法、商法《シヤウハフ》ノ如キヲ謂フナリ斯《カ》ク法律ニハ公私ノ別《ベツ》アリト雖モ等シク人民ニ對シテ强行《キヤウカウ》セラルベキモノニシテ人民ハ必《カナラ》ズ之ニ服從《フクジウ》セザルベカラザルモノナリ要スルニ法律ハ一國ノ主權者《シユケンシヤ》ニアラザル以上ハ爲スコトヲ得《エ》ザルノ命令《メイレイ》ニシテ人民ノ

行爲《カウ井》ヲ規定シタル準則《ジュンソク》ナリ故ニ民法ハ各人ガ國家ノ臣民タル資格《シカク》ニ於テ行フベキ行爲《カウ井》ヲ規定シタルニ過《ス》ギザルモノトス而シテ特《トク》ニ民法ノ必要《ヒツエウ》ナル所以ノモノハ民法ハ私法ノ通則《ツウソク》ナレバ他ノ私法ニ於テ特別《トクベツ》ノ規定ナキモノハ總《スベ》テ本法ニ據《ヨ》ラザルベカラズ是ニ因リテ之ヲ觀レバ民法ノ必要ナル法典タルヤ明カナリト謂フベシ

一 特《ヒト》リ民法ノミナラズ凡《オヨ》ソ法律ニハ法律上ノ術語《ジュツゴ》ナルモノアリ僅《キン》々タル一語モ其意義深長ニシテ自カラ普通《フツウ》ノ言語文字ト殊《コト》ナルモノアリ故ニ法律ヲ會得《エトク》セントセバ先ヅ此術語ヨリ會得《エトク》セザルベカラズ然《シカ》リ而シテ其術語タル極《キハ》メテ多ケレバ各條章ニ於テ之ヲ示セリト雖ドモ其一二ヲ例《レイ》セントニハ時效ノ如キ優先權ノ如キノ類《ルヰ》ニシテ而シテ普通慣用《カンヨウ》スル文字ニシテ全ク法律ノ術語《ジュツゴ》タルモノナシトセズ左ニ之ガ概略《ガイリヤク》ヲ示サン

法令 法令トハ單純《タンジュン》ナル文字ノ如シ乃チ法律ト命令トノ略語《リヤクゴ》ニ外ナラズト雖ドモ法律ハ憲法ノ下ニ政府《セイフ》又ハ貴衆《キシュウ》両議院ガ法案ヲ議會ニ提出《テイシュツ》シテ其協賛《ケフサン》ヲ經タル上 天皇陛下ノ裁可《サイカ》ヲ得テ公布セラルヽモノヲ謂《イ》ヒ命令ハ行政機關タル各官廳ヨリ發布《ハップ》セラルヽモノヲ謂フ尤モ命令ニハ二種アリテ 君主ノ大權ニ因リ法律ト同一ノ效力アル勅令ト君主ノ委任《井ニン》ニ依リ法律ノ執行《シッカウ》若クハ補充《ホジウ》ノ爲メニ發スル省令廳令府縣令ノ如キトアリ之ヲ汎稱《ヘンシヤウ》シテ民法上ニハ單《タン》ニ法令ト稱セリ

○○○慣習法　慣習法《クワンシフ》トハ所謂ル不文律ノ法律ニシテ實ニ民法ノ根據《コンキヨ》トナルモノナリ若シ全ク慣習法ヲ廢《ハイ》セシカ我國古來因襲《インシウ》ノ制裁《セイサイ》モ一朝皆之ヲ新ニセザルベカラズ故ニ慣習法ハ獨《ヒト》リ我國ノミナラズ之ヲ成文律ニ轉移《テンイ》シテ其國ノ法律ノ根本ト為スハ彼我共《ヒガトモ》ニ同シキコトナリ故ニ慣習法《クワンシフハフ》トテ決シテ之ヲ外《ホカ》ニスベキニアラズ否《イ》ナ慣習法ハ法律ニ於テ殊《コト》ニ民法ニ於テハ奉從《ホウジウ》セザルベカラザルナリ本民法中ニ慣習《クワンシフ》ノ文字アレバ之ガ為メトス此他猶《ナ》ホ多《オホ》シト雖モスベテ各條章ノ下ニ於テ之ヲ說明《セツメイ》シタレバ茲ニ之ヲ省ク

一　猶《ナ》ホ一ノ注意《チウイ》スベキハ强行ト任意トノコトナリ强行《キヤウカウ》トハ公益ニ關スル規定ニ於テ行フベキモノ任意《ニンイ》トハ私益上ニ關スル規定ニ於《ガイ》テ行フベキモノナリ故ニ强行《キヤウカウ》ハ其文章ノ終リニ於テ必ズ要ス、得ズ、可シノ文字ヲ以テ之ヲ示シ任意《ニンイ》ハコトヲ得ノ文字ヲ以テ之ヲ示ス前者ハ必ズ遂行《ズイカウ》セザルベカラザルモノ後者ハ行フモ行《オコナ》ハザルモ其人ノ意ニ任《マカ》スノ意ヲ示シタルナリ讀者須ラク之ヲ了スベシ

一　各條ノ正文ニ參看《サンクワン》ヲ付シテ人何條、取何條等トスルモノハ人ハ人事編。取ハ財產取得編ヲ云フ何レモ舊法《キウハフ》ト對照考究《タイセウカウキウ》スルニ便ナラシメンガ為メニ附記《フキ》セシニ過ギザルナリ

一　終《ヲハ》リニ一言スベキハ民法編纂ノ方法《ハウハウ》ト其沿革ナリ我ガ民法ハ明治三年ニ始《ハジ》メテ起草

ニ着手シ十一年ニ至リ一旦《タン》完成《クワンセイ》セシモ未ダ其要領《エウレウ》ヲ得ズ依テ十三年「ボアソナード」ヲ聘《ヘイ》シテ起草ヲ托《タク》シ爾來《ジライ》幾多ノ日子ヲ經テ二十二年七月完ク成リシヲ以テ即《スナハ》チ廿三年四月及ビ十月ヲ以テ始メテ之ヲ世ニ發布セラレタリト雖モ議論百出終ニ施行延期ノ公布トナリ尋《ツイ》テ法典調査會ヲ設ケ大《マヽ》ニ之ガ修正ニ從事《ジウジ》シ廿九年議會ノ通過《ツウクワ》ヲ得テ同年四月第一編第二編第三編ヲ發布セラレシガ爾來更ニ親族編相續編ノ二編ヲ調査シ本年ニ至リテ議會ノ協賛《ケウサン》ヲ經テ六月ニ於テ之ヲ發布《ハツプ》セラレタリ是ニ於テ民法ノ全部ハ完結《クワンケツ》セシナリ

編纂《ヘンサン》ノ方法ハ當局者《タウキヨクシヤ》ノ意中ニ存スレバ之ヲ說クノ要ナシト雖モ全國ノ法律ヲ統《トウ》一シテ從來ノ弊害《ヘイガイ》ト不便トヲ除去《ジヨキヨ》シ人民ノ保障《ホシヤウ》ヲ完全ニセンガ爲メニセシモノニシテ要スルニ社會ノ秩序《チツジヨ》ヲ正クシ國家ノ治平ヲ維持《井ジ》セントスルニ外ナラザルナリ

以上ノ如キガ故ニ民法ノ必要《ヒツエウ》ナル其制定ノ至要ナル言ヲ待《マ》タザルナリ讀書乞フ細《コマ》カニ玩《クワン》味《ミ》シテ其憲《ケイ》ニ依ランコトヲ

改正 新民法註釋目次

目錄終

朕帝國議會ノ協賛ヲ經タル失火ノ責任ニ關スル法律ヲ裁可シ茲ニ之ヲ公布セシム

御名 御璽

明治三十二年三月七日

内閣總理大臣 侯爵山縣有朋
大藏大臣 伯爵松方正義
内務大臣 侯爵西鄉從道
陸軍大臣 子爵桂太郎
文部大臣 伯爵樺山資紀
外務大臣 子爵青木周藏
遞信大臣 子爵芳川顯正
海軍大臣 山本權兵衛
司法大臣 清浦奎吾
農商務大臣 曾禰荒助

法律第四十號

民法第七百九條ノ規定ハ失火ノ場合ニハ之ヲ適用セス但シ失火者ニ重大ナル過失アリタルトキハ此ノ限ニ在ラス

改正 新民法注釋

法學士　池田虎男校閲
天民　川原閑舟講述

第壹編　總則

（解義）本編ノ總則ハ第二編以下ニ於テ往々規定シタル一章若クハ一節ノ總則トハ相異リ民法全體ノ通則デアツテ其ノ範圍最モ廣濶デアル、ケレドモ總則ノ本旨トシテ普通ニ適用セラルル規則ヲ纒括スル点ニ就テハ同一デアツテ本編總則ハ則チ普ク各種ノ權利ニ通ズベキ規則ヲ網羅シタルモノデアルカラ一種ノ權利ニ特別ノ規則ガ無イ限リハ民法全體ニ適用シナケレバナラヌモノデアル、元來總則ヲ第一編トシテ編首ニ揭グルハ索遜《サクソン》民法ノ編制法ニ倣ヒタルモノデアル、舊民法ハ往昔《ムカシ》家族制度盛ニ行ハレ各人ノ權利義務ハ其ノ身分ニ因ツテ定リ契約ニ因リテ定ルモノ却テ少ナキ時代ニ於テ編成シタル羅馬法ヲ繼受セシ普國《フロイス》又ハ佛國《フランス》民法等ニ摸擬シタルモノデアル、ケレドモ社會ノ變遷ト共ニ家族制度ハ漸ク衰ヘ個人制度益々盛ナルニ及ビ各人ノ權利義務ハ身分ニ因ツテ定マルヨリモ寧ロ契約ニ因ツテ定ルモノ多ク財産權ニ關スル法則ハ益々其ノ範圍ヲ廣メ來リタルニ因リ法典編成法モ自ラ異ラソケレバナラヌ必要ヲ生ズルモノデアル故ニ新民法ハ舊民法ノ舊體ヲ脱シ其編成法ヲ此ノ理論ニ基キ索遜民法ニ因ツテ生レタル近世獨逸《ドイツ》ノ諸法典ニ摸擬シ特ニ總則編ヲ設ケ之ヲ法典ノ首部ニ掲ゲ諸種ノ權利ニ共通ノ法則ヲ一所ニ網羅シテ通鑑ニ便スルト共ニ法條錯綜ヲ避ケ而シテ今日ノ社會ニ於ケル理論ニ適合セシメタルモノデアルト謂ハナケレハナラヌ、サレバ新民法ヲ舊民法ニ對照シテ其ノ逕庭《チカヒ》ノ存スル所ヲ掲グレバ新民法ノ總則中ニハ舊民法財産編中ノ合意及ビ證據編ノ時效ニ關スル規定ヲ含ミ又新民法物權編ハ舊民法財産編ノ一部分ト債權擔保編ニ掲グル諸種ノ物權ヲ網羅シ又新民法債權編ハ舊民法財産編ノ大部ト債權擔保篇ノ一部分ト財産取得編ニ掲グル規定ヲ一團トシタルモノデアル而シテ舊民法ノ證據編ノ大部ハ訴訟法ニ屬スルモノデアルカラ之ヲ刪除シ又財産編中第三者ニ對スル合意ノ效力ニ付キ登記ニ關シテ規定シタル條項ハ登記法ニ屬スルモノデアルカラ之モ刪除シマシタ尚ホ其他舊民法ニ於テハ一個ノ物權トシタル賃借權ヲ新民法ハ債權ト爲シ又舊民法財産編中ニ掲ゲタル用益權、使用權住居權ヲ刪除シタル等《ナド》ガ新舊兩民法ノ比較的逕庭ノ存スル主點《シテン》デアル而シテ今此ノ新民法ヲ通觀スルニ其ノ體裁實ニ整然便覽ノ爲メ茲ニ枚擧セバ第一編ヲ總則トシテ權利ノ主格ト成ル人ト法人《ハフジン》ニ關スル通則ヲ揭ゲ之《コレ》ニ次《ツ》グニ權利ノ目的《モクテキ》トスル物、權利ノ發生《ハッセイ》、權利消滅ノ原因《ゲンイン》トナル法律行爲《カウヰ》、權利ノ存續期間《ソンゾクキカン》、權利得喪《トクソウ》ノ法定原因ト成ル時効ニ關《クワン》スル通則ヲ規定シ、第二編ヲ物權編トシテ物權ノ得喪、物權ノ變更《ヘンカウ》等ニ關スル總則《ソウソク》ヲ始メ占有權《センイウケン》、所有權、地上權、永小作權、地役權、留置權、先取特權、質權、抵當權等ニ關スル規定ヲ揭《カヽ》ゲ第三編テ債權編《サイケンヘン》トシテ債權ノ目的、債權ノ効力《カウリヨク》、債權ノ體樣、債權ノ讓渡及ビ消滅《セウメツ》ニ關スル總則ヲ始メ債權各種《カクシユ》ノ原因トナル契約《ケイヤク》事務《ジム》管理《クワンリ》、不當利得、不法行爲ニ關スル規定ヲ揭ゲ以テ先《マ》ヅ之ヲ茲《コヽ》ニ公布《コウフ》セラレタノデアル、而シテ刻下《コクカ》修正中《シウセイチウ》ニ在ツテ將來公布セラレントスルモノハ第四編親族編《シンゾクヘン》及ビ第五編相續編《サウゾクヘン》ノ二編デアッテ總計五編併《アハ》セテ民法全部《ゼンブ》ニ完成《クワンセイ》スルモノデアルト考《カンガ》ヘル其ノ解義ノ詳說《シヤウセツ》ハ以下各本條ノ下ニ於テ明《メイ》述《ジユツ》スルコトヽ致シマス

第壹章　人《ヒト》

〔註釋〕本章《ホンシヤウ》ハ人ニ關シテ規定シタル通則條項《ツウソクデフコウ》ヲ網羅シタルモノデアッテ而シテ茲《コヽ》ニ人ト稱スルハ權利ノ主格《シユカク》タル自然人ヲ指《ユビサ》スノデアル故ニ彼《カ》ノ等《ヒト》シク權利ノ主格タル無形《ムケイ》人則チ法律ノ擬制《ギセイ》デアル法人ヲ指スノデハナイ普通《フツウ》ニ人ト謂フトキハ必ラズ自然人《シゼンニン》タルコト別ニ疑《ウタガ》フベキモノデハナイ故ニ民法上ニ謂《イ》フ人ハ總テ權利《ケンリ》ノ主格デアルカラ私權享有《シケンケウイウ》ノ能

力ハ貴賤《キセン》上下ノ隔障《ヘダテ》ナク各人通《ツウ》ジテ平等、萬民《バンミン》通ジテ區別《クベツ》ナク普《アマネ》ク通ズルガ原則《ゲンソク》デアル、ケレドモ彼ノ軍人、官吏、貴族ノ如ク或ハ刑罰《ケイバツ》若クハ破産《ハサン》ノ宣告《センコク》ヲ受ケタルガ如キ身分ニ基《モトヅ》キテ特別法ノ設《マウ》ケアルモノハ其ノ特別法ニ依《ヨ》ラナケレハナラヌモノデアル而《シカ》シテ本章ハ之ヲ四節《セツ》ニ分チ第一節ニハ私權亨有《シケンシユンイウ》ノ通則トシテ我ガ民法ノ下ニ於テ權利《ケンリ》ノ主格《シユカク》タルコトヲ得ル者ヲ規定《キテイ》シ、第二節ニハ權利ヲ行使《カウシ》スルニ必要ナル能力《ノウリヨク》ニ關シテ規定シ第三節ニハ各人生活《セイクワツ》ノ本據《ホンキヨ》タル住所ニ關シ規定シ第四節ハ法律上死亡《ハフリツシヤウシバウ》ノ推定ヲ受クル失《シツ》踪《サウ》ニ關シテ各通則ヲ規定シタルモノデアル、ケレトモ日本人タルノ資格《シカク》ノ得喪《トクサウ》等ニ關スル通則ハ舊民法《キウミンハフ》ハ之ヲ人事編《ジンジヘン》第二章ニ掲ゲタルモ之レ元ヨリ私法《シハフ》ニ掲クベキモノテハナイ、故ニ新民法ハ之レヲ公法タル憲法《ケンパフ》ノ規定ニ譲《ユツ》リテ本法ヨリ排除《ハイジヨ》シマシタ

第壹節　私權《シケン》ノ亨有《シユンイウ》

〔註釋〕本節ハ私權ヲ亨有《シユンイウ》スルニ關シテノ規定條項《デウカウ》ヲ網羅《マウラ》シタルモノデアツテ私權トハ吾人《ジン》等ガ日本臣民《シンミン》タル資格ニ因リ國會議員《コクヽワイギヰン》若クハ官吏ト成ル可キ公權《コウケン》アルト同時ニ一私人タル資格ヲ有シテ諸種《シヨシユ》ノ法律關係ニ處スル權利ヲ謂《イ》フノデアル例《タト》ヘバ吾人ガ會社員《クワイシヤヰン》ト成ル資格ヲ有スルト共ニ非社員《ヒシヤヰン》タルノ資格《シカク》デ會社ト取引ヲ爲スコトノ出來《デキ》ル如ク會社員トナル

ヲ得ルノハ公權《コウケン》デアッテ非社員ノ資格デ會社ト取引《トリヒキ》ヲ爲スハ私權デアル故ニ私權トハ公權ニ對《タイ》スル語デアル、ケレドモ此ノ私權ハ吾人等カ天賦《テンプ》ニ固有《コイウ》スルモノデハナイ、法律《ハフリツ》ニ依ッテ私權ヲ受得《ジユトク》スルモノデアル又享有ト謂フノハ私權ヲ有シテ其ノ私權《シケン》ヨリ生ズル利益《リエキ》ヲ收《ヲサ》ムルト謂フコトデアル故ニ單ニ私權ノ享有ト謂フトキハ私權行使《カウシ》ノ意義《イギ》ヲ含ムモノデハナイ、享有《ケウイウ》ト行使《カウシ》トハ必ラズ相伴《アヒトモナ》フノ必要《ヒツエウ》アルモノデハナイカラ本節ハ單《タン》ニ私權ノ享有ダケノ通則《ツウソク》ヲ揭ケ而シテ私權行使ハ第二節ニ於テ別《ベツ》ニ規定《キテイ》シタル所以《ワケ》デアリマス

第壹條　私權《シケン》ノ享有《ケウイウ》ハ出生《シユツセイ》ニ始《ハジ》マル

▲參看　舊民法人事編第一條、第二條

第一條　凡ソ人ハ私權ヲ享有シ法律ニ定メタル無能力者ニ非サル限リハ自ラ其私權ヲ行使スルコトヲ得

第二條　胎内ノ子ト雖モ其利益ヲ保護スルニ付テハ既ニ生マレタル者ト看做ス

〔註釋〕本條《ホンデウ》ハ私權享有ノ始期《シキ》ヲ指定《シテイ》シタル條項デアッテ其ノ意義《イギ》ハ既生兒《セイジ》デナケレバ權利ノ主格《シユカク》タルコトハ得ラレナイモノデアルト定メテ徒《イタヅ》ラニ胎兒《タイジ》ノ利益ヲ主張《シユチヤウ》シテ紛爭ヲ起スコトヲ豫防《ヨバウ》シタルモノデアル故ニ前既《スデ》ニ述《ノ》ベタル如ク吾人等《ゴジンラ》ガ法律ニ依ッテ私權享有スルノハ何レノ時ヨリ始《ハジ》マルモノデアルカト謂《イ》ヘバ吾人ガ出生《シユツセイ》スル自然ニ分娩《ブンベン》セラルル

ト醫師ノ手術《シユジユツ》ニ依リテ分娩スルトヲ問ハズ母《ハヽ》ノ體《タイ》ト分離《ブンリ》シテ獨立《ドクリツ》ノ存在ヲ保《タモ》ツ時ヨリ始マルモノデアルト定《サダ》メタノデアリマス是レ當然《タウゼン》ノ理《リ》デアツテ未タ母體《ボタイ》ヲ離《ハナ》レナイ胎兒《タイジ》ハ母體ノ一部ヲ爲スモノデアルカラ獨立《ドクリツ》シテ權利ノ主格《シユカク》タルコトヲ得ザルハ固《モト》ヨリ論《ロン》ヲ俟タズシテ明瞭《アキラカ》ナル所以《ワケ》デアル、ケレドモ又法律上特《トク》ニ胎兒ノ利益ヲ保護《ホゴ》スル爲メ胎兒ヲ既生兒《キセイジ》ト看做《ミナ》ス場合ガアル例《タトヘ》バ第七百二十一條不法行爲《フハフカウイ》ニ基ク損害賠償《ソンガイバイシヤウ》ノ請求權《セイキウケン》ニ關スル如キ場合又ハ子孫《シソン》ナキ戸主ガ死亡《シバウ》シテ妻ト實弟《ジツテイ》アル時ハ其ノ實弟ハ當然相續權《タウゼンサウゾクケン》ヲ有スレドモ若シ其妻《ソノツマ》ガ懷孕《クワイヨウ》スルコトアレバ胎兒ノ利益ノ爲メ實弟ノ相續ヲ停止《テイシ》スルガ如キ場合又ハ私生兒ヲ懷孕スル女ガ胎兒ノ爲メニ遺贈《井ゾウ》ヲ受クル場合ノ如キハ皆《ミナ》胎兒ヲ既生兒《キセイジ》ト看做《ミナ》ス場合デアル是等ノ二例ハ相續《サウゾク》及ビ遺贈ニ關スルモノデアル、ケレドモ將來公布《シヤウライコウフ》セラルル第四編第五編ニ於テ規定セラルルヤ今ヨリ豫言《ヨゲン》シ置《オ》クコトガ出來《デキ》ヌ故ニ舊民法ハ人事編第二條ニ胎兒ト雖ドモ其利益《ソノリエキ》ヲ保護《ホゴ》スルニ付テハ之ヲ既生兒ト看做スト規定《キテイ》セシモ其意義《イギ》餘《アマ》リ廣濶《クワウクワツ》ニ過《ス》ギテ反ツテ紛爭《フンサウ》ヲ生ズル種々《イロ〳〵》ノ弊害《ヘイガイ》ヲ釀《カモ》ス虞《オソレ》ガアルカラ新民法ハ私權享有《キヤウイウ》ノ始期ニ關スル通則《ツウソク》ニ對シ殊更《コトサラ》ニ舊民法ノ如キ例外《レイグワイ》ヲ掲《カヽ》ゲズシテ本條ノ如ク既生兒デナケレバ權利《ケンリ》ノ主格タルコトヲ得ザル旨ヲ示シテ原則《ゲンソク》トシ而シテ胎兒ノ利益《リエキ》ヲ保《ホ》護《ゴ》スル必要アル場合ニハ其ノ度々《ツド〳〵》毎《ゴト》ニ特ニ第七百二十一條ノ如ク明文《メイブン》ヲ設《マウ》ケテ其趣旨《シユシ》ヲ示スモノト定メタル所以《ワケ》デアルカラ決《ケツ》シテ立法《リツハフ》ノ本旨《ホンシ》ヲ傷《ソコナ》フモノデハナイ又本條ハ單《タン》ニ私權享有《シケンキヤウイウ》ノ始期《シキ》ヲ定ムルダケデアッテ其終期ヲ定メナイノハ聊《イサヽ》カ權衡《ケンカウ》ヲ失《シツ》スルモノヽ如キ疑《ウタカ》ヒナイニモ限ラヌ、ケレドモ私權享有ノ終期ハ死亡《シバウ》ニ因リテ終《ヲハ》ルコト原《モト》ヨリ明カデアッテ獨逸《ドイツ》民法草案《ミンハフサウアン》ノ如キ人ノ權利能力《ケンリノウリヨク》ハ死亡ニ因ッテ終ルト謂《イ》フ明文《メイブン》ヲ掲ゲハシテ居レドモ特《トク》ニ之ヲ規定《キテイ》スル必要ハナイト考《カンガ》ヘル只《タヾ》法律上死亡《ハフリツシヤウシバウ》ト推定《スヰテイ》スルニ因ル私權享有ノ終期《シユウキ》ニ關シテハ又種々ノ規定ヲ要《エウ》スルモノテアルカラ新民法ハ本章第四節ニ於テ規定ヲ設ケテ居ル、故ニ之レカ詳說《シヤウセツ》ハ其條下《ソノデウカ》ニ讓《ユヅ》ルコトヽシマス

第二條　外國人《グワイコクジン》ハ法令《ハフレイ》又ハ條約《デウヤク》ニ禁止《キンシ》アル場合《バアイ》ヲ除《ノゾ》ク外《ホカ》私權《シケン》ヲ享有《ギヤウイウ》ス

參看　舊民法人事編第四條

第四條　外國人ハ法律又ハ條約ニ禁止アルモノヲ除ク外私權ヲ享有ス

〔註釋〕本條ハ外國人《グワイコクジン》モ日本人ト等シク私權ヲ享有シ得ベキモノデアルト謂《イ》フ通則《ツウソク》ニ例外《レイグワイ》ヲ附《フ》シテ規定シタル條項《デウカウ》デアッテ本條ニ謂フ外國人トハ人種上《ジンシユジヤウ》ヨリ謂フノデハナイ其人種カ外國人デアルトモ日本人デアルトモ日本國ノ臣民《シンミン》タル分限《ブンゲン》ヲ有シテ居《ヲ》ラナイモノヲ指《サ》スノデアル故ニ其實《ソノジツ》外國人デアルトモ日本國ニ歸化《キクワ》シテ日本臣民《シンミン》タル分限ヲ得テ日本ノ

臣民籍《ソンミンセキ》ニ連《ツラナ》リ居ル以上ハ完全《クワンゼン》タル日本人デアル又其實日本人デアルトモ外國ニ歸化《キクワ》シテ日本臣民タル分限《ブンゲン》ヲ失《ウシナ》ヒ日本臣民籍ニ連リテ居ラヌ者ハ日本人デナクシテ外國人《グワイコク》デアル而シテ外國人ニ私權ノ享有《キヤウイウ》ヲ許サズ內國人ト法律上《ハフリツジヤウ》ノ利益ニ逕庭《ケイテイ》ノアルハ古來《コライ》何レノ國ニ於テモ等《ヒト》シキモノデ羅馬《ローマ》法史《ハフシ》ニ徵《チヨウ》スルモ又佛國《フランス》民法第八條及ヒ第十一條ニ看《ミ》ルモ明白《メイハク》デアル最《モット》モ其ノ理由《リイウ》ハ各々一樣デハナイガ要《エウ》スル所ハ主《シユ》トシテ外國人ヲ輕蔑《ケイベツ》シテ之レト同一ノ法律ニ從《シタガ》ハシムルヲ屑《イサギヨ》シトセザリシト又國法《コクハフ》ノ利益ヲ受クベキ者ハ國民《コクミン》タル資格《シカク》ヲ有《イウ》スル者ニ限ラナケレバナラヌモノデアルト考《カンガ》ヘタル一種狹隘《ケフアイ》ナル法律上ノ見解《ケンカイ》ヲ固《コ》守《シユ》シタルニ因《ヨ》ルモノデアル、ケレドモ今日ノ如キ外國交通《グワイコクカウツウ》ノ道開《ミチヒラ》ケ內地雜居《ナイチザツキヨ》ノ制《セイ》ヲ採用《サイヨウ》セントスル時代《ジダイ》ニ於テハ斯《カク》ル陋見《ロウケン》ハ宜シク破碎《ハサイ》シナケレハナラヌ故ニ彼ノ國會議員ト成リ若クハ官吏《クワンリ》ト成ル如キ權利ノ性質《セイシツ》トシテ日本國臣民タル資格ヲ備《ソナ》ヘンケレバ享有《キヤウイウ》スルコトノ出來《デキ》ナイ公權《コウケン》ノ如キハ固《モト》ヨリ外國人ニ之ヲ享有スルコトヲ許シハ出來ザルモ人類《ジンルヰ》ガ世《ヨ》ニ生活《セイクワツ》スル上ニ就テ必要缺《ヒツエウカ》クベカラサルモノデアツテ而シテ有セザルヲ得ザル一私《シ》人《ジン》タル資格ニ於テ何人モ享有シ得ベキ私權《シケン》ハ外國人ト謂フモ享有《キヤウイウ》セシムベキハ實際上《ジツサイジヤウ》極《キハ》メテ必要デアル、ケレドモ等《ヒト》シク私權デアルモ特種《トクシユ》ノ私權ハ國家《コクカ》ノ公益上《コウエキジヤウ》外國人ニ擅有セシムルコトノ出來《デキ》ヌ場合《バアヒ》ガアル現ニ法律ヲ以テ禁《キン》ジ居ル二三ノ例《レイ》ヲ揭クレバ彼《カ》ノ明治五年布告第百廿四號及同六年布告第十八號地所書入質入規則《チショカキイレシチイレ》第十一條ノ土地所有《トチショイウ》ノ私權ヲ外國人ニ許《キヨ》與セザルガ如キ又明治十五年布告第三十二號日本銀行條例第五條及ビ同廿七年勅令第二十九號横濱正金銀行條例第七條ノ株券《カブケン》所有ノ私權ヲ外國人ニ許與セザルガ如キ又明治二十六年法律第五號取引所法第十一條ノ取引所《トリヒキジヨ》會員、株主、仲買人タルノ私權ヲ外國人ニ許與セザルガ如キ皆私權《シケン》ヲ外國人ニ許與《キヨ》セザル制限《セイゲン》ノ現行例デアル故ニ本條ニ法令又ハ條約ニ禁止アル場合ヲ除ク外ト例外ヲ示シタル所以デアル、既ニ舊民法ニ於ケル人事編第百十二條ニ外國人ハ日本人ノ養子ト成ルコトヲ得ズト規定シタレバ是レト等シキ規定ヲ將來公布《シヤウライコウフ》ノ親族編ニ於テ看ルデアロウト考ヘル、而シテ此ノ外國人ノ私權享有ノ能力ヲ制限《セイゲン》スルコトハ多ク國家《コクカ》ノ公益上ヨリ生ズル理由《リイウ》ニ基《モトツ》クモクデアルケレドモ佛國民法第十一條ニ於テ外國人ハ其ノ本國カ佛國人ニ授クル所ト同樣ノ民權ヲ佛國ニ於テ享有スルコトヲ得ト定メタル例《レイ》ノ如ク國際上《コクサイジヤウ》ニ於テ他國ガ我《ワ》レニ許與《キヨ》シナイ所ハ我モ他國ニ許與シナイ他國ノ我レニ許《キヨ》與スル所ハ我モ他國ニ許與スト謂フ國際上ノ關係《クワンケイ》ヨリ生スル理由《リイウ》ニモ基《モトツ》クモノデアル、故ニ本條ニ條約《デウヤク》ノ文字ヲ交《マジ》ヘタル所以デアリマス

第二節　能力《ノウリヨク》

〔注釋〕本節ハ私權《シケン》ヲ享有スベキ行爲能力《カウイノウリヨク》ニ關スル通則ヲ規定《キテイ》シタルモノデアル、ケレドモ單ニ能力トノミ題《ダイ》スルバカリデアルカラ或ハ如何《イカ》ナル能力デアルカヲ疑《ウタガ》フモノアランモ權利能力ハ既《スデ》ニ第一節ニ於テ規定シタレバ本節ハ意思能力《イシノウリヨク》ヲ含《フク》ミタル行爲能力ヲ規定セルモノデアルコトハ第三條ノ明文《メイブン》ニ依《ヨ》ッテ明《アキ》ラカデアル、ケレドモ心意上《シンイジヤウ》又ハ身體上ニ別段ノ故障《コシヤウ》ガナイ限ハ法律《ハフリツ》ノ通則《ツウソク》トシテ各人總《スベ》テ完全《クワンゼン》ナル行爲能力ヲ有スルコトハ疑《ウタガヒ》ヲ容《イ》ルルマデモナク明瞭《メイレウ》ニ解得セラルルモノデアル故ニ本節ハ此ノ点《テン》ニ關《クワン》シテハ別ニ規定セズ却《カヘツ》テ年齡、體質、身分ノ如キ特別《トクベツ》ノ事情ニ基ク行爲ノ無能力《ムノウリヨク》ニ關シテ規定シタル條項ヲ網羅《マウラ》シタルモノデアリマス

第三條　滿《マン》二十年ヲ以《モツ》テ成年《セイネン》トス

▲參看　舊民法人事編第三條

第三條　私權ノ行使ニ關スル成年ハ滿二十年トス但法律ニ特別ノ規定アルトキハ此限ニ在ラス

〔注釋〕本條ハ各人《カクジン》ガ身體ノ發育上充分《ハツイクジヤウジウブン》ニ行爲能力ヲ備《ソナ》フルニ至リタリト認《ミト》ムベキ年齡ノ標準ヲ指定《シテイ》シタル條項デアツテ而《シカ》シテ此年齡ニ達《タツ》シタルモノハ其行爲ニ就《ツイ》テハ第七條、第十一條、及ビ第十四條ノ規定ニ因《ヨ》リテ其身分ヲ取消《トリケ》サレザル以上ハ總《スベ》テ完全ニ法律上ノ

効果《カウクワ》ヲ生ズルモノデアル元來成年《グワンライセイチン》トハ男女ニ拘《カヽ》ハラス身體ノ發育《ハツイク》シタル年齢デアルカラ人種ノ性質文化《セイシツブンクワ》ノ程度《テイド》其ノ他氣候、風土《フウト》等ノ差異《サイ》ニ因リテ自ラ早晩《サウバン》アルヲ免レヌモノデアル故ニ各國《カクコク》ノ法律上固《モト》ヨリ一定シテハ居ラヌ今《イマ》其ノ一例ヲ擧《ア》グレバ佛國《フランス》民法及ビ獨逸《ドイツ》民法草案ハ滿二十一年ヲ以テ成年《セイチン》トシ墺國《オースタラリヤ》民法ハ滿二十四年ヲ以テ成年トシ英國《イギリス》普通法ハ滿二十五年ヲ以テ成年トシ羅馬《ローマ》法ニ於ケルモ亦二十五年ヲ以テ成年ト定《サダ》メタルガ如ク皆夫々《ソレ／＼》逕庭《ケイテイ》ノアルモノデアル、ケレドモ國際法上《コクサイハフジヤウ》ニ於テ外國人ノ能力ハ其ノ本國法《ホンコクハフ》ニ依リ之ヲ定ムルヲ原則《ゲンソク》ト爲スモノデアルカラ敢《アヘ》テ一定スルノ必要《ヒツエウ》ハナキモノデアル故ニ新民法《シンミンハフ》ハ我國人民ノ身體《シンタイ》及ビ智能《チノウ》ノ發育ヲ觀察《クワンサツ》シテ前掲《ゼンケイ》諸國ノ法定標準《ヘウジユン》ニ倣《ナラ》フベキモノデナイカラ我國人民ノ好程度《カウテイド》ト認メテ曩《サキ》ニ舊民法第三條ニ既定シタル滿《マン》二十年ヲ以テ成年ト定メタルヲ標準トシテ之ニ倣ヒ等《ヒト》シク滿二十年ヲ以テ成年《セイチン》ト爲シタル所以《ワケ》デアル、ケレドモ此ノ滿二十年ヲ成年トスルノハ是單《タン》ニ行爲能力ニ關《クワン》スル通則ニ過《ス》ギナイモノデアルカラ法律《ハフリツ》ガ特別ノ行爲ニ付キ別段ノ年齢ヲ指定《シテイ》スル時ハ其ノ特別規定ニ從《シタガ》ハナケレバナラヌハ當然《タウゼン》ノコトデアル例バ舊民法人事《キウミンハフジンジ》編《ヘン》第三十條ノ如ク婚姻《コンイン》年齢ハ男子滿十七年女子滿十五年ト爲スガ如ク又舊民法財産取得編《ザイサンシユトクヘン》第三百五十七條第四號ノ如ク未成年者《ミセイチンシヤ》ト雖モ自治産《ジチサン》ノ許可ヲ得タル者ハ遺贈《ヰゾウ》ヲ爲スコトヲ得ト規定《キテイ》セルガ如ク新民法《シンミンハフ》モ亦必ラズ親族編及ビ相續編《サウゾクヘン》ニ於テ是等別段ノ年齡《ネンレイ》ヲ定ムルモノデアロウト考ヘル故ニ本條ノ規定スル滿二十年ト謂フ標準《ヘウジユン》ハ行爲能力ニ關スル通則《ツウソク》デアル之ニ反シテ未ダ成年々齡ニ達《タツ》シナイ者ハ則チ之ヲ未成年者《ミセイネンシヤ》ト稱シ此者ニ對シ爲シタル總《スベ》テノ行爲ハ第四條ニ於テ詳説《シヤウセツ》スル如ク法律上《ハフリツシヤウ》ニ規定シタル要件ヲ具備《グビ》シナイ限リハ其ノ未成年者ノ利益《リエキ》ノ爲メ之ヲ取消サルルモノデアル故ニ未成年者《ミセイネンシヤ》ハ則チ其ノ行爲《カウイ》ニ就テハ一般無能力者デアルカラ成年々齡ノ規定ハ主トシテ未成年者保護《ホゴ》ノ趣旨《シユシ》ニ基キ設《マウ》ケラレタルモノデアル其ノ代リニハ未成年者ハ其ノ身體《シンタイ》及ヒ智能《チノウ》ノ發育《ハツイク》未ダ充分デナイガ爲メ法律上特種《ハフリツシヤウトクシユ》ノ資格ヲ受クルコトハ出來《デキ》ナイモノデアリマス

第四條　未成年者《ミセイネンシヤ》カ法律行爲ヲ爲《ナ》スニハ其法定代理人《ハフテイダイリニン》ノ同意《ドウイ》ヲ得ルコトヲ要《エウ》ス但單《タン》ニ權利ヲ得又ハ義務《ギム》ヲ免《マヌカ》ルヘキ行爲《カウイ》ハ此限《コノカギリ》ニ在《ア》ラス

前項《ゼンカウ》ノ規定《キテイ》ニ反《ハン》スル行爲ハ之ヲ取消《トリケ》スコトヲ得

▲參看　舊民法財產編第五百四十七條第二項、第五百四十八條第一項

第五百四十七條第二項　未成年者自治產ノ未成年者及ヒ准禁治產ノ行使ニ付テハ何等ノ場合ヲ問ハス亦其行爲ヲ銷除スルコトヲ得

第五百四十八條第一項　未成年者一人ニテ特別ナ・方式又ハ條件ノ必要ナキ合意又ハ行爲ヲ承諾シタルトキハ銷除訴權ハ其未成年者ノ爲欠損アルトキニ非ザレハ之ヲ受理セス

〔注釋〕本條ハ一般ノ無能力者タル未成年者《ミセイチンシヤ》ヲ保護スル趣旨《シユシ》ニ基キ規定シタル條項デアッテ其第一項ハ未成年者カ法律行爲《ハフリツカウイ》ヲ爲スニ必要《ヒツエウ》デアル方式ヲ規定シ其第二項ニハ法律保護《ハフリツホゴ》ノ方法ヲ規定《キテイ》シタルモノデアル而《シカ》シテ法律行爲ト謂《イ》フハ如何ナルコトデアルカハ第四章ニ詳《クハ》シク説明《セツメイ》スルモ要スルニ法律行爲トハ法律上《ハフリツジヤウ》ノ効果《カウクワ》ヲ生セシムル目的ニ出ヅル意思ノ表示《ヘウシ》デアル其ノ所謂《イハユル》法律上ノ効果《カウクワ》ト謂フノハ則チ權利《ケンリ》義務《ギム》ノ發生《ハツセイ》、權利義務ノ消滅《セウメツ》、若クハ權利義務ノ變更《ヘンカウ》ヲ謂フノデアル、サラハ法律行爲ハ之ニ因《ヨ》ッテ行爲者ノ權利義務ニ種々《シユ〳〵》ノ變動《ヘンドウ》ヲ生ゼシムルモノデアッテ行爲者ノ利害《リガイ》ニ直接《チヨクセツ》ノ關係ヲ有スルモノデアル故ニ自《ミヅカ》ラ利害ノ關係ヲ辨識《ベンシキ》スルニ足ル程度《テイド》マデ身體及ビ智能《チノウ》ノ發育シタリト認《ミト》ムベキ年齡ニ達シタルモノデナケレバ獨斷《ドクダン》デ法律行爲ヲ爲スコトハ出來《デキ》ナイモノデアル若シ第三條ニ掲グル成年々齡ニ達セザルモノガ法律行爲ヲ爲《ナ》サントスルニハ此ノ者ノ爲メニ利害《リガイ》ノ關係ヲ識別《シキベツ》スル法定代理人則チ法律ノ規定ニ因リ當然代理《タウゼンダイリ》權《ケン》ヲ有スル者例バ未成年者ノ父母又ハ後見人《コウケンニン》等ノ同意ヲ得《エ》ンケレハナラヌ（第一項前段）ケレ𪜈以上ノ趣旨《シユシ》ハ未成年者ヲ保護《ホゴ》シ不利益ヲ蒙《カウ》ムルコト勿《ナカ》ラシメントシテノ規定デアルカラ或ル行爲《カウイ》例《タトヘ》バ未成年者ガ贈與《ゾウヨ》ヲ受ケ之ニ對《タイ》シテ別ニ酬《ムク》ユル義務ヲ負擔《フタン》スルニ及バザルモノ若シクハ未成年者《ミセイチンシヤ》ガ單ニ債務《サイム》ヲ免除《メンジヨ》セラルル如キ利益《リエキ》ノミアリテ毫《ガウ》モ損失《ソンシツ》ナキモノデアレバ法定代理人ノ同意《ドウイ》ヲ得ルニ及バヌト定メテ前段《ゼンダン》ノ通則《ツウソク》ニ對スル適當《テキタウ》ノ例外ヲ設《マウ》ケタノデアル（第一項但書）ケレドモ未成年者ガ法定代理人《ハフテイダイリニン》ノ同意ヲ得ズシテ法律行爲ヲ爲ス時ハ多ク不利益《フリエキ》ヲ蒙《カウ》ムルガ常態《ジヤウタイ》デアル故ニ法律ハ自巳《ジコ》ノ利害關係ヲ辨識《ベンシキ》スルニ足ル智能《チノウ》ヲ有セザル未成年者ニ與《アタ》フルニ行爲ノ取消權ヲ以テシ未成年者ガ專斷《センダン》デ爲シタル法律行爲カ自巳《ジコ》ノ不利益ナル時ハ之ヲ取消《トリケ》スコトガ出來《デキ》ルト定メタノデアル（第二項）而シデ行爲《カウイ》取消《トリケシ》ノ結果《ケツクワ》ニ就テノ解義《ガイギ》ハ第四章第四節ニ讓《ユツ》リマス

第五條　法定代理人《ハウテイダイリニン》カ目的《モクテキ》ヲ定《サダ》メテ處分《シヨブン》ヲ許シタル財産《ザイサン》ハ其目的《モクテキ》ノ範《ハン》圍《ヰ》内《ナイ》ニ於テ未成年者《ミセイテンシヤ》隨意《ズヰイ》ニ之ヲ處分《シヨブン》スルコトヲ得目的《モクテキ》ヲ定メスシテ處分《シヨブヘ》ヲ許シタル財産《ザイサン》ヲ處分スル亦同シ

（註釋）本條ハ第四條ノ例外《レイグワイ》ヲ規定シタル條項《デウカウ》デアッテ其意義ハ前條ニ於テハ一段ノ通則《ツウソク》トシテ未成年者《ミセイチンシヤ》ガ法律行爲ヲ爲スニハ必ラズ法定《ハウテイ》代理人ノ同意ヲ得《ウ》ルコトヲ要ヌト定メタ

ル二本條《ホンデウ》ハ之レニ反シテ未成年者デアルトモ或ル範圍內《ハンヰナイ》ニ於テハ實際上《ジツサイジヤウ》ノ必要ト普通ノ慣習ニ基キ專斷《センダン》デ法律行爲ヲ爲スノ能力《ノウリヨク》アルモノト認メタノデアル是レ未成年者《ミセイネンシヤ》ヲ保護セントシテ却テ不利不便《フリフベン》ヲ與フルコトアラムヲ慮《オモンパカ》リタルモノデアル、ケレドモ固ヨリ未成年者ノ利益ノ爲メニスルモノデアルカラ必要《ヒツエウ》ノ限度《ゲンド》ヲ越《コ》ヘ廣ク財產《ザイサン》ノ隨意《ズヰイ》處分ヲ許シ其ノ行爲能力ヲ認《ミト》ムル如キハ決シテ本條《ホンデウ》ノ趣旨《シユシ》デハナイ故ニ隨意處分ノ範圍《ハンヰ》ハ適當ニ之ヲ限定《ゲンテイ》シ以テ未成年者ガ專斷《センダン》ヲ要スベキ目的《モクテキ》ト財產ノ限度ヲ定メナケレバナラヌデアル例バ父母《フボ》ガ其ノ子ノ修學《シウガク》若クハ得業《トクゲフ》ノ目的ヲ達セシムルニ實際《ジツサイ》必要ナル資金《シキン》ヲ與ヘテ之ガ隨意《ズヰイ》ノ處分ヲ許ス如キハ其ノ目的《モクテキ》ト財產ノ限度ト一定セルニ因リ未成年者ハ其範圍內ニ於テ自已《ジコ》ガ必要ノ書籍《シヨセキ》ヲ購《アガナ》ヒ筆墨紙ヲ求《モト》ムルガ如ク隨意ニ其ノ財產ヲ處分《シヨブン》スルコトヲ得ルモノデアル此塲合《コノバアヒ》ニ於テハ其ノ父母《フボ》タルモノガ其ノ子ノ購ヒシ書籍ガ高價《カウカ》ニ過《ス》グルモ取消《トリケ》スコトガ出來ヌ（本條前段）又或ル塲合ニ於テハ目的《モクテキ》ヲ指定《シテイ》セズシテ單ニ一定ノ財產ヲ未成年者ニ附與《フヨ》シテ其ノ財產ニ限《カギ》リテ隨意ニ處分《シヨブン》セシムルコトガアル例《タトヘ》バ父母ガ其ノ子ノ平生《ヘイゼイ》ノ雜費《ザツピ》トシテ相當《サウタウ》ノ金錢ヲ與《アタ》ヘ或ハ其ノ技能《ギノウ》ヲ認《ミト》メテ一個《コ》ノ商品《シヤウヒン》ヲ與ヘ之ガ賣買《バイ〳〵》ヲ爲シ其ノ得タル利益金ノ利用《リヨウ》ヲ許ス如キハ其ノ目的ハ定《サダ》マラザルモ財產《ザイサ》カ一定セルニ因リ未成年者《ミセイチンシヤ》ハ此ノ商品ト利益金ニ限リ隨意《ズヰイ》ノ處分ヲ爲スコトヲ得ルモノデアル此場合《バアヒ》ニ於テモ其商品ノ賣買結果《ケツクワ》ガ其ノ子ノ不利益デアルトモ其賣買《バイバイ》ヲ取消《トリケ》スヿトハ出來ヌ(本條後段)然シナガラ未成年者ガ前例《ゼンレイ》ノ範圍《ハンヰ》ヲ越エテ法律行爲ヲ爲ストキハ無論《ムロン》第四條ノ通則《ツウソク》ニ從ヒテ利益ノ爲メニ其ノ行爲ヲ取消《トリケ》スコトハ出來《デキ》ルモノデアルマス

第六條　一種又ハ數種《スウシユ》ノ營業ヲ許サレタル未成年者《ミセイチンシヤ》ハ其營業《エイゲフ》ニ關シテハ成年者《セイチンシヤ》ト同一ノ能力《ノウリヨク》ヲ有ス

前項《ゼンカウ》ノ場合《バアヒ》ニ於テ未成年者《ミセイモンシヤ》カ未タ其營業ニ堪《タ》ヘサル事跡《ジセキ》アルトキハ其法定代理人《ハフテイダイリニン》ハ親族編《シンゾクヘン》ノ規定ニ從ヒ其許可ヲ取消《トリケ》シ又ハ之ヲ制限《セイゲン》スルコトヲ得

△參看　舊民法財産編第五百五十條、既成商法第十一條

第五百五十條　商業又ハ工業ヲ營ムノ許可ヲ得タル自治産ノ未成年者ハ其營業ニ關スル行爲ニ付テハ之ヲ成年者ト看做ス

然レトモ其未成年者ハ普通法ニ從フニ非サレハ不動産ヲ讓渡スコトヲ得ス

第十一條　男女ヲ問ハス未成年者ニシテ年齢十八歳ニ滿チ且父母又ハ後見人ノ承諾ヲ得テ獨立ノ許生ヲ立ツル者ハ商ヲ爲スコトヲ得

右ノ未成年者自已ノ爲メ商ヲ爲サント欲スルトキハ前項ノ要件ヲ明記シ且自已及父母又ハ後見人ノ署名印捺シタル陳述書ヲ管轄裁判所ニ差出シ登記ヲ受クヘシ然ルトキハ其ノ登記ノ日ヨリ商事ニ於テ總テノ權利及ヒ義務ニ關シ成年者ト全ク同一ナルモノトス

（註釋）本條ハ前條ト等《ヒト》シク第四條ノ例外《レイグワイ》ヲ規定シダル條項《デウカウ》デアッテ而シテ其ノ意義ハ假令未成年者デアルトモ熟練《ジユクレン》シタル或ル特種《トクシユ》ノ營業アレハ法定代理人ハ當然之レヲ許サナケレバナラヌ如何トナレバ實際上《ジツサイジヤウ》特種ノ營業ニ就テノ技《ギ》能發達《ノウハツタツ》シタル未成年者ハ敢テ成年者ニ一歩ヲ讓《ユヅ》ルコトナク反ッテ普通《フツウ》ノ智能《チノウ》ヲ有スル成年者ニ優《マサ》ルコトアレハ往々《マヽ》見聞《ケンブン》スル所デアル故ニ本條ハ未成年者デアルトモ特種《トクシユ》ノ營業ヲ許サレタル時ハ其ノ營業《エイゲフ》ニ關スル行爲ニ就キ成年者ト同一ノ能力《ノウリヨク》ヲ有《イウ》スルモノデアルト規定シタノデアルカラ本條ハ前條ト其ノ趣《オモム》キヲ異ニシ本條ハ主トシテ成年々齢《ネンレイ》ノ規定アル爲メ未成年者ノ智能《チノウ》ノ發達ヲ妨ア或ハ實際ノ業務ヲ練習《レンシユ》スルノ途ヲ塞《フサ》ガナイヤウ又既ニ智能ノ發達シタル未成年者ヲ永ク一般ノ無能力者《ムノウリヨクシヤ》タル法律上ノ位置《ヰチ》ニ羈束《ハソク》シナイヤウニ爲サントスルモノデアル既ニ商法第一條ノ規定ニ依ルモ滿十八年以上トナレバ獨立《ドクリツ》シテ商業ヲ營《イトナ》ムコトガ出來ルト規定シタル如ク相當ノ年齢ニ達スル時ハ其ノ智能ハ能ク獨立シテ特種《トクシユ》ノ商工業其ノ他適當《テキタウ》ノ職業《シヨクゲフ》ヲ營ムニ足ル程度マデ發達《ハツタツ》スルコトアルハ以上陳《ノ》ブルガ如キ所以デアル然ルニ斯《カク》

ノ如キ未成年者ヲモ尚ホ一般無能力者ト看做シ其ノ行爲ハ悉《コト〴〵》ク法定代理人ノ同意ヲ得ンケレハ行フコトノ出來《デキ》ヌモノトスレハ徒《イタヅ》ラニ未成年者ヲ不能力ノ位地《井チ》ニ抑留シテ其ノ智能《チノウ》ノ發達ヲ妨ゲ實務《ジツム》ノ練習ヲ拒《コバ》ムモノデアルカラ未成年者保護《ホゴ》ノ本旨ニ背クカ故未成年者ガ相當《サウトウ》ノ年齡ニ達シ能ク特種《トクシユ》ノ營業テ爲スニ堪《タ》ユベキ智能ヲ備フルニ至リタルナラハ法定代理人ハ親族編《シンゾクヘン》ノ規定ニ從ヒ其ノ獨立《ドクリツ》營業ヲ許可《キヨカ》スルコトヲ得ルモノデアル而シテ未成年者ガ此ノ許可ヲ得《エ》ルトキハ其ノ營業《エイゲフ》ニ關《クワン》シテハ成年者ト等《ヒト》シク充分ニ行爲能力ヲ有シ專斷《センダン》デ種々ノ取引《トリヒキ》ヲ爲シ得ラルヽモノデアル舊民法《キウミンハウ》財產編第五百五十一條第一項ハ未成年者ガ許可ヲ得《ウ》ベキ營業《エイゲウ》ハ一切ノ商業又ハ工業《コウゲン》タルト其ノ一種又ハ數種タルトヲ問ハズシテ規定シテアツタガ新民法《シンミンハウ》ハ之ニ反シ其ノ許可スベキ營業《エイゲフ》ノ數ヲ限リ一切ノ許可ハ未成年者保護ノ精神《セイシン》ニ悖リ殊《コト》ニ實際上ニ於テモ殆《ホト》ンドナカル可キヲ察シ未成年者ガ許可セラルヽ營業ハ其ノ者《モノ》ニ最モ適當《テキトウ》デアツテ且ツ利益ト認《ミト》ムルモノヽ一種又ハ數種ト爲シ而シテ又未成年者ガ成年者《セイチンシヤ》ト同一ノ能力ヲ有スベキ範圍《ハン井》モ亦タ其ノ許可セラレタル營業ノ範圍《ハン井》ニ限ルコトヽシタノデアル例《タト》ヘハ酒商ヲ營《イト》ムコトヲ許サレタル未成年者ハ米商ノ營業ニ關《クワン》シテハ能力ヲ有セズ薪炭《タキドスミ》商ト荒物商トヲ許サレタル未成年者ハ吳服商ニ關シテハ能力ヲ有セザルガ如ク其《ソ》ノ能力ヲ有セザル營業《エイゲフ》ニ關シテハ未成年者《ミセイチン》ハ尚法定代理人

ノ同意ヲ得ンケレバ專斷《センダン》デ行フコトハ出來ヌ矢張《ヤハ》リ第四條ノ通則《ツウソク》ニ從ハンケレバナラヌ(第一項)ケレドモ未成年者ガ許サレタル一種《シユ》又《マタ》ハ數種ノ營業《エイゲフ》ニ堪ユベキ智能ヲ有セズシテ屢々《シバシバ》商機ヲ失ヒ若《モ》シクハ濫《ミダ》リニ資金ヲ浪費スル如キコトアレバ法定《ハウテイ》代理人ハ速カニ獨立營業ノ許可ヲ取消《トリケ》シ又ハ之ニ制限ヲ加フルコトガ出來《デキ》ル例バ呉服商ト織布業ヲ許可シタルニ共《トモ》ニ其ノ業ヲ營ムニ堪《タ》ヘヌ事跡《シセキ》アル時ハ兩業ヲ共ニ取消シ又ハ呉服商ニ就テハ營ムノ能力アルモ織布業《オリノゲフ》ニハ堪ヘヌト認ムル時《トキ》ハ呉服商ヲ許可シテ織布業ヲノミ取消スガ如キ制限ヲ加ヘ而シテ未成年者保護《ホゴ》ノ本旨ヲ全カラシムルモノデアル然《シカ》シナガラ法定代理人ガ此ノ許可ヲ與《アタ》ヘルノハ親族編《シンゾクヘン》ノ規定ニ依リテ定《サダ》ムルモノデアルカラ其ノ許可ヲ取消《ケ》シ又ハ制限ヲ爲《ナ》ス場合ニ於テモ亦親族《マタシンゾク》編ノ規定ニ從フハ當然《タウゼン》ノコトデアル(第二項)故ニ之ガ說明ハ親族《シンゾク》編ニ讓《ユヅ》ナケレバナラヌガ要《エウ》スル所ハ法定代理人ハ輕々ニ獨立營業ヲ許可シ又ハ取消《トリケ》シ若クハ制限シ未成年者ノ利益《リエキ》ヲ妨クルコト無カラシムル爲メ法定代理人ノ行爲ニ就テ制裁ヲ加《クワ》ヘタルニ過《ス》ギナイモノデアリマス

第七條　心神喪失《ソウシツ》ノ常況ニアルモノニ付テハ裁判所ハ本人《ホンニン》、配偶者《ハイグウシヤ》、四親等內ノ親族《シンゾク》、戶主、後見人《コウケンニン》、保佐人《ホサニン》又ハ檢事ノ請求《セイキウ》ニ因リ禁治產ノ宣

告ヲ爲スコトヲ得

▲參看　舊民法人事編第二百二十二條、第二百二十三條、第二百三十條第一項

第二百二十二條　心神喪失ノ常況ニ在ル者ハ時時本心ニ復スルコトアルモ其治産ヲ禁スルコトヲ得

第二百二十三條　禁治産ハ配偶者、四親等内ノ親族、戸主及ヒ檢事ヨリ之ヲ區裁判所ニ請求スルコトヲ得

禁治産ヲ請求スル權利ヲ有スル一人ノ申立ニ因リ言渡シタル裁判ハ總テノ人ニ對シテ既判力ヲ有ス

第二百三十條第一項　禁治産者ハ禁治産ノ裁判言渡ノ日ヨリ無能力者トス

〔註釋〕本條ハ心神《シンシン》ヲ喪失セル者則ハチ彼ノ瘋癲《フウテン》若クハ白痴者《ハクチシヤ》ノ如キ自已ノ利害得失《リガイトクシツ》ヲ辨識スルノ能力《ノウリヨク》ナキ状況ニ在ル者ヲ保護《ホゴ》スベキ規定《キテイ》デアッテ而シテ其ノ保護《ホゴ》ヲ受クベキ者ト之ガ保護ヲ請求《セイキウ》シ得ベキ者トヲ定《サダ》メタノデアル又禁治産ト謂《イ》フノハ讀ンデ文字《モンジ》ノ如ク自ラ財産ヲ治《ヲサ》ムルコトヲ禁《キン》ゼラルヽ意《イ》デアッテ心神喪失ノ者ヲ保護スル原本《ゲンポン》デアル故ニ其禁治産ヲ受《ウ》クル者ハ心神喪失ノ常況《ジヤウキヤウ》ニ在ルモノタルコトハ舊民法人事編《ジンジヘン》第二百二十二條ト異ル所ハナイ然《シカ》シナガラ心神喪失トハ瘋癲白痴《フウテンハクチ》等ニ因リ意思能力《イシノウリヨク》ヲ有セザルコトヲ意《イ》味《ミ》スルモノデハアルガ其心神ノ喪失《ソウシツ》ニハ種々アリテ例《タト》ヘバ生《ウマ》ルヽト其儘《ソノマヽ》ノ者モアリ又中途《チウト》ヨリ生ズル者モアリ又或時ハ狂《クル》フモ或時ハ狂ハズ全ク常態《ジヤウタイ》ニ復スル瘋癲者ノ如キ者モ在ル。ケレドモ本條ハ其ノ生來《セイライ》ト中途ヨリ生ズル者ト時々ニ因リ變動《ヘンドウ》アル者トヲ問ハズ其

常態トシテ喪心ノ狀況ニ在ル者ハ一般ニ第九條ノ規定《キテイ》ニ依リ行爲《カウヰ》取消《トリケシ》ノ保護《ホゴ》ヲ受クルモノデアルカラ心神喪失《シンシンソウシツ》ノ常況ニ在ル者ハ禁治産ノ宣告ヲ受ケ前陳《ゼンチン》ノ保護ヲ得《ウ》ル者デアル故ニ本條ハ始終間斷《シヽウカンダン》ナク喪心セル者ニ就《ツイ》テヨリハ寧《ムシ》ロ時々本心ニ復《フク》スルコトアルモ概子喪心ノ狀況ニ在ル者ニ就テ効用《カウヨウ》ヲ顯スモノデアルカラ心神喪失ノ常況《ジヤウキヤウ》ニ在ル者ハ成年者タルト未成年者《ミセイチンシヤ》タルトヲ問ハズ總テ禁治産《キンヂサン》ノ宣告ヲ受クルコトガ出來《デキ》ル而シテ此ノ禁治産ノ宣告ヲ請求《セイキウ》スルコトヲ得ルモノハ本人《ホンニン》ヲ始メトシテ誠實《セイジツ》ニ其ノ者ノ利益《リエキ》ヲ保護スル眞情《シンジヤウ》ヲ有シ居ルト認《ミト》メ得ベキ者ト國家《コクカ》ノ公益上《コウエキジヤウ》一私人ノ利害關係ニ干涉《カンセウ》シテ併セテ私益保護ノ職權《シヨクケン》ヲ行フ者ノ兩者《リヤウシヤ》デアッテ其ノ細別《サイベツ》ヲ示セバ則チ左ニ列記《レツキ》スル如キ者デアル故ニ是等ノ者ノ外ハ隨意《ズヰイ》ニ之ヲ請求《セイキウ》スルコトハ出來《デキ》ヌモノデアル

第一本人。第二配偶者《ハイグウシヤ》。第三四親內等ノ親族《シンゾク》。第四後見人《コウケンニン》。第五保佐人《ホサニン》。第六撿事此ノ六種ノ者ダケデアル而《シカ》シテ此ノ中第三ノ四親內等ノ親族トハ如何《イカ》ナル者カト謂《イ》フニ自已ヨリ見テ尊屬親《ソンゾクシン》四段ト卑屬親《ヒゾクシン》四段ヲ言フノデ詳說《シヤウセツ》セバ眞系親屬《シンケイシンゾク》ニ在ツテハ則チ高祖《カウソ》父母、祖父母、子、孫、曾玄孫マデ及ビ傍系親族間《バウケイシンゾクカン》ニ在ツテハ兄、弟、姉、妹、伯叔父母、甥姪《チヒメイ》其ノ子從兄弟ヲモ包含《ハウガン》スルモノデアル而シテ終《オハ》リニ臨《ノゾ》ンデ一言シ置《オ》カンニ、此禁治産ニハ元來《グワンライ》民事上ト刑事上ノ二種《シユ》アリテ民事上ノ禁治産ハ精神《セイシン》ノ不完全《フクワンゼン》ナルモノヲ保護《ホゴ》スルノ必要ヨリ設《マウ》ケタル者則チ本條乃至《ナイシ》第十條及ビ第十一條乃至第十三條ニ規定《キテイ》シ刑事上ノ禁治產ハ刑罰《ケイバツ》ノ目的《モクテキ》ヲ達スル爲メノ必要《ヒツエウ》ヨリ設ケタルモノ則チ刑法第三十五條以下《イカ》ノ規定ニ從ヒ重罪《チユウザイ》ノ刑ニ處セラレタルモノハ別ニ宣告《センコク》ヲ用ヒスシテ主刑《シユケイ》ノ終ルマデ自ラ財產ヲ治ルコトヲ禁《キン》ジタノデアル、ソコデ此ノ民刑《ミンケイ》二種ノ禁治產ハ各國《カクコク》ニ於テモ普通《フツウ》ニ認メラルル所デテルカラ舊民法モ亦タ人事編第十二章ニ於テ民事上ノ外特ニ刑事上ノ禁治產《キンチサン》ヲ規定《キテイ》シタルモ此ノ二種ノ禁治產制度《セイド》ハ立治上全ク異別《イヘツ》ノ趣旨《シユシ》ニ基クノミナラズ民事上ノ禁治產ハ精神《セイシン》ノ不完全《フクソンゼン》タル常況ニ陷《オチヰ》ル如キ憫諒《ビンレウ》ノ者ヲ保護スルモノデアルカラ此ノ規定ハ必ラズ設《マウ》ケ置《オ》カナケレバナラヌモノテアル、ケレドモ刑事上ノ禁治產制度《キンチサンセイド》ハ元來監獄《カンゴク》制度ノ幼稚《エウチ》デアツタ時代《ジダイ》ニ必要《ヒツエウ》ハアレドモ既ニ今日《コンニチ》ノ如ク監獄制度發達《ハツタツ》シテ囚徒《シウト》ノ取締嚴重《ゲンヂユウ》ニ周到《ユキトヾ》キタル時ニ於テハ規定《キテイ》スルノ必要ハナイモノテアル、況《マ》シテ近時刑事上《ケイジヽヤウ》禁治產ヲ癈《ハイ》セントスル論勢力《ロンセイリヨク》ヲ得タル時ニ於テハ尙更《ナホサラ》ノコトデアル、サレバ現時《ゲンジ》修正中ニ在ル刑法ノ公布《コウフ》ヲ看《ミ》ル時ハ恐《オソ》ラク刑事上ノ禁治產ハ削除《サクジク》セラレアルベシ故ニ新民法ハ單《タン》ニ民事上ノ禁治產ダケヲ規定《キテイ》シテ舊民法ノ如ク刑事上ノ禁治產ニ關スル規定ヲ刪除《サヂヨ》シタルモノデアロウト考ヘマス

第八條　禁治產ハ之ヲ後見《コウケン》ニ付ス

▲參看　舊民法人事編第二百二十四條第一項

人事編第二百二十四條第一項禁治産者ハ之ヲ後見ニ付ス

〔註釋〕本條ハ禁治産者ヲ保護《ホゴ》スヘキ方法及ヒ禁治産者ハ一般ノ無能力《ムノウリヨク》デアルト謂フコトヲ知ラシムル爲規定シタル條項デアッテ其ノ意義ハ禁治産者ハ必ズ後見ノ下ニ立タシメナケレバナラヌト謂《イ》フノデアル然ルニ其ノ禁治産者ノ後見人《コウケンニン》ト成ル可キ者ハ如何ナルモノデアルカハ親族編《シンゾクヘン》ニ屬スベキモノデアルカラ今茲ニ明言《メイゲン》スルコトハ出來ナイ、ケレドモ舊民法人事編第二百二十四條第一項ハ本條ト全ク同一ノ規定ヲ掲グルモノデアッテ、其ノ第二項ニ禁治産者ノ後見人タルベキ者ヲ指定《シテイ》シテ配偶者ハ當然相互《アイタガヒ》ニ後見人ト爲ルモノデアル若シ配偶者ガナケレバ其ノ家ノ父、父アラザレバ其ノ家ノ母、後見人ト爲ルト規定シタルモ予ハ疑《ウタガ》フ妻ノ後見人ヲ夫ガ爲スハ至當《シタウ》デアル、ケレドモ夫ガ禁治産ノ宣告《センコク》ヲ受ケタルトキ父母アルニ拘ハラズ妻ガ夫ノ後見ヲ爲ストハ我國習慣ノ上ヨリ看ルモ聊カ疑ヒナキ能《アタ》ハザルコトデアル此ノ事ハ親族編ニ於テ論《ロン》ズベキモノデアルカラ茲《コヽ》ニハ唯參考《サンカウ》ノ爲メ一言シ置クニ止ム要《エウ》スルニ後見人トハ親權ノ延長《エンチヤウ》シタルモノデアッテ親權ヲ行フ父母ナキ場合《バアイ》ニハ他人之ニ代《カハ》リテ親權同一ノ權力ヲ未成年者《ミセイネンシヤ》ノ上ニ行フトキハ之ヲ稱シテ後見人ト謂フ故ニ心神喪失ノ常況ニ在リテ爲ニ禁治産ノ宣告ヲ受ケタル者ハ法律

上總テ行爲能力《カウヰノウリヨク》ヲ有セザルモノデアルカラ未成年者《ミセイネンシヤ》ト等《ヒト》シク後見ノ下《モト》ニ立チ其ノ保護ヲ受ケナケレバナラヌト定メタノデアリマス

第九條　禁治産《キンヂサン》者ノ行爲《カウヰ》ハ之ヲ取消スコトヲ得

◎參看　舊民法人事編第二百三十條

第二百三十條禁治産者ハ禁治産ノ裁判言渡ノ日ヨリ無能力者トス
裁判言渡後ニ爲シタル行爲ハ之ヲ銷除スルコトヲ得
禁治産ノ裁判言渡前ニ爲シタル禁治産ノ行爲ニ對シテモ其行爲ノ當時ニ於テ喪心ノ明確ナルトキハ除銷訴權ヲ行フコトヲ得

（註釋）本條ハ禁治産者《キンヂサンシヤ》ノ行爲ハ取消《トリケ》シ得ベキモノデアルト規定シテ消極的ニ保護ヲ與ヘタルモノデアル而シテ其意義《ソノイギ》ハ禁治産者カ全ク心神喪失セル間ニ爲シタル行爲ハ其ノ要素ヲ缺《カ》クニ因リ當然無効《タウゼンムコウ》デアルカラ論《ロン》スルマデモナイ、ケレトモ偶々禁治産者カ本心ニ復シタル時又ハ稍《ヤ》ヽ回復シタル場合《バアヒ》ニ於テ爲《ナ》シタル行爲ニ就テハ往々《ワウ／＼》紛爭ヲ生スルモノデアル故ニ本條ハ其ノ場合ニ於テ尚ホ取消《トリケ》シテ許スモノデアル、甚麼《イカ》ニトナレハ禁治産《キンヂサン》ノ行爲ハ果《ハタ》シテ本心ニ復シタル間ニ爲《ナ》シタルモノナルカ將《ハ》タ喪心中ニ爲シタルモノナルカハ常《ツネ》ニ辨識《ベンシキ》スルニ難イモノデアッテ爲《タメ》ニ紛爭ノ生スルモノデアルカラ此弊害《コノヘイガイ》ヲ防クト共ニ心神喪失ノ常況ニ在ル者《モノ》ハ假令偶々《タマ〱》本心ニ復《フク》スルモ多ク健全ナル意思《イシ》ヲ有シ居ルモノテハナイ寧《ムシ》ロ一般ニ自已《ジコ》ノ利害關係ヲ辨識《ベンシキ》スルニ足ル能力ヲ備ヘナイモノト見做シテ汎ク法律ノ保護ヲ與《アタ》ヘタモノテアル、舊民法《キウミンハウ》人事編第二百三條ニ依レハ禁治産者ハ禁治産ノ裁判言渡《サイバンイヒワタシ》ノ日ヨリ無能力者テアツテ裁判言渡後ニ爲シタル行爲ハ削除《サクジョ》スルコトハ出來ルモ裁判言渡前ニ在《ア》ツテハ其ノ行爲《カウヰ》ノ當時喪心ノ明確《メイカク》ナル塲合テナケレハ削除スルコトハ出來ヌモノト規定《キテイ》シテアツタ、ケレトモ裁判《サイバン》言渡ハ公示ノ方法テナイカラ之ニ依ツテ何人ニ對シテモ禁治産《キンヂサン》ノ宣告アリタルモノテアルトハ謂ヘナイサレハ禁治産ノ宣告モ登記《トウキ》ノ如キ方法《ハウ〱》ニ依ツテ公示シ而シテ其ノ時ヨリ其效力《ソノカウリヨク》ヲ生セシムルカ至當《シタウ》テアル、ケレトモ是レハ手續法ニ屬《ゾク》スルモノテアルカラ民法《ミンハウ》ニ掲ケナイコトトシタノテアロウト考《カンガ》ヘル要スルニ何レノ塲合《バアヒ》ニアルトモ心神喪失シタル確證アル以上ハ決シテ完全ナル行爲ト謂フヘキモノテハナイカラ其ノ行爲《カウヰ》ハ取消《トリケ》シ得ヘキモノテアリマス

第十條　禁治産ノ原因止ミタルトキハ裁判所《サイバンショ》ハ第七條ニ掲ケタル者ノ請求《セイキウ》ニヨ因リ其ノ宣告《センコク》ヲ取消スコトヲ要ス

△參看　舊民法人事編第二百三十一條

第二百三十一條　禁治産ノ原因止ミナルトキハ本人、配偶者、親族、姻族、戶主後見人又ハ撿事ノ請求ニ因リ其禁ヲ解ク可シ
禁治産者ハ解除ノ裁判言渡後ニ非サレハ其權利ヲ回復スルコトヲ得ス

（註釋）本條ハ禁治産《キンヂサン》ノ解除ヲ請求《セイキウ》シ得ル者ト其ノ塲合《バアヒ》ヲ規定シタル條項テアッテ禁治産ヲ宣告《センコク》スルハ裁判所ノ職權テアラカラ之ヲ取消《トリケ》スモ又裁判所ノ職權《ショクケン》テアル故ニ禁治産ヲ取消サントスル時ハ必《カナ》ラス裁判所ニ請求《セイキウ》シナケレハナラヌ而シテ元來禁治産ナルモノハ第七條ニ於テ詳述シタル如ク此宣告《コノセンコク》ヲ受クル者ハ一般ノ無能力者ト看做《ミナ》スモノテアルカラ禁治産者ハ法律《ハウリツ》ノ保護ヲ受クルト共ニ行爲ノ自由《ジイウ》ヲ拘束セラルルモノテアルサレハ禁治産ノ宣告《センコク》ヲ受クルニ至リタル原因《ゲンイン》則チ第七條規定ノ心神喪失ノ常況例ハ瘋癲者《フウテンシヤ》テアリシ者カ其ノ病ノ全ク癒《イ》ヘテ本心ニ復シタルカ爲メ一般無力《ムリヨク》者トシテ特ニ法律ノ保護ヲ受クル必要ナキニ至レハ其ノ宣告《センコク》ノ取消ヲ請求《セイキウ》シ得ルヤ素ヨリ論スヘキ所ハナイ故ニ裁判所ハ禁治産取消《キンヂサントリケシ》ノ請求ヲ受ケタル時ハ當然取消サナケレハナラヌモノテアル而シテ取消ノ請求ヲ爲シ得ル者ハ何人《ナニビト》テアルカト謂ヘハ第七條ニ列擧《レツキヨ》シタル本人、配偶者四親等內ノ親族、戶主、後見人、保佐人、撿事等テアル是等ノ人ハ曩キニ禁治産ノ宣告ヲ請求シタル者《モノ》テアルカラ其ノ取消《トリケシ》ヲ請求シ得《ウ》ルハ至當《シタウ》ノコトテアル舊民法《キウミンハウ》ニ於テハ人事編第二百二十三條ニ禁治産宣告ノ請求《セイキウ》ヲ爲シ得ル者ヲ配偶者、四親等內ノ親族《シンゾク》、撿事ト定メ第二百

三十一條ニ禁治産《キンヂサン》解除《カイジヨ》ノ請求ヲ爲シ得ル者ヲ本人配偶者、親族、姻族、戸主、後見人、檢事ト定《サダ》メ宣告《センコク》ノ請求ヲ爲スモノヨリ解除ノ請求《セイキウ》ヲ爲ス者ノ範圍《ハンヰ》ヲ擴メタレドモ新民法ハ事ヲ始ムル權利《ケンリ》アル者ハ又之ヲ終ラシムルコトヲ得《ウ》ベキ普通《フツウ》ノ原則ニ因リ舊民法《キウミンハウ》ノ如ク逕底ヲ爲サズ第七條ニ於《オイ》テ宣告請求者《センコクセイキウシヤ》ノ範圍ヲ擴《ヒロ》メテ解除《カイジヨ》請求者ト等シクシタルハ至當デアル而シテ本人ガ自己《カノレ》ノ不能力ニ對シ獨立シテ裁判所《サイバンシヨ》ニ禁治産ノ宣告ヲ請求《セイキウ》シ又ハ取消ス等ノ事ヲ爲《ナ》スハ或ハ其ノ當ヲ得《エ》ザルガ如《ゴト》キ疑ヲ發《ハツ》スルモノアランモ是別ニ疑フ程ノコトデハナイ如何《イカン》トナレバ或ハ他ノ者ノ利害《リガイ》ニ關シ本人《ホンニン》ガ禁治産タルノ原因《ゲンイン》止ムモ故ヲニ自己ノ利益ヲ計《ハカ》ランド其ノ取消《トリケシ》ヲ請求セザルガ如キ弊《ヘイ》ヲ防止《ボウシ》スル爲ニ禁治産者保護ノ趣旨《シユイ》ヨリ斯クハ本人《ホンニン》ニ取消權ヲ與《アタ》ヘタルモノデアル故ニ本人ニ於テモ自ラノ爲ニ禁治産ノ宣告ヲ受ケンド請求《セイキウ》シ又ハ原因《ゲンイン》止ミタル爲之ヲ取消ス請求《セイキウ》ヲ裁判所《サイバンシヨ》ニ爲スハ自由デアリマス

第十一條　心神耗弱者《モウジヤクシヤ》、聾者《ロウシヤ》、唖者《アシヤ》、盲者《マウシヤ》、及ヒ浪費者《ラウヒシヤ》ハ準禁治産者トシテ之ニ保佐人《ホサニン》ヲ附《フ》スルコトヲ得

（參看）舊民法人事編第二百三十二條

第二百三十二條　心神耗弱者、聾者、盲者及ヒ浪費者ハ準禁治産者ト爲シテ之ヲ保佐ニ付スルコトヲ得
準禁治産ノ言渡ハ配偶者、三親等内ノ親族及ヒ戸主ノ請求ニ因リ區裁判所之ヲ爲ス
保佐人ニ付テハ第二百二十二條及ヒ第二百二十五條ノ規定ヲ適用ス

〔註釋〕本條ハ心神喪失ノ常況ニ在《ア》ルモノデハナケレドモ心神《シン〻》ノ健全《ケンゼン》ヲ失ヒ或ハ濫《ミダ》リニ財産ヲ消費《セウヒ》スル者ヲ保護スルノ趣旨《シユシ》ニ基《モトヅ》ク準禁治産ノ塲合《バアヒ》ヲ規定シタル條項《デウコウ》デアッテ其ノ意義ハ元來物ノ所有者《シヨイウシヤ》ガ自己ノ財産ヲ隨意《ズヰイ》ニ處分《シヨブン》スルコトノ出來《デキ》ルハ法律上當然《タウゼン》ノ事デアルカラ其ノ所有者ガ如何《イカ》ニ之ヲ無益《ムエキ》ニ浪費《ラウヒ》スルモ法律ハ之ニ干渉《カンセウ》スベキモノデハナイ然ルニ法律ガ財産《サイサン》ノ浪費ヲ理由《リイウ》トシテ浪費者ヲ準禁治産《ジユンキンヂサン》トシテ法律ノ保護《ホゴ》ヲ受ケシムルト共ニ其ノ行爲《カウヰ》ノ自由ヲ拘束《カウソク》スルヿ、スルハ如何ナル所以《ワケ》デアルカト謂《イ》フニ浪費者ヲ準禁治産ト認《ミト》メタノハ單《タン》ニ浪費者本人及ビ其ノ家族《カゾク》ヲ保護スルノ趣旨《シユシ》ニ出ヅルバカリデナク公益保護ノ趣旨ニモ基《モトヅ》キタルモノデアル故ニ心神耗弱者《モウジヤクシヤ》、聾者、啞者、又ハ盲者ノ如キ心神ノ不健全《フケンゼン》ナルモノデアルカラ本人ノ私益《シエキ》ノミヲ保護スル爲之ヲ準禁治産者ト爲《ナ》スモノトハ頗ル其ノ趣《オモムキ》ヲ異ニスルモノデアル思フニ財産ヲ蕩盡《トウジン》スルノ結果《ケツクワ》ハ單ニ本人及ビ家族ヲ困窮《コンキウ》セシムルニ止《トヾ》マラズ親族知己《チキ》ニ煩累《ハンルヰ》ヲ及ボシ社會ニ貧民《ヒンミン》ヲ増加シテ公共《コウキヨウ》ノ扶助ヲ仰《アフ》ギ國家ノ公益ヲ害《ガイ》スルニ至ラシムルモノデアルカラ法律《ハフリツ》ハ一般ニ對《タイ》シテハ所有者ニ

財産ノ隨意處分ヲ許《ユル》スモ浪費者ニ對《タイ》シテハ之ヲ制限《セイゲン》シテ其ノ私益保護ニ適當《テキタウ》ナル方法ヲ設ケ併《アハ》セテ公益ヲ保護《ホゴ》スルモノデアルト謂《イ》ハナケレバナラヌ故ニ各國《カクコク》ノ法律既ニ皆浪費者ノ制限ヲ認《ミト》メテ夫々規定《キテイ》ヲ設ケテ居ルサレバ新民法《シンミンパフ》ハ舊民法人事編第二百二十一條ト等《ヒト》シク佛國《フランス》及ビ伊太利《イタリヤ》國ノ立法例ニ倣《ナラ》ヒテ浪費者モ亦心神耗弱者、聾者、啞《ア》者、盲者、ノ如キヲモ準禁治産者ト認《ミト》メテ之ニ保佐人《ホサニン》ヲ附スルコトヽシ而シテ公私《コウシ》ノ利益ヲ適當《テキタウ》ニ保護スルコトヽ定《サダ》メタノデアル故ニ生來精神《セイシン》ノ薄弱《ハクジャク》ナル者或ハ疾病老衰《シッペイラウスヰ》者等ニ因リテ心神ノ衰弱シタル者其他《ソノタ》生來又ハ中途《チウト》ヨリ聾《ツンボ》ト成リ啞《オシ》ト成リ又ハ盲《メクラ》ト成リタル者若クハ一身一家ノ生計《セイケイ》ヲ顧《カヘリ》ミル思料《シリヤウ》ナクシテ財産ヲ浪費《ラウヒ》スル者ノ如キハ意思能力《イシノウリヨク》ヲ缺ク者デハナイケレドモ心身ノ健全《ケンゼン》ヲ缺クカ或ハ生來遊蕩《イウタウ》ナルガ爲メ充分《ジウブン》ニ利害ノ關係《クワンケイ》ヲ辨識《ベンシキ》スルニ足《タ》ル機能《キノウ》ヲ有シ居ラナイ者《モノ》デアルカラ法律ハ是等《コレラ》ノ者ニ準禁治産ノ宣告《センコク》ヲ受ケシメ保佐人ノ下ニ立ツコトヽシタノデアル而《シカ》シテ此ノ準禁治産ト謂《イ》フノハ禁治産ノ如ク全ク財産ヲ治《チサ》ムルコトヲ禁シ一般ニ行爲能力《カウヰノウリヨク》ナキモノトスルノデハナイ唯重要《タヾヂウエウ》ナル行爲ニ限リテ其ノ能力ナキモノト認《ミト》メ或ル範圍《ハンヰ》ニ於テ財産ヲ治《チサ》ムルコトヲ禁《キン》スルモノデアルカラ其ノ狀況ノ殆《ホトン》ド禁治産ニ似《ニ》タルヲ以テ之ヲ準禁治産ト稱《シヨウ》スルノデアル又保佐人トハ準禁治産者ガ重要ナル行爲《カウヰ》ヲ爲スニ當リ此ノ者ノ爲メニ利《リ》害得失《ガイトクシツ》ヲ鑑識《カンシキ》シ其思慮《シリヨ》ノ足ラナイ所ヲ輔《ホサ》佐スル者デアル此ノ保佐人ノ資格權限《カクケン》ハ之ヲ説明《セツメイ》スルコトハ出來《デキ》サルモ準禁治産ノ宣告若クハ請求《セイキウ》ニ關スル事項《ジカウ》ハ第十三條ニ於テ規定《キテイ》シタレバ之ニ對スル説明ハ該條《ガイデウ》ニ讓《ユツ》リマス」

第十二條　準禁治産者カ左ニ掲《カヽ》ケタル行爲《カウヰ》ヲ爲スニハ其保佐人《ホサニン》ノ同意《ドウイ》ヲ得ルコトヲ要ス

一　元本《ゲンポン》ヲ領收《リヤウシウ》シ又ハ之ヲ利用《リヨウ》スルコト
二　借財《シヤクザイ》又ハ保證《ホシヨウ》ヲ爲スコト
三　不動産又ハ重要《ヂユウエウ》ナル動産《ドウサン》ニ關スル權利ノ得喪《トクソウ》ヲ目的《モクテキ》トスル行爲ヲ爲スコト
四　訴訟《ソセウ》行爲《カウヰ》ヲ爲スコト
五　贈與《ゾウヨ》、和解《ワカイ》又ハ仲裁契約《チウサイケイヤク》ヲ爲スコト

六　相續ヲ承認《ショウニン》シ又ハ之ヲ拋棄スルコト
七　贈與若クハ遺贈《ヰゾウ》ヲ拒絶シ又ハ負擔附《フタンツキ》ノ贈與若クハ遺贈ヲ承諾スルコト
八　新築《シンチク》、改築、増築又ハ大修繕《ダイシウゼン》ヲ爲スコト
九　第六百二條ニ定《サダ》メタル期間《キカン》ヲ超《コ》ユル賃貸借ヲ爲スコト

裁判所ハ場合《バアヒ》ニ依リ準禁治産者カ前項《ゼンカウ》ニ掲ケサル行爲《カウヰ》ヲ爲スニモ亦其保佐人ノ同意《ドウイ》アルコトヲ要スル旨《ムネ》ヲ宣告《センコク》スルコトヲ得

前《ゼン》二項《カウ》ノ規定《キテイ》ニ反《ハン》スル行爲ハ之ヲ取消《トリケ》スコトヲ得

◎參看　舊民法人事編第二百三十三條、第二百三十四條、同財産編第五百四十七條第二項、第五百四十八條第二項

第二百三十三條　第二百十七條及ヒ第二百二十條ノ規定ハ之ヲ準禁治産者ニ適用ス
裁判所ハ狀況ニ從ヒ保佐人ノ立會アルニ非サレハ管理行爲ヲモ爲スコトヲ得サル旨ヲ言渡スコトヲ得

第二百三十四條　准禁治産者カ保佐人ノ立會ナクシテ爲シタル行爲ニ付テハ第二百三十條ノ規定ヲ適用ス

第五百四十七條第二項　未成年者禁治産ノ未成年者及ヒ准禁治産者ノ行爲ニ付テハ特別ナル方式及ヒ條件ニ依ラサリシトキ又禁治産者ノ行爲ニ付テハ何等ノ場合ヲ問ハス亦其行爲ヲ銷除スルコトヲ得

第五百四十八條第二項　法律カ保佐人ノ立會ノミヲ要シタルトキハ其立會ナクシテ自治産ノ未成年者及ヒ准禁治産者ノ爲シタル右ト同一ナル性質ノ行爲ニ對シ亦欠損ニ因ルニ非サレハ銷除訴權ヲ行フコトヲ要ス

〔註釋〕本條ハ前條ノ適用《テキヨウ》トシテ準禁治産者ガ限定無能力者《ムノウリヨクシヤ》タルコトヲ示シ準禁治産者ガ獨斷《ダン》デ爲《ナ》シタル特權《トクケン》ノ行爲ニ限リテ取消シ得ベキ制限《セイゲン》條件ヲ規定シタル條項《デウカウ》デアツテ其ノ意義ハ準禁治産者ハ既ニ前條《ゼンデウ》ニ於テ詳述シタルガ如ク心身健全《シンシンケンゼン》ナラズ又ハ生來放蕩ナルニ因リ充分《ジウブン》ニ利害ノ關係《クワンケイ》ヲ辨識スル能力ヲ備ヘテ居ラヌ者ト認メテ之ニ保佐人ヲ附スルダケノモノデアルカラ法律ハ之ヲ以テ未成年者《ミセイネンシヤ》又ハ禁治産者ノヤウニ一般ニ行爲能力《カウヰ》ヲ有《イウ》ジテ居ラヌ者トスルノデハナイ法律《ハウリツ》ハ反ツテ準禁治産ハ一般ニ行爲能力ヲ有スルモノデアルト認《ミト》メ此ノ者ニ重要ノ關係《クワンケイ》ガアルト認ムベキ行爲ニ限リテ保佐人《ホサニン》ノ同意ヲ得ナケレバ獨斷《ドクダン》デ處分テ爲スコトハ出來《デキ》ヌト定メタモノデアル（第一項）故ニ禁治産《キンヂサン》ト準禁治産ノ行爲及ビ處分行爲等總《スベ》テ自已ノ財産《ザイサン》ヲ治ムル權利《ケンリ》ヲ禁止《キンシ》セラルヽモノデアル、ケレドモ準禁治産ハ自已ノ財産總《ザイサンスベ》テヲ治《チサ》ムル權利ヲ禁ゼラルヽモノデハナイ左《サ》ニ列擧《レツキヨ》スル各號ノ行爲《カウヰ》ヲ除キタル以外ノ行爲ニ就《ツイ》テハ處分シ得ラルヽノミナラズ第二項ノ如キ裁判所ノ宣

告ナキ以上ハ其ノ事項ニ對《タイ》シテハ管理行爲《クワンリカウヰ》ヲ爲スコトガ出來《デキ》ルモノデアル故《ユヘ》ニ本條列擧ノ各號《カクガウ》ニ對スル意義《イギ》ヲ左ニ解說シマス

第一　元本ヲ領收シ又ハ之ヲ利用スルト謂フノハ例バ貸金《カシキン》ノ返濟ヲ受ケ或ハ資本ヲ事業《ジゲフ》ニ投《トウ》ズル如キ行爲ヲ謂《イ》フモノデアッテ其ノ本人ノ利害《リガイ》ニ重要《ヂウエウ》ノ關係ヲ有《イウ》スルモノデアルカラ此場合《コノバアヒ》ニハ必ラズ保佐人《ホサニン》ノ同意ヲ得ンケレバナラヌ然シナガラ資金ノ利息金ヲ受取《ウケト》リ又ハ其ノ利《リ》息金《ソクキン》ノミヲ利用スル如キハ元本ノ如ク多額《タガク》ナラズシテ且其ノ根原ヲ失フ恐レナキモノデアルカラ別《ベツ》ニ保佐人ノ同意《ドウイ》ヲ要《エウ》スルマデモナイモノデアリマス

第二　借財又ハ保證ヲ爲スコト借財ヲ爲スハ財產《ザイサン》ヲ失フノ恐《オソ》レアルモノ又保證ヲ爲スハ債務者《サイムシヤ》本人ガ其ノ債務ノ辨濟《ベンサイ》ヲ爲サザル時之ニ代ッテ其ノ債務ノ辨濟《ベンサイ》ヲ爲ス責任ヲ負フベキモノデアルカラ是亦財產《コレマタザイサン》ヲ失フノ恐《オソ》レガアル故ニ是等《コレラ》ノ行爲ハ必《カナ》ラズ保佐人《ホサニン》ノ同意《ドウイ》ヲ得《エ》ンケレバナラヌノデアリマス

第三　不動產又ハ重要ナル動產ニ關スル權利ノ得喪ヲ目的トスル行爲ヲ爲スコト例バ土地建物等《タテモノトウ》ヲ買受ケ又ハ之ヲ賣渡《ウリワタ》ス如キ或ハ金銀《キンギン》寶玉若シクハ古代ノ美術品等《ビジユツヒンナド》ノ如キ貴重ナル品物《シナモノ》ヲ讓渡シ又ハ之ヲ他物ト交換《カウクワン》スルガ如キハ其財產《ソノザイサン》ニ危害ヲ受クル恐レガアルカラ是等《コレラ》ノ行爲ハ必ラズ保佐人《ホサニン》ノ同意ヲ得ンケレバナラヌ而シテ茲

ニ注意《チウヰ》スベキハ特《トク》ニ不動產又ハ動產ニ關《クワン》スル權利ト規定シタルコトデアル之レハ單ニ其ノ所有權ノ得喪《トクソウ》ノミニ限《カギ》ラズ賃借權、使用權、質權《シチケン》ノ如キ總《スベ》テ此ノ物《モノ》ニ就テ成立スベキ權利《ケンリ》ノ得喪ヲ目的トスル行爲ヲモ包含《ハウガン》スルモノデアル、ケレドモ動產《ドウサン》ニ就《ツイ》テハ特ニ重要《ヂウエウ》ナル動產《ドウサン》ニ關スル權利《ケンリ》ニ限リ重要デナイ動產ニ就《ツイ》テノ處分行爲ハ保佐人ノ同意ヲ得《エ》サルモ差支《サシツカ》ヘハナイノデアリマス

第四　訴訟行爲ヲ爲スコト元來訴訟《ソショウ》ハ之ヲ爲セバ必ラス勝訴《ショウソ》ニ成ルニ限《カギ》ルモノデモナク或ハ敗訴《ハイソ》シテ其ノ費用《ヒヨウ》ヲ賠償シ或ル塲合ニハ上訴ヲ爲ス等其重要《ソノヂウエウ》ナル点ニ於テハ他號ノ塲合《バアヒ》ト敢テ異ル点《テン》ハナイ故ニ此塲合ノ行爲《カウヰ》ハ必ラズ保佐人ノ同意《ドウイ》ヲ得ンケレバナラヌ舊民法《キウミンハウ》ハ後見人ニ關《クワン》スル規定トシテ準禁治產者ニ就テモ其ノ適用《テキヨウ》ヲ受クベキ人事編《ジンジヘン》第百九十四條第三號ニ於テ動產《ドウサン》又ハ不動產ニ關スル訴訟《ソショウ》行爲ト限リタルハ其ノ區域ノ狹隘《ケウアイ》ニ失スルモノデアルカラ新民法《シンミンハウ》ハ其ノ區域《クヰキ》ヲ擴《ヒロ》メ單ニ之ヲ訴訟行爲ト修正シタノデアリマス

第五　贈與、和解又ハ仲裁契約ヲ爲スコト贈與トハ無償《ムシヤウ》ヲ以テ物件ヲ他人《タコン》ニ與フルノ行爲デアル、和解《ワカイ》トハ當事者双方《サウハウ》ガ互ヒニ歩《ホ》ヲ讓《ユツ》リ又ハ互ヒニ出金《シユツキン》ヲ爲ス等自巳ニ得べキ利益ヲ抛棄《キヽ》スルモノデアル、仲裁契約《チウサイケイヤク》ヲ爲スハ常ニ和解《ワカイ》スベキ能力ヲ有スル人《ヒト》デナ

ケレバナラヌコトハ民事訴訟法《ソセウハウ》第七百八十六條以下ニ於テ明《アキ》ラカナル如ク、此ノ三個《コ》ノ行爲ハ總《スベ》テ財產ヲ減少《ゲンセウ》シ或ハ權利ヲ拋棄《キ》シ或ハ義務《ギム》ヲ負擔《ブタン》セシムル如キ結果《ケツクワ》ヲ生ズルモノデアルカラ本人ノ利害《リガイ》ニ重要ノ關係《クワンケイ》ヲ及ボスモノデアル、故ニ斯《カ》ル行爲ニ就テハ必ス保佐人《ホサニン》ノ同意ヲ得《エ》ンケレバナラヌノデアリマス

第六　相續ヲ承認シ又ハ之ヲ拋棄スルコト元來相續《サウゾク》ヲ承認シ若クハ相續權ヲ拋棄スル等ノ行爲ハ利益《リエキ》ヲ得ルノ方法《ハウハフ》デアルヤウナル觀《クワン》ハアレドモ決シテ利益《リエキ》ヲ得ルバカリデハナイ必ラス不利益ノ伴《トモナ》フモノテアル、例《タトヘ》バ債權ヲ得ルガ爲ニ債務《サイム》ヲモ引受ケナケレバナラヌ場合《バアヒ》ガ生ズルモノテアル、故ニ權利《ケンリ》ノ得喪《トクソウ》ニ重大ノ關係ヲ有《イウ》スルモノテアルカラ其ノ利害得失ハ大ヒニ考慮《カウリヨ》ヲ要スヘキモノテアル故ニ此ノ行爲《カウヰ》ニ就テハ必ラス保佐人ノ同意《ドウイ》ヲ得ンケレバナラヌノテアリマス

第七　贈與若クハ遺贈ヲ拒絶シ又ハ負擔付ノ贈與若クハ遺贈ヲ受諾スルコト贈與若クハ遺贈ヲ受クルコトヲ拒《コバ》ムハ受贈者本人ニ取リテ不利益《フリエキ》テアルコトハ論ヲ俟タズシテ知リ得ベキ事項《ジコウ》テアル、故ニ之ヲ拒絶《キヨゼツ》スルニ就テハ保佐人ノ同意《ドウイ》ヲ得ナケレバナラヌ然シ之ヲ受諾《ジユダク》スルコトハ利アリテ害《ガイ》ナキモノテアルカラ別《ベツ》ニ保佐人ノ同意ヲ要《エウ》スルニ及バヌケレドモ、負擔附《ブタンツキ》ノ贈與若クハ遺贈ハ權利《ケンリ》ヲ取得《シユトク》セシムルト共ニ義務《ギム》ヲ負擔セシ

ムルモノテアル、例バ無家賃《ムヤチン》ヲ以テ家屋ヲ貸與《カシアタ》ヘルニ因リ其ノ家屋裏《カオクウラ》ニ在ル土地ノ管理ヲ無報酬《ムハウシウ》ニテセヨト言《イ》ヒ又ハ田地若干《ジヤクカン》ヲ與フルニ因リ某ガ養育《ヤウイク》ヲ終身《シウシン》ニ引受ケヨト言フ如キハ受贈者《ジユソウシヤ》又ハ受遺者ハ利益《リエキ》ヲ得ルト共ニ負擔《フタン》ヲ加ヘラル、モノテアルカラ斯ノ如キ塲合《バアヒ》ニハ保佐人ノ同意《ドウイ》ヲ得ンケレバナラヌノテアリマス

第八　新築、改築、增築又ハ大修繕ヲ爲スコト元來工事《コウジ》ハ時ニ或ハ回復《クワイフク》スルコトノ出來ヌ損害《ソンガイ》ヲ招キ又ハ建築費用ガ建築物《ケンチクブツ》ノ價格ヨリ增加スル如キ塲合《バアヒ》ノアルモノテアルカラ財産上ニ利害ニ影響《サシヒヾキ》ヲ及ボスコトガアル故ニ斯《カヽ》ル塲合ニ於テハ必ラズ保佐人《ホサニン》ノ同意ヲ得ナケレバナラヌノテアリマス

第九　第六百二條ニ定メタル期間ヲ超ユル賃貸借ヲ爲スコト元來賃貸借ハ處分行爲テハナク管理行爲《クワンリカウヰ》テアルカラ別ニ保佐人ノ同意《ドウイ》ヲ要《エウ》スルニ及バヌモノテアルガ如キ觀《クワン》アレドモ、第六百二條ニ定《サダ》メタル山林《サンリン》ハ十年其他ノ土地ハ五年建物《タテモノ》ハ三年動産ハ六ケ月限リト定メタル規定《キテイ》ヨリ長キ賃貸借ヲ爲スハ利害《リガイ》關係重大ナルモノテアル故ニ之ヲ爲スニハ保佐人ノ同意《ドウイ》ヲ得《エ》ンケンバナラヌノテアリマス

以上列擧《レツキヨ》スル所ハ準禁治産者ノ利害《リガイ》ニ重大ノ關係《クワンケイ》ヲ有スル行爲ト認《ミト》ムベキモノテアルカラ準禁治産者ガ是等《コレラ》ノ行爲ヲ爲スニハ必ズ保佐人ノ同意《ドウイ》ヲ得ナケレバナラヌ通則《ツウソク》ヲ定メ

タノデアル、ケレドモ心神耗弱《モウジヤク》ノ程度《テイド》若クハ不具《フグ》ノ狀況其ノ他種々ノ事情《ジヽヤウ》ニ因リ尙ホ禁ジナケレバナラヌ場合《バアヒ》ノナイトモ限《カギ》ラヌモノデアルカラ、裁判所ハ必要《ヒツエウ》ト認ムル時ハ準禁治産宣告ノ請求權《セイキウケン》アル者ノ申請《シンセイ》ニ因ツテ以上ニ列擧《レツキヨ》シタル行爲以外《イグワイ》ノ行爲ニ就テモ保佐人ノ同意《ドウイ》ヲ得ルコトヲ要スベキ旨ノ宣告《センコク》ヲ爲スコトガ出來《デキ》ル（第一項）而《ソウ》シテ準禁治産者ガ第一項、第二項ノ規定《キテイ》ニ反シテ保佐人ノ同意《ドウイ》ヲ得ズシテ爲シタル行爲ハ準禁治産者ガ利益《リエキ》ノ爲ニ之ヲ取消《トリケ》スコトガ出來ル（第三項）ト定《サダ》メタノデアリマス

第十三條　第七條及ヒ第十條ノ規定《キテイ》ハ準禁治産者ニ之ヲ準用《ジユンヨウ》ス

▲參看　舊民法人事編第二百三十二條、第二百三十五條

第二百三十二條　心神耗弱者、聾啞者、盲者及ヒ浪費者ハ准禁治產者ト爲シテ之ヲ保佐ニ付スルコトヲ得
准禁治產ノ言渡ハ配偶者三親等內ノ親族及ヒ戸主ノ請求ニヨリ區裁判所之ヲ爲ス
保佐人ニ付テハ第二百二十四條及ヒ第二百二十五條ノ規定ヲ適用ス

第二百三十五條　准禁治產ノ原因止ミタルトキハ本人配偶者、親族、姻族、戸主、保佐人又ハ檢事ノ請求ニ因リテ其禁ヲ解ク可シ

〔註釋〕本條ハ準禁治産者ノ宣告《センコク》又ハ取消ヲ請求《セイキウ》シ得ル者ヲ指定《シテイ》シタル規定《キテイ》デアツテ之ヲ爲シ得ル者ハ禁治産《キンヂサン》ノ宣告又ハ取消《トリケシ》ヲ請求シ得ル者ト等《ヒト》シク第七條及第十條ニ列擧《レツキヨ》シタル本人、配偶者、四親等內ノ親族《シンゾク》、戸主、後見人《コウケンニン》、保佐人、檢事等《ナド》デアルト定メタノデア

ルガ故ニ是等《コレラ》ノ者ノ請求アリタル時ハ裁判所ハ準禁治產ノ宣告《センコク》ヲ爲シ又ハ其ノ原因ガ止ミタル場合ニ於テ是等ノ者ガ準禁治產ノ取消ヲ請求スル時ハ裁判所ハ必ラズ之ヲ取消サンケレバナラヌ。此準禁治產ノ宣告《センコク》及ビ取消ヲ請求シ得ベキ人ニ就《ツイ》テハ其ノ趣旨《シユシ》ニ於テモ禁治產ノ場合ト其ノ人ヲ異ニセンケレバナラヌト言フ理由モ又必要モナイ故ニ立法者ハ是ヲ等《ヒト》シクシテ其ノ法文ノ重複《ジユフク》ヲ避グル爲メ本條ニ於テハ單《タン》ニ第七條及ビ第十條ノ規定ヲ準用スベキモノデアルト掲ゲルニ止メタル所以デアル、然シナガラ此ノ準用ト謂フ法律語ハ民法全體《ゼンタイ》ニ於テ屢々見ル所ノ語デアル、故ニ茲《コヽ》ニ之レガ意義ヲ詳說シ置《オ》ク必要アレバ一言センニ準用トハ或ル場合ニ對シテ規定シタル條文ヲ他ノ場合ニ類用スルコトヲ意味《イミ》スルモノデアツテ、其ノ條文ノ全體ヲ適用シ得《ウ》ルコトヲ謂《イ》フノデハナクシテ雙方ノ場合ヲ類推《ルイスイ》シテ其ノ適合スル限度《ゲンド》ニ於テ之ヲ適用スルコトヲ謂フノデアル故ニ例《タトヘ》バ第七條ノ規定中ニ就テ言ヘバ、心神喪失ノ常況ニ在ルモノト言ヒ若クハ禁治產ノ宣告ト言フ如キハ固《モト》ヨリ準禁治產ノ場合《バアヒ》ニ適合スル規定デハナイ、ケレドモ其ノ趣旨《シユシ》ニ於テ又其ノ請求者ニ就《ツ》キ總テ準禁治產ノ宣告ト言フ場合《バアイ》ニ適合スルモノデアルカラ此ノ限度ニ於テ第七條ノ規定ヲ準禁治產ノ場合ニ類用セシムルコトヲ得ル如キ場合ニ於ケル法規ノ類用ヲ稱シテ規定《キテイ》ノ準用ト謂フノデアル故ニ準用ハ條文全體ヲ擧《コゾ》リテ或ル他ノ場合ニ應用

セシムル所ノ適用トハ其趣キヲ異ニスルモノデアルコトヲ記憶シ置カナケレバナラヌノデアリマス

第十四條　妻カ左ニ掲ケタル行爲ヲ爲スニハ夫ノ許可ヲ受クルコトヲ要ス

一　第十二條第一項第一號乃至第六號ニ掲ケタル行爲ヲ爲スコト

二　贈與《ゾウヨ》若クハ遺贈《ヰゾウ》ヲ受諾シ又ハ之ヲ拒絶スルコト

三　身體ニ羈絆《キハン》ヲ受ク可キ契約《ケイヤク》ヲ爲スコト

前項ノ規定ニ反スル行爲ハ之ヲ取消スコトヲ得

(参)参看　舊民法人事編第六十八條、第七十二條第一項

第六十八條　婦ハ夫ノ許可ヲ得ルニ非サレハ贈與ヲ爲シ之ヲ受諾シ不動産ヲ讓渡シ之ヲ擔保ニ供シ借財ヲ爲シ債權ヲ讓渡シ之ヲ質入シ元本ヲ領收シ保證ヲ約シ及ヒ身體ノ羈絆ヲ受クル約束ヲ爲スコトヲ得ス又和解ヲ爲シ仲裁ヲ受ケ訴訟ヲ起スコトヲ得ス

同第七十二條第一項　夫ノ許可ヲ得スシテ婦ノ爲シタル行爲ハ之ヲ銷除スルコトヲ得

〔註釋〕本條ハ人ノ妻《ツマ》タルモノハ限定ノ無能力者デアルコトヲ示《シメ》シ妻ガ專斷ニテ爲シタル特種ノ行爲《カウイ》ハ取消シ得ベキコトヲ規定シタル條項デアル、其ノ意義《イギ》ハ元來女子ノ能力ハ法律上男子ト敢《アヘ》テ異ル所ナキモノデアル、ケレドモ女子ニシテ苟《イヤシク》モ人ノ妻タル以上ハ夫ニ對シテ從順《ジウジユン》ノ義務ヲ負擔シ夫ヲ扶《タス》ケテ家政ヲ調理スルモノデアルカラ妻《サイ》ヲシテ若シ專斷ニ總テノ行爲ヲ爲スコトヲ得セシムル時ハ從順ノ義務ニ背キ往々一家ノ生計ニ不利益ノ結果《ケツクワ》ヲ與ヘルガ如キコトノ出來ヌトモ限《カギ》ラヌモノデアル、故ニ法律ガ特ニ妻ノ能力ヲ制限シテ其ノ專斷《センダン》ニテ爲シタル特種《トクシユ》ノ行爲ニ限リ自己ノ利益ノ爲メ又夫ノ利益《リエキ》ノ爲メ之ガ取消ヲ爲スベキ權利アルモノト定メタノデアル、サレバ既ニ成年ニ達シタル未婚ノ婦若クハ寡婦《クワフ》ハ無論能力者デアル又假令妻デアツテモ身體健全《シンタイケンゼン》デアル以上ハ妻タル身分ヲ離レ通常人トシテ之ヲ見ル時ハ固ヨリ完全ナル能力者デアル、故ニ妻タル身分ニ支障ナキ限リノ行爲デアレバ專斷《ヤンダン》デ行ハセルハ固《モト》ヨリ至當ノコトヂアル、サレバ舊民法人事編第六十八條モ佛國《フランス》民法ニ摸倣《モハウ》シタル伊國《イタリヤ》民法ニ倣フテ妻ハ限定無能力者デアルカラ特種ノ行爲ニ限リテ夫ノ許可ヲ要スコト、定メタノデアル、新民法モ又妻ノ有能力ヲ本則ト定メマシタ然シ其ノ無能力ハ之ヲ例外《レイグワイ》トイタシマシタ故ニ妻ハ限定無能力者トシテ其ノ行爲ニ就キ夫ノ許可ヲ要スルモノヲ列擧シ而シテ若シ此ノ許可ヲ受ケズシテ爲シタル行爲

ハ之ヲ取消シ得ラル丶モノテアルト規定シタノテアリマス今其ノ列擧シタル所ノ意義ヲ解說シマスレバ

第一　第十二條第一項第一號乃至第六號ニ揭ゲタル行爲ヲ爲スコト是ハ則チ準禁治產者ガ保佐人《ホサニン》ノ同意ヲ得テ爲スベキ事項ヲ指《ユビザ》シタルモノテアル故ニ此ノ事項ト等《ヒト》シキ行爲ヲ妻ガ爲サントスル時ハ必ラズ夫ノ同意ヲ得ンケレバ行フコトハ出來ヌノテアリマス

第二　贈與若クハ遺贈ヲ受諾シ又ハ之ヲ拒絕スルコト則チ贈與若クハ遺贈ヲ拒絕スルハ受贈者ノ不利益《フリエキ》テアル、故ニ妻ハ夫ノ許可ヲ得ズ專斷《センダン》テ之ヲ拒絕スルコトノ出來ヌノハ至當テアル、ケレドモ之レヲ受諾《ジュダク》スルハ利益アッテ損失《ソンシツ》ナキモノテアルカラ夫ノ許可ヲ得ザルモ差支《サシツカヘ》アルベキ理由ハナイヤウニ考ヘル者《モノ》ガアロウ、ケレドモ夫妻《フサイ》ノ間ハ只財產上ノ損益《ソンエキ》バカリテ標準トスルコトハ出來ヌ普通ノ人情《ニンゼウ》トシテ妻カ他人ノ恩惠ヲ受クル時ハ夫ハ之ニ因テ往々《マヽ》迷惑《メイワク》ヲ蒙ムルコトガアル又時トシテハ爲ニ夫ノ感情ヲ害《ガイ》シ不快ノ念《ネン》ヲ抱《イダ》カシムルコトガアルカラ、斯ル場合ニハ必ラズ妻ハ夫ノ許可《キョカ》ヲ受ケナケレバ專斷《センダン》ヲ以テ本號規定ノ如《ゴト》キ行爲ヲ爲スコトハ出來《デキ》ヌノテアリマス

第三　身體ニ羈絆ヲ受クベキ契約ヲ爲スコト例《タト》ヘバ妻タル者ガ他家ノ雇人《ヤトヒニン》ト成リテ其家ニ起臥《キグワ》スベキ如キ契約《ケイヤク》ヲ爲ストキハ身體ノ自由ヲ拘束《カウソク》セラル丶ガ故妻タル身分ヲ以テ夫

ニ對スル義務《ギム》ヲ缺《カ》カナケレバナラヌ、故ニ斯《カ》ル契約ハ必ズ夫ノ許可《キヨカ》ヲ得ンケレバ爲スコトハ出來ヌノデアリマス

以上列擧《レツキヨ》スル行爲ハ人ノ妻タル者ガ夫《ヲツト》ニ對スル關係上重要《ヂユウエウ》ナル行爲デアル故ニ若シ妻ガ夫ノ許可ナクシテ斯《カ》ル行爲ヲ爲シタル時ハ第四條第二項第二條第三項ト等《ヒト》シク當然《タウゼン》取消シ得ベキモノデアル(第二項)ト定メタノデアリマス

第十五條　一種又ハ數種《スウシユ》ノ營業《エイゲフ》ヲ許サレタル妻《ツマ》ハ其營業ニ關《クワン》シテハ獨立人ト同一《ドウイツ》ノ能力《ノウリヨク》ヲ有ス

參看　商法第十三條第一項

第十三條第一項　商ヲ爲スコトヲ得ル婦ハ商事ニ於テハ獨立人ノ總テノ權利ヲ得義務ヲ負フ

〔註釋〕本條ハ前條ノ例外《レイグワイ》デアツテ恰《チヤウ》ド未成年者ヲ以テ一般無能力者《ムノウリヨクシヤ》トシタル第四條ノ通則《ツウソク》ニ對スル例外法《レイグワイハフ》トシテ第六條第一項ヲ規定《キテイ》シタルト其ノ意義《イギ》ヲ等シクシタルモノデアル、而《ソウ》シテ舊民法ハ本條ノ如キ規定《キテイ》ヲ設《マウ》ケテハ居ラナカツタ、ケレドモ其《ソ》ハ缺点《ケツテン》デアルト謂ハナケレバナラヌ、商法《シヤウハフ》第十三條ニ於テハ本條ト等《ヒト》シキ趣旨《シユシ》ノ規定ハアレドモ元來本條ハ能力ニ關スルモノデアルカラ商事《シヤウジ》ニ限リテ設《マウ》ク可キモノデハナイ故ニ新民法ハ能力

ニ關スル規定《キテイ》トシテ諸種ノ營業《エイゲフ》ニ通ズベキ規定ヲ茲《コヽ》ニ設ケタノデアル、元來成年《セイテン》ニシテ人ノ妻タル者ノ限定《ゲンテイ》無能力ナルコトハ前既《ゼンステ》ニ述ベタル如ク其ノ身分《ミブン》ニ基クモノデアツテ身體智能《チノウ》ガ未ダ發育《ハツイク》セズ又ハ其ノ健全《ケンゼン》ヲ缺クガ爲メノ故デハナイ、成年《セイテン》ノ妻ガ獨立《ドクリツ》シテ諸種ノ營業ヲ行フニ足《タ》ル智能ヲ備《ソナ》フルコトハ固《モト》ヨリ當然《タウゼン》デアル夫ハ亦好《コノ》ンデ其ノ獨立營業ヲ許可《キヨカ》シ居ル實例《ジツレイ》ハ常ニ見ル所デアルカラ第六條第一項ノ塲合《バアヒ》トハ其ノ趣キヲ異ニスルモノデアル、ケレドモ既《スデ》ニ許サレタル營業《エイゲフ》ニ關シテ妻ガ獨立人ト同一ノ能力ヲ有スベキ点ハ未成年者ガ其ノ許《ユル》サレタル營業ニ關《クワン》シテ成年者ト同一ノ能力《ノウリヨク》ヲ有スルト決《ケツ》シテ異ルコトハナイ、其ノ他本條《ホンデウ》ハ第六條第一項ト等《ヒト》シク妻ガ許サルヽ營業ノ種類《シユルヰ》ニ於テモ一種又ハ一種ノ營業ト爲《ナ》シタル所以《ユヱ》ハ妻ニ一切《サイ》ノ營業ヲ許ス如キハ妻タル義務《ギム》ニ背《ソム》カシムル結果《ケツクワ》ヲ生ズル虞《オソ》レガアルノミナラズ實際《ジツサイ》ニ於テモ一切ノ營業ヲ妻ニ爲サシムル例《タメシ》ハナキモノデアル、故ニ法律上又妻ガ一切《サイ》ノ營業ヲ許《ユル》サルルコトヲ認《ミト》ムルノ必要《ヒツエウ》モ隨《シタガ》ツテナキモノデアリマス

第十六條　夫《ヲツト》ハ其ノ與《アタ》ヘタル許可《キヨカ》ヲ取消《トリケ》シ又ハ之ヲ制限《セイゲン》スルコトヲ得
但其取消《トリケシ》又ハ制限ハ之ヲ以テ善意《ゼンイ》ノ第三者ニ對抗《タイカウ》スルコトヲ得ス

▲參看　舊民法人事編第六十九條

第六十九條　夫ノ許可ハ特定又ハ總括ナルコトヲ得但總括ノ許可ハ證書ヲ以テ之ヲ與フルコトヲ要ス
夫ハ夫婦財産契約ニ依リテ與ヘタル總括ノ許可ト雖モ之ヲ廢罷スルコトヲ得

〔註釋〕本條ハ夫ガ第十四條及ビ第十五條ニ依リ妻ニ與《アタ》ヘタル許可ヲ取消《トリケ》シ又ハ之ニ制限《セイゲン》ヲ加フル場合ヲ規定《キテイ》シタル條項デアツテ、其ノ意義《イギ》ハ夫ガ既ニ妻ニ對シテ特定《トクテイ》ノ行爲又ハ特權《トクケン》ノ營業ヲ許可シタルモ後ニ至リテ其ノ不利益《フリエキ》ヲ覺《サト》リ之ヲ止メ又ハ制限スルノ必要《ヒツエウ》ハ實際上《ジツサイジヤウ》ニ生ズヘキ事項デアル、例ハ夫ガ其ノ妻ヲシテ貸座敷營業《カシザシキエイゲフ》ヲ爲《サ》セ若クハ料理店ト酒舖《シユホ》ノ二種營業ヲ併《アハ》セテ營《イトナ》ムコトヲ許シタル場合ニ於テ夫ガ名譽職《メイヨシヨク》ニ擧《ア》ゲラレタル爲メ貸座敷營業ヲ妻ニ營マセ置クハ其ノ名譽ヲ汚《チ》瀆《ドク》スルモノデアルカラ其ノ營業ヲ廢止《ハイシ》セシメンケレバナラヌ必要ヲ生スルカ若クハ料理店《レウリテン》ト酒舖《シユホ》トヲ兼業スルモ酒舖ハ利益薄《ウス》キカ又ハ妻ノ能力ニ適《カナ》ハザルモノトシテ酒舖ヲ廢業《ハイゲン》シ單ニ料理店ダケヲ營マシムル如キ場合ガアル、故ニ斯ル場合ニ於テハ夫ハ既《チツト》ニ妻ニ許可シタル貸座敷《カシザシキ》營業ヲ取消シ若クハ料理店ト酒舖ヲ兼業《ケンゲフ》サセ居リタル中ノ酒舖營業ヲ取消シ料理店營業ダケヲ許可シ置《オ》ク如キ制限ヲ加《クハ》フルコトガ出來《デキ》ル（本條前段）ケレドモ斯《カク》ノ如《ゴト》ク夫ノ許可ヲ取消シ又ハ制限《スル》ハ其ノ夫ノ隨意《ズヰイ》ニ出ツルモノデアルカラ第三者ニ於テ其ノ事ヲ知ラズ反《カヘ》ツテ前ニ與ヘラレタル許可ヲ信《シン》シテ妻ト取引ヲ爲ス場合《バアヒ》アル、然ルニ夫ガ隨意ニ其ノ許可ヲ取消《トリケ》シ若クハ制限シタルガ爲メ妻ガ第三者ト爲シタル取引《トリヒキ》モ亦第十四條第二項ノ規定ニ因《ヨ》ツテ隨意ニ取《トリ》消《ケ》スコトヲ許ストセバ第三者ハ實《ジツ》ニ意外《イグワイ》ノ損害ヲ蒙《カウ》ムルコトヽ成ル故ニ本條ハ特《トク》ニ但書ヲ設《マウ》ケテ夫ガ許可ノ取消又ハ制限《セイゲン》ハ善意《ゼンイ》ノ第三者ニ對抗《タイカウ》スルコトハ出來ヌ（本條但書）ト定メテ善意ノ第三者ヲ保護《ホゴ》シタノデアル、而《ソウ》シテ本條ニ所謂ル善意トハ則チ夫ノ許可ヲ取消シタルコト又ハ制限シタルコトヲ知ラザル者ト謂《イ》フ意デアル故ニ其事故《ジコ》ヲ知リナガラ取引ヲ爲シタル者ノ如キハ惡意《アクイ》アルモノデアルカラ本條但書ノ保護《ホゴ》ヲ受クルコトハ出來ヌ、又本條ニ所謂《イハユ》ル第三者トハ例バ料理店《レウリテン》ノ許可ヲ受ケ居ル妻《ツマ》ニ對シテ魚類《ギヨルヰ》、酒《サケ》、醬《シヤウ》油等《イウナド》ヲ賣渡シタルガ如ク其ノ妻ト料理《レウリ》店營業《テンエイゲフ》ニ關スル取引ヲ爲シタルモノヲ指《サ》シテ稱スル語《ゴ》デアリマス

第十七條　左《サ》ノ場合《バアヒ》ニ於テハ妻《ツマ》ハ夫ノ許可ヲ受《ウ》クルコトヲ要《エウ》セス

一　夫《ヲツト》ノ生死《シヤウシ》分明《フンミヤウ》ナラサルトキ

二　夫《ヲツト》カ妻ヲ遺棄《ヰキ》シタルトキ

三　夫カ禁治産者《キンヂサンシヤ》又ハ準禁治産者ナルトキ

四　夫カ瘋癲《フウテン》ノ為メ病院《ビヤウヰン》又ハ私宅《シタク》ニ監置《カンチ》セラルルトキ

五　夫カ禁錮《キンコ》一年以上ノ刑《ケイ》ニ処セラレ其刑《ソノケイ》ノ執行中《シツカウチウ》ニ在ルトキ

六　夫婦《フウフ》ノ利益《リエキ》相反《アヒハン》スルトキ

〔参看〕　旧民法人事編第七十條、商法第十二條第一項

第七十條　左ノ場合ニ於テハ婦ハ夫ノ許可ヲ得ルコトヲ要セス

第一　夫カ失踪ノ推定ヲ受ケタルトキ

第二　夫カ禁治産又ハ准禁治産ヲ受ケタルトキ

第三　夫カ瘋癲ノ為メ病院又ハ監置ニ在ルトキ

第十二條第一項　婦ハ其夫ノ明示又ハ黙示ノ承諾ヲ得テ商ヲ為スコトヲ得此承諾ハ其婦カ夫ニ遺棄セラレ又ハ夫ヨリ必要ノ給養ヲ受ケサルトキハ之ヲ得ルコトヲ要セス

〔註釈〕本條ハ妻カ夫ノ許可《キヨカ》ヲ得ズシテ行ヒ得《エ》ラルヘキ場合ヲ規定《キテイ》シタル條項《デウコウ》デアッテ其ノ意義《イギ》ハ元來成年ニ達《タツ》シタル妻ハ其ノ身分《ミブン》ニ因ッテ行為能力ヲ制限《セイゲン》セラルヽモノデアル故ニ特別《トクベツ》ノ事情アッテ夫ノ許可ヲ得ル能《アタ》ハザル場合《バアヒ》ノアルトキハ法律ハ殊更《コトサラ》ニ実際出來ザルノコトヲ為セヨト制肘《セイチウ》シテ徒《イタヅ》ラニ困難《コンナン》ニ陥ラシムルガ如キコトハ出來《デキ》ヌ所以《リケ》デアル故

ニ本條ハ妻ガ夫ノ許可ヲ受クルコトヲ要《エウ》セザル場合ヲ列擧《レッキョ》シテ實際ノ必要ヲ滿足《マンゾク》ナラシメタルモノデアル

第一　夫ハ生死分明ナラザルトキ斯ル場合ニ於テハ妻ハ夫ノ許可ヲ得ヤウトスルモ得ベカラザルモノデアル故ニ妻ハ斯《カヽ》ル場合ニハ夫ノ許可ヲ受《ウ》クルニ及ハヌモノデアリマス

第二　夫ガ妻ヲ遺棄シタルトキ斯ル場合ニ於テハ夫ノ輕薄《ケイハク》ナル冷然《レイゼン》妻ノ飢渇《カツ》ニ遭《ア》フヲモ顧《カヘリ》ミザルガ如キ者テアルカラ來將到底《ツマリ》頼《タヨ》ルヘキ者デハナイ、サレハ其ノ妻ハ必《カナ》ラズ乍《タチマ》チ自活《ジクワツ》ノ道ヲ求《モト》メンケレハナラヌ故ニ法律ハ斯《カク》ノ如キ場合ニ於テハ夫ノ許可ヲ得ズシテ其ノ妻ハ一切ノ營業《エイゲフ》ヲ爲シ得ラル丶コト丶定メテ此《コ》ノ不幸《フカウ》ノ妻ヲ保護スルノデアリマス

第三　夫ガ禁治產者又ハ準禁治產者ナルトキ則チ禁治產者ニ關シテハ第七條以下ニ準禁治產者ニ關シテハ第十一條以下《イカ》ニ於テ規定《キテイ》シタルガ如ク何レモ獨立《ドクリツ》シテ財產ヲ治《ヲサ》ムル能力ナキモノデアル故ニ其ノ妻ガ營業《エイゲフ》ヲ爲スノ許可ヲ與《アタ》フルノ能力ナキコト隨《シタガ》ツテ明瞭ナル所以《ワケ》デアルカラ此ノ場合《バアヒ》ニ於テノ其妻ハ夫ノ許可ヲ受ケザルモ獨立《ドクリツ》シテ一切ノ營業ヲ爲スヲ得ルモノデアリマス

第四　夫ガ瘋癲ノ爲メ病院又ハ私宅ニ監置セラル丶トキ此ノ場合ニハ假令夫ガ禁治產ノ

宣告ヲ受ケザルモ實際《ジツサイ》ニ於テ第三號ノ場合《バアヒ》ト等《ヒト》シキモノデアルカラ其ノ妻ハ夫《ヲツト》ノ許可ヲ受クルヲ要セザルモノデアリマス

第五　夫ガ禁錮一年以上ノ刑ニ處セラレ其ノ刑ノ執行中ニ在ルトキ此ノ場合ニ於テモ妻ガ行爲ヲ爲《ナ》サントスレバ一々禁錮場《キンコヂヤウ》ニ至リテ夫《ヲツト》ノ許可ヲ求《モト》メナケレバナラヌトスレバ實ニ困難《コンナン》ナルバカリデナク實際行《オコナ》ハレ難《ガタ》キモノデアル假令《タトヘ》監獄則《カンゴクソク》ノ規定ニ因リ書面《シヨメン》ヲ以テセムトスルモ是亦《コレマタ》實際上行ハレ難キモノデアル故ニ禁錮《キンコ》カ一年以上ニモ渉《ワタ》ルトキハ到底《タウテイ》妻ハ實際上生活《セイクワツ》ニ困難ノ結果《ケツクワ》ガ生ゼシムル虞《オソ》レアル依テ夫ガ一年以上ノ禁錮《キンコ》ニ處セラレテ服役中《フクエキチウ》ニ在ルトキハ其ノ妻ハ夫ノ許可《キヨカ》ヲ得ストモヨイト定《サダ》メタノデアル、サレバ刑《ケイ》ノ執行ヲ終リ或ハ免役《メンエキ》セラレタル時ハ矢張《ヤハ》リ一般ノ通則《ツウソク》ニ復《フク》シ夫ノ許可ヲ要スルハ勿論《モチロン》デアル然ラバ一年以下ノ禁錮《キンコ》ニ就テハ如何ト謂《イ》フニ此ノ場合《バアヒ》ニ於テハ刑期短《ミヂカ》キガ爲メ一時出檻《シユツカン》ヲ俟《マ》ツモ大ナル困難《コンナン》ハ蒙《カフム》ラザルモノデアル若シ急迫《キンハク》ノ場合ニアレバ監獄則ニ從ヒ面會《メンクワイ》ヲ得テ許可ヲ受クルモ實際《ジツサイ》ニ於テ妻ノ生活上《セイクワツジヤウ》ニ大障害《ダイシヤウガイ》ヲ能フル等ノコトハナイ故ニ短期《タンキ》ノ場合《バアヒ》ニ於テハ必ズ夫ノ許可《キヨカ》ヲ得ナケレバナラヌノデアリマス

第六　夫婦ノ利益相反スルトキ例ハ妻ガ夫ニ對《タイ》シテ離婚《リコン》ノ訴ヲ起シ或ハ別居《ベツキヨ》ノ請求ヲ爲シ其ノ夫婦財產契約《ザイサンケイヤク》ニ關シ利害關係ヲ異《コト》ニスルガ如キ場合ニ於テ妻《ツマ》ノ爲サントスル行

爲ガ夫ノ利益《リエキ》ニ反《ハン》スルニ拘ハラズ尙《ナ》ホ其ノ許可ヲ受《ウ》クヘシトスルハ不當《フタウ》デアル故ニ新民法ハ舊民法ニ規定《キテイ》セザリシモ廣《ヒロ》ク夫婦ノ利益相反《リエキアヒハン》スル時ハ妻ハ夫ノ許可ヲ受クルニ及ハヌト至當《シタウ》ノ規定ヲ設《マウ》ケタル所以《ワケ》デアリマス

第十八條　夫《ヲツト》カ未成年者《ミセイネンシヤ》ナルトキハ第四條ノ規定《キテイ》ニ依ルニ非《アラ》サレハ妻ノ行爲《カウヰ》ヲ許可《キヨカ》スルコトヲ得ス

〔註釋〕本條ハ夫ガ未成年者《ミセイネンシヤ》タル場合ニ於ケル許可ノ行爲《カウヰ》ニ就テ規定シタル條項《デウカウ》デアッテ其ノ意義《イギ》ハ元來未成年者《グワンライミセイネンシヤ》ハ第四條ノ規定ノ如ク獨立シテ法律《ハフリツ》行爲ヲ爲サントスレハ必ラズ法定代理人《ハフテイダイリニン》ノ同意ヲ得ナケレハナラヌノハ原則《ゲンソク》デアル故ニ例ハ夫ガ二十年未滿《ミマン》テアッテ其妻ニ第十四條ノ許可ヲ與《アタ》ヘントスル時ハ夫ハ未成年者デアルカラ獨斷《ドクダン》テ此ノ許可ヲ與ヘルコトハ出來《デキ》ヌ、サレバ未成年者ノ夫ハ必ラズ法定代理人例《タトヘ》ハ父母若シクハ後見人等ノ同意ヲ得テ許可センケレハナラヌト定メタノデアリマス

第十九條　無能力者《ムノウリヨクシヤ》ノ相手方《アヒテカタ》ハ其無能力者カ能力者《ノウリヨクシヤ》ト爲リタル後《ノチ》之ニ對《タイ》シテ一ク月以上ノ期間內《キカンナイ》ニ其取消シ得ヘキ行爲ヲ追認《ツイニン》スルヤ否ヤ

ヲ確答スヘキ旨ヲ催告《サイコク》スルコトヲ得若シ無能力者《ムノウリヨクシヤ》カ其期間内ニ確答ヲ發セサルトキハ其行爲《ソノギヤウヰ》ヲ追認シタルモノト看做《ミナ》ス

無《ム》能力者《ノウリヨクシヤ》カ未タ能力者トナラサル時《トキ》ニ於テ夫又ハ法定代理人ニ對シ前項ノ催告ヲ爲スモ其期間内《ソノキカンナイ》ニ確答ヲ發《ハツ》セサルトキ亦同シ但法定代理人ニ對《タイ》シテハ其權限内ノ行爲ニ付《ツイ》テノミ催告《サイコク》ヲ爲スコトヲ得《エ》

特別《トクベツ》ノ方式《ハウシキ》ヲ要スル行爲ニ付テハ右ノ期間内《キカンナイ》ニ其方式ヲ踐ミタル通知ヲ發セサルトキハ之《コレ》ヲ取消《トリケ》シタルモノト看做《ミナ》ス

準禁者産者《ジユンキンヂサンシヤ》及ヒ妻ニ對シテハ第一項ノ期間内《キマナイ》ニ保佐人ノ同意又ハ夫ノ許可ヲ得テ其《ツ》ノ行爲ヲ追認《ツイニン》スヘキ旨ヲ催告《サイコク》スルコトヲ得若シ準禁治産者又ハ妻カ其期間内《ソノキカンナイ》ニ右ノ同意又ハ許可ヲ得《エ》タル通知《ツウチ》ヲ發セサルトキハ之ヲ取消《トリケシ》シタルモノト看做ス

〔註釋〕本條ハ無能力者ニ對《タイ》シテ爲《ナ》シタル契約《ケイヤク》ヲ取消シ得《エ》ラル場合ニ於《オ》ケル追認《ツイニン》手續ヲ四個ノ場合《バアヒ》ニ區分《クブン》シ其ノ第一ヲ無能力者ノ能力者ト成リタル後《ノチ》ニ於ケル場合《バアヒ》トシ第二ヲ夫又ハ法定代理《ハフテイダイリ》人《ニン》ニ對シタル場合トシ第《ダイ》三ヲ各種《カクシユ》ノ場合ニ於ケル特別方式ヲ要スル行爲ニ係ル場合《バアヒ》トシ第四ヲ無能力者《ウノウリヨクシヤ》自《ミヅカ》ヲニ對スル場合トシテ規定《キテイ》シタル條項《ゼウコウ》デアル、而シテ其ノ意義ハ無能力者トハ獨立《ドクリツ》シテ專斷ニ法律行爲《ハウリツギヨウヰ》ヲ爲スコトノ出來ナイ者則チ第四條ノ未成年者第八條ノ禁治産者《キンヂサンシヤ》第十一條ノ準禁治産者第十四條ノ妻等《ツマトウ》ヲ指シテ謂フモノデアツテ是等《コレラ》ノ者ガ獨斷ニテ法律《ハフリツ》行爲ヲ爲シタル時ハ其ノ行爲ハ總《スベ》テ取消《トリケ》スコトノ出來ルモノデアル故ニ是等ノ者ト契約ヲ爲《ナ》シ又ハ取引《トリヒキ》ヲ爲シタル相手《アヒテ》方ハ實ニ危《キ》險極《ケンキワマ》ル位地ニアルモノデアル、ケレドモ法律《ハフリツ》ガ其ノ取消《トリケシ》ヲ許スハ唯無能力者ノ利《リ》益《エキ》ヲ保護スルニ止マルモノデアルカラ法律上全然無効ト謂《イ》フノデハナイ、サレバ其ノ無能力者《ムノウリヨクシヤ》ガ追認《ツイニン》則チ能力者トナリシ時《トキ》ニ於テ其ノ契約《ケイヤク》ヲ承認スレハ其ノ取消《トリケ》シ得ヘキ契約若クハ取引ハ有効ト爲ルモノデアル故《ユヘ》ニ先キニ無能力者デアリシ未《ミ》成年者《セイテンシヤ》ガ成年者ト成リ或ハ禁治《キンヂ》産者《サンシヤ》又ハ準禁治産者ガ其ノ宣告《センコク》ヲ取消サレ或《アルヒ》ハ妻ガ離婚若クハ寡婦《クワフ》ト成リテ獨立シテ完全ノ能力者ト成リタル後《ノチ》一ケ月以上ノ期《キ》間内《カンナイ》ニ其ノ相手方ヨリ曩キニ爲シタル取消《トリケ》シ得ヘキ契約《ケイヤク》若クハ取引ヲ追認《ツイコン》セシムル爲是等ノ者ニ對《タイ》シテ追認スルヤ否《イナ》ヤ確答セヨト催告スルコトガ出來ル是未《コレミ》確定《カクテイ》デアツタ行爲ヲ確定ナラシムル手段《シユダン》デアツテ法律《ハウリツ》ガ其ノ相手方ヲ保護スル所以デアル而《シカ》シテ若シ此ノ催告《サイコク》ヲ相手方ヨリ受《ウ》ケタル無能力者ガ之ニ對シテ確答《カクトウ》ヲナサヌ時ハ取消《トリケ》シ得ヘキ契約若《ケイヤクモシ》クハ取引ハ追認《ツイニン》セラレタルモノト成《ナ》リテ效力ヲ生ズルモノデアル（第一項）而シテ又無能力者ト契約《ケイヤク》若クハ取引《トリヒキ》ヲ爲シタル相手方ノ催告《サイコ》ヲ爲シ得ル場合ハ單《タン》ニ前項《ゼンコウ》ノ場合ダケニ止《ヤ》マルモノデハナイ無能力者《ムノウリヨクシヤ》ガ未ダ能力者ト成ラヌ前デアルトモ妻ナレハ其ノ夫ニ對《タイ》シ未成年者、禁治産者、準禁治産者等ナレハ法定代理人《ハウテイダイリニン》ニ向ツテ第一項ト同樣《ドウヤウ》ノ催告《サイコク》ヲ爲スヿガ出來《デキ》ル而シテ相手《アイテ》方《ガタ》ガ夫又ハ法定代理人ニ對シテ催告ヲ爲スモ其ノ期《キ》間ニ確答《カクトウ》ヲ爲サヌ時ハ矢張《ヤハ》リ取消シ得ベキ契約《ケイヤク》若クハ取引ハ追認《ツイニン》セラレタルモノト成《ナ》リテ効定《コウテイ》ヲ生ズルモノデアル（第二項前段）ケレドモ若《モ》シ其ノ契約ガ例バ婚姻契約ノ如キモノデアレバ元來法定代理人《グワンライハウテイダイリニン》ハ財産上ニ付テノ權利《ケンリ》ハアルモ身体上《シンタイジヤウ》ニ關シテハ權限外《ケンゲングワイ》ナル場合ガアル故ニ婚姻契約《コンインケイヤク》ノ如キ身体ニ關スル事項《ジコウ》デアツテ法定代理人ノ權限內ノモノデナイ時《トキ》ハ是ガ催告《サイコク》ヲ法定代理人《ハウテイダイリニン》ニ向ツテ爲スモ其ノ効力ヲ生スルモノデハナイカラ斯《カヽ》ル事項ハ催告《サイコク》スルコトハ出來ヌ（第二項但書）又何レノ場合《バアヒ》ニ於ケルモ特別《トクベツ》ノ方式例バ不動産ノ賣買《バイヽ》ニ就テハ不動産ヲ賣買セムト謂《イ》フ契約《ケイヤク》ヲ爲スノ外ニ登記ノ方式ヲ踐マナケレバ第三者ニ對シテノ効力《コウリヨク》ヲ生ズルモノデハナイ故《ユヘ》ニ此ノ場合《バアイ》ニ於テ相手方カ賣買《メイ〳〵》契約《ケイヤク》ハ爲シ終《オハ》リタルモ其ノ登記《トウキ》ヲ經ル爲前項ノ期限內《キゲンナイ》ニ其方式ヲ經ルヤ否ヤヲ催告《サイコツ》シタル時之ニ對《タイ》シテ通知ヲ發シナイ時ハ其ノ登記ノ方式《ハウシキ》ヲ經ルコトハ取消《トリケ》シタルモノト看做スノデアル（第三項）又《マタ》準禁治產者《ジユンキンヂサンシヤ》若クハ妻ハ元來全然ノ無能力者デナク限定《ゲンテイ》ノ無能力者デアルカラ準禁治產者ガ其ノ保佐人ノ同意《ドウイ》ヲ得若《モシ》クハ妻《サイ》ガ夫ノ許可ヲ得ルハ恰度《チヤウド》一ノ方式《ハウシキ》ノ如キモノテアル故ニ相手方ハ直接《チヨクセツ》ニ準禁治產者若クハ妻ニ對《タイ》シ保佐人ノ同意《ドウイ》ヲ得若クハ夫ノ許可ヲ得テ契約《ケイヤク》若クハ取引ヲ追認セヨト催告《サイコク》スルコトガ出來ル而シテ若シ此ノ催告ニ對シ準禁治產者《ジユンキンヂサンシヤ》若《モ》シクハ妻ガ保佐人《ホサニン》若《モシ》クハ夫ノ許可ヲ得タリト謂《イ》フ通知《ツウチ》ヲ發シナイ時《トキ》ハ其ノ行爲ハ取消《トリケ》シタルモノト看做《ミナ》スノデアル（第四項）ト定メタノデアリマス

第二十條　無能力者カ能力者タルコトヲ信《シン》セシムル爲メ詐術《サジユツ》ヲ用ヰタルトキハ其行爲ヲ取消《トリケ》スコトヲ得ス

▲參看　舊民法財產編第五百四十九條

第五百四十九條　未成年者カ成年ナリト陳述シタルノミニシテ成年タルコトヲ信セシムル爲メ自ラ詐術ヲ用ヰサルトキハ其無能力又ハ欠損ニ因ル銷除訴權ヲ妨ケス此他ノ無能力者ノ虛僞ノ陳述ニ付テモ亦同シ

〔註釋〕本條ハ無能力者ガ獨斷《ドクダン》デ以テ爲シタル法律行爲ノ取消《トリケ》シ能ハザル例外ノ場合ヲ規定

シタル條項《デウコウ》デアッテ其ノ意義《イギ》ハ例《タトヘ》バ甲ナル未成年者《ミセイチンシヤ》ガアッテ其ノ後見人《コウケンニン》タル乙者ヨリ料理店ヲ營《イトナ》ムベキ同意ヲ得タルヲ僥倖《ギヤウカウ》トシ丙者ニ向ッテ酒舗《シユホ》ヲ開店《カイテン》スルト僞《イツハ》リ甲者自《ミヅカ》ラ成年者ヲ僞裝シ丙者ト清酒《セイシユ》ノ賣買取引ヲ成スベキ公正證書《コウセイシヨウシヨ》ヲ作成《サクセイ》スルニ區役所ノ年齡證明書ヲ僞造シテ其ノ目的《モクテキ》ヲ遂《ト》ゲタルガ如キ場合ニ於テハ甲者ハ詐術《サジユツ》ヲ以テ丙者ヲ瞞着《マンチヤク》シタルモノデアル故ニ此ノ行爲《カウヰ》ニ對シテハ假令後見人《コウケンニン》ノ同意ヲ得ザル營業《エイゲフ》ニ關スル取引デアッテ法律上取消《トリケ》シ得ベキ原因《ゲンイン》アリトモ其ノ手段《シユダン》ノ詐術ニ出ヅルモノデアルカラ決《ケツ》シテ取消スコトハ出來ヌ如何《イカン》トナレバ詐術ノ如キ惡計《アクケイ》ヲ以テ人ヲ欺《アザム》キ不當《フタウ》ノ利益ヲ得ル如キハ法律ニ違《タガ》ヒシ惡行爲《アクカウヰ》デアル此ノ惡行爲タル原因《ゲンイン》ニ出ヅル所爲モ未成年者デアル以上《イジヤウ》ハ取消シ得ラル丶モノト謂《イ》フガ如キハ論《ロン》ヲ俟《マ》タズシテ其ノ不理《フリ》不當《フタウ》ナルコト明瞭《メイレウ》デアル故ニ斯ル行爲ハ未成年者タリトモ取消《トリケ》スコトハ出來《デキ》ヌト定メタノデアル、ケレドモ未成年者ガ自ラ成年者《セイチンシヤ》デアルトモ未成年者デアルドモ言《イ》ハズ又ハ假令《タトヘ》成年者デアルト明言《メイゲン》スルモ果《ハタ》シテ成年者デアルト信《シン》ズベキ程ノ證憑《シヨウヒヨウ》ナキニ之ヲ輕信《ケイシン》シテ取引ヲ爲シタル如キハ相手《アヒテ》方《カタ》ニ於テ自ラ不注意《フチウイ》ノ責《セメ》ハ免《マヌ》カレナイモノテアル故ニ本條ノ保護《ホゴ》ヲ受クルコトハ出來ヌ又茲ニ注意《チユウイ》スベキハ本條ハ相手方ヲ善意《ゼンイ》ト看做《ミナ》シタル場合ノ規定《キテイ》デアルカラ若シ對手方ガ未成年者ト僞證《ギシヨウ》スルノ事實ヲ知《シ》リ居タル時ハ此ノ相手方ヲ善意者ト看做《ミナ》スコトハ出來ヲ故ニ此ノ場合《バアヒ》ニハ假令未成年者ニ詐術《サジユツ》アリトモ其ノ未成年者ノ行爲《カウヰ》ハ取消サル丶モノデアル如何《イカン》トナレバ相手方ガ其ノ事實《ジヽツ》ヲ知リ居ル時ハ未成年者ノ僞稱詐術ハ全《マツタ》ク其ノ効ヲ生《シヤウ》ゼザルモノデアルカラ之ナキト同一デアル而《ソウ》シテ又本條ハ前條ノ如ク未成年者ノミニ對スル規定《キテイ》デハナク無能力者トアルヲ以テ禁治産者、準禁治産者、妻等《ツマトウ》ノ行爲ニ就《ト》テハ適用《テキヨウ》スベキハ勿論《モチロン》デアル、ケレドモ擧例《キヨレイ》ガ未成年者デアルカラ讀者《ドクシヤ》ノ疑《ウタガ》ヒヲ解ク爲メ聊カ蛇足《ダソク》ノ附言《フゲン》ヲ爲シ置キマス

第三節　住《ヂユウ》所《シヨ》

〔註釋〕本節ハ住所ニ關《クワン》スル規定ノ網羅《マウラ》シタルモノデアッテ、此ノ住所ヲ三個《コ》ニ區分シ第一生活ノ本據《ホンキヨ》タル住所、第二現住所《ゲンヂウシヨ》、第三假住所ト定《サダ》メタノデアル、而《シカ》シ此ノ住所ヲ定ムルノ必要ハ行政《ギヤウセイ》、司法ノ上ニ於テ管轄《クワンカツ》テ明瞭ナラシムル所以《ユエン》ニ因《ヨ》ルモノデアル、其ノ詳細ハ各本條ニ於テ説明《セツメイ》スルコト丶致シマス

第二十一條　各人ノ生活《セイクワツ》ノ本據ヲ以テ其ノ住所《ヂユウシヨ》トス

▲參看　舊民法人事編第二百六十二條、第二百六十六條

第二百六十二條　民法ノ住所ハ本籍地ニ在ルモノトス

第二百六十六條　本籍地カ生計ノ主要タル地ト異ナルトキハ主要地ヲ以テ住所ト爲ス

〔註釋〕本條ハ住所ノ定義《テイギ》ヲ明カニシタル規定《キテイ》デアッテ、其ノ意義《イギ》ハ元來吾人《ゴジン》ガ住所ヲ定ムルノ必要ハ政令執行《セイレイシツカウ》ノ上又ハ法律上吾人等ガ雙互《サウゴ》ノ關係ヨリ生《シヤウ》ズルモノデアッテ、例バ行政上ヨリ言《イ》ヘバ吾人等ガ住所ヲ定《サダ》メテ政令執行ノ管轄《クワンカツ》ヲ明瞭ニシ甲所ニ在ルモノハ甲所ヲ管轄スル政廳《セイチヤウ》ニ向ッテ租税《ソゼイ》ヲ納メ又保護ヲ受《ウ》ケ乙所ニ在ル者ハ乙所ヲ管轄スル政廳ニ向ッテ租税ヲ納《ヲサ》メ又保護ヲ受クル者デアル、司法上《シハフジヤウ》ヨリ言ヘバ甲所ヲ生活《セイクワツ》ノ本據タル住所トスル者ニ債權《サイケン》テ有スル者アル時ハ其ノ債權者ハ甲所《カフシヤ》ヲ管轄スル甲裁判所ニ起訴《キソ》シ乙所ヲ生活《セイクワツ》ノ本據タル住所トスル者ニ對シテハ乙所《チツシヨ》ヲ管轄スル裁判所ニ起訴《キソ》スルガ如キ所以デアル、然《シカ》ルニ吾人ガ住所ハ實際《ジツサイ》ニ於テ一定セズ例バ一人ニテ東京、大阪、西京ノ三個所ニ本支店《ホンシテン》ヲ設ケテ營業スル等ノ者往々《マヽ》アルガ故舊民法第二百六十二條ハ本籍地《ホンセキチ》ヲ以テ住所トシ本籍地ト生計主要地《シユエウチ》ト異ナル時ハ主要地ヲ以テ住所ト規定《キテイ》シタルモ今日《コンニチ》ニ於ケル我邦《ワガクニ》ノ状況ハ必ラズシモ戸籍《コセキ》ノ在ル地ニ住居スルヨリ生活《セイクワツ》ノ主要地ニ住居スル者多ク又將來ニ於ケルモ萬事《バンジ》開進《カイシン》ニ連《ツ》レテ然ルガ如キコトアルベシ、サレバ新民法ハ舊民法ニ則《ノツト》ラズ生活ノ本據ヲ以テ其ノ住所ト定メタルモノデアル例《タト》バ東京、大阪、西京ノ三地ニ家屋《カオク》ヲ搆《カマ》ヘ而シテ各所ニ往來《ワウライ》シテ營業ヲ營ミ主人《シユジン》ハ常ニ營業ノ監督中《カントクチウ》ハ一部ノ家族ト共ニ其ノ營業地ニ起臥《キクワ》シ東京ニハ本店大阪及ビ西京ヲ支店《シテン》ト稱シ其ノ妻子《サイシ》ハ之ヲ東京本店ニ置ク時ハ其ノ東京ノ本店《ホンテン》ヲ以テ生活ノ本據《ホンキヨ》タル住所ト認《ミト》ムベキモノデアル故ニ若《モ》シ其ノ妻子ヲ大阪支店《シテン》ニ置ク時ハ大阪ハ假令《タトヘ》支店ノ名義《メイギ》タリトモ大阪ヲ以テ生活ノ本據タル住所ト認《ミト》ムベキモノデアル、故ニ其ノ戶籍《コセキ》ノ何レニ在ルヲ問ハズ寄留《キリウ》タルト止宿《シユク》タルトヲ問ハズ妻子《サイシ》一族ヲ集《アツ》メテ生活ノ本據トスル以上《イジヤウ》ハ其ノ場所ヲ以テ住所ト認《ミト》ムベキモノデアルト定ノタノデアリマス

第二十二條　住所《ヂウシヨ》ノ知《シ》レサル場合ニ於テハ居所《キヨシヨ》ヲ以テ住所ト看做ス

▲參看　舊民法人事編第二百六十七條第一號民事、訴訟法、第十三條

第二百六十七條　第一住所ノ知レサルトキ

第十三條　內國ニ住所ヲ有セサル者ノ普通裁判籍ハ本人ノ現在地ニ依リテ定マル若シ其現在地ノ知レサルカ又ハ外國ニ在ルトキハ其最後ニ有セシ內國ノ住所ニ依リテ定マル

然レトモ外國ニ住所ヲ有スル者ニ對シテハ內國ニ於テ生シタル權利關係ニ限リ前項ノ裁判籍ニ於テ訴ヲ起スコトヲ得

〔註釋〕本條ハ住所ニ關《クワン》スル第二ノ場合《バアヒ》則チ居所ヲ以テ住所ト認《ミト》ムベキモノヲ規定《キテイ》シタル條項デアッテ其ノ意義《イギ》ハ元來第二十一條規定《キテイ》ノ如ク人ノ住所《ヂウシヨ》ハ生活ノ本據《ホンキヨ》タル場所デナケ

レバナラヌモノデアル、ケレドモ例《タトヘ》バ行商人ノ如ク時々甲乙丙丁ノ各地《カクチ》ニ移轉《イテン》シ其ノ營業中ハ移轉地《イテンチ》ヲ生活ノ本據《ホンキヨ》トシ而シテ流離轉々一定ノ生活本據《ゼイクワクホンキヨ》ヲ定メサル者ガアル、然ル場合《バアヒ》ニ於テハ其ノ者ノ生活本據ノ場所ヲ知《シ》ルニ術《シユツ》ナキモノデアル故ニ斯《カク》ノ如ク住所ノ知レザル場合ニ於《オイ》テハ法律《ハウリツ》ハ便宜上其ソ者ノ止宿《シユク》スルト寄留スルトヲ問ハズ又戸籍ノ有無ニ關《クワン》セズ現在々留スル居所《キヨシヨ》ヲ以テ住所ト看做《ミナ》スト定メタノデアリマス

第二十三條　日本ニ住所ヲ有《イウ》セサル者ハ其《ソノ》日本人《ニホンジン》タルト外國人タルトヲ問ハス日本ニ於《オ》ケル居所ヲ以テ其住所《ソノヂウシヨ》ト看做ス但法例ノ定《サダ》ムル所《トコロ》ニ從《シタガ》ヒ其《ソノ》住所《ヂウシヨ》ノ法律ニ依ルヘキ場合《バアヒ》ハ此限ニ在《ア》ラス

參看　舊民法人事編第二百六十七條第二號、民事訴訟法第十三條

第二百六十七條　第二日本ニ住所ヲ定メサル外國人ニ關スルトキ

第十三條　内國ニ住所ヲ有セサル者ノ普通裁判籍ハ本人ノ現在地ニ依リテ定マル若シ其現在地ノ知レサルトキ又ハ外國ニ在ルトキハ其最後ニ有セシ内國ノ住所ニ依リテ定マル

然レトモ外國ニ住所ヲ有スル者ニ對シテハ内國ニ於テ生シタル權利關係ニ限リ前項ノ裁判籍ニ於テ訴ヲ起スコトヲ得

（註釋）本條ハ生活《セイクワツ》ノ本據ヲ日本ニ有《イウ》セサル者ニ關シテ規定《キテイ》シタル條項デアッテ其ノ場合ヲ第一日本人《ニホンジン》ニシテ日本ニ住所《ヂウシヨ》ヲ有セザルモノ第二外國人ニシテ日本ニ住所《ヂウシヨ》ヲ有《イウ》セザル者ノ二個ニ區別《クベツ》シマシタ其第一ハ例《タトヘ》バ日本人デアッテ其ノ戶籍《コセキ》ハ日本ニ在ルモ商業ノ爲メ一家族ヲ纏《マト》メ外國ニ出稼シ一時歸國《ジキコク》シテ戶籍ノナキ或ル場所《バシヨ》ニ一時居留《キヨリウ》スル者ハ其ノ生活ノ本據ハ外國ニアレバ便宜上《ベンギジヤウ》其ノ者ガ歸國シテ一時居留スル居所ヲ以《モツ》テ住所ト看做スノデアル、又第二ハ外國人《グワイコクジン》ガ日本ニ來リ居ル時ハ其ノ外國人ノ生活本據《セイクワツホンキヨ》ハ遠ク本國《ホンゴク》ニ在ルモ便宜上《ベンギジヤウ》其ノ外國人ノ日本ニ來《キタ》リ居留シ居ル居所ヲ以《モツ》テ住所ト看做《ミナ》スノデアル（本條前段）ケレドモ例《タトヘ》ハ法例《ハウレイ》ヲ以テ特ニ其ノ件ニ對シテノ住所ハ其ノ戶籍所在地《コセキシヨザイチ》ヲ以テ住所ト定ムト言《イ》フ如《ゴト》キ規定ヲ設ケタル時本條前段《トキホンゼウゼンダン》ニ據ルベキモノデハナイ矢張リ其ノ法例ニ從ハンケレバナラヌ（本條但書）本條《ホンゼウ》ニ所謂法例《イワユルハウレイ》トハ未ダ公布《コウフ》セラレザルモノナレバ玆《コヽ》ニ說明《セツメイ》スルコトハ出來《デキ》ザルモ現行ノ法例ニ依《ヨ》レバ其ノ第八條ニ曰ク本國法《ホンゴクハウ》ヲ適用ス可キ諸般ノ場合ニ於テ何《イヅ》レノ國民分限《ブンゲン》ヲモ有セザル者又ハ地方《チハウ》ニ依リ法律ヲ異ニスル國ノ人民ハ其ノ住所ノ法律《ハウリツ》ニ從フ若シ住所知レ居ル時《トキ》ハ其ノ居所ノ法律ニ從《シタガ》フ」日本人ト外國人トノ分限《ブンゲン》ヲ有スル者ハ日本法律《ニホンハウリツ》ニ從モ又二個以上ノ外國々民分限《グワイコクヽミンブンゲン》ヲ有スル者ハ最後ニ之ヲ取得シタル國ノ法律《ハウリツ》ニ從フト規定《キテイ》シタルガ故若シ將來制定《シヤウライセイテイ》ノ法例ニ於テ斯ル規定モア

レバ本條《ホンゼウ》ノ便宜ニ依ルコトハ出來《デキ》ヌ皆ナ其ノ住所ノ法律《ハウリツ》ニ從《シタガ》ハンケレハナラヌト定メタノデアリマス

第二十四條　或行爲ニ付キ假住所《カリヂウシヨ》ヲ選定《センテイ》シタルトキハ其行爲ニ關シテハ之ヲ住所《ヂウシヨ》ト看做《ミナ》ス

▲參看　舊民法人事編第二百六十八條

第二百六十八條　何人ト雖トモ或ル行爲又ハ事務ノ爲メニ假住所ヲ選定スルコトヲ得
但此選定ハ書面ヲ以テスルコトヲ要セス

〔註釋〕本條ハ住所ニ關《クワン》スル第三ノ場合則《スナハ》チ假住所ヲ以テ住所《ヂウシヨ》ト認ムル可キヲ規定《キテイ》シタル條項デアッテ、其ノ意義《イギ》ハ例バ民事訴訟ノ場合《バアヒ》ニ於テ其ノ裁判所々在地ニ住所ヲ有《イウ》セザル者アル時ハ書類送達《シヨルヰソウタツ》若クハ呼出《ヨビダ》シ等ノ場合ニ不便《フベン》デアルカラ裁判所ハ民事訴訟法第百四十三條、第五百三十七條、第五百九十條、第六百四十六條、第六百六十九條、第七百九條ノ如ク其ノ訴訟行爲《ガウヰ》ヲ爲スモノニ對《タイ》シテ假住所ヲ撰定《センテイ》セヨト命《メイ》ズルコトガアル此ノ場合ニ於テ訴訟行爲ヲ爲ス者ガ裁判所ノ命令《メイレイ》ニ從ヒ假住所ヲ撰定《センテイ》シタル時ハ其ノ訴訟行爲ニ關シテハ其ノ假住所ヲ以テ住所《ヂウシヨ》ト認ムルノデアル舊民法第二百六十八條但書《タヾシガキ》ハ假住所ノ撰定ハ書面ヲ以テセンケレバナラヌト規定《キテイ》シタルモ新民法ハ別《ベツ》ニ本條ニ於テ撰定方法及

ビ届出方法ヲ規定《キテイ》スルノ必要《ヒツエウ》ナキモノトシテ削除シタノデアリマス

第四節　失踪《シツソウ》

〔註釋〕本節ハ失踪《シツソウ》ニ關シテ規定シタル條項《デウコウ》ヲ網羅《マウラ》シタルモノデアツテ而シテ失踪《シツソウ》トハ自己カ住所ヲ離《ハナ》レ其ノ所在不分明デ在《ア》ツテ其ノ生死ヲ知《シ》リ得《ウ》ベカラザル者ノ狀況ヲ稱ヘルモノデアル故ニ本節《ホンセツ》ハ其ノ狀況ニ因リ之レヲ二區《ク》ニ分チ第一ヲ不在者《フザイシヤ》第二ヲ失踪者トス其ノ詳細ハ各條下ニ於テ說明《セツメイ》スルコトヽシマス

第二十五條　從來《ジウライ》ノ住所又ハ居所ヲ去《サ》リタル者カ其ノ財產《ザイサン》ノ管理人ヲ置カサリシトキハ裁判所ハ利《リ》害關係《ガイクワンケイ》人《ニン》又ハ撿事ノ請《セイ》求ニ因リ其財產ノ管理《クワンリ》ニ付キ必要ナル處分ヲ命《メイ》スルコトヲ得本人ノ不在中《フザイチウ》管理人ノ權限《ケンゲン》カ消滅《セウメツ》シタルトキ亦同シ

本人カ後日《ゴジツ》ニ至リ管理《クワンリ》人《ニン》ヲ置キタルトキハ裁判所ハ其管理人、利害關係人又《マタ》ハ撿事《ケンジ》ノ請求ニ因リ其命令《メイレイ》ヲ取消スコトヲ要《エウ》ス

参看　舊民法人事編第二百六十九條、第二百七十條、第二百七十一條、第二百八十八條

第二百六十九條　住所及ヒ居所ヨリ亡失シ又ハ音信絶エテ生死分明ナラサル人ハ之ヲ失踪者ト推定ス

第二百七十條　失踪ノ推定ヲ受ケタル者ハ總理代理人ヲ定置キタルトキハ其代理人ハ失踪ノ推定中本人ノ財産ヲ管理ス但必要アル片ハ裁判所ハ現實ノ利益ヲ有スル關係人推定相續人又ハ撿事ノ請求ニヨリテ代理人ノ解任ヲ言渡シ又ハ其後任ヲ指定スルコトヲ得

第二百七十一條　失踪ノ推定ヲ受ケタル者カ總理代理人ヲ定置カサリシトキハ裁判所ハ前條ニ掲ケタル者ノ請求ニヨリテ管理人ヲ指定ス此管理人ニハ成ル可ク推定相續人ヲ指定スルコトヲ要ス

第二百八十八條　生存ノ確實ナル人カ住所若クハ居所ヲ去リテ其財産ヲ管理スル者アラサルトキ又ハ裁判所カ未タ失踪ヲ推定セサルモ本人ノ不在カ爲メ其財産ノ放置セラル、トキ又ハ失踪ノ推定中若クハ宣告後ニ失踪者ノ生存ノ確實ト爲リタルトキハ區裁判所ハ利害關係人又ハ撿事ノ請求ニ因リテ必要ノ保存處分ヲ命スルコトヲ得

〔註釋〕本條ハ本節ノ區別《クベツ》ニ因リテ未ダ失踪《シツソウ》ト認メラレザル第一ノ場合則チ不在者《フザイシヤ》ニ關スル規定デアツテ、其ノ意義《イギ》ハ例バ甲者ガ從來生活ノ本據《ホンキヨ》トシテ居住シタル住所又ハ止宿《シ、ユク》若クハ寄留等《キリウトウ》ヲ爲シ居リタル居所ヲ去《サ》リテ歸《カヘ》リ來《キタ》ラズ且其ノ所有財産ノ管理人《クワンリニン》ヲモ置カザル場合ニ於テハ其ノ財産《ザイサン》ノ紛失或ハ毀損消滅《キソンセウメツ》等ノ憂《ウレ》ヒアリテ爲《タ》メニ甲者ノ損害《ソンガイ》ヲ蒙ムルモノデアルカラ法律《ハフリツ》ハ之ヲ保護スル爲メ利害關係人若クハ撿事《ケンジ》ノ請求《セイキウ》アリタル時ハ裁判所ハ其ノ財産《ザイサン》ノ管理ニ必要《ヒツエウ》ナル處分ヲ命《メイ》ズルコトガ出來ル。而《シカ》シテ利害關係人ト稱スルハ如何《イカ》ナル人カト謂フニ則チ甲者ニ債權《サイケン》ヲ有シ又ハ甲者ノ相續人《サウゾクニン》ノ地位ニ立《タ》ツベキ者等

ヲ總稱シタル者デアッテ、利害關係人《リガイクワンケイニン》ノ上ヨリ言《イ》ヘバ自已カ將來得ル地位《チヰ》ノ利益ヲ保護スル爲ニ甲者ノ財産ガ散逸《サンイツ》若クハ毀損滅失《キソンメツシツ》等セヌヤウ管理人ヲ置《オ》カンコトヲ裁判所ニ請求スルコトガ出來《デキ》ル是レ至當《シタウ》ノ理由《リイウ》デアル、ケレドモ自已ニ何ノ關係《クワンケイ》モナキ撿事カ利害關係人ト等《ヒト》シク此ノ請求權《セイキウケン》ヲ有スルハ如何《イカ》ナル理由《リイウ》ニ因ルカトノ疑《ウタガ》ヒテ生ズル人モアランガ撿事ハ常《ツネ》ニ社會《シヤクワイ》ノ代人《ダイニン》トシテ公益《コウエキ》ヲ保護スル職ニアルモノデアルカラ撿事《ケンジ》ハ其ノ職權上公益ノ爲メ不在者《フザイシヤ》ヲ保護シ若シ不在者ニ惡意《アクイ》アリトスレバ債權者《サイケンシヤ》ヲ保護スル爲メ不在者ノ遺留財産《ヰリウザイサン》ノ散逸《サンイツ》若クハ毀損滅失ヲ豫防《ヨバウ》スル必要ヨリ此ノ請求《セイキウ》ヲ爲スモノデアル是レ一ニ公益保護ノ趣旨《シユシ》ヨリ撿事ニ此ノ請求權《セイキウケン》ヲ與ヘタルモノデアル(第一項前段)若《モ》シ不在者カ其ノ不在中管理ヲ委《ユダ》ネタル人アルモ其ノ管理人《クワンリニン》ノ權限ガ消滅《セウメツ》シタル時例バ甲者ガ旅行《リヨカウ》ヲ爲スニ就キ先《マ》ヅ六ケ月間ニハ歸宅《キタク》スルノ見込《ミコミ》ナリシ故其ノ間乙者ヲシテ財産《ザイサン》ノ管理ヲ委《ユダ》ネタルニ其ノ六ケ月ノ期間《キカン》ヲ經過《ケイクワ》スルモ甲者ノ歸リ來《キタ》ラザルカ又ハ乙者ガ管理中死亡スルカ若クハ止《ヤム》ヲ得《エ》ザル事故ノ爲メ管理ノ任務《ニンム》ヲ盡《ツク》スコトノ出來ヌ爲メ其ノ權限《ケンゲン》カ消滅シタル時ニ於テモ利害關係人若《モシ》クハ撿事ハ管理人ヲ置カンコトヲ裁判所ニ請求《セイキウ》スルコトガ出來《デキ》ル又裁判所ハ斯ル場合《バアヒ》ニ於テノ請求ヲ受《ウ》ケタル時ハ前段《ゼンダン》ト等《ヒト》シク其ノ財産ノ管理ニ付キ必要《ヒツエウ》ナル處分ヲ命《メイ》ズルコトガ出來ルノデアル(第一項後段)而シテ其《ソ》ノ管理ニ就《ツイ》テノ必要ナル處分トハ如何《イカ》ナル處分ヲ指《ユビザ》スカト云《イ》ヘバ不在者ガ遺留財産《井リウザイサン》ノ散逸ヲ防止シ毀損《ソン》セントスル物ニ對《タイ》シテハ之ヲ修繕《シウゼン》スル等其ノ財産ヲ保護《ホゴ》シ不在者ノ利益ト成《ナ》ルベキ相當《サウタウ》ノ處置ヲ爲スヲ謂《イ》フノデアル、又裁判所ガ命《メイ》ズベキ管理人《クワンリニン》ハ如何《イカ》ナル人ヲ以テスルカニ就テハ本條別ニ明文《メイブン》ハナキモ舊民法第二百七十一條第二項ニハ此ノ管理人ニハ成ル可ク推定相續人ヲ指定スルコトヲ要スト規定《キテイ》シタリシヨリ推考《スヰカウ》スレバ裁判所ノ命ズベキ管理人ハ成ルベク不在者ノ利益《リエキ》ヲ計《ハカ》ルベキ關係アル適當《テキタウ》ノ人物ヲ選任《センニン》スルニ外《ホカ》ナラザルモノデアロウト考《カンガ》ヘル（本條第一項又自已ノ財産ヲ管理スベキ者ヲ定メズシテ從來ノ住所又ハ居所ヲ去《サ》リタル者ガ後日《ゴジツ》ニ於テ自己デ管理人ヲ定メタル時ハ裁判所《サイバンシヨ》ハ既ニ利害關係人又ハ撿事《ケンジ》ノ請求ニ因リテ定《サダ》メタル管理人アルモ不在者本人《ホンニン》ガ自ラ管理人ヲ置ク以上ハ別《ベツ》ニ他ヨリ之ヲ保護《ホゴ》スル必要モナク又裁判所ハ不在者ガ不知《フチ》ノ間ニ定メタルモノデアルカラ本人《ホンニン》ニ於テ自ラ定メタル時ハ假令《タトヘ》裁判所ガ管理人ヲ選定《センテイ》シタル後デアルトモ管理人ノ變更《ヘンカウ》ヲ許サスト言フ道理《ダウリ》ハナキモノデアル故ニ利害關係人又ハ撿事《ケンジ》ニ於テ不在者ガ自ラ管理人ヲ置《オ》キタルニ付嚢《サ》キニ裁判所ヨリ選定《センテイ》シタル管理人ノ權限取消シヲ請求《セイキウ》スルコトアレバ裁判所ハ必《カナ》ラズ之ヲ取消《トリケ》サナケレバナラヌ（第二項）ト定メタノデアリマス

第二十六條　不在者カ管理人《クワンリニン》ヲ置キタル場合《バアヒ》ニ於テ其不在者ノ生死《セイシ》分明《ブンメイ》ナラサルトキハ裁判所ハ利害關係人又ハ撿事《ケンジ》ノ請求ニ因《ヨ》リ管理人ヲ改任《カイニン》スルコトヲ得

▲參看　舊民法人事編第二百七十條

第二百七十條　失踪ノ推定ヲ受ケタル者カ總理代理人ヲ定置キタルトキハ其代理人ハ失踪ノ推定中本人ノ財産ヲ管理ス但必要アルトキハ裁判所現實ノ利益ヲ有スル關係人推定相續人又ハ撿事ノ請求ニ因リテ代理人ノ解任ヲ言渡シ又ハ其後任ヲ指定スルコトヲ得

〔註釋〕本條ハ不在者カ定《サダ》メタル管理人ヲ改任《カイコン》スル場合ヲ規定シタル條項デアッテ其ノ意義ハ前條ニ於《オイ》テモ述ベタル如ク不在者ハ假令《タトヘ》管理人ヲ置《オ》カザル爲メ利害關係人又ハ撿事《ケンジ》ノ請求ニ因リ裁判所《サイバンショ》ニ於テ管理人ヲ撰定《センテイ》シタル後デアッテモ自ラ管理人ヲ撰定スレバ既ニ裁判所ニ於テ撰任《センニン》シタル管理人ガアルトモ其ノ權限《ケンゲン》ヲ取消シ得《エ》ラルヽモノデアル然《シカ》ルニ本條ハ不在者ガ自ラ撰任シ置《オ》キタル管理人ヲ改任《カイニン》スルノ權利《ケンリ》ヲ利害關係人又ハ撿事《ケンジ》ニ與フルハ前後《ゼンゴ》矛盾セルヤウ疑《ウタガ》フ者モアランサレトモ前條ノ場合《バアヒ》ハ唯《タヾ》不在《フザイ》デアリシ本人ガ顯《アラ》ハレタル場合ノ規定《キテイ》デアッテ本條ハ不在者ノ生死《セイシ》ガ分明ナラザル場合《バアヒ》ノ規定デアルカヲ敢テ疑《ウタガ》フ程《ホド》ノコトデナイ如何《イカン》トナレバ不在者ガ自ラ財産管理人《ザイサンクワンリニン》ヲ定メ置キタル時ハ別

ニ他ヨリ保護干渉等《カンセウトウ》爲ス必要ナク假令其ノ管理人ガ不在者ニ不利益《フリエキ》ナル所爲ヲ爲スモ又容吻《ヨウフン》シ得ラルヽモノデハナイ、ケレドモ不在者ガ生死ノ程不分明ナル塲合《バアヒ》ニ於テハ之ヲ監督《カントク》スヘキ人ナシト假定《カテイ》スルモヨキモノデアル若シ監督スベキ者ナシトスレバ利害關係人ハ自己ガ利益《リエキ》ヲ保全《ホゼン》スル爲メ管理人ノ惡行爲ヲ防《フセ》ガナケレバナラヌハ當然《タウゼン》ノコトデアル故ニ法律ハ斯ル塲合ニ於テハ不正不當《フセイフタウ》ノ管理人ヲ解任《カイニン》シ以テ更ニ正當ノ管理人ヲ撰任《センニン》シナケレバ不在者ニ債權ヲ有シ又ハ不在者ガ相續人タル地位ニ在ル者アル塲合ニ於テ是等ノ者ヲ保護《ホゴ》スルコトガ出來ナイヤウニ成リ社會ノ經濟《ケイザイ》ヲ紊亂《ビンラン》スル恐レガ在ル故ニ不在者ノ生死不分明デアツテ不在者ガ撰任《センニン》シ置キタル管理人ニ不當《フタウ》ノ行爲アリトシテ利害關係人又ハ撿事ノ改任請求《カイニンセイキウ》アリタル時ハ裁判所ハ其ノ事實ヲ判斷《ハンダン》シテ其ノ管理人ノ權限ヲ解キ更ニ適當ノ者ヲ撰任スルコトガ出來ルト定メタノデアリマス

第二十七條　前二條ノ規定ニ因リ裁判所ニ於テ選任シタル管理人ハ其管理スヘキ財産ノ目錄ヲ調製《テウセイ》スルコトヲ要ス但其費用ハ不在者ノ財産ヲ以テ之ヲ支辨ス

不在者ノ生死分明ナラサル場合ニ於テ利害關係人又ハ撿事ノ請求アルトキハ裁判所ハ不在者《フザイシヤ》カ置キタル管理人ニモ前項ノ手續ヲ命スルコトヲ得

右ノ外總《スベ》テ裁判所カ不在者ノ財産《ザイサン》ノ保存ニ必要ト認ムル處分ハ之ヲ管理人ニ命スルコトヲ得

◎參看　舊民法人事編第二百七十三條

第二百七十三條　管理人ハ失踪者ノ動産及ヒ證書ノ目錄ヲ調製ス可シ又不動産ノ形狀ヲ確定セシムル爲メ鑑定人ノ選定ヲ裁判所ニ請求スルコトヲ得鑑定人ノ報告書ハ裁判所ノ認可ニ付スルコトヲ要ス此等ノ手續ノ費用ハ本人ノ財産ヲ以テ之ヲ支辨ス

關係人推定人又ハ檢事ノ請求アルトキハ本條ノ規定ヲ代理人ニ適用スルコトヲ得

〔註釋〕本條ハ管理人《クワンリニン》カ管理事務ノ取扱ヒニ關スル規定《キテイ》條項デアツテ其ノ意義《イギ》ハ管理人タル者ハ元來不在者《フサイシヤ》タル他人ノ利益《リエキ》ヲ目的トシテ其ノ財産ヲ管理《クワンリ》スル者デアルカラ後日ニ至リ本人若クハ利害關係人《リガイクワンケイニン》ヨリ其ノ管理ノ成蹟《セイセキ》ニ就テ質問スルコトアレバ責任トシテ現在ノ狀況ハ勿論其ノ財産變轉更改ノ履歴ヲ明瞭詳細ニ說明シテ管理人自己ガ正當ノ管理ヲ

爲シタル成蹟《セイセキ》ヲ證明センケレバナラヌモノデアル故ニ第二十五條及ビ第二十六條ノ規定《キテイ》ニ依リ裁判所《サイバンショ》ヨリ任ゼラレタル管理人ハ必ラズ後日ニ自己ガ管理ノ實狀ヲ證明《セウメイ》スルノ用ニ供スベキ爲メ其ノ管理スベキ財産《ザイサン》ノ目錄ヲ調製シテ動産、不動産ノ種類《シユルイ》ヲ分チ之レガ毀損《キソン》ノ修繕、滅失ノ摸樣《モヤウ》等ヲ記入シ置カンケレバナラヌ（第一項前段）而シテ此ノ目錄ヲ調製スルノ必要ハ前既《ゼンステ》ニ述ベタル如ク管理人ガ自己ノ管理成蹟《セイセキ》ヲ後日ニ證明スル用ニ備ヘルモノデアルカラ管理人《クワンリニン》ガ自己ノ費用ヲ以テ爲ナケレバナラヌガ如ク思《オモ》フ者ナイトモ限ラヌ、ケレドモ其ノ財産《ザイサン》自體ハ不在者ノ所有デアツテ管理人ハ其ノ所有者《シヨイウシヤ》タル不在者ノ利益ノ爲管理スルモノデアルカラ假令《タトヒ》管理人ガ自己ノ爲後日ヲ證スル用ニ備《ソナ》フベキモノトスルモ其ノ結果《ケツクワ》ノ利益ハ不在者ノ利益デアルカラ此ノ目錄《モクロク》調製ノ費用ハ不在者ノ財産中ヨリ支辨《シベン》スルハ至當デアル故ニ本條ハ其ノ費用ヲ不在者ノ財産《ザイサン》ヲ以テ支辨スルコトヽ規定シタノデアル（第一項但書）又不在者自ラガ管理人ヲ置キタル場合ニ於テモ其ノ不在者ノ生死《セイシ》不分明《フブンメイ》デアル時ハ利害關係人若《モシ》クハ撿事ノ請求アル時ハ裁判所ハ其ノ管理人ニ對シテ第一項全体《ゼンタイ》ノ規定ヲ適用シテ財産目錄ノ調製ヲ命《メイ》ジ其財産ノ散逸ヲ防《フセ》ギテ不在者ニ債權ヲ有スル者及ビ不在者ノ相續人《サウゾクニン》タルベキ地位ニ在ル者等ヲ保護《ホゴ》スルコトガ出來ル（第二項）元來裁判所ハ公益上ヨリ一面ハ不在者ヲ保護シ一面ハ不在者ニ對シテノ關係ヨリ利害ヲ蒙《カウ》ムルベキ者ヲ保護スルモノデアルカラ、苟モ是等《コレラ》ノ者ガ利害ニ關係ヲ及ボスモノト認メタル事項アレバ前二項ノ如ク利害關係人若クハ檢事ノ請求アラザルモ不在者ノ財産ノ保存ニ必要《ヒツエウ》ナル處分ヲ管理人ニ命《メイ》ズルコトガ出來ル例バ家屋ノ傾倒セントスルヲ修繕《シウゼン》セシメ又ハ生類若クハ果實等ニシテ貯藏《チヨザウ》ニ堪ヘザル物等アレバ之ニ對スル適當ノ處分ヲ命ズルコトガ出來ルト定メタノデアリマス

第二十八條　管理人カ第百三條ニ定メタル權限ヲ超ユル行爲ヲ必要トスルトキハ裁判所ノ許可《キヨカ》ヲ得テ之ヲ爲スコトヲ得不在者ノ生死分明ナラサル場合ニ於テ其管理人カ不在者ノ定メ置キタル權限ヲ超ユル行爲ヲ必要トスルトキ亦同シ

▲參看　舊民法人事編第二百七十二條

第二百七十二條　代理人又ハ管理人行爲ヲ爲ス權限ノミヲ有ス他ノ行爲ニ付テハ必要ノ場合ニ限リ裁判所ノ許可ヲ得テ之ヲ爲スコトヲ得

代理人又ハ管理人ハ本人ノ利益ニ關係アル目錄調製計算及精算ニ付テ本人ヲ代表ス

〔註釋〕本條ハ管理人ノ權限ニ關シテ規定シタル條項デアッテ其意義ハ元來管理人ノ權限ハ

本條ノ明文《メイブン》ニ依ツテ看レバ代理《ダイリ》ノ權限《ケンゲン》ト等シキモノデアル、故《ユエ》ニ管理人ハ必ラズ代理ニ關シテ規定《キテイ》シタル第百三條ニ從《シタガ》ヒテ不在者ノ財産《ザイサン》ヲ管理《クワンリ》シナケレバナラヌモノデアル、サレハ管理人ノ權限《ケンゲン》ハ第一不在者ノ財産ヲ保存《ホゾン》スルノ行爲第二管理《クワンリ》スベキ目的物又ハ權利ノ性質《セイシツ》ヲ變セザル範圍内《ハンヰナイ》ニ於テ其ノ利用又ハ改良《カイリヤウ》ヲ目的《モクテキ》トスル行爲《カウヰ》ニ限ルモノデアル、故ニ管理人ハ以上《イジヤウ》第一第二ノ二個行爲ノ權限《ケンゲン》ヲ超《コ》ユルコトハ決シテ出來《デキ》ヌモノデアル、ケレドモ不在者ガ永《ナガ》ク歸《カヘ》リ來《キタ》ラヌ爲メ例バ果實《クワジツ》ノ收穫《シウクワク》ヲ爲シタルモ之ヲ貯《タクハ》ヘテ保存スレバ腐敗《フハイ》ノ恐《オソ》レアルガ如キ場合《バアヒ》又ハ或物件ノ性質《セイシツ》ヲ變更《ヘンカウ》シナケレバ到底利《タウテイリ》用《ヨウ》若クハ改良ノ出來ヌ場合等アリテ之《コレ》ヲ打捨《ウチス》テ置ク時ハ不在者ノ爲ニ不利益《フリエキ》デアルカラト思惟《シユヰ》シ其ノ必要ヨリ管理人《クワンリニン》ガ第百三條ノ權限《ケンゲン》ヲ超《コ》ユル行爲ヲ必要《ヒツエウ》トスル場合《バアヒ》ガアル、故ニ本條ハ不在者ガ利益ノ爲トアレバ不在者保護ノ趣旨《シユシ》ニ依テ管理人カ越權《エツケン》ノ行爲モ許《ユル》サンケレバナラヌモノデアルカラ、此《コ》ノ場合ニ於テハ管理人ハ裁判所《サイバンシヨ》ノ許可ヲ得テ其ノ腐敗《フハイ》ノ恐レアル物ヲ賣却《バイキヤク》シ若クハ物件ノ性質《セイシツ》ヲ變更シテ利用《リヨウ》又ハ改良ヲ爲《ナ》スコトガ出來ル（本條前段）而シテ前段ノ行爲《カウヰ》ハ獨《ヒト》リ裁判所ヨリ撰任《センニン》シタル管理人ニ限《カギ》ルモノデハナイ（不在者ノ生死ガ不分明デアル場合《バアヒ》ニ於テハ不在者ガ定《サダ》メ置《オ》キタル管理人モ其《ソ》ノ必要アレハ前段《ゼンダン》ノ如ク裁判所ノ許可《キヨカ》ヲ得レバ第百三條規定ノ權限ヲ超《コ》ヘタル行爲ヲ爲《ナ》スコトガ出來ル（本條後

段）ト定メタノデアリマス

第二十九條　裁判所ハ管理人ヲシテ財産《ザイサン》ノ管理及ヒ返還《ヘンクワン》ニ付キ相當ノ擔保《タンポ》ヲ供《キヨウ》セシムルコトヲ得

裁判所ハ管理人《クワンリニン》ト不在者トノ關係《クワンケイ》其他ノ事情《ジジヤウ》ニ依リ不在者ノ財産中ヨリ相當《サウタウ》ノ報酬《ハウシウ》ヲ管理人ニ與フルコトヲ得

▲參看　舊民法人事編第二百七十四條

第二百七十四條　代理人及ヒ管理人ハ推定相續人ヲ除ク外其請求ニ因リテ裁判所ノ定メタル給料ヲ受ク裁判所ハ管理及ヒ財産返還ノ擔保トシテ保證人其他相當ノ擔保ヲ立テシムルヿヲ得

〔註釋〕本條ハ管理人ガ故意《コイ》ト過失《クワシツ》ヲ問ハズ職務《シヨクム》ヨリ生《シヤウ》ゼシメタル損害《ソンガイ》アル時ハ之ガ賠償《バイシヤウ》ヲ爲スベキノ擔保ヲ提供《テイキヨウ》シ置カナケレバナラヌコトヽ而シテ管理人ガ受《ウ》クベキ報酬《ハウシウ》トニ關スル規定《キテイ》デアツテ其意義ハ管理人ノ職務《シヨクム》ハ前既ニ述《ノ》ベタル如ク不在者ノ財産《ザイサン》ヲ不在者ガ利益ノ爲メ若クハ利害關係人ガ利益《リエキ》ノ爲ニ保管《ホクワン》スルモノデアルカラ不在者ノ歸來《キライ》スルト失踪《シツソウ》スルトヲ問《ト》ハズ其ノ結果《ケツクワ》ニ於テハ管理シタル財産《ザイサン》ハ總テ歸來《キライ》シタル不在者若クハ失

踪者ノ承繼人《ショウケイニン》ニ還付《クワンプ》セナケレハナラヌモノデアル、サレハ裁判所ハ不在者ノ爲メ或ハ利害關係人ノ爲メ其ノ財産ノ安全ヲ計ラナケレバナラヌモノデアルカラ裁判所ハ管理人ノ故意《コイ》ト過失《クワシツ》ヲ問ハズ管理財産ノ毀損消滅《キソンセウメツ》等在ル場合ニ於テ管理人《クワンリニン》ニ之レガ賠償《バイシヤウ》ヲ命ジテ不在者若クハ利害關係人ニ損害《ソンガイ》ナキヤウ保護ノ旨趣《シユシ》ヲ貫徹《クワンテツ》シナケレハナラヌ必要ガアル、故ニ裁判所ハ管理人《クワンリニン》ニ對シ其ノ管理スヘキ目的物若クハ返還《ヘンクワン》スヘキ目的物ニ相當《サウタウ》セル擔保ヲ供ゼシメ安全《アンゼン》ニ其ノ財産ノ保護《ホゴ》ヲ爲サシムルコトガ出來《デキ》ル（第一項）以上述ブル如ク管理人ノ職務ハ隨分困難《スヰブンコンナン》ナルモノデアツテ且其ノ責任《セキニン》ニ於テモ輕《カ》ルカラザルモノデアルカラ管理人ニ對《タイ》シテハ必ラズ報酬《ハウシウ》ヲ與ヘナケレバナラヌ他人《タニン》ノ事ヲ管理スルニ自己ガ行爲ヨリ生ズル損害ヲ賠償《バイシヤウ》スル擔保マデヲ供ジテ而シテ無報酬《ムハウシウ》ヲ以テ其ノ困難煩雜《コンナンハンザツ》ナル重責《ヂウセキ》アル任務《ニンム》ニ從事シテ正實《セイジツ》ヲ守《マモ》ル者ハ先ツ無《ナ》シト斷言《ダンゲン》スルモ敢テ不當デハナイ故ニ管理人ニハ相當《サウタウ》ノ報酬《ハウシウ》ヲ與フルコト、定メタル本項《ホンコウ》ノ規定《キテイ》ハ至極《シゴク》其ノ當ヲ得タルモノデアル、ケレドモ管理人ヲ選定《センテイ》スルニハ第二十五條ニ於テ一言シタル如ク不在者ノ利益ヲ計ルヘキ關係アル適當《テキタウ》ノ人物ヲ選任《センニン》スルニ外《ホカ》ナラザルモノデアルカラ或ハ親族《シンゾク》或ハ故舊《コキウ》等ニ命ズルコトガアルカラ親族或ハ故舊ガ其ノ任ニアルト全ク不在者ニ關係ナキ他人ガ其ノ任ニ在《ア》ルトハ人情《ニンジヤウ》ヨリスルモ又德義ヨリスルモ報酬《ハウシウ》ノ上ニ自ラ逕庭《ケイテイ》ノ生ズヘキハ自然ノ理デアル、サレハ本項《ホンコウ》ニ於テ裁判所ハ其ノ管理人ト不在者トノ關係《クワンケイ》其ノ他ノ事情ヲ考ヘテ相當ト認《ミト》ムル報酬ヲ與《アタ》フルコトヽ定《サダ》メタノデアル(第二項)而《シカ》シテ本條ニハ其ノ管理人ハ裁判所ヨリ命《メイ》ジタルト不在者ガ自ラ任《ニン》ジ置キタルトノ區別《クベツ》ヲ爲サズ單ニ管理人トダケ規定《キテイ》シタレバ此ノ管理人ト言《イ》フハ双方ヲ併稱《ヘイシヨウ》シタルモノデアルヤ否《イナ》ヤハ一ノ疑点《ギテン》テアル、ケレドモ舊民法第二百七十四條ノ規定《キテイ》及ビ本條ガ管理人ニ關スル管理ヲ順列《ジユンレツ》シタル終《ヲハ》リニ設《マウ》ケラレタルトノ点《テン》ヨリ推考《スヰカウ》スレハ本條ハ單《タン》ニ裁判所ヨリ命《メイ》シタル管理人ダケニ對シテノ規定《キテイ》デナクシテ不在者ガ定《サダ》メ置《オ》キタル管理人ニ對《タイ》スルモ第二十七條第二項ノ如ク不在者ノ生死分明《シヤウシブンメイ》ナラサル場合ニ於テ裁判所ガ利害關係人若《モシ》クハ撿事ノ請求《セイキウ》ニ因リ財產目錄ノ調製《テウセイ》ヲ命シタル以後《イゴ》ハ其ノ管理人ニ對《タイ》シテモ本條ヲ適用《テキヨウ》シ裁判所ハ相當ノ擔保ヲ供ゼシムルト共ニ又相當ノ報酬《ハウシウ》ヲ與フルヤ至當《シタウ》ノコトデアル、故ニ予《ヨ》ハ本條ノ管理人トハ裁判所ヨリ命《メイ》シタル管理人ト而《シカ》シテ不在者本人《ホンニン》ガ定メタル管理人ガ不在者ノ生死不分明デアツテ裁判所ヨリ財產目錄《ザイサンモクロク》調製《テウセイ》ヲ命セラレタル以後《イゴ》ノ場合ヲ含《フク》ムモノデアルト信ジマス

第三十條　不在者《フザイシヤ》ノ生死カ七年間分明《ブンメイ》ナラサルトキハ裁判所ハ利害關

係人ノ請求《セイキウ》ニ因リ失踪ノ宣告《センコク》ヲ爲スコトヲ得
戰地《センチ》ニ臨ミタル者、沈沒《チンボツ》シタル船舶中ニ在リタル者《モノ》其他《ソノタ》死亡《シボウ》ノ原因タルヘキ危難《キナン》ニ遭遇シタル者ノ生死《セイシ》カ戰爭ノ止ミタル後、船舶ノ沈沒シタル後又ハ其《ソノ》危難《キナン》ノ去リタル後三年間分明《フンメイ》ナラサルトキ亦同シ

▲參看　舊民法人事編第二百七十六條

第二百七十六條　失踪者カ代理人ヲ定置カサリシトキハ五ケ年又代理人ヲ定置キタルトキハ任期ノ長短ヲ問ハス七ケ年ニ至ルモ其生死ノ音信ヲ得サルニ於テハ失踪者ノ死亡ニ因リテ發生スル權利ヲ其財産上ニ有スル者ハ失踪者ノ住所ノ區裁判所ニ失踪ノ宣言ヲ請求スルヿヲ得

〔註釋〕本條ハ第二十五條以下ニ規定《キテイ》シタル不在者《フサイシヤ》及ヒ危難ニ遭遇《サウグウ》シタル者ニ對シ失踪《シツソウ》ノ宣告ヲ與《アタ》フル場合ヲ規定《キサイ》シタル條項デアッテ其ノ意義《イギ》ハ元來失踪者ナル者ハ人カ其ノ住所又ハ居所《キヨシヨ》ヲ去リテ生死《セイシ》不分明《フブンメイ》ナル状況ニアル者ヲ言フモノテアルカラ唯住所又ハ居所ヲ去リタルダケデハ未ダ失踪者《シツソウシヤ》ト看做《ミナ》スヿハ出來ヌモノデアル故ニ此ノ場合《バアイ》ニハ法律ハ先ヅ生存《セイソン》シ居ルモノト推定《スヰテイ》シテ不在者ト看做《ミナ》シ而シテ管理人ヲ設ケテ其ノ財産ヲ保護《ホゴ》セシムベクシタレドモ、若《モ》シ其ノ不在者ガ七年ノ永《ナガ》キ星霜《セイサウ》ヲ經《フ》ルモ未ダ歸來《キライ》セザル時ハ其ノ

不在者ニ對《タイ》シテ利害ノ關係《クワンケイ》ヲ有スル者ハ爲ニ多クノ損害《ソンガイ》ヲ蒙ムルコトアル場合ガアッテ大ニ困難《コンナン》ヲ極ムルデアラウト法律《ハフリツ》ハ推定スルニ依リ不在者ノ生死《セイシ》ガ七年間不分明デアル時ハ利害關係人ハ不在者ニ對《タイ》シテ失踪《シツソウ》ノ宣告ヲセラレ度旨《タキムネ》ヲ裁判所ニ請求《セイキウ》スレハ裁判所ハ其ノ請求《セイキウ》ヲ許シテ失踪ノ宣告ヲ爲スコトガ出來《デキ》ル（第一項）而シテ危難《キナン》ニ遭遇シタル者例バ内亂ト外患《グワイクワン》トヲ問ハズ戰爭《センソウ》ノ在リタル時戰場《センヂヤウ》ヘ趣キタル者ガ其ノ戰爭ノ止《ヤ》ミタル後三年ヲ經過《ケイクワ》スルモ歸來セザル場合、又例バ神戸出帆《カウベシユツパン》ノ船舶ニ乘《ノ》リテ臺灣《タイワン》ニ趣キタル者ガ其ノ船舶ノ途中《トチウ》ニテ沈沒《チンボツ》シタル後三年ヲ經過スルモ歸來《キライ》セザル場合、又例バ噴火山探撿《フンクワザンタンケン》トシテ登山《トサン》シタル間モナク轟然《ガウゼン》一響《キヤウ》噴火ノ在リタル後三年ヲ經過《ケイクワ》スルモ歸來セザル場合其ノ他危難ノ境界《キヤウカイ》ニ遭遇シタル者ガ其ノ危難《キナン》ノ止ミタルヨリ三年間其ノ生死《セイシ》ノ分明ナラザル場合《バアヒ》等ニアッテ三年後ニ至リ利害關係人《リガイクワンケイニン》ガ其ノ危害ニ遭遇シタル不在者ニ對シ失踪ノ宣告ヲ與《アタ》ヘラル丶ヤウ請求《セイキウ》スレバ裁判所ハ第一項ト等《ヒト》シク其ノ者ニ對シテ失踪《シツソウ》ノ宣告ヲ爲スコトガ出來ル（第二項）ト定メタノデアリマス

第三十一條　失踪《シツソウ》ノ宣告ヲ受ケタル者ハ前條《ゼンデウ》ノ期間滿了《マンレウ》ノ時ニ死亡シタルモノト看做《ミナ》ス

▲參看 舊民法人事編第二百八十條、第二百八十一條、第二百八十五條、第二百八十六條

第二百八十條 失踪宣告ノ裁判アリタルトキハ失踪者ノ遺言書ハ關係人推定相續人又ハ檢事請求ニ因リテ之ヲ開封ス可シ

失踪者ノ亡失又ハ最後ノ音信ノ日ニ於ケル推定相續人其他失踪者ノ死亡ニ因リテ發生スル權利ヲ其財産上ニ有スル者ハ直ニ其財産ヲ占有スルコトヲ得

第二百八十一條 失踪者ニ屬スル財産ノ占有ニ付テハ總テ相續ニ關スル規定ヲ適用ス此占有ヲ得タル者ハ第三者ニ對シテハ財産ノ所有者トス

然レトモ占有者ハ推定相續人ヲ除ク外財産返還ノ擔保トシテ裁判所カ相當ト認ムル保證人其他ノ擔保ヲ立ツ可シ其保證人ノ義務又ハ擔保ハ十五ケ年ノ後止ム

第二百八十五條 失踪シテ生存ノ確實ナラザル人ニ歸ス可キ權利ヲ請求スル者ハ其者カ權利ノ發生セシ日ニ生存シタルヲ證スルコトヲ要ス此擧證ヲ爲サザル間ハ其請求ヲ受理セス

第二百八十六條 失踪シテ生存ノ確實ナラサル人ニ歸ス可キ相續ハ次順位ノ者ニ屬ス失踪者ニ歸ス可キ財産ヲ相續スルモノハ財産目錄ヲ調製ス可シ

〔註釋〕本條ハ失踪《シツソウ》ノ宣告ヲ受《ウ》ケタル者ハ死亡《シバウ》シタルモノデアルト看做《ミナ》スベキコトヲ規定《キテイ》シタル條項《デウコウ》デアツテ其ノ意義ハ法律ガ失踪者ト看做《ミナ》スニハ第二十五條乃至《ナイシ》第二十九條ノ規定ノ如ク住所《ヂウシヨ》若シクハ居所ヲ去《サ》リタル計《バカ》リデアル時ハ之ヲ不在者《フザイシヤ》ト看做シ夫ヨリ進《スヽ》ンデ第三十條ノ如ク七年ノ期間《キカン》ヲ經過スルモ生死不分明デアルカ又ハ危難《キナン》ニ遭遇《ソウグウ》シタル者ガ危難後三年ノ期間ヲ經過《ケイクワ》スルモ生死不分明デアルカノ塲合《バアヒ》ニ至リテ初《ハジ》メテ失踪ノ宣告ヲ

爲スモノデアルカラ其ノ實際《ジツサイ》ニ於テハ不在トナリシ當時《タウシ》若《モシ》クハ危難アリタル當時既ニ死亡セル者モアラウ叉之《コレ》ニ反《ハン》シテ七年若クハ三年ヲ經過シテ未ダ住所《ヂウシヨ》若クハ居所ニハ歸來セザルモ尚ホ生存《セイソン》スル者モアラウ叉此ノ期間《キカン》ノ滿了《マンレウ》シタル後ニ死亡シタル者モアルデアラウ、ケレドモ是等ノ塲合《バアヒ》デ一々規定《キテイ》スルハ法文ノ煩雜《ハンザツ》デアルノミナラズ實際《ジツサイ》ニ於テ第三十條ノ規定《キテイ》アレバ敢テ必要《ヒツエウ》モナイカラ法律ハ徒煩《トハン》ヲ避《サ》ケ而シテ總《スベ》テ失踪ノ宣告ヲ受ケタル者ハ危難《キナン》ニ遭遇シタル事跡《ジセキ》ナキ者ニ對シテハ七年危難ニ遭遇《ソウグウ》シタル事跡《ジセキ》判然ナル者ニ對シテハ三年ノ期間《キカン》ヲ滿了スレバ其ノ滿了《マンレウ》ノ際ニ於テ死亡シタル者デアルト看做《ミナ》スノデアル、ケレドモ是固《コレモト》ヨリ法律ノ推測《スヰソク》ニ止マル規定《キテイ》デアルカラ假令《タトヘ》規定ノ期間ヲ滿了シタル後失踪者ノ歸來《キライ》シテ全ク死亡シタルモノデハナイト言フ證明《シヨウメイ》ヲ爲ス以上ハ第三十二條ノ規定ニ依《ヨ》リテ一度受《ウ》ケタル失踪ノ宣告《センソク》モ取消サルヽモノデアリマス

第三十二條　失踪者ノ生存《セイソン》スルコト又ハ前條《ゼンデウ》ニ定メタル時ト異《コト》ナリタル時ニ死亡《シバウ》シタルコトノ證明《シヨウメイ》アルトキハ裁判所ハ本人《ホンコン》又ハ利害關係人ノ請求《セイキウ》ニ因リ失踪ノ宣告ヲ取消《トリケ》スコトヲ要ス但失踪ノ宣告後其取

消前ニ善意ヲ以テ爲シタル行爲ハ其効力《ソノカウリヨク》ヲ變セス
失踪ノ宣告ニ因リテ財産《ザイサン》ヲ得タル者ハ其取消ニ因リテ權利《ケンリ》ヲ失フモ現ニ利益《リエキ》ヲ受クル限度《ゲンド》ニ於テノミ其財産ヲ返還《ヘンクワン》スル義務ヲ負フ

▲參看　舊民法人事編第二百八十二條、第二百八十三條、第二百八十四條、第二百八十七條

第二百八十二條　失踪者ノ現出シ又ハ音信アリタルトキハ失踪宣言ノ効力ハ即時ニ止ム
失踪者ハ其財産ヲ現狀ノ儘ニテ取回シ又占有者ノ處分ニ因リテ不當ニ利得シタルモノヲ取戻スヿヲ得

第二百八十三條　果實ニ付テハ失踪者カ其亡失又ハ最後音信ノ日ヨリ十ケ年内ニ現出スルトキハ其五分ノ一ヲ取戻スヿヲ得十ケ年後ハ其全部ヲ失フ

第二百八十四條　失踪者ノ相續順位ニ在ル者ハ他ノ者カ財産占有ヲ得タル日ヨリ三十ケ年間其財産ノ返還ヲ請求スルヿヲ得
此場合ニ於テモ果實ハ前條ノ規定ニ從ヒテ之ヲ取戻スコトヲ得

第二百八十七條　前二項ノ規定ハ失踪者又ハ其相續人及ヒ承繼人ニ屬スル相續ノ請求其他ノ權利ヲ行フヲ妨クルコト無シ此等ノ權利ハ普通ノ時効ニ因ルニ非サレハ消滅セス

〔註釋〕本條ハ失踪ノ宣告《センコク》ヲ取消ス場合《バアヒ》ヲ規定シタル條項《デウコウ》デアツテ其ノ意義ハ前條《センデウ》ニ於テ既ニ述ヘタル如ク法律《ハフリツ》ガ不在者ニ對シ規定ノ年限《子ンゲン》ヲ經過シタル後利害關係人《クワンケイニン》ノ請求ニ依リ

失踪ノ宣告ヲ爲《ナ》スハ利害關係人ヲ保護《ホゴ》スルノ趣旨《シユシ》ニ基キタル法律ノ推定《ズヰテイ》ニ止マルモノデアルカラ假令《タトヘ》法律ガ失踪ノ宣告ヲ爲シ死亡《シバウ》シタル者ト推定スルモ其ノ失踪者《シツソウシヤ》ガ全ク死亡セズシテ生存《セイゾン》スル時又ハ前條ニ定《サダ》メタル如ク期間滿了《キカンマンレウ》ノ時ニ死セザルガ如キ證明ヲ爲ス場合ニ於テハ裁判所ハ嚮《サ》キニ爲シタル失踪《シツソウ》ノ宣告ヲ取消サムケレバナラヌ而《ソウ》シテ其ノ證明ヲ爲シテ失踪宣告ノ取消シヲ裁判所ニ請求《セイキウ》シ得ル者ハ本人《ホンニン》ト利害關係人トデアルコトハ明文《メイブン》ニ因ッテ明瞭《アキラカ》デアル(第一項)ケレドモ假令《タトヘ》失踪者本人ニ於テ失踪《シツソウ》ノ宣告ヲ取消シタル場合《バアヒ》デアッテモ裁判所ガ失踪ノ宣告《センコク》ヲ爲シタル後カ又ハ失踪ノ宣告ヲ取消《トリケ》サヌ以前ニ於テ利害關係人カ善意《ゼンイ》ヲ以テ爲シタル行爲《カウヰ》ハ其ノ効力《カウリヨク》ヲ變《ヘン》ズルモノデハナイ如何《イカン》トナレバ善意ノ利害關係人ガ失踪宣告後若《モシ》クハ取消シ以前《イゼン》ニ失踪者ガ財産《ザイサン》ノ上ニ有シタル權利ハ正當《セイタウ》デアッテ少シモ假疵《キズ》アルモノデハナイ却《カヘツ》テ失踪者カ危難ニ遭遇シタル譯《ワケ》デモナキニ七ケ年ノ長時間《テヤウジカン》若クハ危難ニ遭遇スルモ三ケ年ノ長時間ヲ經過スル間一回《クワイ》ノ音信ヲモ爲サズ自已《ジコ》ノ財産ヲ抛棄シ他人ノ管理《クワンリ》ニ擲任《マカシ》シテ恬然《テンゼン》タルノ行爲ヲ爲シ居リタルコソ懈怠《ケタイ》デアル、此ノ懈怠ノ過失《クワシツ》アル失踪者カ正當ノ占有者《センイウシヤ》ガ善意ヲ以テ爲シタル行爲《カウヰ》ノ効力ヲモ變《ヘン》セシメルト言《イ》フ如キ道理《ダウリ》ハナイモノデアル、故ニ例《タトヘ》バ甲者ガ米國《アメリカ》ニ渡航セントシテ滊船《キセン》ニ乘《ジヨウ》ジ出帆シタルニ其ノ滊船航海途中《トチウ》ニ於テ沈沒《チンボツ》シタル後三ケ年ヲ經過《ケイクワ》スルモ歸來セザルニ因リ甲者ノ相續人《サウゾクニン》タル地位ヲ承《ウ》クヘキ乙者ガ裁判所ニ失踪宣告《シツソウセンコク》ノ請求ヲ爲シ裁判所ハ其ノ請求《セイキウ》ヲ許シテ失踪ノ宣告《センコク》ヲ爲シタルニ因リ乙者ハ甲者ノ財産ヲ承繼《シヨウケイ》シ其ノ翌年乙者ハ甲者ガ財産《ザイサン》ノ一部タル奢侈品《シヤシヒン》ヲ賣却《バイキヤク》シテ有利ノ公債証書《コウサイシヨウシヨ》ニ交換シ置キタルニ甲者ハ突然《トツゼン》失踪宣告アリタル翌々年ニ於テ歸來《キライ》シ失踪宣告ノ取消ヲ請求《セイキウ》シタル場合アリトシテモ甲者ハ乙者ガ奢侈品《シヤシヒン》ノ賣却《バイキヤク》ヲ爲シタル行爲ニ對シ苦情《クジヤウ》ヲ唱《トナ》ヘテ其ノ効力ヲ變更セシムルコトハ出來《デヱ》ヌ何ントナレバ經濟上死物《ケイザイジヤウシニモノ》タルヘキ奢侈品ヲ活動《クワツドウ》シテ利益ヲ生ズル公債證書ニ交換《カウクワン》シタルハ善意《ゼンイ》ニシテ且ツ正當《セイタウ》ノ行爲《カウヰ》デアルカラ甲者ハ到底《タウテイ》乙者ノ善意ヨリ出タル正當ノ行爲《カウヰ》ニ對スル効力ヲ變《ヘン》ゼシムルコトハ出來《デキ》ヌ(第一項但書)而《ソウ》シテ又例バ甲者ニ對《タイ》スル失踪ノ宣告ニ因リテ財産《ザイサン》ヲ得タル乙者ハ甲者ノ歸來《キライ》シテ裁判所ガ甲者ニ對シテ失踪ノ宣告ヲ取消《トリケ》シタル時ハ當然其ノ承繼《シヨウケイ》シタル財産ヲ還付《クワンプ》シナケレバナラヌコトハ素《モト》ヨリ明瞭《メイレウ》ナル所以《ワケ》デアル、ケレドモ乙者ハ不當ノ行爲《カウヰ》ニ因ツテ得《エ》タル所以デハナイカラ乙者ガ承繼シタル時ノ原狀《ゲンジヤウ》ニテ返還スルニハ及《オヨ》バヌノデアル、乙者ガ現《ゲン》ニ利益ヲ受クル限度《ゲンド》ニ於テノミ其ノ財産ヲ返還《ヘンクワン》スレハヨイノデアルカラ、現狀ノ儘《マヽ》例ハ土地《トチ》ヨリ收穫《シウクワク》シタル果實ノ如キハ單ニ收穫シ得タルダケノ現狀デ返還セハヨイ利息金等《リソクキントウ》ヲ附《フ》スルニハ及バヌノデアル(第二項)ト定メタノデアリマス

第二章　法人

〔註釋〕本章ハ法人《ハフジン》ニ關スル規定ヲ網羅《マウラ》セルモノデアッテ、法人トハ吾人々類《ゴシン〱ルヰ》ト等シク權利ヲ享有《ケウイウ》スル本主ト爲《ナ》ルヘキ法律ノ擬制《ギセイ》シタル所謂《イハユル》無形人ヲ謂フノデアル、故ニ普通《フツウ》ニ人ト言フ時ハ其ノ自然《シゼン》人タルコトハ別ニ疑《ウタガ》ヒヲ容《イ》レザルモ判然《ハンゼン》デハアル、ケレドモ學說及ビ立法例ニ於テ特ニ法人ナル用語《ヨウゴ》ニ依リ之ヲ自然人ニ對稱《タイシヨウ》スルハ單ニ二者ノ區別《クベツ》ヲ明カニシヤウトシタルニ外《ホカ》ナキモノデアル、而《ソウ》シテ法律ハ既ニ法人《ハフジン》ヲ以テ自然人ト等《ヒト》シク權利ノ主格《シユカク》ト認メタル以上ハ法人ハ當然《タウゼン》法律上權利ヲ享有《ケウイウ》スル能力ヲ有《イウ》スルモノデアル、其ノ詳細《シヤウサイ》ノ說明ハ各本條ニ讓《ユツ》リマス

第一節　法人《ハフジン》ノ設立《セツリツ》

〔註釋〕本節ハ自然人《シゼンジン》ノ出生ト等《ヒト》シク法人ノ設立《セツリツ》ニ關スル規定ヲ網羅《マウラ》シタルモノデアッテ、法人ヲ四個ニ區別《クベツ》シマシタ、第一外國法人、第二社團法人、第三財團法人、第四會社法人デアル而シテ此《コ》ノ四個ノ法人《ハフジン》ハ各々其ノ設立上ニ差異《サイ》アリテ且《カ》ツ其ノ主旨ヲ異《コト》ニシ居レバ其ノ詳細ノ說明《セツメイ》ハ以下各條ノ下ニ於テ述《ノ》ブルコトヽシマス

第三十三條　法人ハ本法其《ソノ》他《タ》ノ法律ノ規定ニ依《ヨ》ルニ非サレハ成立スルコトヲ得ス

▲參看　舊民法人事編第五條、財產取得編第百十八條

第五條　法人ハ公私ヲ問ハス法律ノ認許スルニ非サレハ成立スルコトヲ得ス又法律ノ規定ニ從フニ非サレハ私權ヲ享有スルコトヲ得ス

第百十八條　民事會社ハ當事者ノ意思ニ因リテ之ヲ法人ト爲スコトヲ得

此場合ニ於テハ會社ハ社名ヲ付シ且其契約ハ商事會社ノ公示ノ爲メ法律ニ規定シタル方式ニ從ヒテ之ヲ公示スルコトヲ要ス但社名ヲ付シ又ハ公示ヲ爲シタルトキハ其會社ヲ法人トナス意思アリト推定ス

〔註釋〕本條ハ法人ノ成立《セイリツ》ニ關スル通則ヲ規定《キテイ》シタル條項《デウコウ》デアツテ其ノ意義ハ元來法人トハ法律ノ擬制《ギセイ》シタルモノデアルカラ何人《ナンビト》ヲ問ハズ自由《ジイウ》ニ成立《セイリツ》セシムルコトハ出來ヌモノデアル、必ズ立法者ニ於テ社會《シヤククワイ》ノ公益上必要ト認《ミト》メテ設立スルヨリ他ハ決シテ法人《ハフジン》ヲ形造ルコトハ出來ヌ故ニ法人ヲ成立《セイリツ》シヤウトナレバ既ニ立法者ノ制定《セイテイ》シタル新民法若《モシ》クハ其ノ他ノ法律ノ規定《キテイ》ニ依ラナケレバナラヌ、又此《マタコ》ノ法人ニハ公法ニ屬《ゾク》スルモノト私法《シハフ》ニ屬スルモノトノ二區別《クベツ》ガアル、其ノ公法《コウハフ》ニ屬スルモノトハ彼《カ》ノ國府縣市町村ノ如キ公益ニ關スル法人ヲ謂《イ》ヒ私法ニ屬《ゾク》スルモノトハ民法若クハ商法《シヤウハフ》ノ規定ニ因ル一私人《シジン》ノ利益ヲ

目的《モクテキ》トシテ成立《セイリツ》スルモノヲ謂フノデアル、而《ソウ》シテ本條ニ言《イ》フ本法トハ民法ヲ指《ユビサ》シ其ノ他ノ法律トハ例《タトヘ》バ商事會社タル法人ヲ成立《セイリツ》シヤウトスレバ商法ノ規定《キテイ》ニ從ヒ市、町、村等ノ如キ法人ヲ成立《セイリツ》シヤウトスレバ市町村制ノ規定《キテイ》ニ從フガ如ク商法、府縣制、市、町、村制ノ如キ單行法律《タンカウハフリツ》ヲ指スノデアリマス

第三十四條 祭祀《サイキ》、宗教《シウケウ》、慈善《ジゼン》、學術、技藝《ギゲイ》其他公益《コウエキ》ニ關スル社團又ハ財團ニシテ營利《エイリ》ヲ目的トセサルモノハ主務《シユム》官廳《クワンテヤウ》ノ許可ヲ得テ之ヲ法人ト爲スコトヲ得

参看 舊民法人事編第五條、既成商法第六十八條、第百五十六條

第五條　法人ハ公私ヲ問ハス法律ノ認許スルニ非サレハ成立スルコトヲ得ス又法律ノ規定ニ從フニ非サレハ私權ヲ享有スルコトヲ得ス

第六十八條　法律命令ニ依リ官廳ノ許可ヲ受ク可キ營業ヲ爲サントスル會社ハ其許可ヲ得ルニ非サレハ之ヲ設立スルコトヲ得ス

株式會社ニ關シテハ第三節ノ規定ヲ遵守スルコトヲ要ス

第百五十六條　株式會社ハ七人以上ヲ以テシ且政府ノ免許ヲ得ルニ非サレハ之ヲ設立スルコトヲ得ス

〔註釋〕本條ハ營利《エイリ》的《テキ》ニアラザル公益上ノ社團《シヤダン》若クハ財團ノ成立《セイリツ》ニ關スル通則《ツウソク》ヲ規定シタル條項《デウコウ》デアッテ其ノ意義ハ專ラ公益《コウエキ》ヲ目的トシ營利《エイリ》ヲ目的ト爲サザル法人ヲ成立《セイリツ》シヤウトスレバ主務官廳ノ許可《キヨカ》ヲ得ナケレバナラヌ又例バ或《ア》ル神社《ジンシヤ》ノ祭祀《サイキ》ヲ爲スヲ目的トシテ講社ヲ成立《セイリツ》シ若クハ宗敎信仰《シウケウシンカウ》ノ爲メ一ノ協會《ケフクワイ》ヲ成立シヤウトスレバ之レガ主務官廳タル內務省ノ許可ヲ得テ成立スルガ如ク又慈善《ジゼン》ヲ目的トシ若クハ學術ノ進歩《シンホ》ヲ獎勵《シヤウレイ》スル爲メ若クハ技藝《ギゲイ》ノ發達《ハツタツ》ヲ目的トシテ組合《クミアヒ》若クハ協會ノ如キ團體《ダンタイ》ヲ成立シヤウトスレバ尙ホ其ノ事ヲ主《ツカサド》ル官廳例バ學術ニ關シテハ文部省技藝《ギゲイ》ニ關シテハ農商務省ノ許可《キヨカ》ヲ得ナケレバナラヌノデアル如何《イカン》トナレバ主務省ハ其ノ管轄《クワンカツ》ニ屬スル事柄《コトガラ》ハ總テ之ヲ監督《カントク》スルノ權ヲ有シ居ルモノデアルカラ公益《コウエキ》ヲ目的トスル法人ノ成立《セイリツ》ニ就テハ其ノ存廢《ソンパイ》ガ大ヒニ公益上ニ利害ノ關係《クワンケイ》ヲ及ボスコトアル故ニ主務省《シユムシヤウ》ハ又公益保護ノ爲メ其ノ團體ガ將來《シヤウライ》ノ方針《ハウシン》若クハ維持《ヰヂ》存續《ソンゾク》如何《イカ》ニ注意《チウイ》スルノ必要ガアルカラ斯《カ》クハ規定《キテイ》シタルノデアル、ケレドモ若シ其ノ團體ガ等《ヒト》シク祭祀、宗敎、慈善、學術、技藝等ヲ目的《モクテキ》トスルモノデアッテモ公益ニ關セス專ラ營利的《エイリテキ》ニ出ヅルモノデアレバ民事上ノ團體《ダンタイ》トシテ民法若クハ商法《シヤウハフ》ノ規定ニ從ヘバ足《タ》ルモノデアルカラ主務官廳ノ許可《キヨカ》ヲ得ストモヨイノデアル、然《シカ》シ此ノ社團又ハ財團ニ就テハ營利《エイリ》ヲ目的トスルト否《イナ》トニ因《ヨ》リテ其ノ間ニ逕庭《ケイテイ》ノ存スルモノデアル、若《モ》シ營利ヲ目的《モクテキ》トスル場合ニ於テハ總《スベ》テ社團ト稱ス又營利《エイリ》ヲ目的ト爲《シ》ナイ場合ニハ社團《シヤダン》若クハ財團ト稱ス故ニ營利《エイリ》ヲ目的トセザル場合《バアヒ》ニ於ケル社團法人デアル時ハ定款《テイクワン》ヲ設ケテ社員ヲ定メナケレバナラヌ又營利ヲ目的《モクテキ》トセザル場合ノ財團法人デアル時ハ第三十九條ノ規定ニ依レバ別《ベツ》ニ定款ヲ設《マウ》ケ社員《シヤヰン》ヲ定ムルノ必要ハナイノデアル是レ營利的《エイリテキ》ト否トニ依《ヨ》リテ社團ト財團ノ間《アヒダ》ニ逕庭《チガヒ》ノアル所デアリマス

第三十五條　營利ヲ目的《モクテキ》トスル社團《シヤダン》ハ商事會社設立《セツリツ》ノ條件ニ從ヒ之ヲ法人ト爲スコトヲ得

前項《ゼンコウ》ノ社團法人ニハ總《スベ》テ商事會社ニ關《クワン》スル規定ヲ準用《ジユンヨウ》ス

▲參看　舊民法財產取得編第百十五條、第百十八條、第百二十條、旣成商法第百五十五條

第百十五條　會社ハ數人カ各自ニ配當ス可キ利益ヲ收ムル目的ニテ或ル物ヲ共通シテ利用スル爲メ又ハ或ル事業ヲ成シ若クハ職業ヲ營ム爲メ各社員カ定マリタル出資ヲ爲シ又ハ之ヲ諾約スル契約ナリ

第百十八條　民事會社ハ當事者ノ意思ニ因リテ之ヲ法人ト爲スコトヲ得此場合ニ於テハ會社ニ社名ヲ付シ且其契約ハ商事會社ノ公示ノ爲メ法律ニ規定シタル方式ニ從ヒテ之ヲ公示スルコトヲ要ス但社名ヲ付シ又ハ公示ヲ爲シタルトキハ其會社ヲ法人ト爲ス意思アリト推定ス

第百二十條　會社ハ其目的ノ商事ニ在ラサルモ資本ヲ株式ニ分ツトキハ商法ノ規定ニ從フ

第百五十五條　株式會社ハ其目的カ商業ヲ營ムニ在ラサルモ商事會社細則本節及ヒ次節ノ規定ニ從フ

〔註釋〕本條ハ營利《エイリ》ヲ目的トスル社團ノ成立《セイリツ》ニ關シテ規定シタル條項《デウコウ》デアッテ其ノ意義ハ前條ニ於テ既ニ述ベタル如ク社團《シヤダン》ニハ營利的ノモノト營利的《エイリテキ》ニアラザルモノトノ間ニ於テ逕庭《チガヒ》ノアルモノデアッテ營利的デナク專ラ公益《コウエキ》ニ關スル社團デアレハ前條《ゼンデウ》ノ如ク主務官廳ノ許可ヲ得《エ》ナケレハナラヌ、ケレトモ專ラ營利ヲ目的《モクテキ》トスル社團成立ニ就テハ主務官廳ノ許可《キヨカ》ヲ得ズトモヨイノデアル、則《スナハ》チ本條ノ規定ニ依《ヨ》リ商法ニ規定《キテイ》スル所ノ商事會社設立ノ條件《デウケン》ニ從ヘハ法人《ハフジン》ヲ成立スルコトガ出來《デキ》ル（第一項）故ニ前項《ゼンコウ》ニ依リ營利的社團ヲ成立シタル時ハ總《スベ》テ商法中ノ一部《ブ》タル商事會社法ノ規定《キテイ》ニ從ハンケレハナラヌ（第二項）ト定メタノデアル、而《ソル》シテ此ノ商事會社ノ事《コト》ニ關《クワン》シテハ拙著商法問答釋義《セツチヨシヤウハフモンダンシヤクギ》ニ於テ詳述シタレハ一讀《ドク》セラルレハ其ノ詳細《シヤウサイ》ヲ知リ得ルコトガ出來《デキ》マスカラ玆ニ蛇足《ダソク》ノ解義ヲ省《ハブ》クコトヽシマス

第三十六條　外國法人《クワイコクハフジン》ハ國、國ノ行政《ギヤウセイ》區《ク》劃及ヒ商事會社ヲ除《ノヅ》ク外其成立ヲ認許《ニンキヨ》セス但法律又ハ條約《デウヤク》ニ依リテ認許セラレタルモノハ此限ニ在ラス

前項ノ規定《キテイ》ニ依リテ認許《ニンキヨ》セラレタル外國法人ハ日本《ニホン》ニ成立スル同種《ドウシユ》ノ者ト同一ノ私權《シケン》ヲ有ス但外國人カ享有《ケウイウ》スルコトヲ得サル權利及ヒ法律又ハ條約《デウヤク》中ニ特別ノ規定アルモノハ此限《コノカギリ》ニ在ラス

▲參看　舊民法人事編第六條

第六條　法律ハ外國法人ノ成立ヲ認許セス但條約又ハ特許アルトキハ此限リニアラス成立ノ認許ヲ得タル外國法人ハ日本ニ成立スル同種ノ者ト同一ノ私權ヲ享有ス但條約中又ハ特許中ニ其權利ヲ制限シタルトキハ此限ニ在ラス

〔註釋〕本條ハ外國法人ニ對《タイ》シテ認許スヘキ場合《バアヒ》ト否ラサル場合ヲ規定《キテイ》シ且外國法人ガ私權《シケン》ノ享有《ケウイウ》ヲ有スヘキ場合ト否《シカ》ラザル場合《バアヒ》トヲ併《アハ》セテ規定シタル條項《デウコウ》デアッテ其ノ意義《イギ》ハ國、則チ地球面上《チキウメンジヤウ》ニ一國ヲ形成《ケイセイ》スルモノ、國ノ行政區劃則チ地球面上ニ一國《コク》ヲ形成シタル國ノ行政上ニ於テ其ノ國内《コクナイ》ヲ數個ニ區劃《クヽワク》シタル市町村、及ビ外國人カ集合《シフガフ》シテ成立シタル商事會社《シヤウジクワイシヤ》ノ如キハ別ニ法律上明文《メイブン》ヲ設《マウ》ケザルモ今日《コンニチ》何レノ國ニ於《オ》ケルモ之ヲ法人トシテ同一轍《ドウイツテツ》ニ承認《シヨウニン》シ居ルモノデアルカラ舊民法ニ於《オ》ケルモ別ニ明文《メイブン》ハ設ケズ新民法モ又是等ヲ認メテ法人《ハフジン》トシタルハ至當《シタウ》ノコトデアル、ケレトモ外國人ノ日本《ニホン》ニ於テ成立《セイリツ》スル商事會社ヲ法人ト認《ミト》ムルハ至當《シタウ》デアルトスルモ若シ其ノ商事會社ニ不都合《フツガフ》ノ廉《カド》アリトスレハ如何《イカヾ》スルカトノ疑《ウタガ》ヒナキニアラザルモ其ノ場合《バアヒ》ニ於テハ條約《デウヤク》ヲ以テ之ヲ禁《キン》ズルコトノ出來ルモノデアルカラ不都合《フツカフ》ナキ限《カギ》リハ諸外國ノ認《ミト》ムル所ト等《ヒト》シク我國ニ於《オ》ケルモ法人ト認メナケレバナラヌノデアル、故ニ我國《ワガクニ》ハ外國人ニ對《タイ》シテハ國、國ノ行政區劃及ビ商事會社ハ法人《ハフジン》ト認ムルモ其ノ他ノ社團《シヤダン》若クハ財團ハ其ノ成立《セイリツ》ヲ認許シナイノデアル如何《イカン》トナレハ外國ニ認許《ニンキヨ》サレタルモ其儘《ソノマヽ》我國ニ認許シ能《アタ》ハザルコトガアル、則チ人情風俗《ニンジヤウフウゾク》ノ相異《サウイ》アルダケデハナイ國權上ニ關係《クワンケイ》ヲ及ボスモノデアル又外國ガ公益《コウエキ》ニ妨《サマタ》ゲナシトシテ認許シタルモ我國《ワガクニ》ニ於テハ公益《コウエキ》ヲ害《ガイ》セラルヽ場合ガアルカラ外國《グワイコク》ニ於テ認許サレタルモノデアッテモ本項ニ列記《レツキ》スル三個ノ法人以外《イグワイ》ニ對シテハ認許《ニンキヨ》セサルヲ原則《ゲンソク》ト定メタノデアル（第一項前段）ケレトモ特別《トクベツ》ノ法律又ハ條約《デウヤク》ニ依リテ第三十四條及ヒ第三十五條ノ如キ社團又ハ財團ノ成立《セイリツ》ヲ認許スル場合《バアヒ》ガアルカラ其ノ場合ニ於テ格別《カクベツ》デアル（第一項但書）而《ソウ》シテ外國法人ガ條約《デウヤク》又ハ特別ノ法律ヲ以テ例《タトヘ》バ外國ニ設立《セツリツ》シタル銀行《ギンカウ》ノ支店若クハ外國ニ設立《セツリツ》シタル保險會社ノ支社等ノ社團法人ヲ日本《ニホン》ニ於テ成立スルコトヲ認許《ニンキヨ》セラレタル時ハ其ノ社團法人ハ如何《イカ》ナル私權《シケン》ヲ享有《ケウイウ》スヘキヤト謂フニ日本人ガ日本國《ニホンコク》ニ成立シタル同種《ドウシユ》ノ社團法人ガ享有《ケウイウ》スルト等シキ私權《シケン》ヲ享有スルモノデアル、故ニ外國人ガ日本國ニ生命保險會社《ホケンクワイシヤ》ノ成立ヲ認許セラレタル時ハ日本人《ニホンジン》カ日本國ニ生命保險會社ヲ成立シテ享有《カウイウ》スルト等《ヒト》シキ私權ヲ享有スルモノデアル（第二項前段）ケレドモ場合《バアヒ》ニ依リテハ外國人ニ認許シテ我國ノ不利益《フリエキ》ト成ルコトガアルカラ或ル場合ニ於テハ必《カナ》ラズ認許スルニ幾分《イクブン》ノ制限《セイゲン》ヲ爲《シ》ナケレバナラヌ必要《ヒツエウ》ガアル故ニ本條ハ但書《タヾシガキ》ヲ設ケテ制限ヲ附《フ》スルコトアルノ餘地《ヨチ》ヲ存《ソン》シ外國法人カ享有《カウイウ》スルコトノ出來ザル權利《ケンリ》則チ彼ノ撰擧權《センキヨケン》ノ如キ公益上ニ關スル權利及ビ法律《ハフリツ》又ハ條約中ニ特別ノ規定《キテイ》アルモノハ假令《タトヘ》法人ノ認許ヲ與《アタ》フル場合ガアルトモ制限《セイゲン》ヲ設《マウ》クルコトガアル（第二項但書）ト定《サダ》メタノデアリマス

第三十七條　社團法人ノ設立者《セツリツシヤ》ハ定款《テイクワン》ヲ作リ之ニ左ノ事項《ジコウ》ヲ記載スルコトヲ要ス

一　目的《モクテキ》
二　名稱《メイシヨウ》
三　事務所
四　資産《シサン》ニ關スル規定《キテイ》

五　理事《リジ》ノ任免《ニンメン》ニ關スル規定

六　社員タル資格《シカク》ノ得喪《トクソウ》ニ關スル規定

參看　舊民法財產取得編第百二十六條、第百二十七條、既成商法第百八十五條、第百九十七條

第百二十六條　會社契約ヲ以テ業務擔當人ニ選任セラレタル社員ハ正當ノ原因アルトキ又ハ其承諾及ヒ總社員ノ同意ヲ得タルトキニアラサレハ委任ノ期限內ニ之ヲ解任スルコトヲ得ス
會社設立以後ノ契約ヲ以テ撰任シタル業務擔當人ハ之ヲ撰任シタルト同一ノ方法ヲ以テ其承諾ヲ要セスシテ之ヲ解任スルコトヲ得

第百二十七條　業務擔當人ヲ撰任シタル方法ノ如何ヲ問ハス其中ノ一人又ハ數人ノ死亡、解任又ハ解任アリテ此等ノ專件ノ爲メニ會社ノ解散セサルトキハ總社員ノ過半數ヲ以テ其補闕者ヲ撰任ス

第百八十五條　總會ハ株主中ニ於テ三人ヨリ少ナカラサル取締役ヲ三ケ年內ノ時期ヲ以テ撰定ス但其時期滿了ノ後再撰スルハ妨ナシ
取締役ハ同役中ヨリ主トシテ業務ヲ取扱フ可キ專務取締役ヲ置クコトヲ得然レトモ其責任ハ他ノ取締役ト同一ナリ

第百九十七條　取締役又ハ監査役ハ何時ニテモ總會ノ決議ヲ以テ之ヲ解任スルコトヲ得其解任セラレタル者ハ會社ニ對シテ解任後ノ給料若クハ其他ノ報酬又ハ償金ヲ請求スルコトヲ得ス

〔註釋〕本條ハ社團法人ヲ成立《セイリツ》スルニ必要ナル條件《デウケン》ヲ規定シタル條項《デウコウ》デアッテ、其ノ意義《イギ》ハ

社團法人ヲ設立《セツリツ》スル者ハ必ラス定款《テイクワン》トテ規則書ヲ作《ツク》ラナケレハナラヌ、而《ソ》シテ其ノ定款中ヘハ又必ラス本條《ホンデウ》ニ列記《レツキ》スル第壹號ヨリ第六號ニ至《イタ》ル事項《ジコウ》ヲ記入センケレバナラヌモノデアル、其ノ定款中ニ記入《キニフ》セムケレバナラヌ事項トハ

第一　目的　トハ例《タトヘ》バ生命保險會社デアレバ其ノ社團《シヤダン》ガ營業トスル處《トコロ》ハ人ノ生命ヲ保險スルモノデアルカラ其ノ社團ノ目的《モクテキ》ハ生命保險デアル、故ニ其ノ生命保險《セイメイホケン》ヲ目的トスルト謂フコトヲ記入セムケレバナラヌノデアル

第二　名稱　トハ社團ノ稱《トナ》ヘデアッテ則チ名義《メイギ》テアル、例バ呉服《ゴフク》ノ卸賣《オロシウリ》ヲ目的トシテ一ノ會社ヲ設《マウ》ケ其社ノ名義《メイギ》ヲ呉盛社《ゴセイシヤ》ト命名《メイ〱》スル其ノ呉盛社ト謂《イ》フノガ名稱デアルカラ其ノ呉服卸賣ノ會社カ呉盛社ト稱《シヨウ》スルノデアルト謂《イ》フコトヲ記入《キニフ》セヌケレバナラヌノデアル

第三　事務所　トハ例バ生命保險會社若《モシ》クハ呉盛社カ其ノ營業《エイゲフ》ノ事務ヲ取扱フ場所《バシヨ》ヲ謂フノデアル、故ニ呉盛社ノ營業場所《エイゲフバシヨ》ガ心齋橋通二丁目五番屋敷ニ在《ア》レバ其ノ場所ノ町名番屋敷《バンヤシキ》ヲ記入《キニフ》セムケレハナラヌノデアル

第四　資産ニ關《クワン》スル規定　トハ例バ甲、乙、丙三名ノ合資《ガツシ》ヲ以テ呉盛社ヲ成立《セイリツ》シタル時ハ其ノ甲、乙、丙ノ出資額《シユツシガク》及ビ利益配當ノ方法等ヲ規定《キテ井》シテ記入セスケレハナラヌノデ

アル

第五　理事ノ任免《ニンメン》ニ關スル規定　トハ會社ノ事務《ジム》ヲ處理《シヨリ》スル者ヲ任《ニン》シ、若クハ免《メン》スヘキ方法等ヲ規定《キテイ》シテ記入《キラ》セネケレハナラヌノデアル

第六　社員タル資格《シカク》ノ得喪《トクソウ》ニ關スル規定　トハ例バ呉盛社ノ社員《シヤヰン》ト成ル可キモノハ呉服賣買、若クハ仲買《ナカヽヒ》、若クハ織布業者等ニ限《カギ》ルト謂フ如キ規定《キテイ》、又ハ呉盛社ノ社員ハ破産、若クハ莫大《バクダイ》ノ負債《フサイ》ヲ生ジタル時ハ社員ノ資格《シカタ》ヲ喪失《ソウシツ》スルモノデアル等ノ規定《キテイ》ヲ設ケテ記入シ置カナケレバナラヌノデアル

以上列擧《レツキヨ》シタル・六號ノ事項《ジコウ》ハ必ラズ社團ノ定款中《テイクワンチウ》ニ記入セナゲレバナラヌノデアルト定メタノデアリマス

第三十八條　社團法人ノ定款《テイクワン》ハ總社員ノ四分ノ參以上ノ同意《ドウイ》アルトキニ限リ之ヲ變更《ヘンカウ》スルコトヲ得但定款ニ別段《ベツダン》ノ定アルトキハ此限ニ在ヲス

定款ノ變更ハ主務官廳ノ認可《ニンカ》ヲ受クルニ非サレハ其効力ヲ生セス

好評既刊

「待ったなし」の年金改革アップデート版
年金改革の基礎知識〔第2版〕
石崎　浩　著

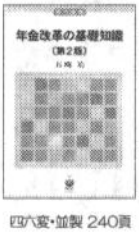

四六変・並製 240頁

2000円

人間を自由にするという都市の未来構築論
都市空間のガバナンスと法
吉田克己・角松生史　編

A5変・上製 496頁

8000円

早わかり新安保法制解説
安全保障関連法
読売新聞政治部　編著

A5変・並製・296頁

2500円

プラクティスシリーズ

潮見佳男　著　◎最新の債権法理論を反映させた改訂第4版
プラクティス民法 債権総論（第4版）　4800円

木村琢麿　著　◎単純・典型事例駆使の行政法教科書
プラクティス 行政法　3500円

山川隆一　編　◎工夫に富んだ新感覚スタンダード教科書
プラクティス 労働法　3800円

柳原正治・森川幸一・兼原敦子　編　◎基礎から発展までをサポートする好評テキスト
プラクティス 国際法講義（第2版）　3800円

岩村正彦・菊池馨実　責任編集
社会保障法研究 第6号 ／ **法と哲学** 第2号　井上達夫　責任編集

宇賀克也　責任編集
行政法研究 第15号 ／ **消費者法研究** 第2号 新刊　河上正二　責任編集

太田勝造・佐藤岩夫　責任編集
法と社会研究 第2号 新刊 ／ **EU法研究** 第2号 新刊　中西優美子　責任編集

講座 憲法の規範力

1 **規範力の観念と条件**　古野豊秋・三宅雄彦　編集代表　◎憲法の持つ現実的意義とは何か　5600円

2 **憲法の規範力と憲法裁判**　戸波江二・畑尻　剛　編集代表　◎憲法裁判の果たす役割とは何か　7600円

3 **憲法の規範力と市民法**　小山　剛　編集代表　（近刊）

4 **憲法の規範力とメディア法**　鈴木秀美　編集代表　6800円

5 **憲法の規範力と行政**　嶋崎健太郎　編集代表　（近刊）

判例プラクティスシリーズ

憲法判例研究会　編　◎補遺で14判例を追加した365件
浅野博宣・尾形　健・小島慎司・宍戸常寿・曽我部真裕・中林暁生・山本龍彦　著
判例プラクティス 憲法〔増補版〕　3880円

松本恒雄・潮見佳男　編
判例プラクティス 民法Ⅰ 総則・物権　3600円
判例プラクティス 民法Ⅱ 債権　3600円
判例プラクティス 民法Ⅲ 親族・相続　2800円

◎効率よく体系的に学べる民法判例解説

成瀬幸典・安田拓人　編　◎刑法（総論）判例集の決定版。全444件解説
判例プラクティス 刑法Ⅰ 総論　4000円

成瀬幸典・安田拓人・島田聡一郎　編　◎刑法（各論）判例集の決定版。全543件
判例プラクティス 刑法Ⅱ 各論　4480円

好評既刊

西原春夫・吉井蒼生夫・藤田 正・新倉 修 編著
◎わが国初の近代刑法制定資料集完結！
旧刑法〔明治13年〕 (4)-I 48000円 (4)-II 60000円 完結

塩野 宏・小早川光郎 編著
◎制定資料を網羅的に考証・解説する
行政手続法制定資料 (1)〜(16)

井上正仁・渡辺咲子・田中 開 編著
◎昭和23年全面改正刑訴法立案関係資料
刑事訴訟法制定資料全集 —昭和刑事訴訟法編(14) 45000円 完結

松本博之・徳田和幸 編著
◎明治23年民訴法の複雑な制定経過を整理
民事訴訟法〔明治23年〕 (5) 38000円 完結

中野貞一郎 著（大阪大学名誉教授）
◎中野民訴法学の原点をまとめた論考集
民事訴訟・執行法の世界 8000円

松本博之 著 ◎民訴法の継受・改正史と解釈論争史
民事訴訟法の立法史と解釈学 15000円

好評発売中

◆基礎知識を積み上げよう◆

後藤巻則・滝沢昌彦・片山直也 編
プロセス講義 民法Ⅲ 担保物権 3000円
プロセス講義 民法Ⅳ 債権1 新刊 3200円
プロセス講義 民法Ⅴ 債権2 3200円
プロセス講義 民法Ⅵ 家族 3200円

亀井源太郎・岩下雅充・堀田周吾・中島宏・安井哲章 著
プロセス講義 刑事訴訟法 3400円

フランス憲法判例集第2弾

Les grandes décisions du Conseil constitutionnel de la France

フランスの憲法判例Ⅱ

5600円 フランス憲法判例研究会 編
辻村みよ子 編集代表
B5判・並製・440頁 ISBN978-4-7972-3348-3 C3332

1996〜2005年の主要86判例を掲載

Wichtige Entscheidungen des Bundesverfassungsgerichts

ドイツの憲法判例Ⅲ

6800円 ドイツ憲法判例研究会 編
栗城壽夫・戸波江二・嶋崎健太郎 編
B5判・並製・656頁 ISBN978-4-7972-3347-6 C3332

佐伯千仭 著 佐伯千仭著作選集 全6巻
◎佐伯刑法学を代表する論文を精選収録
1 **刑法の理論と体系** 15000円
2 **違法性と犯罪類型、共犯論** 16000円
3 **責任の理論** 16000円
4 **刑事法の歴史と思想、陪審制** 16000円
5 **生きている刑事訴訟法** 14000円

消費生活マスター介護問題研究所 著 本澤巳代子 監修
◎悔いのない住まい探しのガイドブック
サ高住の探し方（サービス付き高齢者向け住宅） 800円

精義シリーズ

碓井光明 著（明治大学大学院法務研究科教授・東京大学名誉教授）
公共契約法精義 ◎あるべき公共契約法の構築への模索 3800円
公的資金助成法精義 ◎公的資金助成法に関する本格的体系書 4000円
政府経費法精義 ◎政府経費法に関するわが国初の体系書 4000円
社会保障財政法精義 ◎社会保障財政法のわが国初の体系書 5800円
行政契約精義 ◎行政契約に関する日本の状況の研究 6500円
都市行政法精義Ⅰ・Ⅱ ◎「まちづくり」への行政法アプローチ 6000円 7000円

信山社 113-0033 東京都文京区本郷6-2-9-102 東大正門前
TEL 03-3818-1019 FAX 03-3818-0344 order@shinzansha.co.jp
2016.12.20 30000

▲參看　既成商法第二百五條

〔註釋〕本條ハ社團法人ガ前條《ゼンデウ》ノ規定ニ從《シタガ》ヒテ作成《サクセイ》シタル定款ノ變更ニ關《クワン》スル規定デアッタ、其ノ意義《イギ》ハ社團法人ノ定款《テイクワン》ハ成立以前《イゼン》ニ於テ之ヲ作成《サクセイ》シテ其ノ認可《ニンカ》ヲ主務官廳ニ請《コ》ハナケレバナラヌモノデアル、例《タトヘ》バ鐵道會社ヲ創立《サウリツ》セムトスル場合ニ於テハ先ヅ前第三十七條ノ規定ニ從ヒテ定款ヲ作成《サクセイ》シ創立願書ト共《トモ》ニ之ヲ主務官廳タル農商務省ニ提出シテ認可《ニンカ》ヲ請《コ》フモノデアルカラ其ノ認可サレタル定款ハ漫《ミダ》リニ變更《ヘンカウ》スルコトヲ許《ユル》サヾルモノデアル、若シ事實止ムヲ得《エ》ズシテ其ノ變更ヲ必要《ヒツエウ》トスル時ハ必ラズ總社員《ソウシヤヰン》ノ同意ヲ得ンケレバナラヌ、是レ其《ソ》ノ利害《リガイ》ハ自ラ總社員ノ上ニ波及《ハキフ》スルモノデアルカラ決《ケツ》シテ一個若クハ一部ノ社員ガ隨意《ズヰイ》ニ變更スルコトノ出來ザルハ至當《シタウ》ノコトデアル、而シテ定款ノ變更ヲ總社員ニ計《ハカ》リ之ガ決《ケツ》ヲ採《ト》ルニモ多數ノ社員《シヤヰン》アル場合ニ於テ一人毎《ニンゴト》ノ決議ヲ得ルトスレバ事煩雜《ハンザツ》ニ涉リ意見《イケン》區々ニ別レ容易《ヨウイ》ニ纒結《テンケツ》スルモノデハナイカラ總社員ヲ一堂《ダウ》ニ會シ其ノ四分ノ三例バ百名《メイ》ノ社員アリトスレバ其ノ百名中七十五名以上《メイ、ジヤウ》ノ意見ガ等《ヒト》シキ時ニ限リテ變更《ヘンカウ》スルコトガ出來《デキ》ル、故ニ若《モ》シ變更ニ同意《ドウイ》スル者ガ七十五名ニ達《タツ》シナイ時ハ變更スルコトハ出來ヌノデアル(第一項前段)ケレドモ若《モ》シ創立《サウリツ》ノ際ニ作成《サクセイ》シタル定款中ニ例バ某ノ事項《ジコウ》ハ總社團ノ決議《ケツギ》ヲ要セズ理事《リジ》若クハ支配人等ノ專斷《センダン》ヲ以テ變更《ヘンカウ》スルコトヲ得ルト謂《イ》フ如キ別段ノ規定《キテイ》ヲ設ケタル時ハ其ノ專斷《センダン》ヲ許サレタル事項《ジコウ》ニ限リテハ總社員ノ評議《ヒヤウギ》ヲ竢《マ》タズシテ理事若クハ支配人《シハイニン》ニ於テ專斷ヲ以テ變更《ヘンカウ》スルコトガ出來ル（第一項但書）而シテ元來《グワンライ》社團法人ノ定款ガ効力《カウリヨク》ヲ生ズルハ主務官廳ノ認可《ニンカ》ヲ得タル時ニ始マルモノデアルカラ之レガ變更《ヘンカウ》ノ事項ニ對シテモ主務官廳ノ認可《ニンカ》ヲ得ナケレバ變更事項ノ効力ヲ生ズルモノデナイコトハ自ラ明瞭《メイレウ》デアル、故ニ定款《テイクワン》ノ變更ヲ爲シタル時ハ總社員ノ決議ヲ以テ變更《ヘンカウ》シタル塲合ト理事《リジ》若クハ支配人ガ權限内《ケンゲンナイ》ヲ以テ變更シタル塲合《バアヒ》トヲ問ハズ其ノ變更シタル事項《ジコウ》ニ對シ更ニ主務官廳ノ認可《ニンカ》ヲ得ナケレバナラヌ（第二項）ト定メタルノデアリマス

第三十九條　財團法人ノ設立者《セツリツシヤ》ハ其設立ヲ目的《モクテキ》トスル寄附行爲ヲ以テ第三十七條第一號乃至《ナイシ》第五號ニ掲ケタル事項《ジコウ》ヲ定ムルコトヲ要ス

▲參看　舊民法財產取得編第百二十六條、第百二十七條、既成商法第百八十五條、第百九十七條

（註釋）本條ハ財團法人ノ成立《セイリツ》ニ關シテ規定《キテイ》シタル條項《デウコウ》デアッテ其ノ意義ハ財團法人ハ專ラ

寄《キフ》附行爲《カウヰ》ヲ目的トスルモノテアルカラ社員ノ集合體《シウガフタイ》ヨリ成ル社團法人トハ其ノ性質ヲ異ニスルモノテアル、故ニ財團法人ニ於テハ社員《シヤヰン》ノ資格《シカク》ヲ規定スル必要《ヒツエウ》ナケレバ財團法人ノ設立者ハ第三十七條ニ列擧《レツキヨ》スル事項中《ジコウチウ》第六號ヲ除キ殘《ノコ》ル第一號ヨリ第五號ニ至ル事項ヲ財團設立ヲ目的トスル寄附行爲ヲ以テ定メテ置カムケレバナラヌ而シテ第三十七條第一號乃至《ナイシ》第五號ノ事項トハ則チ第一目的《モクテキ》、第二名稱《メイシヨウ》、第三事務所《ジムシヨ》、第四資産《シサン》ニ關スル規定、第五理事ノ任免《ニンメン》ニ關スル規定ノ五箇事項《カジコウ》テアル、サレバ財團法人ノ設立者ガ本條ニ依リテ以上五箇ノ事項ヲ定メ財團法人ヲ設定《セツテイ》シタル時ニ於テモ其ノ事項《ジコウ》ヲ變更スル必要ノ生《シヤウ》ズルモノテアル、然ル場合ニハ矢張《ヤハ》リ第三十八條ノ規定《キテイ》ニ準《シタガ》ハナケレバナラヌカト謂フニソウテハナイ、元來財團法人《ザイダンハフニン》ニハ社員ノナキモノテアルカラ第三十八條第一項ノ規定ニハ準《シタガ》ハズトモヨイノテアル、ケレドモ財團法人モ其ノ設立以前《セツリツイゼン》本條ノ規定ニ從ヒ要項《エウコウ》ヲ定メ主務官廳ノ認可ヲ得ナケレバナラヌモノテアルカラ理事者《リジシヤ》ニ於テ之カ變更ナ爲シタル時ハ其《ソ》ノ旨《ムネ》主務官廳ニ出願《シユツトウ》シテ變更事項ニ對《タイ》スル認可《ニンカ》ヲ受ケナケレバナラヌモノテアル、故ニ財團法人ノ設立者ハ第三十八條第二項ノ規定ニハ從ハナケレバナラヌモノテアリマス

第四十條　財團法人ノ設立者《セツリツシヤ》カ其名稱、事務所又ハ理事任免《ニンメン》ノ方法ナ

定メスシテ死亡《シバウ》シタルトキハ裁判所ハ利害關係人又ハ撿事ノ請求ニ因リ之ヲ定《サダ》ムルコトヲ要ス

〔註釋〕本條ハ財團法人ノ設立者《セツリツシヤ》ガ設立中途《チウト》ニ於テ死亡シタル場合《バアヒ》ニ關スル規定《キテイ》デアッテ其ノ意義ハ元來財團法人ハ寄附行爲《キフカウヰ》ヨリ成立シタルモノデアルカラ第四十一條及ビ第四十二條ノ如キ結果《ケツクワ》ヲ生ズルモノデアル故ニ財團法人ノ設立者《セツリツシヤ》ガ其ノ名稱、事務所又ハ理事任免ノ方法《ハウハフ》ヲ定メズシテ死亡スル時ハ其ノ財團法人ハ成立以前《セイリツイゼン》ニ無主物ト成《ナ》リテ其ノ目的タル寄附財産ノ處分《シヨブン》ヲ爲スコトガ出來《デキ》ナイヤウニナル、并《ソ》ウカト謂《イ》ッテ既ニ寄附行爲ヲ以テ目的《モクテキ》トスル以上ハ理由《リイウ》ナクシテ其ノ無主物《ムシユブツ》ヲ人ノ取ルニ任《マカ》セ放擲《ハウヂヤク》シ去ルコトハ公益上出來ナイモノデアル、故ニ法律《ハフリツ》ハ財團保護ノ上ヨリ其ノ財團設立ニ關係《クワンケイ》シテ爲ニ利害ヲ蒙《カウム》ルベキ者ノ請求《セイキウ》アリタル時、又ハ其ノ財團《ザイダン》ニ利害ノ關係ヲ有スル者ナキカ若クハ利害關係人アルモ其ノ繼續《ケイゾク》ヲ請求《セイキウ》セザル場合ニ於テ撿事《ケンジ》ガ公益上必要トシテ請求《セイキウ》スル時ハ裁判所ハ財團法人ノ設立者タル死亡者《シボウシヤ》ノ遺志《ヰシ》ヲ繼ギ其ノ名稱、事務所又ハ理事任免ノ方法ヲ定《サダ》メテ財團法人ヲ成立《セイリツ》セシメナケレバナラヌモノデアルト定メタノデアリマス

第四十一條　生前處分《セイゼンシヨブン》ヲ以テ寄附行爲ヲ爲《ナ》ストキハ贈與《ゾウヨ》ニ關スル規定

ヲ準用《ジユンヨウ》ス

遺言《ユヰゲン》ヲ以テ寄附行爲《キフカウヰ》ヲ爲ストキハ遺贈《ヰゾウ》ニ關スル規定《キテイ》ヲ準用《ジユンヨウ》ス

▲參看　舊民法財産取得編第三百四十九條、第三百五十二條

〔註釋〕本條ハ寄附《キフ》行爲ニハ生前處分ヲ以テスルト遺言《ユヰゴン》ヲ以テスルトノ二種《シユ》アルコトヲ認メ而シテ其ノ種々ニ應《オウ》ジ準用スベキ規定《キテイ》アルコトヲ示シタル條項《デウコウ》デアッテ其ノ意義ハ生前《セイゼン》處分ヲ以テ寄附行爲ヲ爲スハ殆《ホトン》ト自巳ノ所有財産ヲ財團《ザイダン》法人ニ贈與スルト等《ヒト》シキ姿デアル、例《タトヘ》バ甲者ガ自巳所有ノ土地ヲ貧民救助《ヒンミンキウジヨ》ノ目的トシテ設立《セツリツ》シタル乙會ニ寄附スルガ如キモノデアルカラ此ノ場合《バアヒ》ニ於テハ必ラズ第五百四十八條以下ニ規定《キテイ》シタル贈與《ゾウヨ》ニ關スル各條項《カクデウコウ》ニ準ハヌケレバナラヌ（第一項）又遺言ヲ以テ寄附行爲ヲ爲《ナ》スハ殆ド自巳ノ所有《シヨイウ》財産《ザイサン》ヲ財團法人ニ遺贈《ヰゾウ》スルト等シキ姿《スガタ》デアル、例バ甲者ガ死亡《シバウ》セヌトスル際ニ於テ遺族《ヰゾク》ニ遺言《ユヰゴン》シ自巳ガ死亡シタル後ハ資産中《シサンチウ》ヨリ金壹千圓若クハ某ノ土地《トチ》何町歩ヲ孤兒救濟《コジキウサイ》ノ目的《モクテキ》ヲ以テ設立シタル乙會《オツクワイ》ニ寄附セヨト命《メイ》ジタル如キモノデアルカラ此ノ場合《バアヒ》ニ於テハ必ラズ遺贈ニ關スル規定《キテイ》ニ準《シタガ》ハンケレハナラヌ（第二項）ト定メタノデ此ノ遺贈《ヰゾウ》ニ關スル規定《キマリ》ハ未ダ發布《タッシ》ナラサル將來ノ規定デアルカラ今茲《イマコヽ》ニ説明スルコトハ出來《デキ》ヌモノデアル

〔サレバ〕ハ其ノ説明《トキアケ》ハ他日ニ讓ルコトヽシマス

第四十二條　生前《セイゼン》處分ヲ以テ寄附《キフ》行爲ヲ爲シタルトキハ寄附《キフ》財産《ザイサン》ハ法人設立《セツリツ》ノ許可《キヨカ》アリタル時ヨリ法人《ハフジン》ノ財産ヲ組成《ソセイ》ス

遺言ヲ以テ寄附行爲ヲ爲シタルトキハ寄附財産《ザイサン》ハ遺言カ効力《コウリヨク》ヲ生シタル時ヨリ法人《ハフジン》ニ歸屬《キゾク》シタルモノト看做《ミナ》ス

〔註釋〕本條ハ前條《ゼンデウ》ニ規定シタル二種ノ寄附《キフ》行爲ガ贈與《ゾウヨ》若クハ遺贈ノ規定ニ準《シタガ》フ結果《ケツクワ》ニ於テ財團《ザイダン》法人ニ歸屬《キゾク》スベキ場合ヲ規定シタル條項《デウコウ》デアツテ其ノ意《コヽロ》義ハ例ハ甲者ガ地震學研究《ヂシンガクケンキウ》奨勵《シヤウレイ》ノ爲メ一個ノ財團法人則チ地震學研究會《ケンキウクワイ》ナルモノヲ設立《タテ》センヽシ若クハ設立サレタル其ノ美擧《ビキヨ》ヲ賛成《サンセイ》シテ乙者ガ生前《セイゼン》處分ヲ以テ自巳《ジブン》所有ノ土地ヲ寄附《キフ》シ其ノ収益ヲ以テ奨勵資金ニ充《ア》富テシトシタル時ハ其ノ寄附財産《ザイサン》タル土地ハ主務官廳《シユムクワンチヤウ》カ地震學會ノ設立ヲ許可シタル時ヨリ歸屬《キゾク》スルモノデアル（第一項）又乙者ガ遺言《ユヰゴン》ヲ以テ地震學會ニ土地《トチ》ヲ寄附シタル時ハ乙者ノ遺言ガ効力《コウリヨク》ヲ生シタル時カラ其ノ土地ハ地震學會ニ歸屬スルモノデアル（第二項）ト定《サダ》メタノデアリマス

第四十三條　法人《ハフジン》ハ法令ノ規定《キテイ》ニ從ヒ定欵《テイクワン》又ハ寄附行爲《カウヰ》ニ因リテ定《サダ》マリタル目的《モクテキ》ノ範圍内《ハンヰナイ》ニ於テ權利《ケンリ》ヲ有シ義務《ギム》ヲ負フ

参看　既成商法第七十三條、民事訴訟法第十四條

〔註釋〕本條ハ法人《ハフジン》モ自然人ト等《ヒト》シク權利《ケンリ》ヲ有シ義務ヲ負《オ》フモノデアルト謂《イ》フコトヲ規定シタル條項《デウコウ》デアッテ其ノ意義《コヽロ》ハ法人ハ元來法定上假想的《カサウテキ》ノ人デハアル、ケレドモ法律《ハフリツ》ガ人ト認《ミト》ムル以上ハ自然《シゼン》人ト等シク私權《シケン》ノ享有《キヤウイウ》ヲ許シ獨立シテ權利義務《ケンリギム》ヲ有スルコトヲ認《ミト》メナケレバナラヌ故ニ本條ハ法人ハ法律命令《ハフリツメイレイ》ノ規定ニ從ヒ定欵《テイクワン》又ハ寄附行爲ニ因《ヨ》リテ定リタル目的《モクテキ》ノ範圍内ニ於テ權利ヲ有シ義務《ギム》ヲ負フト規定シタノデアル若シ此ノ規定《キマリ》ナキ時ハ法人ノ權利義務ト法人ヲ代表《ダイヘウ》シ若クハ法人ヲ組成《ソセイ》スル者等ノ權利義務ト混同《コンドウ》スルノ結《ケツ》果《クワ》ヲ見ル例《タトヘ》バ甲社團ニ債務《サイム》ヲ負フ乙者ガ甲社團ノ理事《リジ》タル丙者ニ債權《サイケン》ヲ有スル場合ニ於テ本條ノ規定《キマリ》ナシトスレバ乙者ハ相殺《サウサツ》ヲ請求《セイキウ》スルコトガ出來《デキ》ル、ケレドモ甲社團ハ一個獨立《ドクリツ》ノ法人デアッテ丙者《ヘイシヤ》ハ甲社團ノ事務《ジム》ヲ管理《クワンリ》スル職務ヲ執行《オコナフ》スルダケノ者デアルカラ自ラ經濟《ケイザイ》ヲ異ニスル劃然《クワクゼン》タル別個ノ人デアル、故ニ乙者ハ決《ケツ》シテ之レガ相殺《サウサツ》ヲ請求スルコトハ出來《デキ》ヌモノデアル、是レ本條ハ社團《シヤダン》ノ社員若クハ財團關係人ト社團若クハ財團其

者トノ混同《コンドウ》セシムトスル間ニ一線《セン》ヲ畫《クワク》シ以テ防止《ボウシ》シタル條項テアリマス

第四十四條　法人《ハウジン》ハ理事《リジ》其他ノ代理人《ダイリニン》カ其職務ヲ行フニ付キ他人ニ加ヘタル損害《ソンガイ》ヲ償賠《バイシヤウ》スルノ責《セメ》ニ任《ニン》ス

法人《ハウジン》ハ目的《モクテキ》ノ範圍内《ハンヰナイ》ニ在ヲサル行爲《カウヰ》ニ因リテ他人《タニン》ニ損害《ソンガイ》ヲ加ヘタルトキハ其ノ事項《ジカウ》ノ議決《ギケツ》ヲ賛成《サンセイ》シタル社員《シヤヰン》、理事《リジ》及ヒ之ヲ履行《リカウ》シタル理事《リジ》其他ノ代理人《ダイリニン》連帶《レンタイ》シテ其賠償《バイシヤウ》ノ責《セメ》ニ任ス

▲參看　舊民法財産編第三百七十三條

(註釋)本條ハ法人ガ自然人《シゼン》ト等シク私權《シケン》ヲ享有《キヤウイウ》シ權利ヲ有スル結果《ケツクワ》トシテ負《オ》フベキ責任《セキニン》ヲ規定シタル條項《デウカウ》テアル、而シテ其ノ意義《イヽギ》ハ元來法人ハ無形人《ムケイジン》テアルカラ自動《ジドウ》ノ作爲ヲ爲スコトハ出來《デキ》ヌ一事一物皆悉《コト》ク他動ニ從ツテ自ラ活動《クワツドウ》スベキモノテアル、故ニ法人ヲ活動セシムル理事ハ則《スナハ》チ法人ヲ代表《ダイヘウ》スルモノテアルカラ其ノ理事《リジ》ノ行爲ハ則チ法人ノ行爲テアツテ其ノ理事ガ選定《センテイ》シタル理事代理人ノ行爲モ亦法人《ハウジン》ノ行爲テアル、故ニ理事若クハ理事ノ代理人《ダイリニン》タル社員等ガ法人ノ活動《クワツダウ》ヲ代表スル職務《シヨクム》ヲ行フニ就テ他人ニ損害ヲ加ヘ

タル時ハ法人ハ他人ニ對《タイ》シ其ノ損害ヲ賠償《バイシヤウ》スル責ヲ負《オ》ハナケレバナラヌ、例バ甲汽船會《カフキセンクワイ》社ノ乙丸ガ丙船《ヘイセン》ト衝突《シヨウトツ》シテ其ノ丙船ヲ沈沒《チンボツ》セシメタル塲合ニ於テハ其ノ直接《チヨクセツ》ノ行爲ヲ爲シタルモノハ甲汽船會社タル法人《ハウジン》デナクシテ乙丸ニ乘組《ノリク》メル船員《センヰン》等デハアレドモ船員ハ悉ク法人ガ代理人《ダイリニン》トシテ法人ノ命ズル職務《シヨクム》ヲ行ヒツヽアリシモノデアルカラ丙船ニ對シテ損害《ソンガイ》ヲ賠償《バイシヤウ》スル責任ハ甲汽船會社タル法人ニ於テ負ハナケレバナラヌモノデアル（第一項）ケレドモ法人ガ目的《モクテキ》トシタル事業ノ範圍外《ハンイグワイ》ナル行爲ニ就テハ其ノ責任《セキニン》ヲ負フベキモノデハナイ故《イエ》ニ若《モ》シ理事《リジ》若《モシ》クハ其《ソ》ノ代理人《ダイリニン》タル社員ニ於テ法人ノ目的タル事業ノ範圍《ハンヰ》外《グワイ》ナル行爲ヲ爲シテ他人ニ損害《ソンガイ》ヲ蒙《カウム》ラシメタル時ハ其ノ理由《リイウ》若クハ其ノ代理人タル社員等ガ連帶《レンタイ》シテ賠償《バイシヤウ》ノ責ヲ負ハナケレバナラヌ、例バ甲汽船會社《カフキセンクワイシヤ》ハ大坂神戸間ノ航海ヲ目的トシテ設立《セツリツ》サレタルモノデアル時理事若《リジモシ》クハ社員等ガ評議《ヒヤウギ》ノ上其ノ航路《カウロ》ヲ廣島マデ延長スルコトヲ議決《ギケツ》シ定款變更《テイクワンヘンカウ》ノ認可ヲ受ケズシテ議決《ギケツ》シタル延長航路ヲ航海シタル途中他船ト衝突《シヨウトツ》シテ其ノ他船ヲ沈沒《チンボツ》セシメタル時ハ其ノ損害《ソンガイ》ノ賠償ハ航路ノ延長ヲ議決スルニ當リ賛成《サンセイ》シタル社員理事及ビ之レヲ履行《リカウ》シタル理事其ノ他ノ代理人《ダイリニン》等ガ連帶《レンタイ》シテ賠償シナケレバナラヌ（第二項）ト定メタノデアリマス

第四十五條　法人《ハフジン》ハ其設立《セツリツ》ノ日ヨリ二週間《シウカン》内ニ各事務所《カクジムシヨ》ノ所在地ニ於テ登記《トウキ》ヲ爲スコトヲ要ス

法人ノ設立《セツリツ》ハ其主タル事務所《ジムシヨ》ノ所在地ニ於テ登記《トウキ》ヲ爲スニ非サレハ之ヲ以テ他人ニ對抗《タイカウ》スルコトヲ得ス

法人設立《セツリツ》ノ後新《ノチアラタ》ニ事務所《ジムシヨ》ヲ設ケタルトキハ一週間内《シウカンナイ》ニ登記ヲ爲スコトヲ要ス

▲參看　舊民法財産取得編第百十八條、既成商法第六十九條、第七十八條、第百六十九條

〔註釋〕本條ハ法人ハ必《カナ》ラズ登記ヲ經《ヘ》ザルベカラザルコトヲ規定《キテイ》シタル條項デアツテ其ノ意義ハ法人ハ前既《ゼンスデ》ニ述ベタル如ク法律上假想的《カサウテキ》ノモノデアルカラ之ヲシテ他人ニ有効的《イウカウテキ》法人タルコトヲ顯然《ケンゼン》知ラシメナケレバ何人モ其ノ法人《ハフジン》タルコトヲ認《ミト》ムルニ術《スベ》ナク爲メニ彼我ノ間ニ損害《ソンガイ》ヲ蒙《カウ》ムル虞《オソ》レガアレバ公益上《コウエキジヤウ》法人ハ必ラス第四十六條ニ規定シタル事項ヲ設立後《セツリツゴ》二週間内ニ其ノ各事務所《カクジムシヨ》々在地ヲ管轄《クワンカツ》スル區裁判所ノ登記所ニ出願《シユツグワン》シテ登記ヲ經

ナケレバナラヌ、是レ殆《ホトン》ド自然人ガ出生後其ノ名ヲ戸籍簿《コセキボ》ニ登載《トウサイ》スルト等シキモノデアル、故ニ若シ本條ノ規定《キテイ》ニ背キ登記ヲ經《ヘ》ナケレバ第八十四條ニ依ッテ過料《クワレウ》ニ處《シヨ》セラル、モノデアル（第一項）而シテ其ノ登記《トウキ》ヲ爲スニハ例《タトヘ》バ甲乙丙ノ三地ニ事務所ヲ有《イウ》スル法人ハ必ラズ甲乙丙三ヶ所共登記ヲ經《ヘ》ナケレバナラヌモノデアル、ケレドモ其ノ中中地《カフチ》ガ主タル事務所デアレバ、甲地ノ登記ヲ經タル後《ノチ》デナケレバ法人トシテ他人ニ對抗《タイカウ》スルコトハ出來ヌ故ニ假令《タトヘ》乙丙二ヶ所ノ登記ヲ經ルモ甲地ノ登記ヲ經テ居ラヌ時ハ法人ハ完全《クワンゼン》ニ成立シタルモノデハナイ（第二項）又例《マタトヘ》バ甲地ヲ主タル事務所トシテ法人《ハフジン》ヲ設立《セツリツ》シ其ノ甲地事務所《ジムシヨ》ノ登記ヲ經《ヘ》タル後、新《アラタ》ニ申地ニ事務所ヲ設《マウ》クル時ハ既ニ法人ノ設立《セツリツ》アリタルモノデアルカラ其ノ登記手續《テツヾキ》ヲ爲スニモ餘項《ヨケイ》ノ時日ヲ費《ツヒヤ》サズシテ運《ハコ》ビノ付クベキモノデアルカラ第一項ノ二週間《シウカン》ヲ半《ナカバ》ニ減ジ成ル可ク速《スミヤ》カニ爲サシメムトノ意ヨリ一週間《シウカン》ニ短縮《タンシユク》シタルモノデアル故ニ法人設立後《セツリツゴ》新《アラタ》ニ事務所ヲ設《マウ》クルモノハ必ラズ亦《マタ》一週間內ニ登記ヲ經ナケレバ第一項ト等《ヒト》シク第八十四條ノ處罰《シヨバツ》ヲ受《ウ》ケナケレバナラヌ（第三項）ノデアリマス

第四十六條　登記《トウキ》スヘキ事項《ジカウ》左ノ如《ゴト》シ

一　目的《モクテキ》

二　名《オイ》稱《シヨウ》

三　事務所《シムシヨ》

四　設立許可《セツリツキヨカ》ノ年、月、日

五　存立時期《ソンリツジキ》ヲ定《サダ》メタル時《トキ》ハ其時期《ソノジキ》

六　資産《シサン》ノ總額《ソウガク》

七　出資《シユツシ》ノ方法《ハウハフ》ヲ定《サダ》メタルトキハ其方法《ソノハウハフ》

八　理事《リジ》ノ姓名《メイ》、住所《ヂウシヨ》

前項《ゼンカウ》ニ掲ケタル事項中《ジカウチウ》ニ變更ヲ生シタルトキハ一周間内ニ其登記ヲ爲《ナ》スコトヲ要ス登記前《トウキゼン》ニ在リテハ其變更《ソノヘンカウ》ヲ以テ他人ニ對抗《タイカウ》スルコトヲ得《エ》ス

▲參看　既成商法第七十九條、第八十條、第百三十八條、第百六十八條

〔註釋〕本條ハ法人設立ニ就テ前條《ゼンデウ》ノ規定ニ従ヒ登記《トウキ》スベキ事項ト其ノ變更《ヘンカウ》ニ關シ規定シタ

ル條項《ジヤウカウ》デアツテ今各項ニ就《ツ》キ其ノ意《コヽロ》義ヲ解説《トキ》スレバ

第一　目的《モクテキ》トハ例バ滊船會社ヲ設立《セツリツ》セントスル塲合《バアヒ》ニ於テ神戸、赤間關間ノ旅客《リヨカク》及ビ荷物ヲ運漕《ウンソウ》スル爲メ其ノ航路《カウロ》ヲ滊船ニテ航海《カウカイ》スレハ其ノ滊船會社《キセンクワイシヤ》ノ目的デアル時ハ其ノ事項ヲ登記《トウキ》ズルモノデアル

第二　名稱《メイシヨウ》トハ法入ノ稱《トナ》ヘヲ指スモノデアル、例バ滊船會社《キセンクワイシヤ》ノ稱ヘガ神關滊船株式會社ト稱スル時ハ其ノ稱《トナ》ヘヲ登記《トウキ》スルモノデアル

第三　事務所《ジムシヨ》トハ營業ヲ爲《ナ》ス場所ヲ指《サ》スモノデアル、故ニ例《タトヘ》バ神關滊船株式會社ヲ大阪北區安治川二丁目五番屋敷ニ設立《セツリツ》シタリトスレバ其ノ塲所《バシヨ》ヲ登記スルモノデアル

第四　設立許可《セツリツキヨカ》ノ年、月、日トハ例バ神關滊船株式會社ノ設立ヲ農商務省《ノウシヤウムシヤウ》ニ出願シ明治二十九年七月三十日ニ其ノ設立ヲ許可《キヨカ》セラレタル時ハ其ノ許可セヲレタル明治廿九年七月三十日ト謂フ設立許可ノ年、月、日ヲ登記《トウキ》スルモノデアル

第五　存立時期《ソンリツジキ》トハ例バ神關滊船株式會社ヲ有期《イウキ》トシ明治廿九年七月ヨリ向《ムカ》フ十ケ年間存續《ソンゾク》シ十ケ年ヲ經過《ケイクワ》スレバ一旦解散《カイサン》スルト定メタル時ハ其ノ十ケ年ノ存立時期ヲ登記《トウキ》セナケレバナラヌケレドモ是ハ設立者《セツリツシヤ》ニ於テ存立時期ヲ定《サダ》メタル時ニ限ルモノデアツテ若《モ》シ存立時期ヲ定メナイ時ハ登記《トウキ》スルニハ及バヌモノデアル

第六　資産《シサン》ノ總額トハ例バ神關滊船株式會社《シンクワンキセンカブシキクワイシヤ》ガ百萬圓ヲ以テ設立シタル時ハ其ノ百萬圓ハ資産デアルカラ百萬圓ガ資産《シサン》デアルト謂フコトヲ登記シナケレバナラヌ、故ニ若《モ》シ資産持寄《モチヨ》リノ如キ合資會社《ガフシクワイシヤ》デアツテ甲者ハ滊船《キセン》一艘《サウ》ヲ出資トシ乙者ハ壹萬圓ノ現金《ゲンキン》ヲ出資シ丙者《ヘイシヤ》ハ五千圓ノ公債證書《コウサイシユウシヨ》ヲ出資《シユツシ》シ此ノ三個ノ出資ヲ併《アハ》セテ一個ノ法人《ハフジン》ヲ設立スル時ハ甲者《カフシヤ》出資ノ滊船ヲ現價《ゲンカ》ニ引直シ乙者出資ノ現金《ゲンキン》ト丙者出資ノ公債證書ヲ併《アハ》セタル總額《ソウガク》ヲ計算《ケイサン》シ其ノ合計總額ヲ登記《トウキ》セムケレバナラヌノデアル

第七　出資《シユツシ》ノ方法ヲ定メタル時トハ例《タトヘ》バ勞力《ラウリヨク》ヲ出資スル合資會社デアツテ社員ガ互《タガ》ヒニ如何《イカ》ナル方法ヲ以テ出資《シユツシ》ヲ爲スト謂《イ》フコトヲ定メタル時ハ其ノ方法ヲ登記《トウキ》セヌケレバナラヌ、然《シカ》シ其ノ方法ヲ定ムルニ及バヌ法人《ハフジン》ヲ設立スル場合《バアヒ》デアレバ此ノ登記ハ經《ヘ》ズトモヨイノデアル

第八　理事《リジ》ノ氏名、住所《ヂウシヨ》トハ理事ハ法人《ハフジン》ヲ代表《ダイヘウ》シテ其ノ事務ヲ管理《クワンリ》スル者デアツテ法人ガ有スル權利《ケンリ》及《オヨ》ビ負フ義務《ギム》ハ總テ理事ノ處理《シヨリ》スベキモノデアルカラ理事《リジ》ノ氏名及ビ住所ヲ登記シテ他人《タニン》ニ知《シ》ラシムルハ必要《ヒツエウ》デアルカラ斯《カ》クハ定メタノデアル（以上第一項）而《ソウ》シテ若シ以上列擧《レツキヨ》シタル第一項ノ事項中《ジカウチウ》ニ變更ヲ生ズルコトアレバ一週間内《シウカンナイ》ニハ必ラズ其ノ變更《ヘンカウ》事項ニ對シテ更ニ登記ヲ經《ヘ》ナケレバナラヌ故ニ其ノ變更事項《ヘンカウジカウ》ヲ登記セザル以

前ニ在《ア》ツテハ變更《ヘンカウ》事項ハ他人ニ對シテ効力《カウリヨク》ヲ生ジナイモノデアルカラ變更《ヘンカウ》シタリトシテ他人ニ對抗《タイカウ》スルコトハ出來《デキ》ヌ（第二項）ト定メタノデアリマス」

第四十七條　第四十五條第一項及ヒ前條《ゼンデウ》ノ規定ニ依《ヨ》リ登記スヘキ事項ニシテ官廳《クワンチヤウ》ノ許可ヲ要スルモノハ其許可書ノ到達《タウタツ》シタル時ヨリ登記ノ期間《キカン》ヲ起算《キサン》ス

〔註釋〕本條ハ法人《ハフジン》ヲ設立スルニ就《ツイ》テハ第四十五條ニ依リ必《ナカ》ラズ登記ヲ經《ヘ》ナケレバナラヌ、而シテ其ノ登記ヲ爲スハ壹週間《シウカン》若クハ二週間內ニシナケレバナラヌモノデアルカラ其ノ一週間若《モシ》クハ二週間ト謂《イ》フハ何レノ日ヨリ起算《キサン》スレバヨイノデアルカト謂《イ》フ起算方法ヲ定ムルハ必要《ヒツエウ》デアルカラ之ヲ規定《キテイ》シタル條項デアル、其ノ意義《コヽロ》ハ前ニモ述《ノ》ブル如ク法人ハ第四十五條第一項ニ定ムル如ク其ノ設立《セツリツ》ノ日ヨリ二週間內《シウカンナイ》ニ各事務所ノ所在地《シヨザイチ》ニ於テ第四十六條規定《キテイ》ノ各事項中ニシテ官廳《クワンチヤウ》ノ許可ヲ得《エ》ナケレバナラヌ事項ヲ登記《トウキ》スベキ期間タル二週間《シウカン》ノ起算法《キサンハフ》ハ其ノ事項ニ對《タイ》シテ主務省《シユムシヤウ》ヨリ許可スルト謂フ許可書《キヨカシヨ》ノ到達シタル時ヨリ二週間則《シウカンスナハ》チ十四日ヲ數ヘ起スモノデアル、例《タト》ヘバ生命保險會社ヲ設立スルニ付《ツキ》第四十六條ニ規定シタル各號《カクガウ》ノ事《シ》項中《カウチウ》第五、第七ハ其ノ會社《クワイシヤ》ニ必要ナキ時ハ之ヲ除キ殘《ノコ》ル第一、第二、第三、第四、第六、第八ノ各項ハ官廳《クワンチヤウ》ノ許可ヲ要《エウ》スルモノデアルカラ第四十五條ニ依《ヨ》ッテ其ノ主務省《シユムシヤウ》タル農商務省《ノウシヤウムシヤウ》ニ明治廿九年八月一日付ヲ以テ設立認可《セツリツニンカ》ヲ出願シタルニ仝年仝月廿五日ニ於テ仝省ヨリ生命保險會社《セイメイホケンクワイシヤ》設立認可ヲ與ヘラレ其ノ許可書ガ仝年仝月廿七日ニ到達《タウダツ》シタル場合トスレバ之レガ登記ヲ爲《ナ》スマデノ日數《ニチスウ》則チ第四十五條第一項、第三項及ビ第四十六條第二項ノ一週間《シウカン》若クハ二週間ノ期間《キカン》ヲ起算《キサン》スルニハ其ノ許可書ノ到達《トウタツ》シタル明治廿九年八月廿七日ヨリ起算《キサン》スルモノデアル、故ニ出願《シユツグワン》ノ日附及ビ認可《ニンカ》ヲ與ヘラレタル日附則《スナハ》チ許可書ニ記載シタル日附《ヒツケ》ヨリ起算スルニハ及バヌモノデアル、而《ソウ》シテ此ノ期間《キカン》ヲ起算スルノ計算方法《ケイサンハウハフ》ハ第百三十八條以下ノ規定《キテイ》ニ依ルベキモノデアリマス

第四十八條　法人カ其事務所《ソノジムシヨ》ヲ移轉《イテン》シタルトキハ舊所在地《キウシヨザイチ》ニ於テハ一周間內《シウカンナイ》ニ移轉《テン》ノ登記ヲ爲シ新所在地《シンシヨザイチ》ニ於テハ同期間內《カンナイ》ニ第四十六條第一項ニ定《サダ》メタル登記ヲ爲《ナ》スコトヲ要ス

同一ノ登記所《トウキシヨ》ノ管轄區域內《クワンカツクヰキナイ》ニ於テ事務所《ジムシヨ》ヲ移轉《イテン》シタルトキハ其移轉ノミノ登記《トウキ》ヲ爲スコトヲ要ス

▲參看　既成商法第二百十條第二項

〔註釋〕本條ハ法人ノ移轉《イテン》シタル場合ニ關《クワン》スル登記手續《テツヾキ》ヲ規定シタル條項デアッテ其ノ意義ハ法人例バ土木請負會社《ドボクウケオヒグワイシヤ》ガ大阪市北區中之島五丁目壹番地ニ其ノ事務所《ジムシヨ》ヲ設ケ其ノ地ヲ管轄《クワンカツ》スル大阪區裁判所ノ登記所《トウキシヨ》ニ於テ登記ヲ經タル後更《サラ》ニ大阪市南區天王寺ニ移轉《イテン》スル時ハ移轉ノ日ヨリ向フ七日間內《カンナイ》ニ一面ハ舊所在地《キウシヨザイチ》ヲ管轄《クワンカツ》スル大阪區裁判所ノ登記所ニ移轉ノ登記ヲ爲シ一面《メン》ハ矢張《ヤハ》リ移轉後七日間內ニ新所在地《シンシヨザイチ》ヲ管轄スル天王寺區裁判所ノ登記所ニ第四十六條第一項ニ規定《キテイ》シタル各事項ノ登記ヲ經《ヘ》ナケレバナラヌ（第一項）ケレドモ其ノ移轉地ガ矢張リ同一ノ登記所ニ於テ管轄《クワンカツ》スベキ區域內《クヰキナイ》デアレバ移轉シタリト謂フコトダケノ登記ヲ經《フ》レバソレデヨイノデアリマス

第四十九條　第四十五條第二項、第四十六條及ヒ前條《ゼンデウ》ノ規定《キテイ》ハ外國法人カ日本《ニホン》ニ事務所《ジムシヨ》ヲ設クル場合《バアヒ》ニモ亦之《マタコレ》ヲ適用《テキヨウ》ス但外國ニ於テ生シ

タル事項《ジカウ》ニ付《ツイ》テハ其通知《ソノツウチ》ノ到達《タウタツ》シタル時ヨリ登記《トウキ》ノ期間《キカン》ヲ起算《キサン》ス

外國法人《クワイコクハフジン》カ始《ハジ》メテ日本ニ事務所《ジムショ》ヲ設《マウ》ケタルトキハ其事務所《ソノジムショ》ノ所在地ニ於テ登記《トウキ》ヲ爲スマテハ他人《タニン》ハ其法人ノ成立《セイリツ》ヲ否認《ヒニン》スルコトヲ得

（註釋）本條ハ外國法人ノ登記手續《テツヾキ》ヲ規定シタル條項《デウカウ》デアッテ外國法人ガ日本ニ事務所《ジムショ》ヲ設クル場合、例バ外國ニテ設立《セツリツ》シタル海上保險會社《カイジヤウホケンクワイシヤ》ガ第三十六條第一項ノ規定《キテイ》ニ依リ日本ニ事務所ヲ設立スルコトヲ認許《ニンキヨ》サレタル時ハ仝條第二項ニ依リ日本ニ設立《セツリツ》シタル各法人ト同一ノ私權《シケン》ヲ有スルコトヲモ許《ユル》サレ且日本法律ノ下ニ保護《ホゴ》セラルヽモノデアルカラ外國法人ハ當然《タウゼン》日本國ノ法律ヲ遵守《ジユンシユ》スルノ義務《ギム》アルモノデアル、故ニ以下列記《レツキ》スル各條項ハ各國法人《カクコク》ニ於テ必ズ遵守《ジユンシユ》シナケレバナラヌノデアル（第四十五條第三項、第四十六條第四十八條）而《ソウ》シテ外國法人ガ日本國ニ事務所《ジムショ》ヲ設《マウ》クル時ハ何ガ爲ニ第四十五條第一項及ビ第二項ノ規定《キテイ》ヲ適用《テキヨウ》シナイカト謂フニ外國法人ハ既ニ外國《グワイコク》ニ於テ設立《セツリツ》セラレテアルモノデアルカラ我國ニ於テ新設《シンセツ》スルモノデハナイ、故ニ既設《キセツ》ノ法人ガ新ニ事務所ヲ設《マウ》クルモノト同等《ドウトウ》ニ看做《ミナ》シタル所以《ワケ》デアルカラ第三項ノミ適用《テキヨウ》スルコトヽ定《サダ》メタノデアル（第一項前段）ケレドモ登記《トウキ》スベキ事項ガ外國ニ在ル本社《ホンシヤ》ニ於テ生ジタルモノデアル時ハ其ノ通知《ツウチ》ガ日本國ニ設ケアル事務所ニ到達《タウタツ》シタル時ヨリ一週間內ニ登記《トウキ》スレバヨイノデアル、若《モ》シ本項ノ規定ニ背《ソム》ク時ハ外國法人デアルトモ第八十四條ノ處罰《シヨバツ》ハ免《マヌ》カレナイモノデアル(第一項但書)故ニ若シ外國法人《グワイコクハフジン》ガ設立認許《ニンキヨ》ヲ日本國ニ得テ日本國ニ事務所《ジムシヨ》ヲ設クルモ其ノ事務所《ジムシヨ》ノ所在地ニ於テ登記《トウキ》手續《テツヾキ》ヲ濟セルマデハ外國法人ハ未《イマ》タ完全《クワンゼン》ニ成立シタルモノデナイカラ何人《ナンピト》ニ限ラズ此場合ニ於テハ法人《ハフジン》ト認ムルニハ及《オヨ》バヌモノデアルト定《サダ》メタルモノデアリマス

第五十條　法人ノ住所《ヂウシヨ》ハ其主《ソノシユ》タル事務所《ジムシヨ》ノ所在地《シヨザイチ》ニ在《ア》ルモノトス

▲參看　民事訴訟法第十四條、既成商法第七十條

〔注釋〕本條ハ法人ノ住所《ヂウシヨ》ヲ規定シタル條項《デウカウ》デアツテ其ノ意義《コヽロ》ハ元來法人ハ法律上《ハフリツノウヘ》假想的ニモセヨ之ニ與《アタ》フルニ私權ノ享有《ケウイウ》ヲ以テシ權利ヲ行ヒ義務《ギム》ヲ負フコトヲ認許《ニンキヨ》スル以上ハ自然人ト決《ケツ》シテ相異ル所ハナイモノデアル、サレバ法人ニモ自然人《シゼンジン》ト等シキ生活《セイクワツ》ノ本據タル住所ガナケレバナラヌ所以《ワケ》デアルカラ法人ノ住所ガ夥多《アマタ》アル場合ニ於テハ其ノ住所《ヂウシヨ》ノ主《シユ》タル事務所ノ所在地《シヨザイチ》ニ在ルモノト定メタノデアル、玆《コヽ》ニ注意スベキハ外國法人《グワイコクハフジン》ノ住所デアル、外國法人デアツテ其ノ本社《ホンシヤ》ヲ外國ニ有シ日本國ニハ支社《シヽヤ》ノミヲ設《マウ》クル時ハ之ガ

主タル事務所ノ所在地ハ外國ニ在《ア》ルモノデアルカラ其ノ住所《ヂウシヨ》ハ外國本社ノ所在地ニ在ルモノト定《サダ》メタノデアルカト謂《イ》ヘバ然《サ》フデハナイ外國法人ニ就《ツイ》テハ其ノ主タル事務所《ジムシヨ》ガ假令外國ニアルトモ日本國《ニホンコク》ニ於テ外國法人ヲ認許シ日本國内ニ事務所ヲ設《マウ》クル以上ハ主タル事務所ガ外國ニ在《ア》ルトモ之ヲ住所《ヂウシヨ》ト認ムル理由《ワケ》ハ更《サラ》ニナキモノデアルカラ外國法人ノ住所ハ日本國ニ在ル事務所ヲ以テ住所ト見做《ミナ》サナケレバナラヌ故ニ外國法人《グワイコクハフジン》ノ住所ハ日本國ニ於テ主《シユ》タル事務所ノ所在地《シヨザイチ》ニ在ルモノト心得ベキモノデアリマス

第五十一條　法人ハ設立《セツリツ》ノ時及《トキオヨ》ヒ毎年初《マイネンハジメ》ノ三ケ月内ニ財産目録《ザイサンモクロク》ヲ作《ツク》リ常《ツネ》ニ之ヲ事務所《ジムシヨ》ニ備《ソナ》ヘ置クコトヲ要《エウ》ス但特《トク》ニ事業年度《ジゲフネンド》ヲ設クルモノハ設立《セツリツ》ノ時及ヒ其年度《ソノネンド》ノ終《オハリ》ニ於テ之ヲ作《ツク》ルコトヲ要ス
社團法人《シヤダンハフジン》ハ社員名簿《シヤヰンメイボ》ヲ備《ソナ》ヘ置《オ》キ社員ノ變更《ヘンカウ》アル毎《ゴト》ニ之ヲ訂正《テイセイ》スルコトヲ要《エウ》ス

▲參看　既成商法第三十二條、第百七十四條

〔注釋〕本條ハ法人《ハフジン》ガ必ラズ備《ソナ》ヘ置《オ》カナケレバナラヌ財産目録《ザイサンモクロク》ト社員名簿ニ關シテ規定《キテイ》シタ

ル條項《デウカウ》デアツテ其ノ意義《ギ》ハ法人ハ必ラズ其ノ所有《シヨイウ》ニ屬スル動産《ドウサン》不動産《フドウサン》及ビ債權、債務ヘ有無ヲ明瞭《メイレウ》ニ知得スル爲ニ是等《コレラ》ヲ記載シタル財産目錄《ザイサンモクロク》ヲ作リテ常ニ事務所ニ備《ソナ》ヘ置カナケレバナラヌ、而《ソウ》シテ之ヲ作《ツク》ルニハ法人ヲ設立《セツリツ》シタル時ト爾後《ジゴ》毎年初ノ三ケ月内則《スナハ》チ一月、二月、三月ノ間《アヒダ》ニ於テ作《ツク》ラナケレバナラヌ（第一項前段）ケレドモ法人《ハフジン》ガ事業年度ヲ設《マウ》ケタル時、例バ工事請負會社《コウジウケオヒクワイシヤ》カ一事業ヲ二ケ年若クハ三ケ年間ニ落成《ラクセイ》スベキ目的《モクテキ》デアルカラ事業年度《ジゲフネンド》ヲ二ケ年若クハ三ケ年ト規定《キテイ》シタル場合《バアヒ》ニ於テハ其ノ工事請負會社タル法人ハ設立《セツリツ》ノ當時ニ於テ財産目錄ヲ作《ツク》リ而シテ後ハ定《サダ》メタル事業年度ノ終《ヲハ》リ例バ事業年度ヲ三ケ年ト定メタル時ハ三年ノ年末《ネンマツ》ニ於テ財産目錄ヲ作《ツク》ラナケレバナラヌ（第一項但書）若シ社團法人デアレバ第三十七條規定ノ如ク社員《シヤヰン》ノアルヘキ者デアツテ社團法人《シヤダンハフジン》ノ信用《シンヨウ》ハ社員其人ノ名望《メイバウ》ガ主腦《シユナウ》デアルカラ社員名簿ヲ作リ社員ノ入退《ニフタイ》ヲモ記載シテ其ノ社ニ備ヘ置《オ》クハ大ヒニ利益《リエキ》ヲ増《マ》スモノデアル、故ニ法律《ハフリツ》ハ公益上《コウエキジヤウ》第八十四條ノ制裁《セイサイ》ヲ加ヘ社團法人《シヤダンハフジン》ヲシテ必ラズ社員名簿《シヤヰンメイボ》ヲ備ヘ置カシメ若シ社員ノ入社若クハ退社等變更《タイシヤトウヘンカウ》ノ摸樣アレバ一々其ノ度毎《ドゴト》ニ記《キ》入訂正《コンテイセイ》セシムルコト、定《サダ》メ（第二項）タノデアリマス

第《ダイ》二節《セツ》　法人《ハフジン》ノ官理《クワンリ》

〔注釋〕本節《ホンセツ》ハ法人ノ管理《クワンリ》ニ關シテ規定シタル條項《デウカウ》ヲ網羅《マウラ》シタルモノデアッテ元來法人ナルモノハ屢々《シバ〳〵》述ベタル如ク法律上假想的《ハフリツジヤウカサウテキ》ニ成立《セイリツ》セシムル無形人《ムケイジン》デアルカラ自然人ノ如ク自動シ得《ウ》ベキモノデハナイ、必《カナ》ラズ他動《タドウ》ニ因《ヨ》ラナケレバ活動《クワツドウ》セヌモノデアルカラ此ノ無形《ムケイ》人《ジン》ヲ活動セシムル管理者《クワンリシヤ》ヲ定ムルハ最《モツト》モ必要デアッテ又自《オノヅカ》ラ之ガ規定ノ設《マウ》ケナケレハナラヌ、是レ本節《ホンセツ》ニ規定ヲ設クル所以《ワケ》デアリマス其ノ詳細解義《シヤウサイカイギ》ハ各本條ノ下ニ讓《ユヅ》リマス

第五十二條　法人ニハ一人又ハ數人《スウニン》ノ理事《リジ》ヲ置《オ》クコトヲ要ス
理事《リジ》數人《スウニン》アル場合《バアヒ》ニ於テハ定款《テイクワン》又ハ寄附《キフ》行爲ニ別段《ベツダン》ノ定《サダメ》ナキトキハ法人ノ事務《ジム》ハ理事《リジ》ノ過半數《クワハンスウ》ヲ以テ之ヲ決ス

〔注釋〕本條ハ法人《ハフジン》ヲ管理《クワンリ》スル人、則チ理事ニ關シテ規定《キテイ》シタル條項デアッテ其ノ意義《イギ》ハ前既ニ述ベタル如ク法人ハ自動的《ジドウテキ》自然人デナイカラ必ラズ之ヲ管理シテ活動《クワツドウ》セシムヘキ理事ヲ設ケナケレハナラヌ、故ニ法人ヲ設立《セツリツ》シタル後ハ必《カナ》ラズ一人又ハ數人《スウニン》ノ理事ヲ置カナケレハナラヌ（第一項）而《ソウ》シテ若シ法人ニ理事數人《スウニン》ヲ置キタル場合ニ於テ其ノ理事ガ管理事務ヲ取扱《トリアツカ》ツノ方法ヲ定款《テイクワン》ニ定メナイカ又ハ寄附行爲《キフカウヰ》ニ別段ノ定メヲシナカッタ時ハ

數人ノ理事カ會議《クワイギ》ヲ開《ヒラ》キ其ノ過半數《クワハンスウ》例ハ五人ノ理事アル時ハ二人以上十人ノ時ハ五人以上ノ同意《ドウイ》ヲ以テ決《ケツ》スルコト、定メタノデアル（第二項）又本條ニ謂フ定款《テイクワン》又ハ寄附行爲ニ定メタル場合《バアヒ》トハ例バ數人ノ理事ヲ置《オ》キ其ノ理事中一人ノ專任理事《センニンリジ》ヲ撰擧《センキヨ》シ之ヲ理事長若クハ社長《シヤチヤウ》ト定メ法人一切ノ管理《クワンリ》事務《ジム》ヲ平常專行《センカウ》スベキコト、定メタル場合ヲ謂《イ》フモノデアッテ此ノ場合ニハ別ニ本條《ホンデウ》ニ規定スル如キ過半數《クワハンスウ》ノ決議《ケツギ》法《ハフ》ニ依ラズトモヨイノデアリマス

第五十三條　理事《リジ》ハ總テ法人ノ事務《ジム》ニ付キ法人ヲ代表《ダイヘウ》ス但定款《テイクワン》ノ規定又ハ寄附行爲《キフカウヰ》ノ趣旨《シユシ》ニ違反《ヰハン》スルコトヲ得ス又社團法人《シヤダンハフジン》ニ在リテハ總《ソウ》會《クワイ》ノ決議《ケツギ》ニ從フコトヲ要ス

▲參看　既成商法第百九條、第百四十三條、第百八十六條

〔注釋〕本條ハ理事ノ權限《ケンゲン》ヲ規定シタル條項《デウカウ》デアッテ其ノ意義《イギ》ハ理事ノ職務《シヨクム》ハ無形的法人ヲ活動《クワツドウ》セシムル爲メ其ノ事務《ジム》ヲ管理シ法人ヲ代表《ダイヘウ》シテ一切ノ行爲《カウヰ》ヲ爲スモノデアル、故ニ理事ハ法人ニ代リ權利《ケンリ》ヲ行ヒ義務ヲ負《オ》フ總テノ諸取引《シヨトリヒキ》ヨリ裁判上ニ係ル訴訟《ソシヨウ》行爲ニ至ルマデ其責任《セキニン》ヲ帶ビ別ニ一々委任《ヰニン》ヲ受ケズ自己ノ事務《ジム》ヲ取扱《トリアツカ》フト等シク隨意《ズヰイ》ニ法人ノ事務

ヲ處理《シヨリ》スルモノデアル（第一項前段）ケレドモ法人《ハフジン》設立ノ際定款《テイクワン》ヲ以テ理事ノ權限《ケンゲン》ニ制限ヲ爲《ナ》シタル場合、例バ社團法人《シヤダン》ニ在リテ訴訟行爲ノ一部ハ專任理事《センニン》ニ限リテ爲スヲ得《ウ》ル旨定款《テイクワン》ニ規定シタル時、若クハ何々ノ事項《ジカウ》ハ社員ノ決議《ケツギ》ヲ以テ爲スコトヲ定款ニ規定《キテイ》シタル場合《バアヒ》等ハ假令《タトヒ》社團法人《シヤダンハフジン》ノ代表者タル理事デアルトモ專斷《センダン》ノ行爲ハ許《ユル》サヌモノデアルカラ定款《テイクワン》ノ規定ニ從ハナケレハナラヌ、又財團法人《マタザイダンハフジン》ニ在ツテハ單《タン》ニ寄附行爲ダケデアルカラ其趣旨《シユシ》ニ反スル行爲ハ假令《タトヘ》財產法人《ザイサンハフジン》ノ代表者タル理事デアルトモ專斷《センダン》ノ行爲ハ許サヌモノデアル、是法律上《コレハフリツジヤウ》法人ヲ庇護《ヒゴ》シテ以テ公益ヲ保全《ホゼン》スルノ趣旨《シユシ》ニ出ヅルモノデアル（本條但書前段）又社團法人《シヤダンハフジン》ニ在ツテハ理事ハ其ノ專務ヲ專行《センカウ》スルコトハ決シテ出來《デ》ヌモノデアル、故ニ社團法人ノ理事ハ其ノ事務《ジム》ヲ專行スルコトハ決《ケツ》シテ出來《デキ》ヌモノデアル故ニ社團法人《シヤダンハフジン》ノ理事ハ必ラズ社員《シヤイン》ノ總會《ソウクワイ》ノ決議《ケツギ》ニ從ハナケレハ何事ニ對《タイ》シテモ專斷《センダン》ノ行爲ヲ以テ取扱《トリアツカ》フコトハ出來ヌ（本條但書後段）ト定《サダ》メタノデアリマス

第五十四條 理事《リジ》ノ代理權《ダイリケン》ニ加《クハ》ヘタル制限《セイゲン》ハ之ヲ以テ善意《ゼンイ》ノ第三者ニ對抗《タイカウ》スルコトヲ得ス

▲參看 舊民法財產取得編第二百五十條第二項第三號、既成商法第百十一條、第百四十四條、第百八十六條

〔注釋〕本條ハ理事ノ代理權《ダイリケン》ニ加ヘタル制限《セイゲン》ノ第三者ニ有効《イウカウ》ナル場合ト無效《ム》ナル場合アルコトヲ規定《キテイ》シタル條項デアリテ其ノ意義《イギ》ハ例バ法人《ハフジン》ノ代表者《ダイヘウシヤ》タル理事數人在ル場合ニ於テ其ノ定欵《テイクワン》ニ依リ、又ハ寄附《キフ》行爲ニ依リ、若クハ社員總會《シヤヰンソウクワイ》ノ決議ニ依リ理事ノ權限《ケンゲン》ニ制限ヲ加《クハ》フルコトガアル、則チ甲理事《カフリシ》ハ訴訟行爲ノミヲ擔任《タンニン》シ乙理事ハ會計《クワイケイ》ノミヲ擔任《タンニン》シ丙理事ハ業務《ゲフム》ノミヲ擔任《タンニン》スルモノト定メタル場合ニ於テ第三者《ダイシヤ》ニ對《タイ》シ甲理事ガ訴訟行爲ヲ爲シ乙理事ガ會計上ノ取引《トリヒキ》ヲ爲シ丙理事ガ業務上《ゲフムジヤウ》ノ取引ヲ爲シタル場合《バアヒ》ハ正當《セイタウ》ノ行爲デアルカラ假令《タトヘ》法人ニ損害《ソンガイ》ノ生《シヤウ》ズルコトアルモ法人ハ其ノ責《セメ》ニ任《コン》ゼナケレバナラヌ、故ニ法律《ハフリツ》ハ之ニ干渉《カンセフ》スル必要ハナイ又假令會計專任ノ乙理事《オツリシ》ガ第三者ト自己ガ權限外《ケンゲングワイ》ナル業務上ニ關《クワン》スル取引ヲ爲シ又ハ訴訟行爲《ソシヨウカウヰ》專任《センニン》ノ甲理事ガ第三者ト自己ガ權限外ナル會計上ノ取引ヲ爲シタル時デアッテモ善意《ゼンイ》ノ第三者ニ對シテハ其ノ理事《リジ》ニ加《クハ》ヘタル代理權《ダイリケン》ノ制限アリトシテ對抗《タイカウ》スルコトハ出來《デキ》ヌ、ケレドモ例バ第三者《ダイシヤ》ガ法人ノ定欵ニ甲理事ハ訴訟行爲ヲノミ擔任《タンニン》スル者デアルト謂《イ》フコトヲ規定シ在ルヲ知リ乍《ナガ》ラ甲者ガ權限外ナル業務上ノ取引ヲ爲シタル時ハ第三者ハ決《ケツ》シテ善意《ゼンイ》ノ者ト看做《ミナ》スコトハ出來《デキ》ヌ、故ニ此ノ場合ニ於テハ其ノ取引《トリヒキ》ハ法人ニ關係ナキ甲者一己《コ》人《ジン》ト第三者トノ取引デアルカラ法人ハ其ノ責《セメ》ニ任ズベキモノデハナイト定《サダ》メタルモノデアル、而《ソウ》シテ第三者ガ果《ハタ》シテ善意《ゼンイ》デアルカ又惡意《アクイ》デアルカハ如何《イカ》ナル方法ニ依ッテ知《シ》ルヤト言《イ》ヘバ何人ニ限《カギ》ラズ自《ミヅカ》ラノ言ヲ他人ニ信《シン》ナラシメシトスレバ自已《シコ》ニ於テ證據《シヨウコ》ヲ擧《ア》ゲナケレバナラヌ責《セメ》アルモノデアルカラ第三者ニ於テ甲者《カフシヤ》ノ權限ニ制限《セイゲン》アリシコトヲ知《シ》ラズト主張《シユチヤウ》スレバ其ノ知ラザリシ證據ヲ提供《テイケウ》シナケレバナラヌ、又法人《ハフジン》ニ於テ第三者ハ甲者ノ權限《ケンゲン》ニ制限アリシコトヲ知《シ》リナガラ權限外ノ取引ヲ爲シタル者デアルカラ第《ダイ》三者《シヤ》ノ爲シタル甲者《カフシヤ》トノ取引ハ善意《ゼンイ》デナイト主張《シユチヤウ》スル時ハ其ノ證據《シヨウコ》ハ法人ニ於テ提供《テイキヨウ》シナケレハナラヌ、此ノ擧證《キヨシヨウ》ノ責《セメ》アルハ自已ヲ利スルモノデアルカラ自已《ジコ》ノ利益ノ爲メニハ必《カナ》ラズ證據立ルノ責ヲ負《オ》フハ至當《シタウ》ノコトデアリマス

第五十五條　理事ハ定款《テイクワン》、寄附行爲又ハ總會《ソウクワイ》ノ決議《ケツギ》ニ依リテ禁止《キンシ》セラレサルトキニ限《カギ》リ特定《トクテイ》ノ行爲ノ代理《ダイリ》ヲ他《タ》人《ニン》ニ委任《ヰニン》スルコトヲ得

▲參看　舊民法財産取得編第二百三十五條

〔註釋〕本條ハ理事ハ其ノ職權内《シヨクケンナイ》ニ於テ特定《トクテイ》ノ行爲ニ就テハ復代理人《マタダイリニン》ヲ設クルコトガ出來《デキ》ルコトヲ規定シタル條項《デウカウ》デアッテ其ノ意義《イギ》ハ理事ハ法人ヲ代表《ダイヘウ》スル者ナルニ因リ其ノ權限《ケンゲン》

ニ就《ツイ》テハ自已ガ自ラノ事務《シム》ヲ處理スルト等《ヒト》シク自已ノ權限内《ケンゲンナイ》ニアル事務ヲ取扱フニ付時宜ニ依リテハ他人《タニン》ヲ自已ノ代理《ダイリ》トシテ自已ガ手足《テアシ》ノ如ク行使《カウシ》シナケレバナラヌ場合ガアルカラ法律ハ理事者ニ復代理人ヲ撰任《センニン》スルノ自由ヲ與ヘ法人ノ活動《クワツドウ》ヲ敏捷《ビンセフ》ナラシメムトシタルモノデアル、ケレドモ又法人保護《ホゴ》ノ上ヨリ幾分《イクブン》ノ制限ヲ加ヘナケレバナラヌ必要アルガ爲メ定欵若《テイクワンモシ》クハ寄附行爲又ハ社員總會《シヤヰンソウクワイ》ノ決議ニ依リ或ル事項ニ關《クワン》シテハ復代理人ヲ撰任《センニン》スル權限ヲ理事ニ委《ユダ》子ナイコトガアル、故ニ理事ハ必ラズ定欵若クハ寄附《キフ》行爲又ハ社員總會《ソウクワイ》ノ決議ニ依リ禁止《キンシ》セラレナイ時ニ限リテ特定《トクテイ》ノ行爲例バ業務執行《ゲウムシツカウ》ノ一部ニ付他地方《タチハウ》ニ出張《シユツチヤウ》シテ其ノ業務ダケヲ處理スル部理委任《ブリヰニン》ヲ他人ニ依囑《イソク》スルコトガ出來《デキ》ルト定メタノデアリマス

第五十六條　理事《リジ》ノ缺《カ》ケタル場合ニ於テ遲滯《チタイ》ノ爲メ損害《ソンガイ》ヲ生スル虞《オソレ》アルトキハ裁判所《サイバンショ》ハ利害關係人《リサイクワンケイニン》又ハ撿事《ケンジ》ノ請求《セイキウ》ニ因リ假《カリ》理事ヲ選任ス

〔註釋〕本條ハ理事缺員《ケツヰン》ク場合ニ關スル規定《キテイ》デアッテ其ノ意義《イギ》ハ理事ハ法人ヲ活動《クワツドウ》スル主働者《シユドウシヤ》デアルカラ一時、一秒モ缺員ノ儘《マヽ》打捨《ウチス》テ置カルベキモノデハナイ、若シ理事《リジ》ノ死亡若クハ退任《タイニン》等ノ事故ニ依リ缺《カ》クルコトアレバ早速《サツソク》假理事ニテモ撰任《センニン》シナケレバ法人ニ於テ

モ利害關係人ニ於テモ爲ニ活動《クワツドウ》ヲ失ヒテ損害《ソンガイ》ヲ蒙ルコトガアル、故ニ此ノ場合ニ於テ利害關係人又ハ撿事《ケンジ》ノ請求アル時ハ裁判所《サイバンショ》ハ直チニ假《カリ》理事ヲ撰定《センテイ》スルモノデアル、而《シカ》シテ本條ニハ假理事ノ職務《ショクム》權限ニ就テノ明文《メイブン》ハナイケレドモ其ノ權限ハ假令《タトヘ》理事ノ職務ヲ假ニ處理《ショリ》スルモノトスルモ理事ト等シキ權限《ケンゲン》ヲ有シテ居《ヲ》ラナケレバ其ノ事務ヲ處理スルコトハ出來《デキ》ナイモノデアル、故ニ假《カリ》理事ノ職務權限ハ理事ノ職務權限ト相等《アヒヒト》シキモノデアルト解《カイ》シテヨロシイノデアリマス

第五十七條　法人《ハフジン》ト理事トノ利《リ》益《エキ》相反《アヒハン》スル事項《ジカウ》ニ付テハ理事ハ代理《ダイリ》權ヲ有《イウ》セス此場合《コノバアヒ》ニ於テハ前條《ゼンデウ》ノ規定ニ依リテ特別《トクベツ》代理人ヲ選任《センニン》スルコトヲ要《エウ》ス

▲參看　舊民法人事編第百九十九條

〔註釋〕本條ハ法人ト理事トノ利《リ》益相反《エキアヒハン》スル事項ノ取扱ヒニ關シテ規定《キテイ》シタル條項デアッテ其ノ意義《イギ》ハ例ハ法人ノ利益ハ理事ノ不利益《フリエキ》ト成リ又理事ノ利益ハ法人ノ不利益ト成《ナ》ル場合、則《スナハ》チ理事ト法人ト契約《ケイヤク》シタル事項ニ付損害《ソンガイ》ヲ生セシ時ノ如ク法人ニ損害《ソンガイ》アリトセバ

理事ニ於テ賠償《バイシヤウ》セナケレハナラヌ不利益《フリエキ》ヲ生ジ又理事ニ損害《ソンガイ》アリトセハ法人ニ於テ賠償セナケレハナラヌ不利益ヲ生《シヤウ》ズヘルモノデアルカラ此ノ場合《バアヒ》ニ於テ若シ理事自《ミヅカ》ラガ處分ヲ爲《ナ》スモノトスレハ爲ニ公平《コウヘイ》ヲ失《シツ》スル虞《オソ》レガアルカラ法律ハ之ガ公平《コウヘイ》ヲ維持《ヰヂ》セム爲メ第五十六條ノ規定《キテイ》ニ依リ裁判所《サイバンシヨ》ハ利害《リガイ》關係人又ハ撿事《ケンジ》ノ請求ニ因リテ其ノ事項《ジカウ》ニノミ處理セシムベキ特別代理人《トクベツダイリニン》ヲ撰任シナケレハナラヌト定メタノデアリマス

第五十八條　法人《ハフジン》ニハ定欵《テイクワン》、寄附《キフ》行爲又ハ總會《ソウクワイ》ノ決議《ケツギ》ヲ以テ一人又ハ數人《スウニン》ノ監事《カンシ》ヲ置クコトヲ得

▲參看　舊民法人事編第百六十九條、第百七十條、既成商法第白九十一條

〔註釋〕本條ハ法人ニハ理事《リジ》ノ行爲ヲ監査《カンサ》スベキ監事ヲ置《オ》クベキコトヲ規定《キテイ》シタル條項デアツテ其ノ意義《イギ》ハ法人ヲ代表《ダイヘウ》スル理事《リジ》ハ專ラ法人ノ利益ヲ扶殖《フシヨク》スベキモノナルモ又或ハ私《シ》益ノ爲メ法人《ハフジン》ノ不利益ト成ル可キ行爲《カウヰ》ヲ爲ス者ナイニモ限《カギ》ラヌモノデアルカラ法律《ハフリツ》ハ之ガ弊害《ヘイガイ》ヲ防ギ法人ヲ保護《ホゴ》シナケレハナラヌ、故ニ理事ノ行爲ヲ監査《カンサ》スベキ監事ヲ置カシムルコトヽシタノデアル、而《ソウ》シテ法人ニ監事《カンジ》ヲ置クヿハ必ラズ定欵《テイクワン》若クハ寄附行爲又ハ社員總會《シヤヰンソウクワイ》ノ決議ヲ以テ定メナケレハナラヌ、最モ監事《カンジ》ノ數ハ法人ガ目的ノ大小ニ準ジ一

人ニテ足《タ》ル場合モ在リ又ハ數人《スウニン》ヲ置カナケレハナラヌ場合《バアヒ》モアルカラ法律《ハフリツ》ハ別ニ其ノ置クベキ監事《カンジ》ノ數ヲ幾人《イクニン》ト限定セザルモノデアリマス

第五十九條　監事《カンジ》ノ職務《シヨクム》左ノ如シ

一　法人ノ財產ノ狀況《ジヤウキヤウ》ヲ監査スルコト

二　理事ノ業務《ゲフム》執行《シツカウ》ノ狀況ヲ監査スルコト

三　財產ノ狀況又ハ業務《ゲフム》ノ執行ニ付キ不整《セイ》ノ廉アルコトヲ發見シタルトキハ之ヲ總會《ソウクワイ》又ハ主務官廳ニ報告スルコト

四　前號ノ報告《ハウコク》ヲ爲ス爲メ必要アルトキハ總會ヲ招集《セウシフ》スルコト

▲參看　舊民法人事編第百九十八條、既成商法第百九十二條

〔註釋〕本條ハ監事《カンジ》ノ職務權限ヲ規定シタル條項《デウコウ》デアツテ其ノ意義《イギ》ハ監事ノ職務ハ理事ノ行爲ヲ監査シテ其ノ弊害《ヘイガイ》ヲ防止《バウシ》スベキ必要ヨリ置《オ》クモノデアルカラ法人ノ財產《ザイサン》及ビ業務執行ノ狀況ヲ監査シ若シ不整理《フセイリ》ノ廉《カド》アレバ之ヲ報告スルニアルモノデアルカラ本條第一號

ヨリ第五號ノ職務ヲ取扱《トリアツカ》フモノデアルト定メタノデアリマス

第六十條　社團法人ノ理事《リジ》ハ少クトモ毎年一回社員《シヤヰン》ノ通常總會ヲ開クコトヲ要ス

▲參看　既成商法第百四十八條、第百九十八條、第二百條

〔註釋〕本條ハ社團法人ノ理事《リジ》ハ必ラズ通常總會ヲ開《ヒラ》クベキ責《セメ》アルコトヲ規定《キテイ》シタル條項デアッテ其ノ意義ハ社團法人ハ社員總會《シヤヰンソウクワイ》ノ議決ヲ以テ事務ヲ管理《クワンリ》スルモノデアルカラ社團法人ノ總會ニハ通常ト臨時《リンジ》ノ區別アルモノデアル、故ニ通常總會ヲ開《ヒラ》ク時期ハ毎年《マイネン》一回デアッテ臨時總會ハ必要ノ事項《ジコウ》ノ生ジタル都度《ツド》、臨機《リンキ》ニ於テ何時ヲ問《ト》ハス開クモノテアル、而シテ總會ヲ開《ヒラ》クベキ責ヲ負《オ》フモノハ社團法人ヲ代表《ダイヘウ》スル理事テアッテ其ノ招集、議決、表決權《ヘウケツケン》ノ如キハ第六十二條乃至《ナイシ》第六十五條ニ於テ規定シアレハ次條以下ヲ參看《サンカン》スヘシ

第六十一條　社團法人ノ理事《リジ》ハ必要アリト認《ミト》ムルトキハ何時《ナンドキ》ニテモ臨時總會ヲ招集《セウシウ》スルコトヲ得

總社員ノ五分一以上《イジヤウ》ヨリ會議ノ目的《モクテキ》タル事項ヲ示シテ請求《セイキウ》ヲ爲シタルトキハ理事ハ臨時總會ヲ招集《セヤシフ》スルコトヲ要ス但此定數《コノテイスウ》ハ定款ヲ以テ之ヲ增減《ゾウゲン》スルコトヲ得

▲參看　既成商法第二百壹條

〔註釋〕本條ハ前條ニ略言《リヤクゲン》シタル臨時總會ニ關スル規定《キテイ》デアツテ其ノ意義《イギ》ハ社團法人ノ理事ハ總社員ノ總會ヲ開クヘキ事項《ジコウ》ガ生ジタル塲合ニ於テハ何時《テンドキ》ニテモ臨時總會ヲ開《ヒラ》ク爲メ總社員ヲ招集スルノ權利《ケンリ》ヲ有スルモノデアル（第一項）ケレドモ臨時總會ヲ招集スル權利ハ獨リ理事《リジ》バカリデハナイ總社員ノ五分ノ一以上《イジヤウ》則チ五拾名ノ社員アル時ハ拾名以上ヨリ會議ヲ開《ヒラ》クベキ必要ノ事項《ジコウ》タルコトヲ示シテ理事ニ臨時總會開會《カイクヮイ》ノ請求ヲ爲シタル時ハ理事ハ其ノ請求《セイキウ》ニ應シ何時ヲ問ハズ臨時總會開會ノ爲總社員《ソウシヤヰン》ヲ招集シナケレハナラヌ（第二項前段）然シ此ノ總社員五分《ブン》ノ一ト謂《イ》フ數ハ必ラズ斯ノ如ク遵守《ジユンシユ》シナケレハナラヌト言フノデハナイ定款《テイクワン》ヲ以テ五分二以上ト其ノ數《カズ》ヲ增スモ又十分ノ一ト其ノ數ヲ減スルモ差支ヘハナイモノデアリマス

第六十二條　總會ノ招集ハ少クトモ五日前ニ其會議ノ目的《モクテキ》タル事項ヲ示シ定款《テイクワン》ニ定メタル方法《ハウハフ》ニ從ヒテ之ヲ爲スコトヲ要ス

參看　既成商法第百四十九條、第百九十九條

〔註釋〕本條ハ總會招集ノ方法《ハウハフ》ヲ規定シタル條項《デウコウ》テアツテ其ノ意義《イギ》ハ通常總會ト臨時總會トヲ問ハズ之ガ開會《カイクワイ》ヲ爲スニ當リ總社員ヲ招集スルニハ定款《テイクワン》ニ定メタル方法、例《タトヘ》バ社團法人ガ定款ニ總會ヲ招集《セウシフ》スルニハ某新聞紙上《バウシンブンシジヤウ》ヲ以テ廣告《クワウコク》スルト謂フカ若クハ案内狀《アンナイヂヤウ》ヲ送達スルト謂フ如ク規定《キテイ》シタル時ハ其ノ定款ニ定メタル方法ニ依《ヨ》リテ總會開會ノ當日《タウジツ》ヨリ少クトモ五日前ニ其ノ會議《クワイギ》ノ目的タル事項ヲ示シテ招集《セウシフ》シナケレバナラヌ是レ社員《シヤヰン》ガ一已ノ用務《ヨウム》ヲ操合《クリアハ》セ若クハ會議ノ事項《ジカウ》ニ對シテ考慮《カウリヨ》ヲ爲《ナス》ノ餘裕《ヨイウ》アラシメタルモノデアリマス

第六十三條　社團法人ノ事務《ジム》ハ定款ヲ以テ理事其他《ソノタ》ノ役員ニ委任《ヰニン》シタルモノヲ除ク外總テ總會《ソウクワイ》ノ決議ニ依リテ之ヲ行フ

〔註釋〕本條ハ總會《ソウクワイ》ニ於テハ決議シ得ラルヽ場合《バアヒ》ヲ規定シタル條項《デウコウ》デアツテ其ノ意義ハ總會ハ社團法人ノ事務全體ニ就テ決議權《ケツギケン》ヲ有シ居ルモノデアル、ケレドモ既ニ定款《テイクワン》ヲ以テ理

事若クハ監事《カンジ》又ハ其ノ他ノ役員《ヤクヰン》ニ委任《ヰニン》シタル事項アレハ總會ハ其ノ事項《ジコウ》ニ對シテハ定款ヲ變更《ヘンカウ》シナケレハ決議權ヲ有《イウ》スルモノデハナイ如何《イカン》トナレハ既ニ委任シタル事項《ジコウ》デアルカヲ決議スルノ必要《ヒツエウ》ナキモノデアル、故ニ定款《テイクワン》ニ定メナイ委任以外ノ事項ニ限リ總會ノ決議ニ依リテ行フヘキモノデアルト定メタノデアリマス

第六十四條　總會ニ於テハ第六十二條ノ規定《キテイ》ニ依リテ豫メ通知《ツウチ》ヲ爲シタル事項《ジコウ》ニ付テノミ決議ヲ爲スコトヲ得但定款《タヾシテイクワン》ニ別段ノ定アルトキハ此限ニ在ラス

〔註釋〕本條ハ總會ノ決議權《ケツギケン》ニ對スル範圍《ハンヰ》ヲ制限《セイゲン》シタル規定デアツテ其ノ意義《イギ》ハ第六十二條ノ規定ニ依リテ招集シタル總會《ソウクワイ》ニ於テハ之レカ招集ノ目的《モクテキ》タル事項、則チ招集期日《セウシフキジツ》五日前ニ示《シメ》シタル會議ノ目的《モクテキ》事項《ジコウ》ノ外ナル事項ニ付テハ決議《ケツギ》スルコトハ出來《デキ》ヌ（本條前段）ケレドモ例《タトヘ》ハ定款ニ於テ毎年通常總會ノ際《サイ》其ノ年度計算及ヒ役員《ヤクヰン》ノ改撰《カイセン》ヲ行フト謂フ如キ別段ノ規定ヲ爲《ナ》シタル時ハ其ノ事項《ジコウ》ノミニ對シテ決議《ケツギ》スルコトハ出來ルモ苟《イヤシ》クモ定款ニ定メザル事項ハ決議《ケツギ》スルコトハ出來ヌ（本條但書）ト定メタノデアリマス

第六十五條　各社員ノ表決權《ヘウケツケン》ハ平等《ビヤウドウ》ナルモノトス

總會ニ出席《シユツセキ》セサル社員ハ書面《シヨメン》ヲ以テ表決ヲ爲シ又ハ代理人《ダイリニン》ヲ出タスコトヲ得

前二項ノ規定《キテイ》ハ定款ニ別段《ベツダン》ノ定アル場合ニハ之ヲ適用《テキヨウ》セス

參看　既成商法第八十九條、第二百四條

〔註釋〕本條ハ總會《ソウクワイ》ニ於ケル表決權ノ平等《ビヤウドウ》タルコト、社員ガ表決《ヘウケツ》ヲ爲ス方法ト其ノ例外《レイグワイ》トヲ併《アハ》セテ規定シタル條項《デウコウ》テアツテ其ノ意義ハ元來《グワンライ》表決權ナルモノハ必《カナ》ラズ平等テナケレハナラヌモノテアル、如何《イカン》トナレハ彼ノ商法《シヤウハフ》第二百四條ニ規定《キテイ》シタル如ク株式會社ノ表決權ヲ　ヲ株數一個ニ付一個ノ表決權《ヘウケツケン》ヲ有スルモノトスレハ何時モ大株主《オホカブヌシ》ノ爲ニ小株主ハ其ノ權利ヲ蹂躪《ジウリン》セラルヽ如キ偏重《ヘンチヤウ》ノ弊害《ヘイガイ》ヲ生ズベキハ免《マヌカ》レヌモノテアル、故ニ新民法ハ斯ル不公平《フコウヘイ》ヲ排斥《ハイセキ》シ假令《タトヘ》百株千株ノ大株主モ表決權ニ付テハ壹株ノ小株主ト等《ヒト》シク一個ノ表決權ヨリ有《イウ》スルコトノ出來《デキ》ヌモノトシテ平等《ビヤウドウ》タラシメタルハ實ニ其ノ當《タウ》ヲ得タルモノテアル（第一項）而《ソウ》シテ總會招集ノ通知《ツウチ》ヲ受ケタル社員ハ自已《オノレ》ガ利益《リエキ》ノ爲メ出席スルハ至當《シタウ》ノコトテアル、ケレドモ又止《ヤム》ヲ得《エ》ザル支障《サシツカヘ》アリテ自己自ラ出席《シユツセキ》スルコトノ出來ヌ場合ナシトモ限ラヌ、其ノ場合《バアヒ》ニハ敢テ別ニ自己自ラガ出席シナケレハナラヌノテハナイ、代理《ダイリ》人ニ委《コン》任狀ヲ齎《モタ》ラセテ出席セシムルモ又書面《シヨメン》ヲ以テ表決ヲ爲スモ自由《ジイウ》テアル（第二項）ケレトモ定款《テイクワン》ニ於テ書面ノ表決又ハ代理《ダイリ》表決《ヘウケツ》ヲ許サヌ定メテアル時ハ社員ハ必ラズ自己自《ミツカ》ラ出席シテ表決シナケレハナラヌ（第三項）ト定メタノテアリマス

第六十六條　社團法人ト或《アル》社員《シヤヰン》トノ關係ニ付キ議決《ギケツ》ヲ爲ス場合ニ於テハ其社員ハ表決權《ヘウケツケン》ヲ有セス

〔註釋〕本條ハ社團法人ニ關係《クワンケイ》アル社員ノ表決權ニ關《クワン》シテ規定シタル條項《デウコウ》テアッテ其ノ意義ハ例ヘハ或ル社員ヲ退社《タイシヤ》セシメ又ハ或ル社員ガ法人《ハフジン》ニ對シ債務若クハ債權《サイケン》ヲ有スルニ付之ヲ決議《ケツギ》スル爲メ總會ヲ招集《セウシフ》シテ會議ヲ開キ表決《ヘウケツ》スルニ當リテハ其ノ法人ト關係《クワンケイ》アル社員ハ表決權ヲ有《イウ》セサルモノト定メタノテアル是實ニ至當《シタウ》ノコトテアッテ元來表決權ヲ以テ其ノ會議ノ問題《モンダイ》ヲ議決スルハ公平無私《コウヘイムシ》ヲ保タナケレバナラヌノミナラズ表決ハ僅《ワツ》カ一票ノ表決權ノ多寡《タクワ》ヲ以テ定ムルモノテアルカラ苟《イヤシ》クモ法人ニ關係アリテ自己《オノ》ガ私益《シエキ》ノ爲メ表決ノ際贊成不《サンセイフ》贊成《サンセイ》ヲ左右スル如キアラバ到底《タウテイ》會議ノ目的ヲ公平《コウヘイ》ニ表決スルコトハ出來

ヌモノデアルカラ斯《カ》クハ規定シタル所以《ワケ》デアリマス

第六十七條　法人ノ業務《ゲフム》ハ主務官廳ノ監督《カントク》ニ屬ス
主務官廳ハ何時《ナンドキ》ニテモ職權ヲ以テ法人《ハフジン》ノ業務及ヒ財產ノ狀況ヲ撿査スルコトヲ得

▲參看　既成商法第二百二十四條、第二百二十七條

〔註釋〕本條ハ法人《ハフジン》ノ業務監督ニ關スル規定《キテイ》デアッテ其ノ意義《イギ》ハ元來法人ハ其ノ社團ト財團トヲ問《ト》ハズ之ガ設立《セツリツ》ハ必ラズ主務官廳ノ認可《ニンカ》ヲ得ナケレバナラヌモノデアル、主務官廳ガ其ノ設立ヲ認可《ニンカ》スル理由ハ公益保護《コウエキホゴ》ノ上ニ必要アルガ爲メ法人設立《ハフジンセツリツ》ニシテ若シ公益ニ害《ガイ》アリトスレバ之ヲ認可《ニンカ》セザルヤ主務官廳ノ職權《シヨクケン》デアル、故ニ主務官廳ガ設立認可後《セツリツニンカゴ》ノ法人ヲ監督《カントク》スルモ矢張《ヤハ》リ公益上ノ必要ヨリ起ルモノテアル（第一項）而シテ主務官廳ガ法人ノ業務《ゲフム》ヲ監督スルノ手續《テツト》キ及ビ事項ハ如何《イカン》則チ法人ニ就テ其ノ業務《ゲフム》ノ狀況ト財產ノ狀況ヲ撿査《ケンサ》スルノデアル（第二項）ト定メタノデアリマス

第三節　法人ノ解散

〔註釋〕本節ハ法人ノ解散《カイサン》ニ關スル規定ヲ網羅《マウラ》シタルモノデアツテ法人ノ解散トハ一度《イツタン》組織シタル社團若クハ財團《ザイダン》ヲ解キテ其ノ業務《ゲフム》若クハ寄附行爲ヲ廢止《ハイシ》スルヲ謂フモノデアル其ノ詳細《シヤウサイ》ハ各本條ノ下ニ於テ解說《カイセツ》シマス

第六十八條　法人《ハフジン》ハ左ノ事由《ジイウ》ニ因リテ解散ス

一　定款又ハ寄附行爲ヲ以定メタル解散事由《カイサンジイウ》ノ發生《ハツセイ》

二　法人ノ目的《モクテキ》タル事業ノ成功《セイコウ》又ハ其成功ノ不能《フノウ》

三　破產《ハサン》

四　設立許可ノ取消《トリケシ》

社團法人ハ前項《ゼンコウ》ニ揭ケタル場合ノ外左ノ事由《イウ》ニ因リテ解散《カイサン》ス

一　總會ノ決議《ケツギ》

二　社員ノ缺亡《ケツバウ》

▲參看　舊民法財產取得編第百四十四條、第百四十五條、既成商法第百二十六條、第二

百三十條

〔註釋〕本條ハ法人ヲ解散《カイサン》スベキ原因ヲ列擧《レッキョ》シタル條項デアッテ其ノ意義《イギ》ハ社團デアルト財團デアルトヲ問ハズ總テ法人ハ左ニ列擧《レッキョ》スル原因ニ依ッテ解散《カイサン》スルモノデアル

第一　定款又ハ寄附行爲ヲ以テ定メタル解散事由ノ發生　トハ例《タトヘ》バ社團法人設立ノ際此ノ社團ハ設立認可《セツリツニンカ》ノ日ヨリ十ケ年間存續《ソンゾク》シタル後ハ解散スルモノデアルト其ノ定款ニ定メタル時ハ其ノ規定《キテイ》ノ期日ニ至レバ解散《カイサン》スルモノデアル又例《タトヘ》バ寄附行爲ノ財團法人デアッテ孤兒救育協會《コジケウイクケフクワイ》ヲ設立セントスル場合《バアヒ》ニ於テ孤兒救育會ガ成立《セイリツ》ナリタル時ハ其ノ協會ハ解散《カイサン》スルモノデアル

第二　法人ノ目的タル事業ノ成功又ハ其ノ成功ノ不能　トハ例バ或ル寺院ニ梵鐘《ボンショウ》ヲ献納《ケンナフ》セントシ若クハ忠臣《チウシン》ノ建碑《ケンピ》ヲ設立セントノ目的《モクテキ》ヲ以テ設立シタル法人《ハフジン》ハ其ノ梵鐘ヲ鑄《チウ》造《ザウ》シ之ヲ寺院ニ献納シ終リタル時若クハ建碑ヲ成工《セイコウ》シタル時ハ其ノ目的《モクテキ》ヲ達シタルモノデアルカラ此ノ場合《バアヒ》ニハ其ノ法人ハ解散《カイサン》スルモノデアル又成功ノ不能トハ例バ大阪市内ニ高架鐵道《カウカテツダウ》ヲ敷設《フセツ》セントシテ一ノ法人ヲ設立《セツリツ》シタルニ沿道人民《エンダウジンミン》ノ苦情《クジヤウ》アル爲メ中途ニ於テ敷設《フセツ》スルコトノ出來ナイヤウニ成リタル場合《バアヒ》ハ則チ成功ノ不能《フノウ》デアル故ニ此ノ場合ニハ法人ヲ繼續《ケイゾク》スルモ何ノ用ヲモ爲サザレハ解散《カイサン》シナケレバナラヌノデアル

第三　破産　トハ社團ガ無資力《ムシリヨク》ト成リシ場合ヲ謂《イ》フモノデアッテ殆《ホトン》ド自然人ガ破産ノ宣告ヲ受ケ無能力者ト成《ナ》リシ場合ト等シク法人モ破産《ハサン》ノ宣告ヲ受《ウ》クレバ其ノ所有ニ係ル財産ノ處分權《シヨブンケン》ヲ失ヒ其ノ財産一切ハ之レヲ管財人《クワンザイニン》ニ引渡サナケレバナラヌカラ到底《タウテイ》法人ヲ持續《ヂゾク》スルコトハ出來ヌモノデアル故ニ此ノ場合《バアヒ》ニ於テハ法人ハ解散シナケレバナラヌモノデアル

第四　設立認可ノ取消　トハ例バ法人ガ第三十四條及ビ第三十五條ノ規定《キテイ》ニ依リ貧民救《ヒンミンキウ》助《ジヨ》ヲ目的トシテ主務官廳ニ設立認可ヲ出願《シユツグワン》シタルニ因リ主務官廳ハ之ヲ許可《キヨカ》シタルモ後日ニ至リ其ノ法人《ハフジン》ハ名ハ貧民救助ナルモ其ノ實救助《キウジヨ》セラレタル貧民ノ婦女《ジヨ》ヲシテ淫《イン》ヲ鬻《ヒサ》ガシムルガ如キ風俗《フウゾク》ヲ害スル行爲ヲ爲シ又ハ富籤類似《トミクヂルイジ》ノ行爲アリテ社會ノ公益《コウエキ》ヲ害スルモノト認《ミト》ムル時ハ既ニ與ヘタル許可《キヨカ》ヲ取消《トリケ》サルヽコトガアル法人ガ若シ其ノ許可ヲ取消サルヽニ於テハ自然消滅《シゼンセウメツ》スルニ依リ其ノ存續《ソンゾク》ハ到底出來得ベキモノデハナイカラ解散スルモノデアル

以上列擧《レツキヨ》シタル原因ガ假令《タトヘ》一個ニテモ生スル時ハ社團法人ト財團法人トヲ問《ト》ハズ解散シナケレバナラヌモノデアル(以上第一項)然《シカ》シ社團法人ハ財團法人トハ自《オノヅカ》ラ逕庭《チガヒ》ノ存スルモノデアルカラ社團法人ナル時ハ特《トク》ニ左ニ掲グル原因《ゲンイン》ノ生ズル場合ニハ解散セナケレバ

ナラヌ

第一　總會ノ決議　トハ元來《グワンライ》社團法人ハ總會ヲ以テ萬事《バンジ》ヲ行フモノデアルカラ臨時總會ト通常總會トヲ問ハズ總會ニ於テ其ノ法人《ハフジン》ノ解散ヲ決議《ケツギ》シタル時ハ解散シナケレバナラヌノデアル

第二　社員ノ缺亡　トハ元來社員ハ社團法人ノ主腦《シユナウ》デアルカラ社員ノ缺亡《ケツバウ》スルトキハ社團ノ活動《クワツドウ》ハ停止ノ姿《スガタ》ト成リ了リ到底《タウテイ》存續ノ見込《ミコ》ミナキニ至ルモノデアルカラ此ノ場合ニ於テハ解散シナケレバナラヌノデアル

第六十九條　社團法人ハ總社員《ソウシヤヰン》ノ四分三以上ノ承諾《シヨウダク》アルニ非サレハ解散ノ決議ヲ為スコトヲ得ス但定款《テイクワン》ニ別段ノ定アルトキハ此限《コノカギリ》ニ在ラス

▲參看　既成商法第百六十四條、第二百三條

〔註釋〕本條ハ社團法人ヲ解散《カイサン》スルニ就テノ方法ヲ規定《キテイ》シタル條項《デウコウ》デアツテ其ノ意義《イギ》ハ社團法人ノ解散ハ社團ノ安危《アンキ》ニ關スルバカリデナク自然社會夥多《アマタ》ノ人民ガ信用ヲ害スルモノ

デアルカラ之ヲ解散《カイサン》シヤウト思ヘバ總社員ノ四分ノ三例《タトヘ》バ社員ガ五十名アリトスレバ三十八名以上ノ承諾《シヤクダク》ガナケレバ解散ノ決議《ケツギ》ヲスルコトガ出來ヌ（本條前段）ケレドモ定款ヲ以テ社團ヲ解散《カイサン》スル場合ニハ總社員ノ一致決議《ケツギ》デナケレバ解散スルコトヲ得ズト定メ若クハ過半數ヲ以テ決議ヲ爲ス等別段《ベツダン》ノ定メヲ爲シタル時ハ本條《ホンデウ》ノ規定ニ依ラズシテ定款ニ定メタル方法ニ依テ決議《ケツギ》スレバ解散《カイサン》スルヿガ出來ル（本條但書）ト定メタノデアリマス

第七十條　法人《ハフジン》カ其債務ヲ完濟《クワンサイ》スルコト能ハサルニ至《イタ》リタルトキハ裁判所ハ理事若クハ債權者《サイケンシヤ》ノ請求ニ因リ又ハ職權ヲ以テ破産《ハサン》ノ宣告ヲ爲ス

前項ノ場合ニ於テ理事《リジ》ハ直ニ破産宣告《ハサンセンコク》ノ請求ヲ爲ス事ヲ要ス

▲參看　既成商法第九百七十八條

（註釋）本條ハ法人ニ對スル破産宣告《ハサンセンコク》ノ手續ヲ規定シタル條項《デウコウ》デアツテ其ノ意義《イギ》ハ法人ニモ法律上自然《シゼン》人《ヒト》ト等シク權利ヲ行ヒ義務《ギム》ヲ負《オ》フモノデアルカラ法人ガ債務《サイム》ノ辨濟《ベンサイ》ヲ爲ス能ハザレバ自然人ニ對《タイ》シテ規定シタル商法第九百七十八條ノ規定《キテイ》ト等シキ制裁《セイサイ》ガナケレバ

ナラヌ故ニ新民法ハ本條《ホンデウ》ヲ設ケ法人モ自然人ト等《ヒト》シク債務完濟《サイムクワンサイ》ノ義務ヲ履行《リカウ》スルコトガ出來ナイ場合《ハアヒ》ニハ裁判所ハ理事《リジ》若クハ債權者ノ請求ニ依リ又ハ裁判所自《ミヅカ》ラガ職權ヲ以テ法人ニ對シ破産《ハサン》ノ宣告ヲ爲スモノデアル（第一項）而シテ法人ノ代表者《ダイヘウシヤ》タル理事ハ法人カ債務ノ完濟ヲ爲ス能《アタ》ハザル場合ト認《ミト》メタル時ハ速《スミヤ》カニ裁判所ニ破産宣告ノ請求《セイキウ》ヲシナケレバナラヌ義務《ギム》ヲ負《オ》フモノデアル故ニ若シ理事《リジ》ガ破産宣告ノ請求《セイキウ》ヲシナケレバナラヌ場合デアルニ之ヲ怠《オコタ》ル時ハ第八十四條ニ依リテ處刑《シヨケイ》セラルヽモノデアリマス

第七十一條　法人カ其目的以外《イグワイ》ノ事業ヲ爲シ又ハ設立《セツリツ》ノ許可ヲ得タル條件ニ違反《ヰハン》シ其他公益《コウエキ》ヲ害スヘキ行爲《カウヰ》ヲ爲シタルトキハ主務官廳ハ其許可ヲ取消《トリケ》スコトヲ得

▲參看　既成商法第六十七條第二項

（註釋）本條ハ主務官廳ガ法人ノ許可《キヨカ》ヲ取消ス場合ヲ規定シタル條項《デウコウ》デアッテ其ノ意義《イギ》ハ主務官廳ハ法人ノ設立ヲ許可シ又第六十七條規定《キテイ》ノ如ク法人ヲ監督《カントク》スベキ職權ガアルカラ法人ガ第三十四條及《オヨ》ビ第三十五條ノ規定ニ依リ許可ヲ得タル目的以外《モクテキイグワイ》ノ事業例ヘバ生命保

險ヲ目的《モクテキ》トシテ許可ヲ得タル法人ガ其ノ實博奕類似《バクエキルヰジ》ノ事業ヲ爲シ又ハ設立許可ヲ得タル條件《デウケン》ニ違反シ例バ五萬圓ノ資産《シサン》ナリトシテ許可ヲ得タルニ其ノ實一萬圓ノ資産ヨリ無キ場合其ノ他公益《コウエキ》ヲ害スベキ行爲ヲ爲シタル時ハ主務官廳ハ一旦與《タンアタ》ヘタル許可ヲモ公益保護ノ爲メ取消《トリケ》スコトガ出來ルト定メタノテアル是《コ》レ主務官廳ガ法人ノ許可《キヨカ》及ビ監督ヲ爲ス職務ノ結果《ケツクワ》テアリマス

第七十二條　解散《カイサン》シタル法人ノ財産ハ定欵又ハ寄附行爲ヲ以テ指定シタル人ニ歸屬《キゾク》ス

定欵又ハ寄附行爲ヲ以テ歸屬權利者ヲ指定セス又ハ之ヲ指定スル方法ヲ定メサリシトキハ理事《リジ》ハ主務官廳ノ許可ヲ得テ其法人《ソノハフジン》ノ目的ニ類似《ルヰジ》セル目的ノ爲メニ其財産ヲ處分《シヨブン》スルコトヲ得但社團法人ニ在リテハ總會ノ決議《ケツギ》ヲ經《ヘ》ルコトヲ要ス

前二項ノ規定ニ依リテ處分セラレサル財産ハ國庫《コクコ》ニ歸屬《キゾク》ス

▲參看　舊民法財產取得編第三百十五條

（註釋）本條ハ法人ガ解散《カイサン》シタル場合ニ於テ其ノ財產處分《シヨブン》ニ就テ三個ノ場合《バアヒ》則チ第一指定人《シテイニン》ニ歸屬《キゾク》スル場合第二目的類似ニ因《ヨ》リテ處分スル場合第三國庫《コクコ》ニ歸屬スル場合ノ處分方法ヲ規定シタル條項《デウカウ》デアッテ其ノ意義ハ元來法人ヲ設立《セツリツ》シタル時ハ其ノ當初ニ定款《テイクワン》ヲ以テ後日法人ヲ解散スル場合《バアヒ》ニ於テハ其ノ財產ハ各員出資ノ割合《ワリアヒ》ニ應ジ之ヲ總社員ニ分配スルトカ若クハ其ノ財產中ヨリ先ツ負債《フサイ》ヲ償却《シヤウキヤク》シ其ノ殘餘財產ヲ總社員ニ平等《ビヤウトウ》ニ分配スルトカノ方法《ハウハフ》ヲ定メナケレハナラヌ而シテ斯《カク》ノ如ク定款又ハ寄附行爲《キフカウヰ》ヲ以テ處分方法ヲ定メタル時ハ其ノ方法ニ依リテ分配スレハヨイ（第一項）ケレドモ若シ定款又ハ寄附行爲ヲ以テ第一項ノ如ク財產ノ歸屬《キゾク》スベキ人ヲモ指定《シテイ》セズ又ハ之ヲ指定スル方法《ハウハフ》ヲ定メナイ時ハ理事《リジ》ハ主務官廳ノ許可ヲ得テ例《タトヘ》ハ貧民救助ヲ目的《モクテキ》トシテ設立シタル法人ヲ解散《カイサン》シタル時ハ其ノ目的ト類似《ルヰジ》セル他ノ貧民救助《キウジヨ》ノ法人ノ爲メニ其ノ財產ヲ賣却スルカ又ハ相當ノ處分ヲ爲ナケレハナラヌ（第二項前段）ケレドモ若シ社團法人デアレハ其ノ處分方法《シヨブンハウハフ》ヲ社員總會ニ附シ其ノ決議《ケツギ》ヲ經ナケレハ理事等ガ專斷《センダン》ニ處分《シヨブン》スルコトハ出來ヌ（第二項但書）若シ以上《イジヤウ》ノ如キ規定ニ從ヒ處分ノ出來《アキ》ザル無主財產《ムシユザイサン》デアル場合ニハ其ノ財產ハ國ニ屬シ國庫ニ移《ウツ》サナケレハナラヌ是レ法人ニ限《カギ》ラス總テ無主デアル財產ハ國《クニ》ニ歸屬《キゾク》スルハ一般

ノ法理デアルカラ本項《ホンコウ》之ヲ國庫ニ歸屬《キゾク》ス（第三項）ト定メタノデアリマス

第七十三條　解散シタル法人《ハフジン》ハ清算ノ目的ノ範圍內《ハンヰナイ》ニ於テハ其清算ノ結了ニ至ルマデ尙ホ存續《ソンゾク》スルモノト看做《ミナ》ス

▲參看　既成商法百三十條、第二百四十七條、第二百五十條、第二百五十一條、第二百五十四條

〔註釋〕本條ハ解散後ノ法人《ハフジン》ヲ存續シ居ルモノト假定《カテイ》スル場合ヲ規定《キテイ》シタル條項デアツテ其ノ意義ハ法人ヲ解散スレハ自然人《シゼンジン》ノ死亡スルト等《ヒト》シキモノデアルカラ解散後ノ法人ハ其ノ業務ヲ停止《テイシ》シ代表者タル理事ハ辭任《ジニン》スルモノデアル故ニ其ノ日ヨリ法人ハ活動《クワツドウ》セザルモノデアル、ケレドモ法人ガ解散《カイサン》スレハトテ之ガ權利《ケンリ》ト義務《ギム》ハ清算ノ後《ノチ》テナケレハ全ク他人ニ對《タイ》シテノ關係ヲ途絕《トゼツ》スルコトハ出來ヌ法人ガ他人ニ債權《サイケン》ヲ有スル時ハ解散後テアツテモ之ガ取立《トリタテ》ヲ爲ナケレハ社員ノ損害《ソンガイ》ト成リ法人ガ他人ニ義務《ギム》ヲ負《オ》ヒタル時ハ解散後テアツテモ之ガ完濟《クワンサイ》ヲ終ランケレハ其ノ他人ヲ害《ガイ》スルモノテアル故ニ法人ガ解散《カイサン》シタル後ハ清算人《セイサンニン》ヲ設ケテ清算ヲシナケレバナラヌ必要《ヒツエウ》ガアル、サレバ清算中ハ其ノ清算ノ目的ノ範圍內ニ於テ其ノ清算ノ結了《ケツレウ》スルマデハ法人ハ尙ホ存續《ソンゾク》シ居ルモノト看做《ミナ》シテ法人

ト法人ニ利害《リガイ》ノ關係ヲ有スル者ヲ保護《ホゴ》シタルモノデアル故ニ此ノ場合《バアヒ》ニ於テハ清算人ハ清算事務ニ限リテ法人ヲ代表《ダイヘウ》スルモノデアリマス

第七十四條　法人カ解散《カイサン》シタルトキハ破産《ハサン》ノ場合ヲ除ク外理事其清算人ト爲ル但定款若クハ寄附行爲ニ別段《ベツダン》ノ定アルトキ又ハ總會ニ於テ他人《タニン》ヲ選任《センニン》シタルトキハ此限ニ在ラス

●參看。舊民法財産取得編第百五十條。既成商法第百二十九條、第二百三十二條、

〔說釋〕本條ハ理事《リジ》ガ清算人ト成ルベキ場合ヲ規定《キテイ》シタル條項デアツテ、其ノ意義《イギ》ハ法人ヲ解散シタル後ハ必ラズ清算人《セイサンニン》ヲ置カナケレバナラヌ、故ニ本條ハ法人ガ破産宣告《ハサンセンコク》ノ爲メ解散シタルモノデナケレハ解散《カイサン》ニ至ルマデ其ノ法人ヲ代表《ダイヘウ》シテ萬事一切ノ事務《ジム》ヲ親《シタ》シク處理シタル理事ヲ清算人ト爲スベキコトヲ定《サダ》メタノデアル、是レ理事《リジ》ハ法人ノ事務ニ通ジ居リテ清算ノ速了《ソクレウ》ヲ遂《ト》グル便利《ベンリ》アルモノデアルカラ斯《カ》ク定メタノデアル　本條前段）ケレドモ定款《テイクワン》又ハ寄附行爲ニ依リ例《タト》ヘハ定款ニ清算人ハ法人ニ關係《クワンケイ》ナキ他人ヲ以テ任ストカ若クハ總會ノ決議《ケツギ》ニ依リ他人ヲ撰任《センニン》シタル時ハ敢テ本條前段ノ規定《キテイ》ニ依ツテ理事ヲ清算

人トスルニハ及ハヌ定款《テイクワン》若クハ總會ノ決議ニ依リテ撰定《センテイ》シタル他人ヲ清算人《セイサンニン》トスルモ差支ヘハナイ(本條但書)ト定メタノデアリマス

第七十五條　前條ノ規定《キテイ》ニ依リテ清算人タル者ナキトキ又ハ清算人《セイサンニン》ノ缺ケタル爲メ損害《ソンガイ》ヲ生スル虞《オソレ》アルトキハ裁判所ハ利害關係人若クハ撿事ノ請求《セイキウ》ニ因リ又ハ職權ヲ以テ清算人ヲ選任《センニン》スルコトヲ得

▲參看　既成商法第二百三十三條

〔註釋〕本條ハ裁判所ガ法人《ハフジン》ノ清算ヲ撰任《センニン》スル場合ヲ規定シタル條項《デウコウ》デアッテ其ノ意義ハ法人ガ解散《カイサン》シタル時ハ破産《ハサン》ノ場合ヲ除ク外ハ理事ガ清算人ト成ルハ前條《ゼンデウ》ノ規定ニ依ッテ明瞭ナル所以《ワケ》デアル、ケレドモ其ノ理事《リジ》ガ死亡シ或ハ定款、若クハ寄附行爲、又ハ總會ノ決議等ニ依リテ他人《タニン》ヲ清算人トスル場合ニ於テ清算人《セイサンニン》ト成ルベキ者ナク全ク清算人ノ缺ケタル爲、損害《ソンガイ》ヲ蒙ムルベキ虞《オソレ》アル時ニ限リ利害關係人若クハ撿事《ケンジ》ノ請求アリタル時ハ裁判所ハ清算人ヲ撰定《センテイ》シナケレバナラヌ、又此ノ場合《バアヒ》ニ於テ清算人若クハ撿事ノ請求《セイキウ》アラザルモ裁判所ガ清算人ヲ撰任《センニン》セナケレバナラヌト認ムル時ハ裁判所ハ職權《ショクケン》ヲ以テ清算人ヲ撰任《センニン》スルコトガ出來ル、ケレドモ利害關係人若クハ檢事ニ於テ清算人《セイサンニン》ノ缺《カ》クルコトアルモ更ニ清算人ヲ撰定《センテイ》スルマデ打捨《ウチステ》置クモ爲ニ損害ヲ蒙《カウム》ル虞《オソ》レハナイト推定《スヰテイ》スル場合ニ於テハ別ニ請求《セイキウ》セザルモ差支《サシツカヘ》ハナイモノデアリマス

第七十六條　重要《ヂユウエウ》ナル事由アルトキハ裁判所ハ利害關係人若《モシ》クハ檢事ノ請求《セイキウ》ニ因リ又ハ職權ヲ以テ清算人ヲ解任《カイニン》スルコトヲ得

▲參看　既成商法第百三十一條

〔註釋〕本條ハ清算人ヲ解任《カイニン》シ得ベキ場合ヲ規定《キテイ》シタル條項デアッテ、其ノ意義《イギ》ハ元來清算人ハ法人ガ消滅《セウメツ》スベキ際ニ於テ其ノ結果處分《ケツクワシヨブン》ヲ爲ス者デアルカラ、法人ガ所有《シヨシウ》スル財産ヲ以テ利害關係人ノ利益《リエキ》ト爲ルベキヤウ又法人ガ信用《シンヨウ》ヲ害セヌヤウ公平正實《コウヘイセイジツ》ニ其ノ事務ヲ處理《シヨリ》センケレバナラヌ重責《チユウセキ》ヲ負フ者デアル、然《シカ》ルニ清算人ガ其ノ重大《ヂユウダイ》ナル責任ヲ盡サズ利害關係人ノ不利益《フリエキ》ト成ルガ如キ行爲ヲ爲シ又ハ法人ノ信用《シンヨウ》ヲ害スベキ如キ行爲《カウヰ》ヲ爲シタル時ハ利害關係人ハ之レガ職務ヲ解任《カイニン》スルノ必要ヲ生ズル者デアル、故《ユヱ》ニ此ノ場合ニ於テハ利害關係人ニ於テ其ノ解任ヲ裁判所ニ請求《セイキウ》スレハ裁判所ハ其ノ請求ニ依《ヨ》リ清算人ヲ解任スルコトガ出來《デキ》ル若又利害關係人ガ此ノ場合《バアヒ》アルニモ係《カヽ》ハラズ解任ノ請求ヲ爲

サザルカ又ハ利害關係人ナキ時ハ公益保護《コウエキホゴ》爲メ撿事ニ於テ此ノ請求《セイキウ》ヲ爲スコトガ出來ルノミナラズ裁判所モ亦職權《シヨクケン》ヲ以テ清算人ノ解任ヲ爲《ナ》スコトガ出來《デキ》ル、ケレドモ清算人ノ解任ハ必ラズ重大《ヂウダイ》ナル事由ガナケレバ解任《カイニン》スルコトハ出來ヌ其ノ重大ナル事由トハ實際ノ場合《バアヒ》デナケレバ今豫《アラカジ》メ詳言《シヤウゲン》スルコトハ出來ザルモ要《エウ》スルニ法人若クハ利害關係人ニ不利益ナル行爲ヲ爲《ナ》シタル場合ヲ指《ユビサ》スモノデアリマス

第七十七條　清算人ハ破産《ハサン》ノ場合ヲ除ク外解散後《カイサンゴ》一週間内ニ其氏名《シメイ》、住所及ヒ解散ノ原因《ゲンイン》、年月日ノ登記《トウキ》ヲ爲シ又何レノ場合《バアヒ》ニ於テモ之ヲ主務官廳ニ屆出《トヾケイ》ツルコトヲ要ス

清算中ニ就職《シウシヨク》シタル清算人ハ就職後一週間内《シウカンナイ》ニ其氏名、住所ノ登記ヲ爲シ且ツ之ヲ主務官廳ニ屆出ツルコトヲ要ス

▲參看　既成商法第百二十九條、第二百三十四條

〔註釋〕本條ハ法人ノ解散後《カイサンゴ》ニ於テ清算人ガ登記《トウキ》ヲ經ルノ手續ト主務官廳ニ屆出《トヽケイ》ヅル手續トヲ規定《キテイ》シタル條項デアッテ其ノ意義《イギ》ハ清算人ハ法人ガ破産《ハサン》ノ宣告《センコク》ヲ言渡サレタルニア

ラズシテ解散シタル場合《バアヒ》ニ限リテ解散後一週間則チ七日間內ニ左ノ事項《ジコウ》ヲ登記《トウキ》セヌケレバナラヌ

第一 清算人ノ氏名及ビ住所ヲ登記スルノ必要ハ清算人ハ法人ガ解散《カイサン》シタル後ノ財產ヲ處理スル任《ニン》ニ當ルモノデアルカラ其ノ氏名《シメイ》及ビ住所ヲ公衆《コウシュウ》ニ公告シテ知《シ》ラシメナケレハ利害關係人ニ於テハ標的《ヘウテキ》ナク又清算人ニ於テハ清算人タルコトヲ以テ他人《タニン》ニ對抗《タイカウ》スルコトガ出來《デキ》ヌカラ必ラズ此ノ事項ノ登記《トウキ》ヲ經ナケレハナラヌノデアル

第二 解散ノ原由ヲ登記スルノ必要《ヒツエウ》ハ第六十八條ニ規定《キテイ》シタル各號ノ事由《ジイウ》アリテ解散シタリト謂《イ》フコトヲ公衆ニ公告《コウコク》シテ解散事由ノ正當《セイタウ》タルコトヲ示シ法人ノ信用《シンヨウ》ヲ將來ニ墜落《ツヰラク》セシメナイヤウニスルガ爲デアル

第三 解散ノ年月日ヲ登記スルノ必要《ヒツエウ》ハ年月日ハ元來權利《ケンリ》義務《ギム》ノ發生又ハ消滅《セウメツ》ニ重大ノ關係ヲ有スルモノデアルカラ、法人ガ解散《カイサン》シタル年月日ヲ公告《コウコク》シテ利害關係人ニ示シ又ハ法人ガ清算ノ起点《キテン》ヲ公衆ニ示《シメ》ス爲デアル

而シテ右列擧《レツキヨ》シタル三項ハ登記《トウキ》スルバカリデナク、何レノ場合《バアヒ》ニ於テモ之ヲ主務官廳ニ屆出デナケレバナラヌ（第一項）而《ソウ》シテ若シ第七十五條及ビ第七十六條ニ規定《キテイ》スル如キ場合ニ於テ先キノ清算人ガ解任《カイニン》セラレ新《アラ》タニ後ノ清算人ヲ撰任《センニン》シタル時ハ後ノ清算人ガ就

職シタル後一週間則《スナハ》チ七日間内ニ第一項ノ如ク其ノ氏名《シメイ》及ビ住所ノ登記ヲ爲シ尙ホ主務官廳ニ屆出ナケレバナラヌ（第二項）ト定メタノデアリマス

第七十八條　淸算人ノ職務左ノ如シ

一　現務《ゲンム》ノ結了《ケツレウ》

二　債權ノ取立《トリタテ》及ヒ債務ノ辨濟《ベンサイ》

三　殘餘財産ノ引渡《ヒキワタシ》

淸算人ハ前項《ゼンコウ》ノ職務ヲ行フ爲メニ必要《ヒツエウ》ナル一切ノ行爲ヲ爲スコトヲ得

▲參看　舊民法財産取得編第百四十九條、第百五十一條、既成商法第百三十條、第二百四十條

〔註釋〕本條ハ淸算人ノ職務ヲ規定《キテイ》シタル條項《デウコウ》デアッテ而シテ其ノ職務ハ左《サ》ニ規定シタル三個ノ事項ヲ處理《シヨリ》スルモノデアル

第一　現務ノ結了例バ社團法人若クハ財團法人ガ解散前《カイサンゼン》ヨリ爲シ居リタル事業《ジゲフ》ガ解散後

ニ殘リタル場合《バアヒ》ニ於テハ清算人ハ其ノ殘リタル事業《ジゲフ》ヲ結了《ケツレウ》スルノ職務ニ從事スルモノデアル

第二　債權ノ取立及ビ債務ノ辨濟例バ法人ガ解散前《カイサンゼン》ニ他人ニ有シ居ル債權《サイケン》卽チ貸金若クハ賣掛代金《ウリカケダイキン》等アレバ清算人ハ之ヲ取立《トリタ》テ又法人ガ解散前ニ他人ニ債務《サイム》ヲ負フ場合卽チ借用金若クハ其他《ソノタ》支拂《シハラ》フベキ義務アレバ清算人ハ之ヲ辨濟《ベンサイ》スルノ職務《シヨクム》ニ從事スルモノデアル

第三　殘餘財産ノ引渡例バ清算人ガ法人ノ解散前ニ仕殘《シノコ》シタル事業ノ結了《ケツレウ》ヲ爲シ又ハ債權ヲ取立《トリタ》テ而シテ債務ノ辨濟《ベンサイ》ヲ了シタル場合ニ於テ殘餘《ザンヨ》ノ財産ガアレバ其財産ハ各社員若クハ第七十二條第一項、第二項、第三項ニ定メル歸屬《キゾク》ヲ受クベキ者等ニ引渡《ヒキワタ》サナケレバナラヌノデアル（以上第一項）

而シテ清算人ガ以上列擧《レツキヨ》シタル職務ニ從事スレバ第一號ノ場合《バアヒ》ニハ事業ニ從事《ジウジ》スル勞働者ヲ使役《シエキ》シテ其ノ賃金《チンキン》ヲ支拂《シハラ》ハナケレバナラヌ、又第二號ノ場合《バアヒ》ニハ債權取立ニ就キ仲裁契約或ハ和解契約《ワカイケイヤク》或ハ訴訟行爲ヲ爲シ又債務辨濟ニ就《ツイ》テハ訴訟ヲ受ケ若クハ督促《トクソク》ニ對シテ示談行爲《ジダンカウヰ》ヲ爲シ又第三號ノ場合ニハ財産引渡《ザイサンヒキワタシ》ニ付動産ト不動産ノ區別《クベツ》ニ因ツテ夫々ノ行爲ヲ要《エウ》スルモノデアルカラ清算人ハ是等《コレラ》一切ノ職務ヲ行フ爲メニ必要《ヒツエウ》ナル一切ノ行

爲ヲ爲《ナ》スコトガ出來《デキ》ル（第二項）ト定メタノデアリマス

第七十九條　淸算人ハ就職《シウシヨク》ノ日ヨリ二ヶ月內ニ少《スクナ》クトモ三回ノ公告《コウコク》ヲ以テ債權者ニ對シ一定ノ期間內《キカンナイ》ニ其請求ノ申出ヲ爲スヘキ旨《ムネ》ヲ催告スルコトヲ要ス但其期間ハ二ケ月ヲ下《クダ》ルコトヲ得

前項ノ公告ニハ債權者《サイケンシヤ》カ期間內ニ申出ヲ爲ササルトキハ其債權《ソノサイケン》ハ淸算ヨリ除斥《ヂヨセキ》セラルヘキ旨ヲ附記《フキ》スルコトヲ要ス但淸算人ハ知《シ》レタル債權者ヲ除斥スルコトヲ得ス

淸算人ハ知レタル債權者《サイケンシヤ》ニハ各別《カクベツ》ニ其申出ヲ催告《サイコク》スルコトヲ要ス

▲參看　既成商法第二百四十三條

〔註釋〕本條ハ淸算人ガ法人《ハフジン》ニ債權ヲ有スル者ニ對シ爲ス催告《サイコク》ノ手續ヲ規定《キテイ》シタル條項デアツテ、其ノ意義《イギ》ハ淸算人ハ其ノ職務《シヨクム》ニ就任シタル日ヨリ前條ニ規定シタル職務ヲ取扱フ爲メ帳簿書類《チヤウボシヨルヰ》ヲ取調ベ財産ノ狀況《ジヤウキヤウ》ヲ知リ債權債務ノ有無ヲ調査シ若シ債務アレバ淸算人ハ就職ノ日ヨリ二ヶ月以内《イナイ》ニ新聞紙廣告《クワウコク》ノ如キ方法ニ依リ其ノ債權者ニ向ツテ債務ノ支拂ヒヲ爲スベキニ依《ヨ》リ來ル何月何日マデニ債權《サイケン》ノ額ヲ申出デ請取方《ウケトリカタ》ノ手運《テハコ》ビヲセラレヨト三日マデハ公告《コウコク》ヲ以テ催告《サイコク》シナケレバナラヌ、而《ソウ》シテ公告トハ新聞紙ノ廣告ノ如キ何人ニモ知《シ》リ得ベキ方法ヲ以テ一般ノ人ニ公《オホヤ》ケニ告クルヲ謂《イ》フモノデアッテ又一定ノ期間トハ例《タトヘ》バ七月一日ニ公告スレバ八月一日迄トカ九月十五日マテトカ申出《マチシイダ》ノ期限ヲ定《サダ》ムルコトテ謂フノデアル（第一項前段）然《シカ》シ此ノ期間ハ二ヶ月ヨリハ短《ミヂ》カクスルコトハ出來《デキ》ヌ（第一項但書）而《ジウ》シテ清算人ガ債權者ニ對《タイ》シテ公告ヲ以テ催告《サイコク》スル其ノ公告ニハ必ラス一定ノ期間内ニ債權《サイケン》ノ在ルコトヲ申出ナキ時ハ支拂《シハラ》ヒヲ爲《ナサ》ヌト謂フコトヲ附記《フキ》シ置カナケレハナラヌ（第二項前段）ケレドモ夫《ソ》レハ法人ノ帳簿《チヤウボ》ニモ書類ニモ記載《キサイ》ナキ債權ニ對《タイ》シテノコトデアルカラ、清算人ハ帳簿上《チヤウボジヤウ》若クハ書類ニテ某ニ債權《サイケン》アルモノト知リ得ル債權ニ對シテハ假令《タトヘ》其ノ債權者ガ催告ヲ受ケ一定ノ期間内《キカンナイ》ニ申出ヲセザルモ之ヲ除斥《ヂヨセキ》シテ支拂ハヌト拒《コバ》ムコトハ出來ヌ（第二項但書）故ニ清算人ハ知《シ》リ得《エ》タル債權者ニ對シテハ公告ヲ以テ催告《サイコク》シタル上尚ホ各別《カクベツ》ニ書面又ハ態夫《タイフ》ヲ以テ直接《チヨクセツ》ニ催告ヲシナケレバナラヌ（第三項）此ノ催告ト謂《イ》フハ催促ヲスル爲メ報告《ハウコク》ヲスルコトヲ謂フノデアリマス

第八十條　前條ノ期間後《キカンゴ》ニ申出デタル債權者ハ法人ノ債務完濟《サイムクワンサイ》ノ後未ダ歸屬權利者ニ引渡《ヒキワタ》サヽル財產ニ對《タイ》シテノミ請求《セイキウ》ヲ爲スヿヲ得

参看　既成商法第二百四十五條

〔註釋〕本條ハ前條第二項ノ規《キ》定ニ背キ催告期間後ニ申出デタル債權者ノ請求權利《セイキウケンリ》ニ就テ規定シタル條項《デウコウ》デアッテ、其意義ハ元來清算人《セイサンニン》ガ法人ノ帳簿又ハ書類《シヨルヰ》ニ記載ナクシテ債權ノアルベキコトヲ知《シ》リ得《エ》ザルガ爲、公告ヲ以テ一面ハ世《ヨ》ニ債權《サイケン》アル者ノ損失《ソンシツ》ヲ免《マヌカ》レシメン爲注意《チウイ》ヲ促ガシ、又一面ハ精算結了《セイサンケツレウ》ノ障害《シヤウガイ》ヲ慮カリ債權者ト法人雙方《ソウハウ》ガ利便《リベン》ヲ以テ一定ノ期間內ニ債權《サイケン》ノ請求方ヲ申出デヨ若シ期間內《キカンナイ》ニ申出デザル時ハ支拂ヲ除斥《ヂヨセキ》スベシト注意ヲ促《ウナ》ガスモノデアル、然《シカ》ルニ債權者ガ此注意アルニモ拘《カヽ》ハラズ其期間內ニ申出デヲ爲サヽリシハ債權者自《ミツカ》ラガ怠慢《タイマン》ニ因ルモノデアルカラ債權ノ辨濟《ベンサイ》ヲ受クルコトノ出來ナイノハ自業自得《ジゴフジトク》ト謂ハナケレバナラヌ、ケレドモ又債權者ガ旅行《リヨカウ》若クハ其ノ他《タ》ノ事故ニ因ッテ止《ヤ》ムヲ得ズ一定ノ期間內ヲ不知《フチ》ノ間ニ經過《ケイクワ》スルコトガナイニモ限《カギ》ラヌ、故ニ期間後ニ申出《マフシイ》デタル債權ハ若シ其法人ノ債務《サイム》ヲ完濟シタル後ニ殘《ノコ》リタル財產アッテ其財產ヲ清算人ヨリ未《イマ》ダ第七十三條ノ規定《キテイ》ニ依リテ歸屬權者ニ引渡《ヒキワタ》サナイ時ハ其財產《ザイサン》ニ對シテ其

タ請求スルコトガ出來《デキ》ルト定メタノデアリマス

第八十一條　清算中ニ法人ノ財產《ザイサン》カ其債務ヲ完濟《クワンサイ》スルニ不足ナルコト分明ナルニ至《イタ》リタルトキハ清算人ハ直《タヾ》ニ破產宣告ノ請求《セイキウ》ヲ爲シテ其旨ヲ公告スルコトヲ要ス

清算人ハ破產管財人《ハサンクワンザイニン》ニ其事務ヲ引渡《ヒキワタ》シタルトキハ其任ヲ終ハリタルモノトス

本條ノ場合《バアヒ》ニ於テ既ニ債權者ニ支拂《シハラ》ヒ又ハ歸屬權利者ニ引渡《ヒキワタ》シタルモノアルトキハ破產管財人ハ之ヲ取戻《トリモド》スコトヲ得

▲參看　既成商法第二百五十三條

〔註釋〕本條ハ法人ノ財產《ザイサン》ガ債務完濟ニ不足《フソク》ヲ生スル場合ニ於ケル清算人《セイサンニン》ノ取扱ヒ方法ヲ規定シタル條項《デウコウ》デアッテ、其意義ハ清算人ガ清算ニ取掛《トリカヽ》リ法人ノ帳簿書類等ヲ取調《トリシラ》ベ法人ノ財産額ト債務《サイム》額《カク》トヲ比較シ其財産額ガ債務額ニ不足スル塲合ニ於テハ商法第九百七十八條ノ如ク支拂《シハラヒ》ヲスルコトノ出來ヌ所以《ワケ》デアルカラ、清算人ハ直《タヾ》チニ破産宣告ノ請求ヲ爲シ、而シテ法人ハ破産宣告《ハサンセツコク》ヲ受ケタリト謂フコトヲ新聞紙《シンブンシ》ヘ廣告スルカ若シクハ其他ノ方法ヲ以テ公《オホヤ》ケニ報告シナケレバナラヌ、若シ清算人ガ此ノ手續《テツヾキ》ヲ爲ナイ時ハ第八十四條ニ依ツテ所罰《シヨバツ》セラル、モノデアル(第一項)而《ソウ》シテ清算人ハ此塲合ニ於テ法人《ハウジン》ノ財産悉皆《シツカイ》ヲ破産管財人ニ引渡《ヒキワタ》サナケレバナラヌ、如何トナレバ法人モ自然人《シゼンジン》ト等シク破産ノ宣告ヲ受ケタル時ハ無能力者ト成ツテ自巳ガ財産ヲ處理《シヨリ》スルノ能力《ノウリヨク》ヲ失ヒ其財産ノ處分權能《ケンノウ》ハ商法ニ規定スル破産管財人《ハサンクワンザイニン》ニ移ルベキモノデアル故ニ法人ノ代表者タル清算人ハ法人ノ無能力者ト成《ナ》ルニ伴《トモナ》ヒ無能ノ代表者ト成《ナ》ルモノテアルカラ、法人ノ財産《ザイサン》ヲ破産管財人ニ引渡《ヒキワタ》シタル時ハ自ラ清算人タル職務《シヨクム》ハ消滅スベキモノデアル(第二項)又若シ清算人ガ清算ニ取掛《トリカヽ》リ法人ノ財産ヲ以テ債務ヲ辨濟《ベンサイ》セバ不足スルコトヲ豫知《ヨチ》シ得ズシテ先ヅ幾部分《イクブン》ノ支拂ヲ終リ又ハ歸屬權利者ニ財産ヲ引渡シタル後チ其不足《ソノフソク》ヲ知リテ破産宣告ノ請求ヲ爲《ナ》シタル塲合ニ於テハ破産管財人ハ之レヲ債權者若シクハ歸屬者《キゾクシヤ》ヨリ取戻スコトガ出來ル是レ法人ガ破産宣告《ハキンセンコク》ヲ受ケタル時ハ破産財團トテ法人ガ所有ニ係ル一切ノ財産ヲ一個ニ纒括《テンクワツ》シ又一方ニハ各債務ノ額《カク》ヲ一個ニ纒括シテ處分《シヨブン》スルモノデアルカラ破産管財人ハ其職務ヲ執行《シツカウ》スル上ニ於テ清算人ノ既ニ引渡《ヒキワタ》シタル財產ハ之ヲ取戻《トリモド》シテ更ニ各債務額ニ應《オウ》シテ平等ノ分配ヲセナケレバナラヌカラ（第三項）斯《カ》クハ規定シタルモノデアリマス

第八十二條　法人ノ解散《カイサン》及ヒ清算ハ裁判所ノ監督《カントク》ニ屬ス

裁判所ハ何時《ナンドキ》ニテモ職權ヲ以テ前項ノ監督《カントク》ニ必要ナル撿査《ケンサ》ヲ爲スコトヲ得

▲參看　既成商法第二百三十五條

〔注釋〕本條ハ法人ノ解散《カイサン》若シクハ清算ハ裁判所ガ監督《カントク》スルモノテアルト謂《イ》フコトヲ規定《キテイ》シタル條項《デウコウ》デアッテ、其意義ハ法人《ハフジン》ガ第六十八條ノ事由《ジイウ》アリテ解散シタル後チ其法人ノ財產ヲ以テ債務ノ辨濟《ベンサイ》若クハ債權ノ取立《トリタテ》ヲ爲ス清算ノ方法《ハウハフ》ハ是レ法人其ノ者ノ利害《リガイ》バカリデナク社會一般ノ利害ニ關《クワン》スル重大ノコトデアルカラ裁判所ニ其ノ監督《カントク》ノ權限ヲ與《アタ》ヘ公益ヲ保護《ホゴ》セシメナケレバナラヌ必要《ヒツエウ》ガアル、故ニ法律ハ之レガ監督《カントク》ヲ裁判所ニ屬シタルモノデアル（第一項）裁判所ガ果《ハタ》シテ監督ノ權限《ケンゲン》アリトスレバ其ノ權限ノ結果《ケツクワ》トシテ裁判所ハ監督ニ必要《ヒツエウ》デアル撿査ヲ爲スノ職權アルヤ論《ロン》ヲ俟《マ》タズシテ明瞭《メイレウ》ナル所以《ワケ》デアル（第二項）故ニ裁判所ハ例《タトヘ》ハ解散ノ事由ガ不當《フタウ》デアルカ清算ノ模樣《モヤウ》ニ詐欺《サギ》騙瞞《ヘンマン》ノ形跡《ケイセキ》アリト認ムル時ハ之ヲ中止《チウシ》シテ相當ノ處分《シヨブン》ヲセナケレバナラヌカラ時々《トキドキ》其模樣ヲ撿査《ケンサ》シテ斯ル不正ノコトナキカ豫《アラカジ》メ注意セシムル爲本條ノ規定《キテイ》ヲ設《マウ》ケタノデアリマス

第八十三條　清算カ結了《ケツレウ》シタルトキハ清算人ハ之ヲ主務官廳ニ届出ツルコトヲ要ス

△參看　既成商法第二百五十五條

〔註釋〕本條ハ清算人カ職務完結ノ塲合《バアヒ》ニ於テ爲ス手續ヲ規定《キテイ》シタル條項デアッテ、其意義ハ清算人ハ其ノ就職《シウシヨク》ノ始メ第七十七條ノ規定《キテイ》ニ從ッテ主務官廳ニ其ノ就職ヲ届出《トヽケイ》デタルモノデアルカラ、其清算事務《ジム》ヲ爲シ終《ヲハ》リタル時モ之レガ届出ヲ同一《ドウイツ》ノ主務官廳ニシナケレバナラヌモノデアル、如何《イカン》トナレバ主務官廳ハ其ノ監督《カントク》ノ終結ヲ知《シ》ル能ハザルモノデアルカラ、清算人ガ清算事務ノ結了《ケツレウ》ヲ遂ゲタル塲合ニハ其ノ届出《トヽケイデ》ヲシナケレバナラヌト定ノタノデアリマス

第四節　罰則

〔註釋〕本節ハ法人ノ理事《リジ》、監事、清算人等ガ其職務ヲ取扱《トリアツカ》フニ就テ法律ノ規定《キテイ》ニ違犯《ヰハン》スルヲ處罰《シヨバツ》シテ正當ニ職務ヲ取扱ハシムル爲ノ罰則《バツソク》規定《キテイ》ヲ網羅シタルモノデアツテ、一ノ取締法デアル、故ニ体刑《タイケイ》ヲ用ヰズシテ財産刑タル過料《クワレウ》ニ處スルコト丶定メタノデアリマス

第八十四條　法人ノ理事《リジ》、監事又ハ清算人《セイサンニン》ハ左ノ塲合ニ於テハ五圓以上二百圓以下ノ過料《クワレウ》ニ處《シヨ》セラル

一　本章《ホンシヤウ》ニ定メタル登記《トウキ》ヲ爲スコトヲ怠《オコタ》リタルトキ

二　第五十一條ノ規定《キテイ》ニ反シ財産目録若クハ社員名簿《シヤインメイボ》ヲ備ヘス又ハ之ニ不正《フセイ》ノ記載ヲ爲シタルトキ

三　第六十七條又ハ第八十二條ノ塲合《バアヒ》ニ於テ主務官廳又ハ裁判所ノ檢査《ケンサ》ヲ妨《サマタ》ケタルトキ

四　官廳又ハ總會《ソウクワイ》ニ對シ不實ノ申立《マヲシタテ》ヲ為シ又ハ事實ヲ隱蔽《ヰイヘイ》シタルトキ

五　第七十條又ハ第八十一條ノ規定《キテイ》ニ反シ破産宣告《ハサンセンコク》ノ請求ヲ為スコトヲ怠リタルトキ

六　第七十九條又ハ第八十一條ニ定メタル公告ヲ為スコトヲ怠リ又ハ不正ノ公告ヲ為シタルトキ

▲參看　既成商法第二百五十六條乃至第二百六十二條

(註釋)本條ハ法人《ハフジン》ノ理事、監事、清算人等ガ其ノ職務上遵守《ジユンシユ》スベキ規定ニ背《ソム》キタル時ノ處罰方法ヲ定メタル條項《デウカウ》テアッテ其ノ塲合ヲ左ノ六個《コ》ニ區分《クブン》シテアリマス

第一　本章ニ定メタル登記ヲ為スコトヲ怠リタル塲合　則チ法人ヲ設立《セツリツ》シタル時ハ必ス其ノ理事ハ第四十五條、第四十六條、第四十八條、第四十九條ノ規定ニ從ヒ其ノ事項ノ登記《トウキ》ヲ經《ヘ》ナケレハナラヌ、又清算人ハ第七十七條ノ規定ニ從ヒ其ノ事項ノ登記ヲ經ナケレバナラヌ義務《ギム》アルニ之ヲ怠リタル時ハ五圓以上二百圓以下《イカ》ノ過料《クワレウ》ニ處セラル、

モノデアル

第二　第五十一條ノ規定ニ違犯シ又ハ財産目錄若クハ社員名簿ニ不正ノ記載ヲ爲シタル場合　則チ法人ヲ設立《セツリツ》シタル時ハ其ノ法人ハ毎年《マイチン》初メノ三ケ月內ニ財産目錄ヲ作《ツク》リ之ヲ日常事務所ニ備《ソナ》ヘ置《オ》キ又ハ特ニ事業年度ヲ定ムルモノハ設立ノ時《トキ》及ビ年度《ネンド》ノ終リニ於テ財産目錄ヲ作リテ矢張《ヤハ》リ日常事務所ニ備《ソナ》ヘ置カナケレバナラヌ、又社團法人デアレバ社員名簿《シヤインメイボ》ヲ備ヘ置キテ社員ノ變更《ヘンカウ》アリタル時ハ其ノ都度《ツド》訂正《テイセイ》セナケレハナラヌ、是レ法人ガ社會《シヤクワイ》ニ對スル信用上必要《シンヨウジヤウヒツエウ》ノコトデアルニ法人ガ之ヲ怠《オコタ》リ備ヘ置クベキ財産目錄若クハ社員名簿ニ不正《フセイ》ノ記載ヲ爲シテ詐僞《サギ》ノ行爲アル時ハ五圓以上二百圓以下ノ過料ニ處セラルヽモノデアル

第三　第六十七條又ハ第八十二條ノ場合ニ於テ主務官廳又ハ裁判所ノ撿査ヲ妨ゲタル場合　則チ法人ノ業務《ゲフム》ハ主務官廳ニ於テ監督《カントク》スルモノデアル、又法人ノ解散《カイサン》及ビ清算ハ裁判所ノ監督ニ屬《ゾク》スベキモノデアルカラ、主務官廳若クハ裁判所ハ監督上《カントクジヤウ》法人ノ狀況ヲ時々撿査《ケンサ》シナケレハナラヌノハ當然《タウゼン》デアツテ法人ハ亦必ズ其ノ撿査ヲ受クル義務《ギム》アルモノテアル、然ルニ法人ガ其撿査ヲ受《ウ》クルヲ忌《井》ミ如何ナル手段《シユダン》ヲ以テスルヲ問《ト》ハズ苟クモ之ガ撿査《ケンサ》ヲ妨ゲントスルニ於テハ必ラズ其ノ裏面《リメン》ニ不都合ノ廉《カド》アルニ相違ナキ

モノデアル、元來義務《グワンライギム》アルモノガ其ノ義務ヲ盡《ツク》サヾルニ於テハ當然《タウゼン》其ノ責《セメ》ヲ負《オ》ハナケレバナラヌノハ至當《シタウ》ノコトデアルカラ假令裏面《リメン》ニ不正ノ廉《カド》ナキニモセヨ撿査ヲ妨グル以上《イジヤウ》ハ五圓以上二百圓以下ノ過料《クワレウ》ニ處セラルヽハ自業自得《ジゴフジトク》ノ結果デアル

第四 官廳又ハ總會ニ對シ不實ノ申立ヲ爲シ又ハ事實ヲ隱蔽シタル場合 則チ理事、監事、清算人等ニ於テ正當《セイタウ》ノ事務ヲ扱ヒ毫《ガウ》モ疚《ヤマ》シキ事ナケレバ官廳ニ對シテモ亦總會ニ對スルモ眞實《シンジツ》ヲ申立ツルニ何《ナン》ノ妨ゲモナキ所以《ワケ》デアル、然ルニ事實《ジヽツ》ヲ隱《カク》シテ虛言《キヨゴン》ヲ吐キ眞實ナラザルコトヲ申立《マヲシタ》ツルハ必ラズ不正ノ廉《カド》アルニ相違《サウヰ》ナキモノデアル、又假令不正ノ行爲《カウヰ》ナキニモセヨ之レガ爲官廳若クハ總會ニ迷惑《メイワク》ヲ蒙《カフム》ラシムルモノデアルカラ斯ル行爲アル時ハ五圓以上二百圓以下ノ過料《クワレウ》ニ處スルモノデアル

第五 第七十條又ハ第八十一條ノ規定ニ反シ破產宣告ノ請求ヲ爲スコトヲ怠リタル場合 則チ法人ノ破產《ハサン》ハ法人ニ債權《サイケン》ヲ有スル者ヲ保護《ホゴ》スルハカリテナク法人ノ信用《シンヨウ》ヲ世ニ失セシムレハ社會經濟ノ途《ミチ》ヲ絶《タ》チ大イニ公益ヲ害スル廉《カド》アレハ一般法人ノ信用ヲ保護スル必用《ヒツヨウ》アルガ爲メ法人ノ理事及ビ清算人ガ第七十條又ハ第八十一條ノ如ク破產宣告ノ請求ヲセナケレハナラヌ場合《バアヒ》ナルニ之ヲ怠《オコタ》ル如キコトアレハ他一般法人ノ信用《シンヨウ》ヲ失ヒ爲ニ經濟社會ノ紊亂《ビンラン》ヲ釀《カモ》スベキ緒ト成ル虞《オソレ》アレハ斯ル行爲ヲ爲シタル理事及ビ清算

人等ハ五圓以上二百圓以下ノ過料《クワレウ》ニ處スルモノテアル

第六　第七十九條又ハ第八十一條ニ定メタル公告ヲ爲スコトヲ怠リ又ハ不正ノ公告ヲ爲シタル場合　則チ清算人ガ法人《ハフジン》ニ對スル債權者ニ公告ヲ以テ催告《サイコク》シ又ハ法人ガ破産宣告ヲ受ケタルコトヲ公告スルハ債權者《サイケンシヤ》ヲシテ行爲ノ限度《ゲンド》ニ於テ爲スベキコトヲ爲サシムル便利《ベンリ》ヲ促《ウナ》ガスモノテアルニ之ヲ怠リ又ハ虛僞《キヨギ》不正《フセイ》ノ公告ヲ爲ス如キハ必ラズ處罰ヲ免《マヌカ》レヌモノテアルハ故ニ假令《タトヘ》不正虛僞ノ行爲ガ故意《コイ》ニアヲザルモ公告中ノ一個條件《デウケン》ニテモ缺落《ケツラク》スル時ハ規定違犯《ヰハン》ノ責《セメ》ハ免《マヌカ》レヌモノデアルカラ五圓以上二百圓以下ノ處罰ヲ受ケナケレバナラヌ

而シテ以上第一號ヨリ第六號ニ至《イタ》ルノ處罰ハ刑法《ケイハフ》ノ處刑トハ其ノ性質《セイシツ》ノ異《コトナ》ルモノデアルカラ刑事訴訟法ノ規定《キテイ》ニ依リ控訴、上告等ハ出來《デキ》ヌ、將來ニ於テ特別《トクベツ》法律ヲ以テ規定セラルヽ所ニ依ッテ或ハ抗告《カウコク》ヲ許スコトアルベクヤウ考ヘヅル

第三章　物

〔註釋〕本章ハ物ノ性質《セイシツ》及ビ物ノ種類等ニ就テ規定《キテイ》シタル通則ヲ網羅《マウラ》シタルモノデアッテ舊民法ハ其ノ第六條ニ物ヲ有體物《イウタイブツ》ト無體物トノ二種ニ區別シ有体物ハ有形的《イウケイテキ》動産、不動産

等ヲ認メ無体物ハ著述《チヨジユツ》、技術、發明等ノ權利《ケンリ》、共通財産、解散シタル會社《クワイシヤ》ノ財産等ヲ列記シ物《モノ》ヲシテ財産權利中ノ一種トシ之ヲ物權《ブツケン》トシテ人權ニ對《タイ》セシメ種々ニ小區別《セウクベツ》ヲ為シタレ𪜈新民法ハ物ト權利トハ別物《ベツモノ》トシテ物ヲ權利ノ一種トセズ且ツ舊民法ノ如キ無益《ムエキ》ノ小區別ヲモ除斥《ヂヨセキ》シ物トハ有体物ニ限ルト定《サダ》メタルハ我邦《ワガクニ》ノ慣習《クワンシフ》ニ適合《テキガフ》セシメルモノデアル、故ニ新民法ハ物ノ區別《クベツ》ヲ動産、不動産ニ大別シ其ノ下ニ主物《シユブツ》ト從物ト天然果實《クワシツ》ト法定果實トヲ定メ、彼《カ》ノ舊民法ニ於テ無形物《ムケイブツ》トシタル物ハ之ヲ權利《ケンリ》トシテ第三編債權編ニ入レルコトヽ定メタノデアリマス

第八十五條　本法ニ於テ物トハ有體物《イウタイブツ》ヲ謂フ

△參看　舊民法財産編第六條

〔註釋〕本條ハ物ノ定義《テイギ》ヲ明カニシタル規定條項デアッテ、新民法ニ於テハ物《モノ》トハ有形体ノ物ニ限《カギ》ルト定メタレバ彼ノ無形体《ムケイタイ》ノ物ハ之ヲ物ト認《ミト》メナイノデアル、例《タト》ヘバ建物、土地等ノ如キ有形的不動産又ハ書籍、机、筆《フデ》、硯《スヾリ》等ノ如キ有形的動産物デナケレハ物トハ謂フ能ハザルモノデアルト定メタノデアリマス

第八十六條　土地及ヒ其定著物《テイチヨブツ》ハ之ヲ不動產トス

此他ノ物ハ總テ之ヲ動產《ドウサン》トス

無記名債權《サイケン》ハ之ヲ動產ト看做《ミナ》ス

▲參看　舊民法財產編第七條乃至第十四條

〔註釋〕本條ハ物ニハ動產ト不動產ノ二種《シユ》アルガ爲メ其ノ不動產ト動產ノ性質《セイシツ》ニ因ル區別ヲ規定シタル條項《デウコウ》デアツテ、性質上不動產ト謂《イ》フ時ハ土地ニ屬《ゾク》スル田畑、宅地、堤塘《テイトウ》、池沼、溝渠、泉源ノ類ニ限《カギ》ルモノデアルガ又是等ノ不動產《フドウサン》ニ定着《テイチヤク》スル物則チ田畑、宅地ニ就テハ植物、建物、牆壁《シヨウヘキ》、水車ノ如キ、堤塘ニ就テハ井堰《セイエン》ノ類、池沼ニ就テハ其池沼中ニ飼養《シヤウ》スル魚藻類《ギヨサウルヰ》、溝渠ニ就テハ橋梁《ケウリヤウ》ノ類、泉源ニ就テハ泉源保存《センゲンホゾン》ノ爲メ圍障《ヰシヤウ》ヲ爲シタル建築物等ハ其ノ主体《シユタイ》タル不動產ト分離《ブンリ》スル以上ハ動產ニ相違ナキモ其主《ソノシユ》タル不動產ニ定着シ居ル以上ハ是亦性質上《セイシツジヤウ》ノ不動產ト謂《イ》ハナケレハナラヌモノデアル、舊民法ニ於《オイ》テハ不動產タルベキ物ヲ明《アキラ》カニ列擧《レツキヨ》シタルモ元來列擧法ハ其ノ範圍狹隘《ハンヰケフアイ》ニシテ往々列擧以外ノ不動產ニ付解釋上反《カヘ》ツテ疑問《ギモン》ヲ生シ裁判官ノ判斷《ハンダン》ヲ不正當ニ陷《オチヰ》ラシムルガ如キ嫌ヒナイトモ限《カギ》ラレヌカラ新民法ハ是ガ範圍ヲ擴《ヒロ》メ實際ニ於テ裁判官ノ判斷《ハンダン》ヲ自由ナラシメ以テ裁判ノ正鵠《セイコウ》ヲ得セシメタルモノデアル（第一項）而《ソウ》シテ以上第一項ニ規定《キテイ》シタル土地及ビ其ノ定着物ハ之ヲ不動産ト定メ其ノ以外《イグワイ》ノ物ハ總テ是ヲ動産《ドウサン》ト定メタノデアル、故ニ土地ニ定着セザル自動産若クハ他動《タドウ》ニ伴《トモナ》ヒ移轉《井テン》シ得ヘキ動産例バ土地ニ定着シタル植物、池沼ニ定着シタル魚藻《ギヨサウ》モ土地ヲ分離《ブンリ》シタル時ハ則チ動産《ドウサン》デアル、其ノ自動産トハ彼ノ鳥、獸、蟲、魚類ノ如ク自ヲ動《ウゴ》クベキ物ヲ謂ヒ他動《タドウ》ニ伴ヒ移轉スル動産トハ彼ノ諸器具若クハ土地《トチ》ヲ離レタル樹木鑛石類《クワウセキル井》ノ如キ他ノ力ヲ借《カ》リテ始テ動ク物ヲ謂《イ》フノデアル、舊民法ハ用法《ヨウハフ》ニ因ル動産及ビ法定動産ナル物ヲ區別《クベツ》シテ其ノ種類ヲ列擧《レツキヨ》シタルモ用法ニ因ル動産ノ如キハ永久《エイキウ》ニ定着スルモノデハナイカラ別ニ斯ル殊種《シユ〻》ノ名ヲ設《マウ》クルニ及バヌコトデアル、サレバ新民法ハ斯ル特殊《トクシユ》ノ名ヲ設ケズ其ノ判斷《ハンダン》ハ之ヲ裁判官ノ判定《ハンテイ》ニ任シ總テ動産トシテ本項ニ包含《ハウガン》セシメタルモノデアル（第二項）而《ソウ》シテ玆ニ新民法ガ更《サテ》ニ一種ノ債權ヲ以テ動産《ドウサン》ト爲シタルコトデアル、則チ無記名債權《ムキメイサイケン》ヲ以テ動産ト認《ミト》メタルコトデアル、此ノ事ニ就テハ新民法ハ舊民法ガ無形物《ムケイブツ》ヲ物權トシタルヲ除斥《ヂヨセキ》シテ之レヲ權利トシ債權編ニ移《ウツ》シナガラ純然《ジユンゼン》タル債權ヲ動産物ト認《ミト》メタルハ自家撞着《ジカドウチヤク》ニアラザルカトノ疑ヒヲ生スル者ナイトモ限《カギ》ラヌ、故ニ一言センニ是決《コレケツ》シテ自家撞着ノ規定《キテイ》デハナイ民事訴訟法第五百八十一條及ビ第六百三十條ニ依《ヨ》ルモ無記名公債證書ヲ取扱《トリアツカ》フニ動産ト同一ニスルハ明瞭《メイレウ》デアツテ元來無記名公債証書ハ則チ宛名《アテナ》ナキ公債証書若クハ株券ノ類《ルヰ》ヲ謂フモノデアルカラ決《ケツ》シテ記名証書ノ如ク債權《サイケン》ヲ証明スルノ用具《ヨウグ》デハナク何人《ナニビト》ヲ問ハズ貨幣《クワヘイ》ト等シク甲ヨリ乙、乙ヨリ丙ト何ノ手續《テツヾキ》ヲモ爲サズ自由ニ移轉《井テン》スルモノデアルカラ之ヲ動産ト認《ミト》ムルモ敢テ疑《ウタガ》ヒヲ生ズベキ道理《ダウリ》ナク反ツテ社會經濟ヲ圓滑《エンカツ》ナラシムル民法デアリマス

第八十七條　物ノ所有者《シヨイウシヤ》カ其物ノ常用《ジヤウヨウ》ニ供スル爲メ自己ノ所有ニ屬スル他ノ物ヲ以テ之ニ附屬《フゾク》セシメタルトキハ其附屬セシメタル物ヲ從物トス

從物ハ主物《シユブツ》ノ處分ニ隨《シタガ》フ

▲參看　舊民法財産編第十五條、第四十一條第二項

〔注釋〕本條ハ物ニ主物ト從物《ジウブツ》トノ區別アルコトヲ規定シタル條項《デウコウ》デアツテ、其意義ハ元來物ニ主從ノ區別《クベツ》ヲ爲スハ其ノ物ノ處分上ニ於テ必要《ヒツエウ》ノ生ズルモノデアルカラ物ニ主從ノ區別アルヲ認ムルハ成文法《セイブンハフ》ノ行ハル、各國ノ既《スデ》ニ等シク認ムル所デアル、而シテ其主從

ノ判別ハ本條ニ規定《キテイ》スル如ク例ハ耕地《カウチ》ヲ所有スル者ガ日常其ノ耕地ヲ耕《タガヤ》スノ用ニ供スル爲メ等シク自已ノ所有《シヨイウ》デアル牛馬ヲ其ノ耕地ニ備ヘ置ク時ハ其ノ牛馬《ギウメ》ハ主タル耕地ノ從タルモノデアル、故ニ若シ主タル耕地《カウチ》ヲ賣却スルニ牛馬ヲ添《ツ》ヘタト謂フ特約《トクヤク》ナキ時ハ耕地用トシテ備ヘタル牛馬ハ耕地ノ從物デアルカラ法律上《ハフリツシヤウ》當然耕地ニ牛馬ヲ添《ツ》ヘテ賣却シタルモノト成ルニ因リ此ノ塲合《バアヒ》ニ於テ賣主ハ買主《カヒヌシ》ニ耕地ニ牛馬ヲ添《ツ》ヘテ引渡サナケレバナラヌ(第二項)ノデアリマス

第八十八條　物ノ用方《ヨウハウ》ニ從ヒ收取スル產出物ヲ天然果實《テンネンクワジツ》トス

物ノ使用《シヨウ》ノ對價トシテ受クヘキ金錢其他ノ物ヲ法定果實《ハウテイクワジツ》トス

參照　舊民法財產編第五十條乃至第六十三條、第百二十六條、第百九十四條、第百九十五條

〔注釋〕本條ハ物ニ天然果實ト法定果實ノ區別《クベツ》アルコトヲ規定シタル條項《デウコウ》デアッテ其ノ意義《イギ》ハ例ハ土地ヲ利用《リヨウ》シテ果樹若クハ五穀《ゴク》、野菜《ヤサイ》等ヲ培養《バイヤウ》シ季節ニ於テ收取スル梅、桃《モヽ》、李等ノ如キ果物若クハ米、麥、野菜類等ヲ天然果實《テンネンクワジツ》ト稱スルノデアル(第一項)而《ソウ》シテ法定果實トハ法律ノ規定《キテイ》ニ因テ果實ト假リニ定メタル物卽チ金錢《キンセン》ノ上ヨリ謂フ時ハ貸金ヨリ

生スル利息金或ハ諸器具ノ損料金《ソンレウキン》、或ハ家屋ノ家賃金《ヤチンテン》、土地ノ小作米錢等ヲ言《イ》ヒ又金錢外ノ法定果實トハ例バ米一俵ヲ貸與《タイヨ》スレバ返却ノ際大根十把ヲ添《ソ》ヘント契約《ケイヤク》シタル時ハ其ノ大根《ダイコン》十把ハ卽チ法定果實デアル（第二項）而シテ此ノ第一項ノ天然果實ハ性質上《セイシツジヤウ》不動産デアルカラ必ラズ其ノ土地ヨリ分離《ブンリ》シタル時デナケレバ動産ト稱《シヨウ》スルコトハ出來ヌ、ケレドモ第二項ノ法定果實ハ性質上動産《ドウサン》デアルカラ必ラズ持主《モチヌシ》ノ手《テ》ヲ離《ハナ》レザル時ニ於テモ矢張《ヤハ》リ動産デアル、例ハ家屋《カオク》ノ借主ガ家賃金《ヤチンキン》ヲ其ノ手ニ所持シ未ダ貸主ノ手《テ》ニ引渡サヌ時デアルトモ元來性質上金錢ハ動産デアルカラ決《ケツ》シテ塲合ノ如何《イカン》ヲ問ハズ其ノ動産タル性質《セイシツ》ヲバ變《ヘン》ズルモノデナイコトヲ記臆《キオク》シ居ラナケレバナラヌ

第八十九條　天然果實ハ其元物ヨリ分離《ブンリ》スル時ニ之ヲ收取《シウシユ》スル權利ヲ有スル者ニ屬ス

法定果實ハ之ヲ收取スル權利《ケンリ》ノ存續期間日割ヲ以テ之ヲ取得《シユトク》ス

（參看）舊民法財産編第五十二條、第五十四條、第百二十六條、第百五十七條第二項、第百九十四條

〔注釋〕本條ハ天然果實ノ收取者《シウシユシヤ》ト法定果實ノ收取者ヲ規定《キテイ》シタル條項《デウコウ》デアツテ、其ノ意義ハ果實ノ收取者ハ其ノ性質《セイシツ》ノ上ヨリ言ヘバ天然果實ニ就《ツイ》テハ元物《ゲンブツ》ノ所有者ハ果實ノ收取者デアル、ケレドモ土地ノ所有者ハ必《カナ》ラズ其ノ土地ヲ耕《タガヤ》シテ其ノ果實ヲ收取《シウシユ》スルニ定マリタルモノデハナイ、例《タトヘ》ハ彼ノ土地ノ賃貸借、果實《クワジツ》ノ賃貸借ノ如ク土地《トチ》ニ所有權ノナイ者ガ果實ヲ收取スルヲ目的《モクテキ》トシテ他人ノ土地ヲ賃借シ若クハ果實ヲ賃借《チンシヤク》シテ之ヲ耕作若クハ培養《バイヤウ》シテ果實ヲ收取スルコトガ在《ア》ル、故ニ法律ハ天然《テンネン》果實ヲ收取スル者ハ元物則チ土地若クハ果樹《クワジユ》ノ所有者デアルト所有者《シヨイウシヤ》デナイトヲ問《ト》ハズ例バ收穫季節《シウクワクキセツ》ノ時ニ於テ天然果實ヲ收取スル權利《ケンリ》ヲ有スル者ニ之ガ收取ヲ許《ユル》スモノデアル、故ニ假令《タトヘ》元物ノ所有者デアリトモ天然果實ノ收穫季節ニ他人《タニン》ニ其元物ヲ賃貸《チンタイ》シタル場合ニ於テハ收取ノ權利《ケンリ》ナキ者デアル、故ニ之ヲ收取スルノ權利ハ賃借主《チンカリヌシ》ニ屬スルモノデアル（第一項）然《シカ》ルニ法定果實ハ天然果實ト其ノ趣《オモム》キヲ異《コト》ニスルモノデアルカラ法定果實ノ收取ハ權利ノ存續期間《ソンゾクキカン》ニ應ジ日割勘定《ヒワリカンヂヤウ》ト定メタノデアル、是日々ニ利益《リエキ》ヲ得ルモノテアルト計算法ノ簡便《カンベン》ナルガ爲メテアル、例バ甲者《カフシヤ》ガ乙者ニ對シ一ケ月十圓ノ賃金《チンキン》ヲ定メ印刷器械ヲ貸與《カシアタ》ヘタルニ十五日ヲ經過《ケイクワ》シタル後甲者ニ於テ之ヲ丙者《ヘイシヤ》ニ賣渡シタリトスレバ甲者ハ乙者ニ對《タイ》シ自已ガ收取權利ノ存續期間十五日ニ應《オウ》ジ日割勘定ヲ以テ十五日分ノ法定果實《ハフテイクワジツ》タル賃金ヲ請求ス

ルバカリデ其殘ル存續期間《ソンゾクキカン》十五日ノ法定果實ハ丙者《ヘイシャ》ニ於テ乙者ヨリ收取スルモノデアル（第二項）ト定メタノデアリマス

第四章　法律行爲

〔註釋〕本章ハ法律行爲ニ關《クワン》シテ規定シタル通則《ツウソク》ヲ網羅《マウラ》シタルモノデアッテ、法律行爲トハ法律上ノ効力《カウリヨク》ヲ生ゼシムルヲ目的トスル意思表示《イシヘウシ》ヲ謂フノデアル、例バ賣買契約ノ如ク賣主ニ於テハ此ノ物ヲ賣《ウ》ラントノ意思ヲ表示シ又買主《カヒヌシ》ニ於テハ其ノ物ヲ買《カ》ハントノ意思ヲ表示シ雙方《サウハウ》互ヒニ第二百六十一條以下ノ効力《カウリヨク》ヲ生ゼシムルヲ目的トスル行爲《カウヰ》ヲ謂フノデアル。是敢テ賣買ダケニハ限ラヌ、賣買、貸借、贈與、交換、相續、婚姻、遺贈ノ如キ者等《ヒト》シク法律上ノ効力ヲ生ゼシムルヲ目的《モクテキ》ト爲シテ雙方ガ互ヒニ意思ヲ表示スル行爲デアル、其ノ詳細《シヤウサイ》ハ以下各條ノ下ニ説明《セツメイ》スルコトヽシマス

第一節　總則

〔註釋〕本節ハ第一章ノ如ク民法全編ニ通《ツウ》ジテ用フベキ總則トハ其性質《ソノセイシツ》ヲ異ニシ唯《タヾ》第四章ニ規定シタル法律行爲ニ關《クワン》スル第九十條以下第百三十七條ニ至ル各條《カクデウ》ダケニ通ジテ適用《テキヨウ》ス

ル一部ノ總則デアリマス

第九十條　公ノ秩序《チツジヨ》又ハ善良ノ風俗《フウゾク》ニ反スル事項ヲ目的《モクテキ》トスル法律行爲ハ無効トス

▲參看　既成法例第十五條、舊民法財産編第三百四條、第三百二十二條第一項、第三百二十八條、第四百十三條、仝財産取得編第四十一條、既成商法第十九條第一項、第六十七條第一項、第六十八條、第二百八十四條

〔註釋〕本條ハ法律行爲ノ無効《ムカウ》ナル場合ヲ規定《キテイ》シタル條項デアツテ、其意義《イギ》ハ元來公ノ秩序《チツヂヨ》ナルモノハ吾人々類ガ相團結《アヒダンケツ》シテ社會ヲ組織《ソシキ》シ其ノ間ニ於テ互《タガ》ヒニ平穩《ヘンオン》ノ生活ヲ保持シ居ル綱維《カウヰ》デアル、然ルニ人アリ其ノ綱維ヲ絶《タ》ツガ如キ行爲ヲ爲シ若クハ吾人《ゴジン》々類ガ益々公ノ秩序ヲ泰然《タイゼン》タラシメヌトシテ善良《ゼンリヤウ》ナル風俗即チ獰猛《ネイマウ》、邪惡《ジヤアク》ヲ除斥シ德義ヲ重ジ禮義ヲ正シクスル風俗ヲ形造《カタチヅク》リツヽ在ルニ之ヲ打破《ダハ》スルガ如キ行爲ヲ爲ス者アランニハ吾人々類ハ一日モ平穩ノ生活《セイクワツ》ハ出來ヌモノデアル、故ニ法律ハ社會《シヤクワイ》ノ秩序ヲ維持シ公益ヲ保護スベキ必要アル爲メ斯ル事項《ジコウ》ヲ目的トスル法律行爲ハ全然《ゼン〳〵》無効《ムカウ》トシテ成立セシメザル

コト丶定メタノデアル、而シテ公ノ秩序《チツヂヨ》ニ反スル事項トハ例《タトヘ》バ人ヲ殺スノ契約《ケイヤク》ヲ取結ビ或ハ人ノ物ヲ盗《スス》ミ或ハ法律ノ規定《キテイ》ヲ遵守セザルコト等ヲ契約《ケイヤク》スルガ如キ法律行爲ヲ謂ヒ又善良ノ風俗《フウゾク》ニ反スル事項トハ例バ自巳《ジコ》ノ妻ヲ他人ニ貸與《タイヨ》シ或ハ養父ト養女《ヤウヂヨ》ガ夫婦ノ契約ヲ取結《トリムス》ブガ如キ法律行爲ヲ謂《イ》フモノデアリマス

第九十一條　法律行爲《ハフリツカウヰ》ノ當事者《タウジシヤ》カ法令中《ハフレイチウ》ノ公ノ秩序《チツジヨ》ニ關セル規定《キテイ》ニ異リタル意思《イシ》ヲ表示《ヘウジ》シタルトキハ其意思ニ從フ

▲參看　舊民法財産編第三百廿八條

〔註釋〕本條ハ法律行爲《ハフリツカウヰ》ガ公ノ秩序《チツジヨ》ニ關セヌ以上ハ法律ノ規定《キテイ》ニ異ル法律行爲ヲモ爲《ナ》スコトガ出來ルト規定シタル條項《デウカウ》デアッテ其意義ハ例バ賣買契約《バイ〱ケイヤク》ガアッテ第五百七十六條ノ場合ニ買主ハ買取《カヒト》リタル物件ニ對《タイ》シ他人ヨリ權利《ケンリ》ヲ主張《シユチヤウ》スルコトアリテ其權利《ケンリ》ヲ失フ虞レアル時ハ買主《カヒヌシ》ハ其ノ危險《キケン》ノ限度ニ應《オウ》ジ代金ノ全部《ゼンブ》又ハ一部ノ支拂《シハラ》ヒヲ賣主ニ對シテ拒ムコトノ出來《デキ》ルハ法律上ノ規定デアル、ケレドモ買主《カヒヌシ》ハ其規定ニ因ラズ危險《キケン》ノ限度ヲ論ゼズ賣主ニ對シテ買取リシ物ヲ返還《ヘンクワン》スルガ如キハ敢《ア》ヘテ公ノ秩序《チツジヨ》ニ關セヌモノデアルカラ假令《タトヘ》法律ノ規定ニ異ル行爲デアルトモ自由《ジイウ》ニ爲スコトガ出來ルト定《サダ》メタノデアル、而シ

テ意思《イシ》ヲ表示スルトハ例バ買取リシ物ヲ賣主《ウリヌシ》ニ對シ返還シヤウト自己ガ意《コヽロ》ニ思フコトヲ賣主ノ知リ得ルヤウ表《アラ》ハニ示スコトヲ謂《イ》フ、又其意思ニ從《シタガ》フトハ規定ノ法律《ハフリツ》ニ從ハズシテ自己ノ意《イ》ニ思《オモ》フ如クスルノヲ謂《イ》フノデアリマス

第九十二條　法令中ノ公《オホヤケ》ノ秩序ニ關《クワン》セサル規定《キテイ》ニ異ナリタル慣習《クワンシフ》アル場合ニ於テ法律行爲《ハフリツカウヰ》ノ當事者カ之ニ依ル意思《イシ》ヲ有セルモノト認《ミト》ムヘキトキハ其慣習《クワンシフ》ニ從フ

〔註釋〕本條ハ法律行爲ガ公ノ秩序《チツジヨ》ニ關セヌ以上ハ契約《ケイヤク》當事者ノ合意《ガフイ》アル時ハ法律ノ規定ニ異ナル慣習《クワンシフ》ニ從フコトガ出來ルト謂フコトヲ規定シタル條項《デウカウ》デアツテ、其意義ハ元來慣習ナルモノハ古來《コライ》ヨリ馴致《ジユンチ》シ來リタル一部地方《チハウ》ノ習ハセデアツテ各々法律ト等シク認メテ遵守《ソンシユ》スルモノデアルカラ自然法律ト等シキ効力《カウリヨク》ヲ有スルモノデアル故ニ之ヲ自然法《シゼンハフ》ト謂《イ》フサレバ慣習ニ從フノ意思表示《ヘウジ》ハ法律ニ從フノ意思表示ト等シキモノデアルカラ新民法《シンミンハフ》ニ於テモ第二百十七條、第二百十九條、第二百三十六條、第二百六十九條、第二百七十七條其ノ他特ニ慣習《クワンシフ》ニ從フモ差支ヘナキ例外ヲ規定シタル場《バ》合《アヒ》夥多《アマタ》アリテ枚擧《マイキヨ》スルニ

遑《イトマ》ナキ程デアルカラ假令《タトヘ》法文ニ殊更明記《メイキ》セザル場合デアッテモ公ノ秩序《チツジョ》ニ關セヌ慣習デサヘアレバ法律《ハフリツ》ノ規定ニ異ナリタル行爲《カウヰ》デアッテモ當事者《タウジシャ》雙方《サウハウ》ガ意思ノ合致ニ因ル時ハ慣習ニ從フテ差支《サシツカヘ》ハナイ、ケレドモ金錢貸借《タイシャク》ノ場合ニ於テ利息制限法《リソクセイゲンハフ》ノ規定ニ依レバ百圓以下ノ貸借利息金ハ一ヶ年千分ノ二十デアル、然《シカ》ルニ或ル一部分ノ地方《チハウ》ニ於テハ百圓以下ノ貸借利息金《タイシャクリソクキン》ハ一ヶ月ニ千分ノ二十五デアル時ハ假令慣習《タトヘクワンシフ》デアルトモ又雙方ガ意思ノ合致《ガフチ》アリトモ利息制限法ノ規定ニ反《ハン》シテ契約《ケイヤク》スルコトハ出來ヌ、如何《イカン》トナレバ斯クノ如キハ社會《シャクワイ》ノ經濟《ケイザイ》ヲ紊《ミダ》リ公ノ秩序ヲ害スルモノデアル、故ニ矢張《ヤハ》リ利息制限法ノ規定ニ反《ハン》スルコトハ出來ヌ、若シ之ニ反スル契約ヲ爲ストモ裁判官《サイバンクワン》ハ之ヲ制規《セイキ》ノ定限マデ引下グルコトヲ命《メイ》ズルモノデアリマス

第二節　意思《イシ》表示《ヘウジ》

〔註釋〕本節ハ意思表示《シヘウジ》ニ關スル通則《ツウソク》ヲ規定シタル條項ヲ網羅《マウラ》セシモノデアッテ意思《イシ》表示トハ自己ノ意《コヽロ》ニ思フ所ヲ他人ガ知リ得ベキヤウノ方法《ハウハフ》ニテ表《アラ》ハニ示スコトヲ謂フモノデアツテ、舊民法《キウミンハフ》ニ所謂言込又ハ申込ト等シキ意味《イミ》デアル元來契約《グワンライケイヤク》ハ二人以上ノ意思ノ合致《ガフチ》ニ因ッテ成立《セイリツ》シテ其ノ効力《カウリョク》ヲ生ズルモノデアル、例バ甲者《カフシャ》ガ乙者ト賣買契約《バイバイケイヤク》ヲ爲ス時ハ

甲者ハ乙者ニ向ッテ買ハントト思フ意向《イカウ》ヲ表ハニ乙者ガ知リ得ベキ方法《ハウハフ》ニ依ッテ示シ乙者ハ亦甲者《カフシヤ》ノ買ハムト謂フ意思表示《イシヘウシ》ヲ知リ得テ之ニ對シ賣《ウ》ラウト思フ意向《イカウ》ヲ表ハニ甲者ガ知リ得ベキ方法ニ依ッテ示シ雙方《サウハウ》ガ買《カ》ハム賣ラムト互《タガ》ヒニ思フ意向《イカウ》ガ相合シ而シテ始メテ一個ノ契約《ケイヤク》ハ成立ツモノデアル、其詳細《シヤウサイ》ハ各條ニ就テ説明《セツメイ》スルコト、シマス

第九十三條　意思表示《イシヘウ》ハ表意者カ其眞意《シンイ》ニ非サルコトヲ知リテ之ヲ爲シタル爲メ其《ソノ》効力《カウリヨク》ヲ妨《サマタ》ケラルルコトナシ但相手方《アヒテガタ》カ表意者《ヘウイシヤ》ノ眞意ヲ知《シ》リ又ハ之ヲ知ルコトヲ得《ウ》ヘカリシトキハ其意思表示《イシヘウシ》ハ無効《ムカウ》トス

〔註釋〕本條ハ意思表示《イシヘウシ》ハ表意者ノ眞意《シンイ》ト不眞意《フシンイ》トニ拘ハラズ總《スベ》テ有効デアルト謂《イ》フ原則《ゲンソク》ト其ノ例外《レイグワイ》トヲ規定シタル條項《デウカウ》デアッテ其意義《イギ》ハ元來吾人等《グワンライゴジンラ》ガ他人ニ對《タイ》シ自已ノ意ニ思フ所ヲ表ハニ示スニ眞實《マコト》ノ意思《オモヒ》デナイト謂フコトハアルキベ筈《ハズ》デナイ、故ニ例バ甲者《カフシヤ》ガ乙者ニ對シ汝《ナンヂ》ノ所持セル書籍《シヨセキ》ヲ幾圓《イクエン》ニテ買取《カヒト》ラムトノ意思ヲ表示《ヘウジ》シ若クハ甲者ガ乙者ニ對シテ我ノ所持《シヨヂ》セル時計ヲ汝ニ貸與《カシアタ》ヘントノ意思《イシ》ヲ表示シタル以上ハ假令《タトヘ》甲者ハ戯《タハム》レニ乙者ヲ愚弄《グラウ》セムトシタル眞實《マコト》デナイ虚言《ウソ》デアリトモ爲ニ甲者《カフシヤ》ノ意思表示ハ其効力《カウリヨク》ヲ失《ウシナ》フベ

キモノデハナイ、則《スナハ》チ有効デアル（第一項）ケレドモ乙者ニ於テ甲者ガ書籍《シヨセキ》ヲ幾圓ニテ買取ラムト謂ヒ若クハ時計《トケイ》ヲ貸與《カシアタ》ヘメト謂ヒ出デタル眞實《マコト》デナイ全ク虚言《ウソ》ヲ吐《ツ》キテ愚弄スルモノデアルト謂フコトヲ知リ又ハ知《シ》ルコトガ出來ル時ハ甲者ノ意思表示《イシヘウジ》ハ無效《ムカウ》トナルモノデアル（第二項）而シテ本條ノ所謂《イハユル》相手方ガ表意者ノ眞意ヲ知ルコトヲ得ベカリシ時トハ例バ彼《カ》ノ興行者《コウギヤウモノ》ノ景氣《ケイキ》ヲ添ヘル爲メ卽チ角力興行等《スマフカウギヤウナド》ノアル際其ノ人氣《ニンキ》ヲ盛ムニスル爲贔負客《ヒイキ》ヨリ角力取ニ纏頭《ポチ》ヲ與ヘルニ其ノ眞實《マコト》ハ金十圓ヲ與《アタ》ヘタルニ是ヲ金千圓ト記シテ贈《オク》クル塲合ノ如キハ角力取《スマフトリ》ハ慣習トシテ贔負客ノ眞意《マゴヽロ》ヲ知リ金千圓ハ虚僞《ウソ》デアルト豫メ知リ得ベキガ如キ塲合《バアヒ》ヲ謂《イ》フモノデアリマス

第九十四條　相手方《アヒテカタ》ト通シテ爲シタル虚僞《キヨギ》ノ意思表示ハ無効《ムカウ》トス

前項ノ意思表示ノ無効《ムカウ》ハ之ヲ以テ善意《ゼンイ》ノ第三者ニ對抗《タイカウ》スル事ヲ得ス

▲參看　舊民法証據編第五十條

〔註釋〕本條ハ二人以上ノ者ガ相謀《アヒハカ》リテ互ヒニ虚僞《キヨギ》タルコトヲ知リテ爲ス意思表示《イシヘウシ》ノ無効ナルコトヲ規定《キテイ》シタル條項デアッテ、其意義ハ元來《グワンライ》二人以上ノ者ガ互《タガヒ》ニ虚僞タルコトヲ承諾シテ或ル契約ヲ締結《テイケツ》スルハ其ノ實始《ハジ》メヨリ契約《ケイヤク》ノ無効デアルコトヲ知リテ爲《ナ》スモノデ

アルカラ其ノ契約ノ成立《ナリタ》ツベキ道理ナケレバ無効デアルヤ論《ロン》ヲ竢《マ》タズ又斯ノ如ク二人以上ノ者ガ相謀《アヒハカ》リテ虚僞ノ契約ヲ爲スハ必《カナ》ラズ第三者ノ利益《リエキ》ヲ害セント爲ス惡行爲《アクカウヰ》デアルカラ法律ハ之ヲ無效《ムカウ》トシテ第三者ヲ保護シ狡奴《カウド》ノ奸《カン》ヲ防止《バウシ》スルモノデアル（第一項）故ニ斯ル意思表示ノ無効ハ善意《ゼンイ》ノ第三者ニ對抗《タイカウ》スルコトハ出來ナイノデアル、而《ソウ》シテ本條ニ所謂善意ノ第三者トハ例バ甲者《カウシヤ》ガ乙者ヨリ金員ヲ借入《カリイ》レヤウト思フモ之《コレ》ニ對《タイ》シ差入《サシイ》ルベキ抵當《テイタウ》ガナイ、故ニ甲者ハ丙者ト通謀《ツウバウ》シテ假《カ》リニ甲者ガ丙者ニ金百圓ノ貸金《カシキン》アル虚僞ノ金員貸借證書ヲ僞作《ギサク》シ之ヲ抵當《テイタウ》トシテ甲者ハ乙者ヨリ金五十圓ヲ借入《カリイ》レタル後チ甲者ハ乙者ニ對シ辨濟期日《ベンサイキジツ》ニ至ルモ其ノ義務ヲ履行《リカウ》シナイカラ乙者ハ遂ニ抵當トシテ甲者ヨリ受取リシ丙者ガ甲者ニ差入《サシイ》レタル金百圓ノ證書ヲ以テ丙者ニ督促《トクソク》シタル場合ニ於テ丙者ガ乙者ニ對シ其ノ證書ハ原《モ》ト眞實《シンジツ》ニ甲者ヨリ金員ヲ借入《カリイ》レタルモノデハナイ、甲者ガ金員ヲ借入ルヽニ當リ一時便宜《ベンギ》ノ爲メ作成シタル虚僞《キヨギ》ノ證書テアルカラ辨濟ノ義務《ギム》ナキ全ク無効ノ意思表示テアルト謂《イ》ッテ丙者ハ第三者タル乙者ニ對《タイ》シ其ノ證書ノ債務辨濟ヲ拒《キヨ》絕《ゼツ》スルコトハ出來《デキ》ヌモノデアルト定メタノデアリマス

第九十五條　意思表示ハ法律行爲ノ要素《エウソ》ニ錯誤《サクゴ》アリタルトキハ無効ト

ス但表意者ニ重大《チユウダイ》ナル過失アリタルトキハ表意者自ラ其無効《ソノムカウ》ヲ主張スルコトヲ得ス

▲參看　舊民法財産編第三百九條乃至第三百十一條、既成商法第三百一條

〔註釋〕本條ハ意思表示ガ法律行爲《ハフリツカウヰ》ノ要素ニ錯誤《サクゴ》アリテ無効ト成《ナ》ル場合ト其ノ例外トヲ規定シタル條項《デウコウ》デアツテ、本條ニ所謂法律行爲ノ要素《エウソ》トハ新民法別ニ明記《メイキ》スル所ナキモ要《エウ》スルニ合意《ガフイ》ニ必要ナル條件、則チ第一承諾《シヨウダク》、第二目的物、第三原因《ゲンイン》、ノ三條件及ビ要式《エウシキ》ノモノハ其ノ要式ニ從ヒ又要物《エウブツ》ナルトキハ其ノ物ヲ相手方《アヒテカタ》ニ引渡シテ尚ホ承諾ノ瑕疵《キジ》ト成ルベキ錯誤《サクゴ》若クハ強暴《キヤウバウ》ナキコト及ビ當事者ニ能力《ノウリヨク》アルコト若クハ代理ノ有効《イウカウ》ナルコト等ハ皆法律行爲ノ要素デアル、故ニ意思《イシ》ヲ表示シタル時ニ於ケルモ以上ノ要素《エウソ》ヲ缺《カ》ク法律行爲ハ無効《ムカウ》デアル、例バ甲者ガ乙者ニ時計《トケイ》ヲ賣《ウ》ラムトノ意思ヲ表示《ヘウジ》シタルニ乙者ハ時計ノ紐《ヒモ》ヲ賣ラムト謂ヒシモノト誤《アヤマ》リテ承諾ノ意思ヲ表示シタル時ハ法律行爲ノ要素《エウソ》タル承諾ニ錯誤《サクゴ》アルヲ以テ斯クノ如キ甲乙雙方《サウハウ》ノ意思表示ハ無効《ムカウ》デアル、又甲畫工《グワコウ》ト信シテ繪畫ヲ依囑《イソク》シタルニ甲畫工ニアラズシテ乙繪工デアル時ハ法律ノ要素《エウソ》タル目的ヲ錯誤シタルモノデアルカラ斯クノ如キ意思表示ハ無効《ムカウ》デアル（本條前段）ケレドモ表意者《ヘウイシヤ》ニ重大ナ

ル過失《クワシツ》アリタル時ハ自己ノ過失デアルカラ之ヲ以テ他人《タコン》ニ損害ヲ蒙《カフム》ラセル理由アルベキモノデハナイカラ過失アル表意者《ヘウイシヤ》ハ自己ヨリ意思表示ヲ無效《ムカウ》デアルト主張《シユチヤウ》スルコトハ出來ヌ、而シテ表意者ガ重大《ヂウダイ》ナル過失デアルヤ否《イナ》ヤノ程度ハ本條之ヲ事實《ジヂツ》裁判官ノ認定《コンテイ》ニ委《ユダ》子タルモノデアルカラ之ヲ茲ニ說明《セツメイ》スルコトハ出來ヌ、然シ要《エウ》スルニ例ハ甲者ガ乙者ニ時計ヲ賣《ウ》ラムトノ意思ヲ表示《ヘウシ》シ乙者ハ之ヲ買《カ》フコトヲ承諾スルノ意思ヲ表示シタルモ甲者ハ自巳ノ過失《クワシツ》ヨリ乙者ノ住所《ヂウシヨ》ヲ聞《キ》キ洩《モラ》シタル時ノ如キハ表意者タル甲者ハ自《オノヅカ》ラ時計賣渡シノ意思表示ヲ無效《ムカウ》デアルト主張《シユチユウ》スルコトハ出來ヌ(本條但書)ト定メタノデアリマス

第九十六條　詐欺又ハ强迫《キヤウハク》ニ因ル意思表示ハ之ヲ取消《トリケ》スコトヲ得

或人ニ對スル意思表示ニ付第三者カ詐欺《サギ》ヲ行ヒタル場合《バアヒ》ニ於テハ相手方カ其事實《ソノジジツ》ヲ知リタルトキニ限リ其意思表示ヲ取消《トリカ》スコトヲ得

詐欺ニ因ル意思表示ノ取消《トリケシ》ハ之ヲ以テ善意《センイ》ノ第三者ニ對抗《タイカウ》スルコトヲ得ス

△參看　舊民法財產編第三百十二條乃至第三百十七條、既成商法第三百一條

〔註釋〕本條ハ意思《イシ》表示ノ取消シ得ベキ場合《バアヒ》ヲ規定シタル條項デアッテ、其ノ意義《イギ》ハ他人ヲ詐《タバカ》リ欺《アザム》キ自己ノ利益ヲノミ貪《ムサボ》ル惡行爲ニ起因《キイン》スル意思表示、例バ甲者ガ眞鍮製《シンチウセイ》ノ煙管ニ鍍金《メッキ》ヲ爲シ純金製《ジユンキンセイ》ノ煙管デアルト詐リ之ヲ賣《ウ》ランノ意思ヲ表示シ乙者ハ之ヲ信《シン》ジ買ハントノ意思ヲ表示シ又ハ甲者ガ乙者ニ對シ金百圓ヲ貸與《タイヨ》セヨ若シ之ヲ承諾《シヨウダク》シナケレバ汝ノ父ヲ殺《コロ》サント强迫《キヤウハク》シタルニ依リ乙者ハ此ノ强迫ニ恐怖《キヨウフ》シ金員ノ貸與ヲ承諾シタル意思ヲ表示シタルガ如キハ皆取消《トリケ》スコトノ出來《デキ》ルモノデアル(第一項)又例バ甲者ガ乙者ニ或ル土地ヲ賣《ウ》ラムト表示シタル時、第三者タル丙者ガ乙者ニ說《ト》クニ甲者ガ汝《ナンヂ》ニ賣ラムト謂フ土地ハ某鐵道《ソレテツダウ》敷設線路《フセツセンロ》ニ當ル土地デアルカラ今日ニ於テ買收《バイシウ》セバ數旬ヲ經《ヘ》ナイ中ニ數千圓ノ利益《リエキ》アルモノデアルト詐言《サゲン》シタルヲ乙者ノ信《シン》ジテ其ノ土地ヲ買收《バイシウ》スル意思《イシ》ヲ相手方ナル甲者ニ對シテ表示シタル場合《バアヒ》ニ於テ若シ此ノ丙者ノ詐言ヲ甲者ノ知《シ》リ居リタル時ハ乙者ガ爲シタル此《コ》ノ意思ノ表示《ヘウシ》ハ取消《トリケ》スコトガ出來ル(第二項)而シテ前二項ニ規定《キテイ》シタル詐欺《サギ》ニ因ル意思表示ノ取消ハ之ヲ以テ善意《ゼンイ》ノ第三者ニ對抗《タイカウ》スルコトハ出來《デキ》ヌ、此善意ノ第三者トハ第九十四條第二項ト等《ヒト》シキ意味《イミ》デアルカラ其解義《カイギ》ヲ參照《サンセウ》セラルベシ

第九十七條 隔地者《カクチシヤ》ニ對スル意思《イシ》表示《ヘウジ》ハ其通知ノ相手方《アヒテカタ》ニ到達《タウタツ》シタル時ヨリ其効力《ソノカウリヨク》ヲ生《シヤウ》ス

表意者《ヘウイシヤ》カ通知《ツウチ》ヲ發シタル後ニ死亡《シボウ》シ又ハ能力《ノウリヨク》ヲ失フモ意思《イシ》表示《ヘウジ》ハ之カ爲メニ其効力《ソノカウリヨク》ヲ妨《サマタ》ケラルヽコトナシ

▲參看 舊民法財產編第三百八條、財產取得編第二百五十七條、旣成商法第二百九十五條、第二百九十七條、第二百九十八條

〔註釋〕本條ハ甲乙相等《アヒヒト》シキ土地ニ住居《チウキヨ》セザル者ノ意思《イシ》表示《ヘウジ》ニ關スル規定デアッテ、其ノ意義ハ例ハ甲者ハ東京ニ住居シ乙者ハ大阪ニ住居スル場合《バアヒ》ニ於テ東京ナル甲者ノ爲ス契約《ケイヤク》申込ミノ意思《イシ》表示ハ其ノ通知《ツウチ》ガ相手方《アヒテカタ》タル大阪ノ乙者ニ到達《タウタツ》シタル時ヨリ其ノ意思表示ノ效力《カウリヨク》ヲ生ズルモノデアル、故ニ若シ賣買《バイヽ》ノ場合ニ於テ東京ナル甲者ガ大阪ナル乙者ニ向ッテ米百石ヲ買《カ》ハムトノ表思ヲ郵便《イウビン》若クハ電信《デンシン》其ノ他ノ方法ニ依リ表示《ヘウジ》シタルニ其ノ郵便若クハ電信ガ大阪ナル乙者ノ手ニ到達《タウタツ》シタル時始メテ甲者ノ意思表示ガ效力《カウリヨク》ヲ生ズルモノデアルカラ、若シ甲者一度爲シタル意思《イシ》表示ヲ取消《トリケ》サウトスレバ必《カナ》ラズ先キニ發

シタル米百石ヲ買《カ》ハムト謂フ意思表示ガ乙者ノ手ニ到達《タウタツ》シナイ以前ニ後《ノ》チニ發《ハツ》シタル取消シノ意思《イシ》表示《ヘウシ》ガ到達シナケレバ取消《トリケ》スコトガ出來ヌ（第一項）又例《タトヘ》バ東京ナル甲者ガ大阪ナル乙者ニ對シ米《コメ》百石ヲ買取《カヒト》ラムトノ意思表示ヲ通知シタル後チ其ノ表意者《ヘウイシヤ》タル甲者ガ死亡《シバウ》スルカ、又ハ發狂《ハツキヤウ》スル等ノ爲無能力者《ムノウリヨクシヤ》ト成ルコトアルモ爲ニ一度米《コメ》百石ヲ買取ラムト表示シタル甲者ノ意思ハ無效《ムコウ》トスルコトハ出來ヌ（第二項）是第三者ノ利益《リエキ》ヲ害シナイ爲メ保護《ホゴ》シタル條項デアッテ、第五百二十四條ヲ參看《サンカン》スレバ其理由《リイウ》ヲ知リ得ベク又本條第一項ト第五百二十五條トハ相似《アヒニ》テ非ナルモノデアルカラ雙互《サウゴ》相混合《アヒコンガフ》シテハナラヌ、如何《イカン》トナレバ本條第一項ハ契約《ケイヤク》ヲシヤウト申込ム場合ヲ規定《キテイ》シタル條項デアッテ第五百二十五條ハ契約《ケイヤク》ヲシヤウト申込ミタルニ對シ承知《シヨウチ》シタリト確答《カクタフ》スル場合ヲ規定シタル條項デアルカラ注意ノ爲メ茲《コヽ》ニ一言シ置《オ》クコトヽシマス

第九十八條　意思表示ノ相手方《アヒテカタ》カ之ヲ受ケタル時ニ未成年者《ミセイネンシヤ》又ハ禁治產者ナリシトキハ其意思表示ヲ以テ之ニ對抗《タイカウ》スルコトヲ得ス但其法定代理人カ之ヲ知リタル後《ノチ》ハ此限ニ在《ア》ラス

〔註釋〕本條ハ無能力者ガ意思表示《イシヘウジ》ノ效力ヲ規定シタル條項《デウコウ》デアッテ、其ノ意義《イギ》ハ元來未成年者若クハ禁治產者《キンヂサンシヤ》ハ第四條及ビ第八條ニ規定スル如ク無能力者《ムノウリヨクシヤ》デアルカラ他人ト契約ヲ為シ若クハ權利義務ノ生《シヤウ》ズベキ意思表示ヲ為スモ原《モト》ヨリ無效デアル、故ニ例《タト》ヘバ表意者タル甲者ガ自己所有《ジコシヨイウ》ノ山地建物ヲ其ノ相手方タル乙者ニ向《ムカ》ッテ賣渡《ウリワタ》サントノ意思ヲ表示シタル後、心神《シン〻》ノ喪失《サウシツ》ニ依リ禁治產ノ宣告《センコク》ヲ受ケ後見人ヲ付《ツ》セラレタリ然ルニ乙者ハ之ヲ知ラズ買取《カヒト》ラウト回答《クワイタフ》シタルモ禁治產ノ宣告ヲ受ケタル後デアレバ其ノ意思表示ノ效力ハ生《シヤウ》ジルモノデハナイ、故ニ乙者ハ無能力《ムノウリヨク》タル甲者ニ對シ意思表示ヲ為《ナ》シタルニ因リ必ラズ買取《カヒト》ルベキモノデアルト主張《シユチヤウ》シテ強《シ》ユルコトハ出來ヌ（本條前段）ケレドモ無能力者ニハ法定代理人ノ在《ア》ルベキモノデアル、則チ未成年者《ミセイネンシヤ》ニ就テハ後見人、禁治產者ニ就テハ保佐人《ホサニン》等ガアルカラ若シ乙者ガ為シタル意思表示ヲ後見人《コウケンニン》若クハ保佐人等ノ如キ法定代理人ガ知《シ》リタル後デアレバ無效《ムカウ》トナルベキモノデナイカラ、此場合《コノバアヒ》ニ於テハ乙者ノ意思表示ヲ以テ甲者ニ對抗《タイカウ》スルコトノ出來ルモノデアル（本條但書）ト定メタノデアリマス

第三節　代理

〔註釋〕本節ハ代理人《ダイリニン》ニ關シテ規定シタル通則條項ヲ網羅《マウラ》シタルモノテアツテ元來代理人トハ他人ノ委託《ヰタク》ヲ受ケ若クハ受《ウ》ケズ又代理ノ權限《ケンゲン》ヲ定メ若クハ定《サダ》メズシテ、本人《ホンニン》ノ爲スベキ事項ヲ本人ニ代《カハ》リ處理《シヨリ》スルモノヲ謂フノテアル、而シテ又代理人ニハ復代理人《フクダイリニン》ト法定代理人ノ二個ノ區別《クベツ》ガアル、是則チ代理人ノ種類《シユルヰ》テアルカラ本節《ホンセツ》ニハ其代理人ノ種類ニ依リテ通則《ツウソク》ヲ規定シタルモノテアル、其ノ詳細ノ説明《セツメイ》ハ各本條ノ下ニ於テ解説《カイセツ》スルコトヽシマス

第九十九條 代理人カ其權限內《ケンゲンナイ》ニ於テ本人ノ爲メニスルコトヲ示シ爲シタル意思表示ハ直接《チヨクセツ》ニ本人ニ對シテ其効力ヲ生《シヤウ》ス

前項ノ規定《キテイ》ハ第三者カ代理人ニ對《タイ》シテ爲シタル意思表示ニ之ヲ準用ス

▲參看 舊民法財產取得編第二百二十九條、第二百三十三條、第二百四十四條、第二百五十條、既成商法第四十八條、第三百四十二條、第四百十一條乃至第四百十四條

〔註釋〕本條ハ權限《ケンゲン》ヲ定メテ本人ガ委託《ヰタク》シタル代理人ノ意思表示ニ就テノ效力《カウリヨク》ヲ規定シタル

條項テアッテ、其ノ意義《イギ》ハ代理人ガ本人ヨリ權限ヲ定メテ委託《ヰタク》ヲ受ケ或ル一部ノ事項《ジコウ》ヲ代理シテ取扱《トリアツカ》フハ殆ンド影《カゲ》ノ形《カタチ》ニ從ヒ手足《テアシ》ノ意思ニ從ッテ動《ウゴ》クト等シク本人自《ミヅカ》ラガ取扱フト毫《ガウ》モ異ルモノデハナイ、サレバ代理人ガ本人ヨリ指定《シテイ》サレタル權限內ニ於テ本人ノ爲ニスルコトヲ示《シメ》シテ爲ス意思表示ハ直接《チヨクセツ》ニ本人ニ對シテ其效力ヲ生《シヤウ》ズルモノデアル、故ニ裏面《リメン》ヨリ謂フ時ハ代理人ハ本人ノ指定シタル權限外《ケンゲングワイ》ナル意思表示ヲ爲スカ若クハ本人ノ爲メニセザル意思表示ハ直接ニ本人《ホンニン》ニ對シテハ其ノ效力ヲ生《シヤウ》ズルモノデハナイ、代理人自ラガ爲《ナ》シタル意思表示デアルカラ、代理人自ラガ其ノ責《セメ》ヲ負《オ》ハナケレバナラヌ、例バ甲者ガ乙者ヲ代理人《ダイリニン》ト定メ丙者ヨリ金千圓ヲ借入《カリイ》レ之ガ證書ヲ作成《サクセイ》スルコトヲ委託シタル場合ニ於テ乙者ハ甲者ガ委託《ヰタク》シタル如ク取扱フ時ハ丙者ハ直接《チヨクセツ》ニ甲者ニ對シテ金千圓ノ請求《セイキウ》ヲ爲スコトハ出來ルモ之ニ反《ハン》シ乙者ガ丙者ヨリ金千五百圓ヲ借入《カリイ》レ甲者ノ父丁者ヲ連帶借主《レンタイカリヌシ》ト定メ證書ヲ作成《サクセイ》シテ其金額中金千圓ヲ甲者ニ渡《ワタ》シ金五百圓ヲ丁者ニ引渡シタル如キ場合《バアヒ》ニアリトスレバ丙者ハ直接《チヨクセツ》ニ甲者ニ對シテ金千五百圓ノ請求《セイキウ》ヲ爲ス、コトハ出來ヌ、如何トナレハ乙者ハ金千圓ノ委任權限《ヰニンケンゲン》ヨリ無キモノナルニ金千五百圓ヲ借入《カリイ》レ乙者ガ專擅《センダン》ニテ丁者ノ連帶《レンタイ》ヲ加ヘ其ノ余額中ノ五百圓ヲ丁者ニ渡《ワタ》シタルハ委任權限外ナルノミナラズ甲者ノ爲《タメ》ニシタル所以《ワケ》デハナク又丙者モ乙者ガ權限外《ケンゲングワイ》ナルコトヲ知リ得ベケレバ丙者ハ甲者ニ對《タイ》シ金千圓ニ就テハ效力《カウリヨク》アルモ五百圓ニ就テハ效力ノ生《シヤウ》ズベキモノデハナイ(第一項)而《ソウ》シテ前既ニ述《ノ》ベタル如ク甲者ノ代理《ダイリ》人《ニン》乙者ガ甲者ヨリ委託《ヰタク》サレタル權限內《ケンゲンナイ》ニ於テ爲シタル丙者トノ契約《ケイヤク》ハ甲者ノ認《ミト》メタルモノデアルカラ丙者ト甲者間ニ於テハ其ノ契約《ケイヤク》ハ無論有效ノモノデアル(第二項)ト定メタノデアリマス

第百條　代理人カ本人《ホンコン》ノ爲メニスルコトヲ示サスシテ爲シタル意思表示ハ自己《ジコ》ノ爲メニ之ヲ爲シタルモノト見做《ミナ》ス但相手方カ其本人ノ爲メニスルコトヲ知リ又ハ之ヲ知ルコトヲ得ヘカリシトキハ前條第一項ノ規定《キテイ》ヲ準用《ジユンヨウ》ス

〔註釋〕本條ハ代理人ガ本人《ホンコン》ノ爲ニスルコトヲ示《シメ》サズシテ爲シタル意思表示ニ就《ツイ》テ規定シタル條項デアッテ、其意義ハ元來《グワンライ》代理人タル者ハ第九十九條ニ規定《キテイ》シタルガ如ク必ラズ本人ノ爲ニスルコトヲ示《シメ》シテ爲サヽルトキハ直接《チヨクセツ》本人ニ對シテ其ノ效力《カウリヨク》ヲ生ズルモノデハナイ、故ニ代理人ハ必ラズ本人ノ爲ニスルコトヲ示サナケレバナラヌ然《シカ》ルニ之ヲ示サズシテ爲シタル意思《イシ》表示《ヘウジ》ハ法律上本人ノ爲メニスルノデハナクシテ、代理人自《ミヅカ》ラノ爲ニ爲スモノト看做《ミナ》スノデアル(本條前段)ケレドモ例《タト》ヘバ甲者ハ日常乙者ノ代理人《ダイリニン》トシテ種々ノ事項ヲ取扱《トリアツカ》ヒ居ルコトヲ知ル丙者ニ對《タイ》シ甲者ガ乙者ノ代理タルコトヲ示サズ或物ヲ賣渡サムトノ意思ヲ表示《ヘウジ》シタル場合ニ於テ丙者ガ甲者ハ乙者ノ代理人《ダイリニン》タルコトヲ示サヽルモ日常ノ擧動《キヨドウ》ヨリ推知《スヰチ》シテ乙者ノ代理者タルコトヲ知リ又其ノ賣渡《ウリワタ》サムトスル物品ハ乙者ガ常ニ製造《セイザウ》スル物品デアルガ如ク甲者ハ乙者ノ代理人《ダイリニン》タルコトヲ知ルコトノ出來《デキ》得ベキ場合デアレバ、假令《タトヘ》甲者ガ乙者ノ代理人タルコトヲ示《シメ》サヽルモ其ノ甲者ノ意思表示ハ直接ニ本人《ホンニン》ニ對シテ其ノ效力《カウリヨク》ヲ生ズルモノデアル(本條)但書ト定メタノデアリマス

第百一條　意思表示《イシヘウジ》ノ效力《コウリヨク》カ意思ノ欠缺《ケツケツ》、詐欺《サギ》、強迫《キヤウハク》又ハ或事情ヲ知リタルコト若《モシ》クハ之ヲ知《シ》ラサル過失《クワシツ》アリタルコトニ因《ヨ》リテ影響《エイキヤウ》ヲ受クヘキ場合《バアヒ》ニ於テ其事實ノ有無《ウム》ハ代理人ニ付キ之ヲ定ム

特定ノ法律行爲《ハフリツカウヰ》ヲ爲スコトヲ委托《ヰタク》セラレタル場合ニ於テ代理人《ダイリニン》カ本人ノ指圖《サシヅ》ニ從ヒ其行爲《ソノカウヰ》ヲ爲シタルトキハ本人ハ其自《ソノミヅカ》ラ知リタル事情《ジジヤウ》ニ付キ代理人《ダイリニン》ノ不知ヲ主張《シユチヤウ》スルコトヲ得ス其過失《ソノクワシツ》ニ因リテ知《シ》ラサリ

シ事情《ジジヤウ》ニ付キ亦同シ

〔註釋〕本條ハ代理人《ダイリニン》ト本人ノ間ニ於ケル意思表示《イシヘウジ》ノ效力ニ就キ其ノ關係《クワンケイ》ヲ規定シタル條項デアッテ、其ノ意義ハ既《スデ》ニ第九十九條ニ於テ規定《キテイ》シタル如ク代理人《ダイリニン》ノ爲シタル意思表示ノ效力《コウリヨク》ハ直接本人ニ對《タイ》シテ其ノ效力ヲ生《シヤウ》ズルモノデアルカラ、本人ト代理人ノ關係《クワンケイ》ハ殆ンド同心異《ドウシンイ》体《タイ》ノモノテアル、故ニ例バ甲者ノ代理人乙ナル者ガ丙者《ヘイシヤ》ニ欺《アザム》カレテ金員ヲ詐取セラレ若《セン》クハ甲者ヨリ貸金《カシキン》取立ノ委託《ヰタク》ヲ受ケタル乙者ガ債務者《サイムシヤ》タル丙者ニ對シテ貸金《カシキン》ノ督促《トクソク》ヲ爲シタルニ丙者ハ乙者ヲ強迫《キヤウハク》シテ金員ノ仕拂《シハラ》ヒヲ爲サザル上債務辨濟《サイムベンサイ》ノ請取書ヲ認《ミト》メシメタルガ如キ場合《バアヒ》、其ノ他代理人ガ意思表示ノ效力《コウリヨク》ガ意思ノ欠缺《ケツケツ》又ハ或事情ヲ知リタルコト、若クハ其事情《ジジヤウ》ヲ知ラザル過失《クワシツ》アリタルコト等ノ場合ニハ其代理人ガ爲シタル意思表示ハ或ハ無效《ムコウ》トナリ或ハ取消《トリケ》サナケレバナラヌコト、成リ或ハ取消スコトノ出來《デキ》ヌコト、成リテ其影響《エイキヤウ》皆《ミ》ナ本人ノ受《ウ》クベキモノデアル、サレバ斯《カ》クノ如《ゴト》キ代理人ノ爲シタル法律行爲ニ就テハ如何《イカ》ニ定ムルカト謂ヘバ其ノ事實《ジジツ》ノ有無ハ代理人ニ付テ定ムルモノデアル、故ニ前例《ゼンレイ》ノ如ク代理人ガ詐欺《サギ》、強迫《キヤウハク》等ニ遭遇《サウグウ》シタル場合ニハ第九十六條ノ規定ニ從ヒテ取消《トリケ》シ得ベキモノデアルカラ、本人ヨリ之ガ手續《テツヅキ》ヲ爲スベキモノデアル

（第一項）ケレドモ代理人ガ特定《トクテイ》ノ法律行爲ヲ爲スコトヲ委託《ヰタク》セラレタル場合例バ公証役《コウシヨウヤク》場《バ》ニ出頭《シユツトウ》シテ公正証書ノ作成《サクセイ》ヲ公証人ニ依囑《イゾク》シ若クハ何々ノ物品《ブツピン》ヲ賣捌《ウリサバ》キ來レヨト謂フガ如キ部理《ブリ》代理《ダイリ》ノ場合ニ於テ本人ヨリ一々指圖《サシヅ》ヲ爲シタルトキ代理人ガ其ノ指圖通《サシヅドホ》リ取扱ヒタル場合ニ於テハ其ノ代理人ガ行爲《カウヰ》ハ本人ガ自ラ爲シタルト等《ヒト》シキモノデアル、又代理人ニ於テモ委任權限《ヰニンケン〻》内ニ於テ自《オノヅカ》ラ生ズベキ附帶件ハ本人ガ自ラ之ヲ知リ居ルモノト看做《ミナ》サナケレバナラヌ、サウデナイ時ハ互《タガ》ヒニ知ラヌト主張《シユチヤウ》シテ竟《ツヒ》ニ相手方ニ損害《ソンガイ》ヲ蒙ラセルモノト成《ナ》ルモノデアル、又相手方ノ上ヨリ謂《イ》フモ本人ト代理《ダイリ》人《コン》トハ同心異《ドウシンイ》体《タイ》ノモノデアルカラ、本人ノ知リタル事情《ジジヤウ》ニ因ツテ生ジタル本人ノ知《シ》ラヌ事情アリトモ後日《ゴジツ》ニ於テ本人ヨリ或《ア》ル一部ノ事情ハ代理人ノ知ラナイモノデアルト關ツテ拒《コバ》マルヽ理由ハナイ、例バ甲者ガ乙者ヨリ書籍《シヨセキ》ヲ買取リ代金ヲ支拂《シハラ》ヒ歸宅ノ後チ丙者《ヘイシヤ》ヲ自巳ノ代理人トシテ其書籍ヲ乙者ヨリ受取リ來レヨト指圖《サシヅ》シタルニ因リ丙者ハ甲者ガ指圖通《サシヅドホ》リ乙者ヨリ書籍ヲ受取リ來レルニ甲者ガ其書籍ヲ取調《トリシラ》ブレバ書籍中ニ紙《カミ》ノ破《ヤブ》レシ個所アリタル場合ニ於テ甲者ハ丙者ガ緻密《チミツ》ノ注意ヲ爲シテ取調ベナカツタノヲ口實《コウジツ》トシテ乙者ニ對《タイ》シ其ノ書籍ノ賣買《バイ〻》ヲ取消スコトハ出來ヌ（第二項）ノデアリマス

第百二條　代理人《ダイリコン》ハ能力者《ノウリヨクシヤ》タルコトヲ要セス

▲參看　舊民法財產取得編第二百三十四條

〔註釋〕本條ハ代理人ノ能力《ノウリヨク》ニ就テ規定シタル條項《デウカウ》デアッテ、其ノ意義ハ代理人ナル者ハ自已ノ意思ヲ以テ事ヲ處理《シヨリ》スルモノテナク、總テ本人ガ指圖《サシズ》ニ從ヒテ事ヲ取扱フ所以デアルカラ敢《アヘ》テ別ニ才能ヲ要セス況《マ》シテ何ノ責任《セキニン》モナク唯本人ノ手足《テアシ》ト成ッテ作動《サハドウ》スルモノデアルカラ、代理人ハ決《ケツ》シテ能力者デナケレバナラヌ必要《ヒツエウ》ノナイモノデアル、故ニ代理《ダイリ》人《コン》ハ未成年者ノ如キ無能力者《ムノウリヨクシヤ》デアルトモ差支ヘナイト定《サダ》メタノデアリマス

第百三條　權限《ケン〻》ノ定ナキ代理人《ダイリコン》ハ左ノ行爲《カウヰ》ノミヲ爲ス權限《ケンゲン》ヲ有ス

一　保存行爲《ホゾンカウヰ》

二　代理《ダイリ》ノ目的タル物《モノ》又ハ權利《ケンリ》ノ性質《セイシツ》ヲ變《ヘン》セサル範圍內《ハンヰナイ》ニ於テ其利用又ハ改良《カイリヤウ》ヲ目的《モクテキ》トスル行爲

▲參看　舊民法財產取得編第二百三十二條

〔註釋〕本條ハ本人ヨリ權限ヲ定メズシテ代理ヲ委託《ヰタク》シタル場合ニ關スル規定《キテイ》デアッテ、其

意義ハ元來代理《グワンライダイリ》ナルモノハ權限ヲ定《サダ》メナケレバナラヌノガ原則《ゲンソク》デアル、ケレドモ又場合ニ因リテハ代理ノ權限ヲ定メズシテ委《ヰ》托スル場合ノナイニモ限《カギ》ラヌモノデアルカラ若シ權限ヲ定メズシテ代理ヲ委託シタル時ハ其代理《ソノダイリ》人《ニン》ハ左ニ列記《レツキ》スル行爲ヨリ爲スコトハ出來ヌ則《スナハ》チ

第一　保存行爲　例バ甲者ガ乙者ヨリ單《タン》ニ土地ノ管理《クワンリ》ヲ委託サレタル場合《バアヒ》ニ於テ小作人ヨリ小作料米《コサクレウマイ》ノ拂込ミヲ受ケタル時ハ甲者ハ特《トク》ニ小作米ノ處理《シヨリ》ニ就テノ委《ヰ》任權限《ニンケンゲン》ナキモノデアルカラ、假令《タトヘ》其ノ米ヲ其ノ當時ニ於テ賣却《バイキヤク》スレバ乙者ノ利益《リエキ》トナルモ若シ一日ヲ經過《ケイクワ》セバ不利益トナル場合《バアヒ》アリトモ之ガ處分行爲《シヨブンカウヰ》ヲ爲《ス》スコトハ出來ヌ唯《タヾ》其ノ米ヲ倉庫ニ納《ヲサ》メテ紛失《フンシツ》等ノ虞《オソ》レナキヤウ保存《ホゾン》スルノ行爲ヲ爲スバカリニ止マルモノデアル

第二　代理ノ目的タル物又ハ權利ノ性質ヲ變セザル範圍內ニ於テ其ノ利用又ハ改良ヲ目的トスル行爲　例バ代理ノ目的《モクテキ》タル物ガ米ヲ賣ルノ權利《ケンリ》テアレバ之ヲ賣リ而《ソウ》シテ其ノ代金ヲ銀行《ギンカウ》ニ預ケ込ムガ如キ行爲、又代理ノ目的タル物ガ家屋《カオク》ノ管理デアレバ其家屋ヲ他人《タニン》ニ貸與ヘテ家賃金ヲ受取《ウケト》リ若シ家屋ノ破損《ハソン》スル個所《カシヨ》アレバ其ノ家賃金ノ中ヲ以テ之ヲ修繕《シウゼン》スルガ如キ、又代理ノ目的ガ耕地《カウチ》ノ管理デアレバ耕地ヨリ收穫《シウクワク》スル利益ヲ以テ其ノ耕地ノ水利《スヰリ》ヲ改良シ若クハ荒蕪《クワウブ》ヲ開墾《カイコン》シテ耕地ト爲スガ如ク委任權限ノ範圍

內ニ於テ權利ノ性質《セイシツ》ヲ變シナイ樣本人ノ利益《リエキ》ト成ルヤウ取扱ハムケレバナラヌノデアル

故ニ例バ若シ代理人《ダイリニン》ガ第一號ノ場合ニ於テ小作米《コサクマイ》ヲ賣却シ又ハ第二號ノ場合《バアヒ》ニ於テ米ヲ賣リタル代金《ダイキン》ヲ以テ麥《ムギ》ヲ買入レ若クハ家賃金ヲ他人ニ貸與《カシアタ》ヘテ利息金ヲ收得シ若クハ耕地ヨリ生スル利益金ヲ以テ耕地《カウチ》ノ一部ヲ宅地《タクチ》ニ變更シテ家屋ヲ建設《ケンセツ》スル等ノ行爲ハ權利ノ性質ヲ變《ヘン》シテ委任權限ノ範圍ヲ脫《ダツ》スルモノデアルカラ、代理人ノ爲シ得ラレヌコトデアリマス

第百四條　委任《ヰニン》ニ因ル代理人ハ本人ノ許諾《キヨダク》ヲ得タルトキ又ハ已ムコトヲ得サル事由《ジイウ》アル時ニ非サレハ復代理人《フクダイリニン》ヲ選任《センニン》スルコトヲ得ス

▲參看　舊民法財產取得編第二百三十五條、既成商法第四十七條、第三百四十七條

〔註釋〕本條ハ復代理人ニ關《クワン》スル規定《キテイ》デアツテ、復代理人トハ代理人ノ代理人ヲ謂《イ》フ例バ甲者ガ乙者ニ代理ヲ委任《ヰニン》シタルニ乙者ハ復《マ》タ丙者ヲ以テ自己ノ代理人ト定《サダ》メルヲ謂フモノデアル、元來自己ノ代理ヲ他人《タニン》ニ委《ユダ》ヌルハ必ラズ委任者本人ガ其ノ人ヲ信用《シンヨウ》シナケレバ

委任スル者デハナイ、然《シカ》ルニ其ノ信用《シンヨウ》ヲ得テ代理ヲ受任《ジユニン》シタル者ガ徒《イタヅ》ラニ復代理人ヲ撰定シ得ルモノトセバ大ヒニ委任者《ヰニンシヤ》本人ノ意思ニ背《ソム》クノミナラズ代理ノ趣旨《シユシ》ニ悖《モド》ルベキ結果ノ生ジテ本人ガ不慮《フリヨ》ノ損害ヲ蒙《カフム》ルコト無シトモ限《カギ》ラレヌモノデアル、ケレドモ又代理人ノ上ヨリ謂《イ》ヘバ自己自ヲ其事ヲ取扱ハムト思惟《シユヰ》シ受任シタルモ疾病若クハ其他《ソノタ》止ムヲ得ザル事故ノ生ジ爲ニ代理權限ノ完了《クワンレウ》ヲ遂グルコトノ出來ヌ場合《バアヒ》ガアルカラ法律ハ代理人ニシテ若シ斯ル場合《バアヒ》モアレバ復代理人ヲ撰定《センテイ》スルコトガ出來ルト定メタモノデアル、ケレドモ代理人ハ擅《ホシヒマヽ》ニ復代理人ヲ撰定スルコトハ出來ヌ、必ラズ本人ノ許諾《キヨダク》ヲ得ナケレバナラヌ、然《シカ》シ止《ヤ》ムコトヲ得ザル事由《シイウ》ガアツテ本人ノ許諾《キヨダク》ヲ得ル暇《イトマ》ナキ場合ニ限リ代理人ハ一己ノ意見《イケン》ヲ以テ復代理人ノ撰定ヲ爲《ナ》スコトカ出來ルト定メタノデアリマス

第百五條　代理人カ前條《ゼンデウ》ノ場合ニ於テ復代理人ヲ選任《センニン》シタルトキハ選任及ヒ監督《カントク》ニ付キ本人ニ對シテ其責《セキ》ニ任《ニン》ス代理人カ本人ノ指名《シメイ》ニ從ヒテ復代理人ヲ選任《センニン》シタルトキハ其不適任又ハ不誠實《フセイジツ》ナルコトヲ知リテ之ヲ本人ニ通知《ツウチ》シ又ハ之ヲ解任《カイニン》スルコトヲ怠リタルニ非サレハ

其責ニ任セズ

▲參看　舊民法財產取得編第二百三十五條

〔註釋〕本條ハ代理人ガ復代理人ヲ撰定《センテイ》シタル後ニ於テ本人ニ對シ負《オ》フ責任《セキニン》ニ關《クワン》シテ規定シタル條項《デウコウ》デアッテ、其意義《イギ》ハ前第百四條ノ塲合《バアヒ》ニ在リテ代理人ガ復代理人ヲ撰定《センテイ》シタル時ハ代理人ハ本人ニ對シ復代理人ノ行爲《カウヰ》ニ就テハ一切其ノ責《セメ》ヲ負《オ》ハナケレバナラヌ、故ニ若シ復代理人ガ不正《フセイ》ノ行爲ヲ爲シテ本人ニ損害等《ソンガイトウ》ヲ蒙ラセルガ如キコトアレバ代理人ニ於テ賠償《バイシヤウ》シナケレバナラヌ（第一項）ケレドモ代理人ガ復代理人ヲ撰定《センテイ》スルニ付本人ノ許諾ヲ得テ本人ガ自ラ指名《シメイ》シタルニ因リ代理人ハ本人ノ指名《シメイ》ニ從ヒテ復代理人ヲ定《サダ》メタル塲合ニ於テハ假令《タトヘ》其ノ復代理人ガ不正《フセイ》ノ行爲アルモ代理人ハ其ノ責《セメ》ヲ負《オ》ハズトモヨイ、ケレドモ若シ代理人ガ本人ノ指名《シメイ》シタル復代理人ハ不適任《フテキニン》デアルト謂フコトヲ知リ又ハ不誠實《フセイジツ》ナル者デアルト謂フコトヲ知リナガラ之ヲ本人ニ通知《ツウチ》セズ又ハ解任《カイニン》シナカッタガ爲メ其ノ復代理人ガ不正《フセイ》ノ行爲ヲ爲シ本人ニ損害《ソンガイ》ヲ蒙ラセタル時ハ其損害ヲ賠償スルノ責《セメ》ハ免《マヌガ》レナイ（第二項）モノデアルト定メタノデアリマス

第百六條　法定代理人ハ其責任《ソノセキニン》ヲ以テ復代理人ヲ選任《センニン》スルコトヲ得但

已ムコトヲ得サル事由《ジイウ》アリタルトキハ前條第一項ニ定メタル責任ノミヲ負フ

〔註釋〕本條ハ法定代理人ガ復代理人ヲ撰定《センテイ》スルニ就キ規定《キテイ》シタル條項《デウコウ》デアッテ、法定代理人トハ法律上ニ規定《キテイ》シタル代理人ト謂《イ》フコトデアル則チ幼者《エウシヤ》ノ後見人、禁治産者ノ保佐人等デアル、而《ソウ》シテ其ノ意義《イギ》ハ法定代理人トテモ普通代理人《フツウダイリニン》ト等《ヒト》シク復代理人ヲシテ自己ニ代《カハ》ラシムル自由《ジイウ》ガナケレバ疾病《シツペイ》其ノ他止ムヲ得ザル事故《ジコ》アル場合ニ於テハ甚《ハナハ》ダ迷惑《メイワク》デアル、故ニ法定代理人モ其責任《ソノセキニン》ヲ以テスレバ復代理人ヲ撰定《センテイ》スルコトガ出來ル（第一項）ケレドモ法定代理人モ矢張《ヤハ》リ普通代理人ト等《ヒト》シク人ノ爲ニ行爲《カウヰ》ヲ爲スモノデアルカラ必ラズ本人ノ利益《リエキ》ト成ルベクヤウ專心《センシン》ニ事ヲ爲ナケレバナラヌモノデアル、故ニ法定代理人ガ第百四條ノ場合《バアヒ》ニ於テ復代理人ヲ撰任《センニン》シタル時ハ撰任及ビ監督《カントク》ニ付キ本人ニ對シテ其責《ソノセメ》ヲ負ハナケレバナラヌト定メタノデアリマス

第百七條　復代理人ハ其權限内《ソノケンゲンナイ》ノ行爲ニ付キ本人ヲ代表《ダイヘウ》ス

復代理人ハ本人《ホンニン》及ヒ第三者ニ對《タイ》シテ代理人ト同一《ドウイツ》ノ權利義務ヲ有ス

▲參看　舊民法財産取得編第二百三十五條、第二百三十六條

〔註釋〕本條ハ復代理人ノ權限《ケンゲン》ト責任トヲ規定《キテイ》シタル條項《デウコウ》デアツテ、其意義ハ復代理人ハ假令代理人ガ本人ノ許諾《キヨダク》ヲ得テ撰定シタル復代理人ト否《シカ》ラザルトヲ問ハズ代理人ト等《ヒト》シク其ノ權限ノ範圍內《ハンヰナイ》ニ於テ第三者ニ對《タイ》スル時ハ本人ヲ代表《ダイヘウ》スル者デアル(第一項)故ニ復代理人ノ行爲ハ代理《ダイリ》人《コン》ノ行爲ト等《ヒト》シク直接《チヨクセツ》ニ本人ニ對シテ效力ヲ生ジ又第三者ニ對《タイ》シテ效力ヲ生ズルモノデアルカラ、從《シタガ》ツテ復代理人ガ本人《ホンニン》及ビ第三者ニ對シテハ又代理人ト等シク權利《ケンリ》ト義務《ギム》ヲ有スルモノデアル(第二項)ト定《サダ》メタノデアリマス

第百八條　何人《ナンビト》ト雖モ同一ノ法律行爲ニ付キ其相手方ノ代理人ト爲リ又ハ當事者雙方《サウハウ》ノ代理人ト爲ルコトヲ得ス但債務ノ履行ニ付テハ此限ニ在ラス

▲參看　舊民法第三十七條、旣成商法第四百七條

〔註釋〕本條ハ代理權限ガ重復《ヂウフク》スル場合ヲ規定《キテイ》シタル條項デアツテ、其ノ意義《イギ》ハ例バ甲者ガ乙者ニ貸金《カシキン》アリテ丙者ヲ代理人ト定メ之ガ取立方《トリタテカタ》ヲ委任シタル場合ニ於テハ甲者ノ代理

人タル丙者ハ甲者ノ相手《アヒテ》方《カタ》タル乙者ノ代理人ト成《ナ》ルコトハ出來ヌ、又甲者ト乙者ト訴訟等ヲ爲シ居ル場《バ》合《アヒ》ニ於テハ何人デアツテモ甲者ノ代理《ダイリ》人《ニン》ト乙者ノ代理人トヲ相殺《アヒカ》子ルコトハ出來ヌ如何トナレバ是代理《ダイリ》人《ニン》ハ本人ノ利益《リエキ》ノ爲メニ或ル行爲ヲ爲スモノデアルカラ雙方《サウハウ》ノ代理人ヲ兼《カ》子ル等ノ如キハ一方ノ利益トナレバ必ラズ一方ノ不利《フリ》益《エキ》ト成ル所以デアル、サレバ代理人タルノ性質《セイシツ》ニ於テモ斯ルコトハ爲シ得ベキコトデハナイ、故ニ法律ハ之ヲ禁ジタノデアル（本條前段）ケレドモ債務《サイム》ノ履《リ》行《カウ》ニ就テハ雙方ノ代理《ダイリ》ヲ兼ヌルモ別ニ利益互《タガ》ヒニ相反《アヒハン》スルテノデナイカラ、決《ケツ》シテ双方ノ害《ガイ》トナラヌモノデアル、故ニ法律ハ之ヲ許《ユル》スコトヽ定メタノデ（本條但書）アリマス

第百九條　第三者ニ對《タイ》シテ他人ニ代理權ヲ與ヘタル旨ヲ表示《ヘウジ》シタル者ハ其代理權《ダイリケン》ノ範圍內ニ於テ其他人ト第三《ダイ》者《シヤ》トノ間ニ爲シタル行爲《カウヰ》ニ付キ其責《ソノセキ》ニ任《ニン》ス

〔註釋〕本條ハ代理權ヲ他人《タニン》ニ與ヘタル本人ノ責任《セキニン》ヲ規定シタル條項デアツテ、其ノ意義ハ例バ甲者ガ第三者タル乙者ニ對《タイ》シテ貴殿《キデン》ト拙者ノ間《アヒダ》ニ起《オコ》レル某ノ件ハ其ノ件一切ノ權限

ナ丙者ニ代理《ダイリ》サセテ居ルカラ拙者《セッシャ》ハ少シモ其件《ソノケン》ニ就テ談《ダン》ズルコトハ出來ヌカラ拙者ノ代理人ダル丙者ニ談《ダン》ゼラレヨト言《イ》ヒタル時ハ甲者ノ代理人タル丙者ト乙者ノ間ニ爲シタル行爲ハ有效《イウカウ》デアルカラ甲者ハ自己《ジコ》ノ代理者《ダイリシャ》タル丙者ノ行爲ヨリ生ズル一切《サイ》ノ責ヲ負ハナケレバナラヌ、ケレドモ若《モ》シ丙者ガ代理權ノ範圍《ハンヰ》ヲ越《コ》エテ爲シタル行爲ニ就《ツ》テハ甲者ハ其ノ責ナキモノデアル、是本條《コレホンデウ》特ニ代理權ノ範圍内ニ於テノ文字《モジ》ヲ加ヘタル所以デアル、而シテ本條ハ甲者ガ丙者ニ代理權《ダイリケン》ヲ與ヘタル時ニ於テハ別《ベツ》ニ必要《ヒツエウ》ノナイ條項デアル、ケレドモ若シ甲者ニ於テ代理權ヲ與《アタ》ヘヌ者ト第三者トガ爲《ナ》シタル行爲ニ就テ紛爭《フンサウ》ヲ生シタル場合ニ於テハ大《オホ》ヒニ必要ヲ感《カン》ズル條項デアリマス

第百十條 代理人カ其《ソノ》權限外《ケンゲングワイ》ノ行爲ヲ爲シタル場合《バアヒ》ニ於テ第三者カ其權限アリト信《シン》スヘキ正當ノ理由《リイウ》ヲ有セシトキハ前條ノ規定《キテイ》ヲ準用ス

▲參看 舊民法財産取得編第二百五十條、第二項

〔註釋〕本條ハ代理人ガ權限外《ケンゲングワイ》ノ行爲ヲ爲シタル時其ノ行爲《カウヰ》ガ有效トナル場合ヲ規定《キテイ》シタル條項デアッテ、其意義《イギ》ハ例バ甲者ガ乙者ヲ代理《ダイリ》人ト定メ甲者ガ製造《セイザウ》スル樟腦油《シヤウナフイウ》ノ賣捌ヲ

擔任《タンニン》セシメ居リタル爲メ乙者ハ日常《ニチジヤウ》甲者ノ代理人トシテ第三者タル丙者ト取引《トリヒキ》ヲ爲シ居リシニ甲者ハ都合《ツガフ》アリテ乙者ノ代理權ヲ解《ト》キタルモ其ノ委任狀《ヰニンジヤウ》ヲ取戻《トリモド》サズ居リタル場合ニ於テ乙者ハ之ヲ僥倖《ギヤウカウ》トシテ矢張《ヤハリ》甲者ノ代理人ナリト稱《シヤウ》シテ從前ノ如ク丙者ト取引ヲ爲シタル時乙者ガ丙者ニ損害《ソンガイ》ヲ加フルコトアレバ丙者ハ甲者ニ對シテ賠償《ハイシヤウ》ノ請求《セイキウ》ヲ爲スコトガ出來ルヽ又甲者ハ之レガ賠償ノ責ヲ負ハナケレバナラヌヽ如何トナレバ丙者ハ乙者ノ手裏《シユリ》ニ甲者ノ與ヘタル委任狀《ヰニンジヤウ》ヲ所持シ居レルヲ以テ全ク從前《ジユウゼン》ノ如ク甲者ノ代理人デアルト信ジタルハ正當《セイタウ》ノ理由《リユウ》デアルヽ又甲者ハ乙者ノ代理權ヲ解《ト》キタル以上ハ其委任狀ヲ取戻《トリモド》シタル上取引先キノ誤謬《ゴベウ》ナキヤウ自己ノ損害《ソンガイ》ヲ豫防《ヨバウ》スル爲メ乙者ノ代理權ヲ解放《カイハウ》シタリト謂フコトヲ公告《コウコク》スルノハ至當ニ盡《ツク》サナケレバナラヌ義務《ギム》デアルヽ然ルニ其ノ手續ヲモ爲サズ剰《アマツサ》ヘ委任狀ノ取戻《トリモド》シヲモ爲サズ丙者ヲシテ代理人ト認《ミト》ムベキ錯誤《サクゴ》ニ陷ラシメタルハ甲者自ラノ過失《クワシツ》デアルカラ其ノ責《セメ》ヲ免ルヽコトノ出來ヌノハ至當《シタウ》デアルヽ故ニ本條ハ斯ル場合《バアヒ》ニ於テハ甲者ハ其責《ソノセメ》ヲ負《オ》ハナケレバナラヌモノデアルト定メタノデアリマス

第百十一條　代理人《タイリニン》ハ左ノ事由《ジイウ》ニ因リテ消滅《セウメツ》ス

一　本人《ホンニン》ノ死亡《シバウ》

二 代理人《ダイリニン》ノ死亡、禁治産《キンヂサン》又ハ破産《ハサン》

此他《コノタ》委任《ヰニン》ニ因ル代理權《ダイリケン》ハ委任ノ終了《シウレウ》ニ因リテ消滅《セウメツ》ス

參看 舊民法財産編第二百五十一條、既成商法第四十三條、第四十四條

〔註釋〕本條ハ代理權消滅《セウメツ》ニ關スル規定デアッテ、其ノ意義ハ代理權《ダイリケン》ナルモノハ本人ノ上ヨリ言ヘバ其ノ代理トスベキ人ヲ信用《シンヨウ》シテ委任スルモノデアル、又代理人ノ上ヨリ言ヘバ矢張《ヤハ》リ本人ヲ信ジ若クハ本人ト懇親《コンシン》ナル情誼《ジヤウギ》ヨリシテ之ガ代理ヲ諾《ダク》スルモノデアル、サレバ代理權ナルモノハ互ヒニ其ノ人一身ニ止マリ決シテ互《タガ》ヒノ相續人《サウゾクニン》ニ及ブベキモノデハナイ、又信用上《シンヨウジヤウ》ヨリ成立ツベキ代理權ヲ有スル代理人ガ禁治産《キンヂサン》又ハ破産等ノ宣告ヲ受ケ無能力者《ムノウリヨクシヤ》ト成リタル場合ニ於テハ到底《タウテイ》代理權ガ性質上《セイシツジヤウ》ヨリシテ成立スベキモノデハナイ、故ニ本條ハ代理權《ダイリケン》ハ本人又ハ代理人ノ何レカ一方者ガ死亡《シバウ》シタル時、及ビ代理人ガ禁治産若クハ破産《ハサン》ノ宣告ヲ受ケテ無能力者ト成リタル場合《バアヒ》ニ於テ消滅《セウメツ》スルモノデアル（第一項）而シテ又前項第一號及ビ第二號ノ外部理《ホカブリ》代理ノ場合ニ於テハ其ノ委任《ヰニン》事件ヲ全ク爲シ終リタル時、其ノ代理權限《ケンゲン》ハ當然消滅《セウメツ》スルモノデアル（第二項）ト定メタノデアリマス

第百十二條　代理權ノ消滅《セウメツ》ハ之ヲ以テ善意ノ第三者ニ對抗《タイコウ》スルコトヲ得ス但第三者カ過失《クワシツ》ニ因リテ其事實ヲ知《シ》ラサリシ片ハ此限ニ在ラス

△參看　舊民法財產取得編第二百五十八條

〔註釋〕本條ハ代理權消滅ノ效力《コウリヨク》ニ就テ規定シタル條項デアツテ、其ノ意義《イギ》ハ例ハ甲者ガ乙者ヲ代理人トシテ日常貸金取立《ニチジヤウカシキントリタテ》ノ事務ヲ取扱ハセ居リタルニ乙者ハ破產ノ宣告ヲ受ケタル爲メ其ノ代理權ハ自《オノヅカ》ラ消滅シタリ、然ルニ乙者ハ之ヲ隱《カク》蔽シ矢張リ甲者ノ代理人タル如ク假裝《カソウ》シテ第三者タル丙者ヨリ甲者ガ貸金《カシキン》ニ對スル利息金ヲ受取リタル塲合ニ於テ丙者カ乙者ノ代理權消滅ノ事由ヲ知ラザル時ハ丙者ハ全ク善意《ゼンイ》ノ第三項デアルカラ甲者ハ乙者ガ代理權ノ消滅シタル原因《ゲンイン》ヲ以テ丙者ニ對抗スルコトハ出來ヌ、如何トナレバ斯ル塲合ニ於テハ必《カナ》ラズ甲者ヨリ丙者ニ乙者ノ代理權消滅《ダイリケンセウメツ》ノ通知ヲシナケバナラヌ筈デアル然ルニ此ノ通知ヲ爲サヽルハ甲者ノ過失《クワシツ》デアルカラ、乙者ノ爲シタル行爲《カウヰ》ヲ丙者ニ對シテ無效《ムカウ》トスルコトハ出來ヌ(本條前段)ケレドモ若シ丙者ガ乙者ノ破產宣告《ハサンセンコク》ヲ受ケタルコトヲ知リテ後ヲ利息金《リソクキン》ノ支拂ヲ爲シタル時ハ丙者ノ過失《クワシツ》デアルカラ、丙者ハ甲者ニ對シテ乙者ニ支拂タル利息金ヲ有效《イウコウ》トシテ甲者ニ對抗《タイコウ》スルコトハ出來ヌ(本條但書)ト定メタ

ノデアリマス

第百十三條　代理權《ダイリケン》ヲ有セサル者カ他人ノ代理人《ダイリニン》トシテ爲シタル契約《ケイヤク》ハ本人カ其追認《ツヒニン》ヲ爲スニ非サレハ之ニ對シテ其効力《コウリヨク》ヲ生セス

追認《ツヒニン》又ハ其拒絶《キヨゼツ》ハ相手方《アヒテカタ》ニ對シテ之ヲ爲スニ非《アラ》サレハ之ヲ以テ其相《アヒ》手方《テカタ》ニ對抗《タイコウ》スルコトヲ得ス但相手方カ其事實ヲ知リタルトキハ此限ニ在《ア》ラス

◎參看　舊民法財產取得編第二百五十條第貳項第壹號

〔註釋〕本條ハ代理權ナキ者ガ代理權《ダイリケン》アリトシテ爲シタル契約《ケイヤク》ノ効力ニ關シテ規定シタル條項デアツテ、其ノ意義ハ本人ニ於テ委託《ヰタク》セザルコトヲ委託ザレタリト稱《シヨウ》シテ他人ト契約ヲ取結《トリムス》ブ代理人アリトモ素《モト》ヨリ本人ノ知ラザルコトデアルカラ其ノ契約《ケイヤク》ノ本人ニ對シテ効力《コウリヨク》ナキハ論ヲ竢《マ》タズシテ明瞭《メイレウ》ナル所以デアル、ケレドモ若シ本人ガ別ニ委託《ヰタク》セザルコトデアルトモ其ノ契約ヲ追認《ツヒニン》シタル時ハ其ノ効力《コウリヨク》ヲ生ズルモノデアル、是第百十六條ノ如ク契約當初《タウシヨ》ニ於テ本人ガ別ニ意思表示ノナキ時デアルモ契約《ケイヤク》ノ終リタル後ヲ追認セバ契約當初ニ遡《サカノボ》リテ其ノ效力ヲ生ズルモノデアルト定《サダ》メタルト等《ヒト》シキ所以デアル（第一項）而《ソウ》シテ此ノ追認《ツヒニン》ハ本人ガ自ラ相手方ニ對シテ爲《セ》ナケレハナラヌ、又次條ノ手續《テツヾキ》ニ依リテ爲シタル拒絕《キヨゼツ》モ矢張《ヤハ》リ本人ガ自ラ相手方ニ對シテ爲ナケレハナラヌ、故ニ此ノ追認若クハ拒絕《キヨゼツ》ヲ代理人ニ對シテ爲シタル時ハ無效《ムカウ》デアル（第二項前段）ケレドモ相手方《アヒテカタ》ガ其事實ヲ知リタル時、例ハ甲者ノ名ヲ以テ乙者ト契約《ケイヤク》シタル丙者ノ行爲《カウヰ》ヲ甲者ガ丙者ニ對シテ追認スルモ前段ノ規定ニ依リ無效デアル、然シ丙者《ヘイシヤ》ニ於テ此ノ追認セシコトヲ乙者ニ通知シタルコト判然ト知リ得ベキ時ハ其效力ヲ生ズルモノデアル（第二項但書）是殆ンド甲者ガ乙者ニ爲シタルト等シキ所以《ワケ》デアルカラ有效ノモノト定メタノデアリマス

ス

第百十四條　前條《ゼンデウ》ノ場合ニ於テ相手方《アヒテカタ》ハ相當ノ期間ヲ定メ其期間内《キカンナイ》ニ追認《ツヒニン》ヲ爲スヤ否ヤヲ確答《カクタフ》スヘキ旨ヲ本人ニ催告《サイコク》スルコトヲ得若《モ》シ本人カ其期間内ニ確答《カクタフ》ヲ爲ササルトキハ追認ヲ拒絕《キヨゼツ》シタルモノト看做ス

〔註釋〕本條ハ追認、拒絕ノ場合ヲ規定《キテイ》シタル條項デアッテ、其ノ意義《イギ》ハ例ハ代理權《ダイリケン》ヲ有セ

ザル丙者ガ甲者ノ代理人デアルト僞《イツハ》リ乙者ト契約シタル場合ニ於テ相手方《アヒテカタ》タル乙者ハ相當ノ期間則《キカンスナハ》チ甲者ガ思考ノ餘裕《ヨイウ》アル七日トカ十日トカノ日限《ニチゲン》ヲ定メ本人タル甲者ニ對《タイ》シ丙者ト爲シタル契約ヲ追認《ツヒコン》スルヤ否七日若クハ十日ノ日限內ニ確答《カクタフ》セヨト催告スルコトガ出來ル、而《ソウ》シテ相手方タル乙者ガ本人タル甲者ニ對シ此ノ催告《サイコク》ヲ爲シタル場合ニ於テ其ノ日限內《ニチゲンナイ》ニ甲者ヨリ何ノ回答《クワイタフ》ヲモ爲サヽル時ハ甲者ニ於テ其ノ追認《ツヒコン》ヲ拒絶《キヨゼツ》シタルモノト看做《ミナ》スノデアリマス

第百十五條　代理權《ダイリケン》ヲ有セサル者ノ爲シタル契約《ケイヤク》ハ本人ノ追認《ツヒコン》ナキ間ハ相手方ニ於テ之ヲ取消《トリケ》スコトヲ得但契約ノ當時《タウシ》相手方カ代理權ナキコトヲ知リタルトキハ此限ニ在ラス

〔註釋〕本條ハ代理權《ダイリケン》ナキ者ト爲シタル契約《ケイヤク》ハ取消シ得《ウ》ベキモノデアルコトヲ規定《キテイ》シタル條項デアッテ、其ノ意議《イギ》ハ例ハ甲者ガ代理權《ダイリケン》ヲ有セザルニ代理權アリトシテ乙者ニ米《コメ》百石ヲ賣渡サムト契約《ケイヤク》シタル時相手方タル丙者ニ於テ乙者ガ甲者ノ代理人《ダイリニン》デアルト信《シン》ジテ之ヲ買取《カヒト》ラムト契約シタル場合ニ於テハ丙者ハ乙者ヲ甲者ノ代理人ト信ジテ爲シタル契約

デアルカラ取消《トリケ》スコトハ出來ヌ、ケレドモ契約《ケイヤク》ヲ爲シタル後《ノ》チ丙者ニ於テ乙者ハ甲者ノ代理人デハナイト謂《イ》フコトヲ知リタル時ハ假令《タトヘ》丙者ガ本人タル甲者ニ追認《ツヒコン》ノ催告ヲ爲シタル後デアルトモ甲者ヨリ確答《カクタフ》ヲ爲サザル以前《イゼン》デアレバ、自由《ジイウ》ニ其契約ヲ取消スコトガ出來ル（本條前段）ケレドモ丙者ガ契約《ケイヤク》ノ當時ニ於テ既ニ乙者ハ甲者ノ代理人《ダイリニン》デハナイト謂フコトヲ知リ居リタル時ハ一度《ド》甲者ニ催告《サイコク》シタル以上ハ甲者ニ於テ拒絶《キヨセツ》セザル限リハ取消スコトハ出來ヌ（本條但書）ト定メタノデアリマス

第百十六條　追認《ツヒコン》ハ別段ノ意思表示ナキトキハ契約《ケイヤク》ノ時ニ溯《サカノボ》リテ其効力ヲ生ス但第三者ノ權利《ケンリ》ヲ害スルコトヲ得ス

▲參看　舊民法財産編第五百五十七條

〔註釋〕本條ハ追認ノ效力ハ既往《キワウ》ニ溯《サカノボ》ルコトヲ規定シタル條項《デウコウ》デアッテ、其ノ意義ハ追認ハ契約ノ成立《ナリタ》チシ後ニ認ムルモノデアルカラ其ノ契約《ケイヤク》ノ效力ハ追認シタル時ニ生ズベキガ如ク疑フ者ナイトモ限《カギ》ラヌ、ケレドモ元來《グワンライ》追認《ツヒコン》ナルモノハ契約ノ成立《セイリツ》ヲ認ムルモノデアルカラ契約ノ成立《ナリタ》チタル當時ニ遡リテ效力ヲ生ズベキハ至當《シタウ》ノコトデアル（本條前段）ケレドモ爲メニ第三者ノ權利《ケンリ》ヲ害スルコトハ出來ヌ、例《タトヘ》バ甲者ガ乙者ノ代理人《ダイリニン》デアルト僞

リ乙者所有ノ米《コメ》百石《コク》ヲ丙者ニ賣渡《ウリワタ》サムト契約シタル後チ丙者ガ念《テン》ノ爲《タ》メ乙者ニ對シ甲者トノ契約ヲ追認《ツヒコン》スルヤ否ヲ催告シタルニ乙者ハ之ガ追認《ツヒコン》ヲ承諾シタリ然《シカ》ルニ其ノ米百石ハ乙者ガ丙者ノ追認催告ニ應《オウ》ジタル以前丁者ニ賣渡《ウリワタ》スノ契約ヲ爲シ居リタル時ハ如何《イカ》ニスルカ、原則上《ゲンソクジヤウ》ヨリ謂フ時ハ追認以前ニ爲《ナ》シタル丁者トノ契約ハ無效《ムカウ》デアル、ケレドモ本條但書ノ規定ニ依《ヨ》レバ有效ノモノデアルカラ、此《コ》ノ場合《バアヒ》ニハ乙者ハ丁者ニ對シテハ契約ヲ履行《リカウ》シテ米百石ヲ賣渡《ウリワタ》シ乙者ニ對シテハ損害賠償《ソンガイバイシヤウ》ノ責ヲ負ハナケレバナラヌ（本條但書）ト定《サダ》メタノデアリマス

第百十七條　他人《タニン》ノ代理人トシテ契約《ケイヤク》ヲ爲シタル者カ其代理權ヲ證明スルコト能ハス且本人《カツホンニン》ノ追認ヲ得サリシトキハ相手方《アヒテカタ》ノ撰擇《センタク》ニ從ヒ之ニ對シテ履行《リカウ》又ハ損害賠償《ソンガイバイシヤウ》ノ責《セン》ニ任ス前項《センカウ》ノ規定ハ相手方《アヒテカタ》カ代理權ナキコトヲ知リタルトキ若《モシ》クハ過失《クワシツ》ニ因リテ之ヲ知ヲサリシトキ又ハ代理人《ダイリニン》トシテ契約《ケイヤク》ヲ爲シタル者カ其能力《ソノノウリヨク》ヲ有セサリシトキハ之ヲ適用《テキヤウ》セス

▲參看　舊民法財產取得編第二百四十四條、既成商法第四十九條、第三百四十三條

〔註釋〕本條ハ代理權《ダイリケン》ナクシテ契約ヲ為シタル者ノ責任《セキニン》ヲ規定シタル條項デアッテ、其ノ意義ハ例バ甲者ガ乙者ニ對シ丙者《ヘイシヤ》ノ代理人デアルト稱《シヨウ》シ契約ヲ為シタル後チ乙者若クハ丙者又ハ裁判官等《サイバンクワントウ》ヨリ丙者ノ代理人タルコトヲ証明《シヨウメイ》セヨト質《タド》サレタル時甲者ガ丙者ノ代理人デアルト謂《イ》フ証明ヲスルコトガ出來ナイカ又ハ本人タル丙者ノ追認《ツヰニン》シナカッタ時ハ相手方タル乙者ニ於テ其ノ為シタル契約《ケイヤク》ノ甲者ニ拘《カヽ》ハラズ履行《リカウ》セヨト謂ハル丶モ又契約ハ取消スモ為ニ蒙《カウム》リタル損害ヲ賠償セヨト謂ハル丶モ甲者ハ之ヲ拒絶《キヨゼツ》スルコトハ出來ヌ、雙方《サウハウ》何レニデモ乙者ノ注文通リ履行《リカウ》スルノ責ヲ負《オ》ハナケレバナラヌ（第一項）ケレドモ相手方タル乙者ガ契約以前ニ甲者ハ丙者ノ代理人《ダイリニン》タル權限ノナイコトヲ知リ居ルカ又ハ其代理人デナイト謂フコトヲバ知《シ》ラザルモ少シク注意《チウイ》スレバ知リ得ラル丶ニ之ガ注意ヲ缺キタル過失ノ顯然《ケンゼン》タル場合デアルカ、又ハ代理人トシテ契約ヲ為シタル甲者ガ未《ミ》成年者《セイネンシヤ》瘋癲者《フウテンシヤ》、白痴《ハクチ》者《シヤ》、若クハ禁治產者、破《ハ》產者《サンシヤ》等ノ如キ無能力者《ムノウリヨクシヤ》デアル時ハ第一項ノ如キ責任ハナイモノデアル（第二項）ト定メタノデアリマス

第百十八條　單獨行為《タンドクカウヰ》ニ付テハ其行為ノ當時《タウジ》相手方《アヒテカタ》ガ代理人ト稱スル

者ノ代理權ナクシテ之ヲ爲スコトニ同意《ドウイ》シ又ハ其代理權ヲ爭《アラソ》ハサリシトキニ限リ前五條ノ規定ヲ準用《ジユンヨウ》ス代理權ヲ有セサル者ニ對シ其同意ヲ得テ單獨行爲《タンドクカウヰ》ヲ爲シタルトキ亦同シ

〔註釋〕本條ハ一方ニノミ義務《ギム》アル遺贈《ヰゾウ》ノ如キ單獨行爲ニ就テ規定《キテイ》シタル條項デアッテ、其ノ意義《イギ》ハ第百十三條ヨリ第百十七條マデノ規定ハ代理人ガ契約《ケイヤク》ヲ爲シタル場合ニ適用スルモノデアル則チ一方者ニ權利《ケンリ》ガ生ズレバ一方者ニ義務《ギム》ノ生ズベキ場合ニ適用スベキ條項《デウカウ》デアル、故ニ一方者ノミノ行爲《カウヰ》ヲ以テ契約ノ完全《クワンゼン》スベキ場合ニ於テハ其ノ行爲ノ當時例バ相手方《アヒテカタ》タル甲者ガ乙者ノ代理人《ダイリニン》デアルト稱スル丙者ニ代理權ガナイコトヲ承知《シヨウチ》シテ丙者ノ爲スコトニ同意《ドウイ》シタル場合カ若クハ甲者ガ丙者ニ乙者ノ代理人タル權限《ケンゲン》ノアルヤ否ヤノ爭《アラソ》ハナイ場合ガノ中何レカ一方ノ原因《ゲンイン》アリタル時ニ限リ前五條則《スナハ》チ第百十三條ヨリ第百十七條ニ至ル規定ヲ準用《ジユンヨウ》スルモノデアル、故ニ單獨行爲ノ場合デアッテモ前述シタル二個原因《コゲンイン》ノ一アレバ追認ノ有無ニ依《ヨ》ッテ其ノ效力如何《コウリヨクイカン》ヲ定メ若クハ追認スルヤ否ヤノ催告《サイコク》ヲ爲シ若クハ追認アル時ハ其ノ效力ヲ契約《ケイヤク》當時ニ遡《サカノボ》ラセ若クハ代理權ノ証明ヲ爲スコトノ出來ヌカ追認《ツヒニン》ヲ得ザルカノ場合ニハ契約ノ履行又ハ損害《ソンガイ》ノ責任《セキニン》アルコト代理人ガ契約ヲ爲シタル場合ト少シモ異《コトナ》ラヌモノデアル、又代理權ヲ有シテ居ラナイ者ニ對シ同意ヲ得テ單獨《タンドク》ノ行爲ヲ爲シタル時モ亦等シク第百十三條ヨリ第百十七條ノ規定《キテイ》ヲ準《ジユン》用《ヨウ》スルモノデアルト定メタノデアリマス

第四節　無効及ヒ取消

〔註釋〕本節ハ無效《ムカウ》ト取消ニ關スル通則《ツウソク》ヲ網羅《マウラ》シタルモノデアッテ、民法全編ノ各條項中《カクデウコウチウ》ニ規定シタル無效及ビ取消《トリケシ》カ如何ナル結果《ケツクワ》ヲ生ズルモノデアルカ又如何《イカ》ニ爲スコトノ出來ルモノデアルカト謂《イ》フ原則タル條項ヲ一團《ダン》トシテ集載《シフサイ》シタル一節《セツ》デアリマス

第百十九條　無効ノ行爲《カウヰ》ハ追認ニ因リテ其效力ヲ生《シヤウ》セス但當事者カ其無効ナルコトヲ知リテ追認《ツヒニン》ヲ爲シタルトキハ新《アラタ》ナル行爲ヲ爲シタルモノト看做《ミナ》ス

參看　舊民法財產編第五百五十八條

〔註釋〕本條ハ無效《ムカウ》ノ行爲ハ何處《ドコ》マデモ無効デアルコトヲ規定《キテイ》シタル條項デアッテ、其ノ意

義ハ元來始メヨリ無効《ムカウ》デアル行爲ハ當初《タウショ》ヨリ成立シナイ行爲ヲ後《ノチ》ニ認《ミト》ムレバトテ有効ト成ル可キ道理《ダウリ》ハ徹頭徹尾《テツトウテツビ》ナキモノデアルカラ無効ノ行爲《カウ井》ハ追認ニ因ツテ其ノ効力ノ生ズベキモノデハナイト定《サダ》メタノデアル、無効ノ行爲トハ則《スナハ》チ第九十條ノ規定《キテイ》ニ依ツテ無効ト定メタルガ如ク某《バウ》ヲ殺《コロ》セバ汝ニ金幾百圓テ與《アタ》フベシト約《ヤク》シタル場合或ハ第九十五條ノ規定《キテイ》ニ依ツテ無効ト定メタルガ如ク法律行爲ノ要素《エウソ》ニ錯誤《サクゴ》アル等ヲ謂フモノデアル、ケレドモ又法律上無効デアルコトヲ知《シ》リナガラ追認《ツヒニン》スルコトノナイトモ限《カギ》ラヌモノデアル例《タトヘ》バ登記ヲ經ナケレバ無効デアル土地《トち》、建物、賣買ノ場合《バアヒ》ニ於テ後日登記ヲ爲《ナ》スコトヲ追認シタル時ハ更《サラ》ニ其ノ法律行爲ヲ爲《ナ》シタルモノト見做《ミナ》スモノデアルカラ其効力ハ登記ヲ爲《ナ》シタル月ヨリ生《シヤウ》ズルモノト定メタノデアリマス

第百二十條　取消《トリケ》シ得ヘキ行爲ハ無能力者若クハ瑕疵《カシ》アル意思表示ヲ爲シタル者、其代理人《ダイリニン》又ハ承繼人ニ限リ之ヲ取消《トリケ》スコトヲ得

妻カ爲シタル行爲《カウ井》ハ夫モ亦之ヲ取消スコトヲ得

▲參看　舊民法人事編第七十二條、第二項財産編第三百十九條第一項、

〔註釋〕本條ハ一度爲《タセ》シタル行爲ヲ取消《トリケ》スコトノ出來ル場合ニ於《オイ》テハ何人ナレバ取消シ得ベキモノデアルカト謂フ其ノ取消《トリケ》シ得ヘキ人ヲ規定《キテイ》シテ其ノ人ヲ左ノ五種ニ區別《クベツ》シタル條項デアル

第一　無能力者　例バ第四條ニ規定《キテイ》シタル未成年者又ハ第九條ニ規定シタル禁治產者《キンヂサンシヤ》等ヲ謂フ

第二　瑕疵アル意思表示ヲ爲シタル者　例バ第九十六條ニ規定シタル詐欺《サギ》又ハ强迫《キヤウハク》ニ依リ意思《イシ》ヲ表示シタルガ如キ意思表示ニ瑕疵《カシ》アルヲ謂フ

第三　無能力者及ビ瑕疵アル意思表示ヲ爲シタル者等ノ代理人　例ハ未成年者《ミセイチンシヤ》ノ法定代理人、禁治產者ノ後見人《コウケンニン》、準禁治產者ノ保佐人《ホサニン》ヲ謂フ

第四　承繼人　例ハ先人《センジン》ノ家督《カトク》ヲ承《ウ》ケ繼《ツ》クベキ相續人ヲ謂フ（以上第一項）

第五　夫　例ハ第十四條ニ規定《キテイ》シタルガ如ク夫《ヲツト》アル妻ハ或場合ニ於テハ夫ノ許可《キヨカ》ヲ得ナケレハ法律行爲ヲ爲《ナ》スコトノ出來《デキ》ナイモノデアルカラ其ノ許可ヲ得《エ》ナケレハナラヌ事項ニ對シテハ夫ハ取消權《トリケシケン》ヲ有スルモノデアル（第二項）ト定メタノデアリマス

第百二十一條　取消シタル行爲《カウヰ》ハ初ヨリ無効《ムカウ》ナリシモノト看做《ミナ》ス但無

能力者ハ其《ソノ》行爲《カウヰ》ニ因リテ現ニ利《リ》益《エキ》ヲ受クル限《ゲン》度《ド》ニ於テ償還《シヤウクワン》ノ義務ヲ負フ

△參看　舊民法財産編第五百五十二條

〔註釋〕本條ハ取消行爲ノ無効《ムカウ》ナルコト、其ノ結果トヲ規定シタル條項《デウコウ》デアッテ、其ノ意義ハ總テ行爲ノ原因《ゲンイン》ガ取消スベキモノデアルカ叉ハ法定上取消シ得《エ》ラルベキ行爲《カウヰ》デアル時ハ其ノ行爲《カウヰ》ハ初《ハシ》メヨリ成立《ナリタ》ツベキモノデハナイ、故ニ取消《トリケ》シタル行爲ハ初メヨリ無効デアッテ、全ク行爲《カウヰ》ナカリシモノト看做《ミナ》スノデアル、例ハ甲者ガ乙者ニ物品《ブッピン》ヲ賣渡シ乙者ハ其ノ物品ヲ甲者ヨリ買受《カヒウ》ケタルモ其ノ賣買行爲ガ取消《トリケ》スベキ行爲デアッテ何《イヅ》レカ一方者ヨリ之ヲ取消シタル時ハ其ノ初《ハシ》メニ遡《サカノボ》リテ無效トナルモノデアルカラ甲者ハ乙者ヨリ買受ケタル物品ヲ甲者ニ返還《ヘンクワン》シ乙者ハ甲者ヨリ受取《ウケト》リタル物品ノ代金全部《ダイキンゼンブ》ヲ甲者ニ返還シナケレハナラヌ（本條前段）ケレドモ其ノ取消《トリケ》シタル行爲ガ一方無能力者デアル時《トキ》ハ其ノ行爲ニ因《ヨ》リテ現ニ利益《リエキ》ヲ受クル限度ニ於テ償還《シヤウクワン》ノ義務ヲ負《オ》フモノデアル、例バ甲者ガ幼者《エウシヤ》タル乙者ヨリ物品ヲ買受《カヒウ》ケ其ノ代金ヲ支拂《シハラ》ヒタルニ幼者ノ法定代理人ハ法定原因ニ依リ其ノ賣買ヲ取消《トリケ》シタル時ハ無能力者タル乙者ハ代金《ダイキン》ノ存《ソン》スル限リヲ返還《ヘンクワン》スレバヨイノデアル、則チ金百圓ヲ受取《ウケト》リ其ノ中金五十圓チ費消《ヒセウ》シタル時若シ成年者《セイネンシヤ》デアレバ金百圓ノ全部ヲ返還《ヘンクワン》シナケレバナラヌ、ケレドモ幼者《エウシヤ》デアレバ利益チ受クル限度《ゲンド》チ返還スレバヨイノデアルカラ殘金《ザンキン》五十圓サヘ返還《ヘンクワン》スレバヨイ(本條但書)是法律上幼者《エウシヤ》ヲ保護《ホゴ》スル所以《ワケ》デアリマス

第百二十二條　取消シ得ヘキ行爲《カウヰ》ハ第百二十條ニ掲《カヽ》ケタル者カ之ヲ追認シタルトキハ初《ハジメ》ヨリ有効《イウカウ》ナリシモノト看做《ミナ》ス但第三者ノ權利《ケンリ》ヲ害スルコトヲ得ス

參看　舊民法財産編第三百二十條、第五百五十四條、第五百五十七條

〔註釋〕本條ハ取消《トリケ》シ得ベキ行爲モ追認《ツヒニン》ニ因テ有効ト成ル場合《バアヒ》ト其ノ結果ニ就テ規定《キテイ》シタル條項デアッテ、其ノ意義ハ前條《ゼンデウ》ニ規定シタル如ク取消シ得ベキ行爲《カウヰ》デアルトモ第百二十條ニ掲《カヽ》ゲタル者ガ追認《ツヒニン》スル時ハ有效《イウカウ》ト變ズルモノテアル、例バ未成年者ノ爲シタル行爲ハ無數デアルモ其法定代理人ガ之チ追認シ又ハ準禁治產者《ジユンキンヂサンシヤ》ノ爲シタル行爲チ其ノ保佐《ソ》人ガ追認スレバ法律上無効デアル行爲モ完成《クワンセイ》トナリ初メヨリ缺点《ケツテン》ナキ有效ノ行爲ト成《ナ》ルモ

ノデアル(本條前段)ケレドモ若シ其ノ行爲《カウヰ》ヲ追認スル以前其ノ目的物《モクテキブツ》ガ第三者タル他人ノ手ニ渡《ワタ》リタル後デアルカ若クハ其ノ物ノ權利《ケンリ》ガ第三者ニ移《ウツ》リタル時ハ追認ヲ以テ其ノ第三者ヲ害スルコトハ出來《デキ》ヌ(本條但書)是レ第百十六條ニ規定《キテイ》シタル法文ノ精神《セイシン》ト相等シキモノデアルカラ該條《ガイデウ》註釋《チウシヤク》ヲ再讀セバ尚ホ詳細《シヤウサイ》ヲ知ルコトガ出來マス

第百二十三條　取消シ得ヘキ行爲ノ相手方《アヒテカタ》カ確定セル場合ニ於テ其取消又ハ追認《ツヒニン》ハ相手方ニ對スル意思表示《イシヘウジ》ニ依リテ之ヲ爲ス

〔註釋〕本條ハ取消ト追認ノ方法《ハウハフ》ヲ規定シタル條項《デウコウ》デアッテ、其ノ意義ハ元來法律行爲ノ取消ト追認ハ相手方《アヒテカタ》ヨリ請求セラレテ爲スコトモアリ又自已《ジコ》ヨリ進ムデ請求《セイキウ》スルコトモアルカラ其場合一定スルコトナキモノデアル、故ニ法律行爲ヲ取消《トリケ》スモ又追認スルモ相手方ニ申込《マチシコ》ミノ意思ヲ表示《ヘウジ》スルニ依リテ之ヲ爲スモノデアル、例バ甲者ガ乙者ニ對《タイ》シテ法律行爲ノ取消シ又ハ追認ヲ請求《セイキウ》シタル時ハ甲者ノ意思表示ニ依《ヨ》ッテ爲スモノデアル、又乙者ガ甲者ニ對《タイ》シテ法律行爲ノ取消シ又ハ追認《ツヒニン》ヲ請求シタル時ハ乙者ノ意思表示ニ依ッテ爲スモノデアルト定メタノデアリマス

第百二十四條　追認ハ取消ノ原因《ゲンイン》タル情況ノ止ミタル後チ之ヲ為スニ非サレハ其効《ソノカウ》ナシ
禁治産者カ能力《ノウリヨク》ヲ回復シタル後其行為ヲ了知《レウチ》シタルトキハ其了知シタル後ニ非サレハ追認《ツヒニン》チ為スコトチ得ス
前二項ノ規定《キテイ》ハ夫又ハ法定代理人カ追認《ツヒニン》ヲ為ス場合ニハ之ヲ適用セス

参看　舊民法財産編第五百五十四條

〔註釋〕本條ハ追認ノ效力《クワリヨク》ガ生ズベキ時ニ關スル規定《キテイ》デアッテ其ノ意義ハ元來追認ナルモノハ取消シ得ベキ行為ヲ成立《セイリツ》セシメテ有效タラシムルモノデアルカラ、必《カナ》ラズ取消スベキ原因《ゲンイン》タル情況ノ止《ヤ》ミタル後ニ於テ追認シナケレバ其ノ效力ノ生《シヤウ》ズベキモノデハナイ、如何トナレバ例《タト》ヘバ未成年者ト取結《トリムス》ビタル契約チ其ノ未成年者カ未《イマ》ダ成年《セイチン》トナラナイ以前ニ追認スルモ矢張《ヤハ》リ幼者ノ行為デアッテ取消《トリケ》スベキ原因ノ存《ソン》シ居ル時デアルカラ、追認スルノ必要《ヒツエウ》ハナイモノデアル（第一項）又禁治産ノ宣告《センコク》チ受ケタル者ガ追認《ツヒニン》シテ其ノ效力ヲ生ズベキ場合ハ必ラズ禁治産者ガ其ノ宣告《センコク》ヲ取消シ全ク能力者トナリタル後《ノ》チ追認スベキ事項ハ自己《ジコ》ノ爲シタル行爲ヲ相違《サウヰ》ナイト確知《カクチ》シタル後ニ追認シナケレバナラヌ、故ニ禁治産者ガ其ノ宣告ヲ取消《トリケ》シ全ク能力ヲ回復《クワイフク》シタル後デアルトモ追認スベキ事項《ジコウ》ハ自己ノ爲シタル行爲ニ相違《サウヰ》ナイト謂フコトヲ確《タシカ》ニ知リ得サル以前ニ於テハ追認《ツヒコン》スルコトハ出來ヌ（第二項）而《ソウ》シテ以上、第一、第二、兩項《リヤウコウ》ノ規定ハ妻ノ行爲ニ就《ツイ》テハ夫、未成年者、禁治産者等ニ於テハ法定代理人ガ追認スル場合ニハ適用《テキヨウ》スルコトハ出來《デキ》ヌノデアル、如何トナレバ法定代理人ハ別《ベツ》ニ本人ガ、第一、第二ノ時期《ジキ》ニ至ルヲ俟《マ》ツ必要ナク何時《ナンドキ》ニテモ追認ノ出來《デキ》ルモノデアルカラ、斯クハ注意《チユイ》ノ項（第三項）ヲ加ヘタノデアリマス

第百二十五條　前條ノ規定《キテイ》ニ依リ追認ヲ爲スコトヲ得ル時ヨリ後取消シ得ヘキ行爲《カウヰ》ニ付キ左ノ事實アリタルトキハ追認ヲ爲シタルモノト看做《ミナ》ス但異議《イギ》ヲ留《ト》メタルトキハ此限ニ在ラス

一　全部《ゼンブ》又ハ一部ノ履行《リカウ》

二　履行ノ請求《セイキウ》

三　更改《カウカイ》

四　擔保ノ供與《キヨウヨ》

五　取消シ得ヘキ行爲《カウヰ》ニ因リテ取得《シユトク》シタル權利ノ全部《ゼンブ》又ハ一部ノ讓《ユヅリ》渡《ワタシ》

六　强制執行《キヤウセイシツカウ》

△參看　舊民法財産編第五百五十六條

〔註釋〕本條ハ默止《モクシ》ノ追認ト看做ス場合ヲ規定《キテイ》シタル條項デアッテ、默止ノ追認《ツヒニン》トハ本人ガ明《アキ》ラカニ追認シタルモノデハナイガ事實《ジヽツ》ニ依テ追認シタルモノト法律上推定《スヰテイ》シタルモノデアル、故ニ前第百二十四條ノ規定《キテイ》ニ依リテ追認スルコトノ出來《デキ》ル時則チ取消ノ原因《ゲンイン》タル情況ノ止《ヤ》ミタル後若クハ禁治産者ガ能力ヲ回復《クワイフク》シテ其ノ行爲ヲ了知《レウチ》シタル時ヨリ後、取消シ得ベキ行爲《カウヰ》ニ就テ左ニ列擧《レツキヨ》シタル事實ノ一個條件《デウケン》デモアル時ハ、追認シタルモノト看做《ミナ》スノデアル（本條前段）ケレドモ是レ法律上ノ推定《スヰテイ》デアルカラ全ク追認シタルモノト確定《カクテイ》スルコトハ出來ヌ故ニ若シ左ニ列擧スル事實ノ一個條件アリタル時デアッテモ追認者ガ異議《イギ》ヲ留メタル時、則チ追認者ガ其ノ條件ニ對《タイ》シテ取消ヲスルト謂《イ》フカ如クハ決シテ追認スルコトハ出來ヌト言葉《コトバ》ヲ殘《ノコ》シタル時ハ默示《モクシ》ノ追認ヲ爲シタルモノト看做《ミナ》スコトハ出來ヌ（本條但書）而《ソウ》シテ本條ニ列擧《レッキョ》シタル默示ノ追認ヲ成立《セイリツ》スル事實條件トハ左ノ六個デアル

第一　全部又ハ一部ノ履行　例バ金千圓ヲ借《カ》リタル未成年者ガ成年《セイテン》ト成リタル後チ債權者ノ請求ニ應ジ其ノ金千圓ノ全額ヲ辨濟《ベンサイ》スルカ若クハ其ノ半額金五百圓ノ辨濟ヲ爲《テ》シタル時ハ假令《タトヘ》明カニ追認ハセザルモ債務《サイム》ヲ辨濟シタル以上ハ債權ヲ追認シ居ル者ニ相違ナイコトハ明瞭《メイレウ》デアル、故ニ此ノ場合ニ於テハ默止《モクシ》ノ追認ト看做スノデアル

第二　履行ノ請求　例バ甲者ハ乙者ノ欺罔《ギマウ》ニ遭ヒ鍍金瓶《メツキンガメ》ヲ金瓶ト僞《イツ》ハラレ金員ヲ詐取《サシユ》セラレタル場合《バアヒ》ニ於テ甲者ガ其ノ鍍金瓶ノ引渡《ヒキハタ》シヲ乙者ニ請求シタル時ハ乙者ノ欺罔《ギマウ》ヲ甘ジテ追認シタルニ相違《サウ井》ナイコトハ自《オノヅカ》ラ明瞭デアル所以《ユエン》デアルカラ斯ル場合ハ法律上默止《モクシ》ノ追認ヲ爲シタルモノト看做スノデアル

第三　更改　例バ甲者ガ禁治産者《キンヂサンシヤ》タル乙者ニ金百圓ヲ貸與《カシアタ》ヘ後チ禁治産者ガ其ノ宣告ヲ取消《トリケ》シ全ク能力ヲ回復シタル時甲者ガ乙者ヨリ金側時計《キンガハトケイ》ヲ金百圓ニテ買取ル契約《ケイヤク》ヲ爲シ其ノ代金ノ代リニ曩《サ》キノ貸金証書ヲ乙者ニ引渡スガ如ク貸金《カシキン》ガ賣買代金ト更改《カウカイ》シタ

ル時ハ法律上默止《モクシ》ノ追認《ツヒニン》アリタルモノト看做スノデアル

第四　擔保ノ供與例バ未成年者ガ成年ト成《ナ》リタル時未成年中ニ借入レタル金額ニ對《タイ》シ抵當品ヲ差入レ若《モシ》クハ更ニ保證人ヲ立ツルガ如ク擔保ノ拱撰《キヤウコウ》ヲ爲シタル時ハ之ヲ法律上ニ於テ默止ノ追認ヲ爲シタルモノト看做《ミナ》スノデアル

第五　取消シ得ベキ行爲ニ因リテ取消シタル權利ノ全部又ハ一部ノ讓渡例バ未成年者タル甲者ガ乙者ヨリ家屋《カオク》ヲ買取ルノ契約ヲ爲シ其ノ代金《ダイキン》ヲ乙者ニ引渡《ヒキワタ》シタリトスレバ此ノ契約ハ取消《トリケ》シノ出來ルモノデアル故ニ甲者ハ成年《セイネン》ト成リタル時之ガ取消シヲ爲シタルモ其ノ家屋《カオク》ハ取消シ前既ニ甲者ヨリ丙者ニ其ノ家屋ノ全部《ゼンブ》若クハ一部ヲ讓《ユツ》リ渡《ワタ》シ居ル時ハ法律上默止ノ追認《ツヒニン》アリタルモノト看做《ミナ》スノデアル

第六　強制執行例バ公正證書若クハ假執行《カリシツカウ》若クハ確定判決ニ因リテ強制執行《キヤウセイシツカウ》ヲセラレタル時異議《イギ》ノ申立ヲ成サス甘《アマ》ンジテ其ノ強制ヲ受ケタル時ハ法律上默止ノ追認アリタルモノト看做《ミナ》スノデアル

以上列擧《イシヤウレツキヨ》シタル六個條件ノ一個ガ起《オコ》リタル時之ニ對シテ異議《イギ》ノ申立《マウシタテ》ヲ爲サヾル時ハ總テ追認ヲ爲シタルモノト看做《ミナ》スノデアル、如何《イカン》トナレバ若シ追認セザルモノデアレバ宜《ヨロ》シク異議ヲ留《トヾ》メナケレバナラヌ筈《ハヅ》デアル然ルニ之ヲ爲サヽルハ追認《ツヒニン》シタルガ爲デアルト推定スルモ不當《フタウ》デハナイ、又實際《ジツサイ》ニ於テモ追認セザレバ異議《イギ》ヲ止ムルハ當然《タウゼン》ノコトデ追認セザルニ異議ヲ留《トヾ》メズ甘《アマ》ンジテ自ラ默止《モクシ》スル者ハ先《マ》ヅ稀《マレ》デアル、故ニ以上六個條件ノ一個ガ起リタル場合《バアヒ》ニ異議ヲ留レバ、格別《カクベツ》若シ異議ヲ留メナイ時ハ總《スベ》テ默止中ニ追認《ツヰニン》シタルモノト看做スノデアリマス

第百二十六條　取消權ハ追認《ツヰニン》ヲ爲スコトヲ得ル時ヨリ五年間《ネンカン》之ヲ行ハサルトキハ時効《ジカウ》ニ因リテ消滅《セウメツ》ス行爲ノ時ヨリ二十年ヲ經過《ケイクワ》シタルトキ亦同シ

△參看　舊民法人事編第七十三條、財產編第五百四十四條乃至第五百四十六條

〔註釋〕本條ハ取消權ノ消滅時效《セウメツジカウ》ヲ規定シタル條項デアツテ、其ノ意義《イギ》ハ取消權ヲ有スル者ガ永遠《エイヱン》其ノ權利ヲ行ハザルハ全ク取消《トリケ》サウトノ意思《イシ》ナキモノデアラウト推定《スヰテイ》スルコトガ出來ルカラ、法律ハ取消權ヲ有《イウ》スル者ガ追認ノ出來ル時則チ第百二十四條規定《キテイ》ノ時ヨリ五年ノ間取消シノ權利《ケンリ》ヲ行使《カウシ》シナイ時ハ其ノ取消權ハ時效《ジカウ》ニ因ツテ消滅スルカラ五年後ニハ取消權ヲ行使《カウシ》スルコトハ出來ヌ、又行爲アリタル者則チ契約《ケイヤク》ヲ爲シタル時《トキ》ヨリデア

レバ二十年ヲ經過《ケイクワ》スレバ取消權ハ時效《ジカウ》ニ因ツテ消滅スルカラ二十年後ニハ取消權ヲ行使スルコトハ出來ヌノテアル而《ソウ》シテ此ノ時效ノ説明《セツメイ》ハ第百四十四條以下ニ於テ詳述《シヤウジユツ》スレバ茲ニハ解義《カイギ》スルヲ止メマスカラ該條ノ説明ニ就テ會得《エトク》セラルベシ

第五節　條件及期限

(註釋)本節ハ條件《デウケン》ト期限ト謂フ二個ノ文字ハ民法全編ニ於テ往々《ワウ〳〵》掲記《ケイキ》スル所ノモノテアルカラ、其ノ條件ノ種類《シユルヰ》若クハ期限ノ始期ト終期《シウキ》及ビ期限ノ利益《リエキ》等ヲ各條ニ於テ一々明記スルハ煩《ハン》ニ過《ス》グル虞レアレバ是等ノ事ヲ規定《キテイ》シタル條項ヲ茲ニ網羅《マウラ》シ之ヲ全編ニ於ケル條件ト期限ノ通則《ツウソク》ト定メタノテアリマス

第百二十七條　停止《テイシ》條件《デウケン》附法律行爲ハ條件成就ノ時ヨリ其効力ヲ生ス
解除條件附法律行爲ハ條件《デウケン》成就《ジヤウジユ》ノ時ヨリ其効力ヲ失フ當事者《タウジシヤ》カ條件成就ノ効果《カウクワ》ヲ其成就以前ニ遡《サカノボ》ラシムル意思ヲ表示シタルトキハ其意思ニ從フ

▲參看　民法財産編第四百八條、第四百九條

〔註釋〕本條ハ條件ノ種類《シユルヰ》ニ應シテ其效力ト效果《カウクワ》ヲ規定シタル條項デアッテ、其ノ意義ハ元來條件トハ未來《ミライ》若クハ不確定ノ事項ヲ附《フ》シテ、法律行爲ヲ爲スモノデアル、而《ソウ》シテ停止條件トハ例バ甲者ガ乙者ニ約《ヤク》スルニ予ハ臺灣《タイワン》ニ行カナケレバナラヌ故ニ臺灣《タイワン》ヨリ歸リ來レバ直チニ汝ノ土地《トチ》ヲ買取ルベシト契約《ケイヤク》スル法律行爲ヲ停止條件附ト謂《イ》フ、又解除條件トハ停止條件《テイシデウケン》ノ正反對デアッテ、例バ甲者ガ乙者ニ約《ヤク》スルニ予ガ臺灣《タイワン》ニ行クコトナレバ汝ヨリ買取《カヒト》リタル家屋ハ汝ニ賣戻《ウリモド》ズベシト契約スル法律行爲ヲ解除條件附《カイヂヨデウケンツキ》ト謂フノデアル、故ニ停止條件附ノ法律行爲デアレバ其ノ停止條件《テイシデウケン》ガ成就シナケレバ其ノ效力《カウリヨク》ハ生ジナイモノデアル、則チ甲者ガ臺灣《タイワン》ニ行キテ歸《カヘ》リ來《キタ》レバ乙者ガ爲シタル土地《トチ》ノ賣買契約ハ其ノ效力ヲ生《シヤウ》ズレドモ若シ甲者ガ臺灣ヨリ歸リ來ラザル時《トキ》ハ其ノ效力ハ生ジルモノデハナイ（第一項）又解除條件附法律行爲デアレバ條件成就《デウケンジヤウジユ》ノ時ヨリ效力ヲ失《ウシナ》フモノデアル、則チ甲者ガ臺灣《タイワン》ヘ行ケバ甲者ト乙者ノ間《アヒダ》ニ成立チタル賣買契約ハ效力ノナキモノテ成《ナ》リテ乙者ハ甲者ヨリ一度《ド》賣リタル家屋《カオク》デモ買戻サナケレバナラヌノデアル（第二項）而《ソウ》シテ以上第一、第二ノ場合《バアヒ》ニ於ケル條件成就ノ效果《カウクワ》ハ甲者ガ乙者ト契約《ケイヤク》シタル日ニ遡《サカノボ》リテ生ズベキモノデアルカ又ハ條件成就ノ日ニ生《シヤウ》ズベキモノデアルカト謂フニ當事《タウジ》者《シヤ》ガ條件成

就ノ效果ヲ契約當時《ケイヤクタウジ》ニ遡ラサムトノ意思《イシ》ヲ互ヒニ表示スレバ契約當時ニ條件《デウケン》ノ成就シタル效果ヲ生《シヤウ》ズルモノト定メタノデアル、故ニ若シ當事者《タウジシヤ》ガ其意思ヲ表示シナイ時ハ無論條件成就ノ時ヲ以テ效果《カウクワ》ノ生ズベキモノデアル（第三項）ト定メタノデアリマス

第百二十八條　條件附法律行爲《ハフリツカウヰ》ノ各當事者ハ條件ノ成否未定《セイヒミテイ》ノ間ニ於テ條件ノ成就ニ因リ其行爲ヨリ生《シヤウ》スヘキ相手方ノ利益《リエキ》ヲ害スルコトヲ得ス

〔註釋〕本條ハ當事者《タウジシヤ》ガ互ヒニ利益ヲ害《ガイ》スルコトヲ禁ジタル條項《デウコウ》デアツテ、其ノ意義《イギ》ハ例バ甲者ガ乙者ニ對シ予《ヨ》ハ汝ガ學士ト成《ナ》リテ學位《ガクヰ》ヲ受クルマデハ毎月《マイゲツ》幾十圓ノ學資金《ガクシキン》ヲ給付スベシ故ニ學位ヲ受《ウ》ケタル後ハ其ノ學資《ガクシ》ノ給付ヲ廢止《ハイシ》スベシト解除條件附デアル時ハ乙者ガ學位《ガクヰ》ヲ受ケテ學士ト成リタル場合《バアヒ》ニハ乙者ハ不利益ヲ受《ウ》クルモノデアツテ甲者ハ爲ニ利益ヲ受《ウ》クルモノデアル、之《コレ》ニ反《ハン》シ乙者ガ何時マデモ學位《ガクヰ》ヲ受ケナケレバ乙者ハ利益ヲ受クルモ甲者ハ不利益《フリエキ》デアル、故ニ甲者ハ乙者ガ條件ノ未成否未定中《ミセイヽナミテイチウ》ニ其ノ學資金給付ノ不利益ヲ免《マヌ》カルヽ爲メ自ラ無資力《ムシリヨク》ノ地位ヲ作《ツク》リテ相手方タル乙者ノ利益《リエキ》ヲ害スルコ

トハ出來《デキ》ヌ、又乙者ハ學士ト成リテ學位《ガクヰ》ヲ受クレバ學資金ノ給付ヲ得ルコトガ出來《デキ》ヌカラ故《コトサ》ラニ學位ヲ受ケズシテ相手方タル甲者ガ學資金《ガクシキン》給付ヲ免ルヽ利益《リエキ》ヲ害スルコトハ出來《デキ》ヌト定メタノデアリマス

第百二十九條　條件ノ成否未定《セイヒミテイ》ノ間ニ於ケル當事者《トウジシヤ》ノ權利義務ハ一般ノ規定《キテイ》ニ從ヒ之ヲ處分《シヨブン》、相續《ソウゾク》、保存《ホゾン》又ハ擔保スルコトヲ得

▲參看　舊民法財産編第四百十條、第四百十七條、第四百二十五條

〔註釋〕本條ハ條件附法律行爲ニ就《ツイ》テ一般ノ規定ニ從ヒ得ベキ場合ヲ規定《キテイ》スベキ條項デアツテ其ノ意義《イギ》ハ停止條件附ノ場合ニ付キ一例ヲ擧《ア》グレバ甲者ガ乙者ニ對シ予ガ朝鮮《テウセン》ニ渡航スルトキハ予ガ住居スル家屋《カオク》ハ汝ニ賣渡スベシト停止條件附ヲ以テ契約《ケイヤク》スルモ甲者ガ朝《テウ》鮮《セン》ニ渡航スルマデハ其ノ家屋ハ甲者ニ於テ所有權《シヨユウケン》アルモノデアルカラ他人《タニン》ニ貸與ヘルモ、其ノ子ノ名義《メイギ》ニ切換ヘ相續サスルモ、他人ニ抵當《テイトウ》トシテ金員ヲ借リルモ其《ソ》ハ甲者ノ自由デアル、故ニ解除條件附《カイジヨジヨウケンツキ》ノ場合ニアツテモ甲者ガ乙者ト約《ヤク》シタル條件ガ成就《ジヤウジユ》セヌ以前ニ在テハ停止條件附ノ場合ト等《ヒト》シク甲者ニ於テモ乙者ニ於《オイ》テモ自己《ジコ》ノ有スル權利ト負《オ》フベキ義務ハ一般ノ規定《キテイ》ニサヘ背《ソム》カヌ限リハ之ヲ處分スルモ相續サセルモ保存《ホゾン》スルモ擔保

トスルモ皆开《ミナソ》ハ當事者タル甲乙丙者ガ互ヒニ自由《ジイウ》ニ爲シ得ラル丶モノデアルト定《サダ》メタノデアリマス

第百三十條　條件ノ成就《ジヤウジユ》ニ因リテ不利益《フリエキ》ヲ受クヘキ當事者カ故意《コイ》ニ其條件ノ成就ヲ妨《サマタ》ケタルトキハ相手方《アヒテガタ》ハ其條件ヲ成就シタルモノト看《ミ》做《ナ》スコトヲ得

▲參看　舊民法財産編第四百十四條

〔註釋〕本條ハ條件ガ成就《ジヤウジユ》セザルモ法律上成就シタリト看做《ミナ》スベキ塲合《バアヒ》ヲ規定シタル條項デアッテ、其ノ意義《イギ》ハ停止條件附法律行爲ノ上ニ就テ謂ヘバ例《タト》ヘバ甲者ガ乙者ニ對《タイ》シ予ハ今丙者ノ所持《シヨヂ》スル時計ヲ買《カ》ハウト思フニ付若シ丙者ヨリ時計《トケイ》ヲ買取レバ予《ヨ》ガ所持スル時計ハ五十圓ノ價格アルモ十圓ニテ汝《ナンジ》ニ賣渡スベシト契約シタル後《ノ》チ甲者ハ乙者ニ約シタル賣買契約ノ不利益ヲ覺《サト》リ故意ニ之ヲ丁者ニ賣渡シテ其ノ停止條件ノ成就ヲ妨《サマ》ゲタル時ハ乙者ハ甲者ニ對シテ金十圓ヲ提供《テイキヨウ》シテ其シ時計ヲ買取ラムト請求《セイキウ》スルコトガ出來ル、又解除條件附法律行爲ノ上ニ就テ謂《イ》ヘバ甲者ガ乙者ニ時計ヲ賣渡《ウリワタ》シ若シ乙者ニ於《オイ》テ丁者ノ時計ヲ讓《ユヅ》リ受ケタル時ハ此ノ賣買ハ解除スベシト約《ヤク》シタル時甲者ハ解除セラルヽコトヲ慮カリ故意ヲ以テ丙者ノ時計ヲ自己ニ讓リ受ケテ此ノ條件ノ成就ヲ妨《サマ》ゲタル時ハ乙者ハ甲者ニ買受ケタル時計ヲ返還《ヘンクワン》シテ曩ニ支拂ヒタル代金ノ取戻《トリモド》シヲ爲スコトガ出來ルモノデアル最《モット》モ以上何レノ場合ニ於テモ原告《ゲンコク》ノ位置ニ立ツ者ヨリ証據ヲ立テナケレバナラヌノデアリマス

第百三十一條　條件カ法《ハフ》律《リツ》行《カウ》爲《ヰ》ノ當時既ニ成就セル場合《バアヒ》ニ於テ其條件カ停《テイ》止《シ》條《デウ》件《ケン》ナルトキハ其法律行爲ハ無條件トシ解除條件ナルトキハ無効トス

條件ノ不《フ》成《ジヤウ》就《ジユ》カ法律行爲ノ當時既ニ確《カク》定《テイ》セル場合ニ於テ其《ソノ》條《デウ》件《ケン》カ停止條件ナルトキハ其法律行爲ハ無《ム》効《カウ》トシ解除條件ナルトキハ無條件トス

前二項ノ場合《バアヒ》ニ於テ當事者カ條件ノ成就又《マタ》ハ不成就ヲ知《シ》ラサル間ハ

第百二十八條及ヒ第百二十九條ノ規定《キテイ》ヲ準用《ジユンヨウ》ス

〔註釋〕本條ハ條件附法律行爲ガ無効若クハ無條件《ムデウケン》トナル場合ニ關スル規定《キテイ》デアッテ、其ノ意義ハ例バ甲者ガ乙者ニ對シ印刷器械《インサツキカイ》ヲ買入レムト申込《マチシコ》ミタル時乙者ニ於テ目下《モクカ》製造中《セイザウチウ》デアルカラ職工ノ手放《テバナ》レ次第賣渡《ウリワタ》サムト契約《ケイヤク》シタル時其ノ印刷器械ハ既ニ職工《シヨクコウ》ノ手放レト成リ在ル場合《バアヒ》デアッタナレバ是レ停止條件附ノ法律行爲《ハフリツカウヰ》デアルカラ無條件ト成ルモノデアル、故ニ乙者ハ甲者ニ對《タイ》シ直チニ其ノ印刷器械ヲ賣渡《ウリワタ》サムケレバナラヌ又乙者カ甲者ニ對シ印刷器械ハ貴殿《キデン》ニ賣渡スコトヽスルモ既ニ此ノ印刷器械ハ丙者ト賣約《バイヤク》アルモノデアルカラ來ル二十日マデニ丙者ガ引取《ヒキト》レバ此ノ契約ハ解除《カイジヨ》スベシト約束《ヤクソク》シタル時丙者ガ既ニ其ノ器械《キカイ》ヲ引取リ居ル時ハ是レ解除條件ヲ附《フ》シテ爲シタル法律行爲デアルカラ無效デアル（第一項）又例バ甲者ガ乙者ニ對《タイ》シ丙者ノ娘《ムスメ》ガ婚姻《コンイン》スレバ其ノ式ニ要《エウ》スル料理一切ノ請負《ウケオヒ》ハ汝ニ命ズベシト契約《ケイヤク》シタルニ其ノ時既ニ丙者ガ娘《ムスメ》ノ婚姻ハ破談《ハダン》トナリ婚姻シナイト確定《カクテイ》セル場合ニハ甲者ガ乙者ニ對シ爲《ヰ》シタル此ノ停止條件附法律行爲ハ無效《ムカウ》ト成ルモノデアル、之《コレ》ニ反《ハン》シ甲者ガ乙者ニ對シ丙者ノ娘《ムスメ》ガ婚姻シナイ時ハ今汝ニ誂《アツ》ラヘル料理《レウリ》ハ謝絶《シヤゼツ》スベシト約シタルニ其ノ時既ニ丙者ノ娘ノ婚姻ガ破談《ハダン》トナリ婚姻セヌコトヽ確定セル場合ニハ甲者ガ乙者ニ對《タイ》シテ爲シタル此ノ解除條件附法律行爲ハ無《ム》條件《デウケン》トナルカラ有效ニ其ノ料理《レウリ》請負《ウケオヒ》ノ契約ハ解除《カイヂヨ》シナケレバナラヌノデアル（第二項）ダケレドモ若《モ》シ前二項ノ場合ニ於テ當事者《タウジシヤ》等ガ條件ノ成就又ハ不成就ヲ知《シ》ラナイ間《アヒダ》ハ第二百十八條及ビ第二十九條ノ規定《キテイ》ヲ準用《ジユンヨウ》セナケレバナラヌ（第三項）ト定メタノデアリマス

第百三十二條　不法ノ條件ヲ附シタル法律行爲ハ無効《ムカウ》トス不法行爲ヲ爲サヽルヲ以テ條件《デウケン》トスルモ亦同シ

▲參看　舊民法財產編第四百十三條、財產取得編第三百五十三條

〔註釋〕本條ハ不法行爲ヲ條件《デウケン》トシテ附シタル法律行爲ノ無效《ムカウ》タルコトヲ規定シタル條項デアッテ其ノ意義ハ、例《タトヘ》バ甲者ガ乙者ニ對《タイ》シ丙者ノ妻ヲ强姦《ガウカン》スレバ金千圓ヲ與《アタ》ヘム若クハ汝若シ丙者ヲ欺《アザム》キテ彼ノ所持《シヨヂ》スル時計ヲ詐取《サシユ》スレバ金五百圓ニ買取《カヒト》ルベシト契約スルガ如キ不法ノ條件ヲ附《フ》シタル法律行爲ハ無效《ムカウ》デアル、又甲者ガ乙者ニ對《タイ》シ予ハ汝ニ金千圓ヲ與ヘルコトヲ契約《ケイヤク》シタルモ若シ汝ガ丙者ヲ殺《コロ》サヽレハ此ノ契約ハ解除《カイヂヨ》スベシト謂フ如ク不法行爲ヲ爲《ナ》サシムルモ條件《デウケン》トシテ約《ヤク》シタル法律行爲モ亦タ無效《ムカウ》デアル是レ則チ共ニ爲スベカラザル無效ノコトヲ目的《モクテキ》トスル行爲《カウヰ》デアルカラ其結果《ソノケツクワ》ニ於テモ亦無效デアルハ

自然ノ道理《ツウリ》デアリマス

第百三十三條　不能《フノウ》ノ停止條件ヲ附《フ》シタル法律行爲ハ無效《ムカウ》トス
不能ノ解除條件ヲ附《フ》シタル法律行爲ハ無條件《ムデウケン》トス

▲參看　舊民法財產編第四百十三條

〔註釋〕本條ハ不能行爲ヲ條件《デウケン》トシタル場合ニ關《クワン》スル規定デアッテ、不能行爲ト謂フハ爲ス能ハザル行爲、則《スナハ》チ出來ヌコトヲ謂フノデアル、例《タトヘ》バ甲者ガ乙者ニ對シ汝若《モ》シ一日ニ富《フジ》嶽《サン》ノ頂上《テウジヤウ》ニ登リテ歸リ來レバ予ハ汝《ナンヂ》ニ金千圓ヲ與フベシト停止條件《テイシデウケン》ヲ附シテ約《ヤク》スルガ如キハ到底人類《タウテイジンルヰ》ノ爲シ得ベキ事柄《コトガラ》デハナイ、故ニ斯ル不能行爲《フノウカウヰ》ヲ條件トシテ爲シタル法律行爲ハ無效デアル（第一項）又例《タトヘ》バ甲者ガ乙者ニ對シ予ハ汝《ナンヂ》ニ金千圓ヲ與《アタ》フベシ、然《シカ》シ汝ガ五斗ノ飯《メシ》ヲ一回《クワイ》ニ喰ハナイ時ハ此ノ千圓ノ金ハ與《アタ》ヘルコトハ出來《デキ》ヌカラ此ノ契約ハ解除スベシト解除條件ヲ附《フ》シテ約《ヤク》スルガ如キハ亦到底人類《タウテイジンルヰ》ノ爲シ得ベキ事柄《コトガラ》デハナイ、故ニ斯ル不能行爲ヲ條件《デウケン》トシテ爲シタル法律行爲ハ無條件デアルカラ直《タヾ》チニ其ノ解除條件ハ成立《セイリツ》シテ有效ト成ルモノデアル（第二項）ト定メタノデアリマス

第百三十四條　停止條件《テイシデウケン》附法律行爲ハ其條件カ單《タン》ニ債務者ノ意思《イシ》ノミ

ニ係ルトキハ無効トス

参看　舊民法財産編第四百十五條

〔註釋〕本條ハ債務者《サイムシヤ》ノ意思ノミニ係《カヽ》ル停止條件附法律行爲ノ無效《ムカウ》ヲ規定シタル條項《デウコウ》デアツテ、其ノ意義ハ例《タトヘ》バ甲者ガ乙者ニ對シ汝ガ英國《エイコク》ニ遊學《イウガク》セバ予ハ汝ニ金千圓ヲ與《アタ》フベシト謂フ時ハ債權者《サイケンシヤ》ノ意思ニ係《カヽ》ルモノデアルカラ、此ノ條件附法律行爲ハ乙者《ヲツシヤ》ガ英國ニ遊學スレバ有效ニ成立《セイリツ》スルモノデアル、ケレドモ若シ此ノ停止條件ガ債務者《サイムシヤ》タル乙者ノ意思ノミニ係ル時例バ乙者ガ甲者ニ對《タイ》シ予《ヨ》ガ英國ニ遊學《イウガク》セバ汝ハ予ニ金一千圓ヲ與《アタ》フベシト契約スルガ如キ法律行爲ハ無效《ムカウ》デアツテ、決シテ成立《セイリツ》スルモノデハナイト定メタノデアリマス

第百三十五條　法律行爲ニ始期《シキ》ヲ附シタルトキハ其法律行爲ノ履行ハ期限ノ到來《タウライ》スルマテ之ヲ請求《セイキウ》スルヲ得ス

法律行爲ニ終期《シウキ》ヲ附シタルトキハ其法律行爲ノ效力《カウリヨク》ハ期限ノ到來シタル時ニ於テ消滅《セウメツ》ス

▲參看　舊民法財產編第四百三條第一項第二項

〔註釋〕本條ハ法律行爲ニ期限《キゲン》ヲ附シタル場合ニ關スル規定《キテイ》デアツテ、例バ甲者ガ乙者ヨリ辨濟期限ヲ明治廿九年十月三十日ト定《サダ》メ金千圓ヲ借入《カリイ》レタル時ハ甲者ハ法律行爲ノ履《リ》行《カウ》則チ借用金《シヤクヨウキン》ヲ辨濟スベキ十月三十日ヲ過《ス》ギタル十一月一日ガ到來《タウライ》スルマデハ乙者《ヲツシヤ》ニ於テ甲者ニ對具ノ貸金《カシキン》ノ辨濟ヲ請求《セイキウ》スルコトハ出來ヌ如何《イカン》トナレバ是レ則チ法律行爲ニ始期ヲ附シタル爲メデアル（第一項）又法律行爲ニ終期《シウキ》ヲ附シタル時例ハ明治廿九年十月三十日ニ於テ買戾《カヒモド》スコトノ出來ル契約《ケイヤク》ヲ爲シテ甲者所持《シヨヂ》ノ時計《トケイ》ヲ賣渡シタル時ハ其ノ十一月一日カ到來《タウライ》セハ甲者ノ買戾シ權《ケン》ハ消滅《セウメツ》スルモノデアル（第二項）ト定メタノデアリマス

第百三十六條　期限ハ債務者《サイムシヤ》ノ利益《リエキ》ノ爲メニ定メタル者ト推定《スヰテイ》ス
期限ノ利《リ》益《エキ》ハ之ヲ抛棄《キイ》スルコトヲ得但之カ爲メニ相手方《アヒテカタ》ノ利益ヲ害スルコトヲ得ス

▲參看　舊民法財產編第四百四條

〔註釋〕本條ハ期限《キゲン》ヲ定ムルノ所以《ワケ》ト其ノ抛棄《キキ》ニ關シテ規定シタル條項デアツテ、其《ソ》ノ意義

(ハ)元來期限ヲ定《サダ》ムルハ債務者ガ期限《キゲン》ノ爲メニ債務辨濟ニ餘裕《ヨイウ》ノ利益ヲ得叉借用物ナレバ期限ヲ定ムル爲メ之ヲ利用《リヨウ》シ得ラルヽ利益ヲ受《ウ》クルモノデアル、故ニ期限ヲ定《サダ》ムルノハ債務者ガ利益《リエキ》ノ爲メニ定メタルモノト法律上ニ於テ推定《スヰテイ》スルノデアル、ケレドモ是レ法律上ノ推定《スヰテイ》デアルカラ當事者《タウジシャ》ノ意思《イ》ニ依ッテハ之ヲ變ジテ債務者《サイムシャ》ガ利益ノ爲メニ定ムルコトハ別ニ差支《サシツカヘ》ノナイモノデアル(第一項)故ニ此ノ期限《キゲン》ヲ定メタルヨリ得ル利益《リエキ》ハ債務者ニ於テ抛棄《キ》スルコトガ出來ル、例バ甲者ガ乙者ヨリ明治廿九年十月三十日ヲ辨濟期限ト定メテ金千圓ヲ借入《カリイ》レタルモ乙者ハ此ノ期限《キゲン》ノ利益ヲ抛棄《キ》シテ其ノ金ヲ八月三十日若クハ九月三十日等其ノ辨濟期限前ニ辨濟《ベンサイ》スルコトハ出來ル(第二項前段)ケレドモ乙者ガ期限ノ利益ヲ抛棄《キ》スルガ爲メ甲者ニ損害《ソンガイ》ヲ蒙ラセルコトハ出來ヌ例《タトヘ》バ甲者ガ乙者所有ノ田地ヲ一ケ年間金廿四圓ノ賃金《チンキン》ヲ定メテ借入《カリイ》ルヽコトヲ契約《ケイヤク》シタル場合ニ於テ甲者ガ其ノ期限ノ利益《リエキ》ヲ抛棄シテ半ケ年ニテ明渡《アケワタ》スモ其ノ賃金ハ壹ケ年分支拂《シハラ》ハナケレバナラヌ。如何トナレバ乙者ハ甲者ニ壹ケ年間貸與《カシアタ》ヘタルモノデアルカラ半ケ年ニテ明渡《アケワタ》サルヽニ於テハ又他ニ借主《カリヌシ》ヲ求メテ貸與ヘナケレバナラヌコトヽナリ爲《タ》メニ其ノ間田地《デンチ》ヲ空《ムナ》シク無賃《ムチン》ニ置カナケレバナラヌ損害《ソンガイ》ヲ生ズルモノデアルカラ乙者ハ自已《シコ》ノ行爲ヲ以テ他人ニ損害《ソンガイ》ヲ加ヘルコトハ出來ヌ(第二項但書)ト定メタノデアリマス

第百三十七條　左ノ場合《バアヒ》ニ於テハ債務者ハ期限《キゲン》ノ利益ヲ主張《シユチヤウ》スルコトヲ得ス

一　債務者カ破産《ハサン》ノ宣告ヲ受ケタルトキ

二　債務者カ擔保《タンポ》ヲ毀滅《キメツ》シ又ハ之ヲ減少シタルトキ

三　債務者カ擔保ヲ供《キヨウ》スル義務ヲ負《オ》フ場合ニ於テ之ニ供セサルトキ

▲參看　舊民法財産編第四百五條、既成商法第九百八十八條

〔註釋〕本條ハ債務者ガ期限《キゲン》ノ利益ヲ失フ場合ヲ規定《キテイ》シタル條項デアッテ、其ノ意義《イギ》ハ期限ノ利益ハ債務者ノ爲メニ定《サダ》メタルモノデアルコトハ第百三十六條ニ於テ既《スデ》ニ說明《セツメイ》シタルニ依リ明瞭《メイレウ》デアル、ケレドモ若シ債務者ガ破産《ハサン》ノ宣告ヲ受ケタル場合《バアヒ》デアルカ、若クハ債務者カ債權者ニ差入《サシイ》レタル擔保ヲ毀滅《キメツ》スルカ若クハ擔保トシテ差入《サシイ》レタル物件ヲ減少スルカ若クハ債務者ガ債權者ニ擔保ヲ差入《サシイ》レナケレバナラヌ義務《ギム》アルヘ其ノ擔保ヲ差入レナイカノ如ク以上《イジヤウ》四個ノ事故《ジコ》アルトキハ債務者ハ自巳ノ利益《エキ》ヲ自ラ拋棄《キ》スルモノト等シキモノデアルカラ此ノ場合《バアヒ》ニハ期限ノ利益ヲ主張《シユチヤウ》スルコトハ出來ヌノデアル、故ニ例

バ甲者ガ乙者ヨリ明治廿九年十月三十日ヲ辨濟《ベンサイ》期限《キゲン》トシテ金千圓ヲ借入《カリイ》レシ場合ニ於テ以上四個ノ內一個ノ事項《ジコウ》生《シヤウ》ズル時ハ乙者ハ其ノ定メタル期限《キゲン》ノ利益ヲ失ヒ十月三十日以前ニ債務《サイム》履行《リカウ》ノ請求ヲ受クルコト、成《ナ》ルノデアリマス

第五章　期間

〔註釋〕本章ハ期限計算ノ方法《ハウハフ》ニ關スル規定ヲ網羅《マウラ》シタルモノデアッテ、期限《キゲン》トハ例バ明治廿九年八月一日ヨリ仝年十月十日マデト謂《イ》フ如ク時期《ジキ》ノ始メト其ノ時期ノ終《ヲハ》ル間ノ日限ヲ指《サ》シテ期間ト謂《イ》フノデアリマス

第百三十八條　期間ノ計算法《ケイサンハフ》ハ法令、裁判上ノ命令《メイレイ》又ハ法律行爲ニ別段ノ定アル場合《バアヒ》ヲ除クノ外本章ノ規定《キテイ》ニ從フ

〔註釋〕本條ハ期間計算ノ方法《ハウハフ》ニ關スル原則《ゲンソク》ヲ規定シタル條項デアッテ、其ノ意義《イギ》ハ別段ニ期間ノ計算法《ケイサンハフ》ヲ定メナイ時ニ於テハ總テ期間《キカン》ヲ計算スル方法ハ本章ニ定《サダ》ムル各條ノ規定ニ依ラナケレバナラヌ、故ニ彼ノ刑法《ケイハフ》ニ於ケル刑期ノ計算法若クハ裁判上特《トク》ニ命令《メイレイ》スル

期間ノ計算法又ハ當事《タウジ》者《シヤ》ガ互ヒニ期間ノ計算法ヲ定《サダ》ムルコトアレバ开《ソ》ハ其ノ法令、命令、法律行爲ニ於テ定メタル期間計算法《キカンケイサンハフ》ニ依ルベキモノデアルト定メタノデアリマス

第百三十九條　期間《キカン》ヲ定ムルニ時《トキ》ヲ以テシタルトキハ卽時《ソクジ》ヨリ之ヲ起算ス

▲參看　民事訴訟法第百六十五條、刑事訴訟法第十五條

〔註釋〕本條ハ時《トキ》ヲ以テ定メタル期間《キカン》ノ計算法ニ關スル規定《キテイ》デアッテ、其ノ意義《イギ》ハ例バ甲者ガ乙者ニ對シ今《イマ》ヨリ六時間内ニ辨濟《ベンサイ》スルト謂ッテ金員ヲ借入《カリイ》レタル場合ニ於テ其ノ借入レタル時ガ午前八時《ジ》デアレバ卽時《ソクジ》ヨリ起算《キサン》シテ六時間則チ午後一時ニ辨濟シナケレバナラヌノデアリマス

第百四十條　期間《キカン》ヲ定ムルニ日、週、月又ハ年ヲ以テシタルトキハ期間ノ初日《シヨジツ》ハ之ヲ算入セス但其期間カ午前零時《ゴゼンレイジ》ヨリ始マルトキハ此限ニ在ラス

參看　舊民法証據編第九十九條第二項、既成商法第三百九條、民事訴訟法第百六十五條、刑事訴訟法第十五條

〔註釋〕本條ハ日、週、月、年ヲ以テ定《サダ》メタル期間ノ計算法《ケイサンハフ》ニ關スル規定デアッテ、其ノ意義ハ期間《キカン》ヲ定ムル時例バ十月一日ニ於テ十日間ノ期間《キカン》ヲ定メタル場合ニ於テハ其ノ初日タル一日ハ之ヲ算入《サンニフ》セザルモノデアル、故ニ之ヲ起算《キサン》スルニハ其ノ翌日《ヨクジツ》則チ二日ヨリ十日ヲ數《カゾ》ヘ其ノ十日目タル十一日ヲ以テ期間《キカン》ノ終《オハ》リトスルノデアル、此ノ計算法《ケイサンハフ》ハ日バカリデナク週《シウ》ヲ以テ期間ヲ定メタル時、則チ十月一日ニ於テ一週間ノ期間ヲ定メタル場合デアッテモ、月ヲ以テ定《サダ》メタル時則チ十月一日ニ於テ一ケ月間ノ期間《キカン》ヲ定メタル場合デアッテモ。年《子ン》ヲ以テ定メタル時、則チ十月一日ニ於《オイ》テ一年間ノ期間ヲ定メタル場合デアッテモ總テ初日ヲ算《サン》セズシテ其ノ翌日タル十月二日ヨリ起算《キサン》シナケレバナラヌノデアル（本條前段）ケレドモ若《モ》シ其ノ期間ガ午前零時《ゴゼンレイジ》ヨリ始ツタ時ハ端數《ダンスウ》ノ生ズルコトモナク又當事者ノ不利益《フリエキ》トモ成ラズ計算《ケイサン》モ爲シ易キモノデアルカラ其ノ時ヨリ起算《キサン》スルノデアル故ニ此ノ場合ニハ必《カナ》ラズ初日ヲ算入《サンニフ》セナケレバナラヌ（本條但書）ト定メタノデアリマス

第百四十一條　前條ノ場合《バアヒ》ニ於テハ期間ノ末日《マツジツ》ノ終了《シウレウ》ヲ以テ期間ノ滿

了トス

▲參看　既成商法第三百八條、第三百十二條

〔註釋〕本條ハ期間《キカン》滿了《マンレウ》ノ日ヲ規定シタル條項《デウコウ》デアッテ、其ノ意義《イギ》ハ第百四十條ノ如ク日、週、月、年ヲ以テ期間ヲ定《サダ》メタル塲合ニ於テハ其ノ期間《キカン》ノ滿了ハ如何《イカン》、是レ本條ガ規定スル所デアッテ、。則チ其ノ滿了《マンレウ》ハ期間ノ末日ノ終了《シウレウ》ヲ以テ滿了トスルノデアル、例《タト》ヘバ明治廿九年十月一日ヲ以テ二十日ノ期間《キカン》ヲ定メタル時ハ前條《ゼンデウ》ニ依テ十月二日ヨリ二十日ヲ數ヘ廿一日ガ二十日ノ期間ノ終了日《シウレウビ》デアルカラ、其ノ終了スベキ日則《ヒスナハ》チ十月廿一日ガ此ノ期間ノ滿了日《マンレウビ》デアルト定メタノデアル、最《モット》モ日ヲ以テ定ムル期間《キカン》ニ限ラズ週、月、年皆相等《アヒヒト》シキモノデアル、ケレドモ本條ハ期間ノ滿了ヲ當事者《タウジシヤ》ニ於テ定メナイ塲合ニ於テ適用《テキヨウ》スベキモノデアルカラ若シ當事者ガ合意《ガフイ》若クハ他ノ法令《ハフレイ》、慣習《クワンシフ》等ニ依リテ特《トク》ニ定マリアル塲合ニハ敢《アヘ》テ本條ノ規定ニ依《ヨ》ヲナケレバナラヌト謂《イ》フノデハナイ、故ニ其ノ塲合ニハ合意、法令、慣習ニ依《ヨ》リ定マリタル法ニ依ルモ差支《サシツカ》ヘノナイモノデアリマス

第百四十二條　期間ノ末日カ大祭日《タイサイビ》、日曜日其他ノ休日《キウジツ》ニ當リタルトキハ其日ニ取引《トリヒキ》ヲ爲サヽル慣習《クワンシフ》アル塲合ニ限リ期間ハ其翌日《ソノヨクジツ》ヲ以テ

滿了トス

▲參看　既成商法第三百四十一條、民事訴訟法第百六十六條、刑事訴訟法第十五條

〔註釋〕本條ハ期間滿了ノ日《ヒ》ニ關スル規定《キテイ》デアッテ、其ノ意義ハ大祭、祝日、其ノ他《タ》慣習上休日ト定メタル日ハ總テ吾人等ガ平素《ヘイソ》ノ勞倦《ラウケン》ヲ慰シ若クハ祝意《シユクイ》ヲ表スル爲メ業務ヲ執《ト》ラザル日デアルカラ、其日ガ期間滿了ノ日ニ當《アタ》ルトスレバ爲メニ業務《ゲフム》ヲ執《ト》ラナケレバナラヌガ如キ不都合《フツガフ》ヲ生ズルモノデアル、故ニ本條《オンデウ》ハ大祭日則チ元始祭、四方拜、春秋皇靈祭、紀元節、天長節等ノ如キ祝祭日《シユクサイビ》若クハ日曜日若クハ諸工業者《シヨコウゲフシヤ》デアレバ舊來ノ慣習《クワンシフ》ニ依リテ定マレル一日、十五日ノ休日《キウジツ》、若クハ米穀取引所ニ於テ賣買米受渡《ウケワタ》シ當日ハ取引ヲ爲サザル慣習アル如ク其《ソ》ノ受渡ノ日若《モシ》クハ東京ナレバ神田《カンダ》神社《ジンジヤ》ノ祭日トカ京都ナレバ祇園神社《ギヲンジンジヤ》祭禮ノ日大阪ナレバ天神祭等其ノ地ノ慣習《クワンシフ》ニ依リテ休日ト定メ取引《トリヒキ》ヲ爲サザル場合等ハ總テ其ノ翌日《ヨクジツ》ヲ以テ期間滿了ノ日ト定《サダ》メタノデアリマス

第百四十三條　期間ヲ定《サダ》ムルニ週、月又ハ年ヲ以《モツ》テシタルトキハ暦《レキ》ニ從ヒテ之ヲ算ス

週、月又ハ年ノ始ヨリ期間ヲ起算《キサン》セサルトキハ其期間ハ最後《サイゴ》ノ週、月又ハ年ニ於テ其起算日ニ應當《オウタウ》スル日ノ前日ヲ以テ滿了《マンレウ》ス但月又ハ年ヲ以テ期間ヲ定メタル場合《バアヒ》ニ於テ最後ノ月ニ應當日《オウタウビ》ナキトキハ其月ノ末日ヲ以テ滿期日《マンキジツ》トス

▲參看　舊民法証據編第九十九條、既成商法第三百八條、民事訴訟法第百六十六條、刑法第四十九條、刑事訴訟法第十五條

〔註釋〕本條ハ曆《レキ》ニ從ツテ期間滿了ノ日ヲ算定《サンテイ》スルコトヲ規定シタル條項《デウコウ》デアツテ其ノ意義ハ期間ヲ定《サダ》メタル週、月、年ヲ以テ定メタル時ハ曆ニ從《シタガ》ツテ計算シナケレバナラヌ例バ六週間ト定メタル時ハ四十二日デアルカラ其ノ最初《サイショ》カ十月二十日デアレバ十二月二日ガ滿了ノ期日《キジツ》トナル又五月十日ニ於テ六ケ月ト定《サダ》メタル時ハ十一月九日ガ滿了《マンレウ》ノ期日トナル又五月十日ニ於テ壹ケ年ト定《サダ》メタル時ハ翌年五月九日ガ滿了《マンレウ》ノ期日デアル（第一項）又週、月、年ノ始ヨリ起算《キサン》シナイ時則チ日曜日若クハ五月一日若クハ一月一日ヨリ起算《キサン》セズシテ前例《ゼンレイ》ノ如ク木曜日若クハ五月十日、若クハ二月二十日ト謂フ如ク起算《キサン》スル時ハ其ノ期間ハ最後《サイゴ》ノ週例バ五月二日ノ木曜日《モクエウビ》ヨリ三週間ト約《ヤク》スル時ハ五月二十三日ガ三週尚

日ノ木曜日デアル、ケレドモ本項《ホンコウ》ニ依レバ其ノ起算日ニ應當《オウタウ》スル日ノ前日ヲ以テ滿了《マンレウ》スト規定シタレバ五月二十三日ノ前日則チ五月二十二日ノ水曜日ガ滿了《マンレウ》ノ期日デアル、是レ週ダケニ限ラヌ、月、年ニ於《オ》ケルモ等シキモノデアル（第二項前段《ゼンダン》）ケレドモ月、年チ以テ期間《キカン》ヲ定メタル塲合ニ於テ最後《サイゴ》ノ月ニ應當日ナキ時例《タトヘ》バ甲者ガ乙者ニ對シ閏年《ジユンネン》ノ二月廿九日ニ一ケ年ノ契約期日《ケイヤクキジツ》チ定メ翌年ノ二月二十九日ニ契約ノ履行《リカウ》ヲ爲ズト定メタル塲合アリトセバ翌年《ヨクネン》ハ平年デアルカラ二月ハ廿八日チ以テ終《オハ》リ其ノ月ニ應當《オウタウ》スル日ガナイ、故ニ斯《カ》クノ如《ゴト》キ塲合デアレバ其ノ月ノ末日則チ廿八日チ以テ滿期《マンキ》ノ日ト定メ（第二項但書）ナケレバナラヌノデアリマス

第六章　時效

〔註釋〕本章ハ時效《ジカウ》ニ關スル規定通則チ網羅《マウラ》シタルモノデアツテ、時效トハ法律《ホフリツ》ノ規定シタル期限チ經過《ケイクワ》スルニ因リ效力ヲ生《シヤウ》シ若クハ效力チ失《ウシナ》フヲ謂フモノデアル、故ニ時效ニハ取得時效ト消滅時效《セウメツジカウ》トノ二區別ガアル、其意義《イギ》ハ各條ノ下ニ於テ説明スルコト、シマス

第一節　總則

〔註釋〕本節ハ第六章中ニ規定《キテイ》シタル第百四十四條以下《イカ》第百七十四條ニ至ル各條項《カクデウコウ》ニ適用スヘキ通則、則チ時效《シカウ》ニ關スル總則ヲ網羅《トウラ》シタルモノデアリマスカラ。第一編ノ總則《ソウソク》トハ自《オ》ラ其性質ヲ異《コト》ニシ其ノ區域《クヰキ》ノ狹隘《キヤウアイ》ナルモノデアル、則チ總則中ノ總則《ソウソク》デアリマス。

第百四十四條　時效ノ效力《カウリヨク》ハ其起算日ニ遡《サカノボ》ル

▲參看　舊民法証據編第九十一條

〔註釋〕本條ハ時效ノ效力《カウリヨク》ヲ規定シタル條項デアツテ、其ノ意義《イギ》ハ時效ノ效力ハ取得時效ノ場合デアルト消滅時效ノ場合《バアヒ》デアルトヲ問ハズ其ノ效力ハ起算日《キサンビ》ノ當初ニ遡リテ生ズルモノデアル、例ハ取得時效ニ就テ一例《レイ》ヲ示セハ甲者ガ或ル土地若《モシ》クハ建物等ノ如キ不動産ヲ平穩且公然《ヘイオンカツコウゼン》ニ占有シテ二十年ヲ經過《ケイクワ》セハ第百六十二條ニ依テ其ノ不動産《フドウサン》ノ所有權ヲ取得スルノ效力ヲ生《シヤウ》ズルモノデアル、然《シカ》シ此ノ二十年ト謂《イ》フハ何時《イツ》ヨリ起算スルカト謂フニ其ノ占有《センイウ》シタル當初ニ遡リタル日ヨリ起算《キサン》スルモノデアル、又消滅時效ノ上ヨリ謂フモ等シク契約期日ガ滿了《マンレウ》シタル日ヨリ起算スルモノデアル、例《タト》ヘハ甲者ガ乙者ヨリ明治廿九年八月三十日ヲ滿了ノ期日《キジツ》ト日メテ金員ノ貸借《タイシヤク》ヲ契約シタル時ハ其ノ八月三十日ヨリ效力發生ノ期日《キジツ》ヲ起算《キサン》スルモノト定メタノデアリマス

第百四十五條　時效ハ當事者《タウジシャ》カ之ヲ援用《エンヨウ》スルニ非サレハ裁判所之ニ依リテ裁判ヲ爲スコトヲ得ス

▲參看　舊民法証據編第九十六條

〔註釋〕本條ハ時效ノ援用《エンヨウ》ニ關シテ規定《キテイ》シタル條項デアツテ、其ノ意義《イギ》ハ自己ノ利益《リエキ》ヲ主張スルモノハ自ラ先ツ証據《シヤウコ》立テナケレハ何人デアリトモ其ノ者ノ利益《リエキ》ト成ルヘキモノデアルト認《ミト》ムルコトノ出來ヌモノデアル、故ニ取得時效《シユトクジコウ》デアルトモ消滅時效デアルトモ時效ヲ主張《シユチヤウ》スルモノハ必ラズ法律上時效ノ利益《リエキ》ヲ得タリト謂フコトヲ証據《シヤウコ》立テナケレハ裁判所ハ時效《ジカウ》アリタルモノト裁判《サイバン》スルコトハ出來ヌト定メタノデアリマス

第百四十六條　時效ノ利益《リエキ》ハ豫メ之ヲ抛棄《キ》スルコトヲ得ス

▲參看　舊民法証據編第白條

〔註釋〕本條ハ時效ノ利益ヲ抛棄《キ》スルヲ禁ジタル條項《デウコウ》デアツテ、其ノ意義ハ元來時效《グワンライジカウ》ナルモノハ權利、義務ノ餘《アマ》リ永年《エイネン》ニ存在スル時ハ爲《タ》メニ立証《リツシヤウ》ノ湮滅《エンメツ》シテ互ヒニ擧証上徒《イタヅ》ラニ困難ヲ生ジ若クハ訴訟ノ濫起《ランキ》スヘキ弊害《ヘイガイ》ノ生ズルニ依リ爲メニ社會《シヤクワイ》ノ公益ヲ害《ガイ》スル虞《オソ》レア

ルカラ法律ハ時效《シコウ》ヲ設ケテ是等ノ弊害《ヘイガイ》ヲ防止《バウシ》シタルモノデアル、サレハ何人《ナニビト》ニ限ラズ時效ノ利益ハ拋棄スルコトハ出來《デキ》ヌ、ケレトモ即時《ソクジ》ノ拋棄ハ許《ユル》シタルモノデアル、如何《イカン》トナレバ即時ノ拋棄ヲ許《ユル》サナケレバ若シ前條《ゼンデウ》ノ如キ場合ニ於テ自ラ時效《ジカウ》ノ利益ヲ主張《シユチヤウ》シテ立証スルコトノ出來ヌ場合《バアヒ》アレバ裁判所ハ如何ニスルコトモ出來《デキ》ヌカラ至漸之《シーゼン》ニ對シテ所有權ノナキモノデアル、又ハ債務《サイム》ノ辨濟ヲ履行《リカウ》セヨト判決シナケレバナラヌコトヽ成リテ不都合《フツガフ》ヲ生ズルモノデアルカラ即時ノ拋棄ハ許シタルモノト解《カイ》シテ差支《サシツカ》ヘハアリマセヌ

第百四十七條　時效ハ左《サ》ノ事由ニ因リテ中斷《チウダン》ス

一　請求《セイキウ》

二　差押《サシオサヘ》、假差押又ハ假處分《シヨブン》

三　承認《シヨウニン》

▲參看　舊民法証據編第百九條

〔註釋〕本條ハ時效ノ中斷《チウダン》ニ關スル規定デアッテ、其ノ意義《イギ》ハ時效ヲ中斷《チウダン》スルニハ左ニ列擧

スル三個ノ場合《バアヒ》ガ生ズル時ニ於テ中斷スルモノデアル、而《ソウ》シテ時效ノ中斷トハ例《タトへ》バ二十年ニテ時效ヲ得ル筈ナルニ十年目《チンメ》若クハ五年目ニ於テ中斷《ナカダ》ヘスルヲ謂フノデアリマス

第一　請求　請求トハ催促《サイソク》ヲセラル丶コトデアッテ、例バ甲者ガ或《ア》ル土地ヲ占有シタルニ其ノ占有《センイウ》シタル時ヨリ十年目若クハ五年目ニ其《ソ》ノ持主《モチヌシ》タル乙者ヨリ取戻《トリモド》シノ請求ヲ受ケタル時ハ二十年ノ占有權《センイウケン》ハ中斷セラル丶ニ依リ取得時效ガ其《ソ》ノ時《トキ》マデ進行シタル其ノ十年若クハ五年ハ無効《ムカウ》ト成ルモノデアル、而シテ此ノ請求《セイキウ》ト謂フハ必ラス裁判所ニ出訴ヲ爲シテ請求スル場合《バアヒ》ヲ謂《イ》フノデアル

第二　差押、假差押、假處分　ノ行爲ハ元來請求シテ其ノ目的《モクテキ》ヲ達スル結果《ケツクワ》ノ安全ヲ保ツ爲メニスル行爲《カウヰ》デアッテ請求スルノ豫備《ヨビ》デアルカラ此ノ場合《バアヒ》ニ於テハ時効ハ中斷セラル丶モノデアル

第三　承認　例バ或物ヲ占有《センイウ》シタル者ガ自巳自ラ占有《センイウ》スルノ權利《ケンリ》ナシト承認シ若クハ消滅時効ヲ得ムトスル者ガ債務《サイム》アルコトヲ承認シタル時ハ時効《ジカウ》ニ因リテ得ベキ利益《リエキ》ヲ拋棄シタル者デアルカラ時効ノ進行《シンカウ》ハ當然中斷スルモノデアル

第百四十八條　前條ノ時効中斷ハ當事者《タウジシヤ》及ヒ其承繼人ノ間《アヒダ》ニ於テノミ

其効力ヲ有ス

▲參看　舊民法証據編第百十條

〔註釋〕本條ハ時効中斷ノ効力《カウリヨク》ノ及ブベキ限度ニ就テ規定《キテイ》シタル條項デアツテ其ノ意義ハ元來時効ノ中斷ハ當事者《タウジシヤ》以外《イグワイ》ニ及ブベキモノデハナイ、ケレドモ又其《マタソ》ノ當事者ノ一身《シン》ニ止マルベキモノデナイカラ、時効中斷ノ效力《カウリヨク》ハ其ノ當事者間若《モシ》クハ其ノ承繼人《ウケツギニン》ノ間ヨリ他ニ及ボスベキモノデハナイト定メタノデアリマス

第百四十九條　裁判上ノ請求《セイキウ》ハ訴ノ却下又ハ取下《トリサゲ》ノ場合ニ於テハ時効中斷ノ効力《カウリヨク》ヲ生セス

▲參看　舊民法証據編第百十一條、第百十二條

〔註釋〕本條ハ時效中斷ノ效力ヲ生《シヤウ》ゼナイ場合ヲ規定《キテイ》シタル條項デアツテ其ノ意義ハ元來裁判上ニ於テ爲ス請求《セイキウ》ハ民事訴訟法ノ規定《キテイ》アリテ或ハ其手續ニ背《ソム》キ若クハ行爲者ノ懈怠過《ケタイクワ》失《シツ》等ノ原因ニ依リテ其ノ請求ヲ却下《キヤクカ》セラル丶コトガアル、又行爲者ガ自ラ一度《ド》爲シタル請求ヲ取下《トリサ》グルコトガアル、斯ル場合《バアヒ》ハ未ダ請求ノ手續ガ完全《クワンゼン》ニ成立《ナリタ》タナイモノデアル

カラ請求アリタリト謂《イ》フコトハ出來ヌ、故ニ斯ル場合ニ於《オイ》テハ時效中斷ノ效力《カウリヨク》ハ生ジナイモノデアルト定メタノデアリマス

第百五十條　支拂命令ハ權利《ケンリ》拘束《カウソク》ヵ其効力ヲ失フトキハ時効中斷ノ効力ヲ生セス

〔註釋〕本條ハ時效中斷ニ對《タイ》スル請求手續ノ一タル支拂命令《シハラヒメイレイ》ニ關シテ時效中斷ノ效力《カウリヨク》ヲ生ジナイ場合アルヲ規定《キテイ》シタル條項デアッテ、其ノ意義《イギ》ハ元來支拂命令ナルモノハ民事訴訟法第三百九十條及ビ第三百九十一條ニ規定《キテイ》スル如ク區裁判所ノ管轄《クワンカツ》ニ屬シ債務者ガ異議ノ申立ヲ爲セバ百圓以下ノ請求《セイキウ》デアレバ區裁判所ガ直チニ引續キ口頭辯論《カウトウベンロン》ヲ開ク成規《セイキ》デアル、ケレレドモ百圓以上ナルトキハ其ノ管轄地方裁判所《チハウサイハンシヨ》ニ屬スルモノデアルカラ區裁判所ハ債權者ニ其ノ異議《イギ》アリタルコトヲ通知《ツウチ》スルモノデアル、故ニ區裁判所ガ債權者ノ請求ニ因ッテ支拂命令ノ送達《ソウタツ》後債務者ヨリ異議ノ申立《マウシタテ》ヲ爲シタル爲メ百圓以下ノ請求ナルニ依リ區裁判所ニ於テ引續キ口頭辯論ヲ開《ヒラ》ク際《サイ》ニ債權者ガ相當《サウタウ》ノ訴訟印帋ヲ納《ヲサ》メザルカ又ハ百圓以上ノ請求《セイキウ》ナルニ依リ地方裁判所ニ訴訟ヲ提起爲《テイキシ》ナイ時ハ自ラ權利拘束ノ效力ヲ失《ウシナ》フモノデアルカラ、請求《セイキウ》セザルト等《ヒト》シキモノデアル、故ニ此ノ場合ニハ時效中

斷ノ效力《カウリヨク》ハ生ヅナイモノト定メタノデアリマス

第百五十一條　和解《ワカイ》ノ爲メニスル呼出《ヨビダシ》ハ相手方カ出頭《シユツトウ》セス又ハ和解ノ調《トヽノ》ハサルトキハ一ケ月内ニ訴ヲ提起《テイキ》スルニ非サレハ時効中斷ノ効力ヲ生セス任意出頭《ニンイシユツトウ》ノ場合ニ於テ和解ノ調《トヽノ》ハサルトキ亦同シ

◉參看　舊民法証據編第十四條、民事訴訟法第三百八十一條

〔註釋〕本條モ亦時效中斷ニ對《タイ》スル請求手續ノ一タル和解《ワカイ》ニ關シテ時效中斷ノ效力《カウリヨク》ノ生シナイ場合アルヲ規定《キテイ》シタル條項デアッテ、其ノ意義《イギ》ハ元來和解ナルモノハ民事訴訟法第三百八十一條ニ規定スル如ク和解《ワカイ》ノ爲メ相手方ノ呼出《ヨビダシ》シヲ申立テ双方出頭シテ和解《ワカイ》ヲ請ヒ若シ和解ノ調《トヽノ》ハヌ時ハ双方ヨリ直チニ口頭辯論《カウトウベンロン》ヲ爲スノ申立テヲスルカ若《モ》シ其ノ申立テヲセズ又ハ相手方《アヒテカタ》ガ呼出シニ應ゼズシテ出頭シナイ時ハ和解《ワカイ》ハ不調ト成ルモノデアル、故ニ和解ノ爲メ相手方ガ出頭《シユツトウ》セザルカ又ハ和解不調ト成リテ後《ノ》チ一ケ月内ニ訴《ウツタヘ》ヲ起サヌ時カ又ハ和解當事者ノ双方《サウハウ》ガ呼出シニ依リ任意《ニンイ》ニ出頭シ和解ヲ請求《セイキウ》シテ不調ト成リタル時、以上三個ノ場合《バアヒ》中《ヂウ》一個ノ場合アル時ハ時效中斷ノ效力《カウリヨク》ハ生ヅナイモノデアルト定メ

タノデアリマス、

第百五十二條　破產手續參加ハ債權者《サイケンシヤ》カ之ヲ取消シ又ハ其請求カ却下《キヤツカ》セラレタルトキハ時効中斷《ジカウチウダン》ノ効力ヲ生セス

〔註釋〕本條ハ破產手續參加《ハサンテツヅキサンカ》ノ際ニ於テ時效中斷ノ效力ガ生《シヤウ》ジナイ塲合ヲ規定《キテイ》シタル條項デアツテ、其ノ意義ハ破產手續參加トハ則チ破產者《ハサンシヤ》ノ財產ヨリ自己ノ債權《サイケン》ニ對スル分配ヲ受ケムト加入《カニフ》スルヲ謂フ者デアルカラ是則《コレスナハ》チ一ノ請求デアル、故ニ時效ヲ中斷スルノ效力ヲ生ズベキモノデアル、ケレドモ債權者《ザイケンシヤ》ガ一度爲シタル破產手續ノ參加《サンカ》ヲ取消シ又ハ其ノ請求ガ却下《キヤツカ》ト成リタル時ハ殆ンド請求ナカリシモノト等《ヒト》シキ姿《スガタ》ト成ルモノデアルカラ、此ノ塲合《バアヒ》ニハ時效中斷ノ效力ハ生ジナイモノデアルト定メタノデアリマス

第百五十三條　催告《サイコク》ハ六ケ月內ニ裁判上ノ請求《セイキウ》、和解ノ爲メニスル呼出若クハ任意出頭《ニンイシユツトウ》、破產手續參加、差押、假差押又ハ假處分《カリシヨブン》ヲ爲スニ非サレハ時効中斷ノ効力《カウリヨク》ヲ生セス

▲參看舊民法證據編第百十六條

(註釋)本條ハ催告《サイコク》ガ時效中斷ノ效力ヲ生ジナイ場合《バアヒ》ヲ規定シタル條項《デウコウ》テアッテ、其ノ意義ハ催告トハ則チ督促《トクソク》ヲ爲スコトヲ謂《イ》フモノテアルカラ、是則チ一ノ請求方法《セイキウハウハフ》テアル、ケレドモ催告ハ必ラズ目的《モクテキ》ヲ達スベキモノト限リタル所以《ワケ》テナイカラ、若シ催告ヲ爲シテ其ノ目的ヲ達《タツ》シ得《エ》ナイ時ハ裁判上ノ手續《テツヅキ》ニ依リテ請求シナケレバナラヌ、然《シカ》ルニ催告ヲ爲シテ六ケ月ヲ經過《ケイクワ》スルニモ係《カヽ》ハラズ本條ニ列載《レツサイ》スル裁判上ノ請求手續ヲ爲ナイ時ハ自ラ其ノ利益ヲ抛棄シタリト看做《ミナ》スモ敢テ不當《フタウ》ノコトテハナイ、故ニ催告後六ケ月内ニ裁判上ノ手續ヲ爲《シ》ナケレバ時效中斷ノ效力《カウリヨク》ハ生ジナイモノテアルト定メタノテアリマス

第百五十四條 差押、假差押及ヒ假處分ハ權利者ノ請求ニ因リ又ハ法律ノ規定ニ從《シタガ》ハサルニ因リテ取消サレタルトキハ時効《ジカウ》中斷《チウダン》ノ効力ヲ生セス

▲參看 舊法民證據編第百十七條

(註釋)本條ハ請求準備ノ手續ガ消滅《セウメツ》スルニ依リ時效中斷ノ效力ガ生《シヤウ》ジナイ場合ヲ規定シタ

ル條項デアッテ、其ノ意義《イギ》ハ差押、假差押《カリサシオサヘ》、假處分等ハ民事訴訟法ノ規定《キテイ》ニ依リ權利者ノ請求アレバ一度《ド》爲シタル手續モ取消《トリケ》スコトノ出來《デキ》ルモノデアル、又之ヲ爲スノ手續ガ民事訴訟法ノ規定《キテイ》ニ反《ハン》スル時ハ裁判所ヨリ其ノ一度《ド》爲シタル手續モ取消《トリケ》サルヽコトガアル、故ニ斯ル場合《バアヒ》ニ於テハ權利者ガ自ラ取消スト裁判所《サイバンシヨ》ヨリ取消サルヽトヲ問ハズ時效中斷ノ效力ハ生《シヤウ》ゼナイモノデアルト定メタノデアリマス

第百五十五條　差押《サシオサヘ》、假差押及ヒ假處分ハ時効《ジカウ》ノ利益ヲ受クル者ニ對シテ之ヲ爲サヽルトキハ之ヲ其者《ソノモノ》ニ通知シタル後ニ非《アラ》サレハ時効中斷ノ効力ヲ生セス

▲參看　舊民法証據編第百十七條第三項

〔註釋〕本條ハ時效ノ利益《リエキ》ヲ受ケナイ第三者ニ對《タイ》シテ請求準備ヲ爲《ナ》シタル場合ニ於ケル時效中斷ノ效力ニ就テ規定シタル條項《ヂヤウコウ》デアッテ其ノ意義ハ時效《ジカウ》ノ利益《リエキ》ヲ受タル者トハ第一債務者ヲ謂《イ》ヒ時效ノ利益《リエキ》ヲ受ケナイ者トハ債權者ヨリ見《ミ》レバ第二債務者則チ第三者ヲ謂《イ》フノデアル、故ニ第三者ニ對《タイ》シテ差押、假差押、假處分等ヲ爲《ナ》シタル時《トキ》ハ其旨ヲ第一債務

者ニ通知《ツウチ》シタル後デナケレバ時效中斷《ジカウチウダン》ノ效力ハ生ジナイモノデアル例《タトヘ》バ甲者ガ乙者ニ債權ヲ有シ乙者ハ又丙者ニ對シテ債權《サイケン》ヲ有スル時ハ甲者ヨリ目《モク》シテ謂ヘバ丙者ハ第二債務者即チ第三者ト成《ナ》ルノデアル、故ニ甲者ガ差押《サシオサヘ》ヘ、假差押、假處分ヲ爲シテ完全債權《クワンゼンサイケン》ノ辨濟ヲ得ヤウトスレバ必《カナ》ラズ第三者タル丙者ノ債務《サイム》ヲ拘束《カウソク》スル爲メ之ヲ差押ヘナケレバナラヌ、ケレドモ此ノ差押《サシオサヘ》ヲ爲シタルトキハ必ラズ乙者ニ通知《ツウチ》シナケレバナラヌ、如何《イカン》トナレバ乙者ハ丙者ノ差押ヘラレタルコトヲ知《シ》ラナイカラ通知《ツウチ》ヲ爲シタル後《ノチ》デナケレバ時效中斷ノ效力《カウリヨク》ハ生ジナイモノデアルト定メタノデアリマス

第百五十六條　時効中斷ノ効力《カウリヨク》ヲ生スヘキ承認ヲ爲スニハ相手方《アヒテカタ》ノ權利ニ付キ處分《シヨブン》ノ能力又ハ權限アルコトヲ要セス

▲參看　舊民法証據編第百二十二條

〔註釋〕本條ハ時效ノ中斷《チウダン》ニ關シ承認《シヨウニン》ノ能力ト其ノ效力ヲ規定シタル條項《イウコウ》デアッテ、其ノ意義ハ元來時效ノ中斷ハ既《スデ》ニ得タル利益《リエキ》ヲ失フモノデアルカラ相手方タル者ニ於テハ猥《ミダ》リニ承認ヲ爲ス道理《ダウリ》ナキモノデアル、故ニ假令《タトヘ》自已ノ權利《ケンリ》ニ就キ處分權ヲ有シテ居ラヌ未

成年者、有夫《イウフ》ノ婦《フ》、禁治産者、準禁治産者ノ如キ無能力者《ムノウリヨクシヤ》デアルトモ之レガ承認《シヨウニン》ヲ爲シタル以上ハ時效中斷ノ効力《カウリヨク》ハ生スベキモノデアリマス

第百五十七條　中斷《チウダン》シタル時効ハ其中斷ノ事由《ジイウ》ノ終了シタル時ヨリ更ニ其進行ヲ始《ハジ》ム

裁判上ノ請求《セイキウ》ニ因リテ中斷シタル時効《ジカウ》ハ裁判ノ確定《カクテイ》シタル時ヨリ更ニ其進行ヲ始ム

▲參看　舊民法証據編第百四條、第百十三條、第百二十一條

〔註釋〕本條ハ中斷時效ノ更新進行《カウシン〳〵カウ》ニ關スル規定デアツテ、其ノ意義《イギ》ハ時效ノ中斷シタル時ハ中斷以前ノ進行期間ハ無効ト成《ナ》ルモノデアル、故ニ一度《ド》中斷《チウダン》シタル時效ノ再ビ進行ヲ始ムルハ中斷ノ事由《ジイウ》ト成リシ事故ガ終了《シウレウ》シタル時ヨリ更ラニ進行スルモノデアル、例バ甲者ガ或ル土地《トチ》ヲ占有《センイウ》シテ八年ヲ經過シタル時乙者ガ其《ソ》ノ土地ハ自己《ジコ》ノ所有デアルト主張シテ訴訟ヲ提起《テイキ》シタリトスレバ其ノ土地《トチ》ノ取得時效ハ中斷セラレタルモノデアル、而シテ後全ク甲者ガ乙者ヨリ其土地《ソノトチ》ヲ取戻シタリトスレバ中斷ノ事由《ジイウ》ハ終了シタルモノデ

アルカラ甲者ハ既《スデ》ニ經過シタル八年ノ時效ハ中斷ニ依《ヨ》ツテ失ヒシモノデアルカラ更ニ取戻シタル時ヨリ十年ヲ經過《ケイクワ》シナケレバ全ク取得時效ヲ得ルコトハ出來《デキ》ヌノデアル（第一項）而《シカ》シテ若シ乙者ガ出訴《シユツソ》ヲ爲シテ中斷シタル時效《ジカウ》デアル時ニ於テハ甲者ガ勝訴《シヨウソ》スレバ其ノ勝訴ノ判決《ハンケツ》ガ確定シタル時ヨリ更《サラ》ニ十年ヲ經過《ケイクワ》シナケレバ全ク取得時效ヲ得《ウ》ルコトハ出來《デキ》ヌ（第二項）ノデアリマス

第百五十八條　時效《ジカウ》ノ期間滿了《キカンマンレウ》前《ゼン》六ケ月內ニ於テ未成年者《ミセイネンシヤ》又ハ禁治産者カ法定代理人《ハフテイダイリニン》ヲ有セサリシトキハ其者カ能力者《ノウリヨクシヤ》ト爲リ又ハ法定代理人カ就職《シユシヨク》シタル時ヨリ六ケ月內ハ之ニ對シテ時效完成《クワンセイ》セス

▲參看　舊民法証據編第百三十一條

〔註釋〕本條ハ無能力者《ムノウリヨクシヤ》ニ關スル時效ニ就テ規定シタル條項デアツテ、其ノ意義ハ元來未成《クワンライミセイ》年者《ネンシヤ》若クハ禁治産者《キンヂサンシヤ》ハ無能力者デアルカラ、法定代理人ニ憑《ヨ》ラナケレバ自己自ラガ何事《ナニゴト》ヲモ處理《シヨリ》スルコトハ出來ヌモノデアル、故ニ若シ未成年者《ミセイネンシヤ》若クハ禁治産者デアツテ能力者ト成ラズ又ハ法定代理人《ハフテイダイリニン》ヲ有セザル時ハ必ラズ法律ヲ以テ之ニ保護《ホゴ》ヲ與ヘナケレバナラヌ、サレバ若シ時效ノ期間《キカン》ガ滿了《マンレウ》スル前、六ヶ月內例バ不動產《フドウサン》デアレバ十年ヲ經過シテ時效ヲ得ルモノデアルカラ此ノ場合ニ於テ九年六ヶ月ヲ經過《ケイクワ》シ殘《ノコ》ル六ヶ月內ニ未成年者ガ成年ト成リ又ハ禁治產者《キンヂサンシヤ》ノ法定代理人ガ定マラナイ時ハ時效《シカウ》ノ猶豫《イウヨ》ヲ與《アタ》フルモノデアル、故ニ假令時效《ジカウ》ノ期間滿了前六ヶ月內ニ未成年者《ミセイネンシヤ》ガ成年ト成リ又ハ法定代理人ガ就職スルモ其ノ時ヨリ更ニ六ヶ月內ハ時效ノ猶豫《イウヨ》ヲ與フルモノト定メタノデアリマス

第百五十九條　無能力者《ムノウリヨクシヤ》カ其財產ヲ管理《クワンリ》スル父、母又ハ後見人《コウケンニン》ニ對シテ有スル權利《ケンリ》ニ付テハ其者《ソノモノ》カ能力者《ノウリヨクシヤ》ト爲リ又ハ後任《コウニン》ノ法定代理人カ就職《シウシヨク》シタル時ヨリ六ヶ月內ハ時効完成《クワンセイ》セス

妻《ツマ》カ夫ニ對シテ有スル權利ニ付テハ婚姻解消《コンインカイセウ》ノ時ヨリ六ヶ月內亦同シ

◎參看　舊民法証據編第百三十四條第百三十五條

〔註釋〕本條ハ無能力者ガ法定代理人《ハフテイダイリニン》ニ對スル時效ノ猶豫《イウヨ》ニ就テ規定シタル條項デアッテ其ノ意義《イギ》ハ無能力者ガ自己ノ法定代理人ニ對スル權利《ケンリ》ニ就テノ時效《シカウ》ハ其ノ無能力者ガ能力

者ト成リシ後特ニ六ケ月ノ猶豫ヲ與ヘタルモノデアル、無能力者トハ未成年者《ミセイチンシヤ》。禁治産《キンチサン》者、準禁治産者《ジユンキンチサンシヤ》等ヲ謂ヒ法定代理人トハ未成年者ノ父、母若クハ後見人ヲ謂フ(第一項)而シテ又妻モ夫ニ配《ハイ》スル間ハ無能力者デアルカラ、妻ガ夫ニ對スル權利《ケンリ》ニ就テノ時效ハ婚姻ヲ解除《カイジヨ》シ普通《フツウ》婦人ト成リテ能力ヲ回復《クワイフク》シタル後チ六ケ月内ハ前項《ゼンコウ》ト等シク時效ノ猶豫ヲ與ヘルモノデアル(第二項)ト定メタノデアリマス

第百六十條 相續財産《サウゾクザイサン》ニ關シテハ相續人ノ確定《カクテイ》シ、管理人《クワンリニン》ノ選任セラレ又ハ破産《ハサン》ノ宣告アリタル時ヨリ六ケ月内ハ時效完成《ジコウクワンセイ》セズ

〔註釋〕本條ハ相續財産ニ關スル時效猶豫《ジコウイウヨ》ノ塲合ヲ規定シタル條項《デウカウ》デアッテ、其ノ意義ハ相續財産ニ就テモ六ケ月間ハ時效ノ猶豫ヲ與フルモノデアル、是レ相續人ガ定マラヌカラ確定《カイテイ》シナイ上ニ管理人モ任ゼラレズ、又破産《ハサン》ノ宣告ヲ受ケタルガ如キハ到底《タウテイ》猶豫ヲ與ヘナケレバナラヌ所以デアルカラ、斯クハ規定シタノデアリマス

第百六十一條 時效《ジコウ》ノ期間滿了ノ時ニ當リ天災《テンサイ》其他避《サ》クベカラザル事變《ヘン》ノ爲メ時效ヲ中斷《チウダン》スルコト能ハザルトキハ其妨害《バウガイ》ノ止ミタル時ヨ

リ二週間內ハ時效完成《クワンセイ》セス

▲參看　舊民法証據編第百三十六條

〔註釋〕本條ハ不可抗力《フカコウリヨク》ノ塲合ニ關スル時效ノ猶豫《イウヨ》ヲ規定シタル條項デアッテ、其ノ意義《イギ》ハ時效ノ期間滿了《キカンマンレウ》ノ時ニ當リ洪水《コウズヰ》、地震《ヂシン》、風災《フウサイ》、海嘯《カイシウ》等ノ如キ天災、其ノ他開戰《カイセン》等ノ如キ避《サ》クルコトガ出來ヌ事變《ジヘン》ガ生ジタル塲合ニ於テハ時效《ジコウ》ノ中斷《チウダン》ヲ爲ス行爲ハ到底《タウテイ》出來ヌカラ、斯ル塲合ニハ其ノ天災《テンサイ》若クハ戰爭《センサウ》等ガ全ク鎭定《チンテイ》シタル後チ二週間內ハ時效ノ猶豫《イウヨ》ヲ與ヘタルモノデアリマス

第二節　取得時効《シユトクジコウ》

〔註釋〕本節ハ時效中ノ一種《シユ》タル取得時効ニ關スル規定ヲ網羅《マウラ》シタルモノデアッテ、取得時效トハ平穩《ヘイオン》ニ且ツ公然ニ動產《ドウサン》若クハ不動產ヲ占有《センイウ》シテ後チ毫《スコシ》モ他人ヨリ障害《シヤウガイ》ヲ受ケズ法定上ノ期間《キカン》ヲ經過《ケイクワ》スルニ因リ其物ノ所有權《シヨイウケン》若クハ財產權ヲ自己《ジコ》ニ取得スル者ヲ謂フノデアリマス

第百六十二條　二十年間所有《シヨイウ》ノ意思《イシ》ヲ以テ平穩且公然《コウゼン》ニ他人ノ物ヲ占《セン》

有シタル者ハ其《ソノ》所有權《シヨイウケン》ヲ取得ス

十年間所有ノ意思《イシ》ヲ以テ平穩《ヘイオン》且公然ニ他人ノ不動產《フドウサン》ヲ占有シタル者カ其占有ノ始善意ニシテ過失《クワシツ》ナカリシトキハ其不動產ノ所有權ヲ取得ス

▲參看　舊民法第百三十八條第百四十條、第百四十八條

〔註釋〕本條ハ所有權《シヨイウケン》ヲ取得スルノ時效年限ヲ規定シタル條項《デウカウ》デアツテ、其ノ意義ハ他人《タニン》ノ物ハ占有スル者ハ左《サ》ニ列擧《レツキヨ》スル要件ガ具備《グビ》シナケレバ其ノ所有權ヲ取得《シユトク》スルコトハ出來ヌノデアル

第一　二十年間ノ歲月《サイゲツ》ヲ經過スルコト

第二　自己《ジコ》ノ所有トスル意思《イシ》アルコト

第三　平穩《ヘイオン》ニ且公然占有《センイウ》スルコト

第四　他人《タニン》ノ物ナルコト

以上四個條件《カデウケン》ノ內假令一個條件タリトモ缺《カ》クルコトアレバ所有權《シヨイウケン》ヲ取得スルコトハ出來

ヌ（第一項）又他人ノ不動產《フドウサン》ヲ占有シテ其ノ所有權ヲ取得《シユトク》シヤウトスルモノハ左ニ列擧スル要件《エウケン》ヲ具備シナケレバ取得スルコトハ出來《デキ》ヌ

第一　十年間ノ歲月《サイゲツ》ヲ經過スルコト

第二　自巳ノ所有トスル意思《イシ》アルコト

第三　平穩ニ且公然占有《カツコウゼンセンイウ》スルコト

第四　占有ノ當初善意《タウシヨゼンイ》ニシテ且過失《カツクワシツ》ナカリシコト

第五　他人ノ不動產ヲ占有《センイウ》スルコト（以上第二項）

而シテ本條ニ謂フ平穩《ヘイヲン》トハ他人ヨリ取戻《トリモド》シ若クハ強暴《キヤウバウ》等ヲ受ケナイコトヲ謂ヒ又公然トハ陰然《インゼン》ノ正反對《セイハンタイ》テアツテ、何人モ知リ得ルヤウ穩密《オンミツ》ナラザルコトヲ調フ。要《エウ》スルニ以上列擧《レツキヨ》ノ條件ガ具備《グビ》スレバ他人ノ動產《ドウサン》テアレバ二十年ノ時效、又他人《タニン》ノ不動產ヲアレバ十年ノ時效ニ依《ヨ》リテ其ノ所有權ヲ取得《シユトク》スルモノテアルト定メタノテアリマス

第百六十三條　所有權以外《イグワイ》ノ財產權ヲ自己《ジコ》ノ爲メニスル意思《イシ》ヲ以テ平穩且公然ニ行使スル者ハ前條ノ區別ニ從ヒ二十年又ハ十年ノ後其權利ヲ取得ス

▲參看　舊民法證據編第百四十九條第三條

〔註釋〕本條ハ所有權以外《イグワイ》ノ財産權ニ對スル取得時效ノ年限《ネンゲン》ヲ規定シタル條項《デウコウ》デアッテ、其ノ意義ハ所有權以外ノ財産權《ザイサンケン》トハ則チ地上權、永小作權、地役權、留置權、質權、抵當權、先取特權ノ如キ財産上ニ生ズル權利《ケンリ》ヲ謂フノデアル、而《ソウ》シテ是等他人ニ屬《ゾク》スル財産權ヲ自巳《シコ》ノ所有トスルノ意思《イシ》ヲ以テ他人ニ妨《サマタ》ゲラレズ平穏ニ且穩密《カツオンミツ》ナラズシテ何人モ知リ得ル如ク、公然《コウゼン》ニ行使シタル時ハ動産《ドウサン》ニ就テハ二十年、又不動産ニ就テハ十年ノ歳月ヲ經過スレバ時效ニ因《ヨ》リテ其ノ財産權ヲ取得《シユトク》スルコトガ出來ル、此《コ》ノ場合ニ於テモ第百六十二條第一條及ビ第二條ニ列擧《レツキヨ》シタル條件ノ一個ニテモ缺《カ》クルコトアレバ其ノ權利《ケンリ》ヲ取得スルコトハ出來ヌノデアリマス

第百六十四條　第百六十二條ノ時效《ジカウ》ハ占有者カ任意《ニンイ》ニ其占有ヲ中止シ又ハ他人《タニン》ノ爲メニ之ヲ奪《ウバ》ハレタルトキハ中斷ス

▲參看　舊民法證據編第百六條、第百八條、第百三十九條

〔註釋〕本條ハ取得時效《シユトクジカウ》ノ中斷スル場合ヲ規定《キテイ》シタル條項デアッテ、其ノ意義《イギ》ハ第百六十二

條ニ規定《キテイ》シタル動產ニ就テノ二十年若《モシ》クハ不動產ニ就《ツイ》テノ十年及ビ第百六十三條ニ規定シタル財產權《ザイサンケン》ニ就テ各々定メタル取得時效ノ年限《ネンゲン》ハ占有者ガ自己《ジコ》ノ意ニ依リテ其ノ占有ヲ中止スルカ又ハ他人《タニン》ノ爲メニ其ノ占有ヲ奪《ウバ》ハルヽガ如キコトアレバ取得時效ハ中斷スルモノデアルト定メタノデアリマス

第百六十五條　前條ノ規定《キテイ》ハ第百六十三條ノ場合《バアヒ》ニ之ヲ準用ス

〔註釋〕本條ハ第百六十三條ノ場合《バアヒ》ニ於ケル時效中斷ヲ規定シタル條項《デウコウ》デアツテ、其ノ意義ハ第百六十三條ノ場合ニ於テモ自己自《ミヅカ》ラガ占有行爲《センイウカウヰ》ヲ中止シ若クハ他人《タニン》ノ爲メニ占有物ヲ奪取《ダツシユ》セラルヽ等ノコトアレバ殆《ホト》ンド第百六十二條ノ第百六十四條ニ於ケルト等《ヒト》シキ場合デアルカラ自然《シゼン》ニ時效ハ中斷スルモノデアルト定《サダ》メタノデアリマス

第三節　消滅時効

〔註釋〕本節ハ消滅時效《セウメツジカウ》ニ關スル規定ノ通則ヲ網羅《マウラ》シタルモノデアツテ、消滅時效トハ義務ヲ負《オ》フテ後法律上ニ規定《キテイ》スル時效年限ヲ經過《ケイクワ》スルニ因リテ其ノ債務《サイム》ヲ免《マヌガ》ルヽヲ謂フ故ニ是ヲ免責時效《メンセキジカウ》トモ稱スルノデアル、其ノ詳細《シヤウサイ》ハ各項ノ下ニ說明《セツメイ》スルコトヽシマス

第百六十六條　消滅時効ハ權利《ケンリ》ヲ行使《カウシ》スルコトヲ得ル時ヨリ行進《カウシ》ス
前項ノ規定《キテイ》ハ始期附又ハ停止條件附權利ノ目的物《モクテキブツ》ヲ古有スル第三者ノ爲メニ其占有《センイウ》ノ時ヨリ取得時効ノ進行《シンカウ》スルコトヲ妨ケス但權利者ハ其時効ヲ中斷スル爲メ何時《ナンドキ》ニテモ占有者ノ承認《ジヨウニン》ヲ求ムルコトヲ得

▲参看　舊民法証據編第百二十五條、第百二十八條

〔註釋〕本條ハ消滅時効ノ進行《シンカウ》ニ關スル規定デアッテ、其ノ意義ハ第百六十七條ニ於テ消滅時效ハ二十年間行《オコナ》ハザルニ因ッテ利益《リエキ》ヲ得ルモノデアルトノ規定《キテイ》ハ、アルモ其ノ二十年間進行スベキ起算点《キサンテン》如何ヲ規定セズ是レ本條《ホンデウ》ノ規定アル所以《ワケ》デアッテ、則チ其ノ起算点ハ權利《ケンリ》ヲ行使スルコトガ出來ル時《トキ》ヨリ始《ハジ》マリテ進行スルモノデアル、例《タト》ヘバ甲者ガ乙者ヨリ明治廿九年九月一日ニ於テ同年十二月廿五日ヲ辨濟期限《ベンサイキゲン》ト定メテ金員《キンヰン》ヲ借入レタル時ハ消滅時效ノ起算点《キサンテン》ハ其ノ辨濟期限タル明治廿九年十二月廿五日ヨリ始リテ進行《シンカウ》スルモノデアル(第一項)ケレドモ第一項ノ規定《キテイ》ハ始期附又ハ停止條件附權利ノ目的物《モクテキブツ》ヲ占有スル第三條アリトモ消滅時效ノ進行《シンコウ》ハ第三條ノ爲メニ其ノ占有《センイウ》ノ時ヨリ進行《シンカウ》シツヽアル取

得時效ヲ妨ゲルモノデハナイ（第二條前段）然シ權利者《ケンリシヤ》ハ其ノ時效ヲ中斷《チウダン》スル爲メニ占有者ニ對シテ承認《シヨウニン》ヲ求ムルコトガ出來ル、是《コ》レ實ニ中斷ヲ爲スニ就《ツイ》テハ必要《ヒツエウ》デアル、若シ是レヲ爲《ナ》スコトガ出來ヌトナレバ取得時效ハ進行《シンカウ》スルニ依リ終ニ權利者《ケンリシヤ》ハ其ノ權利ヲ實行スルコトガ出來《デキ》ナイヤウニ成ル（第二項但書）故ニ本項《ホンコウ》ニ於テ此ノ但書《タヾシガキ》ヲ加ヘタノデアリマス

第百六十七條　債權《サイケン》ハ十年間之ヲ行ハサルニ因リテ消滅《セツメツ》ス

債權又ハ所有權ニ非《アラ》サル財産權ハ二十年間《ネンカン》之ヲ行ハサルニ因リテ消滅ス

▲參看　舊民法証據編第百五十條、第百五十五條

〔註釋〕本條ハ債權《サイケン》ト財産權トノ消滅時效ヲ規定《キテイ》シタル條項デアッテ、其ノ意義《イギ》ハ債權例バ甲者ガ乙者ニ明治廿九年十二月三十日ヲ辨濟期日ト定《サダ》メテ金千圓ヲ貸與《タイヨ》シタル時ハ之カ消滅時效ハ十二月三十日ヨリ二十年ノ歲月《サイゲツ》ヲ經過《ケイクワ》シ其ノ間乙者ガ甲者ヨリ請求《セイキウ》ヲ受ケナイ時ハ乙者ハ爲メニ其ノ金千圓ノ債務《サイム》ヲ甲者ニ辨濟スベキ義務《ギム》ヲ免カルヽモノデアル（第一項）又債權若クハ所有權《シヨイウケン》デナイ財産權、則チ永小《エイコ》作權《サクケン》、賃貸權、質權、留置權等デ

アレバ二十年間其ノ權利《ケンリ》ヲ行ハナイ時ハ其ノ權利ハ消滅《セウメツ》スルモノデアル（第二項）ト定メタノデアリマス

第百六十八條　定期金《テイキン》ノ債權ハ第一回ノ辨濟期《ベンサイキ》ヨリ二十年間之ヲ行ハサルニ因リテ消滅《セウメツ》ス

最後ノ辨濟期ヨリ十年間之ヲ行《オコナ》ハサル時モ亦同シ

定期金ノ債權者《サイケンシヤ》ハ時効中斷ノ證《シヤウ》書ヲ得ル爲メ何時ニテモ其債務者ノ承認ヲ求ムルコトヲ得

▲參看　舊民法証據編第百五十二條

〔註釋〕本條ハ定期金《テイキン》ニ對スル消滅時效ノ年限《ネンゲン》ヲ規定シタル條項《デウコウ》デアツテ、其ノ意義《イギ》ハ定期金トハ第六百八十九條以下ニ規定《キテイ》シタル終身年金ヲ與《アタ》フルコトヲ謂フノデアル、例《タト》ヘバ甲者ガ乙者ニ對シ予《ヨ》ハ汝ニ田地《デンチ》一町歩ヲ與《アタ》ヘルニ依リ其代《ソノカハ》リトシテ汝ハ丙者ノ死去《シキヨ》スルマデ毎年四十八圓宛《ヅヽ》ノ定期金ヲ與ヘヨト契約《ケイヤク》シタル場合ニ於テ乙者ガ第一回ニ支拂《シハラ》ハナケレバナラヌ期日《キジツ》ヨリ二十年間其ノ定期金ヲ丙者ニ與《アタ》ヘズ、又丙者ニ於テ甲者ニ於テモ之ガ請求ヲ爲サヾル時ハ乙者、之ガ支拂《シハラ》ヒノ義務ヲ免ルヽモノデアル、又最後《サイゴ》ノ辨濟期ヨリデアレバ十年間甲者若《モシ》クハ丙者ヨリ請求《セイキウ》ヲ受ケズシテ乙者ガ支拂《シハラ》ハナイ時ハ之ガ支拂ヒノ義務《ギム》ヲ免ガルヽモノデアル（第一項）ケレドモ定期《テイキ》金ノ債權者則チ丙者ハ乙者ニ於テ定期金ノ支拂《シハラ》ヒヲ怠ル時ハ乙者ニ向《ムカ》ツテ時效中斷ノ證據《シヤウコ》ヲ得ル爲ノ何時ニテモ承認書ヲ求ムルコトガ出來ル（第二項）是レ乙者ニ於テ承認書ナキヲ奇貨《キクワ》トシ將來ノ時效《ジカウ》ヲ僥倖《ゲウカウ》セムトスルヲ防《フセ》ガシムルノ保護規定《ホゴキテイ》デアリマス

第百六十九條　年又ハ之ヨリ短《ミヂカ》キ時期ヲ以テ定メタル金錢《キンセン》其他ノ物ノ給付ヲ目的《モクテキ》トスル債權ハ五年間之ヲ行《オコナ》ハサルニ因リテ消滅ス

▲參看　舊民法證據編第百五十六條

〔註釋〕本條ハ一年間以下《イカ》ノ時期ヲ定メタル債權《サイケン》ニ對スル消滅時效ノ年限《ネンゲン》ヲ定メタル條項デアツテ、其ノ意義《イギ》ハ一年ノ時期ヲ定メ若《モシ》クハ一ケ月、三ケ月、六ケ月等ノ如《ゴト》キ短キ時期ヲ以テ定メタル金錢ノ貸借《カシカリ》又ハ物件ノ貸借若クハ金錢物件《キンセンブツケン》ノ給付例バ家賃、小作米金、養料金米、給料金等ノ債權《サイケン》ガ消滅スル時期ハ總《ステ》テ五年デアル、故ニ是等《コレラ》ノ債務ヲ負ヒタル者ハ債權者ヨリ五ケ年間請求《セイキウ》ヲ受ケザル時ハ其ノ義務《ギム》ヲ免ガルヽモノデアリマス

第百七十條　左《サ》ニ掲《カヽ》ケタル債權ハ三年間《ネンカン》之ヲ行ハサルニ因リテ消滅ス

一　醫師《イシ》、産婆及ヒ藥劑師《ヤクザイシ》ノ治術、勤勞《キンラウ》及ヒ調劑ニ關スル債權《サイケン》

二　技師、棟梁《トウリヤウ》及ヒ請負人ノ工事《コウジ》ニ關スル債權但此時效ハ其負擔《フタン》シタル工事終了《シウレウ》ノ時ヨリ之ヲ起算ス

▲參看　舊民法証據編第百五十七條

〔註釋〕本條ハ三ケ年間ヲ以テ消滅時效《セウメツシカウ》ヲ得ベキ債權ノ種類《シユルヰ》ヲ列擧シタル條項《デウコウ》デアッテ、其ノ種類ハ左ノ如シ

第一　醫師ノ診察料《シンサツレウ》ト藥價、産婆《サンバ》ガ兒ヲ採《ト》リ揚《ア》ゲタル謝禮金、藥劑師ニ藥ヲ調合《テウガフ》サセタル其藥價等ニ關スル債權《サイケン》

第二　建築請負人《ウケオヒニン》、大工若クハ建築技師《ケンチクギシ》等ガ工事ニ關スル債權

以上列擧《レツキヨ》シタルモノハ三ケ年間請求ヲ為《ナ》サヾル時ハ債務者ハ消滅時效《セウメツシカウ》ニ因リテ之レガ支拂ヒノ義務《ギム》ヲ免ガルヽモノデアル（第一號）ケレドモ此《コ》ノ三年ト定メタル消滅時効ハ其《ソ》ノ負擔《フタン》シタル工事ノ出來上リタル時《トキ》ヨリ起算スルモノデアル（第二號但書）ト定メタノデア

リマス

第百七十一條　辯護士《ベンゴシ》ハ事件終了ノ時ヨリ公証人《コウシヤウニン》及ヒ執達吏ハ其職務執行ノ時ヨリ三年ヲ經過《ケイクワ》シタル時ハ其職務ニ關シテ受取《ウケト》リタル書類ニ付キ其責《セメ》ヲ免《マヌカ》ル

㊟參看　舊民法證據編第百六十二條

（註釋）本條ハ辨護士、公證人、執達吏《シツタツリ》ニ關スル消滅時效ノ年限ヲ規定《キテイ》シタル條項《テウコウ》テアッテ、其ノ意義ハ辨護士《ベンゴシ》ガ訴訟事件ノ依頼《イライ》ヲ受ケ、若クハ公證人ガ公證ヲ囑託ヲ受ケ、執達吏ガ執行事件《シツカウジケン》ノ委任ヲ受ケタル時、其ノ件ヲ取扱《トリアツカ》フニ付キ依頼者ヨリ受取《ウケト》リタル書類ニ就テハ事件若クハ職務執行ノ終了《シウレウ》シタル時ヨリ三年ヲ經過《ケイクワ》シテ依頼者ヨリ返還《ヘンクワン》ノ請求ナキ時ハ書類ノ返還ノ責《セメ》ヲ免《マヌ》ガル、モノテアルト定メタノテアリマス

第百七十二條　辯護士、公證人及ヒ執達吏《シツタツリ》ノ職務ニ關スル債權《サイケン》ハ其原因タル事件終了《シウレウ》ノ時ヨリ二年間之ヲ行ハサルニ因リテ消滅ス但其事

件中ノ各事項終了《シウレウ》ノ時ヨリ五年ヲ經過《ケイクワ》シタルトキハ右ノ期間内ト雖モ其事項ニ關《クワン》スル債權ハ消滅《セウメツ》ス

▲參看　舊民法証據編第百五十八條

〔註釋〕本條ハ辨護士、公証人、執達吏等ガ職務《シヨクム》ニ關スル債權ノ消滅事項ヲ規定シタル條項デアツテ、其ノ意義《イギ》ハ辨護士ガ訴訟印紙料、執行費用、証人日當料《ニツタウレウ》等ヲ立替《タテカ》ヘタル債權、公証人ガ証券印紙料、立會料《タチアヒレウ》等ヲ立替ヘタル債權、執達吏ガ書記料《シヨキレウ》、遠路ノ爲メ立替ヘタル旅費《リヨヒ》等ハ何レモ其ノ原因《ゲンイン》トナル事件ガ落着《ラクチヤク》シタル時ヨリ二年間内ニ請求セザレバ二年ヲ經過スレバ時效《ジカウ》ニ因リテ其ノ權利ハ消滅《セウメツ》スルモノデアル(本條前段)ケレドモ例バ訴件ハ各一事件デアルモ二個ニ分離《ブンリ》スルコトガアル、此ノ場合《バアヒ》ニ於テ甲ハ二年以内ニ終了シタルモ乙ハ二年以上ニ跨《マタガ》リテ終了シナイガ爲メ其ノ事件《ジケン》ノ二年以内ニ悉ク終了《シウレウ》セザルコトガアルカラ此ノ場合ニハ其ノ二年間内ニ在《ア》ツテ甲ノ終了シタル時ヨリ五年ヲ經過《ケイクワ》シタル時ハ甲ニ對《タイ》スル立替金ハ請求《セイキウ》スルコトハ出來ヌ是レ其ノ一事件《ジケン》ガ二個ニ別カルヽモ其ノ事件ノ終了《シウレウ》毎ニ請求スルコトガ出來ル(本條但書《ホンデウタヾシガキ》)カラ斯クハ定メタノデアリマス

第百七十三條　左ニ掲《カヽ》ケタル債權ハ二年間之ヲ行《オコナ》ハサルニ因リテ消滅

ス

一　生産者、卸賣商人《オロシウリシヤウニン》及ヒ小賣商人カ賣却《バイキヤク》シタル産物及ヒ商品ノ代價

二　居職人《キヨシヨクニン》及ヒ製造人ノ仕事《シゴト》ニ關スル債權

三　生徒及ヒ習業者《シフゲフシヤ》ノ教育、衣食及ヒ止宿《シユク》ノ代料ニ關スル校主、塾主、教師及ヒ師匠《シセウ》ノ債權

参看　舊民法証據編第百五十六條第六號、第百五十七條第二號、第百五十九條、第百六十條第一號

〔註釋〕本條ハ二年間ヲ經過《ケイクワ》スルニ因リ債權ノ消滅《セウメツ》スベキ規定《キテイ》ヲ規定シタル條項デアツテ、其ノ種類ハ左《サ》ニ列擧《レツキヨ》シタル類デアリマス

一　生産者例バ呉服物《ゴフクモノ》ヲ織ル工業家、陶器師《タウキシ》、農家等ガ自已ノ製造《セイザウ》シタル産物ヲ賣《ウ》リタル代價、卸賣商人ガ賣《ウ》リタル商品ノ代價、小賣商人ガ賣《ウ》リタル商品代價《シヤウヒンダイカ》

二　職工若クハ製造人《セイザウニン》ガ製造原料ヲ買入《カヒイ》レタル立替金ニ關スル債權《サイケン》

三　教師《ケウシ》、師匠、校主、塾主ガ生徒《セイト》及ヒ習業者ニ立替《タテカ》ヘタル教育費、衣食費、止宿料ニ關スル債權

以上ニ列擧《レツキヨ》シタルモノハ二ケ年ヲ經過セル時效《ジカウ》ニ因リ請求權ヲ失《ウシナ》フモノデアリマス

第百七十四條　左ニ掲クル債權《サイケン》ハ一ケ年間之ヲ行《オコナ》ハサルニ因リテ消滅ス

一　月又ハ之ヨリ短《ミジカ》キ時期ヲ以テ定メタル雇人ノ給料《キウレウ》

二　勞力者及ヒ藝人《ゲイニン》ノ賃金幷ニ其供給《ソノキヨウキフ》シタル物ノ代價

三　運送賃《ウンソウチン》

四　旅店《リヨテン》、料理店、貸席及ヒ娯遊場《イウヂヤウ》ノ宿泊料、飲食料、席料《セキレウ》、木戸錢、消費物代價竝《ナラビ》ニ立替金《タテカヘキン》

五　動産ノ損料《ソンレウ》

▲參看　舊民法証據編第百六十條

〔註釋〕本條ハ一年間ヲ經過《ケイクワ》スルニ因リ債權ノ消滅《セウメツ》スベキ時效ヲ規定《キテイ》シタル條項デアル、其ノ種類ハ左ニ列擧《レツキヨ》シタル類デアル

一　壹ケ月又ハ十日若《モシ》クハ四五日ト謂フ如ク短期《タンキ》ヲ以テ雇入レタル雇人ノ給料《キフレウ》

二　職工、土方、人足、仲仕、又ハ諸藝人《シヨゲイニン》ノ賃金並ニ是等ノ者ニ供給《キヨウキフ》シタル物ノ代價

三　海陸運送賃《カイリクウンソウチン》

四　旅店、料理店、貸席、玉突場《タマツキバ》、矢場、芝居《シバヰ》、其他ノ娯遊場《ゴイウヂヤウ》等ノ宿泊料、飲食料、席料、木戸錢、消費物《セウヒブツ》則チ薪炭油茶ノ代價及ビ人力車、纏頭《テントウ》等ノ立替金

五　蒲團《フトン》、蚊帳、衣服、建具疊《タテグタヽミ》、貸道具其他動産物ノ損料《ソンレウ》

以上ニ列擧《レツキヨ》シタルモノハ一ケ年間ヲ經過《ケイクワ》セバ時效ニ因リ請求權《セイキウケン》ヲ失フモノデアル

第一編　終

民法第貳篇

物《ブツ》權《ケン》

〔註釋〕物權《ブツケン》ト謂フコトハ人權《ジンケン》ト謂フ語《コトバ》ニ對シタル法律語《ハフリツコトバ》デアリマシテ、其ノ物權ト謂フ語ノ意義ハ物ノ上ニ生スル權利ト謂フコトデゴザイマス、而シテ物《モノ》ト謂フ語《コトバ》ハ如何ナルコトヲ意味スル語カトマウセハ本法《ホンハフ》第八十五條以下《ヨリシモ》ニ定《サダ》メラレマシタル如ク土地家藏等《イヘクラナド》ノ如キ不動產《フドウサン》、衣服《キモノ》諸道具《シヨダウグ》禽獸《トリケモノ》蟲魚類《ムシウヲルヰ》ノ如キ動產ニシテ、必《カナ》ラス形體《カタチ》ノ有ルモノヲ意味スル總稱《ソウナ》デアリマス、又權利《ケンリ》ト謂フ語ハ如何《ドウ》カトマウセハ、譬《タトヘ》ハ自已《ジブン》ガ爰ニ一冊ノ書籍《シヨモツ》ヲ持ツテ居ルト假《カ》リニ定《サダ》メマス、此《コ》ノ書籍ヲ自已ガ持ツテ居ル間《アヒダ》ハ、盜《ヌス》ムデ來タモノカ借リテ來タモノデナケレハ、法律ニ禁《キン》ジテナイ限《カギ》リハ自己ノ意想《オモヒ》ニ委《マカ》シテ、此書籍ヲ破《ヤブ》ルトモ他人ニ賣ルトモ、遺贈《ヤ》ルトモ、棄捨《ステ》ルトモ勝手《カツテ》ニ處分シテ他人カラ苦情《クジヤウ》ヲ謂ハレナイ、自由處分《ジイウシヨブン》ヲ意味スル法律語デアリマス、而《ソレ》シテ此ノ物ノ上ニ生スル權利ト謂フ一句ヲ解《ワカ》リ易《ヤス》ク解キマスレハ、彼ノ樹間《コノマ》ニ棲息《スマ》ヒ飛《ト》ヒ交《カ》フ禽鳥類《トリルヰ》、草間ニ啣ク蟲類《ムシルヰ》、山野《ノヤマ》ニ逸遊《イツイウ》スル獸類《ケモノルヰ》河海《カハウミ》ニ游泳《オヨギ》居ル魚類等ハ、其ノ樹間草間山野河海ニ在ル間ハ、公共物トマウシテ諸人《モロビト》ノ捕《ト》ルニ任《マカ》セルモノデアリマス（法律《ハフリツ》ノ禁外《キンクワイ》ト他人ノ所有地域外《チヰキグワイ》ノモノ）、サレハ是《コ》レ等《ラ》ノモノハ誰何人《ダレナンビト》ガ捕フルモ差支ヘノ無モノデ、未《マ》タ何人ノ所有ニモ成ツテ居ラヌ、ソコデ自已《ジブン》ガ鉄砲或《テツハウアルヒ》ハ網等禽獸蟲魚ヲ捕《トラ》フル道具《ダウグ》ヲ以テ其ノ物ヲ捕ヘマシタナヲハ其ノ時直《トキスグ》ニ捕ヘタ物ノ上ニ權利《ケンリ》ト謂フモノガ生《ウマ》レテ、自已ノ所有物《ショイウブツ》ト成ルノデアリマス、故《ユヱ》ニ自已ガ捕ヘマシタル時其ノ場所《バショ》ヘ他人ノ來リテ其ノ物ヲ奪《ウバ》ハントシマスモ、是ハ自已ガ今捕《イマトラ》ヘタル物デアルカラ汝《オマヘ》ニ奪ハル〻理《リ》ハナイ是ハ自已ノ所有物《ショイウブツ》テアル、強《シヒ》テ奪ヘハ法律ノ處分ヲ官《クワン》ニ求《モト》ムヘシト他人ニ對抗《ハムカ》フコトガ出來《デキ》マス、其ノ他人ニ對抗フコトノ出來ルノヲ權利《ケンリ》ト謂フノデアリマス、則《スナハ》チ此ノ權利《ケンリ》ヲ法律上物權《ブツケン》又ハ物上權トモマウシマス

尙《ナホ》此ノ物權ト謂フモノヲ法律上如何《イカ》ニ區別シ居ルカヲ示《シメ》シマスレハ、法律上此ノ物權《ブツケン》ヲ大別《タイベツ》シテ主タル物權、從《ジュウ》タル物權ノ二種トシテ是ヲ左ノ如ク細別《サイベツ》シテアリマス

主タル物權 ｛ 完全所有權《クワンゼンショイウケン》、虧缺《ケツ〳〵》所有權、用益權《ヨウエキ》、使用權《シヨウ》、住居權《ヂウキョ》、賃借權、永借權《エイシャクケン》、地上權《チジヤウ》、占有權《センイウ》、

從タル物權 ｛ 地役權《チエキ》、留置權《リウチ》、動產質權《ドウサンシチ》、不動產質權《フドウサンシチ》、先取特權、抵當權。

斯《カク》ノ如ク物權ヲ區別《クワケ》シマスレハ其ノ主タル物權ハ九種《シユ》、從タル物權ハ六種テアリマス而シテ從タル物權ノ內地役權ト謂フノハ所有權ノ從《ジュウ》タル物權、又留置權カラ以下ハ人權

ノ擔保《タンポ》ヲ為ス従タル物權デアリマス、此ノ各種《イロ〱》ノ物權ニ就テハ以下《コレヨリシモ》ニ於テ詳細《クハ》シク解《トキ》釋《ワケ》ナシマスカラ其ノ條下《トコロ》ニ就テ知リ得ラルヘシ

第《ダイ》壹章《シヤウ》　總《ソウ》則《ソク》

〔註釋〕總則《ソウソク》ト謂フコトハ此ノ第二編ニ定《サダ》メタル、物權《ブツケン》ニ關《クワン》スル各條全体《キツクノウヘ》ニ通シ用イル規則ト謂フコトデアリマス、サレハ此《コ》ノ第一章ニ定メタル第百七十五條ヨリ第百七十九條ニ至《イタ》ル五ケ條ハ第貳章第百八十條以下《ヨリシモ》第三百九十八條ニ至ル各條《キソク》ニ通シ用井ル規則デゴザイマス

第百七十五條　物權《ブツケン》ハ本法其ノ他ノ法律《ハフリツ》ニ定《サダ》ムルモノノ外《ホカ》之《コレ》ヲ創設《ソウセツ》スルコトヲ得《エ》ス

▲參看　舊民法財産編第貳條

第二條　物權ハ直チニ物ノ上ニ行ハレ且總テノ人ニ對抗スルコトヲ得ヘキモノニシテ主タル有リ從タルアリ

主タル物權ハ之ヲ左ニ掲ク

第一　完全又ハ麡欽ノ所有權

第二　用益權、使用權及ヒ住居權

第三　賃借權永借權及ヒ地上權
第四　占有權
從タル物權ハ之ヲ左ニ掲ク
第一　地役權
第二　留置權
第三　動產質權
第四　不動產質權
第五　先取特權
第六　抵當權
右地役權ハ所有權ノ從タル物權ニシテ留置權以下ハ八權ノ擔保ヲ爲ス從タル物權ナリ

〔註釋〕本條ハ物權ノ創設《ソウセツ》ハ自由勝手《ジユウカツテ》ニ定ムルコトハ出來《デキ》ナイ物權ト謂フコトハ此《コ》ノ民法又ハ其ノ外《ホカ》帝國議會ノ協賛《ケフサン》ヲ經《ヘ》テ、政府ニ於テ定ムル法律《ハフリツ》中ニ斯《カ》クナル權利《ケンリ》ハ之ヲ物權トスル旨定メタルトキハ兎《ト》モ角《カク》、其ノ他ニ於テ斯《カ》クナルモノハ物權《ブツケン》デアルト定ムルコトハ出來《デキ》マセヌ、サレバ萬一《モシモ》法律以外又ハ此ノ民法以外ニ是ハ物權《ブツケン》デアルト謂《イ》ッテ勝手《カツテ》ニ定ムルモ無效《ダメ》デアッテ、法律ノ保護《ホゴ》ヲ受クルコトハ出來ナイモノデアリマス

第百七十六條　物權《ブツケン》ノ設定《セツテイ》及ヒ移轉《イテン》ハ當事者《タウジシヤ》ノ意思表示《イシヘウジ》ノミニ因《ヨ》リテ

三 其《ソ》ノ効力《カウリヨク》ヲ生《シヤウ》ス

△參看　舊民法財產編第二百九十六條、同第三百三十一條

第二百九十六條　合意トハ物權ト人權トヲ問ハス或ル權利ヲ創設シ若クハ移轉シ又ハ之ヲ變更シ若クハ消滅セシムルヲ目的トスル二人又ハ數人ノ意思ノ合致ヲ謂フ

合意カ人權ノ創設ヲ主タル目的トスルトキハ之ヲ契約ト名ツク

第三百三十一條　特定物ヲ授與スル合意ハ引渡ヲ要セスシテ直チニ其所有權ヲ移轉ス但合意ニ附帶スルヿ有ル可キ停止條件ニ關シ下ニ規定スルモノヲ妨ケス

〔註釋〕本條ハ物權ニ對《タイ》スル効力發生《カウリヨクハツセイ》ノ初期《ハジメ》ヲ定メタル條項《キソク》デアリマシテ、其ノ意義ヲ解リ易《ヤス》クマウセバ、物ノ上ニ權利《ケンリ》ヲ生セシムルト、最早《モハヤ》物ノ上ニ生シタル權利ヲ他ニ移《ウツ》ストハ、其ノ權利ヲ生《シヤウ》ゼシヌムト思《オモ》ヒ、又ハ既《ステ》ニ物ノ上ニ生ジタル權利ヲ他ニ移ツウト思フ人ノ、腹《ハラ》中ニ考《カンガ》ヘタル思想ヲ人ニ知レル樣ニ顯《アラ》ハシタルトキハ、其ノ權利ヲ生シ又ハ其ノ權利ヲ移シタル効力《キヽメ》ヲ生ズルモノデアルト謂フコトヲ定メタル條項デアリマス、而シテ本條ノ意《コヽロ》ヲ解キマスルニ解《ワカ》リ易《ヤス》キ樣、本條ヲ三ツニ區別《ワケ》テ詳《クワ》シク述《ノ》ベルコトヽシマス其ノ三區別トハ第一物權《ブツケン》ノ設定《セツテイ》、第二物權ノ移轉《イテン》、第三當事者ノ意思表示《イシヘウジ》ノミニ因《ヨ》リテ其ノ効力《キヽメ》ヲ生ス、此ノ三區別デアリマス

第一物權ノ設定トハ例《タトヘ》バ假《カ》リニ自已ハ大工職人《ダイクシヨクニン》デアルトシマス、自已ハ大工職人デアルカラ閑暇《ヒマ》ノ日ニ、自已ノ所有《モチモノ》デアル木片ヲ用ヰテ壹個《ヒトツ》ノ箱ヲ造《ツク》リ出シマシタ、此ノ場合ヲ物權ノ設定《セツテイ》トマウシマス、如何《イカン》トナレバ大工《ダイク》ガ箱ヲ造《ツクラ》フト意思《オモフ》ノハ、其ノ箱ヲ自已《ジブン》デ使《ツカ》フトカ、他人ニ遣《ヤラ》フトカ賣《ウラ》フトカ思《オモ》ヘハコソ造ルノデ、其ノ使《ツカ》フ遣ル賣ルト謂フコトハ所有權《シヨイウケン》ト謂フ物權ヲ得ナケレハ出來《デキ》ナイコトデアリマス、大工ガ既《スデ》ニ箱《ハコ》ヲ造リ了《ヲハ》リマシタナラハ、其ノ箱ノ上ニハ所有權ト謂フ物權ガ生《シヤウ》ジ來リマスカラ勝手《カツテ》ニ處分《シヨブン》スルコトカデキル、則《スナハ》チ大工ガ箱ヲ造ツタノハ其ノ物ノ上ニ權利《ケンリ》ヲ設定《セツテイ》シタノデアリマス

第二物權ノ移轉ト謂フノハ自已ニ在ル權利《ケンリ》ヲ他人ニ引渡《ヒキワタ》スコトデ、例《タトヘ》バ前例《ゼンレイ》ノ大工カ其ノ造リタル箱ヲ他人ニ賣《ウ》ルトキハ、今《イマ》マデ大工ニ在《アリ》シ所有權ハ箱ト倶《トモ》ニ買《カ》ヒシ者ニ移ル之ヲ物權ノ移轉《イテン》ト謂フノデス

第三當事者ノ意思表示ノミニ因リテ其ノ効力ヲ生スト謂フノハ、例バ前例ノ大工《ダイク》ガ箱ヲ造リマシテ其ノ箱ヲ處分スル權利則《スナハ》チ所有權ヲ得ルニハ別《ベツ》ニ何ノ儀式《ギシキ》ヲモ爲スニハ及バヌ只自已《ジブン》カ意思《オモヒ》ヲ人ニ知ラシムルダケテ其ノ箱ニ所有權ノアル効力《キヽメ》ヲ生《シヤウ》ズルモノデアル、又其ノ箱ヲ大工カ他人《タニン》ニ賣《ウ》ルモ遣《ヤ》ルモ、賣ル人ト買《カ》フ人ノ間《アヒダ》ニ於テハ別ニ何《ナン》ノ儀式ヲモ爲スニ及ハヌ、只《タヾ》賣ル人ノ意思《オモヒ》ニテ買フ人ニ其ノ箱《ハコ》ヲ引渡《ヒキワタ》セバ夫レデ自已ニ今マデ

在リシ箱《ハコ》ノ所有權ハ買《カ》ヒシ人ニ移《ウツ》リテ物權移轉ノ効力《キヽメ》ハ生ズルモノデアルト謂フニュデアリマス

第百七十七條　不動産《フドウサン》ニ關《クワン》スル物權ノ得喪《トクサウ》及ヒ變更《ヘンカウ》ハ登記法《トウキハフ》ノ定ムル所ニ從《シタガ》ヒ其ノ登記《トウキ》ヲ爲スニ非《アラ》サレハ之ヲ以テ第三者《ダイシヤ》ニ對抗《タイカウ》スルコトヲ得ス

▲參看　舊民法財産編第三百四十八條、同第三百五十條、財産取得篇第四十五條、債權擔保篇第百十九條第三項、第百七十七條、第二百十三條第一項、登記法（明治十九年八月法律第一號）

〔註釋〕本條ハ不動産《フドウサン》ノ賣買讓渡書入質等ニ關《クワン》シテハ、管轄區裁判所《サイバンシヨ》ニ備ヘ在ル登記簿ニ其ノ旨ヲ記載《キサイ》セナケレバ、第三者ニ對《タイ》シテ效力《キヽメ》ナキコトヲ定《サダ》メタル條項《ゼウコウ》デアリマシテ凡テ不動産上ノ物權《ブツケン》ハ法律ニ定メヌシタル方式《ハウシキ》及ビ期限ニ從フテ公示《コウジ》シマセヌケレハ、第三者ニ對抗《タイカウ》スルコトハ出來《デキ》マセヌ、是ハ則チ一般法律ノ原則《ゲンソク》デアリマス、夫レハ如何《イカ》ナル譯カトマウセハ、不動産ハ人々《ヒトヽヽ》ノ資産中《シンダイチウ》ニ於テ最《モツト》モ貴重《タイセツ》ノモノデアリマスカラ、人ノ信用モ動産《ドウサン》トハ大變《タイヘン》ナ相違デス、動産ノ得喪《トクソウ》ハ資産ニ重大《タイセツ》ナル利害《ソントク》ハ及ボシハセヌケレドモ、不動産ノ得喪《トクソウ》ハ資産《シンダイ》ニ重大ナル利害《ソントリ》ヲ及ボスモノデアリマス。然《シカ》ルニ其ノ不動産ガ動産ノ如ク一瞬間《マタヽクヒマ》ニ甲乙丁乙丙丙ト容易ク轉移《ウツリカハ》ルトシマスレハ、資産《シンダイ》ヲ保ツニ安心《アソシン》ガナリマセヌ。又其ノ貴重《タイセツ》ナル不動産ヲ所有《ショイウ》スル場合ニ他人ヨリ其ノ不動産《フドウサン》ヲ故ナク横取《ヨコド》リセラレ、夫レヲ取戻《トリモド》サフニモ充分ノ証據ナク竟《ツイ》ニ他人ニ奪《ウバ》ハレ、資産ヲ失フト謂フヤウノコトガ在ルヤウナレバ實《ジツ》ニ安心《アンシン》ノナラヌコトデアリマヌカラ、本條ニ此ノ原則《ゲンソク》ヲ設ケテ不動産ノ保護《ホゴ》ヲ充分ニシタル譯デアリマス。今《イマ》一例ヲ示シテ本條ノ意ヲ明說《トキアカ》シマスレハ

例《タトヘ》ハ茲《コヽ》ニ甲ナル者ガアリマシテ、乙ナル者ノ所有權《ショイウケン》アル家屋ヲ抵當トシテ金若干ヲ貸與ヘ、登記《トウキ》ヲセズ只普通《ナミナミ》ノ証書ダケヲ取リ置キマシタ。然ルニ此ノ乙者ハ奸智《カンチ》ニ長タ惡漢デアッテ甲者ガ登記ヲセナカッタノヲ僥倖《サイハヒ》、其ノ家屋《イヒ》ニ登記ヲ濟《ズマ》シテ丙ナル者ニ賣却シマシタ、ソコデ甲者ハ此ノ事ヲ聞キ込ミ驚キマシテ乙者ニ談判ヲ開キ丙者ニ向ッテ其ノ家屋ハ自己《ジブン》ヘ先キニ質ニ取置《トリオ》キタルモノデアルカラ、假令《タトヘ》賣却ノ權利ハ乙者ニ在トシタ所ガ自己ノ貸シタ金ヲ辨償《カヘ》サナケレハ賣ルコトハ出來ヌト故障《コシヤウ》ヲ申出ルモ、糠ニ釘デ何ソニモナラヌ、反ッテ丙者ハ登記《トウキ》シタノヲ証據立テ、甲者ニ對抗《タイカウ》スルコトガ出來マス甲者ハ登記ノ手續《テツヾキ》ヲシナカッタノガ落度《オチド》ト成テ第三者タル丙者ニ對抗《タイカウ》スルコトガ出來マセ

又、此ノ例《レイ》ニ因レバ甲者ハ大變《タイヘン》氣ノ毒ノ樣デアリマスケレドモ、斯《カ》ヽル場合ニモ甲者ガ丙者ニ向ッテ故障《コシヤウ》ヲ申出デ、乙者ニ貸シタル金ヲ丙者ヨリ取リ得ルコトガ出來ルトスレバ世ノ惡漢《ワルモノ》ハ同謀者ヲ甲者トシマシテ正直ナル丙者ヲ傷害《キヅヽケ》ル樣ノ事ヲ爲ルニハ相違アリマセン、サウナレバ安心シテ不動産ヲ買入レ資産《シンダイ》トシヤウト思フモノハ無クナリマセウ、不動産ヲ資産ト認《ミト》メテ所有スル者ガナクナレバ、人々ガ此ノ世ニ勞働《ハタラ》シテ得タル利益ヲ永ク子孫《シソン》ニ傳フルコトハ到底《トテモ》出來マスマイ、是本條ヲ設《マウ》ケテ此ノ弊害ヲ防止シ、永ク不動産ヲ資産トシテ子孫ニ傳ヘ人々生活《ナリハイ》ノ安堵ヲ保全スル原則トシタル所以デアリマス

第百七十八條　動産ニ關《クワン》スル物權ノ讓渡ハ其ノ動産ノ引渡アルニ非《アラ》サレハ之ヲ以テ第三者ニ對抗《タイカウ》スルコトヲ得ス

▲參看　舊民法財産編第三百四十六條、債權擔保第百二條第一項

〔註釋〕前條ハ不動産《フドウサン》ニ就テノ原則《ゲンソク》ヲ定メタルモノデアリマシテ、本條ハ動産權移轉《イテン》ニ就テノ原則ヲ定メタル條項デゴザイマス、前ニモ陳《ノ》ベマシタル如ク不動産ハ最モ人ノ貴重《キチヤウ》スル重大《ヂウダイ》ノモノデアリマスカラ、其ノ移轉ニ就テハ有式《イウシキ》ト定メ、動産ハ不動産ニ比《クラ》ブレバ輕少且其ノ種類モ夥多《タクサン》デアッテ、之ヲ不動産ト等シク有式トスルトキハ反《カヘ》ッテ弊害ヲ生《シヤウ》

スル場合《バアヒ》ガアリマスカラ其ノ移轉ニ就テハ無式《ムシキ》ト定メタノデアリマス、而《ソウ》シテ本條ノ意《イ》義《ギ》ハ他人ニ動産ヲ讓渡シ自己《ジブン》ノ所有權ヲ移スニハ其ノ動産ヲ引渡サナケレバ第三者ニ對シテ讓渡シタリト謂《イ》フ効力ハナイ、故ニ必ラズ自己ノ所有物ヲ他人ニ讓渡《ユヅリワタ》シタル時ハ其ノ物品ヲ引渡サナケレバナラヌ、又他人ノ物品ヲ讓受ケタル者ハ必《カナ》ラズ其ノ物品ヲ受取リテ自己ノ手ニ掌握《ニギ》ラナケレバ第三者ニ對《タイ》シテ讓受ケヌ物品デアルト證據《シヤウコ》立テ、對抗スルコトハ出來ナイト謂フコトデアリマス今一例《レイ》ヲ掲《ア》ゲテ本條ノ意義ヲ詳《クハ》シク說キマスレバ、茲《コヽ》ニ甲ナル者ガアリマシテ壹棹《サヲ》ノ簞笥ヲ乙ナル者ニ讓渡シマシタ、然ルニ乙者ハ其ノ代金ヲ支拂ヒナガラ簞笥ヲ引取《ヒキト》ラヌ甲者ノ宅ニ預《アツ》ケテ歸リマシタ、スルト其ノ跡《アト》ヘ甲者ニ貸金ノアル丙者ガ執達吏《シツタツリ》ヲ伴《トモナ》ヒ來マシテ甲者ノ財產ト共ニ乙者ノ讓受ケマシタ簞笥ヲ差押《サシオサ》ヘマシタ、ソコデ甲者ハ此ノ始末ヲ乙者ニ報《シラ》シ甲乙兩者共ニ其ノ讓渡シタル事實《コトガラ》ヲ裁判所ニ申立テ、丙者ノ爲シタル差押ノ一部解除《カイヂヨ》ヲ請求スルト假リニ觀《ミ》マス、此ノ解除ハ到底《ツマリ》勝訴ヲ得ルコトハ出來マセン、如何《イカン》トナレバ其ノ事實ハ信實デアルカハ知ラザルモ、法律《ハフリツ》ハ甲乙兩者ノ間ニ授受ノ手續ヲ缺《カ》イデ居リマスカラ、乙者ハ只甲者ニ向《ムカ》ッテ其代金ノ取戾シヲ爲スニ止《トヾ》リ丙者ニ向ッテ簞笥ヲ取戾スコトハ到底《トテモ》出來マセン、是不動產ノ條《クダリ》ニ於テ說キマシタル例ト一ツデ、例バ金ヲ貸シタル者カ貸金請求《セイキウ》ノ目的ヲ達スル爲借主ノ動産ヲ差押《サシオサ》ヘタル場合ニ於テ、借主若シ不德義《フトクギ》ナル惡漢デアルトキハ殊更《コトサラ》ニ差押ヲ爲セ跡《アト》カラ同謀者ト語《カタラ》ヒ其ノ差押物品ヲ貸主ノ差押ヘタル日附ヨリ先ニ賣渡シタル姿《スガタ》ニ拵《コシラ》ヘ、其ノ解除ヲ請求シテ貸主ヲ害シ自己ノ借金ヲ蹈倒《フミタフ》シ不當ノ利得ヲ占ムル者ガ出來マスカラ此ノ原則《ゲンソク》ヲ定メタノデアリマス

第百七十九條　同《ドウ》一物《ブツ》ニ付ギ所有權及ヒ他ノ物權カ同一人ニ歸《キ》シタルトキハ其ノ物權ハ消滅《セウメツ》ス但其ノ物又ハ其ノ物權カ第三《タイ》者《シヤ》ノ權利ノ目的タルトキハ此《コ》ノ限ニ在ラス

所有《シヨイウ》權《ケン》以外ノ物權及ヒ之ヲ目的《モクテキ》トスル他ノ權利カ同一人ニ歸シタルトキハ其ノ權利ハ消滅ス此ノ場合ニ於《オイ》テハ前項但書ノ規定《キテイ》ヲ準用ス

前二項《カウ》ノ規定ハ占有權ニハ之ヲ適用《テキヨウ》セス

▲參看　舊民法財産編第二百八十九條

〔解義〕本條ハ一個《ヒトツ》ノ物ヨリ生スル二個ノ物權ガ一人ノ手ニ落《オ》ツル場合ノ規定《キテイ》原則デアリマシテ、先《マ》ツ第一項ノ意義ヨリ解《ト》キ始メマス、此ノ第一項ノ意義《イギ》ハ例《タトヘ》ハ甲ナル者ガアリマ

シテ曩《サ》キニ乙ナル者ノ所有ニ關《カヽ》ル家屋ヲ一番抵當トシテ質ニ取置《トリオ》キ、後チ又其ノ家屋ヲ買入レタル時ハ、曩《サ》キニ甲者ニ在リマシタ物權則《スナハ》チ不動産質權ハ消ヘナクナルト謂《イ》フコトヲ規定《キテイ》シタル條項デ、其ノ次ニ定メマシタル但書ノ意義《イギ》ハ以上ノ場合ニ於テ甲者ノ有スル不動産質權ハナクナルモ、若《モ》シ甲者ノ他ノ人例ハ丙ナル者ガ其ノ家屋《カオク》ヲ二番抵當《ヒキアテ》トシテ金ヲ貸《カ》シ居レバ、丙者ハ甲者ニ等《オナ》シク不動産質權ヲ有シテ居リマスカラ、假令其ノ家屋ノ所有權移《ウツ》リテ甲者ノ物權ハ消《キ》ヘテナクナルモ夫レガ爲丙者ノ物權タル二番抵當ノ不動産質權モ共ニ消ユルモノデハナイト謂《イ》フコトヲ定メタルモノデアリマス

又第二項ノ意義《イギ》ハ前項ト少シ異《カハ》リ、此ノ項ハ例バ玆《コヽ》ニ甲者所有ノ地所ニ包《ツヽ》マレマシタル俗《ゾツ》ニ袋地ト稱ヘマス乙丙兩人共有ノ地所ガ在ルト假《カ》リニ定メマス、此ノ場合ニ於《オイ》テ乙丙ノ兩人ハ常《ツネ》ニ甲者ノ地所ヲ通行《ツウカウ》スル地上權ヲ有シテ居リマス、然《シカ》ルニ共有ノ一人タル丙者ハ甲者ノ地所ヲ賃借《チンガ》リシマシタ、此ノ時ハ今マデ丙者ガ甲者ニ對《タイ》シテ有《イウ》シテ居リマシタル通行《ツウカウ》ノ權利ハ所有權以外ノ物權デアル賃借權ガ、地上權《チジヤウケン》ヲ有シ居リタル同一人則チ丙者ニ歸《キ》シマシタカラ、其ノ通行ノ權利ハ消《キ》ユルモノト定メタノデアリマス、玆《コヽ》ニ注意《チウイ》スベキコトガアル則チ消滅《セウメツ》ト謂フコトデ、消滅トハキヘテナクナルト謂《イ》フコトデアリマスケレドモ、例《タト》ヘハ丙者ガ甲者ノ地所ヲ賃借《チンガリ》シタカラ今マデ丙者ノ有《イウ》シテ居ツタ通行ノ權

利ガ消《キ》ヘル、消ヘルカラ地所ヲ賃借《チンカリ》スレバ其ノ地所ヲ通行《ツウカウ》スルコトガ出來ヌト謂フノデハナイ、地所ヲ賃借《チンカリ》スレバ其ノ地所ヲ使用スルモ通行スルモ勝手《カツテ》デアル、只主タル權利ヲ得《ウ》レバ從タル權利《ケンリ》ハ自《オノヅカ》ラ得ルモノデアルカラ、主從《シユウジユウ》二權利《ケンリ》ガ格別ニ兩立《リヤウリツ》シナイト謂フ意味《イミ》デアル、

而《ソウ》シテ第二項但書《タヾシガキ》ノ意義ハ例バ前例ノ場合《バアヒ》ニ於ケル丙者ノ有シテ居ル通行權《ツウコウケン》ニ就テノ規定デアリマス、此ノ乙者ハ丙者ノ共有者《キヤウイウシヤ》デ丙者ト等《オナ》シク甲者ニ對《タイ》シテ通行ノ權利ヲ得テ居ルモノデス、故《ユヱ》ニ此ノ乙者ノ權利ハ丙者ガ甲者ノ地所ヲ賃借《チンカリ》シタカラト謂ッテ消《キ》ユルモノデハナイ、甲者ハ丙者ト人《ヒト》コソ代《カハ》レ乙者ノ通行權利《ツウカウケンリ》ハ位《ヰ》然《ゼン》從前ノ如《ゴト》ク丙者ニ於《オイ》テ許サナケレバナラジト謂フコトヲ定《サダ》メタノデアリマス

又本條第三項ノ意義《イギ》ハ第一項及《オヨ》ビ第二項ノ規定《キテイ》ハ、以下第二章《シヤウ》ニ定メタル占有權《センイウケン》ニハ適用シナイト謂《イ》フ例外《レイグワイ》ノ條項《デウコウ》デアリマス、此ノ條項ノ解義《カイギ》ハ第二章以下ニ於テ陳ブルコトトイタシマス

第二章　占《セン》有權《イフケン》

〔註釋〕本章ハ占有《センイウ》ト謂《イ》フコトニ就《ツイ》テノ規定《キマリ》ヲ網羅《アツメ》タル章デアリマシテ、之ヲ四個《ロツヽ》ニ區別シ

デアリマス、第一ハ占有ヲ取得《トリエ》ル方法《シカタ》ハ如何《ドウ》ト謂フコト、第二ハ占有《センイウ》ハ如何《イカ》ナル効力ヲ有《イウ》スルカト謂フコト、第三ハ占有《センイウ》ハ如何ナル塲合《バアヒ》ニ於テ消滅《セウメツ》スヘキカト謂フコト、第四ハ占有ニ準《ナゾラ》フヘキハ如何《イカ》ナル塲合デアルカト謂フ四《シ》項目《コウモク》ノ規定《キテイ》デアリマス、抑《ソモソ》モ此ノ占有ト謂フ事ハ諸般《イロ〱》ノ事柄《コトガラ》ニ重大《タイセツ》ナル關係《クワンケイ》ヲ有シ、且極メテ解《ワカ》リ難《カタ》キ事柄デアリマスカラ先ツ其ノ要領《カンジン》ヲ解說《トキワ》ケ夫レヨリ逐條ノ說明《トキアケ》ヲ致《イタ》シマス、ソコデ第一ニ解ク必要ノアルノハ占有ト謂フ語《コトバ》デス、占有ト謂フ語ハ如何《イカ》ナル事ヲ指《サ》シテ稱《トナ》ヘタルカト謂フコトデアリマス、此ノ占有ト謂フ語ハ定義《テイギ》ハ其ノ占有ノ種類《シユル井》ニ因《ヨ》リマシテ一様《イチヤウ》ニ定《キ》マリマセムカラ、廣《ヒロ》ク各種《カクシユ》ニ通《ツウ》スル意義ヲ尋《タヅ》子マスレバ、占有トハ有体物ノ所持又ハ權利ノ行使ト謂フ義《ギ》デアリマス、故《ユエ》ニ占有ト謂フコトハ一個《ヒトツ》ノ權利《ケンリ》ヲ行フ所爲《シワザ》ヲ謂フノデ、一個ノ權利デハアリマセヌ、ソコデアリマスカラ權利《ケンリ》ナクシテ占有《センイウ》ノ事實《シジツ》ヲ行フコトガアリマス、又權利ト占有《センイロ》ト共《トモ》ニ行《オコナ》フ塲合ガアリマス、今例《イマタトヘ》ヲ揭《ア》ケテ諸種《イロ〱》ノ塲合《バアヒ》ヲ示《シメ》シマスレバ

第一甲ナル者《モヘ》ガアリマシテ乙ナル者ヨリ買取《カヒト》リタル書籍《シヨモツ》ヲ所持シテ居ル、此ノ塲合《バアヒ》ニ於テハ甲者ハ其ノ書籍《シヨセキ》ヲ占有《センイウ》シタノデアリマス

第二甲ナル者ガ乙ナル者ニ金《カネ》ヲ貸與《カシアタ》ヘマス、此ノ塲合《バアヒ》ニ於テハ甲者ハ乙者ニ對《タイ》スル債權ヲ占有《センイウ》シタノデアリマス

第三甲ナル者ガ乙ナル者ノ所有《モチモノ》デアル書籍ヲ丙ナル者ニ賣渡《ウリワタ》シマス、此ノ場合ニ於テ丙者ハ乙者ノ所有ナルコトヲ知《シ》ラス、全ク自已《オノレ》ノ所有ニ成リシモノト心得《コヽロエ》テ其ノ書籍ヲ所持《シヨヂ》シ居ルトキハ、丙者ハ其ノ書籍ヲ占有《センイウ》シタノデアリマス

第四甲ナル者ガ乙ナル者ノ所有《モチモノ》デアル家屋《イヘ》ヲ丙ナル者ニ賣渡《ウリワタ》シマス、此場合ニ於テ丙者ハ其ノ家屋ヲ受取リ、其ノ家屋ニ住居《スマヰ》スルトキハ、丙者ハ其ノ家屋ヲ占有《センイウ》シタノデアリマス

偖以上《サテイジヤウ》ニ枚擧《カゾヘアゲ》マシタ例ニ因リ考ヘレバ、前ニ陳《ノ》ベタル如ク占有トハ一個ノ權利《ケンリ》ヲ行フ行爲デアッテ、一個ノ權利デハナイ、故《ユヘ》ニ權利ナクシテ占有ノ事實《ジヂツ》ヲ行フコトモアリ、又權利ト占有ト共ニ行《オコナ》フ場合ノアルコトガ解《ワカ》ッタデアリマセウ、則チ第一第二ニ於テハ最初《サイシヨ》ニハ所有者デナカリシ者ガ他人ノ物件《ブツケン》ヲ占有シマシテ、其ノ最後ニハ所有者ト變《ヘン》シテ、所有ノ物件《モノ》ヲ占有スル普通《ナミ〳〵》ノ場合デアリマス

第三第四ニ於テハ所有者《シヨイウシヤ》テナイモノガ、他人ノ物件ノ上ニ占有《センイウ》ノ事實ヲ行《オコナ》フ例外ノ場合デアリマス

夫《ソ》レハ如何イフ譯《ワケ》カトマウセバ、第一第二ノ場合ハ所有者《シヨイウシヤ》ガ所有ノ物件ヲ占有スルノデ敢《アヘ》テ不思議《フシギ》ハアリマセン、ケレドモ第三第四ノ場合ニ於テハ丙者ハ書籍《シヨモツ》又ハ家屋ノ占

有者デハマリマス、ケレドモ其ノ所有者《シヨイウシヤ》ハ乙者デアリマス故ニ物件《ブツケン》ヲ所有スル者ハ常ニ占有者デアツテモ、占有者ハ必《カナ》ラズ所有者デアルトハ謂《イ》ヘマセヌ、是《コレ》所有權ト占有權ノ紛《マギラ》ハシキ區域《ワケメ》デアリマス、故ニ所有權ト占有權ハ牡丹《ボタン》ト芍藥《シヤクヤク》ノ如ク相似テ而シテ徑底《ケイテイ》カアリマス、玆ニ注意《チユウイ》スベキハ前ニ於テ占有《センイウ》トハ一個ノ所爲《シヨサ》デアツテ一個ノ權利《ケンリ》デハナイト謂ヒマシタカラ、占有ハ始終《シジウ》一個ノ所爲ニ止マルモノテアルト速首肯《ハヤガテン》ヲシテハイケマセン、如何《イカン》トナレバ占有ノ權利モ規定《キテイ》ノ法律ニ背《ソム》カズ適法デアツタナラバ、法律ハ其ノ占有權《センイウケン》ノ上ニ保護ヲ與ヘマス、例ハ甲ナル者ガ一頭《ヒキ》ノ乘馬《ジヨウバ》ヲ占有スルトキ、乙ナル者來リテ之ヲ奪《ウバ》ヒマスレバ、甲者ハ其ノ乘馬《ジヨウバ》ノ所有權ヲ證據立《シヨウコダ》テルコトハ出來マセヌケレドモ、乙者ヲ對手取《アヒテド》リ裁判所ニ訴ヘテ其ノ保護ヲ請求《セイキウ》スル權利ガアリマス、是ヲ占有訴權《ソケン》ト稱ヘマス、斯ノ如ク占有モ適法《テキハフ》デサヘアレバ占有ヲ安全《アンゼン》ニ保護スル訴權《ソケン》ガアリマスカラ、占有モ又一ノ權利《ケンリ》デアル性質《セイシツ》ヲ有シテ居ルト謂《イ》ハナケレバナラヌ、故ニ世人《セジン》ハ占有ヲ指《サ》シテ占有ノ權利ト稱《トナ》ヘルノハ則《スナハ》チ之カ爲デアリマス、然《シカ》ラバ占有權ト所有權ノ區域《ワケ》ヲ確《タシカ》ニ甄別《ミワケ》ル手段《テダテ》ガアルカト問ヘバ、アリマス則チ占有ノ權利《ケンリ》ニハ必要《ヒツエウ》トシテ左ノ二條件ヲ具備《ソナ》ヘナケレバナリマセン

第一 物件《ブツケン》ヲ所持シ居ルコト　第二 自已《オノレ》ノ所有物《シヨイウブツ》トスル意思アルコト

而《ソウ》シテ第一ノ物件ヲ所持スルト謂フノハ自前自巳《マノアタリジブン》ガ物件ヲ占領《センレウ》スルカ又ハ他人ニ占領セシムルカヲ謂《イ》フノデ、第二ノ自巳ノ所有トスル意思ト謂フノハ自巳躬《オノレミヅカ》ラ親《シタ》シク物件ヲ占領スルト他人ニ占領セシムルトヲ問《ト》ハズ、其ノ占領シタル物件ヲ自己《オノレ》ノ所有トスル念慮《オモワク》アルコトヲ謂フノデアリマス、此ノ二條件《アロケン》ガ具備《ソナヘ》ッテ居ナケレバ占有ノ權利ハ生《シヤウ》シマセヌ、故ニ假令《タトヘ》物件《ブッケン》ヲ所持テ居テモ此ノ物件ヲ自巳ノ所有《シヨイウ》トスル意思《オモヒ》ガナケレバ占有トハ謂ヘナイ、例ハ甲ナル者ガ乙ナル者ヨリ或物件《アルブツケン》ヲ借リテ所持テ居ル場合ハ、其ノ借主《カリヌシ》タル乙者ハ其ノ物件ヲ占領《センレウ》シテ居ルノデス、ケレドモ是ハ其物件ヲ使用《シヨウ》スル許デ何時《イツ》カハ乙者ニ返還《カヘ》スモノデアル、此ノ何時カ返還《カヘ》スト謂フコトハ甲者ノ熟知《ヨクシ》リ居ルコトデアルカラ自巳ノ所有《モチモノ》トスル意思《オモヒ》ハアリマセン、サレバ此ノ甲者ヲ其ノ物件ノ占有權利《センイウケンリ》者《シヤ》デアルトハ謂ヘナイデス、之ニ反《ハン》シテ自巳ノ所有トスル意思《イシ》アルモ未タ之ヲ所持《シヨヂ》シナイトキヽ例《タトヘ》バ甲ナル者ガ乙ナル者ノ所有デアル物件ヲ買受《カヒウ》ケ、自巳ノ所有トシヤウト思フモ未タ其ノ物件ヲ買受ケヌ時ハ、只《タヾ》自巳ノ所有ニシヤウトノ意思《オモヒ》ノアルダケデアルカラ、甲者ハ其ノ物件占有ノ權利ヲ有スル者ト謂《イ》フコトハ出來《デキ》セマヌ

以上ハ占有ノ事項《コトガラ》ニ就テノ大綱《タイカウ》ヲ解說《カイセツ》シタル許《バカ》リデアリマシテ、以下《イカ》各條《カクデウ》ヲ逐《オ》ヒ其細目ノ意義《イギ》ヲ詳シタ解說《トク》コトヽ致シマス

第壹節　占有權《センイウケン》ノ取得《シフトク》

〔註釋〕本節ハ占有《センイウ》ヲ取得スルノ方法ヲ規定《キテイ》シタルモノデアリマス

第百八十條　占有權ハ自己《ジコ》ノ爲ニスル意思《イシ》ヲ以テ物ヲ所持スルニ因リテ之ヲ取得《シユトク》ス

▲參看　舊民法財產編第百八十九條

〔註釋〕本條ハ前既《マヘスデ》ニ陳ベ置キマシタル占有《センイウ》ノ權利ヲ取得シマスル要件《エウケン》ヲ規定シタル條項デアリマシテ、占有權《センイウケン》ニハ法定ノ二要件則チ行爲ト意思トガナケレバナリマセヌ、此ノ事モ前既ニ解說《カイセツ》致シ置キマシタ、ソコデ其ノ取得《シユトク》ノ原因《ゲンイン》トマウスノハ、此ノ二要件ノ實行デアリマス、則チ有体物《イウタイブツ》ノ占有權ヲ取得《シユトク》シマスルニハ先ツ左ノ二要件《エウケン》ヲ具備《ソナエ》ヌケレバナリマセン。

第一　有體物《イウタイブツ》ヲ所持《シヨヂ》スル所爲アルコト

第二　所持《シヨヂ》シタル物ヲ自己ノ爲ニスル意思《イシ》アルコト

今《イマ》一例《レイ》ヲ以テ右二個要件ノ意思《イギ》ヲ解說マスレバ、例ハ甲ナル者自己《オノレ》ガ使用ニ供《キヨウ》スル爲所有者デナイ乙者ヲ所有者《シヨイウシヤ》デアルト信《シン》シマシテ、一脚《キヤク》ノ机《ツクヱ》ヲ購《カ》ヒ日々之ヲ使用シテ居ルトシマスレバ、此ノ甲者ガ其ノ机ヲ購《カ》ヒ自宅《ジタク》ニ持チ歸リ使用シ居ルハ則チ第一ノ場合《バアヒ》デ、其ノ机ヲ日々使用《シヨウ》セントノ意思ヲ以テ購ヒ、而シテ日々使用シテ居ル則チ第二ノ場合《バアヒ》デアリマスカラ、是デ有體物占有《イウタイブツセンイウ》ノ要件ハ具備《ソナヘ》タノデアリマス、之ヲ言ヒ代ヘレバ則《スナハ》チ甲者ハ机ノ占有權ヲ得タノデゴザイマス、占有權ノ取得《シユトク》ハ斯《カ》ウ謂フ工合《グアヒ》デ取得スルノデアリマスカラ、彼ノ寄託物《キタクブツ》、賃借物《チンカリブツ》等テ在ッテミマスルト、假令其ノ物ヲ所持《シヨヂ》シ且使用シツヽアルモ自己ノ所有《モチモノ》ニスルト謂フ意思《イシ》ノアルモノデハアリマセン、何時《イツ》カハ寄託者、賃貸主ニ返還スト謂フ意思《イシ》アルモノデスカラ、本條《ホンデウ》ニ謂フ占有權取得ノ原因《モト》トハナリマセン、要スル所ハ占有權ヲ取得《シユトク》シマスルニハ、所持又ハ行使《オコナヒ》ノ事實ト自己ノ爲ニスル意《オモ》思《ヒ》ト併《アハ》セテ存シ居ラナケレバナラナイ、ト謂フコトガ肝要《カンエウ》デアリマス

第百八十一條　占有權《センイウケン》ハ代理人ニ依《ヨ》リテ之ヲ取得《シユトク》スルコトヲ得

▲參看　舊民法財産編第百九十條

〔註釋〕本條ハ占有權《センイウケン》ヲ取得スルニハ必《カナ》ラズ本人躬《ミヅカ》ラガ爲ナケレバナラントハ限《カギ》ラナイ、他人ニ委任《マカ》シテ自己ノ意思ヲ代理サセテ取得スルコトモ出來《デキ》ルト規定《キテイ》シタノデアリマス、

ソコデ本條ノ意義《イギ》ヲ詳《クハ》シク説キマスレバ前々《マヘ〳〵》ニモ再三《タビ〳〵》陳ベマシタル如ク、法定ノ占有權ヲ取得《シユトク》シマスルニハ、所持又ハ行使《カウシ》ノ事實ト自已ノ爲ニスル意思《イシ》ト併セ存シ居ラナケレバナラヌ、而《ソウ》シテ此ノ二要件《エウケン》ハ共ニ占有者其ノ人ノ一身《シン》ニ存シ居ルガ原則《ゲンソク》デアリマス、例《タトヘ》ハ甲ナル者自已ノ使用ニ供《キヨウ》スル爲乙ナル者ヨリ端艇《ボート》一艘《サウ》ヲ購ヒ、自家ニ所藏《シヨザウ》シ居ル如キ場合デアリマス、ケレドモ人ト謂《イ》フモノハナカ〳〵繁忙《セハシ》キモノデ、細大輕重《サイダイケイチヤウ》ヲ問ハズ彼《ア》レモ是モ萬事《バンジ》一人デ扱《アツカ》フト謂フコトハ倒底《トテモ》出來ヌコトデ、勢《イキホ》ヒ他人ヲ頼ミ用ヲ達シ事ヲ便セシメナケレバナラヌ、是人世《コレジンセイ》ニ於テ免《マヌガ》レ難イコトデアリマス、故ニ本條ノ如ク例外ノ規定ヲ設《マウ》ケ法定ノ占有權ヲ取得《シユトク》スルニ際リ、代理人《ダイリニン》ヲ以テ自己ノ占有シヤウトスル物件ヲ所持セシメ、其ノ權利《ケンリ》ノ行使ヲ委任スルコトヲ得セシメタノデアリマス、例バ甲ナル者米若干《コメソコバク》ヲ買求メマシタ、ケレドモ其ノ米ヲ貯藏《タクハヘ》ル場所ガナイ、又自己デ看守《カンシユ》保存スルモ煩勞《ハンラウ》デアルカラ乙ナル者ニ之《コ》ヲ付託《フタク》スル場合、又甲ナル者ガ乘用《ジヨウヨウ》ノ爲乘馬一頭ヲ買ヒマシタ、ケレドモ繋《ツナ》グ厩舎《ウマヤ》ガナイカラ乙ナル者ニ其ノ保管《ホクワン》ヲサセル場合、是等《コレラ》カ則チ本條ニ所謂《イハユ》ル代理人ヲシテ占有權ヲ取得《シユトク》セシメル場合デアリマス、ケレドモ玆《コヽ》ニ注意スベキハ物件ヲ所持シ又ハ權利《ケンリ》行使《カウシ》ノコトハ煩勞《ハンラウ》ト手數ヲ要《エウ》シマスカラ、他人ニ代理《ダイリ》セシムルノ必要《ヒツエウ》ハアリマスケレドモ、自已ノ爲ニスル意思《イシ》ニ至リマシテハ別段《ベツダン》ノ行爲ヲスルニハ及ビマセン、人ノ心ハ何程《ナンボ》關《イソガハ》シクトモ萬事《バンジ》ヲ一時ニ思フコトハ出來マスカラ、他人ニ自己ノ意思《イシ》ヲ代理シテ貰フ必要《ヒツエウ》ハアリマセヌ、是《コレ》占有權ヲ取得スルノ意思ハ占有《センイウ》ニ就テ利益《モウケ》ヲ得ヤウト思フ人一人《ヒトヒトリ》ニ存スルコトテ要スルモノデアリマス、故ニ萬一《モシモ》其ノ意思ヲモ共ニ代理《ダイリ》セシメタナラバ、其ノ占有權ハ自己《オノレ》ノモノデナクシテ其ノ代理シタル人ニ移《ウツ》ツテシマヒマス、如何《イカン》トナレバ自己ハ占有スルノ意思《イシ》ガアリマセヌカラデス、然《シカ》レドモ意思ヲ有スル能力《ノウリヨク》ノナイ者カ、又ハ占有者其ノ人ノ意思ヲ要《エウ》スル不便《フベン》アルトキハ、他人ノ意思又ハ所爲ヲ以テ自己《オノレ》ヲ代表《ダイヘウ》セシムルコトガ出來《デキ》マス、則チ幼者《エウシヤ》、禁治產者、瘋癲者《フウテンシヤ》、白痴者《ハクチシヤ》、會社、公共法人等ノ如キモノデアリマス

第百八十二條　占有權《センイウケン》ノ讓渡《ユヅリワタシ》ハ占有物ノ引渡ニ依《ヨ》リテ之ヲ爲ス
讓受人《ユヅリウケニン》又ハ其ノ代理人カ現《ゲン》ニ占有物ヲ所持《シヨヂ》スル場合ニ於テハ占有《センイウ》權ノ讓渡ハ當事者《タウジシヤ》ノ意思表示《イシヘウシ》ノミニ依リテ之ヲ爲スコトヲ得

△參看　舊民法財產編第百九十一條第一項乃至第三項

〔註釋〕本條ハ自已《ジコ》ノ占有權ヲ他人ニ讓渡ス場合《バアヒ》ヲ規定シタル條項デ、其ノ意義《イギ》ハ前條ニ於テモ說明《セツメイ》シマシタル如ク、法定ノ占有ヲ取得《シユトク》シマスルニハ物件ヲ所持スルコトガ第一ノ

要件《エウケン》デアリマス、而シテ物件《ブツケン》ノ所持ハ物ヲ掌握《シヤウアク》ニ始《ハジマ》リ其ノ物件ヲ保有スルニ終ルモノデアリマスカラ、物件ノ所持《シヨヂ》ハ如何シテ之ヲ爲スカト謂《イ》フコトヲ規定シナケレバナリマセヌ、是《コレ》本條ノ規定アル所以デアリマス、抑《ソモソ》モ物ヲ掌握スル則チ所持スルノ方法ハ

第一　現物《ゲンブツ》ノ引渡ヲ受ケテ之ヲ所持《シヨヂ》スルコト（本條第一項ノ場合）

第二　現物引渡《ヒキワタシ》ノ所爲ナキモ、法律上引渡アリタルモノト認《ミト》ムルニ因リ之ヲ所持スルコト（本條第二項ノ場合）

ノ二樣《ヤウ》アリマス、今一例ヲ揭《カヽ》ゲテ第一ノ意義《イギ》ヲ説明《トキアカ》シマスレバ、例バ甲ナル者所有者ニアラザル乙者《オツシヤ》ヲ所有者ナリト信《シン》ジ、或物件ヲ讓受《ユヅリウ》ケタル時ハ其ノ物件ノ引渡《ヒキワタシ》ヲ甲者ヨリ受ケ所持センケレバナラヌ、然《サ》モナキトキハ占有權《センイウケン》ヲ得タルモノトハ謂《イ》ヘヌ、是第一ノ場合ニ適《アタ》ル方法デアリマス、又第二ノ方法《ハウハフ》ハ引渡ノ手續《テツヾキ》ヲ簡易《テガル》ニシタルモノデ其ノ簡易ノ引渡ト謂《イ》フノハ現《マノアタリ》ニ物件ヲ所有スル者ノ意思《イシ》ガ變《カハ》ルニ因リ無形《ムケイ》ノ授受アル場合ヲ謂フノデアリマス、例バ甲ナル者ガ乙ナル者ヨリ或物件《アルブツケン》ヲ賃借《チンガリ》シテ其ノ物件ヲ所持シテ居ル場合ニ、乙者ノ意思《オモヒ》ガ變リ其ノ物件ヲ買《カ》ヒマシタ、此時乙者ハ曩《サ》キニハ容假《ヨウカ》ノ占有ヲ爲スモノデアリマシタガ、爾後《ソノノチ》ハ法定ノ占有者タル資格《シカク》ニ因ッテ之ヲ占有《センイウ》スルモノデアリマスカラ、一旦其ノ物件ヲ甲者ニ返還《カヘ》シ更ニ之ガ引渡《ヒキワタシ》ヲ受テ所持スベキハ顚序《ジユンジヨ》デアリ

マス。ケレドモ斯《カク》ノ如《ゴト》クシマスレバ徒《イタヅラ》ニ無用ノ手數ヲ費《ツヒ》ヤシ急速《ニハカ》ノ用ヲ辨《ベン》スルコトガ出來ナイ、故ニ簡易《カンイ》迅速《ジンソク》ヲ尙《タツト》ヒマシテ甲者ト乙者ノ間ニ於テ現有《ゲンイウ》ノ儘授受《ウケワタシ》スルコトノ意思ガ合ヒ シタナラ、乙者ハ現《マノアタリ》ニ其ノ物件ヲ甲者ニ返還《カヘ》シマセンデモ、曩キニ所持シテ居ツタ物件ヲ一旦甲者ニ返還シ、更ニ乙者ノ手ニ授受《シユク》シタルモノト看做《ミナ》シ全ク甲乙兩者《リヤウシヤ》間ニ占有權《センイウケン》ノ讓渡シアリタルモノト認《ミトメ》タルノデ、是ガ第二規定《キテイ》ノ方法デアリマス

第百八十三條　代理人《ダイリニン》カ自己ノ占有物《センイウブツ》ヲ爾後本人ノ爲ニ占有《センイウ》スヘキ意思ヲ表示《ハウシ》シタルトキハ本人《ホンニン》ハ之ニ因リテ占有權ヲ取得《シユトク》ス

▲參看　舊民法財產編第二百九十一條第三項

〔註釋〕本條ハ代理人《ダイリニン》ノ意思ニ因リテ本人ガ占有權ヲ取得《シユトク》スル場合ヲ規定《キテイ》シタル條項デアリマシテ、其ノ意思ヲ說明《トキアカ》シマスレバ例《タトヘ》ハ玆ニ甲ナル幼者《エウシヤ》ガアリマス、常《ツネ》ニ乙ナル後見人ニ萬事《バンジ》ヲ代理セシメ居ルト假《カ》リニ定メマス、ソコデ甲幼者《カフエウシヤ》ノ代理人タル乙者ガ、甲幼者ニ關係ナク自己《オノレ》ノ使用《シヨウ》ニ供セントシテ丙ナル者ヨリ別墅《シモヤシキ》ヲ借受ケマシタ、然《シカ》ルニ其ノ別墅ハ靜閑《シヅカ》デアッテ甲幼者修學《シウガク》ノ場所ニ適當デアリマスカラ、乙者ハ其ノ別墅ヘ甲幼者ヲ移シテ修學ノ場所《バシヨ》トシマシタ、是本條ニ所謂《イハユル》乙者ハ自己ノ占有物ヲ爾後《ジゴ》本人タル甲幼者

ノ爲ニ占有スベキ意思ヲ表示《ヘウジ》シタルモノデアリマスカラ、甲幼者ハ之ニ因《ヨ》リテ乙者ガ既得ノ占有權ヲ取得スルノデアリマス、此ノ塲合ニ於テ順序《ジユンジヨ》ヲ踏《フ》ムトキハ、乙者ガ其ノ別墅ヲ甲幼者修學《シウガク》ノ塲所ニシヤウトシマスレバ、其ノ別墅ヲ一旦《タン》丙者《ヘイシヤ》ニ引渡シ後チ更ニ之ヲ甲幼者代理《ダイリ》ノ名義ヲ以テ受取ラナケレバナラヌ、然ルニ本條ノ如ク規定《キテイ》シタノハ如何デアルトマウセバ、其煩雜《ハンザツ》ヲ避ケ簡易《カンイ》迅速《ジンソク》ヲ尙《タツト》ビマシタノデアリマスカラ、乙者現有ノ儘、占有ノ權利《ケンリ》ヲ甲幼者ニ取得セシムルコトヽシタル譯《ワケ》デアリマス、玆《コヽ》ニ注意スベキハ本條ハ不能力者《フノウリヨクシヤ》ノ代理人ノミニ就《ツイ》テ規定シタル條項デハナク、能力者ノ代理人ヲモ含有《フクミ》居レハ、前例《ゼンレイ》ニ因ッテ誤解《ゴカイ》セラレンコトヲ杞憂《シンパイ》シ、序《ツイデ》ニ一言致シ置キマス

第百八十四條　代理《ダイリ》人《ニン》ニ依リテ占有《センイウ》ヲ爲ス塲合《バアヒ》ニ於テ本人カ其ノ代理人ニ對シ爾後《シゴ》第三者ノ爲ニ其ノ物ヲ占有スヘキ旨ヲ命《メイ》シ第三者之ヲ承諾《シヨウダク》シタルトキハ其ノ第三者ハ占有權ヲ取得ス

〔註釋〕本條ハ他人《タニン》ニ代理セシメ居ル占有物《センイウブツ》ヲ第三者ニ引繼《ヒキツ》ク爲其ノ承諾ヲ得テ代理者ニ向ヒ爾後《シゴ》第三者ノ爲ニ占有セヨト命《メイ》ジタル時ハ、第三者ハ夫《ソ》レニテ占有權ヲ取得《シユトク》スルモノデアルト定《サダ》メタル條項デアリマシテ、今《イマ》一例《レイ》ヲ揭ゲテ其ノ意義《イギ》ヲ說明シマスレハ、例ハ

茲ニ甲ナル者ガ乘用《ジヨウヨウ》ノ爲一輛《リヤウ》ノ馬車ヲ買ヒマシタ、然《シカ》ルニ之ヲ納《イ》ルベキ屋舍《イヘ》ガアリマセン、故ニ乙ナル者ニ其ノ馬車ヲ預《アツ》ケ置キ後チ甲者ハ之ヲ丙ナル者ニ讓渡《ユヅリワタ》シマシタ、處ガ丙者モ之ヲ納ルベキ場所ガアリマセンカラ其ノ事情《コトガラ》ヲ甲者ニ談シマスト、甲者ハ宜《ヨロ》シイ左樣《サウ》イフコトナラ自已ガ乙者ニ命《メイ》ジ其ノ保管《ホクワン》ヲ引繼ガシマセウト引受《ヒキウ》ケ、歸リテ乙者ニ向ヒ自已ノ馬車ハ今日《ケフ》丙者ニ讓渡シタガ、丙者モ自已ト同樣《オナジ》テ納場所ガナイ言ツテ居《ヰ》ルカラ、原《モト》ノ儘《マヽ》預ツテ置テ呉レト命ジマシタ、則チ是《コレ》ニテ第三者タル丙者ハ其ノ馬車《バシヤ》占有ノ權利ヲ取得シタノテアリマス、若シ此ノ場合《バアヒ》ニ於テ其ノ手續ノ順序《ジユンジヨ》ヲ追ヒマスレハ、甲者ハ先ヅ乙者ヨリ一旦《タン》馬車ヲ取戻《トリモド》シ之ヲ丙者ニ引渡シ丙者ハ更《サラ》ニ丙者ニ依賴《イライ》シテ保管セシムベキモノテアリマス、ケレドモ本條モ前條ト等《オナ》シク煩雜《ハンザツ》ノ手續ヲ省《ハブ》キ、簡易迅速ノ方法ヲ執《ト》ラシムルノテアリマス、故ニ丙者ト乙者ノ間ニ直接《チヨクセツ》ノ契約《ケイヤク》モナク又面會モセヌテアリマスガ、若シ乙者ニ於テ其ノ占有物《センイウブツ》ヲ毀損《コワシ》又ハ典賣《テンバイ》等ヲシマシ時ハ、丙者ハ乙者ヲ對手取《アヒテド》リ訴フルコトガ出來マス、其ノ代《カハ》リニ丙者ハ甲者ノ占有權《センイウケン》ヲ承繼《シヨウケイ》シタモノテアリマスカラ、手續ハ簡畧《カンリヤク》テアルモ此ノ占有權ヨリ生ズル萬事《バンジ》ノ出來事ハ、引受ケナケレバナリマセヌ

第百八十五條　權原《ケンゲン》ノ性質上占有者《セイシツシヤウセンイウシヤ》ニ所有ノ意思ナキモノトスル場合ニ於テハ其ノ占有者カ自己《ジコ》ニ占有ヲ爲サシメタル者ニ對《タイ》シ所有ノ意思アルコトヲ表示《ヘウジ》シ又ハ新權原《シンケンゲン》ニ因リ更ニ所有ノ意思《イシ》ヲ以テ占有ヲ始ムルニ非サレハ占有ハ其ノ性質《セイシツ》ヲ變《ヘン》セス

▲參看舊民法財產編第百八十五條

(註釋)本條ハ占有《センイウ》シタル物件ガ性質《セイシツ》ノ上ヨリ觀《ミ》テ、其ノ占有者ガ占有スベキ意思ナキコト判然《アキラカ》テアル時ハ、占有者ハ其ノ物件《ブツケン》ヲ占有サセタル對手方《アヒテカタ》ニ向ヒ、自巳《オノレ》ガ其ノ物件ヲ占有スル意思《イシ》アルコトヲ告知《ツゲシラ》サナケレバ眞正法定《シンセイハフテイ》ノ占有トハナラナイ、又上述ノ場合ニ於テ其ノ物件ヲ占有《センイウ》スル意思アルコトヲ告知スモ法定《ハフテイ》ノ如クナラナイ時ハ、新《アラ》タニ其ノ物件ヲ占有スベキ權利ノ生《シヤウ》ズル原因ヲ求メ、而《ソウ》シテ其ノ新原因《シンゲイイン》ニ依ツテ更ニ所有スルノ意思ヲ表示《ヘウシ》シテ占有ヲ始《ハジ》メナケレバ眞正法定《シンセイハフテイ》ノ占有トハナラナイ、又此ノ手續《テツヾキ》ヲ蹈《フ》マナケレバ占有物ノ性質《セイシツ》ヲ變更スルコトハ出來《デキ》ナイト規定シタル條項《デウコウ》テアリマス、其ノ意義《イギ》ヲ說《ト》キマスレハ本條ニ謂フ權原ノ性質上占有者ニ所有ノ意思ナキモノトハ所謂容假《イハユルヨウカ》ノ占有ヲ謂《イ》フノテアリマス、容假ノ占有トハ例《タト》ヘハ他人ノ物件ヲ預《アツカ》ル者又ハ賃借《チンカリ》スル者等ノ如キ其ノ受託《ジユタク》、賃借《チンカリ》ノ期間《キカン》ニノミ占有權利ノアルヲ謂フノデアリマス、故ニ其ノ物件《ブッケン》ハ他人ノ所有物デアッテ、受託者、賃借者ハ何時カ其ノ所有主タル寄託者《アツケヌシ》又ハ賃貸者ニ返還セナケレハナラヌカラ、其ノ物件ハ權原《ケンゲン》ノ性質上《セイシツジヤウ》占有者ガ自己ノ所有トスルコトハ倒底《トテモ》出來ナイ、從《シタガ》ッテ其ノ物件ニ就《ツイ》テハ當初ヨリ占有者ニ所有《シヨイウ》セントスルノ意思《イシ》ナキコト又性質ノ上ニ明瞭《アキラカ》デアル、ソウデアルカラ之ヲ變《ヘン》シテ眞正《シンセイ》法定ノ占有權利ニシヤウトスレハ必ラス占有セシメタル例ハ寄託者《アツケヌシ》、賃貸者ニ對シ、爾今以後《イマヨリノチ》自己ノ所有ニスルト謂フ意思アルコトヲ表示スルカ、然《サ》モナケレハ新權原《シンケン》ニ因テ更ニ所有ノ意思ヲ以テ占有ヲ始《ハジ》メナケレハナラヌ、之ニ反《ハン》シ容假《ヨウカ》ノ占有者ガ一已勝手《カツテ》ノ意思タケデ、何時ニテモ隨意《コヽロマカセ》ニ容假ノ占有ヲ變シ法定ノ占有ト爲《ナ》シ之ヨリ生《シヤウ》スル總テノ利益《モウケ》ヲ取得シ得ラル、モノトシタナラハ、寄託者《キタクシヤ》、賃貸主ハ容假占有者ガ意思《イシ》ノ變更《ヘンカウ》シタノヲ知ルコトガ出來マセンカラ、竟《ツヒ》ニ恰ド暗打《ヤミウ》チニ遭ハサレル樣ノ不幸《フカウ》ヲ蒙《カフム》リマスカラ、本條ノ規定ヲ設ケタノデアリマス

第百八十六條　占有者《センイウシヤ》ハ所有ノ意思《イシ》ヲ以テ善意《ゼンイ》、平穩《ヘイオン》且《カツ》公然《カウゼン》ニ占有ヲ爲スモノト推定《スイテイ》ス

前後《ゼンゴ》兩時《リヤウジ》ニ於テ占有ヲ爲シタル證據《シヨウコ》アルトキハ占有ハ其ノ間繼續《ケイゾク》シタルモノト推定《スイテイ》ス

▲參看　舊民法財産編第百八十六條乃至第百八十八條

（註釋）本條ハ占有者ニ對スル法律上《ハウリツジヤウ》ノ推定原則《スヰテイゲンソク》ヲ定メタル條項デアリマシテ、之ヲ四區ニ別チ、第一項ニ於テ左ノ三個ノ推定法《スヰテイハフ》ヲ定メマンタ

第一　占有者《センイウシヤ》ハ所有ノ意思ヲ以テ善意《ゼンイ》ニ占有ヲ爲スモノト推定ス

第二　占有者ハ所有《シヨイウ》ノ意思ヲ以テ平穩《ヘイヲン》ニ占有ヲ爲スモノト推定《スヰテイ》ス

第三　占有者ハ所有ノ意思《イシ》ヲ以テ公然《コウゼン》ニ占有ヲ爲スモノト推定ス

第一ノ意義ハ人ノ性《セイ》ハ原《モ》ト善ナルモノデ、不善惡行《フゼンアクカウ》ハ天稟《テンリン》ノ人性ニ反《ハン》シタルモノデアリマス、人ノ善ヲ行ヒマスルハ、其ノ天性《テンセイ》ニ從《シタガ》フ常デアツテ不善惡行ハ天性《テンセイ》ニ反スル變デアリマスカラ、惡意《アクイ》ヲ以テ物件ヲ占有シマシタルトキハ他人ニ於テ之ヲ能《ヨ》ク證明《シヨウメイ》スルコトガ出來《デキ》マス、ナレドモ自己デ自己《ジブン》ガ善意ヲ證明スルコトハ頗《スコブ》ル難事《ナンジ》デゴザイマスカラ、法律ハ凡《スベ》テ各人ノ有スル占有權《センイウケン》ハ善意ヲ以テ正當《セイタウ》ノ權原ニ因リ、取得《シユトク》シタルモノデアルト推定シタノデアリマス

第二ノ意義ハ暴行脅迫《バウカウケウハク》ハ獨リ道徳《ダウトク》ニ背クハカリデハナイ、刑罰《ケイバツ》ニ觸《フ》ルヽ所爲デアリマスカラ、人常ニ強暴《キヤウバウ》ニ因ツテ占有ヲ得《エ》若クハ之ニ因《ヨ》リテ占有ヲ保《タモ》ツモノト推定スルハ常理《ジヤウリ》ニ反《ハン》スト謂《イ》フモノデアル、而《ソウ》シテ強暴《キヤウバウ》ノ所爲ナキコトヲ證明《シヨウメイ》スルハ、前ニ陳《ノ》ベタル善意《ゼンイ》ヲ證スルト等シク消極《セウキヨク》ノ擧證《キヨシヨウ》デアツテ頗ル難事《ナンジ》デアリマス、故ニ本條ニ於テ各人《カクジン》ガ有スル占有權ハ反證《ハンシヨウ》アラザル限リハ平穩《ヘイヲン》ニ取得シタルモノト推定《スヰテイ》スルノデアリマス

第三ノ意義ハ穩秘《オンヒ》ハ必ラズ不善惡行ノ分子《ブンシ》ヲ含《フク》ミ居ルモノデ、決《ケツ》シテ正當ノ事デハアリマセン、故ニ法律《ハフリツ》ハ各人ノ取得シタル占有權《センイウケン》ハ必ラズ公然《コウゼン》ニ、多少ノ時間ヲ繼續《ケイゾク》シ而シテ人目《ヒトメ》ニ觸《フ》ルヽヤウノ所爲アツテ存シ、後ヲ得タルモノデアルト推定《スヰテイ》スルノデアリマス、而《ソウ》シテ本條第二項ノ意義《イギ》ハ例《タトヘ》ハ或物件ヲ前後《ゼンゴ》二個ノ時期《ジキ》ニ占有シタルトキ、其ノ二個ノ時期ニ占有シタノデアルト謂《イ》フ證據立《シヨウコダテ》ノ出來タ時ハ、其ノ占有ハ前キニ占有シタル時期ヨリ引繼《ヒキツ》キ、後ニ占有シタル時期《ジキ》マデ中斷《チウダン》スルコトナク、占有シツヽアリシモノデアルト推定《スヰテイ》スルノデアリマス

第百八十七條　占有者《センイウシヤ》ノ承繼人《シヨウケイニン》ハ其ノ選擇《センタク》ニ從ヒ自己ノ占有ノミヲ主張シ又ハ自己ノ占有ニ前主《ゼンシユ》ノ占有ヲ併《アハ》セテ之ヲ主張《シユチヤウ》スルコトヲ得

前主《ゼンシユ》ノ占有ヲ併《アハ》セテ主張スル場合《バアヒ》ニ於テハ其ノ瑕疵《カシ》モ亦之ヲ承繼《セウケイ》ス

△參看　舊民法財產編第百九十二條

〔註釋〕本條ハ例《タトヘ》ハ或一人ガ或物件ヲ占有シテ居《ヲ》リマスル時、其ノ上ヘ亦他人又ハ先人ノ占有シタル物件《ブツケン》ヲ承繼《ヒキツ》ク時ハ、其ノ承繼ク者ノ都合《ツガフ》ニ依リ他人又ハ先人ヨリ承繼《ウケツ》ク占有物ヲ承繼ガズシテ、自巳ノ占有ノミヲ申立《マウシタ》テ、亦其ノ都合《ツガフ》ニ依リ他人又ハ先人ヨリ承繼ク占有物ト自己ノ占有物ヲ併《アハ》セ、二個《フタツ》共《トモ》ニ占有スベキコトヲ申立ツルヿガ出來《デキ》ル、然シ萬一其ノ人ガ自巳ノ占有物ニ他人《タニン》又ハ先人ノ占有物ヲ併セ申立ツルトキハ、他人又ハ先人ヨリ承繼《ヒキツ》キタル占有物ヨリ生ズル一切ノ出來事《デキゴト》ヲ引受ケナケレバナラヌト謂《イ》フコトヲ定メタル條項《デウカウ》デアリマス、ソコデ本條第一項規定《キテイ》ノ意義ヲ例《レイ》シテ說明《トキアカ》シマスレバ占有ハ總論《ソウロン》ニ於テモ詳《クハ》シク說キマシタル如ク、法定ノ占有ハ訴權《ソケン》ニ因リ之ヲ保持《ホヂ》シマシテ而シテ法律《ハフリツ》ハ之ニ保護ト特別ノ利益《リエキ》ヲ與《アタ》フルモノデアリマスカラ、則《スナハ》チ占有ハ一個ノ權利デアリマス、占有ガ一個ノ權利《ケンリ》デアリマスカラ各人ノ資產《シサン》ヲ組成スル所ノ財產《ザイサン》デアル占有ガ財產デアルカラ財產タル占有權ハ之ヲ他人ニ讓渡《ユヅリワタ》スハ固ヨリ妨《サマタ》ゲノアルモノデハナイ、故ニ承繼人ガ其ノ物件ノ占有ヲ主張《シユチヤウ》スルニ當《アタ》リマシテ利益アリト思推《オモヘ》バ承繼人《ヒキツクルヒト》ノ占有權ヲ利用スルヿガ出來マス、而《ソウ》シテ若シ利益ガナイト思推バ承授人ノ占有權ヲ放棄《ナゲスヘ》テシマフヿノ出來ルハ當然《アタリマヘ》ノヿデアル、是則チ本條第一項ノ原則《ゲンソク》ヲ設ケマシタ所以《ワケ》デアリマス、又其ノ第二項ノ意義《イギ》ハ凡ソ他人又ハ先人《センシン》ノ占有ヲ承繼者《ウケツクモノ》ハ共ニ先人ノ位地《ヰチ》ヲ襲《オソ》フモノデアリマスカラ、先人ニ屬《ゾク》スル權利義務《ケンリギム》ハ一切之ヲ承繼グモノデアリマス、占有モ亦前ニ陳《ノ》ベマシタル如ク一個ノ權利デアリマスカラ、占有者ノ相續者《サウゾクシヤ》又ハ承繼者ハ先人ノ有シマシタル占有ノ性質及ビ瑕疵《カシ》ハ總テ承繼ナケレバナラヌ。故ニ例ハ先人占有ノ性質《セイシツ》ガ容假デアルトキハ先人ハ受託者《アヅカルモノ》ノ名義デ物件ヲ占有シタノデアリマスカラ、其ノ相續人《サウゾクニン》ハ位然容假《ヰゼンヨウカ》ノ占有者デアリマス、猶《ナホ》他ノ例ヲ以テ證シマスレバ先人《センシン》ノ占有ガ法定《ハフテイ》デアルトキ、例バ所有者《ショイウシヤ》ニアラザル者ヲ眞《シン》ノ所有者デアルト信ヲマシテ物件《ブツケン》ヲ占有シタルトキハ其ノ相續人《サウゾクニン》ハ亦法定ノ占有者デアリマス、若《モ》シ先人ノ占有ハ法定《ハフテイ》デアルモ、權原《ケンゲン》ナキ占有デアルトキハ相續ノ權原ニ因ツテ之ヲ承繼シタカラト謂《イ》フモ、夫《ソレ》ガ爲正當《セイタウ》ノ權原ニ因ツテ占有シタリトハ謂《イ》ヘナイ、ケレトモ先人ノ占有ハ强暴《キヤウバウ》又ハ穩秘《インピ》ノ占有デアルトキ、ハ、相續人ノ意思《イシ》ノ摸樣《モヤウ》ニ因リ公然《コウゼン》又ハ平穩ノ占有トスルコトガ出來《デキ》マス、例ハ先人ガ强暴穩秘ニ因ツテ有占テ保持《ホヂ》シタルトキ、相續人ニ於テ强暴《キヤウバウ》ノ所爲ヲ止メ又ハ公然《コウゼン》之ヲ占有シタナラバ、先人ノ占有惡意《センイウアクイ》ナルトキハ善意ト變シ、穩秘ナルトキハ公然ニ變《カハ》ルコトガアリマス、故ニ必《カナ》ラス徹頭徹尾《テツトウテツビ》先代占有ノ性質ヲ襲受《シウジユ》スルモノデハナイ、唯《タヾ》相續人ノ意思先人ニ異《コトナ》ルトキハ其ノ意思ノ如何ニ因《ヨ》ツテ相異《アヒコトナ》アルモノデス、是學者《ガクシヤ》ノ注意ヲ要スル所デアリマス、要スルニ法律《ハフリツ》ニ於テハ承繼人ハ先人ト異体同心《イタイドウシン》ト看做シタノデアリマスカラ、本項ニ前主《ゼンシユ》ノ占有ヲ承繼者ハ其ノ瑕疵《カシ》ヲモ承繼《ウケツグ》モノデアルト規定《キテイ》シタル所以デス

第貳節　占有權《センイウケン》ノ効力《カウリヨク》

第百八十八條　占有者《センイウシヤ》カ占有物ノ上ニ行使《カウシ》スル權利《ケンリ》ハ之ヲ適法《テキハフ》ニ有スルモノト推定《スヰテイ》ス

▲參看　舊民法財産編第百九十三條

〔註釋〕本條ハ他人ニ屬《ゾク》スル有體物《イウタイブツ》ヲ自已ノ所有トシテ所持《シヨヂ》スル占有者ガ、其ノ占有物ノ上ニ行使《オコナ》フ權利ハ法ニ適《カナ》ヒタル正當《セイタウ》ノ所爲デアルト推定スル原則《ゲンソク》デアリマス、法律上占有者ガ斯《カ》ル推定ヲ受クル所以《ワケ》ハ如何カトマウセバ、凡《オヨ》ソ各人ガ或權利《アルケンリ》ヲバ我權利デアルトシテ行使《オコナ》ヒマスルノハ、或物ハ自已《ジコ》ガ所有テアルト人ニ示《シメ》スモノデアリマス、因《ヨ》ツテ斯ル行爲ハ其ノ物ノ所有者《シヨイウシヤ》ニ多クアルガ常《ツネ》デス、サレバ法律ニ於テモ亦占有者ハ其ノ占有

物ノ上ニ行《オコナ》使フ權利ノ所有者デアルト推定スルノデアリマス、此ノ推定ハ要《エウ》スルニ常有《ジヤウイウ》ノ事實ニ基《モトヅ》クモノデアリマスカラ、法定ノ占有者《センイウシヤ》デナケレバ此ノ推定ヲ受《ウ》ケルコトハ出來マセヌ、如何《イカン》トナレハ容假《ヨウカ》ノ占有者ハ他人ノ爲他人ノ名義《メイギ》ヲ以テ物件《ブツケン》ヲ所持スルダケデアッテ、自已《ジブン》ノ爲ニ所有スル意思《イシ》ナキモノデアリマスカラ、此ノ推定ヲ受クベカラザルヤ明瞭《アキラカ》デアリマス

第百八十九條　善意《ゼンイ》ノ占有者ハ占有物《センイウブツ》ヨリ生《シヤウ》スル果實《クワジツ》ヲ取得《シユトク》ス
善意《ゼンイ》ノ占有者カ本權《ホンケン》ノ訴《ウツタヘ》ニ於テ敗訴《ハイソ》シタルトキハ其ノ起訴《キソ》ノ時ヨリ惡意《アクイ》ノ占有者ト看做《ミナ》ス

▲參看　舊民法財產編第百九十四條

〔註釋〕本條第一項ハ占有ニ附着《フチヤク》スル利益《リエキ》ヲ規定《キテイ》シタルモノデアリマシテ、此ノ利益《マウケ》ハ占有者ノ目的《メアテ》トスル權利ヨリ生スル果實《クワジツ》ヲ取得スルノデアル、又第二項ハ善意《ゼンイ》ノ占有者モ所有者ヨリ取戾《トリモド》シノ訴訟《ソシヨウ》ヲ受ケ、其ノ訴訟ニ於テ曲者《キヨクシヤ》ト成リ、敗訴《ハイソ》ヲ背負《セオ》ヒ其判決確定《ハンケツカクテイ》シマシタルトキハ、所有者ガ裁判所《サイバンシヨ》ニ取戾シノ訴《ウツタヘ》ヲ起シマシタル日ヨリ、惡意《アクイ》ノ占有者ト同視《ドウシ》スト謂フコトヲ規定シタル條項デアリマス

而《ソウ》シテ本條第一項ニ於テ規定《キテイ》スル所以《ワケ》、則チ善意ノ占有者ハ何故《ナニユヱ》ニ果實《クワジツ》ヲ取得スルノ權利ヲ得ルモノデアルカトマウセハ、善意《ゼンイ》ノ占有者ハ其ノ占有スル權利ヲ眞正《ホント》ニ取得シタリト思フガ故、其ノ取得シタル占有物《センイウブツ》ヨリ生スル果實ハ全《マツタ》ク自己ノ物トシテ資産《シンダイ》ノ一部ニ加ヘ之ヲ所持《シヨヂ》シマス、是實ニ至當《シタウ》ノ事デアルカラデス、若シ之ヲ取得スルコトガ出來《デキ》ヌトスレバ、占有者ハ爲ニ意外《オモヒノホカ》ノ損《ソン》失ヲ蒙《カウム》リマス、占有者ニ意外《イグワイ》ノ損失ヲ蒙ラシマスハ畢竟《ヒツキヤウ》所有者ノ不注意《フチウイ》ニ出ヅルモノデアルト謂《イ》ハナケレバナラヌ、考《カンガ》ヘマスレバ占有者ハ占有ヲ取得《シユトク》スルニ當《アタ》リマシテ、固《モト》ヨリ自已《オノレ》ガ深《フカ》ク注意ヲ爲子《セ》ハ所有者デナイ者ヨリ之ヲ取得《シユトク》スルコトハナイモノデアリマス、ケレドモ其ノ不注意《フチウイ》トマウスモ至極《シゴク》微細《サイ》ナ過失デアリマシテ、誰《タレ》デモ陷《ハマ》リ易《ヤス》キモノデアリマス、之ヲ所有者ノ不注意《フチウイ》ト比《クラ》ベマスレバ決シテ比ベモノニハナラヌ、如何《イカン》トナレバ所有者ハ自已《オノレ》ノ權利ヲ打捨《ウチス》テ、他人ヲシテ之ヲ占有者ニ讓渡《ユヅリワタ》スノ所爲ヲ行《オコナ》ハシメ、而シテ占有者ヲ錯誤《サクゴ》ニ陷《オトシ》イレタル重大ノ過失《クワシツ》ガアリマスカラ法律《ハフリツ》ハ善意《ゼンイ》ノ占有者ニ其ノ占有物ヨリ生《シヤウ》スル果實《クワジツ》ノ取得ヲ得《エ》セシメタル所《トコロ》デアリマス

又第二項ノ意義《イギ》ハ前既《マヘスデ》ニ規定シタル如ク、占有者ハ總《スベ》テ善意ニ占有ヲ爲《ナ》スモノデアルト法律ハ推定《スヰテイ》シテ居リマスカラ、若《モ》シ所有者ヨリ善意《ゼンイ》デナイコトヲ證據立《シヨウコダ》テラレタル時ハ

則チ惡意《アクイ》ノ占有者テアルコト原《モト》ヨリデアリマス、サレバ法律上善意《ハフリツジヤウゼンイ》トスル占有者ガ所有者ニ對手《アヒテ》取《ド》ラレ裁判所《サイバンショ》ニ訴ヘラレタル時、善意デアルト謂《イ》フ抗辯立《コウベンタ》タス敗訴《ハイソ》シマシテ其ノ判決確定《カクテイ》シマスレバ、全《マツタ》ク惡意ノ占有者デアルト法律《ハフリツ》ハ看做《ミナ》ス、是則チ前第百八十六條善意《ゼンイ》云々《ウンウン》ニ對スル例外《レイグワイ》ノ規定《キテイ》デアリマス

第百九十條　惡意《アクイ》ノ占有者ハ果實《クワジツ》ヲ返還《ヘンクワン》シ且其ノ既ニ消費《セウヒ》シ、過失《クワシツ》ニ因リテ毀損《キソン》シ又ハ收取《シウシユ》ヲ怠《オコタ》リタル果實ノ代價《ダイカ》ヲ償還《シヤウクワン》スル義務《ギム》ヲ負フ

前項《ゼンカウ》ノ規定ハ強暴《キヤウバウ》又ハ隱秘《オンビ》ニ因ル占有者ニ之ヲ準用《ジユンヨウ》ス

△參看　舊民法財産編第百九十五條

〔註釋〕本條ハ惡意《アクイ》ヲ以テ他人ノ物件ヲ占有《センイウ》シタル者ノ負《オ》フベキ義務《ギム》ヲ規定シタル條項《デウカウ》デアツテ、其ノ意義ハ他人ノ所有物デアルト謂《イ》フコトヲ知リナガラ之ヲ自已《ジブン》ノ所有物ニシヤウト思フ惡シキ心ヨリ他人ノ物件《ブツケン》ヲ占有シタル者ハ、其ノ物件ノ眞《マコト》ノ所有者ヨリ取戻シヲ請求《セイキウ》セラレタル時其ノ物件ヨリ生マテ得タル利益《リエキ》ヲモ併《アハ》セテ返還《ヘンクワン》セナケレバナラヌ、若シ其ノ利益トシテ得タル物ヲ費《ツカ》ヒ無クスルカ、又ハ自已《ジブン》ノ過失《アヤマチ》ヨリ毀《コハ》チタラヌニハ其

ノ償《ツクナ》ヒヲモ爲サケレバナラヌ、又其ノ物《モノ》ヨリ生ズル果實《クワシツ》ハ必ラズ取得《トリエ》ル季節《キセツ》ニハ取得ナケレバナラヌ、若シ之ヲ怠《オコタ》リ忘レ取得ナカツタナラバ取戻《トリモド》シヲ請求《セイキウ》セラルヽ時ハ夫ヲ取得タモノトシテ其ノ代價《ダイカ》ヲ償《ツクナ》ハナケレバナラヌ義務《ギム》アルコトヲ定《サダ》メタノデアル、而《ソウ》シテ第二項ハ他人ノ所有物《シヨイウブツ》ヲ其ノ人ノ承知《シヨウチ》シナイノニ手荒《テアラ》ナコトヲシテ無理《ムリ》ニ占有《センイウ》シ又ハ他ノ所有物ヲ人ニ知《シ》ラサヌヤウ密《ヒソカ》ニ穩《カク》シテ占有シタリナドスル者ハ、矢張《ヤハ》リ所有者ヨリ取戻シノ請求《セイキウ》ヲセラレタ時ニハ前項《ゼンカウ》ノ如ク、其ノ利得《リトク》トシテ得タル果實《クワシツ》ヲ返還《カヘ》サナケレバナラヌト謂《イ》フコトヲ規定《キテイ》シタノデアリマス

第百九十一條　占有物《センイウブツ》カ占有者ノ責《セメ》ニ歸《キ》スヘキ事由《シイウ》ニ因リテ滅失《メツシツ》又ハ毀損《キソン》シタルトキハ惡意《アクイ》ノ占有者ハ其ノ回復者《クワイフクシヤ》ニ對《タイ》シ其ノ損害《ソンガイ》ノ全部ヲ賠償《バイシヤウ》スル義務ヲ負《オ》ヒ善意《ゼンイ》ノ占有者ハ其ノ滅失《メツシツ》又ハ毀損《キソン》ニ因リテ現ニ利益ヲ受《ウ》クル限度《ゲンド》ニ於テ賠償《バイシヤウ》ヲ爲ス義務《ギム》ヲ負《オ》フ但所有ノ意思ナキ占有者ハ其ノ善意《ゼンイ》ナルトキト雖《イヘド》モ全部ノ賠償《バイシヤウ》ヲ爲スコトヲ要ス

参看　舊民法財産編第百九十八條

（註釋）本條ハ占有者カ占有物ヲ無《ナ》クナシタル時又ハ毀損《キソン》シタル時其ノ償《ツクナ》ヒヲ爲ス方法《ハウハフ》ヲ規定シタル條項《デウカウ》デアッテ、而シテ本條ヲ占有者ガ占有當初《センイウタウショ》ノ意思《イシ》如何《イカン》ニ因リテ賠償《バイシヤウ》法ヲ三個ニ區別《リベツ》シテアル即《スナハ》チ第一ハ惡意ノ占有者、第二ハ善意《ゼンイ》ノ占有者、第三ハ所有ノ意思ナキ占有者此ノ三區別《クベツ》デアリマス、ソコデ其ノ責任《セキニン》ノ區別《クベツ》ハトマウセバ

第一　他人ノ所有物《シヨイウブツ》デアルト謂フコトヲ知《シツ》テ居ナガラ無理《ムリ》ニ占有セシカ又ハ人ニ知《シ》レナイヤウニ穩《カク》シ秘《ヒ》メテ占有スル如キ惡意《アクイ》アル者ガ、所有者ヨリ取戻《トリモド》シテ請求《セイキウ》セラレタル時其ノ物件ヲ無《ナ》クナシテ居ルカ毀損《コハチ》テ價値《ネウチ》ノ降《クダ》ルヤウノ事ヲ出來《デカ》シ居レバ其ノ損《ソン》ヲ全体償ハセル事トシタノデアル、例《タトヘ》バ自己《オノレ》ノ物デナイコトヲ知《シ》リナガラ五百圓ノ建家《タチケ》ヲ占有シ之ヲ他人ヘ三百圓ニ賣却《バイキヤク》シタ時ハ其ノ實《ジツ》三百圓ヨリ利益《マウケ》ハ得テ居ラン、ナレドモ此ノ場合ニハ五百圓ノ全部《ゼンブ》ヲ償《ツクナ》ハナケレバナラナイノデアリマス

第二　所有者《シヨイウシヤ》デナイモノヲ所有者デアルト信《シン》ジ購《カ》ヒタル物件《ブツケン》ヲ、眞《マコト》ノ所有者ヨリ取戻《トリモ》サル、時、前《マヘ》ニ述《ノ》ベタルヤウノ所有ヲ爲シ居レハ不當《フタウ》ニ得タル利得《リトク》ダケヲ償《ツクナ》ハシムルコト、シタノデアル、例《タトヘ》ハ前例ノ如《ゴト》ク五百圓ノ健物《タテモノ》ヲ繕《ツクロ》ハナイカラ毀損《コワテ》タ、之ヲ其ノ儘《マヽ》二百圓デ賣却《バイキヤク》シタル時眞《マコト》ノ所有者ヨリ取戻《トリモド》サル、モ五百圓ヲ償《ツクナ》ハナクトモ、二百圓償ヘハヨイ、是レ占有者ニ惡意《アクイ》ガナイカラノコトデアル

第三　例ハ他人ノ所有者ヲ借《カ》リ居ルモノデアツタナラハ、其ノ借リテ居ル間《アヒダ》ニ其ノ物件ヲ無クスルカ又ハ毀損《コハチ》タル時ハ假令《タトヘ》善意《ゼンイ》デアルモ其ノ損害ヲ全体償《マルキリツクナ》ハナケレハナラヌト定《サダ》メタノデアリマス

第百九十二條　平穏《ヘイオン》且《カツ》公然《コウゼン》ニ動産《ドウサン》ノ占有《センイウ》ヲ始《イヂ》メタル者カ善意《ゼンイ》ニシテ且過失《クワシツ》ナキトキハ即時《ソクジ》ニ其ノ動産ノ上ニ行使《カウシ》スル權利ヲ取得《シユトク》ス

▲參看　舊民法證據編第百四十四條

（註釋）本條ハ强暴《キヤウバウ》デナク、隱秘《インヒ》テナク、過失ヲセズ正直《シヤウジキ》ニ動産ノ占有ヲ得タル者ハ、其ノ動産物ノ上ニ占有ノ權利《ケンリ》ヲ行《オコナ》フコトガ出來《デキ》ルト謂フコトヲ定メタル條件《デウカウ》デアリマシテ即チ瞬間時効《シユンカンジコウ》トマウシテ有体《イウタイ》動産ノ授受ヲ速カニ爲シ、動産取引ニ澁滯《シブタイ》ヲ來サナイ弊ヲ矮《タメ》ル意ニ出デタル原則《ゲンソク》デアリマス

第百九十三條　前條ノ場合《バアヒ》ニ於テ占有物カ盜品《トウヒン》又ハ遺失物《ヰシツブツ》ナルトキハ被害者《ヒガイシヤ》又ハ遺失主ハ盜難《タウナン》又ハ遺失《ヰシツ》ノ時ヨリ二年間占有者《センイウシヤ》ニ對シテ其ノ物ノ回復《クワイフク》ヲ請求スルコトヲ得

▲參看　舊民法證據編第百四十五條

〔註釋〕本條ハ前條ノ原則《ゲンソク》ニ對スル例外法《レイグワイハフ》ヲ規定シタルモノデアツテ、總《スベ》テ自己ノ所有物ヲ他人ニ占有《センイウ》セラルヽト謂フノハ畢竟《ヒツキヤウ》其ノ所有者ノ不注意《フチウイ》ヨリ起ル事實《コトガラ》デアル、ケレドモ若シ自己《ジブン》ノ所有物ヲ盜《ヌス》マレ又ハ遺失《オト》スト謂フノハ通常《ヒトヽホリ》ノ注意ガアツタカラトテ防《フセ》グコトノ出來《デキ》ナイト謂フモ無理《ムリ》ナラヌコトデアル、故ニ此ノ場合ニハ遺失主《オトシヌシ》又ハ被害者ハ盜難又ハ遺失《ヰシツ》シタ時ヨリ二年間ナラバ盜《ヌス》マレ物ヲ占有シ又ハ遺失物ヲ拾《ヒロ》ヒタル者ニ對《タイ》シテ取戻シヲ請求《セイキウ》スルコトガ出來《デキ》ルト定メタノテアリマス

第百九十四條　占有者カ盜品《タウヒン》又ハ遺失物《ヰシツブツ》ヲ競賣《キヤウバイ》若クハ公ノ市場《シヂヤウ》ニ於テ又ハ其ノ物ト同種《ドウシユ》ノ物ヲ販賣《ハンバイ》スル商人《シヤウニン》ヨリ善意ニテ買受《カヒウ》ケタルトキハ被害者《ヒガイシヤ》又ハ遺失主《ヰシツシユ》ハ占有者カ拂ヒタル代價《ダイカ》ヲ辨償《ベンシヤウ》スルニ非《アラ》サレハ其ノ物ヲ回復《クワイフク》スルコトヲ得ス

▲參看　舊民法證據編第百四十六條

〔註釋〕本條ハ瞬間時効《シユンカンジカウ》ノ例外デアツテ、盜難品《タウナンヒン》又ハ遺失物《ヰシツブツ》ヲ買ヒテ占有スル者ハ其ノ物件

ガ斯《カ》ル不正《フセイ》ノ品ト謂フコトヲ知《シ》ラザルモ、二年ノ間《アヒダ》ハ所有者ヨリ取戻《トリモド》シヲ請求セラルヽ恐《オソ》レアルハ前條ノ規定《キテイ》デアル、サレドモ若シ其ノ占有物ガ假令《タトヘ》盜難品又ハ遺失物デアルニシタ所ガ非商人《シロウト》ヨリ買ハズ商人《クロウト》ヨリ買ヒシトキハ所有者ヨリ取戻シノ請求ヲスルモ買フタ代價《ダイカ》ヲ所有者ガ償《ツグナ》ハンケレバ返還《ヘンクワン》スルニ及ハヌト定メタル條項《デウカウ》デアリマス、故ニ例ハ古着商《フルギヤ》人ヨリ衣類ヲ買ヒ古物商《フルドウグヤ》人ヨリ道具ヲ買ヒ又ハ競市《セリイチ》デ物件ヲ買《カ》フタトキハ損《ソン》ヲスルニ及ハヌカラ、動産《ドウサン》ヲ買フニハ充分注意《ジウブンチユイ》センケレハナリマセヌ

第百九十五條　他人《タニン》カ飼養《シヤウ》セシ家畜外《カチクグワイ》ノ動物《ドウブツ》ヲ占有スル者ハ其ノ占有ノ始《ハジメ》善意ニシテ且逃失《カツタウシツ》ノ時ヨリ一ケ月内ニ飼養主《シヤウシユ》ヨリ回復《クワイフク》ノ請求ヲ受《ウ》ケサルトキハ其ノ動物《ドウブツ》ノ上ニ行使《カウシ》スル權利ヲ取得ス

▲參看　舊民法財産編第十五條

〔註釋〕本條ハ牛《ウシ》、馬《ウマ》、羊《ヒツジ》、犬《イヌ》、豕《ブタ》、鷄《ニハトリ》等ノ如キ家畜《カチク》デナイ動物ノ占有權ヲ取得スル塲合《バアヒ》ノ原則《ゲンソク》ヲ規定シタノデアル、今其ノ一例《レイ》ヲ揭グレハ甲ナル者ガ私有《シイウ》スル池ニ飼ヒ居リシ魚又ハ鳩舍《ハトベヤ》ニ飼フテ居シ鳩ナドガ乙ナル者ノ誘導《イウダウ》シタルデナク、其ノ魚《ウヲ》、鳩《ハト》等ガ自然勝手《カツテ》

ニ乙者ノ池ニ流《ナカ》レ來リ、又ハ鳩舎ニ移《ウツ》リ行キシ場合ニ於テ甲者カ逃失《ニゲウセ》シ時ヨリ一ヶ月内ニ乙者ニ向ツテ取戻シテ請求《セイキウ》セナケレハ、其魚、鳩ノ上ニ行使《オコナ》フ權利ハ乙者ノ取得《シユトク》ニ歸スルモノデアルト定メタル條項《デウカウ》デアリマス

第百九十六條　占有者《センイウシヤ》カ占有物ヲ返還《ヘンクワン》スル場合ニ於テハ其ノ物ノ保存《ホゾン》ノ爲メニ費《ツイヤ》シタル金額《キンガク》其ノ他必要費《ヒツエウヒ》ヲ回復者ヨリ償還《シヤウクワン》セシムルコトヲ得但占有者カ果實《クワジツ》ヲ取得《シユトク》シタル場合《バアヒ》ニ於テハ通常《ツウジヤウ》ノ必要費ハ其ノ負擔《フタン》ニ歸ス

占有者《センイウシヤ》カ占有物ノ改良《カイリヤウ》ノ爲メニ費《ツヒヤ》シタル金額其ノ他ノ有益費《イウエキヒ》ニ付テハ其ノ價格《カカク》ノ増加カ現存《ゲンソン》スル場合ニ限《カギ》リ回復者ノ選擇《センタク》ニ從ヒ其ノ費シタル金額又ハ増價額ヲ償還《シヤウクワン》セシムルコトヲ得但惡意ノ占有者ニ對シテハ裁判所《サイバンシヨ》ハ回復者《クワイフクシヤ》ノ請求ニ因リ之ニ相當《サウタウ》ノ期限《キゲン》ヲ許與スルコトヲ得《ウ》

△參看　舊民法財產編第百九十六條

〔註釋〕本條ハ所有者《シヨイウシヤ》ガ占有者ニ向ツテ占有物ヲ取戻《トリモド》ス場合《バアヒ》ニ於ケル費用償却《ヒヨウシヤウキヤク》ノ二個方法ト二例外《レイグワイ》トヲ規定シタル條項デアル、而《シカ》シテ何人ニ限ラズ善意《ゼンイ》ト惡意トヲ問ハズ正當《セイタウ》ノ原因ナキニ他人ノ費金《ヒキン》ニ由リテ利《リ》ヲ得《エ》レハ之ヲ償《ツグナ》ヒ返サナケレハナラヌ、其ノ代リニ又自己ガ他人ヨリ害《ガイ》ヲ受ケタルトキハ之ヲ償《ツグナ》ハセルコトノ出來ルハ法律上ノ一大原則デアル

故ニ本條ハ其ノ方法《ハウハフ》テ左ノ四個ニ區別《クベツ》シマシタ

第一　所有者ガ占有物ヲ取戻《トリモド》ス場合ニハ占有者ガ占有物保存《ホゾン》ノ爲ト必要《ヒツエウ》トニ費シタル金額ヲ償ハナケレハ取戻《トリモド》スコトハ出來ヌ（第一項前段）

第二　所有者ガ占有物ヲ取戻ス場合《バアヒ》ニハ、占有者ガ占有物ヲ改良《カイリヤウ》スル爲ニ費ヤセシ費用例ハ机ヲ占有シタル時損《トキソン》ジテアツタカラ其ノ繕《ツクロ》ヒラシタル時ハ所有者ハ自巳ノ都合《ツガフ》ニテ其ノ修繕《シウゼン》ノ費用ヲ償フカ、又ハ繕フタル爲價値ノ出タル增値《マシチ》ノ差金《サシキン》ヲ拂フカ、二ツ一ツ何レカノ費用《ヒヨウ》ヲ償ハナケレハ取戻《トリモド》スコトガ出來ヌ（第二項前段）

第三　第一ノ場合ニ於テ占有者《センイウシヤ》ガ占有物ヨリ生ズル果實《クワジツ》、例ハ鷄《ニハトリ》ヲ占有シタル時其ノ產シメタル卵、又ハ雛《ヒナドリ》等ヲ取得シタル時ハ其ノ保存費《ホゾンヒ》ハ兎モ角、通常《ツウジヤウ》ノ必要費、例ハ鷄ノ食料費等ハ所有者ニ於テ償《ツグナ》フニ及ハヌ（第一項後段但書）

第四　悪意《アクイ》アリタル占有者デアツタ時ニハ、所有者《シヨイウシヤ》ハ其ノ償ヒ金ヲ直《スク》ニ支拂《シハラ》ハンデモ償金支拂ノ猶豫《イウヨ》ヲ裁判所ニ請求《セイキウ》スレバ裁判所ハ相當《サウタウ》ノ猶豫期限ヲ許スモノデアル（第二項後段但書）

第百九十七條　占有者《センイウシヤ》ハ第五條ノ《ノチ》規定《キタイ》ニ從ヒ占有ノ訴《ウツタヘ》ヲ提起《テイキ》スルコトヲ得他人ノ爲メニ占有ヲ爲ス者亦同シ

△參看　舊民法財産編第百九十九條

〔註釋〕本條ハ占有者ト占有者ノ代理人《ダイリニン》ガ占有物ヲ他人ヨリ妨害《バウガイ》セラレシ時（第百九十八條）ト妨害セラルル虞《オソ》レアリト思慮《オモ》フ時（第百九十九條）ト占有物ヲ他人ニ奪取《ウバヒト》ラレシ時（第二百條）裁判所ニ訴《ウツタヘ》ヲ起ス占有訴權《ソケン》ノアルコトヲ規定《キテイ》シタ條項《デウガウ》デアリマス

第百九十八條　占有者《センイウシヤ》カ其ノ占有ヲ妨害セラレタルトキハ占有保持ノ訴《ウツタヘ》ニ依リ其ノ妨害ノ停止及ヒ損害《ソンガイ》ノ賠償《バイシヤウ》ヲ請求《セイキウ》スルコトヲ得

△參看　舊民法財産編第二百條

〔註釋〕本條ハ占有者ノ占有スル物件《ブッケン》ニ對シ他人ノ妨害《バウガイ》ヲ爲シタル時ハ、妨害者ヲ對手《アヒテ》取《ド》リ裁判所ニ其ノ妨害《バウガイ》ヲ停《トヾ》メサセル訴ヲ起シ、又ハ妨害セラレタル爲蒙《カウ》ムリシ損害ヲ妨害者ニ償《ツクナ》ハシメメト請求スルコトガ出來《デキ》ルト定メタル條項デアリマス

第百九十九條　占有者《センイウシヤ》カ其ノ占有ヲ妨害セラルル虞《オソレ》アルトキハ占有保全ノ訴ニ依リ其ノ妨害ノ豫防《ヨバウ》又ハ損害賠償《ソンガイバイシヤウ》ノ擔保ヲ請求スルヿヲ得

△參看　舊民法財產編第二百二條

〔註釋〕本條ハ占有者ガ他人ノ所爲《シヨヰ》ニ因リ占有物ニ害ヲ加ヘラルヽ虞《オソ》レアリト思慮《オモフ》トキハ害ヲ蒙ムラヌ以前《イゼン》、裁判所ニ豫防《ヨバウ》ノ訴ヲ起シ又ハ他人ヨリ自己《ジブン》ガ所爲ハ占有物ニ害ヲ及《オヨ》ボスヤウノコトハナイ、若シ損害《ソンカイ》ト成《ナ》ルヤウノコトアレバ其ノ償《ツクナ》ヒハ必定《キット》致《イタ》スト謂フ、擔《ヒキ》保《アテ》ヲ取リ置ク請求ヲ裁判所ニ訴《ウツタ》ヘ出ルコトガ出來ルト謂フ事ヲ規定《キテイ》シタノデアリマス、而《ソウ》シテ本條ニ謂フ虞《オソ》レアル時トハ如何《ドウ》イフ場合ヲ謂フカトマウセバ、例バ占有シテ居ル占有物《センイウブツ》ガ不動産《フドウサン》デアッテ、其ノ不動産ガ土地デアル時、他人ガ其ノ土地ノ經界《ケイカイ》ヲ移易シ若クハ其ノ土ヲ崩《ク》壞《ヅ》スル如キ、又ハ其ノ地役權《チエキケン》ノアル泉源《センゲン》ヲ涸《カ》ラシ若クハ其ノ水ヲ引ク水

嘗チ破壊《コハツ》等《ナド》ノ如キハ不動産ノ常態チ變ルモノデアルカラ占有《センイウ》ノ妨害《バウガイ》ト成ル斯ル時ハ本條ノ規定《キテイ》ニ因リ其ノ所爲チ廢絶サセル爲訴ヘチ起《オコ》スコトが出來《デキ》ル

第貳百條 占有者カ其ノ占有《センイウ》ヲ奪《ウバ》ハレタルトキハ占有回收《クワイシウ》ノ訴ニ依リ其ノ物ノ返還《ヘンクワン》及ヒ損害《ソンガイ》ノ賠償《バイシヤウ》チ請求スルコトヲ得

占有回收ノ訴ハ侵奪者《シンダツシヤ》ノ特定承繼人《トクテイシヨウケイニン》ニ對シテ之ヲ提起スルコトヲ得ス但其ノ承繼人《シヨウケイニン》カ侵奪ノ事實《ジジツ》ヲ知リタルトキハ此限ニアラス

▲參看 舊民法財産編第二百四條

〔註釋〕本條ハ占有者が所有者《シヨイウシヤ》デナイ者ノ爲ニ占有物《センイウブツ》チ奪ハレタル時之が取戻シチ爲ス方法チ規定《キテイ》シタル條項デアツテ、而《ソウ》シテ第一項ノ意義《イギ》ハ占有者が占有物《センイウブツ》ヲ所有者デナイ者ノ爲奪《ウバ》ハレタルトキハ奪取者《ダツシユシヤ》チ對手取《アヒテド》リ其ノ取戻シト奪《ウバ》ハレタル爲蒙《カウム》リシ損害ノ償チ請求スルコトが出來ルト定《サダ》メタノデアリマス、又第二項ハ第一項ノ例外《レイグワイ》デアル、例バ甲ナル者アリテ占有者乙ナル者ノ占有物チ奪ヒ、之チ丙ナル者ニ賣却《バイキヤク》シタル時ハ丙者《ヘイシヤ》が甲者ノ爲シタル侵奪ノ事實《ジトツ》チ知ツテ居ランケレバ、乙者ハ丙者ニ向ツテ取戻《トリモド》シノ訴チ起スコトハ出來ヌト定メタノデアル。サレバ斯《カ》ル場合ニ當リ如何スレバヨカラウカ、予所爲《オモヘラ》ク乙者ハ回収ノ訴權ハナイトシタ所ガ丙者ハ所有ヲ侵奪《シンダツ》シタル不正《フセイ》ノ者ヨリ買ヒタルカラハ正當《セイタウ》ニ得タノデハナイ、サレバ正當《セイタウ》ノ占有者ハ保持訴權《ホヂソケン》ヲ以テ其ノ妨害《バウガイ》ヲ除キ去ルコトガ出來ル、是固《モト》ヨリ當然《タウゼン》ノコトデアル

第二百壹條　占有保持《ホヂ》ノ訴ハ妨害《バウガイ》ノ存スル間又《マタ》ハ其ノ止《ヤ》ミタル後《ノチ》一ケ年内ニ之ヲ提起《テイキ》スルコトヲ要ス但工事《コウジ》ニ因リ占有物ニ損害《ソンガイ》ヲ生シタル場合《バアヒ》ニ於テ其ノ工事着手《チヤクシユ》ノ時ヨリ一年ヲ經過《ケイクワ》シ又ハ其ノ工事ノ竣《シユン》成《セイ》シタルトキハ之ヲ提起《テイキ》スルコトヲ得ス」

占有保全《センイウホゼン》ノ訴ハ妨害ノ危險《キケン》ノ存スル間ハ之ヲ提起《テイキ》スルコトヲ得但工事ニ因リ占有物ニ損害《ソンガイ》ヲ生スル虞《オソレ》アルトキハ前項《ゼンカウ》但書ノ規定ヲ準用《ジユンヨウ》ス

占有回收《クワイシウ》ノ訴ハ侵奪《シンダツ》ノ時ヨリ一年内ニ之ヲ提起《テイキ》スルコトヲ要ス

参看　舊民法財産編第二百六條

〔注釋〕本條ハ占有保持《ホヂ》ト占有保全ノ訴ヲ起スニ就《ツイ》テノ時効ヲ定メタル條項《デウカウ》デアツテ、而シテ其ノ意義《イギ》ハ占有者カ占有物ニ對《タイ》シテ他人ヨリ妨害ヲ受《ウ》ケタル時ハ、其ノ妨害ノ所爲《シヨヰ》ヲ爲シツヽアル時ニ訴ヲ起スカ、ソウモナラヌ時ハ遲《オソ》クモ妨害サレタ時ヨリ向フ一年內ニ訴ヲ起《オコ》サンケレバ占有保持ノ訴ハ其ノ後起スコトハ出來《デキ》ヌ、若シ占有保持デナク占有保《ホ》全《ゼン》ノ訴デアル時ハ其ノ期間《キカン》、一層短《ソウミヂカ》ク必ラズ妨害ヨリ生シ來ル危險《キケン》ノ存シ居ル間ニ訴ヲ起サナケレバナラヌ、ソコデ若シ工事《コウジ》等《トウ》ニ因リテ占有物ニ損害《ソンガイ》ヲ蒙《カウム》ルカ又ハ危險アル時デアツタナラハ占有保持及ビ占有保全《ホゼン》共ニ工事ニ取掛《トリカヽ》リシ時ヨリ向フ一年間ニ訴《ウツタ》ヘ出ヅルコトヽス、而シテ若シ其ノ工事ヲ爲シ續《ツヾ》キ居レバ二年ガ三年デモ其ノ工事ノ出來上ル迄ノ間ハ、占有保持《センイウホヂ》ノ訴モ、占有保全ノ訴モ、隨意《ズヰイ》ニ提起《テイキ》スルコトガ出來《デキ》ルト定メタノデアリマス

第二百二條　占有ノ訴ハ本權《ホンケン》ノ訴ト互ニ相妨《アヒサマタ》クルコトナシ

占有《センイウ》ノ訴ハ本權《ホンケン》ニ關スル理由《リイウ》ニ基《モトツ》キテ之ヲ裁判スルコトヲ得ス

参看　舊民法財産編第二百七條乃至第二百九條、第二百十二條

〔註釋〕本條ハ占有ノ訴ニ對《タイ》スル審理《シンリ》ノ方法ヲ規定シタル條項《デウカウ》デアリマシテ、例ハ本權ノ訴ガ百圓以上ノ訴デアルトキハ地方裁判所《チハウサイバンシヨ》ノ管轄《クワンカツ》デアル、ソコデ占有權ニ對スル訴ハ區裁判所ノ管轄《クワンカツ》テアルガラ、雙方《サウハウ》互ニ相關係《アヒクワンケイ》スルトセバ大ヒニ審理上《シンリジヤウ》ニ差支ヘヲ生ジテ至漸《ジトン》裁判ノ進行《シンカウ》ヲ妨グル虞《オソレ》ガアル、故ニ本權《ホンケン》ノ訴ト占有權ノ訴トハ互《タガヒ》ニ關係セズ別々ニ審判スルコトヽ定メタノデアリマス、而《ソウ》シテ第二項ノ意義《イギ》ハ元來《グワンライ》占有《センイウ》ノ訴ハ其ノ占有ノ原因《ゲンイン》ガ正當《セイタウ》デアルカ如何ダカト謂《イ》フコトヲ審判《シンパン》スルノデハナクシテ、此ノ民法ニ定メタル條件ガ具備《ソナハツ》テアルカ如何ダカト謂フコトヲ審理《シンリ》スレバヨイノデアル、故ニ彼《カ》ノ本權ノ訴ノ如ク其ノ得タル原因《ゲンイン》マデモ審理セナケレバナラヌモノデハナイ、故ニ占有ノ訴《ウツタヘ》ハ獨立《ドクリツ》ノモノトシテ本權ニ關《クワン》スル理由ヲ以テ、裁判《サイバン》スルコトハ出來《デキ》ヌモノデアルト規定シタノデアル

第三節　占有權《センイウケン》ノ消滅《セウメツ》

第二百三條　占有權《センイウケン》ハ占有者カ占有ノ意思ヲ拋棄《ハウキ》シ又ハ占有物ノ所持ヲ失《ウシナ》フニ因リテ消滅《セウメツ》ス但占有者カ占有回收《クワイシウ》ノ訴ヲ提起《テイキ》シタルトキハ

此ノ限《カギリ》ニ在《ア》ラス

〔註釋〕本條ハ占有權《センイウケン》ノ消滅《キエ》ル二個ノ塲合ト一ノ例外《レイクワイ》トヲ規定シタル條項デアッテ、其ノ塲合ヲ左ノ二個ニ區別《ワカ》ツ

第一　占有者ガ占有《センイウ》シタル物件ノ上ニ所持《シヨヂ》セント思フ意《コヽロ》ヲ打捨《ウチス》テタルトキ

第二　占有者ガ占有シタル物件《ブツケン》ヲ失《ウシナ》フタルトキ

凡テ占有權ハ占有ノ意思《イシ》ト其ノ占有物ヲ所持スルニ因リテ成立《ナリタ》ツモノデアルカラ、占有者ガ其ノ占有物ヲ失フカ又ハ占有スルノ意思《イシ》ガナクナレバ占有ノ權利《ケンリ》ノ消滅《セウメツ》スルハ明瞭《アキラカ》ナ道理《ダウリ》デアル、ダカ然《シ》ヤ例バ其占有物ヲ失ヒ又ハ意思ヲ拋棄《ホツ》タノガ、占有者自ラノ所爲《シワザ》デナク他人ノ暴行脅迫《バウカウケフハク》ニ因ル時、其ノ占有者ガ之ヲ取戻《トリモド》サムト回收《クワイシウ》ノ訴ヲ起シタル時ハ決シテ占有權ハ消滅《セウメツ》シナイ、是レ例外《レイグワイ》タル本條第二項ノ規定《キテイ》デアリマス

第二百四條　代理人ニ依リテ占有《センイウ》ヲ爲ス塲合ニ於テハ占有權《センイウケン》ハ左ノ事由ニ因リテ消滅《セウメツ》ス

一　本人《ホンニン》カ代理人ヲシテ占有ヲ爲《ナ》サシムルノ意思《イシ》ヲ拋棄《ハウキ》シタルコト

二　代理人カ本人ニ對シ爾後《ジゴ》自己《ジコ》又ハ第三者ノ為ニ占有物《センイウブツ》ヲ所持スヘキ意思《イシ》ヲ表示《ヘウジ》シタルコト

三　代理人カ占有物《センイウブツ》ノ所持ヲ失ヒタルコト

占有權《センイウケン》ハ代理權ノ消滅《セウメツ》ノミニ因リテ消滅セス

〔註釋〕本條ハ占有者《センイウシヤ》本人ノ所為デナク其ノ占有者ガ代理人ニ因《ヨ》ル占有權利消滅《セウメツ》ノ塲合ヲ規《キ》定《テイ》シタル條項デアツテ、左ノ如ク三個ニ區別《ワカ》ツ

第一　占有ノ意思《オモヒ》ヲ打捨《ウチス》テタルトキ

第二　所持ノ意思カ他人ニ變《ヘン》シタルトキ

第三　現《ゲン》ニ所持ヲ失《ウシナ》ヒタルトキ

右三個ノ塲合ハ何《イツ》レモ前條ト等シク占有權《センイウケン》ニ必要ナル條件則チ占有物ヲ所有《シヨイウ》スルノ意思《オモヒ》ト所持スルノ實ナキモノデアルカラ、何レモ占有權《センイウケン》ノ消滅《セウメツ》ズルハ明瞭《アキラカ》デアル、而シテ第二項ノ意義《ワケ》ハ例バ自己《ジブン》ガ占有物ヲ他人《ヒト》ニ代理サセ置キタルトキ、自已《ジブン》ノ都合ニ因リテ其ノ代理ヲ謝絶《コトワ》ルモ夫レガ為占有權ハ消滅《セウメツ》スルモノデハナイ、如何《ナゼ》トナレバ占有權ハ代理

權ノ消滅トハ相關係《アイクワンケイ》スルモノデハナイカラデアリマス

第四節　準占有

第二百五條　本章ノ規定《キテイ》ハ自己ノ爲ニスル意思ヲ以テ財産權《ザイサンケン》ノ行使ヲ爲ス場合《バアヒ》ニ之ヲ準用ス

▲參看　舊民法財産編第百八十九條

〔註釋〕本條ハ財産權《ザイサンケン》ノ占有ヲ規定シタル條項デアッテ、而《シカ》シテ元來占有ハ有体物《ユウタイブツ》ヲ所持スルノ所爲ヲ以テ一條件トシテアル、ナレドモ本條ニ於テハ其有体物《イウタイブツ》ヲ所持スル上ニ生スル權利ヲモ占有スルコトガ出來ルト定メタノデアリマス、其ノ有体物ノ上ニ生ズル權利《ケンリ》トハ如何《ドウ》イフゴトデアルトマウセバ則チ所有權ノ如キ地上權《チジヤウケン》ノ如キ、永小作權《エイコサクケン》ノ如キ地役權ノ如キ權利ヲ謂《イ》フノ有アリマス

第三章　所有權《シヨイウケン》

〔註釋〕所有權トハ吾々《ワレ〳〵》人類《ジンルイ》ノミナラズ百種動物ガ天稟ニ得タル生活上《セイクワツジヤウ》最モ貴重《キチヤウ》スル權利デアル、如何《ドウ》イフ譯デ所有權ガ百種動物ノ生活上ニ天稟《テンリン》シ得タル貴重スル權利デアルカト申ウセバ、若シ物ノ上ニ此ノ所有ノナイ時ハ生活上《セイクワツジヤウ》大ヒニ不便ナルダケデハナイ、殆ムド生活ヲ缺《カ》クニ至ルモノデアル、故ニ百種動物ハ互《タガ》ヒニ此ノ權利アルコトヲ認《ミト》メ居ルヲ見レバ必ラズ天稟《テンリン》ノ權利ニ相違ナイ、如何トナレバ犬猫《イヌネコ》モ主人ヨリ與ヘラレタル食物ヲ他ノ犬、猫、來リテ喰《クラ》ハバ眼ヲ瞋《イカ》ラシ牙《キバ》ヲ磨《ト》ギテ其ノ奪ハル、ヲ防《フセ》グ、是其ノ所有權アルヲ知リテ自ラ保護《ホゴ》スルモノデアル、而《シカ》シテ其ノ所有權トハ如何《イカ》ナル權利ヲ謂《イ》フカトマウセバ例バ玆ニ一個ノ書籍《ホン》アラムカ其ノ書籍ヲ自己《ジブン》ガ日々ノ講讀《ヨム》ニ使ヒ、又ハ他人ニ貸シテ賃金《チンキン》ヲ得或ハ不用トナリシ時ハ賣拂《ウリハラ》フ、斯クノ如ク其ノ物ヲ自由ニ扱ヒ以テ他人ヨリ故障《コシヤウ》ヲ謂《イ》ハレナイ權利ヲ謂フノデアル、故ニ所有權ハ此ノ使用《シヨウ》、收益《シウエキ》、處分《シヨブン》ノ三大要件具備《ソナハ》ラナケレバ完全《クワンゼン》トハ謂ヘナイ、其ノ詳細ハ各條ニ就《ツイ》テ述《ノ》ブルコト、致シマス

第一節　所有權《シヨイウケン》ノ限界《ゲンカイ》

〔註釋〕本節《ホンセツ》ハ所有權ハ前述ノ如ク天稟《テンリン》ノ權利デアルカラ何人《タレ》モ之レニ制限《カギリ》ヲ加ヘルコトハ出來《デキル》ヌモノデアル、ケレドモ亦之ヲ各人ノ勝手氣儘《カツテキマヽ》ニ放テ置タナラ反《カヘツ》テ公益ヲ害スルコト

ガアルガ故ニ法律ハ之ニ相當ノ限界ヲ規定シタノデアリマス

第二百六條　所有者ハ法令ノ制限內ニ於テ自由ニ其ノ所有物ノ使用、收益《シウエキ》及ヒ處分ヲ爲ス權利《ケンリ》ヲ有ス

▲參看　舊民法財產編第三十條

〔註釋〕本條ハ所有權《ショイウケン》ノ定義トマウシテ、所有權ト謂フハ如何ナルモノデアルカト謂フコトヲ規定《キテイ》シタル條項デアツテ、所有權ニハ必《カナ》ラズ左ノ三條件ヲ具備《ソナヘ》ムケレバナラヌト定メタノデアリマス

第一　使用權ヲ有ス　第二　收益權ヲ有ス　第三　處分權ヲ有ス

今右三個要件《エウケン》ヲ一所有物ノ上ニ例《レイ》セバ、一点ノ衣類ヲ所有スル場合《バアヒ》ニ於テ之ヲ自由ニ着用スルハ第一ニ謂フ使用權《シヨウケン》デアツテ、之レヲ我意思《カモヒ》ノ儘自由ニ他人ニ貸シ以テ其ノ貸賃ヲ收得《トリエル》ハ第二ニ謂フ收益權デアル、而シテ其ノ衣類《キモノ》ヲ自由ニ賣却シ或ハ贈與《ゾウヨ》スル等ハ第三ニ謂フ處分權《ショブンケン》デアリマス。故ニ所有權ニシテ若シ此ノ三個要件ノ內一要件ニテモ缺《カ》クルトキハ完全ノ所有權トハ謂ヘナイノデアル、然ラバ如何謂フカトマウセバ則チ缺欠所有

權ト謂フ、又例バ所有者甲ナル者アリテ乙ナル者ニ第一ノ使用權ヲ與ヘ丙ナル者ニ第二ノ收益權ヲ與《アタ》フルトセバ甲者ハ只《タヾ》第三ノ處分權ノミヲ有スル者《モノ》デアルカラ之ヲ虚有權ト謂フ、而シテ此ノ場合ニ於テ乙丙ノ有スル權利ヲ支分權ト謂フハ是レ所有權ヨリ分レ出デタルガ故ノ稱《トナ》ヘデアル、ソコデ所有權ハ右《ミギ》ノ如ク第一、第二ノ二支分權ハ他人ニ割讓ルコトハ出來ルモ處分權ヲ割與《ワリアタ》ヘルコトハ出來ナイ、如何《イカン》トナレバ處分權ヲ他人ニ與フレバ自己ハ當然其ノ所有權ヲ失《ウシナ》フガ爲デアル、要スルニ所有權《ショイゥケン》ハ使用、收益ノ二權ヲ他ニ割讓スルコトノ出來ルカ處分權ハ所有權本然《ホンゼン》ノ元素《ゲンソ》デアルカラ、若シ之ヲ割讓セバ所有權ハ乍チ消滅《セウメツ》スルト謂フコトヲ忘《ワス》レテハナリマセヌ、以上詳説《トキアカ》シマシタガ如キ理由ナルニ因リ尚ホ推究《オシキハ》ムレバ所有權ハ左ノ如ク三個ノ性質《セイシツ》ヲ備ヘテ居ル

第一、所有權ハ無期《ムキ》ノモノデアル、第二、所有權ハ專屬《センゾク》ノモノデアル

第三、所有權ハ絶對ノモノデアル

斯ノ如ク所有權ハ無期ノモノデアルカラ第百二十七條以下ノ條件付ヲ除クノ外ニ於テハ他ノ權利ノヤウニ何時《イツ》消滅《セウメツ》スルト謂フ限リノナイモノデアル、又所有權ハ專屬《センゾク》ノモノデアルカラ共同所有權ハ兎モ角所有權ノ上ニ尚ホ所有權ノアルモノデハナイ、亦所有權ハ公益《コウエキ》ノ爲ニアラザル限リハ他ヨリ侵害《シンガイ》セラルヽコトハナイモノデアル、又所有權ハ絶對

ノモノテアルカラ公益ノ爲ニアラザル限リハ何人ヨリモ制肘サル丶コトナク自由ニ遠慮ナク其ノ權利《ケンリ》ヲ使用《シヨウ》スルコトノ出來ルモノテアル。而シテ本條ニ謂《イ》フ法令《ハフレイ》ノ制限内ト謂フハ假令自己ノ所有權内ニテ爲ス所爲テアルト謂フモ夫レガ爲他人ノ權限ヲ犯シ又ハ公益ヲ害スル事柄《コトガラ》ハ決シテ出來ベキコトテナイ。故ニ法律ハ特別《トクベツ》ニ夫等ノ事ヲ制限シテ居ルカラ其ノ法律ノ制限内テナケレバ權利ヲ實行スルコトノ出來ナイ、例バ自己所有ノ家屋テアルカラ之レヲ處分スルノ權利ガアル、ケレドモ之ニ火ヲ放ツテ燒キ拂フコトハ刑法ニ於テ禁《キン》ジテアルカラ出來《デキ》ナイ又公益ノ爲ニ規定《キテイ》シテアル土地收用法ノ如キ決シテ拒《コバ》ムコトハ出來ナイ之ヲ法令ノ制限内ト謂フノテアリマス

第二百七條　土地ノ所有權ハ法令ノ制限内ニ於テ其土地ノ上下ニ及フ

参看　舊民法財產編第三十四條

〔註釋〕本條ハ土地所有權ノ範圍《ハンイ》ニ就テノ原則《ゲンソク》ヲ定メタルモノテアツテ、其ノ意義《イギ》ハ土地ヲ所有スル者ハ所有土地ノ上下ニ所有ノ權利ヲ使用スルコトガ出來ル。故ニ例バ所有土地内ニ數千尺ノ高樓ヲ築《キツ》クモ、數千尺ノ穴《アナ》ヲ穿《ホ》ルモ自由テアル、然《シカ》シナガラ特別法ニ於テ制限ヲ爲シタル時ハ其ノ法律ノ範圍《ハンイ》ニ從《シタガ》ハナケレバナラム。例バ鑛業條例ノ如キ又本法

第二百三十五條ノ制限アルガ如キトキハ必ラズ其ノ法律ニ從ハナケレバナラムト定メタル條項テアリマス

第二百八條　數人ニシテ一棟ノ建物ヲ區分シ各其ノ一部ヲ所有スルトキハ建物及ヒ其ノ附屬物ノ共用部分ハ其ノ共有ニ屬スルモノト推定ス

共用部分ノ修繕《シユゼン》費《ヒ》其ノ他ノ負擔《フタン》ハ各自ノ所有部分ノ價格ニ應シテ之ヲ分ツ

▲參看　舊民法財產編第四十條

〔註釋〕本條ハ一家屋ヲ數人ニテ共有スル場合《アヒ》ヲ規定シタル條項テアッテ、而シテ元來《ガンライ》共有ナルモノハ本法第二百四十九條以下ニ規定シタル如ク、一物ノ所有權ヲ數人ガ同時ニ得ルモノテアルカラ、各共有者ハ其ノ物ノ全部《ゼンブ》ニ付キテ等《ヒト》シク權利ヲ有スルモノテハアル、ケレドモ本條ハ之ガ例外《レイグワイ》ニシテ數人ニテ一棟《ムネ》ノ建物ヲ區分シテ各々其ノ一部ヲ所有スルモノニ對スル規定《キテイ》デアル、例バ一大家屋アリテ甲者ハ其ノ南部《ナンブ》ニ住《ヂウ》シ乙者ハ其ノ中央《チウアウ》部《ブ》ニ住シ丙者ハ其ノ北部ニ住スルガ如《ゴト》シ、是各々ガ所有ノ部分ハ明瞭《アキラカ》デアツテ共有デハナイ、各々一仕切《シキ》リヲ爲シ其ノ一仕切ノ區域內《クヰキナイ》ハ純然《ジユンゼン》タル各自ガ所有權ノ行使《カウシ》セラルヽ所デアル、ケレドモ此ノ家屋《イヘ》ハ原《モ》ト一棟デアルカラ各自ガ仕切內ノ所有權ハ明瞭《アキラカ》ニ獨立シテアルモ、彼ノ屋根《ヤネ》、敷地《シキチ》、井戸《井ド》、ノ如キハ甲乙丙三者ノ共《トモ》ニ用《モチ》ヒナケレバナラヌモノデアル、故ニ本條ハ斯《カ》クノ如キモノヲ共用ト推定《スヰテイ》スルノデアリマス

而シテ第二項ハ此ノ共用物ノ破損《ハソン》ヲ繕《ツクラ》フノ費用ハ如何《ドウ》スルカ、甲乙丙三者ノ共用デアルカラ例ハ屋根ノ破損《ハソン》ヲ繕フトスレバ其ノ費用《ヒヨウ》ヲ三分シテ各々一分ヲ負擔《フタン》スルヤウニセムカ、ソウスル時ハ大ヒニ幸不幸《カウフカウ》ヲ生ズル場合ガアル、如何《イカ》ムトナレバ同シ一棟ニ住ムモ廣《ヒロ》ヒト狹《セマ》ヒノ違ヒカナイトモ限ラム、故ニ本條ハ之ガ公平《コウヘイ》ヲ保《タモ》ツ爲、各自カ所有部分ノ評價々格ヨリ割出《ワリダ》シ之カ比例《ヒレイ》ヲ取リテ、其ノ所有部分ノ價格《カヽク》ノ割合ニ應シテ繕繕費等ヲ負擔スルコトヽ定メタノデアリマス

第二百九條　土地《トチ》ノ所有者ハ疆界《キヤウカイ》又ハ其ノ近傍《キンバウ》ニ於テ牆壁《セウヘキ》若クハ建物ヲ築造シ又ハ之ヲ修繕《シウゼン》スル爲メ必要ナル範圍內《ハンヰナイ》ニ於テ隣地《リンチ》ノ使用ヲ

請求スルコトヲ得但隣人《リンジン》ノ承諾アルニ非サレハ其住家《スミカ》ニ立入ルコトヲ得ス

前項ノ場合ニ於テ隣人カ損害《ソンガイ》ヲ受ケタルトキハ其ノ償金《シヤウキン》ヲ請求スルコトヲ得

▲参看　舊民法財産編第二百十五條乃至第二百十七條

〔註釋〕本條ハ他人ノ所有地《シヨイウチ》内ニ立入ルノ權利ヲ規定シタル條項デアリマス、凡《オヨ》テ法律ハ勉メテ土地ノ所有者ニ自由《ジイウ》ヲ與ヘ其ノ意ニ出デザル所爲ハ之ニ加ヘナイノガ原則《ゲンソク》デアル、ケレドモ若シ公益《コウエキ》ヲ保護シ又ハ之ニ計畫《ケイクワク》スルニ付テハ、變例《ヘンレイ》ヲ施《ホドコ》サナケレバナラヌモノデアル、今土地ノ分界《ブンカイ》又ハ之ニ隣《トナ》接リタル場合ニ於テ正當《セイタウ》ノ工事ヲ爲スノハ其ノ之ヲ爲ス者ヨリ觀《ミ》ルトキハ私益《シエキ》デハアレドモ其ノ上ニ無用ノ空地《クウチ》ヲ存セシメズシテ充分《ジウブン》ニ工事ヲ完成スルヲ得セシムルノ點《デン》ヨリ觀《ミ》ルトキ公益《コウエキ》ト謂ハナケレバナラヌ、殊ニ都會《トクワイ》ノ地ノ如キハ土一升金一升ノ俚言《コトワザ》ニ漏《モ》レナイ場所デアレバ尚ノコトデアル、故ニ此ノ公益ナル二個ノ目的《モクテキ》ヲ達スルニハ其ノ工事ヲ爲ス所ニ隣接《リンセツ》スル土地ノ所有者ニ對シ變例《ヘンレイ》ヲ施シ工事ヲ爲ス者ニ隣地《リンチ》ニ立入ルノ權利ヲ與《アタ》ヘルノ必要ガアル。若シ左樣《サウ》デナケレバ其ノ工事ヲ爲ス者ハ隣地ノ分界線《ブンカイセン》ト工作物《コウサクブツ》トノ間ニ常々ヨリ豫メ多少ノ空地《クウチ》ヲ存シテ置カナケレバナラヌ、又之ヲ存シテ置カナイ時ハ修繕工事《シウゼンコウジ》ヲ爲ス等ノコトハ出來ナイ、斯ル事ノアリトスレバ實ニ公益上不利ト謂ハナケレバナラヌ是本條ノ規定アル所以《ワケ》デアリマス而シテ其ノ但書ハ他人ノ住家《ヂウカ》ニ立入ルニハ其ノ承諾《シヨウダク》ヲ得ムケレバナラヌト定メタモノデ、他人ノ承諾ヲ得ズ猥《ミダ》リニ其ノ住居ニ立入ルヲ禁ズルハ至當《シタウ》ノ制限デアツテ別ニ說明《セツメイ》スルニ及バナイガ、然シ茲ニ注意スベキハ住家ノ語デアル、茲《コヽ》ニ住家ト謂《イ》フノハ家族竝ニ雇人ノ住居スル家屋及ビ接屬《セツゾク》スル必要ノ付屬建物ヲ指《サ》スノデ、彼ノ單ニ農業《ノウゲフ》又ハ工業ニ供スル建物ハ其ノ中ニ含《フク》ミ居ヲナイノデアル、而シテ其ノ住家ニ立入《タチイ》ルコトノ出來ナイノハ假令《タトヘ》修繕スベキ建物ガ隣人ノ住居ニ連接《レンセツ》スルトキニ於テモ亦同ジコトデアル。第二項ノ意義ハ前ニ陳《ノ》ベタル如ク隣人ガ工事ヲ爲スニ當リ、自已ノ所有地《シヨイウチ》又ハ所有家屋ニ立入リシ時、樹木又ハ牆塀其ノ他ノ物ヲ毀損シタル場合ニ於テハ之ガ償金ヲ請求スルコトガ出來ルト規定シタノデアリマス

第二百十條　或《アル》土地《トチ》カ他ノ土地ニ圍繞セラレテ公路《コウロ》ニ通セサルトキハ其

ノ土地ノ所有者ハ公路《コウロ》ニ至ル爲圍繞地《ヰケウチ》ヲ通行スルコトヲ得
池沼《イケヌマ》、河渠《カキヨ》若クハ海洋ニ由ルニ非サレハ他ニ通スルコト能ハス又ハ崖岸《ガン》アリテ土地ト公路ト著シキ高低《カウテイ》ヲ爲ストキ亦同シ

▲參看舊民法財産編第二百十八條

(註釋)本條ハ他人ノ所有地《シヨイウチ》ニ圍マレシ彼ノ袋地ト稱《トナ》ヘシ土地ニ對スル通行權ヲ規定シタル條項《ソウ》デアッテ、而シテ袋地ト謂モノハ元來自然《シゼン》ニ出來ルモノデハアリマセム、土地ガ崩《ク》壞《ソ》レルカ又ハ道路ノ附替《ツケカヘ》等意外ノ事故ヨリ出來ルモノデアルカラ、斯ル土地ハ必ラズ之ニ公路ニ至ルノ通路《ツウロ》ヲ與ヘナケレバ其ノ土地ハ全ク無用《ムヨウ》ニ歸シ住居モ耕作《カウサク》モ何ムニモ爲ルコトガ出來ヌ、ソウナレバ啻所有者ノ損失《ソンシツ》バカリデナイ社會ノ損失デアルト謂ハナケレバナラヌ、故ニ本條ハ其ノ所有者ノ私益《シエキ》ト社會ノ公益トノ爲其ノ袋地ヲ圍繞土地ノ所有者ヨリ、公路《コウロ》ニ至ルベキ通路ヲ與《アタ》ヘシメルコト、規定シタノデアリマス
而シテ本條第二項ハ袋地《フクロチ》デアルカ袋地デナイカ、多少疑《ウタガ》ヒノアルベキ土地ヲ指定シ斯クノ如キ土地モ亦袋地ト看做《ミナ》スノデアルト定メタル條項デアッテ、其ノ袋地ト看做《ミナ》シタノ

ハ一方或ハ二方ガ池、沼《ヌマ》、河、海、等《ナド》デアッテ船ニ乗《ノ》リテ遠廻《トホマハ》リヲセナケレバ公路ニ通フコトノ出來《デキ》ナイ土地、又ハ一方或ハ二方ガ崖《ガケ》、岸《キシ》ナド聳《ソビ》ヘテ坂路《サカ》ヲ開鑿《カイサク》セナケレバ公路ニ通《カヨ》フコトノ出來ナイ土地ナドハ皆袋地《ミナフクロヂ》トシテ通行權ヲ得《エ》ラル、モノデアルト定メタノデアリマス

第二百十一條　前條ノ場合ニ於テ通行《ツウカウ》ノ場所及ヒ方法ハ通行權《ツウカウケン》ヲ有スル者ノ爲ニ必要《ヒツエウ》ニシテ且圍繞地《ヰギヤウチ》ノ爲ニ損害最モ少《スク》ナキモノヲ選《エラ》フコトヲ要ス

通行權ヲ有スル者ハ必要《ヒツエウ》アルトキハ通路ヲ開設《カイセツ》スルコトヲ得

【參看】舊民法財産編第二百十九條

【註釋】本條ハ前條ノ通行權《ツウカウケン》ニ就テ其ノ場所ト方法《ハウハフ》トヲ規定シタル條項デアッテ、其ノ第一項ノ意義ハ通行路ノ場所ヲ撰《エラ》ムニハ成ルベク公路《コウロ》ニ出ツルニ近《チカ》クシテ且圍繞地ノ損害少キ袋地ノ便利《ベンリ》宜キ場所ヲ以テシナケレバナラヌト定メタノデ、若《モ》シ然ウ甘《ウマ》ク三拍子揃《ヒヤウシソロ》ハナカッタ時ハ如何《ドウ》ウスルカトマウセバ圍繞地《ヰギヤウチ》ノ爲ニ最モ損害少キモノヲ選ムガ適當《テキタウ》デア

リマス、而《ソシ》テ第二項ハ前項ノ如ク通行權ヲ得《エ》テシマウタ後ハ、自己《ジブン》デ通路ヲ開クコトガ出來ルト定メタノデアル、是至當《シタウ》ノ義デアッテ自己ノ得タル權利《ケンリ》ヲ自己ガ意思《イシ》ノ如ク實行スルハ權利ヲ活用《クワツヨウ》スルノデアルカラ、法律ハ其ノ得《エ》タル權利ノ實行ヲ免《ユル》シタノデアリマス

第二百十二條　通行權《ツウカウケン》ヲ有スル者ハ通行地ノ損害《ソンガイ》ニ對シテ償金《シヤウキン》ヲ拂フコトヲ要ス但通路開設《カイセツ》ノ爲ニ生シタル損害《ソンガイ》ニ對スルモノヲ除ク外一年毎ニ其ノ償金ヲ拂《ハラ》フコトヲ得

▲參看　舊民法財產編第二百二十三條

〔註釋〕本條ハ通行權《ツウカウケン》ヲ得タル者ガ圍繞地ノ所有者ニ對シ支拂《シハラ》フベキ償金ヲ規定シタル條項デアッテ、曩《サ》キニモ述《ノ》ベシ如ク袋地ハ意外《イグワイ》ノ事故ノ爲生シタルモノデハアルナレドモ、自然ノ袋地《フクロチ》デアルトハ謂フベカラザルモノデアル、如何《イカン》トナレバ其ノ袋地ト成リシ所以《ワケ》ハ最初《サイシヨ》人爲《ジンヰ》デ土地ヲ分割《ブンクワツ》シタモノデアルカラデアル、若シ最初ヨリ土地《トチ》ヲ分割スルコトガ無ツタナラバ假令《タトヘ》土地ノ崩壞《ホウクワイ》又ハ道路ノ變更《ヘンカウ》アルモ袋地ノ生ズルコトハナイ、故《ユエ》ニ法

律ガ此ノ袋地ヲ圍繞セル土地ニ通路《ツウロ》ヲ供セシムルハ是其ノ自然《シゼン》ノ袋地デアルカラデハナイ、唯其ノ効用《カウヨウ》ヲ空《ムナ》シクセシメザラント欲《オモ》フ經濟ノ理《リ》ニ基《モト》キ公益ヲ保護セムガ爲デアル。故ニ袋地ノ所有者ハ其ノ圍繞地ニ就《ツイ》テ公路ニ至ル通路ヲ得《エ》タルトキハ本條ノ規定《キテイ》ニ從ヒ圍繞地ノ損害《ソンガイ》ヲ償ヒ尚ホ毎年通行權ニ對《タイ》スル報酬《ハウシウ》トシテ相當ノ償金《シヤウキン》ヲ定メテ支拂ハムケレバナラヌト定メタノデアリマ

第二百十三條　分割《ブンクワツ》ニ因リ公路ニ通セザル土地ヲ生《シヤウ》シタルトキハ其ノ土地ノ所有者ハ公路《コウロ》ニ至ル爲他ノ分割者ノ所有地《シヤイウチ》ノミヲ通行スルコトヲ得此ノ場合《バアヒ》ニ於テハ償金ヲ拂《ハラ》フコトヲ要セス

前項《ゼンコウ》ノ規定ハ土地ノ所有者《シヨイウシヤ》カ其ノ土地ノ一部ヲ渡讓《ユヅリワタ》シタル場合ニ之ヲ準用ス

▲參看　舊民法財産編第二百二十三條

〔註釋〕本條ハ土地ヲ分割《ブンクワツ》シ又ハ土地ノ一部ヲ賣渡シタルカ爲、袋地ヲ生シタル時ハ袋地ノ

所有者ハ償金《シヤウキン》ヲ出サズシテ分割者又ハ讓渡者ガ一部ノ土地《トチ》ヲ通行スルコトガ出來ルト謂フコトヲ規定シタル條項《ジヤウコウ》デアリマス、而《ソレ》シテ其ノ意義ハ凡《スベ》テ土地ヲ分割シテ其ノ一部分ヲ讓渡《ユヅリワタ》シ又ハ共有地ヲ共有者ノ間《アヒダ》ニ分割スルトキハ。其ノ分割スベキ各部分《カクブブン》ハ各利用シ得ラル丶方法《ハウハフ》ニ從フテ之ヲ分割スルハ分割スル者ガ通常《ツウジヤウ》一般《パン》ノ意思デアル。故ニ分割シタカラ袋地ノ生シタルトキハ公路《コウロ》ニ通スル他ノ部分《ブン》ノ所有者ハ分割シタル際《サイ》既ニ其ノ袋地ニ通路ヲ與《アタ》ヘムクレハナラヌト謂《イ》フ意思《イシ》アリタルモノト推定《スヰテイ》セムケレハナラヌ、或ハ斯ル意思ナキ者モ無イト限ルコトハ出來ザルモ若《モ》シ之アリトスレハ其《ソ》ハ其ノ分割者又ハ讓渡者ノ疎虞《ソグ》又過失《クワシツ》デアルカラ法律ハ決《ケツ》シテ許サナイ、故ニ土地ノ一部ノ讓渡又共有者ノ分割ニ因《ヨ》リテ袋地ノ生《シヤウ》ジタルトキハ讓渡人又ハ分割者ハ償金《シヤウキン》ヲ受ケズシテ、通路《ツウロ》ヲ供スル義務《ギム》ヲ負擔《フタン》セムケレハナラヌト定メタノデ是實《コレジツ》ニ至當ノ規定《キテイ》デアッテ、理《リ》ノ然《シカ》ルベキモノデアリマス

第二百十四條 土地ノ所有者ハ隣地《リンチ》ヨリ水ノ自然ニ流《ナガ》レ來ルヲ妨グルコトヲ得ス

▲參看　舊民法財產編第二百二十四條

〔註釋〕本條ハ高地《カウチ》ノ雨《ウ》水《スヰ》又ハ泉水《センスヰ》ヲ承《ウ》クルノ義務ヲ規定《キテイ》シタル條項デアッテ、其ノ意義ハ總テ土地ニ高低《カウテイ》ノ別アルハ謂フマデモナク自然ノ地勢《チセイ》デアル、水ノ高キヨリ低《ヒク》キニ就ク是又其ノ性ノ然《シカ》ラシムル所デアル、ソウデアルカラ高地《カウチ》ヨリ雨《ウ》水《スヰ》又ハ泉水ノ低地《テイチ》ニ流レ下ルハ理《リ》ノ當然デアッテ、高地ノ所有者ハ爲ニ殊益《トクエキ》ヲ得ルニアラズ、又低地ノ所有者《シヨイウシヤ》モ敢テ特害《トクガイ》ヲ蒙《カウ》フルモノデハナイ、故ニ本條ハ低地ノ所有者ハ高地《カウチ》ヨリ自然《シゼン》ニ流レ下ル水ヲ承《ウ》クルノ義務アルモノト定《サダ》メタル何以《ワケ》デアリマス

第二百十五條　水流《スヰリウ》カ事變ニ因リ低地《テイチ》ニ於テ阻塞《ソソク》シタルトキハ高地《カウチ》ノ所有者ハ自費《ジヒ》ヲ以テ其ノ疏通《ソツウ》ニ必要ナル工事ヲ爲《ナ》スコトヲ得

◎參看　舊民法財產編第二百二十五條第二項

〔註釋〕本條ハ大雨又溢水《イツスヰ》等ノ事變《ジヘン》ニ因ッテ、水流ガ低地ニ滯溜《タマ》リ疏通セヌ場合ニ於テ高地ノ所有者ニ自費《ジヒ》ヲ以テ其ノ害ヲ防ク處分《シヨブン》ヲ爲スノ權利《ケンリ》ヲ與ヘタル條項デアッテ、別ニ其ノ意義ハ說明《セツメイ》スルホドデモアリマセヌガ茲ニ注意《チウイ》ヲ要スルノハ高地ノ所有者ガ此《コ》ノ工事ヲ爲ス土地ニ付キ專擅《センダン》デ成スコトハ出來ヌ、必ラズ其ノ低地《テイチ》ノ所有者ノ承諾《ジヨウダク》ヲ得ムケレ

バナラヌ、又高地《カウチ》ノ所有者ハ此ノ工事ヲ為《セ》ヌケレバナラヌト謂フ義務《ギム》ノアルノデハナイ、故ニ低地ノ所有者カラ高地《カウチ》ノ所有者ニ此ノ工事《コウジ》ヲセヨト請求スルコトハ出來ヌノデアリマス

第二百十六條　甲地《カフチ》ニ於テ貯水《チヨスヰ》、排水《ハイスヰ》又ハ引水ノ為ニ設《マウ》ケタル工作物ノ破潰《ハクワイ》又ハ阻《ソ》塞《ソク》ニ因リテ乙地ニ損害《ソンガイ》ヲ及ボシ又ハ及ボス虞《オソレ》アル時ハ乙地ノ所有者ハ甲地ノ所有者ヲシテ修繕《シウゼン》若クハ疏通《ソツウ》ヲ為サシメ又必要アルトキハ豫防工事《ヨバウコウジ》ヲ為サシムルコトヲ得

▲參看　舊民法財産編第二百二十五條第一項

〔註釋〕本條ハ高地ノ所有者ガ耕地用《カウチヨウ》又ハ惡水《アクスヰヌ》抜キ等ノ用ニ供スル為、土手《ドテ》ヲ築キ水揚ヲ設ケ等《ヒト》シク水ヲ湛《タ》ヘテ居ッタ工作物ノ破潰《ハクワイ》又ハ阻塞《ソサク》ニ因ッテ乙地ヲ害シ又ハ害スル虞《オソレ》アルトキハ、乙地所有者ノ請求《セイキウ》ニ應《オウ》ジ之カ修繕ヲ為シ若クハ疏通《ソツウ》ヲ為シ又ハ必要ノ豫防工事ヲ為スハ高地所有者ノ義務《ギム》デアルコトヲ規定《キテイ》シタル條項《デウコウ》デアリマズ、故ニ若シ天災《テンサイ》若クハ地變《チヘン》ナドニ因ッテ破壞《ハクワイ》又ハ阻塞シタル塲合ニ於テモ矢張《ヤハ》リ同シ義務ヲ負《オ》フモノデアル

、如何《イカン》トナレバ法律ハ其ノ破壞又ハ阻塞《ソサク》シタル原因如何ヲ區別《クベツ》セヌカラデアル、サレバ高地所有者ガ其ノ破潰若《モシ》クハ阻塞シタノヲ修繕《シウゼン》スルモ、低地所有者ハ假令《タトヘ》利益ヲ蒙ムルニシタ所ガ毫《スコシ》モ償金ヲ拂《ハラ》フニハ及バヌ、然シ茲《コヽ》ニ注意スベキハ本條ハ流水《リウスヰ》又ハ水ヲ湛《タヽ》ヘタル人工ノ工作物ガ破壞シタル場合《バアヒ》ニ限ルモノデアル、故ニ若シ水流《スヰリウ》ニシテ事變《ジヘン》ニ因リ天然ノ河岸《カガン》ヲ破潰シ水量《スヰリヤウ》ヲ增《マ》シタル時ハ低地《テイチ》ノ所有者ハ何程《ナニホド》ノ危害《キガイ》アルモ本條ノ權利ヲ行フコトハ出來ヌモノデアリマス

第二百十七條　前二條ノ場合《バアヒ》ニ於テ費用《ヒヨウ》ノ負擔ニ付キ別段ノ慣習《クワンシフ》アルトキハ其ノ慣習ニ從《シタガ》フ

〔註釋〕本條ハ前二條ノ場合《バアヒ》ニ於テハ其ノ費用《ヒヨウ》負擔《フタン》ハ總テ高地所有者ノ負擔《フタン》デアルト規定シタルモ、斯《カヽ》ルコトハ往々《ワウ〳〵》土地ニ因リテ習慣ノ存《ソン》スルコトガアル、習慣ト謂《イ》フモノハ其ノ土地ニ於テ各人《カクジン》ガ等シク條理《デウリ》デアルトシテ、各自遵守《ジユンシユ》シ居ルモノナレバ、法律ト等《ヒト》シク雙互《サウゴ》ノ害《ガイ》トナラザル善良ノモノデアルカラ害ノアルベキモノデナイ、故ニ左樣《サウ》イフ善良ノ習慣アルトキハ其ノ習慣《シフクワン》ニ因リ費用負擔ヲ定ムルモ差支《サシツカ》ヘナイト謂フ一ノ例外法ヲ定メタノデアリマス

第二百十八條　土地《トチ》ノ所有者ハ直チニ雨水《ウスイ》ヲ隣地ニ注瀉《チウシヤ》セシムヘキ屋根其ノ他ノ工作物ヲ設《マウ》クルコトヲ得ス

▲參看　舊民法財產編第二百二十六條

〔註釋〕本條ハ雨水ヲ隣地《リンチ》ヘ注瀉《チウシヤ》スルコトヲ禁《キン》ジタル條項デアッテ、第二百十四條ノ原則《ゲンソク》ト裏表《ウラオモテ》ヲ爲シテ並《ナラ》ヒ行ハル、規定デアル。第二百十四條ハ低地《テイチ》ノ所有者ハ人工《ジンコウ》ニ由ラズ自然ニ高地ヨリ流《ナガ》レ來ル水ヲ承《ウ》クルノ義務《ギム》アリト規定シタノデアルカラ之ヲ裏面《リメン》ヨリ謂ヘバ水モ人工ニ因《ヨ》リシモノナレバ其ノ流《ナガ》レ來ルヲ承クル義務《ギム》ハナイト謂フコトガ出來ル、今高地ノ所有者《シヨイウシヤ》ニ就テ謂ヘバ其ノ所有者ハ人工ニ因《ヨ》リテ低地ニ水ヲ落《オト》スコトハ出來ナイモノデアル、サレバ高地ノ所有者ハ既《スデ》ニ人工ニ依リテ水ヲ低地《テイチ》ニ落《オト》スコトハ出來ナイトスレバ他ノ土地所有者《トチシヨイウシヤ》ガ雨水ノ直ニ隣地《リンチ》ニ落《オ》ツル如キ屋根、其ノ他ノ工作物《コウサクブツ》ヲ設クルコトノ出來ヌノハ固《モト》ヨリ論《ロン》セザルモ明瞭《アキラカ》デアリマス

第二百十九條　溝渠《カウキヨ》其ノ他ノ水流地ノ所有者ハ對岸《タイガン》ノ土地カ他人ノ所有ニ屬《ゾク》スルトキハ其ノ水路《スイロ》又ハ幅員《フクヰン》ヲ變スルコトヲ得ス

兩岸ノ土地ガ水流地ノ所有者《シヨイウシヤ》ニ屬スルトキハ其ノ所有者ハ水路《スヰロ》及ヒ幅員ヲ變《ヘン》スルコトヲ得但下口《タヾシシヤクチ》ニ於テ自然ノ水路ニ復《フク》スルコトヲ要ス

前二項ノ規定ニ異《コト》ナリタル慣習《クワンシフ》アルトキハ其ノ慣習ニ從フ

▲參看舊民法財產編第二百二十九條

(註釋)水流ニ關シテ沿岸者《エンガンシヤ》ノ權利ヲ規定シタル條項《デウコウ》デアリマス、而シテ元來水流ト謂フモノハ公有《コウイウ》ノモノデナク又各人ニ屬《ゾク》シテ居ルモノデモナイ、則チ公共物《コウキヨウブツ》デアルカラ水流ノ沿岸ニ在ツテ其ノ床地《トコチ》ヲ所有スル者デアルトモ其ノ水流《ス井リウ》ニ付テ所有權ハナイ、唯單《タヾタン》ニ使用權ヲ有スルバカリデアル、故ニ對岸《タイガン》ニ在ル土地所有者ノ利益《リエキ》ト下流ニ在ル土地所有者ノ利益トヲ害《ガイ》スルコトハ出來ナイ、則チ本條第一項ニ規定《キテイ》シタル如ク、對岸ガ他人《タニン》ノ所有デアルトキハ其ノ水路《ス井ロ》又ハ幅員《フク井ン》ヲ變《ヘン》スルコトハ出來ヌ如何《イカン》トナレバ對岸ノ所有者ヲ害《ガイ》スルカラデアル、又第二項ニ規定《キテイ》スル如ク兩岸共ニ自已所有地ナルトキ例《タトヘ》バ自已所有ノ地內ニ泉流《センゲン》ヲ有スルトキハ、其ノ水ヲ使用《シヨウ》シ又ハ所有地域內《チ井キナイ》ニ於テ適宜《テキギ》ニ其ノ水路及ビ幅員ヲ變ズルコトモ得《ウ》レドモ其ノ地域外則チ下口《シヤクチ》ニ於テハ自然ノ水路ニ復《カヘ》サシメヌケレバナラヌ、如何《イカン》トナレバ下流ニ在《ア》ル所有者ヲ害スルカラデアル、然《シカ》シ是モ其ノ土地ニ舊來

ヨリ斯ル場合ニ適用《テキヨウ》スベキ習慣アレバ其習慣ニ從ヒ必ラス此ノ規定ニ因ラサルモ差支ナシト規定シタノデアリマス

第二百二十條、高地《カウチ》ノ所有者ハ浸水地ヲ乾カス爲又ハ家用《カヨウ》若クハ農工業用ノ餘水《ヨスヰ》ヲ排泄《ハイセツ》スル爲、公路、公流《コウリウ》又ハ下水道ニ至《イタ》ルマテ低地《テイチ》ニ水ヲ通過《ツウクワ》セシムルコトヲ得但低地《テイチ》ノ爲ニ損害最モ少《スクナ》キ場所及ヒ方法ヲ選フコトヲ要ス

▲參看　舊民法財産編第二百三十四條、第二百三十五條

（註釋）本條ハ水ヲ疏通《ソツウ》シ又ハ排泄《ハイセツ》セシムル爲要《エウ》スル通水ノ權利《ケンリ》ヲ規定シタル條項デアッテ、其ノ意義《イギ》ハ低地ノ所有者ヲシテ高地《カウチ》ノ爲、水ノ通路《ツウロ》ヲ供セシムルハ幾分《イクブン》カ低地所有者ニ損害ヲ蒙《カフム》ラシムルモノナレドモ、法律ハ土地ノ改良《カイリヤウ》ト公衆衛生トノ爲ニハ此ノ規定ヲ缺《カ》ク譯《ワケ》ニハイカヌ、如何《イカン》トナレバ水ノ溜滯《リウタイ》シタルニ乾涸《カハカシ》サス、又ハ腐敗《フハイ》シタル水ヲ疏通セヌケレバ、土地《トチ》不良《フリヤウ》ト成ルダケデハナイ或ハ公衆ノ健康《ケンカウ》ヲ害《カイ》スカラデアル、是私益ハ公益ニ勝《カ》ツ能ハズトノ原則《ゲンソク》ニ素《モト》クモノデアリマス、然《シカ》シナガラ斯ノ場合ニ於テハ素ヨリ

高地所有者ハ其ノ權利ヲ振《フ》リ廻《マハ》シ低地所有者ニ殊更損害《コトサラソンガイ》ヲ蒙ラシムルコトハ出來ナイ、故ニ低地所有者ノ最《モット》モ損害少キ場所ト方法トヲ撰《エラ》ミ尙ホ相當《サウタウ》ノ賠償金ヲ支拂《シハラ》ハムケレバナラヌ

第二百二十一條　土地ノ所有者《シヨイウシヤ》ハ其ノ所有地ノ水ヲ通過《ツウクワ》セシムル爲高地又ハ低地ノ所有者カ設《マウ》ケタル工作物ヲ使用《シヨウ》スルコトヲ得

前項ノ場合ニ於テ他人ノ工作物ヲ使用《シヨウ》スル者ハ其ノ利益《リエキ》ヲ受クル割合ニ應《オウ》シテ工作物ノ設置《セツチ》及ヒ保存ノ費用ヲ分擔《ブンタン》スルコトヲ要ス

▲參看　舊民法財産編第二百三十七條

〔註釋〕本條ハ流水《リウスヰ》ニ關シ他人ノ工作物ヲ使用《シヨウ》スル權利ヲ規定シタル條項《デウコウ》デアツテ、其ノ第一項ハ自己ノ所有地內ニ在《ア》ル水ヲ疏通《ソツウ》スル爲、他人ノ設《マウ》ケタル水樋又ハ堀割等《ホリワリナド》ヲ使用スル權利ヲ定《サダ》メタルモノデアル、是實ニ經濟《ケイザイ》ノ原則ニ基《モト》キシ規定デアルト謂《イ》ハナケレバナラヌ、如何《イカン》トナレバ最早他人ノ手《テ》デ設ケ居レル水樋又ハ堀割ヲ使用《シヨウ》スルノハ新《アラタ》ニ水路ヲ設クルニ比《クラ》ブレバ費用ヲ省《ハブ》クノ利益ガアル、而《シカ》シテ其ノ他人ノ工作物ヲ使用シテ利益《リエキ》ヲ

得ル者ハ其ノ築造《チクゾウ》ト保存ノ費用ヲ分擔《ブンタン》セムケレバナラヌ、是本條第二項ノ規定《キテイ》デアッテ至極尤モノ一義《イチギ》デアル、如何トナレバ他ヲ害《ガイ》シテ自已《ジブン》ヲ利スルヲ得ザル法律ノ原則《ゲンソク》ニ基クモノデアリマス

第二百二十二條　水流地《スヰリウチ》ノ所有者ハ堰《ヰセキ》ヲ設クル需要《ジユエウ》アルトキハ其ノ堰ヲ對岸ニ附着《フチヤク》セシムルコトヲ得但之ニ因リテ生シタル損害《ソンガイ》ニ對シテ償金ヲ拂《ハラ》フコトヲ要《エウ》ス

對岸ノ所有者ハ水流地ノ一部《ブ》カ其ノ所有ニ屬《ゾク》スルトキハ右ノ堰《ヰセキ》ヲ使用スルコトヲ得但前條ノ規定《キテイ》ニ從ヒ費用ヲ分擔《ブンタン》スルコトヲ要ス

▲參看　舊民法財產編第二百三十八條

〔註釋〕本條ハ水流地《スヰリウチ》ヲ所有スル者ガ堰《ヰセキ》ヲ設クルニ就テノ規定《キテイ》デアル、而シテ水流沿岸ノ所有者ガ自已ノ土地內《トチナイ》ニ河水等ヲ引入《ヒキイ》レムトスルニハ水面ハ大概沿岸地《タイガイエンガンチ》ヨリ低イモノデアル、故ニ此ノ塲合ニハ堰ヲ設ケテ水面《スヰメン》ヲ高メナケレバナラヌ必要《ヒツエウ》ガ出來ル、ソコデ堰ヲ設クルニハ對岸ニ因テ支持《モタ》サナケレバナラヌカラ至漸《シゼン》對岸ノ土地所有者ニ幾分《イクブン》カノ損害

チ蒙ラシムルコトハアルモ、單《タン》ニ竹木又ハ石材《セキザイ》チ纔《ワヅカ》ニ兩岸ノ土中《ドチウ》ニ突入《ツキイ》レルバカリデアルカラ其ノ損害《ソンガイ》ハ至ツテ輕少《ワツカ》デアツテ、堰チ設クル者ニ取リテハ大《ダイ》ナル利益デアルカラ一般經濟ノ上ニ於《オ》ケル理由ニ基《モトヅ》ケバ本條ノ規定ハ至極《シゴク》尤モノコトデアル、ケレドモ前ニ述ブル如ク對岸《タイガン》ノ所有者ハ之ガ爲《タメ》幾分《イクブン》カノ權利チ減殺《ソガ》ル、モノデアルカラ堰チ設《マウ》クル者ハ之ニ對スル損害チ賠償《バイシヤウ》スル爲償金チ支拂《シハラ》ハムケレバナリマセヌ、又第二項《コウ》ハ對岸ノ土地所有者ハ其ノ設ケタル堰ノ工作費《コウサクヒ》ト、保存費チ自己《ジブン》ニ使用シテ利益ヲ得ル割合《ワリアヒ》ニ應ジチ分擔スレバ其ノ堰チ使用《シヨウ》スルコトガ出來ルト定《サダ》メタノデアリマス

第二百二十三條　土地ノ所有者ハ隣地《リンチ》ノ所有者ト共同《キヨウドウ》ノ費用チ以テ疆《キヨウ》界《カイ》ヲ標示《ヘウジ》スヘキ物チ設クルコトチ得

▲參看　舊民法財產編第二百三十九條

〔註釋〕本條ハ所有地ノ經界《ケイカイ》チ定ムル爲自己ト他人トノ地所界《チシヨサカイ》ニ其ノ費用ヲ互ニ分擔《ブンタン》シテ樹、石《イシ》、杭《クヒ》、等ノ如キ標示物チ設《マウ》ケルコトガ出來ルト規定シタル條項《デウコウ》デアツテ其ノ意義ハ土地ノ所有者間ニ將來起《シヤウライオコ》ルベキ疆界ノ訴訟チ豫防《ヨボウ》セムトスルモノデアル、故ニ本條ノ設ケアルハ土地所有者ノ利益《リエキ》ハ謂フマデモナク社會一般ノ利益デアル故《ユヱ》ニ本條ノ規定《キテイ》ハ公

設ニ基キタルモノデアッテ、而《ソウ》シテ此ノ權利《ケンリ》ハ所有者雙方互《サウハウタガ》ヒニ請求スルコトノ出來《デキ》ルモノデアルカラ此ノ權利ヲ名《ナヅ》ケテ疆界訴權《キヤウカイソケン》ト稱《トナ》ヘマス

第二百二十四條　界標《カイヘウ》ノ設置及ヒ保存《ホゾン》ノ費用ハ相隣者《サウリンシヤ》平分《ヘイブン》シテ之ヲ負擔ス但測量《ソクリヤウ》ノ費用ハ其ノ土地ノ廣狹《クワウケウ》ニ應シテ之ヲ分擔《ブンタン》ス

△參看　舊民法財產編第二百四十四條

〔註釋〕本條ハ標界ヲ設《マウ》クルニ就テ費用ノ分擔方法《ブンタンハウハフ》ヲ規定シタル條項デアッテ、其ノ標示物ヲ設ケルノハ何《ナニ》ガ爲《タメ》カトマウセバ、相互ヒノ侵奪《シンダツ》ヲ豫防《ヨバウ》シテ各自ラカ所有權ヲ保護《ホゴ》スルノ目的《モクテキ》ニ出デタルモノデアルカラ其ノ各自《カクジ》ガ享《ウ》クル利益ハ均一《キンイツ》デアル、故ニ其ノ標示物ノ代價ト建設《ケンセツ》ノ費用ハ土地ノ大小ト廣狹ニ關《カヽハ》ラズ相隣者互《タガ》ヒニ平分《ヘイブン》シテ其ノ半額宛《ヅヽ》ヲ負擔スルコトヽ定メタノデアリマス、之ニ反《ハン》シテ彼ノ測量費用《ソクリヤウヒヨウ》ノ如キハ土地ノ廣狹ニ因《ヨ》リ其ノ費用ニ多少《タセウ》ノ徑庭《チガヒ》ガアッテ至漸《シゼン》標示物《ヘウシブツ》ノ費用トハ其ノ性質《セイシツ》ヲ異《コト》ニスルモノデアル、故ニ測量ノ費用ハ土地ノ廣狹ニ應《オウ》シテ分擔スルコトヽ定メタノデアリマス

第二百二十五條　二棟《フタムネ》ノ建物カ其ノ所有者ヲ異《コト》ニシ且其ノ間ニ空地《クウチ》ア

ル時ハ各所有者ハ他《タ》ノ所有者ト共同ノ費用《ヒヨウ》ヲ以テ其ノ疆界ニ圍障《ヰシヤウ》ヲ設クルコトヲ得

當事者《タウジシヤ》ノ協議調《トヽノ》ハサルトキハ前項ノ圍障ハ板塀《イタベイ》又ハ竹垣《タケガキ》ニシテ高サ六尺タルコトヲ要ス

▲參看 舊民法財產編第二百四十六條

〔註釋〕本條ハ自巳《ジコ》ノ建物ト他人ノ建物ト相隣《アヒトナ》レル場合ニ於テ圍障《ヰシヤウ》ヲ設クル方法ヲ規定《キテイ》シタル條項デアッテ、其ノ意義《イギ》ハ所有者ノ違《タガ》フ二棟ノ建物ガ隣接《トナリアハセ》ニ成リ居ル時其ノ中間《チウカン》ニ圍障ノ設《マウ》ケナケレバ、相隣者《サウリンシヤ》ノ間ニ子弟《シテイ》若クハ家畜等ノ互《タガヒ》ニ加フル妨害ニ付キ、往々《ワウ/\》爭論ノ生スルモノデアル、故ニ之ガ豫防《ヨバウ》ノ爲設定《セツテイ》タル條項デアリマス、而《ソウ》シテ本條第一項ハ此ノ圍障《ヰシヤウ》ヲ設クルハ相隣者相互ヒニ請求《セイキウ》スルコトヲ得ル權利《ケンリ》デアッテ、之ヲ設《マウ》クルニハ雙方協議《サウハウケフギ》ヲナシ互ヒニ費用ヲ支出《シユツ》スルモノデアルト定メ、第二項ハ此《ヨ》ノ圍障ヲ設《マウ》クルニ付キ雙方協議調《トヽノ》ヘハ如何ナル物ヲ以テ圍障《ヰシヤウ》ニシヤウト其ノ高《タカ》サヲ何尺ニシヤウトハ勝手デアル、ケレドモ雙方ノ協議調《ケフギトヽノ》ハナイ時ハ止ムヲ得ス法律ヲ以テ定メテ置《オ》カムケレバナラヌ、故ニ協議調ハナイトキハ高《タカ》サ六尺ノ板塀《イタベイ》カ竹垣《タケガキ》デナケレバナラヌト規定《キテイ》シタノデアル、而シテ茲《コヽ》ニ注意スベキハ本條ニ空地《クウチ》アルヲ一條件トシタ、コトデ此《コ》ノ空地《クウチ》アルヲ一條件トシタノハ若シ建物《タテモノ》ノ間ニ空地ガナカツタナラ、二棟ノ建物ハ接着デアルカラ別ニ圍障ヲ設《マウ》クルノ必要ガナイカラデアリマス

第二百二十六條　圍障ノ設置《セッチ》及ヒ保存ノ費用ハ相隣者《サウリンシヤ》平分《ヘイブン》シテ之ヲ負擔ス

▲參看　舊民法財産編第二百四十七條第一項

〔註釋〕本條ハ圍障費用ノ分擔方法ヲ規定《キテイ》シタル條項デアツテ、前條ト密接ノ關係《クワンケイ》ヲ有スルモノデアル、而シテ本條ノ意義《イギ》ハ前條ノ場合ニ於テ假令《タトヘ》當事者ノ協議ガ調《トヽナ》フモ調ハザルモ、圍障ヲ設《マウ》クルノ費用ト、之ヲ保持《ホヂ》スルノ費用ト、之ヲ修繕《シウゼン》スルノ費用ハ共ニ相隣者互ヒニ平分シテ、其ノ半額宛《ハンガクヅヽ》ヲ負擔セムケレバナラヌノデアリマス

第二百二十七條　相隣者ノ一人ハ第《ダイ》二百二十五條第二項《コウ》ニ定メタル材料ヨリ良好《リヤウカウ》ナルモノヲ用ヰ又ハ高サヲ增《マ》シテ圍障ヲ設クルコトヲ得

但之ニ因リテ生スル費用ノ增額ヲ負擔スルコトヲ要ス

▲參看　舊民法財產編第二百四十七條第二項

〔註釋〕本條ハ圍障ノ材料《ザイレウ》ガ良好ヨリ費用ノ增額シタル場合《バアヒ》ノ負擔方法ヲ規定シタル條項デアッテ、第二百二十五條第二項ニ因レバ圍障ノ用材ニ就テ相隣者ト協議調ハヌ時ハ必ラズ高《タカ》サ六尺ノ竹垣カ又ハ板塀《イタベイ》デナケレバ設ケルコトハ出來ヌ、ケレドモ相隣者ノ一人ガ一方ノ相隣者ノ分擔スル費用ヲ差引《サシヒ》キ前條ノ規定ニ拘ラズ其ノ他《タ》一切ノ建設費用ト保持ノ費用ト修繕《シウセン》ノ費用ヲ併《アハ》セテ自己ニ引受ケ、一方ノ相隣者ニ其ノ增額ヲ分擔《ブンタン》セシメナケレバ高サ六尺ノ竹垣ヤ板塀《イタベイ》ノヤウナ見苦《ミグル》シキモノヲ取除キ或ハ最ット美《ビ》麗《レイ》壯麗《サフゴン》ナル六尺ヨリ高キ圍障ヲ設《マフ》クルコトガ出來ルノデアリマス、而シテ茲ニ注意《チウイ》スベキハ既ニ設ケタル圍障ヲ改築スルコトデアルガ、此ノ事ニ就テハ本條別ニ明文ハナケレドモ、自費ヲ以テスレバ適宜ニ改築シ得ラル、ハ自ラ明瞭デアリマス

第二百二十八條　前三條ノ規定ニ異ナリタル慣習アルトキハ其ノ慣習ニ從フ

〔註釋〕本條ハ別ニ解義ヲ要スベキ程ノ條項デハアリマセヌ、前三條ノ如ク其ノ費用及ビ方

法ノ規定《キテイ》ハアレドモ、土地ニ因リ斯《カヽ》ル事ニ對シテ舊來《キウライ》ヨリノ習慣アレバ必ラズ前三條ノ規定ニ因ラストモ其ノ習慣《シフクワン》ニ從フモ差支《サシツカ》ヘハナイト規定シタル條項デアリマス

第二百二十九條　疆界線《キヤウカイセン》上ニ設ケタル界標《カイヘウ》、圍障、牆壁《シヤウヘキ》及ヒ溝渠ハ相隣者ノ共有ニ屬《ゾク》スルモノト推定《スイテイ》ス

▲參看　舊民法財産編第二百四十九條、第二百五十條

〔註釋〕本條ハ自己《ジブン》ノ所有地ト他人《タニン》ノ所有地ノ疆界線ノ上ニ設《マウ》ケタル、溝渠其ノ他ノ標示物等ハ相隣者相互《アヒタガ》ヒノ共有デアルト推定《スイテイ》スル旨規定シタル條項デアル、而《ソウ》シテ其ノ意義ハ第二百二十三條以下ニ規定スル如ク相隣地上《サウリンチジヤウ》ニ設クル標示物《シルシブツ》又ハ牆壁ナドハ相隣者雙方ニ於テ一切ノ費用《ヒヨウ》ヲ分擔《ブンタン》スルモノデアルノミナラズ土地ノ疆界線ハ双方《サウハウ》相互ヒノモノデアル故《ユヘ》ニ之ヲ相隣者雙方ノ共有ト看做《ミナ》スハ素《モト》ヨリ至當デアル、然《シカ》シナガラ是法律上ノ推定デアルカラ左樣《サウ》デナイト謂フ反對《ハンタイ》ノ證據立《シヤウコタテ》ヲスレバ事實共有デナケレバ法律ハ其ノ共有デナイコトヲ認《ミト》ムルモノデアリマス

第二百三十條　一棟ノ建物《タテモノ》ノ部分ヲ成ス疆界線上ノ牆壁《シヤウヘキ》ニハ前條ノ規

定ヲ適用《テキヨウ》セス

高サノ不同《フドウ》ナル二棟ノ建物ヲ隔《ヘダ》ツル牆壁ノ低《ヒク》キ建物ヲ踰《コ》ユル部分亦同シ但防火牆壁《バウクワシヤウヘキ》ハ此ノ限リニ在ラス

参看 舊民法財産編第二百四十二條

〔註釋〕本條ハ建物《タテモノ》ノ墻壁ニ就テ前條ノ例外《レイグワイ》ヲ規定シタル條項デアル、而シテ其ノ第一項ノ意義ハ墻壁ガ一棟ノ建物ノ一部《フ》ヲ成シテ居レバ、假令《タトヘ》雙方所有地ノ彊界線上ニアルモ共有トハ看做《ミナ》サヌト謂フノデ、元來《グワンライ》前條ノ規定ハ雙方ガ共ニ利益《リエキ》ヲ受クルモノデアルカラ共有ト推定《スイテイ》スルモ、本條第一項ノ塲合《バアヒ》ニ於テハ建物ノ所有者ハ利益《リエキ》ヲ得レドモ相隣ノ一方者ハ少シモ利益《リエキ》ヲ受ケナイ、故ニ斯ル塲合ニハ共有ノ推定《スイテイ》ハシナイト謂フノデアル又第二項ニ於ケルモ二棟ノ建物ヲ隔《ヘダ》ツル墻壁ガ一方ノ低《ヒク》キ建物ヲ踰《コ》ユル部分ノアリシナヲバ、此ノ牆壁《シヤウヘキ》ハ高キ建物ノ所有者ニハ利益《リエキ》アルモ低キ建物ノ所有者ニハ毫《スコシ》モ利益ヲ受クルコトハナイ、故ニ斯ル牆壁ヲ共有《キヤウイウ》ト看做《ミナ》シテ不利益者ニ其ノ費用ヲ負擔《フタン》セサルコトハ出來ヌカラ斯ル牆壁ハ共有トハ看做《ミナ》サヌ、此ノ牆壁ガ防火用《バウクワヨウ》トシテ設ケラレタルモノデアレバ、双方《ソウハウ》ニ利益アルモノデアルカラ之レニ對《タイ》シテハ矢張《ヤハ》リ前條ト等《ヒト》シク共有ノ推

定ヲ下スト謂フノデアリマス

第二百三十一條　相隣者ノ一人ハ共有《キヤウイウ》ノ牆壁ノ高サヲ増スコトヲ得但其ノ牆壁《シヤウヘキ》カ此ノ工事ニ耐《タ》ヘサルトキハ自費《ジヒ》ヲ以テ工作ヲ加ヘ又ハ其ノ牆壁ヲ改築《カイチク》スルコトヲ要ス

前項ノ規定《キテイ》ニ依リテ牆壁ノ高《タカ》サヲ増シタル部分《ブトン》ハ其ノ工事ヲ為タル者ノ專有《センヰウ》ニ屬ス

▲參看　舊民法第二百五十五條第三項

〔註釋〕本條ハ共有牆壁ヲ隨意《ズヰヽ》ニ高クスルニ就《ツヰ》テノ規定デアッテ、其ノ第一項ハ共有《キヤウユウ》ノ牆壁ヲ相隣者ノ一方ガ意事《ヰシ》ニ因リ高クスルコトハ出來ル然《シカ》シナガラ之ヲ高《タカ》クスル時其ノ基礎トナル以前ノ牆壁ガ其ノ工事《コウジ》ニ堪《タ》ヘナケレバ堪ユルヤウニ修繕《シウゼン》シ又ハ全体ヲ改築《カヰチク》シテカラデナケレバ高《タカ》クスルコトハ出來ヌ、如何《イカン》トナレバ基礎《ドタイ》ノ堅牢《ジヤウブ》デナイノモ搆ハズ高サヲ増ス如キコトアレバ竟《ツヒ》ニ相隣者ニ危害《キガイ》ヲ加フルノ虞《オソレ》ナイトモ謂《イ》ヘナイカラデアル、ソコデ其ノ費用ハ無論《ムロン》高サヲ増ス者一人ノ自費《ジヒ》デ為《セ》ムケレバナラヌ、然シ其ノ代《カハ》リニハ第二

項ニ規定《キテイ》シタル如ク舊ノ牆壁《シヤウヘキ》ニ比《クラ》ベテ高クナリタル部分ダケハ、共有《キヨウイウ》デナクシテ高サヲ増シタル者一人ノ所有ト爲ルモノデアル

第二百三十二條　前條ノ場合《バアヒ》ニ於テ隣人カ損害《ソンガイ》ヲ受ケタルトキハ其ノ償金ヲ請求《セイキウ》スルコトヲ得

〔註釋〕本條ハ敢テ解説《カイセツ》ヲ施《ホドコ》ス程ノ條項デハナイ前條ノ如ク相隣者ノ一方者ガ共有牆壁《シヤウヘキ》ノ高サヲ増シタル爲、他ノ一方者ニ於テ損害《ソンガイ》ヲ蒙ムル時ハ其ノ損害ノ賠償《バイシヤウ》トシテ償金ヲ支拂ヘト請求《セイキウ》スルコトガ出來ルト規定《キテイ》シタル條項デアリマス

第二百三十三條　隣地ノ竹木《チクボク》ノ枝カ彊界線ヲ踰《コ》ユルトキハ其ノ竹木ノ所有地ヲシテ其ノ枝《エダ》ヲ剪除《センヂヨ》セシムルコトヲ得

隣地ノ竹木ノ根《ネ》カ彊界線ヲ踰《コ》ユルトキハ之ヲ截取《サイシユ》スルコトヲ得

參看　舊民法財産編第二百六十二條第四項

〔註釋〕本條ハ他人ノ所有地ニ在《ア》ル竹木ノ根又ハ枝《エダ》ガ其ノ彊界線ヲ踰《コ》ヘテ、自己《ジブン》ノ所有地上

ニ來ル場合ニ於ケル處分法ヲ規定《キテイ》シタル條項デアッテ、其ノ第一項ノ意義《イギ》ハ隣地ノ樹木或ハ竹等《タケナド》ノ枝ヲ交《マジ》ヘ、自已ノ疆界線ヲ踰《コ》ヘテ茂《シゲ》レル場合ニ於テハ、往々《ワウ〳〵》日光《ニツクワウ》ヲ遮《サヘギ》リ又ハ空氣《クウキ》ノ疏通《ソツウ》ヲ妨《サマタ》ゲルナド、適分害ヲ受《ウ》クルモノデアルカラ、斯《カ》ル時ニハ其ノ所有者ニ遠カラズ剪拂《キリハラ》ハムコトヲ請求《セイキウ》スルコトガ出來ルト定メタノデアル、ナゼ斯《カ》ノ如ク規定シタモノデアルカト謂《イ》ヘバ竹木類ハ總テ剪除《センヂヨ》スベキ季節《キセツ》ノアルモノデ、無暗《ムヤミ》ニ剪拂フコトハ出來ヌ之ヲ無暗《ムヤミ》ニ剪拂ハセルコトヽスレバ花時《クワジ》又ハ果實收獲《クワジツシウクワク》ノ場合ニ於テハ所有者ニ大ヒナル損害ヲ蒙《カフム》ラセルコトガアルカラ、殊更《コトサラ》ニ自已デ剪拂《キリハラ》ヒ他人ニ損害ヲ蒙ラセルヨリ。所有者ニ請求《セイキウ》シテ剪拂ハスレバ雙方《サウハウ》ノ利益ヲ全《マツタ》フスルコトガ出來ルカラデアル、而《シカ》シテ第二項ハ前項ニ反《ハン》シ竹木ノ根ガ自已ノ疆界線《キヨウカイセン》ヲ踰《コ》エ來ルトキハ、所有者ニ報《シラ》サズ自已デ截取《キリト》ルモ差支ヘナシト定メタノデアリマス、何故《ナニユヱ》ニ枝ト根ニ斯ノ如キ徑庭《チガヒ》アルモノカトマウセバ、枝ハ前ニ述シ如ク花《ハナ》又ハ果實《クワジツ》ノ生ズベキ部分デアッテ、季節《キセツ》ニ因ッテハ所有者ニ損害ヲ蒙《カフム》ラシムルコトガアル之ニ反シ根ノ蔓延《ハヒコ》リテ他人ノ所有地ニ入ル場合《バアヒ》ニ於テハヽ多ク根ノ末《スヱ》デアッテ截取《キリト》ルモ所有者ニ大ヒナル損害《ソンガイ》ヲ與ヘルモノデナイカラ、斯ク規定シタルモノデアリマシヤウ

第二百三十四條　建物ヲ築造《チクザウ》スルニハ疆界線ヨリ一尺五寸以上ノ距離《キヨリ》ヲ存スルコトヲ要ス

前項ノ規定《キテイ》ニ違ヒテ建築ヲ為サントスル者《モノ》アルトキハ隣地《リンチ》ノ所有者ハ其建築ヲ廢止《ハイシ》シ又ハ之ヲ變更《ヘンカウ》セシムルコトヲ得但建築着手《ケンチクチヤクシユ》ノ時ヨリ一年ヲ經過《ケイクワ》シ又ハ其建築ノ竣成《シユンセイ》シタル後ハ損害賠償ノ請求《セイキウ》ノミヲ為スコトヲ得

▲參看　舊民法財産編第二百五十七條

〔註釋〕本條ハ家屋《カオク》土藏《ドザウ》其ノ他ノ建物《タテモノ》築造《チクザウ》スルニ就テノ規定デアッテ、其ノ意義《イギ》ハ例バ自巳ニ於テ一棟ノ家屋ヲ建築《ケンチク》セムトスレバ、必ラズ自巳《シコ》ノ所有地ト他人ノ所有地《シヨイウチ》ノ疆界線ヨリ一尺五寸以上ノ餘地《ヨチ》ヲ存シテ建築セムケレバナラヌ、若シ此ノ餘地ヲ存《ソン》セズシテ建築スルトキハ、隣地《リンチ》ノ所有者ヨリ其ノ建築ニ故障《コシヤウ》ヲ入レラレ竟《ツヒ》ニ其ノ建築ヲ廢止《ヤメル》カ又ハ本條規定通リ仕直《シナホ》サナケレバナラム、ナゼ斯ノ如ク規定《キテイ》シタルモノカト謂ヘバ雨水除《ウスヰヨ》ケ又ハ火災《クワサイ》其ノ他ノ便宜《ベンギ》ヲ計ル為デアルケレトモ、若シ其ノ建築物カ竣成《デキアガ》リタル後チデアルカ、又ハ建築《ケンチク》ニ取リ掛リシ時ヨリ一年ヲ經過《ケイクワ》シタル後チデアレバ建築ヲ廢止《ハイシ》シ又ハ之ヲ變更スルニハ及バヌ如何《イカン》トナレバ隣地所有者モ其ノ間默止《タマツ》テ居リタル過失《アヤマチ》ガアルカラデアル、ケレドモ自己ガ建築《ケンチク》ヲ成シタルハ法律ヲ犯《オカ》シ居ルコトデアルカラ必ラズ自己《ジコ》ガ不當ノ行爲《カウヰ》ヨリ起リ隣地所有者ニ損害《ソンガイ》ヲ蒙ラセバ其ノ損害ヲ賠償《バイシヤウ》スルハ當然ノコトデアル然シ茲ニ注意《チウイ》スベキハ若シ其ノ土地ニ於テ舊來《キウライ》ノ習慣アレバ敢《アヘ》テ此ノ規定ニ因ラザルモ其ノ習慣ニ因リ相當《サウタウ》ノ距離ヲ保《タモ》テバ差支ハアリマセヌ

第二百三十五條　彊界線ヨリ三尺未滿《ミマン》ノ距離ニ於テ他人ノ宅地《タクチ》ヲ觀望《クワンバウ》スヘキ窓《マド》又ハ椽側《エンガハ》ヲ設クル者ハ目隱《メカクシ》ヲ附スルコトヲ要ス

前項ノ距離ハ窓又ハ椽側ノ最《モツト》モ隣地ニ近キ點《テン》ヨリ直角線《チヨクカクセン》ニテ彊界線ニ至ルマテヲ測算《ソクサン》ス

▲參看　舊民法財産編第二百五十八條乃至第二百六十條

〔註釋〕本條ハ他人ノ宅地《タクチ》ヲ觀望《クワンバウ》スベキ建物ノ構造《コウザウ》ヲ制限シタル條項デアッテ其ノ意義《イギ》ハ例バ家屋ノ窓《マド》又二階ノ椽側《エンガハ》等ヲ設クル場合、其ノ窓又ハ椽側ヨリ他人《タニン》ノ宅地ヲ觀下《ミオロ》スガ如キ

ハヽ其ノ穏事《ヰンジ》ヲ發《アバ》キ出シ社會ノ風俗《フウゾク》ヲ害《ガイ》スル虞《オソ》レナイトモ謂ヘヌ、故ニ他人ト自己ノ所有地界ヨリ三尺以上距離《キヨリ》内《ナイ》ニ於テハ目隠《メカク》シヲ設クルニハ及ハヌ、ケレドモ窓《マド》又ハ椽側ノ最モ隣地近キ点《テン》ヨリ直角《マツカク》線ニ所有地界《ザカイ》マテ測算《ソクサン》シテ三尺以内ノ距離《キヨリ》デアレバ其ノ窓又ハ椽側ニ目隠《メカク》シヲ設《マウ》ケムケレバナラヌト定メタノデアル、而シテ茲《コヽ》ニ注意《チウイ》スベキハ其ノ目隠ヲ為スニ隣地《トナリ》へ突出《ツキダ》シテハ其ノ所有權ヲ害《ガイ》スルニ因リ必ズ隣地へ突出デザルヤウニ為ムケレバナラヌコトデアリマス

第二百三十六條　前二條ノ規定《キテイ》ニ異ナリタル慣習《クワンシフ》アルトキハ其ノ慣習ニ從フ

〔註釋〕本條ハ別ニ解義《カイギ》ヲ為ス程ノ條項《デウコウ》デハアリマセヌ唯前第二百三十四條乃至《ナイシ》第二百三十五條ノ場合ニ於テ其ノ地ニ習慣《シフクワン》ノ行ハルヽモノアレバ其ノ習慣ニ從ヒ別《ベツ》ニ此ノ法律ノ規定テ守《マモ》ラズトモ差支《サシツカ》ヘナイト謂フ例外法《レイグワイハフ》ヲ定メタノデアリマス

第二百三十七條　井戸、用水溜《ヨウスヰタメ》、下水溜《ゲスヰタメ》又ハ肥料溜ヲ穿《ウガ》ツニハ彊界線ヨリ六尺以上池、地窖《チカウ》又ハ厠坑《シカウ》ヲ穿《ウガ》ツニハ三尺以上ノ距離ヲ存スル

コトヲ要ス

水樋《スヰヒ》ヲ埋メ又ハ溝渠《コウキヨ》ヲ穿ツニハ疆界線ヨリ其ノ深サノ半《ナカバ》以上ノ距離ヲ存スルコトヲ要ス但三尺ヲ踰《コ》ユルコトヲ要《エウ》セス

▲參看　舊民法財產編第二百六十一條第一項乃至第三項

〔註釋〕本條ハ井戶、用水溜、下水溜、肥料溜《ヒレウダメ》、池《イケ》、地窖《アナクラ》、厠《カハヤ》、水樋、溝渠等ヲ堀穿《ホリウガ》チ又ハ埋沒《マイボツ》スル等ニ就テノ規定デアッテ其ノ意義《イギ》ハ是等ノモノハ其ノ搆造《コウザウ》ニ豫テ注意ヲ為《ナ》シ置ナケレバ大ヒニ危險《キケン》ノ生スルモノデアル、則チ崩壞《ホウクワイ》ノ危險《キケン》、衛生上ノ危險等ヲ引起《ヒキオコ》ス、故ニ本條ニ於テ其ノ危險ヲ豫防《ヨバウ》スベキダケノ距離ヲ各々ニ就テ階級《カイキウ》ヲ為シ左ノ如ク規定シマシタ

第一　井戶、用水溜、下水溜、肥料溜、ハ自已《ジブン》ト他人《ヒト》ノ所有地界ヨリ六尺以上ノ距離ヲ存シ置《オ》カナケレハ穿《ホ》ルコトハ出來ヌ

第二　池、地窖《アナクラ》、厠坑《センチ》ハ自已ト他人ノ所有地界ヨリ三尺以上ノ距離《ヘダテ》ヲ存シ置カナケレハ穿ルコトハ出來ヌ

第三　水樋ヲ埋《ウヅ》ムルト溝渠《ミゾ》ヲ穿《ホ》ルトハ自已ト他人ノ所有地界ヨリ其ノ深サノ半《ナカバ》以上ノ

距離ヲ存《ソン》シ置カナケレハナラヌ、ケレドモ若シ其ノ溝渠《ミゾ》又ハ水樋《スヰヒ》ヲ埋ムル深サカ例バ一丈デアルトキハ五尺以上ノ距離《ヘダテ》ヲ存シ置クニハ及バヌ、三尺ノ距離サヘ存シ置ケハヨイノデアル

第二百三十八條　疆界線ノ近傍《キンバウ》ニ於テ前條ノ工事《コウジ》ヲ爲ストキハ土砂《ドシヤ》ノ崩壞《ホウクワイ》又ハ水若クハ汚液《ヲセキ》ノ滲漏《サンロウ》ヲ防《フセ》クニ必要ナル注意《チウイ》ヲ爲スコトヲ要ス

●參看　舊民法財産編第二百六十一條第一項但書、同條第四項

〔註釋〕本條ハ前條ノ工事《コウジ》ヲ爲ス者ガ注意《チウイ》セナケレバナラヌ事項《ジコウ》ヲ規定シタル條項デアッテ、若シ自己《ジブン》ト他人《ヒト》ノ所有地界ノ近邊《キンペン》ニ於テ、例バ井戸或ハ地窖《アナグラ》等ヲ堀《ホ》ルトキハ其ノ堀揚タル土砂《ドシヤ》ノ崩《クヅ》レナイ樣ニ注意セナケレバナラヌ、又下水溜或ハ用水溜《ヨウスヰダメ》ヲ堀ルトキハ其ノ汚濁水《キタナキミヅ》ノ隣地ニ流《ナガ》レ行《ユ》カナイ樣ニ注意セナケレバナラヌ、又肥料溜《コエダメ》或ハ厠坑《センチ》ヲ穿ツトキハ汚《キタナ》キ液《シル》ノ滲漏《モレ》ナイ樣防《フセ》カナケレバナラヌ、是等ハ皆隣地《リンチ》ニ害ヲ及《オヨ》ボスベキモノデアルカラ義務トシテ注意《チウイ》セヌケレバナラヌ、故ニ若シ其ノ注意ヲ怠《オコタ》リ隣地ニ害ヲ及ボシタル

トキハ隣地所有者ノ損害《ソンガイ》ヲ償《ツグナ》フノ義務ハ免レナイノデアリマス

第二節　所有權ノ取得

〔註釋〕本節ハ物ヲ所有《シヨイウ》スルノ權利ヲ自己《ジコ》ニ取リ得ルハ、如何《イカ》ナル方法ニ因リテ得《イラ》ルルモノデアルカ、又此ノ所有權ニ附從《フジウ》スルモノハ如何スレバ共ニ自己《ジコ》ニ取リ得《エ》ラルヽモノカト謂フコトヲ規定《キテイ》シタル條項ヲ網羅《マウラ》セシモノデアル、而シテ舊民法ニ於テハ之《コ》レヲ財産取得編中ニ置キ、特《トク》ニ先占又ハ添附《テンプ》等ノ章ヲ設ケテ規定《キテイ》セシナレドモ、此ノ修正《シウセイ》新民法ニ於テハ是等ノ區《ク》別《ベツ》ヲ設クルコトヲ爲サズ、總《スベ》テ本節ノ中ニ網羅《マウラ》シテ規定シタレバ學者《ヨムヒト》宜シク玆《コヽ》ニ意《イ》ヲ注《ツ》ガレヨ

第二百三十九條　無主《ムシユ》ノ動産ハ所有ノ意思ヲ以テ之ヲ占有《センイウ》スルニ因リテ其ノ所有權ヲ取得《シユトク》ス

無主ノ不動産《フドウサン》ハ國庫ノ所有《シヨイウ》ニ屬ス

▲參看　舊民法財産取得編第二條、財産編第二十三條第二項

〔註釋〕本條ハ所有主《シヨイウヌシ》ノナイ動產ト不動產ヲ取得《トリウル》スル方法ヲ規定《サダメ》シタル條項デアッテ、本條第一項ハ動產ニ關《クワン》スルモノデアル、而シ無主《ムシユ》ノ動產ヲ取得スルニハ必ラズ左ノ三要件ヲ具備《ツナ》ヘナケレバナラヌ

第一　所有主《シヨイウヌシ》ノナキ動產《ドウサン》デアルコト

第二　所有主ナキ動產ヲ自已《ジブン》ガ所有トスル意思《オモヒ》アルコト

第三　所有主ノナキ動產ヲ自己ガ所有トスル意思《イシ》ヲ以テ現實《ゲンジツ》ニ所持スルコト

第一所有主ナキ動產《ドウサン》トハ如何《イカ》ナルモノヲ指《サ》シテ稱スルカト謂《イ》ヘバ左ノ二種ニ屬《ゾク》スルモノヲ謂フノデアル

一　未ダ何人《ナコビト》ノ手ニモ曾《カツ》テ所有セラレザル動產《ドウサン》

二　一旦《カツ》所有《シヨイウ》セラレタルモ其ノ所有者ノ遺棄《ヰキ》シタル動產

而《ツ》シテ此ノ一ニ屬スル動產ノ種類《シユルヰ》ヲ示《シメ》セバ例バ彼《カ》ノ勞力《ラウリヨク》ヲ加ヘテ得ル空氣《クウキ》、流水《リウスヰ》、海水ノ如キ、又山野《サンヤ》ノ鳥《トリ》、獸《ケモノ》ノ如キ、又河海《カヽイ》ノ魚介《ギヨカイ》ノ類ヲ謂《イ》フノデアル

而シテ此ノ二ニ屬スル動產ノ種類《シユルヰ》ヲ示セバ、例バ道路《ダウロ》ニ遺失《ヰシツ》シ又ハ河海ニ漂流《ヘウリウ》スル動產ノ一年間内ニ其ノ所有者《シヨイウシヤ》ノ知レザルモノヽ如キ、又本法第百九十五條ニ規定《キテイ》シタル鳩《ハト》ノ如キヲ謂フノデアル

第二所有主ノナキ動産ヲ自己《ジブン》ガ所有トスル意思《イシ》アルコトヽハ如何ナルコトカト謂《イ》ヘバ、例バ河海等ニ行《ユ》キテ魚介《ギヨカイ》ノ類ヲ捕《トラ》ヘタルヤウノ場合ヲ指《サ》スノデアル。何トナレバ其ノ河海ニ行クノハ魚介《ウヲ》ヲ捕ヘヤウトノ意思《オモヒ》ガアルカラ行クノデ、既《ステ》ニ河海ニ行キテ捕《トラ》ヘタノデアルカラ、捕ヘシ者ガ自己ノ所有トシヤウトノ意思《イシ》アルコトハ明瞭《アキラカ》デアル第三所有主ノナキ動産ヲ自己ガ所有トスル意思ヲ以テ現實《ゲンジツ》ニ所持スルコトヽハ如何《イカ》ナルコトカト謂ヘバ、例《タトヘ》バ第二ノ例ニ於テ言ヘバ河海《カヽイ》ニ行キテ捕ヘタル魚介《ギヨカイ》ヲ自己ガ、腰《コシ》ニ提《サ》ゲシ魚籠ニ納《イ》レ居ル如キ場合ヲ指《サ》シタノデアル

然ニ注意《チウイ》スベキハ前ニ掲《カヽ》グタル第二、第三ノ場合ニ於《オイ》テハ本法第百八十條占有《センイウ》ノ條ニ於テ述ベタル如ク、自己ガ所有ノ意思ト占有物《センイウブツ》ヲ所持《シヨヂ》スルトハ占有者自ラ直《タヾチ》ニセザルモ他人ニ代理《ダイリ》サセルモ差支《サシツカ》ヘナイモノデアル、例バ雇人《ヤトヒニン》ニ命《メイ》ジテ河海ニ魚介ヲ捕ヘシメ又自己ガ捕ヘタル魚介ヲ雇人ニ所持《シヨヂ》セシメル等ノ類《ルヰ》デアル、而《ソウ》シテ本條第二項ハ無主ノ不動産ニ關スル取得《シユトク》ノ場合ヲ定メタノデ、皮相《ヒサウ》ヨリ考《カンガ》ヘレバ無主ノ不動産モ動産ト同ジヤウニ各人ニ取得サセテ差支《サシツカ》ヘナキヤウナレトモ實際《ジツサイ》ニ於テハ不動産中ニモ土地《トチ》ノ如キ山間邊隅《ヘンクウ》ノ地ニ至ルモ今日ニ在ツテハ悉《コトヾ》ク所有者ノアレバ、假令《タトヘ》不動産ノヤウニ各人ニ取得セシムルモ利少《リスクナ》クシテ害多キモノデアル、如何《イカン》トナレバ不動産ハ各人カ生活《セイクワツ》ノ安堵《アンド》ヲ全

ウスル資産《シサン》ノ大部ヲ占ムル最モ貴重《キチヤウ》スベキ永遠《エイエン》ノ至寶《シホウ》デアルカラ、之ヲ許《ユル》ストキハ非常ノ競爭《キヤウサウ》ヲ生シ其ノ末ハ遂《ツヒ》ニ人命《ジンメイ》ヲモ害スルノ恐《オソ》レガアル故ニ一ハ社會ノ公益《コウエキ》、一ハ訟爭ヲ斷《タ》ツ必要ヨリ無主《ムシユ》ノ不動産ハ何人ニモ取得《シユトク》セシメズ總《スベ》テ之ヲ國庫《コクコ》ノ有《イウ》トスル所以《ユエン》デアリマス而シテ所有主ノナキ不動産ノ種類《シユルヰ》ヲ擧グレバ大畧左ノ如キモノヲ謂《イ》フノデアル

第一　所有主ノナキ原野《ゲンヤ》・未開《ミカイ》不毛地《フモウチ》等ノ類

第二　所有主ノ遺棄《ヰキ》シタル荒地及ヒ其ノ主ノ知《シ》レザル土地《トチ》等ノ類

第三　相續人ノナキ建築物《ケンチクブツ》其ノ他ノ不動産

第二百四十條　遺失物《ヰシツアツ》ハ特別法ノ定ムル所ニ從ヒ公告《コウコク》ヲ爲《タ》タル後《ノチ》一ケ年内ニ其ノ所有者ノ知《シ》レサルトキハ拾得者《シフトクシヤ》其ノ所有權ヲ取得ス

▲參看　舊民法財産取得編第三條

〔註釋〕本條ハ他人《タニン》ノ遺失シタル物ヲ拾《ヒラ》ヒシ場合《バアヒ》ニ於テ、其ノ遺失物ノ上ニ所有ノ權利《ケンリ》ヲ取得スベキ方法ヲ規定《キテイ》シタル條項デ有テ、本條ノ意義《イギ》ハ遺失物ト謂フモノハ其ノ遺失者ガ自ラ遺失《オト》スコトヲ覺《サト》ラズ又ハ其ノ所在《アリカ》ノ明瞭《アキラカ》デナイモノヲ謂フノデアル、故《ユヱ》ニ若シ其ノ物ヲ拾《ヒラ》ヒ得《ウ》ルニ當リ其ノ物主ニ遺失主《ヰシツヌシ》ガ其ノ場デ物主《モノヌシ》タルコトヲ證明《シヤウメイ》シタルトキハ、拾

得者ハ直《タヾチ》ニ之ヲ其ノ物主ニ返還《カヘ》サナケレバナラヌ、而シテ若《モ》シ其ノ場ニ物主ノナキトキハ明治九年四月布告《フコク》第五十六號ノ如キ特別法《トクベツハフ》ノ存スルコトアレバ其ノ特別法ニ從《シタガ》ヒ例バ五日内ニ物主ニ返還《カヘ》スカ、物主《モツヌシ》ノ知レザルトキハ之ヲ官《クワン》ニ送《オク》リ、官之ヲ公告《コウコク》シタル後一年内ニ尚《ナ》ホ物主ナキトキハ其ノ拾得者ハ遺失物《ヰシツブツ》ノ上ニ所有權ヲ得《ウ》ルモノデアルト定メシ條項デアリマス

第二百四十一條　埋藏物《マイザウブツ》ハ特別法ノ定ムル所ニ從《シタガ》ヒ公告ヲ為シタル後六ヶ月内ニ其ノ所有者ノ知《シ》レサルトキハ發見者《ハツケンシヤ》其ノ所有權ヲ取得《ジユトク》ス
但他人ノ物ノ中ニ於テ發見《ハツケン》シタル埋藏物ハ發見者《ハツケンシヤ》及ヒ其ノ物ノ所有者折半《セツパン》シテ其ノ所有權ヲ取得ス

▲參看　舊民法財産取得編第五條、第六條、第二十三條

〔註釋〕本條ハ前條ノ遺失物ト似寄《ニヨ》リタル埋藏物ヲ發見《ハツケン》シタルトキ其ノ埋藏物《マイザウブツ》ノ上ニ所有權ヲ取得スル方法ヲ規定《キテイ》シタル條項デアッテ、其ノ意義《イギ》ハ此ノ埋藏物モ矢張《ヤハ》リ遺失物ト等シク發見《ハツケン》スルニ際《アタ》リ埋藏者ノ知レタルトキハ直ニ之ヲ返還《カヘ》サナケレバナラヌ、而シテ若

シ埋藏者ノ知《シ》レナイ時ハ明治九年四月布告《フコク》第五十六號ノ如キ特別法ノ存《ソン》スルコトアレバ其ノ特別法ニ從ヒテ手續《テツヾキ》ヲ爲シ六ケ月ノ後チ尚《ナ》ホ所有者ノ知レナイ時ハ發見者《ハツケンシヤ》ニ於テ其ノ物ノ所有權ヲ取得《シユトク》スルコトガ出來ル、ケレドモ若シ他人ノ所有物中ニ埋藏《マイザウ》セラレアリシヲ發見シタル時ハ發見者ハ一人《ニン》シテ其ノ所有權ヲ取得《シユトク》スルコトハ出來ヌ必ラズ互《タガ》ヒニ折半シテ其ノ半額宛《ヅヽ》ノ所有權ヲ取得スルモノデアル、而《ソウ》シテ埋藏物トハ如何《イカン》ナルモノカト謂ヘバ人目《ヒトメ》ニ觸《フ》レズ表顯《アラ》ハレテ居ラナイモノヲ謂フノデアル、故ニ地上《チジヤウ》若クハ水中又ハ床下《ユカシタ》若クハ動產物中ニ在ツテ、其ノ幾分《イクブン》デモ顯《アラ》ハレテ居ルトキハ遺失物ト謂フモ埋藏物トハ謂《イ》ヘナイ、故ニ在ル場所ハ動產中若クバ土地《トチ》建物《タテモノ》ノ如キ不動產中デアルモ例バ古着ノ襟《エリ》ノ裡《ウチ》ニ紙幣《シヘイ》ノ埋藏セル如キ又ハ天井《テンジヨウ》、壁《カベ》、井戸《ヰド》ノ中ニ金銀貨ノ埋藏《マイザウ》セル如ク必ラズ人目ニ觸《フ》レズ表顯《アラハ》テ居ナイモノデナケレバナリマセヌ

第二百四十二條　不動產《フドウサン》ノ所有者ハ其ノ不動產ノ從《ジウ》トシテ之ニ附合《フカフ》シタル物ノ所有權ヲ取得《シユトク》ス但權原《ケンゲン》ニ因リテ其ノ物ヲ附屬《フゾク》セシメタル他人ノ權利ヲ妨《サマタ》ケス

▲參看　舊民法財産編取得編第七條乃至第十二條

〔註釋〕本條ハ不動産ニ從《ジウ》トシテ附合《フガフ》シタル物ノ所有權ハ其ノ不動産ヲ所有《シヨイウ》スル者ニ於テ取得スルノ原則《ゲンソク》ヲ規定シタル條項デアツテ、其ノ第一項ノ意義《イギ》ハ總テ物ト物ト附合《フガフ》スルハ種々ノ場合アリ例《タトヘ》バ流水ノ激勢《ゲキセイ》ニ押《オ》サレ至漸《シゼン》ニ土砂ノ積《ツモ》リテ自已ガ所有地所ノ面積《メンセキ》ヲ増加シ又ハ禽獸蟲魚《キンジウチウギヨ》ノ如ク自然ニ添加《クハヘ》ルモノモアリ或ハ建物《タテモノ》又ハ栽植《ウエツケ》タル草木ノ如ク人ノ動作《ハタラキ》ニ因テ成ルモノモアル、故ニ今本條ノ意義《イギ》ニ因リテ解《ワカ》リ易ク之ヲ區別シテ左ニ掲《カヽ》グ

第一　土地《トチ》ト土地ノ附合《フガフ》　則チ河川ニ寄洲《ヨセス》、中洲《ナカス》、若クハ干潟《カンシヤ》ノ生ジタル場合又ハ水路ノ變換《ヘンクワン》シタル場合

第二　土地ト栽植物《ウエツケモノ》ノ附合　則チ土地樹木《ジユモク》ノ附合シタル場合

第三　建築物ト土地ノ附合　則チ土地ニ建築工事《ケンチクコウジ》ヲ爲シタル場合

第四　建築物《ケンチクブツ》ト建築物ノ附合　則チ建築物ニ建築物ノ附合《フガフ》シ若クハ建築ニ其ノ他ノ建築物ヲ附合シタル場合

此ノ四個ノ場合ニ於テハ法律《ハフリツ》ハ總テ其ノ所有者ガ自費《ジヒ》ヲ以テ爲シタルモノト看做《ミナ》スニ因リ本條第二項規定《キテイ》ノ如ク他人ガ其ノ所有タルコトヲ立派《リツパ》ニ証據立《シヤウコダテ》テタルトキハ兎モ角サモナケレバ之ヲ主《シユ》タル不動産ノ所有者ニ取得《シユトク》スルノ權利デアルト定メタノデ、今此ノ四

個ノ場合ヲ例シテ説ケバ第一ノ場合ハ例バ河岸《カワギシ》ノ地ヲ所有スル者ガ、河流《カワナガレ》ノ激勢《ハゲシキ》ニ因《ヨ》リ自然《シゼン》自己《ジシン》所有ノ土地ニ寄洲《ヨセス》、中洲《ナカバス》、干瀉《シマ》等ヲ生ズレハ其ノ生ジタル土地ニ所有權ヲ取得スルモノデアル、此ノ事ハ舊民法ハ明瞭《アキテカ》ニ明文《メイブン》ヲ示シタルモ新法《シンホウ》ニハ此ノ明文ヲ除キマシタ、ケレドモ論理上《ロンリジヤウカク》斯クノ場合ヲモ本條ニ含《フク》ムト謂《イ》フテ差支《サシツカ》ヘハアリマセヌ第二ノ場合例バ他人《タコン》カ自己ノ所有地上ニ樹木《キ》ヲ植《ウ》ヘタルトキ或ハ土地所有者ガ他人ノ所有デアル樹木ヲ自己所有ノ地上ニ植《ウ》ヘタル時等《トキタウ》ハ其ノ土地ノ所有主ハ其《ソ》ノ樹木ノ所有權《シヨユウケン》ヲ取得スルモノデアル第三ノ場合例《タトヘ》バ他人《タニン》ガ自巳《ジブン》ノ所有地上ニ建物《タテモノ》ヲ建築《ケンチク》シタル時或ハ土地ノ所有者ガ他人ノ所有デアル材料《ザイリヤウ》ヲ以テ自巳《ジブン》所有ノ地上ニ建物《タテモノ》ニ建築《ケンチク》シタル時等ハ其ノ土地ノ所有主ハ其ノ建築物ノ所有權《シヨウケン》ヲ取得スルモノデアル

第四ノ場合例《アヒ》バ他人《タニン》ガ自巳所有ノ建物上ハ増築《ゾウチク》ヲ爲《ナシ》タル時或ハ建物ノ所有者ガ他人ノ所有デアル材料《ザイリヤウ》ヲ以テ自巳所有ノ建物上ニ増築《ゾウチク》シタル時等ハ其《ソ》ノ建物《タテモノ》ノ所有主ハ其ノ増築建物ノ所有權ヲ取得《シユトク》スルモノデアル

而シテ以上ニ陳《ノ》ベタル中第二以下ノ場合ハ多ク不動產ノ占有者《センユウシヤ》ニアルガ常デアルカラ其ノ不動產所有者ノ善意《ゼンイ》ト惡意《アクイ》ヲ問フノ必要《ヒツヨウ》ハナイ其ノ輕重《ケイジウ》ノ區別《クベツ》ハ損害賠償《ソンガイバイシヨウ》ノ額《ガク》ニ就《ツイ》テ異《コトナ》ルコトハ第二百四十八條ニテ知ルコトガ出來《デキル》ル故ニ此ノ取得《シウトク》ヲ爲スニハ他人ニ對シテ

相當《ソウホウ》ノ償金《シヨウキン》ヲ支拂《シハラ》ハムケレバナラヌコトデアリマス
而シテ第二項ハ第一項ノ例外《レイグワイ》デアツテ附合《フゴウ》シタル物《モノ》ガ自已《ジブン》ノ物ナレバ別ニ爭論《ソウロン》ノ起《オコ》ル氣《キ》遣《ツカイ》ハナイ、ケレドモ他人《タニン》ノ物ト附合《フゴウ》スルニ於テハ豫テ將來《シヨウライ》ニ起《オコ》ル爭論《ソウロン》ヲ布《シ》キ置《オカ》カムケレバナラヌ故ニ第一項ノ如ク定メテハアレドモ、其ノ不動產ニ附合シタル物ガ正當《セイタウ》ノ權利《ケンリ》ニ原《モトヅ》キテ附合《フゴウ》シタル證據立《シヨウコダテ》アレバ、取得者ハ其ノ附合セシメタル者ノ權利ヲ妨《サマタ》ゲ其ノ正《シヨ》權原《ケンゲン》ニ因《ヨ》レハ附合物《フゴウブツ》ヲ取得《シユトク》スルコトハ出來《デキ》ヌト定メタノデアリマス

第二百四十三條　各別《カクベツ》ノ所有者ニ屬《ゾク》スル數個《スウコ》ノ動產《ドウサン》カ附合《フゴウ》ニ因《ヨ》リ毀損《キソン》スルニ非《アラ》サレハ之《コレ》ヲ分離《ブンリ》スルコト能《アタ》ハサルニ至《イタ》リタルトキハ其合成《ガウセイ》物《ブツ》ノ所有權ハ主タル動產ノ所有者《シヨユウシヤ》ニ屬《ゾク》ス分離《ブンリ》ノ爲《タメ》過分《クワブン》ノ費用《ヒヨウ》ヲ要《エウ》スルトキ亦《マタ》同《オナ》シ

▲參看　舊民法財產取得編第十五條

（註釋）本條ハ動產《ドウサン》ト動產ノ附合《フゴウ》シタル塲合ヲ規定《キテイ》シタル條項テアツテ、其ノ意義《イギ》ハ例ハ一

個ノ時計《トケイ》ニ他人ノ鎖《クサリ》ト磁石《ジシヤク》ノ附合《フゴウ》スル場合ノ如キ其ノ所有權《ワカツ》三人ニアルモ之ヲ別ツニハハ何レモ毀損《キソン》スルコトハナイ、故ニ之ガ爲爭論《ソウロン》モ起ラナケレバ互《タガ》ヒニ損害《ソンガイ》モ出來ヌ、故ニ本條ハ是等《コレラ》ノ場合ヲ規定スルノデハアリマセム則チ

第一　例バ他人ノ所有物ナル紫檀材《シタンサイ》ト自己所有ノ竹《タケ》及ビ象牙《ザウゲ》等ヲ取交《トリマ》セ一個ノ茶棚《チヤダナ》ヲ製シタルガ如ク何《イツ》レカ一方ヲ破壞《コワツ》タナケレバ分離《ワケ》ルコトノ出來ヌ場合

第二　例バ他人ノ所有物タル銅《ドウ》ト自己所有ノ金《キン》ヲ併セ赤銅製《シヤクドウセイ》ノ文鎭《ブンチン》一個ヲ製シタルガ如ク斯ル合成物《ガフセイブツ》ヨリ成ルモノハ必ラズ過分《クワブン》ノ費用《ヒヨウ》ヲ以テ分拆《ブンセキ》ノ術《ジユツ》ヲ應用《オウヨウ》セムケレバ分離スルコトガ出來ヌ場合《バアヒ》ヲ規定シタノデアツタ、斯ル場合ニハ其ノ分離《ブンリ》ニ付キ往々《ワウ〱》爭論ヲ生ズルモノデアル故ニ本條ハ其ノ爭論《ソウロン》ヲ未生《ミセイ》ニ防グ爲其ノ合成物ノ所有權《シヨイウケン》ハ主タル動產ノ所有主ニ屬《ゾク》ス、則チ第一ノ場合ニハ紫檀材《シタンザイ》ヲ主動者タル茶棚《チヤダナ》ノ所有主ニ、第二ノ場合ニハ銅ヲ主動產タル赤銅文鎭ノ所有主《シヨイウヌシ》ニ屬スト定メタノデアリマス、然シ此ノ場合ニ於テハ茶棚及ビ赤銅文鎭ノ所有者ハ第二百四十八條ニ因リ損害《ソンガイ》ヲ賠償《バイシヤウ》スル爲紫檀又ハ銅《ドウ》ノ所有者ニ相當ノ償金《シヤウキン》ヲ支拂ハムケレバナラヌノデアリマス

第二百四十四條　附合《フガフ》シタル動產《ドウサン》ニ付キ主從ノ區別《クベツ》ヲ爲スコト能《アタ》ハサ

ルトキハ各動産《カクドウサン》ノ所有者ハ其附合ノ當時《タウジ》ニ於ケル價格《カヽク》ノ割合ニ應シテ合成物ヲ共有ス

▲參看　舊民法財産取得編第十七條

〔註釋〕本條ハ合成物《ガフセイブツ》ノ主從ヲ別《ワ》ケ難《ガタ》キ場合ニ就テノ規定《キテイ》デアッテ、其ノ意義ハ前條ニ於テハ從ヒタルモノハ總《スベ》テ主タル物ノ所有者ニ於テ取得《シユトク》スルコト、定メタルモ、若《モ》シ主從ヲ明了《アキラカ》ニ區別《ベツ》スルコトノ出來ナイ場合ニハ、其ノ付合《フガフ》シタル當時ニ溯《サカノボ》リテ評價《ヒヤウカ》ヲ爲シ而シテ相互《サウゴ》ノ價格ニ應《オウ》ジテ共有ト爲サシムルコト、定メタノデ、是各所有者ノ位置《ヰチ》同等《ドウトウ》デアルカラ何レノ所有者ニモ完全《クワンゼン》ナル所有權ヲ與ヘルコトガ出來《デキ》ヌ、故ニ止《ヤ》ムヲ得《エ》ザルニ出デタル公平《コウヘイ》ノ處置ト謂《イ》ハネケレハナリマセヌ

第二百四十五條　前二條ノ規定《キテイ》ハ各別ノ所有者ニ屬《ゾク》スル物カ混和《コンワ》シテ識別《シキベツ》スルコト能ハサルニ至《イタ》リタル場合ニ之ヲ準用《ジユンヨウ》ス

▲參看　舊民法財産取得編第十八條

〔註釋〕本條ハ別々ノ所有者《シヨイウシヤ》アル動産ガ混《マゼ》和リテ識別《ワケ》難キ場合ニ就テハ其ノ時ノ便宜《ベンギ》ニ從ヒ前二條ノ規定ヲ應用《オウヨウ》スルト謂フコトヲ規定《キテイ》シタル條項デアル而《ソウ》シテ本條ノ意義ヲ解《カイ》シ易キヤウ左ニ例ヲ掲ゲテ説明《セツメイ》シマス

第一　例ハ既《スデ》ニ造《ツク》リ揚《アガ》リタル醬油ノ中ヘ他人ノ食鹽《シホ》ノ混《マゼ》和リタルトキハ實ニ彼是《カレコレ》識別《ミワケ》ノ出來ルモノデハナイ、故ニ此ノ場合ニハ醬油ハ流動体《リウドウタイ》デアルカラ。毀損《キソン》ノ患《ウレヒ》ハナキモ原形ニ回復《クワイフク》シヤウトスレバ原價ニ增ル費用《ヒヨウ》ヲ要スルモノデアル、故ニ幸《サイハ》ヒ主從ノ區別ハ明瞭テアルカラ第二百四十三條ニ從ヒ其ノ主動產《シユドウサン》タル醬油ノ所有者ニ此ノ混和物《コンワブツ》ノ所有權ヲ取得セシムルヤウニスルノデアル

第二　例バ自己ガ所有ノ味淋酒《ミリンシユ》ノ中ヘ他ノ燒酎《シヤウチウ》ヲ混シ一種ノ合成酒《ガフセイシユ》ヲ製シタル場合ニ於テハ其ノ幾分《イクブン》ガ味淋酒《ミリンシユ》ニシテ其ノ幾分ガ燒酎ナルヤヲ識別《ミワケ》コトガ出來ヌモノデアルノミナラズ、其ノ主從ヲ區別《クベツ》スルコトモ困難《コンナン》デアル、故ニ此ノ場合ニ於テハ致方《イタシカタ》ナケレバ第二百四十四條ニ從《シタガ》ヒ其ノ混成酒《コンセイシユ》ノ附合當時ニ溯《サカノボ》リ、評價ヲ爲《ナ》シテ其ノ價格《カカク》割合ニ應シテ共用《キヨウヨウ》トセシムルノデアル

玆ニ注意《チユイ》スベキハ此ノ二項ノ場合ニ於テモ第二百四十八條ノ規定《キテイ》ニ從ヒ損害《ソンガイ》ヲ蒙《カフム》リシモノハ賠償金ヲ請求《セイキウ》スルハ自由《ジイウ》デアリマス

第二百四十六條　他人《タニン》ノ動產ニ工作《コウサク》ヲ加ヘタル者アルトキハ其《ソ》ノ加工《カコウ》物《ブツ》ノ所有權ハ材料《ザイレウ》ノ所有者ニ屬ス但工作ニ因リテ生《シヤウ》シタル價格カ著シク材料ノ價格ニ超《コ》ユルトキハ加工者其ノ物ノ所有權ヲ取得《シユトク》ス

加工者カ材料ノ一部《ブ》ヲ供《キヨウ》シタルトキハ其價格ニ工作《コウサク》ニ因リテ生シタル價格ヲ加ヘタルモノカ他人《タニン》ノ材料ノ價格ニ超《コ》ユルトキニ限リ加工者其ノ物ノ所有權ヲ取得《シユトク》ス

▲參看　舊民法財產取得編第二十條

〔註釋〕本條ハ製作《セイサク》ニ因リテ取得スル所有權ヲ規定《キテイ》シタルモノデアッテ、其ノ意義《イギ》ヲ說クニ解リ易キヤウ左ノ如ク條項《デウコウ》ヲ區別シ例ヲ擧《ア》ゲテ陳《ノ》ブルコト丶致シマス

第一　第一項前段《ゼンダン》ノ意義ハ例《タトヘ》バ他人ノ所有デアル石材《セキザイ》、銑鉄《センテツ》、木材《モクザイ》等ヲ以テ印材ヲ製作シ、又ハ肖像《セウザウ》ヲ造リ等《ナド》シタル時ハ、其ノ印材又ハ肖像ハ材料《ザイレウ》タル石材、銑鉄、木材等ノ所有者ニ取得セラル丶モノデアル是法律《ハフリツ》ハ材料ヲ主トシテ加工《カコウ》ヲ從トシタル所以《ワケ》デアリマス

第二、第一項但書ノ意義《イギ》ハ例バ前例ノ如ク他人ノ材料《ザイリヤウ》ヲ以テ肖像ヲ彫刻《テウコク》シタル時、其ノ材料ハ僅《ワツ》カ一圓未滿《ミマン》ノモノナルニ肖像ハ著《イチジル》シク五十圓ノ價値《チウチ》アルガ如キ場合ニハ其ノ肖像ノ所有權ハ彫刻者《テウコクシヤ》ニ取得セラル丶モノデアル是彫刻者ノ技倆《ギリヤウ》ノ巧妙《コウメウ》ヨリ得タル增加テアレハ、材料ハ却《カヘ》ッテ從《ジウ》トナル所以デアリマス

第三 第二項ノ意義ハ例ハ一個ノ肖像《セウザウ》ヲ製作スルニ付依賴者《イライシヤ》ヨリ地金《ヂガネ》ヲ請取リ、製造者ハ其ノ象眼《ザウガン》ニ用フル金屬《キンゾク》ヲ自已ニ出シ、製作ヲ竣成《オハリ》タル其ノ肖像ノ價格ガ百圓テアルトスル場合ニ於テ、依賴者《イライシヤ》ヨリ出セシ地金代ガ三十圓デアッタ時ハ其ノ肖像《セウザウ》ノ所有權ハ製作者ニ取得《シユトク》セラル丶モノデアル、ケレドモ若シ地金代ガ五十圓デアルカ六十圓デアレバ其ノ肖像ノ所有權ハ依賴者ニ於テ取得スベキモノデアル是第一項ヨリ比準《ヒジユン》シタル相當ノ算定方法《サンテイハウハフ》デアリマス

茲ニ注意スベキハ右三例中《サンレイチウ》何レノ場合ニ於ケルモ其ノ製作物ヲ取得《シユトク》シタルモノハ本法第二百四十八條ニ從ヒテ一方者ニ償金《シヤウキン》ヲ支拂フ義務《ギム》アルモノデアリマス

第二百四十七條 前五條ノ規定《キテイ》ニ依リテ物ノ所有權カ消滅《セウメツ》シタルトキハ其ノ物ノ上ニ存《ソン》セル他ノ權利モ亦消滅ス

右ノ物ノ所有者カ合成物《ガフセイブツ》、混和物又ハ加工物ノ單獨所有者《タンドクシヨイヤシヤ》ト爲リタルトキハ前項ノ權利ハ爾後《シゴ》合成物、混合物又ハ加工物《カコウブツ》ノ上ニ存《ソン》シ其ノ共有者ト爲《ナ》リタルトキハ其持分《モチブン》ノ上ニ存ス

〔註釋〕本條ハ前第二百四十二條以下《イカ》第二百四十六條ニ至ルマデニ於テ規定《キテイ》シタル所有權取得ノ方法ニ因《ヨ》リ他ノ權利ノ消滅《ヤウメツ》スル場合ヲ規定シタル條項《デウコウ》デアッテ、其ノ第一項ノ意義ハ例バ甲者カ乙者ニ抵當《テイタウ》トシテ金ヲ借入レ置キシ原價《ゲンカ》百圓ノ銅地金ヲ以テ丙者ニ一ノ肖像ヲ造《ツク》ラシメタルニ、丙者ハ有名《イウメイ》ノ美《ビ》術家《ジユツカ》ナリシ爲メ造リ上リシ肖像ノ價格《カカク》ガ五百圓デアッタ、故ニ其ノ肖像ノ所有權《シヨイウケン》ハ第二百四十六條第一項但書ノ規定ニ因リ丙者ニ取得《シユトク》セラレタル場合ニハ甲者ハ第二百四十八條ニ因《ヨ》リ丙者ニ對シ銅ノ地金ノ代價《ダイカ》ヲ償《ツクナ》ハシムル權利ハアルモ、銅《アカヾネ》ノ地《ヂ》金《ガ子》ヲ取戻《トリモド》スコトハ出來ヌ、故ニ此場合ニハ乙者ガ銅ノ上ニ有《イウ》スル抵當權ハ本條ニ因リ消滅《セウメツ》スルモノデアルト定《サダ》メタノデアリマス、而シテ第二項ノ意義《イギ》ハ前例ノ場合《バアヒ》ニ於テ兩者カ甲者ニ對シ銅《ドウ》地《ヂ》金《ガ子》ノ代金ヲ償ハヌケレバ乙者ノ有《イウ》スル抵當權ハ消滅スルモ之レニ代《カハ》ル甲者ノ賠償請求權《セイキウケン》ハ消滅セズシテ其ノ肖像《セウザウ》ノ上ニ存スベキモノデ

アル、若シ合成物又ハ混和物《コンワブツ》ニシテ第二百四十四條ニ因《ヨ》ル共有物デアリタルトキハ共有者ガ持分《モチブン》ダケノ上ニ存《ソン》スト定タノデアリマス

第二百四十八條　前六條ノ規定《キテイ》ノ適用ニ因リテ損失《ソンシツ》ヲ受ケタル者ハ第七百三條及ヒ第七百四條ノ規定ニ従ヒ償金《シヤウキン》ヲ請求スルコトヲ得

▲參看　舊民法財產編第三百六十一條、第三百七十條

〔註釋〕本條ハ前第二百四十二條以下《イカ》第二百四十七條規定ノ原因《ゲンイン》ニ依リ所有權ヲ取得《トリエ》シタルモノハ夫《ソ》レガ爲生シタル一方者ノ損失《ソンシツ》ヲ償ハネケレバナラヌ又損失《ソンシツ》ヲ蒙リタル者ハ不當利得《リトク》ノ章ニ規定シタル第七百三條及ヒ第七百四條ノ原則《ゲンソク》ニ従ヒテ償金ヲ請求スルコトガ出來ルト定メタル條項デアリマス

第三節　共有《キヨウイウ》

〔註釋〕共有トハ多數《タスウ》ノ人ガ或ル一個ノ物件《ブツケン》ヲ互ニ所有スルヲ謂《イ》フモノテアル、例バ一棟ノ家屋《カオク》ヲ甲乙丙丁等四人シテ所有《シヨイウ》スル如キ場合ヲ指《サ》スノデアッテ、彼《カ》ノ會社《クワイシヤ》ノ如キ又ハ市町村ニ所有《シヨイウ》スル基本財產ノ如キハ皆之《ミナ》テ其ノ社員《シヤイン》又ハ市町村民ノ共有ニ属スル共有物ト

稱スルモノデアル、本節ハ此ノ共有物《キヨウイウブツ》ニ關シテ規定シタル原則ヲ網羅《マウテ》シタノデアリマス

第二百四十九條　各共有者ハ共有物ノ全部《ゼンブ》ニ付キ其ノ持分《モチブン》ニ應シタル使用ヲ爲スコトヲ得

◎参看　舊民法財産編第三十七條第一項

〔註釋〕本條ハ共有物ヲ使用《シヨウ》スル限界《ゲンガイ》ヲ定メシ條項《デウコウ》デアリマシテ、其ノ意義《イギ》ハ一物ヲ共有スル各人ハ其《ソ》ノ共有物全体ノ上ニテ其ノ持分《モテブン》ニ應ズルダケ使用《シヨウ》スルコトガ出來ルト謂フノデ今其ノ意義ヲ例《レイ》シマスレバ例バ一艘《ソウ》ノ端艇《ボート》ヲ甲乙丙三人ニテ買求《カヒモト》メ之ヲ三人ノ共有物トシテ使用《シヨウ》スルトキハ、其ノ三人ノ共有者ハ互《タガ》ヒニ端艇《ボート》ノ全部ヲ使用スルコトガ出來《デキ》ルハダケレドモ、三人互《タガ》ヒニ其ノ使用ヲ妨《サマタ》ゲルコトハ出來マセヌカラ、今日《ケフ》ハ甲明日《アシタ》ハ乙明《アサ》後《ツテ》日ハ丙ト謂フ如キ都合《ツガフ》ニシテ各々ガ持分ニ應ジ使《ツカ》用セナケレバナリマセヌ、之ニ反《ハン》シ、例バ二階建《カイダテ》ノ家屋ヲ甲乙兩人ニテ共有《キヨウイウ》スルトキハ、前例ノ如キ煩《ワヅラ》ヒナク甲ハ二階《カイ》乙ハ下階ニ住居《ヂウキヨ》スルガ如ク甲乙其ノ持分ヲ應シテ使用《シヤウ》スル限界ハ明瞭《アキラカ》デアル、而シテ此《コ》ノ甲乙ハ共ニ家屋ノ全部《ゼンブ》ニ付キ使用權《シヨウケン》ヲ有スルモノデアル、又共有者ハ他《タ》ノ共有者ト持分ノ等

シキトキハ収益金《シウエキン》ヲ他ノ共有者ニ均《ヒト》シク分配スレバ自已ノ持分ヲ他人ニ賃貸《チンガシ》スルコトモ出來ルモノデアリマス

第二百五十條　各共有ノ持分《モチブン》ハ相均《アヒヒト》シキモノト推定ス

▲參看　舊民法財産編第三十七條第二項

〔註釋〕本條ハ共有者ノ各持分《カクモチブン》ハ均一《ヒトシキ》モノデアルト謂フ推定原則《スヰテイゲンソク》デアッテ、而シテ其ノ意義ハ共有者ガ利益《リエキ》ノ分配、又ハ共有物使用方法ニ付爭訟《ソウセウ》アリシ場合ニ於テ斯《カ》ク推定ノ原則ヲ設《マウ》クルハ大ヒニ必要《ヒツエウ》デアル、故ニ反對《ハンタイ》ノ証據《シヤウコ》ナキトキハ總テ共有物ノ持分《モチブン》ハ各共有者等シキモノデアルト推定スル、ケレドモ是《コレ》法律上ノ推定《スヰテイ》デアルカラ共有者ハ例バ一ノ倉庫ヲ甲乙丙三人ニテ共有スルニ之ヲ四分《ブン》シテ其ノ二分ヲ甲ガ持分トシ殘《ノコ》リ二分ヲ一分宛乙丙ニ於テ持分《モチブン》トスルハ自由《ジイウ》デアッテ、必ラズシモ其ノ持分ヲ三分《ブン》シテ甲乙丙共ニ等《ヒト》シクセンケレバナラヌット謂フ譯《ワケ》デハアリマセン

第二百五十一條　各共有者ハ他《タ》ノ共有者ノ同意《ドウイ》アルニ非《アラ》サレハ共有物ニ變更《ヘンカウ》ヲ加フルコトヲ得ス

▲參看　舊民法財產編第三十八條第一項

［註釋］本條ハ共有物ヲ處分《ショブン》スル權利ニ就《ツイ》テノ規定デアッテ、而シテ其ノ意義ハ元來《グワンライ》共有物ハ共有者等《ヒト》シク相互ニ所有權ヲ有シ居《イ》ルモノデアルカラ、若《モ》シ共有者ノ一人ガ獨斷《ドクダン》ニテ共有物ヲ處分《ショブン》スルトキハ、至漸《シゼン》他ノ共有者ノ共有權ヲ害《ガイ》シ或ハ不利益《フリエキ》ヲ與ヘル虞《オソレ》ガアル、故ニ例バ甲乙兩人共有ノ家屋アリテ甲者ハ門戸《モンコ》ニ反シタル南部ニ住シ、乙者ハ門戸《モンコ》ニ向フ北部ニ住居スル塲合《バアヒ》ニ、甲者ノ獨斷《ドクダン》ニテ自巳ニ便利《ベンリ》ナル爲北部ノ門戸ヲ閉《トザ》シテ南部ニ門戸ヲ開カンカ等シク所有權アル乙者ハ甚ダシキ迷惑《メイワク》ヲ蒙ルモノデアル、故ニ此ノ塲合ニハ甲者ハ必ラズ乙者《ヲツシャ》ノ同意《ドウイ》ヲ得ルデナケレバ變更《ヘンカウ》スルコトハ出來ナイト定メタノデアリマス

第二百五十二條　共有物ノ管理《クワンリ》ニ關スル事項《ジコウ》ハ前條ノ塲合ヲ除《ノゾ》ク外各共有者ノ持分《モチブン》ノ價格ニ從ヒ其ノ過半數《クワハンスウ》ヲ以テ之ヲ決ス但保存行爲ハ各共有者之ヲ爲スコトヲ得

▲參看　舊民法財產編第三十七條第四項

〔註釋〕本條ハ共有物ノ管理《クワンリ》ト保存行爲ニ就テ規定《キテイ》シタル條項デアッテ、其ノ意義《イギ》ハ例ハ甲乙丙三名共有ノ端艇《ボート》一艘アル場合ニ於テ此ノ端艇ヲ修繕《シウゼン》シ又ハ保存《ホゾン》スルニハ前條ノ如ク各共有者ノ同意《ドウイ》ヲ得テスルノデアルカト謂ヘハソウデハナイ、本條《ホンデウ》ニ因レハ甲乙丙三名會議《クワイギ》ヲ爲シ其ノ過半數ヲ以テ決《ケツ》スルノデアル、過半數《クワハンスウ》トハ三人會議ヲナス時二人ノ同意者アレハ其ノ二人ノ言フ如ク決スルヲ謂《イ》フノデアル、然シ本條ニハ各人ガ持分《モチブン》ノ價格ニ從ヒトアルヲ以テ觀《ミ》レハ持分價格ノ多キ者ハ其ノ議決權《ギケツケン》ヲ有スルモ亦多キガ如キ譯《ワケ》デアル、然シナガラ其ノ保存行爲《ホゾンカウヰ》例バ前例ノ端艇ヲ甲ニ於テ三日間使用《シヨウ》スレバ其ノ三日間ハ盜難《タウナン》ヲ防グ爲、其端艇ヲ納家《ナヤ》ニ納レ置《イ》クガ如キ保存ニ要《エウ》スル行爲ヲ爲スコトガ出來《デキ》ル、ケレドモ管理《クワンリ》スル爲共有者外ノ者ニ預《アヅ》クル場合ニハ矢張《ヤハリ》會議ノ議決ヲ以テ定メンケレバナラヌノデアリマス

第二百五十三條　各共有者ハ其ノ持分《モチブン》ニ應シ管理ノ費用《ヒヨウ》ヲ拂《ハラ》ヒ其ノ他共有物ノ負擔《フタン》ニ任ス

共有者カ一年內ニ前項ノ義務《ギム》ヲ履行《リカウ》セサル時ハ他ノ共有者ハ相當《サウタウ》ノ

償金ヲ拂《ハラ》ヒテ其ノ者ノ持分ヲ取得《シユトク》スルコトヲ得

▲參看　舊民法財産編第三十七條第五項

〔註釋〕本條ハ共有物ヲ管理《クワンリ》スル費用ノ負擔方法ト其ノ費用ノ支拂如何《シハラヒイカン》ニ因リテ共有物一部ノ處分ヲ爲ス方法《ハウハフ》トヲ規定シタル條項デアツテ、其ノ第一項ノ意義《イギ》ハ例バ代價百圓ノ馬車一輛《リヤウ》ヲ甲乙丙ノ三人共有シテ買入《カヒイ》レ、甲ハ五十圓ヲ乙ハ三十圓ヲ丙《ヘイ》ハ二十圓ヲ互ニ出金シタル場合ニ於テハ甲乙丙三名ハ其ノ馬車《バシヤ》ヲ保管《ホクワン》スル費用及ヒ租税《ソビイ》等ノ負擔ハ甲乙丙ガ各自《カクジ》ノ出金高ノ割合ニ應《オウ》ジテ支拂ハンケレバナラヌ、是持分《モチブン》ノ多キ者ハ至漸《シゼン》其ノ受クル利益《リエキ》モ多キモノデアル、故ニ隨ツテ其ノ負擔ノ重《オモ》キモ理ノ常然デアリマス、而シテ第二項ハ前例《ゼンレイ》ノ共有者中例ハ乙者ガ其ノ負擔《フタン》スル費用ヲ支拂ハヌケレハ、彼《カ》ノ馬車ハ原《モ》ト共有物ナルガ故ニ之ニ對《タイ》スル車税《シヤゼイ》ノ如キハ共有者ノ一人ガ支拂《シハラ》ハヌカラト謂フテ其ノ分ノ支拂ヲ拒《コバ》ム譯《ワケ》ニハ行カヌ。、必ラズ甲者ガ丙者ニ於テ一時代償《シタテカヘ》テ置カヌケレハナラヌ迷惑ヲ生ズルモノデアル故ニ甲者ガ一年間モ負擔費用《フタンヒヨウ》ノ出金ヲ爲ナケレハ他ノ共有者タル甲丙ノ兩人ニ於テ償金《シヤウキン》ヲ拂ヒ甲者ノ持分ヲ取得スル權利《ケンリ》ガアル是レ公益上《コウエキジヤウ》ダケデナクシテ共有者間ノ經濟上コウナラ子ハナラヌ理由《ワケ》デアリマス

第二百五十四條　共有者ノ一人カ共有物《キヨウイウブツ》ニ付キ他ノ共有者ニ對《タイ》シテ有スル債權《サイケン》ハ其ノ特定承繼人《トクテイシヨウケイニン》ニ對シテモ之ヲ行フコトヲ得

〔註釋〕本條ハ共有物ノ上ニ生《シヤウ》ズル共有者間ノ債權ニ關《クワン》スル規定デアッテ、其ノ意義《イギ》ハ例ハ前條ノ例《レイ》ニ於ケル甲者ノ如ク自己《ジブン》ノ負擔スベキ費用ヲ支拂《シハラ》ハヌカラ同ジ共有者ノ一人タル丙者ニ於テ其ノ費用《ヒヨウ》ヲ償フタリトセンカ、此ノ塲合ニ於テハ丙者ハ甲者ニ對《タイ》シ一ノ債權ヲ有《イウ》シタルモノデアル、ソコデ其ノ後《ノチ》甲者ノ持分《モチブン》ヲ乙者ガ償金《シヤウキン》ヲ出シテ取得ラレハ、乙者ヲ甲者ノ特定承繼人《トクテイシヨウケイニン》ト謂フノデアル如何トナレハ乙者ハ甲者ノ今迄《イマヽデ》有シ居リタル共有權ヲ承ケ繼《ツ》キ甲者ノ地位ヲ襲《オソ》ヒタル人デアルカラ斯《カ》ク稱スルノデアリマス、故ニ丙者ハ其ノ代償《ダイシヤウ》セシ費用ヲ甲者ノ仕拂ハヌ時ハ之ガ辨償《ベンシヤウ》ヲ甲者ノ特定承繼人タル乙者ニ對シテ請求スルコトガ出來《デキ》ルト定メタノデアリマス

第二百五十五條　共有者ノ一人カ其ノ持分ヲ拋棄《ハウキ》シタルトキ又ハ相續人ナクシテ死亡《シバウ》シタルトキハ其ノ持分ハ他ノ共有者ニ歸屬《キゾク》ス

▲參看　舊民法財產編第三十三條第二項

〔註釋〕本條ハ共有者ノ一人ガ死亡《シバウ》シテ相續人ナキカ又ハ任意《ニンイ》ニ依リテ共有權ヲ打《ウ》チ捨《チ》テ全ク無主《ムシユ》ト成リタル場合、其ノ持分《モチブン》テアリシ共有物ノ一部ヲ處置《シヨチ》スル方法ヲ定メタル條項テアッテ、其ノ意義《イギ》ハ元來共有物ハ彼《カ》ノ專有物《センイウブツ》則チ一人ニテ一物ヲ所持《シヨヂ》スル者トハ其ノ性質《セイシツ》ノ違フモノテアッテ、共有物ハ假令《タトヘ》無主ト成ルモ專有物《センイウブツ》ノ如ク動産ハ他人ノ占有ニ任シ不動産ナレハ國庫《コクコ》ニ歸スト謂フ如キ處置ヲ爲ス譯《ワケ》ニハ行カス、如何トナレハ共有物ハ其ノ物全体《ゼンタイ》ニ付數人ノ共有者互ヒニ同等《ドウトウ》ノ所有權ヲ有シ居ルモノデアルカラ全《マツタ》ク無主ト成ル性質《セイシツ》ノモノデハナイ、故ニ共有物ノ一部分《ブドン》ガ無主トナレバ其ノ部分ハ殘《ノコ》レル共有者、全体ノ持分ニ歸《キ》スルモノト定メタノデアリマス

第二百五十六條　各共有者ハ何時《ナンドキ》ニテモ共有物ノ分割《ブンカツ》ヲ請求スルコトヲ得但五年ヲ超《コ》エサル期間内分割ヲ爲《ナ》サヽル契約《ケイヤク》ヲ爲スコトヲ妨《サマタ》ケス

此ノ契約ハ之ヲ更新《コウシン》スルコトヲ得但其ノ期間《キカン》ハ更新ノ時ヨリ五ケ年ヲ超《コ》ユルコトヲ得ス

△參看　舊民法財產編第三十九條第一項乃至第三項

〔註釋〕本條ハ共有物ノ分割《ブンカツ》ニ就テ規定シタル條項《デウコウ》デアッテ、而シテ其ノ第一項ノ意義《イギ》ハ元來共有物ハ自己ガ持分ヲ處分セントスレバ他ノ共有者ノ同意《ドウイ》ヲ求メンケレバナラヌ、若シ同意セヌモノガ出來《デキ》タナラバ彼ノ不融通物《フユウヅウブツ》ト等シク賣買《バイく》ニルコトハ出來ヌ故ニ社會經濟ノ上カラ觀《ミ》レバ實ニ不利益《フリエキ》ナルモノデアル然シ共有者ハ自己ガ持分《ジブン》ダケニ付テハ自由ニ賣却《バイキャク》スルコトハ出來ルモ之ヲ賣《ウ》ランドスレバ先ツ自己ガ持分ダケヲ分割《ブンカツ》センケレバナラヌ、故ニ本條ハ一部ノ共有者ガ何時《ナンドキ》ニテモ他ノ共有者ニ自己ガ持分ノ分割ヲ請求《セイキウ》スルコトガ出來《デキ》ルト定メタノデアル、ケレドモ共有者ハ一物件《ブッケン》ヲ共有スル初メニ當リ五年ノ間ハ互ニ共有物ノ分割ヲ請求《セイキウ》スルコトハセヌト謂フ契約《ケイヤク》ヲ取結《トリムス》ピ置クコトモ出來ル、然シ此ノ契約《ケイヤク》ハ五年以上ノ年限トスルコトハ出來《デキ》ヌノデアル、故ニ若シ五年以上《イジヤウ》ノ契約ヲ爲スモ其ノ五年以上ノ年限《ネンゲン》ニ付テハ無効《ムカウ》デアル、而シテ第二項ノ意義ハ前項但書ニ於テ五年間ハ分割セヌト謂《イ》フ契約ハ出來ルモ五年以上ノ契約ハ出來《デキ》ヌト定メタルモ、其ノ契約ヲ改《アラタ》ムレバ差支ハナイト謂《イ》フノデ、例ハ共有ノ初ニ一時引續《ヒキツヾ》キテ二十年ノ契約ヲスルコトハ出來ナイケレドモ、先ツ五年ノ契約《ケイヤク》ヲ爲シ置キ其ノ五年ノ期限《キゲン》ニ至ラザル前ニ其ノ契約ヲ改《アラタ》メテ又更ニ契約ヲ爲《ナ》スコトハ搆《カマ》ハヌ而《ソウ》シテ其ノ五年ト謂フ期限ノ間ハ契約ヲ

改メタル時ヨリ數《カゾ》ヘテ又五年ヲ過《ス》グルコトハ出來ヌト謂フノデアル

第二百五十七條　前條ノ規定《キテイ》ハ第二百八條及ヒ第二百二十九條ニ掲ケタル共有物ニハ之ヲ適用《テキヨウ》セス

▲參看　舊民法財產編第三十七條第四項

〔註釋〕本條ハ分割《ブンカツ》シ得ザル共有物ヲ示《シメ》シタル條項デアッテ、其ノ意義《イギ》ハ前條ニ規定《キテイ》シタル共有物分割ノ原則《ゲンソク》ハ第二百八條ニ規定シタル共用ノ建物《タテモノ》及ビ第二百二十九條ニ規定シタル疆界線《キヤウカイセン》ニ設ケシ共有牆壁《セウヘキ》又ハ其ノ他ノ標示地《ヘウジチ》ノ上ニハ適用スルコトハ出來ヌト定メタノデアル何故ニ共有物ノ建物、牆壁等ハ分割ヲ請求《セイキウ》スルコトガ、出來ヌカト問《イ》ヘバ是等ノ共有物ヲ分割《ブンカツ》スレハ其ノ殘《ノコ》リシ一部ハ竟《ツヒ》ニ建物又ハ牆壁《セウヘキ》タルノ効用《カウヨウ》ヲ失ヒ一方者ヲシテ大ヒナル損害ヲ蒙《カフム》ラシムルニ至ルノミナラズ以上二個ノモノハ性質上《セイシツシヤウ》ニ於テモ分割シ得ザルモノデアルカラ、前條規定《ゼンデウキテイ》ノ分割原則ヲ適用《テキヨウ》セヌコト、定メタノデアリマス

第二百五十八條　分割ハ共有者《キヨウイウシヤ》ノ協議調《トヽノ》ハサルトキハ之ヲ裁判所《サイバンシヨ》ニ請求スルコトヲ得

前項ノ場合《バアヒ》ニ於テ現物ヲ以テ分割《ブンカツ》ヲ爲スコト能ハサルトキ又ハ分割ニ因リテ著《イチジル》シク其ノ價格《カカク》ヲ損スル虞《オソレ》アルトキハ裁判所ハ其ノ競賣《キヤウバイ》ヲ命スルコトヲ得

▲參看　舊民法財産取得編第百四條第百五條

〔註釋〕本條ハ共有物ノ分割ニ付協議《ケフギ》ノ調ハヌ場合ニ適用《テキヨウ》スル條項デアッテ、而《ソウ》シテ其ノ第一項ハ共有者間ニ於テ共有物ヲ分割セントスルニ當《アタ》リ、共有者中ニ異議《イギ》ヲ唱《トナ》フル者アルトキハ裁判所ヘ訴《ウツタ》ヘ出ヅルコトガ出來ルト定メ、其ノ第二項ハ前項《ゼンコウ》ノ場合ニ於テ例《タトヘ》ハ甲乙兩人ノ共有物ガ家屋《カオク》ト地所トノ如ク、家屋ハ甲ニ地所《チシヨ》ハ乙ニト明瞭《アキラカ》ニ現物デ分割スルコトノ出來ヌ時カ、又ハ明瞭《メイレウ》ニ分割スルコトガ出來デモ之ヲ分割《ブンカツ》スレバ其ノ物ノ損《ソン》ジルニ因リ價値《ネウチ》ノ大ヒニ下落《ゲラク》スル等ノコトアル場合ニハ裁判所ハ其ノ共有物ヲ入札拂《ニフサツバラヒ》トシテ貨幣《クワヘイ》ニ代ヘ各共有ノ持分ニ應《オウ》ジ分與《ブンヨ》セシムルモノト定メタノデアリマス

第二百五十九條　共有者ノ一人カ他《タ》ノ共有者ニ對《タイ》シテ共有ニ關《クワン》スル債權ヲ有《イウ》スルトキハ分割《ブンカツ》ニ際シ債務者《サイムシヤ》ニ歸スヘキ共有物ノ部分《ブブン》ヲ以テ

其ノ辨濟《ベンサイ》ヲ爲サシムルコトヲ得

債權者ハ右ノ辨濟《ベンサイ》ヲ受クル爲債務者ニ歸《キ》スヘキ共有物ノ部分《ブドン》ヲ賣却スル必要《ヒツエウ》アルトキハ其ノ賣却ヲ請求《セイキウ》スルコトヲ得

〔註釋〕本條ハ共有者間ニ生スル債務《サイム》ノ辨濟方法ヲ規定《キテイ》シタル條項デアッテ、其ノ第一項ノ意義ハ共有者間ニ便利《ベンリ》ヲ與ヘシモノニシテ、例《タトヘ》バ甲乙丙ノ三名ニテ或ル一棟《ムネ》ノ家屋《カオク》ヲ共有スルニ、甲者ハ乙者ノ持分ヲ抵當《テイタウ》トシテ金ヲ貸《カ》シタリ、此ノ場合ニ於テ其ノ家屋ヲ分割スル時、甲者ハ乙者ノ持分ニ屬《ゾク》スル部分ヲ受取リ債務《サイム》ノ辨濟ニ代《カ》ヘサセルコトガ出來ルト定メタノデアル、而《シカ》シテ第二項ハ若シ前例《ゼンレイ》ノ場合ニ於テ甲者ガ乙者ノ持分《モチブン》タル一部ノ共有物テ債務《サイム》ノ辨濟トシテ受取《ウケト》ルコトヲ好《コノ》マス又ハ其ノ共有者ガ債務額《サイムガク》ニ相當シナイニ因リ賣却《バイキャク》スルノ必要アルトキハ乙者ヲシテ其ノ部分《ブドン》ヲ賣却セント請求スルコトガ出來ルト定メタノデアリマス

第二百六十條　共有物ニ付キ權利《ケンリ》ヲ有スル者及ヒ各共有者ノ債權者《サイクンシヤ》ハ自己ノ費用《ヒヨウ》ヲ以テ分割《ブンカツ》ニ參加《サンカ》スルコトヲ得

前項ノ規定ニ依リテ參加《サンカ》ノ請求アリタルニ拘《カヽハ》ラス其ノ參加ヲ待《マ》タスシテ分割ヲ爲シタルトキハ其ノ分割《ブンカツ》ハ之ヲ以テ參加ヲ請求《セイキウ》シタル者ニ對抗《タイカウ》スルコトヲ得ス

〔註釋〕本條ハ共有物ヲ分割《ブンカツ》スル場合ニ於ケル參加人《サンカニン》ノ權利ヲ規定シタル條項《デウコウ》デアッテ、第一項ノ意義《イギ》ハ例バ共有物ニ付キ權利《ケンリ》ヲ有スル者（卽チ甲乙兩人《リヤウニン》ガ共有スル物件全体ヲ抵當ニ取《ト》リテ金ヲ貸《カ》シタル債權者）及ヒ各共有者ノ債權者《サイケンシヤ》（卽チ甲乙兩人ガ共有スル物件中甲カ乙カ何レカ一人ノ持分ダケ抵當《テイタウ》ニ取リテ金ヲ貸シタル債權者）ハ甲乙兩人ガ其ノ共有物ヲ分割《ブンカツ》スルトキハ至漸《シゼン》其ノ債權額ノ利害ニ影響《エイキヤウ》ヲ及ボスモノモアルカラ、各債權者ハ其ノ分割ニ參加《サンカ》シ若シ其ノ分割ノ方法ガ自己ノ不利益《フリエキ》ト成ル場合ニハ故障《コシヤウ》ヲ申立又ハ其ノ共有物ノ鑑定《カンテイ》等ヲ爲サシメルコトガ出來ル、ケレドモ是等ノ爲要《ヨウ》スル費用ハ參加人タル債權者ニ於テ負擔《フタン》センケレバナラヌト定メ、而《ソウ》シテ第二項ハ例バ前例ノ共有者タル甲乙兩人ガ共有物ヲ分割スルニ際リ各債權者《サイケンシヤ》ガ其ノ分割《ブンカツ》ノ場合ニ參加セント申出デタルニモ拘ラズ、甲乙兩人ガ債權者《サイケンシヤ》ヲ參加《サンカ》サセズニ共有物ノ分割《ブンカツ》ヲ濟《スマ》シタルトキハ甲、乙、ノ為シタル分割ハ債權者ニ對《ムカ》ヒテハ無効《ムカウ》デアルト定メタノデアル是分割《コレブンクワツ》ハ債權者《サイケンシヤ》ニ利《リ》害《ガイ》ノ及ブベキモノデアルカラ法律《ホウリツ》ハ其ノ場合ニ參加スルコトヲ免《マヌガラ》シタルモノデアル。故ニ共有物タル甲乙兩人ハ必ラズ之レガ參加ヲ待タナケレバ分割《ブンカツ》スルコトノ出來《デキ》ナイモノナルニ立會《タチア》ハサナカツタカラ參加人タル債權者《サイケンシヤ》ハ甲乙《カウオツ》ノ間ニ分割ノ濟ミタルコトヲ知ルコトガ出來《デキ》ン。故ニ此ノ場合ニハ其ノ分割ハ債權者ニ對《マカ》ヒテハ無効トシタル所以《ワケ》デアリマス

第二百六十一條　各共有者《カクキヤウイウシヤ》ハ他ノ共有者カ分割ニ因リテ得タル物ニ付キ賣主《ウリヌシ》ト同《オナ》シク其ノ持分《モチブン》ニ應《オウ》シテ擔保《タンホ》ノ責《セメ》ニ任ス

△參看　舊民法財產取得編第百五十六條第四百十八條。

〔註釋〕本條ハ共有物《キヤウイウブツ》ヲ分割スルニ就キ共有者間《カン》ニ生《シヤウ》ズル責任ヲ規定シタル條項デアツテ其ノ意義ハ元《グワン》來《ライ》共有權ハ各共有者互ニ其ノ共有物全体上ニ所有權ヲ有シ居《イ》ルモノデアルカラ其ノ共有物ヲ互ヒニ分割スルトキハ恰《アタカ》モ自已ノ所有權《シヨイウケン》在ルモノヲ互《タガヒ》ニ賣買スルガ如キ姿《スガタ》ト成《ナ》ルモノデアル、故ニ一例ヲ以テ此ノ場合ヲ示《シメ》セバ甲乙兩人ガ共有スル物件ヲ分《ブン》割《クワツ》シテ二分ト為シ互《タガヒ》ニ其ノ一分宛ヲ得タル場合ニハ甲ハ今迄《イマヽデ》共有物全体《ゼンタイ》ノ上ニ有セシ所

有權ヲ乙《オツ》ニ讓渡《エツリワタ》シタル姿ト成リ又乙モ今迄有セシ共有物全体上《ゼンタイジヤウ》ノ所有權テ甲ニ讓渡シタル姿ト成ル故ニ甲乙ハ互《タガヒ》ニ所有物ヲ賣買シタルモノデアルト謂《イ》フコトガ出來《デキ》ル、果《ハタ》シテ互《タガヒ》ニ自己《ジブン》ノ所有物ヲ賣買《ハイ〳〵》シタルモノトセバ從《シタガツ》テ其ノ共有物ニ就テハ互ニ擔保《タンホ》ノ責任ヲ負ハナケレバナラヌ、故ニ若《モ》シ分割後ニ他人ノ來リテ此ノ物件ニハ貸金《カシキン》アリト申出《モウシイ》ツル場合《バアヒ》ニ於テ甲ノ之ヲ知ラザル時《トキ》ハ乙ニ於テ甲ノ損害《ソンガイ》ヲ償ヒ、若シ又乙ノ之ヲ知ラザル時ハ甲ニ於テ乙ノ損害《ソンガイ》ヲ償《ツグナ》ハンケレバナラヌノデアリマス

第二百六十二條　分割カ結了《ケツレウ》シタルトキハ各分割者ハ其ノ受タル物ニ關スル證書《シヤウシヨ》ヲ保存《ホゾン》スルコトヲ要ス

共有者一同又ハ其ノ中ノ數人《スウニン》ニ分割シタル物ニ關《クワン》スル證書ハ其ノ物ノ最大部分《サイタイブン》ヲ受《ウ》ケタル者之ヲ保存《ホゾン》スルコトヲ要ス

前項ノ場合《バアヒ》ニ於テ最大部分ヲ受ケタル者ナキトキハ分割者《フンクワツシヤ》ノ協議《ケフギ》ヲ以テ證書ノ保存者《ホゾンシヤ》ヲ定ム若シ協議調《ケウギトヽノ》ハサルトキハ裁判所《サイハンシヨ》之ヲ指定ス

證書ノ保存者《ホソンシヤ》ハ他ノ分割者ノ請求《セイキウ》ニ應《オウ》シテ其ノ證書ヲ使用《シヨウ》セシムルコトヲ要ス

▲參看　舊民法財産取得編第四百十五條

〔註釋〕本條ハ共有物《キヤウイウブツ》ヲ分割シタル場合《バアヒ》ニ作《ツク》リタル證書ノ保存方法《ハウハフ》ヲ定メタル條項デアリマス、而シテ其ノ意義《イギ》ハ左ニ區別《クベツ》シテ説明《セツメイ》スル如クデアリマス

一項ノ意義ハ證書《シヤウシヨ》ハ元來後日《ゴジツ》ノ爭《アラソ》ヒヲ豫防《ヨバウ》スルニ缺《カ》クベカラザルモノデアル、故ニ其ノ共有者《キヤウイウシヤ》ガ互ヒニ共有物ヲ分割《ブンカツ》シ終《オハ》リタル時ハ其ノ始末ヲ記《シル》シタル證書ヲ保存《ホソン》シ置カナケレバナラヌト定メタノデアリマス

第二項ノ意義《イギ》ハ第一項ノ證書ガ例《タト》バ甲乙丙丁一同ニ分割タル物ニ關《クワン》スル證書デアルカ又ハ甲乙丙丁《カウオツヘイテイ》ノ内甲乙ノミ分割シテ丙丁ハ矢張《ヤハ》リ分割セズ共有スル場合ノ物ニ關スル證書デアル時《トキ》ハ分割シタ物《モノ》ヲ最モ多ク得タ者ガ預《アツカ》リテ保存シ置クコト、定メタノデアリマス

第三項ノ意義《イギ》ハ前項《ゼンカウ》ニ例シタル甲乙丙丁ノ分割高ハ皆同《ミナオナ》シコトデアツテ、高下《カウケ》ナキ時ハ先ヅ四人ガ協議《ケウギ》シテ證書ノ預リ主ヲ定メナケレバナラヌ、ケレドモ何分證書ハ大切ノ物ナレバ各々預《アツカ》ルコトヲ嫌ヒ讓リ合ヒテ協議ノ調《トヽノ》ハヌトキハ致《イタ》シ方《カタ》ガナイ、故ニ此場合ニ

ハ裁判所《サイバンシヨ》ニ申出ツレバ裁判官ガ四人中何《イヅ》レカヘ其ノ保存方《ホゾンカタ》ヲ命《メイ》スルト定メタノデアリマス

第四項ノ意義ハ右三項ニ定《サダ》メタル證書ノ預《アツカ》リ主《ヌシ》ハ他ノ共有者デアリシ者ガ必要《ヒツヨウ》アルガ為其ノ證書ヲ貸《カ》シテ呉《ク》レヨト申出ツルトキハ異議《イギ》ナク必ラズ貸與ヘテ使用サシテ遣ラナケレバナラヌ、決《ケツ》シテ貸《カ》サヌト斷譯《コトワルワケ》ニハユカヌト定メタノデアリマス、

第二百六十三條　共有《キヤウイウ》ノ性質《セイシツ》ヲ有スル入會權《ニウクワイケン》ニ付テハ各地方《カクチハウ》ノ慣習ニ從フ外《ホカ》本節ノ規定《キテイ》ヲ適用《テキヨウ》ス

〔註釋〕本條ハ入會權《ニウクワイケン》ガ共有ノ性質ヲ有シ居レバ其ノ入會權ニ關《クワン》スルコトハ土地ノ習慣アル塲合ノ外ハ總《スベ》テ第二百四十九條以下ニ規定シタル共有權ニ就テノ原則《ゲンソク》ヲ適用スルモノデアルト謂フコトヲ規定シタノデアル共有權ニ就《ツイ》テノ原則ヲ適用スルモノデアルト謂フコトヲ規定《キテイ》シタノデアル、而シテ入會權ト稱《シヤウ》スルノハ例バ甲乙兩人ガ薪、芝、馬草等ヲ苅《カリ》取《ト》ル為《タメ》一個《ヒトツ》ノ山《ヤマ》或ハ林野《リンヤ》ニ立入《タチイル》ノ權利《ケンリ》ヲ謂フノデアリマス

第二百六十四條　本節《ホンセツ》ノ規定《キテイ》ハ數人ニテ所有權《シヨイウケン》以外《イグワイ》ノ財産權《ザイサンケン》ヲ有スル

場合《バアヒ》ニ之ヲ準用《シユンヨウ》ス但法令ニ別段《ベツダン》ノ定アルトキハ此《コノ》ノ限ニ在ラス

〔註釋〕本條ハ所有權以外ノ財産權例バ袋地《フクロヂ》ノ通行權又ハ建物ノ賃借權等《チンシヤクケンナド》ヲ共有スル場合デアツテ、特別法《トクベツハウ》ノ定メ無キトキハ總テ本節《ホンセツ》ニ定メタル共有權ニ關《クワン》スル原則ニ因ラナケレハナラヌト規定《キテイ》シタノデアリマス

第四章　地上權《チシヤウケン》

〔註釋〕凡ソ土地ノ所有權《シヨイウケン》ヲ有スルモノハ其ノ地上ニ在ル物ハ勿論《モチロン》地下《チカ》ニ在《ア》ル物モ共ニ併セテ所有スルノ權利《ケンリ》アルハ原則デアル、ケレドモ人智《シンチ》開《ヒラ》ケテ漸々各業《カクゲウ》ノ發達《ハツタツ》スルニ從ヒテハ、地上ト、謂ハス地下《チカ》ト謂ハズ之ヲ利用《リヨウ》スル事柄生《コトカラシヤウ》シ其ノ需用頻繁《ジユヨウヒンハン》トナルニ因リ土地ノ價額《カカク》モ次第《シダイ》ニ騰貴《トウキ》スルハ自然《シゼン》ノ勢《イキホヒ》デアル、土地ノ價格騰貴スルトキハ之ガ所有權ヲ分《ブン》割《クワツ》シ其ノ一部《イチブ》々〳〵ヲ所有スルノ必要《ヒツヨウ》モ自ラ生シ來レバ法律ハ一ノ例外ヲ設ケ其ノ一部々々ニ適用スベキ法ヲ制定《セイテイ》センケレバナラヌコト、成ル、是レ地上權ノ起ル所以《ワケ》ニシテ而シテ地上權トハ土地ノ所有權ヲ有セスシテ唯《タヾ》其ノ地上ニ存スル工作物又ハ竹木ヲ所有スル爲其ノ土地ヲ使用《シヨウ》スルノ權利ヲ地上權ト謂ヒ此ノ權利ヲ有スル者ヲ地上權者《チシヤウケンシヤ》ト謂ブノ

デアル、然シ玆《コヽ》ニ注意《チウイ》スベキハ皮相《リハベ》ヨリ觀レバ地上權ハ賃借權《チンシヤクケン》、永小《エイコ》作權《サクケン》、地《チ》役權等《エキケンナド》ト殆ンド相似寄《アヒニヨ》リテ居レバ、等《ヒト》シキモノカノ樣ニ思フ者アレドモ、能《ヨ》ク其ノ實相《ジツサウ》ヲ看破《ミヤブ》レバ其ノ間ニ大ヒナル徑庭《チガヒ》アルコトヲ知リ得ベケレドモ初學者ノ爲一言《ゲン》シ置ク、其ノ經底《ケイテイ》ノ識別《ミワケ》ハ各其ノ條下ヲ熟讀《シユクドク》シテ後チ知《シ》ルコトカ出來レバ玆ニハ揭《カヽ》ゲナイコトヽシマス

第二百六十五條　地上權者ハ他人《タニン》ノ土地ニ於テ工作物《コウサクブツ》又ハ竹木ヲ所有スル爲其ノ土地《トチ》ヲ使用《シヨウ》スル權利ヲ有ス

△參看　舊民法財產編第百七十一條

〔註釋〕本條ハ地上權ヲ有スル地上權者ハ如何《イカ》ナル權利ヲ有スルモノデアルカヲ規定《キテイ》シタル條項《デウカウ》デアッテ其ノ意義ハ地上權者ト稱《シヤウ》スルノハ他人ノ地上ヲ使用シテ一ノ建物ヲ築造シ又ハ樹木ヲ植ヘ其ノ建物《タテモノ》又ハ樹木《ジユモク》ノミヲ所有《シヨイウ》スル權利ヲ有《イウ》スル者ヲ地上權者ト謂《イ》フノデアルト定《サダ》メタル條項デアリマス

第二百六十六條　地上權者カ土地《トチ》ノ所有者ニ定期《テイキ》ノ地代《チダイ》ヲ拂《ハラ》フヘキト

キハ第二百七十四條乃至《ナイシ》第二百七十六條ノ規定ヲ準用《シユンヨウ》ス

此ノ他地代《チダイ》ニ付テハ賃貸借《チンタイシヤク》ニ關《クワン》スル規定ヲ準用ス

▲參看　舊民法財產編第百七十三條

〔註釋〕本條ハ他人ノ土地ヲ使用シテ建物《タテモノ》又ハ樹木《ヂユモク》ヲ植付《ウヱツ》ケ居ル地上權者ガ土地所有者ニ譬《タ》ヘバ一年幾何《イクラ》ノ地代金ヲ支拂フトキハ其ノ場合ニ因リ或ハ小作人《アルヒハコサクコン》ノ如キ姿ト成ルヿモアリ或ハ賃貸借《チンタイシヤク》ノ如キ姿《スガタ》ト成《ナ》ルコトモアルガ故、其ノ場合ニハ其ノ姿ニ應ジテ或ハ永小作《エイコサク》權《ケン》中ノ規定ニ從ヒ或ハ第七節第六百一條以下ノ賃貸借ノ規定ニ從ハナケレバナラヌト定メタノデアリマス而《ソシ》シテ此ノ永小作權及ヒ賃貸借ノ意義《イギ》ハ其ノ各條下ニ於テ說明《セツメイ》スレバ宜シク其ノ各條下ヲ見合サルベシ

第二百六十七條　第二百九條乃至《ナイ》第二百三十八條ノ規定ハ地上權者間《カ》又ハ地上權者ト土地ノ所有者トノ間《アヒダ》ニ之ヲ準用《シユンヨウ》ス但第二百二十九條ノ推定《スイテイ》ハ地上權設定後《セツテイゴ》ニ爲《ナシ》タル工事ニ付テノミ之ヲ地上權者ニ準用

ス

△參看　舊民法財產編第百七十五條

〔註釋〕本條ハ地上權ニ就《ツイ》テ守《マモ》ルベキ所有權ノ限界ヲ規定シタル條項デアッテ而シテ其ノ意《イ》義《ギ》ハ總テ所有權ノ限界ト謂フモノハ不動產ノ便益《ヘンイキ》ノ爲《タメ》他人《タニン》ノ所有ニ屬スル不動產ノ上ニ設クル負擔《フタン》デアルカラ、其ノ關係《クワンケイ》ハ二個ノ不動產《フドウサン》ニ存スルノデ不動產ヲ所有スル其ノ人ノ誰彼《タレカレ》ハ問《ト》フニ及ハヌ。又何人ノ所有ニ係ル不動產デアッテモ法律《ハウリツ》ヲ以テ規定《キテイ》シタル所有權ニ必要《ヒツエウ》ナル限界《ケンカイ》ノ規定ニハ從ハナケレバナラヌ、故ニ地上權ヲ取得シタル者ハ他人ノ地上ニ建物《タテモノ》ヲ建設シ若クハ樹木《ジユモク》ヲ植《ウ》ユルニハ本法第二百九條ヨリ以下第二百三十八條迄ノ間ニ定メタル立入權通行權流水權標示《タテイリケンツウカウケンリウス井ケンヘウシ》、圍障牆壁觀望等《井シヤウシヤウヘキクワンバウナド》ノ條件ヲ遵守《デウケンソンシユ》スベキハ當然《タウゼン》ノコトデアル故《ユヘ》ニ本條ハ一ノ土地中ニ地上權ヲ有スル者二人以上《イジヤウ》アレバ其ノ地上權者ト地上權者トノ間又ハ地上權者ト土地所有者ノ間ニハ必《カナ》ラズ右ノ規定ヲ互ニ遵守《ソンシユ》セナケレバナラヌト定メタノデアリマス、ケレドモ第二百二十九條ニ規定《キテイ》シタル疆界線ノ上ニ設《マウ》ケタル標示物ハ相隣者相互《サウリンシヤサウゴ》ノ共有物デアルト推定《ス井テイ》スルモノデアリマスカラ此ノ條ハカリハ地上設權定從ニ爲シタル工事ニダケ適用《テキヤウ》シ地上權設定前《セツテイゼン》ニ既ニ爲シアリシ工事《コウジ》ニハ適用《テキヨウ》シナイコトヽ定メタノデアリマス、若シ此推定《スヰテイ》ヲ地上權設定前ノ工事ニモ適用《テキヤウ》スルトセハ土地所有者又ハ曩キニ地上權ヲ得テ居《オ》ルモノハ故ナク損害《ソンガイ》ヲ蒙《カウム》リヽ後ノ地上權者ハ又故ナク利益《リイキ》ヲ得ル如キ不都合ヲ生シマスカラ本條ニ此ノ但書《タヾシガキ》ヲ添ヘタル所以デアリマス

第二百六十八條　設定行爲《セツテイカウヰ》ヲ以テ地上權ノ存續期間《ソンソクキカン》ヲ定メサリシ場合ニ於テ別段《ベツダン》ノ慣習《クワンシウ》ナキトキハ地上權者ハ何時《イツ》ニテモ其權利ヲ拋棄《ハウキ》スルコトヲ得但地代ヲ拂フヘキトキハ一年前ニ豫告《ヨコク》ヲ爲《ナ》シ又ハ未タ期《キ》限《ゲン》ノ至《イタ》ラサル一年分ノ地代ヲ拂フコトヲ要ス

地上權者カ前項《ゼンカウ》ノ規定ニ依リテ其權利《ケンリ》ヲ拋棄《ハウキ》セサルトキハ裁判所ハ當業者《タウゲウシヤ》ノ請求《セイキウ》ニ因リ二十年以上五十年以下ノ範圍內《ハンヰナイ》ニ於テ工作物又ハ竹木ノ種類《シユルヰ》及ヒ狀況其ノ他地上權設定ノ當時ノ事情《シジヤウ》ヲ斟酌《シンシヤク》シテ其ノ存續期間《ソンソクキカン》ヲ定ム

▲參看　舊民法財產編第百五十二條、第百七十六條

〔註釋〕本條ハ地上權《チシヤウケン》ノ拋棄《ハウキ》ト地上權ノ存續期間《ソンゾクキカン》ヲ定メタル條項デアリマシテ、其ノ第一項ノ意義ハ例ハ甲者ガ乙者ノ土地《トチ》ニ地上權ヲ得ルニ付キ別ニ何年間引續《ナンネンカンヒキツヽ》キ借《カリ》テ置クト謂フ約束《ヤクソク》ヲ爲《ナ》サズ全ク無期限《ムキゲン》ノ姿《スガタ》ニテ借入《カリイレ》タル時、別段ニ其ノ土地ニ例ハ地上權ヲ約束《ヤクソク》セハ假令《タトヘ》契約《ケイヤク》證書《シヤウシヨ》ノ取替《トリカハ》セナキモ何年間ハ勝手《シナン》ニ明渡《アケワタ》スヿハ出來ナイト謂フ習慣等《シウカンナド》ノ無イ場合ニハ地上權者タル甲者ハ何時ニテモ自巳ノ都合デ其土地ヲ明渡スコトガ出來ル。ケレドモ假令《タトヒ》期限ノ約束《ヤクソク》ハナキモ地代《ヂダイ》ヲ拂《ハラ》ヒタルトキハ甲者ニ於テ一年前ニ其ノ明渡《アケワタ》シヲ乙者ニ報《シラ》セ置《チ》キ、而シテ尙ホ明渡ス年《トシ》一年分ノ地代《チダイ》ヲ乙者ニ支拂ハナケレハナラヌ、如何トナレハ甲者ニ於テ突然明渡《トツゼンアケワタ》ス時ハ乙者ノ利益《リイキ》ヲ害《ガイ》スルノ虞《オソレ》レガアルカラ法律ハ期《キ》限《ゲン》ヲ定メナイ地上權ニ就テハ甲者ニ何時デモ明渡シ得《イ》ラル丶利益ヲ與ヘル替リニハ乙者ノ不利益《フリイキ》トナラザルヤウ保護《ホゴ》スルモノデアリマス。而シテ第二項ノ意義ハ無期限《ムキゲン》ニ地上權ヲ得《エ》タル乙者ガ前項《ゼンカウ》ノ塲合《バアヒ》ニ反シ何百年間モ使用《シヤウ》シテ明渡サヌ時ハ乙者ハ殆《ホトン》ド甲者ニ土地ノ所有權《シヨイウケン》テ奪《ウバ》ハレタル如キ姿《スガタ》トナル塲合アレハ大ニ迷惑《メイワク》ヲ蒙ルニ因リ。左樣《ソウイ》謂フ時ハ乙者ハ裁判所《サイハンシヨ》ニ訴ヘ出ツレハ裁判所ハ又雙方《ソウハウ》ノ事情《ジジヤウ》ト狀況《ジヤウキヤウ》トヲ見計《ミハカラ》ヒ二十年以上五十年以下ノ範圍內《ハンヰナイ》ニテ相當ノ明渡年限ヲ定メ甲乙互ヒノ利益ヲ保護スルコト丶定メタノ

デアリマス、故ニ要《ヤウ》スレバ無期限《ムキゲン》ノ地上權ハ五十年ヲ以テ最長期《サイテウキ》トスルノデアルト謂ハナケレバナリマセヌ

第二百六十九條　地上權者ハ其ノ權利《ケンリ》消滅《セウメツ》ノ時土地ヲ原狀《ゲンジヤウ》ニ復《フク》シテ其工作物《コウサクブツ》及《オヨ》ヒ竹木ヲ收去《シウキヨ》スルコトヲ得但土地《トチ》ノ所有者カ時價《シカ》ヲ提供《テイキヤウ》シテ之ヲ買取《カヒト》ルヘキ旨《ムネ》ヲ通知《ツウチ》シタルトキハ地上權者ハ正當《セイタウ》ノ理由《リイウ》ナクシテ之ヲ拒《コバ》ムコトヲ得ス

前項ノ規定《キテイ》ニ異《コト》ナリタル慣習《クワンシフ》アルトキハ其慣習ニ從フ」

▲參看　舊民法財產編第百七十七條

〔註釋〕本條ハ地上權ノ消滅《シヤウメツ》スル塲合《バアヒ》ヲ規定シタル條項デアッテ、其ノ意義ハ地上權ヲ有スル者ガ地上ニ建設《ケンセツ》セシ建物又ハ植物ヲ取拂《トリハラ》ヒ其ノ土地ヲ明渡ス時ハ、當初借入レタル時ノ如キ姿《スガタ》ニ土地ヲ修繕《シウゼン》セナケレバナラヌ、然シ其ノ明渡《アケワタ》シノ時ニ當《アタ》リ土地ノ所有主ガ其ノ建物《タテモノ》又ハ植物《ウヱモノ》ヲ其ノ時ノ相塲値段《子ダン》ニ應シタル代金ヲ差出《サシダ》シテ買取ラントト申出テタル時

ハ地上權者ハ正當《セイタウ》ノ理由ガナケレバ其ノ申出ヲ斷コトハ出來ヌト定《サダ》メタノデアル、然シ此ノ場合ニ於テ其ノ土地《トチ》ニ斯ル事柄《コトガラ》ニ對シ本條第一項ニ定ムル規定《キテイ》ト異ル習慣《シフクワン》アレバ其ノ習慣ニ從《シタガ》ヒ別ニ本條ノ規定ニ從カハナケレバナラヌト謂《イ》フデハナイ、ケレドモ若《モ》シ習慣ナケレバ必《カナ》ラズ本條ノ規定《キテイ》ニ從ハナケレバナラヌノデアリマス

第五章　永小作權《エイコサクケン》

〔註釋〕本章ハ永小作權ニ關《クワン》スル規定ノ原則ヲ網羅《マウラ》シタルモノデアツテ、而《ソウ》シテ其ノ永小作權ト稱《シヨウ》スルハ如何ナル事柄ヲ指《サ》シテ謂フカトマウセバ他人《タニン》ノ所有ニ屬スル土地《トチ》ヲ賃借シテ、永ク其ノ地上ニ耕作《コウサク》シ又ハ牧畜等《ボクチクナド》ヲ爲ス權利ヲ謂《イ》フモノデアル、故ニ皮相《ウハベ》ヨリ考フレバ賃貸借カト疑《ウタガ》フモノモアリマス、成程《ナルホド》永小作權ハ一種ノ賃貸借《チンタイシヤク》ニハ相違ナキモ其ノ實相《ジツサウ》ヲ窺《ウカガ》ヘバ自ラ徑庭《チガヒ》ノアルモノデアツテ決《ケツ》シテ相等《アヒヒト》シキモノデハナイ、則チ二十年以上ノ期間《キカン》ヲ以テ土地ヲ賃貸借スレバ之ヲ永賃借《エイチンシヤク》ト稱シ夫ヨリ以下ナル短期間《タンキカン》ナレバ唯賃貸借ト稱スルノデアル、又此ノ永小作權ハ地上權トモ相似《アヒニ》タル点ガアリマスカラ間違《マチガ》ヘヲハナラヌ、其ノ相違スル廉《カド》ヲ揭《カ》グレバ地上權ニ於テハ工作物又ハ竹木ヲ所有《シヨイウ》スル爲デアツテ、永小作權ハ耕作又ハ牧畜《ボクチク》ヲ爲スモノデアリマスカラ自ラ其ノ目的《モクテキ》ガ違《チガ》ツテ居リ

マス又此ノ永小作權ト謂フ名稱ハ舊民法ニ於テ永借權ト稱シマシタガ新法《シンホウ》ハ何人モ一讀《イチド》シテ解《ワカ》リ易《ヤス》キ我國普通《フツウ》ノ名稱《メイシヤウ》ト改メタルノデアリマシテ別ニ意味《イミ》ノ違《チガ》フ處ハアリマセヌ

第二百七十條　永小作人《エイコサクニン》ハ小作料ヲ拂《ハラ》ヒテ他人ノ土地ニ耕作《コフサク》又ハ牧畜《ボクチク》ヲ爲ス權利《ケンリ》ヲ有ス

▲參看　舊民法財産編第百五十八條乃至第百六十條

〔註釋〕本條ハ永小作權ノ定義《テイギ》ヲ規定シタルモノデアツテ其ノ意義《イギ》ハ永小作權トハ永ク他人ノ土地《トチ》ヲ借入《カリイ》レ小作料ヲ支拂ヒ其ノ土地上ニ五穀或ハ草木等《ソウモクナド》ヲ植付《ウヘツケ》テ之ヲ耕作シ又ハ牛《ウシ》馬羊豚《ウマヒツジブタ》ノ類《ルエ》ヲ牧畜スルノ權利《ケンリ》ヲ謂《イ》フモノデアル、故ニ小作人ハ借入契約《カリイレケイヤク》ノ年限中《ネンゲンチウ》ハ小作料ヲ支拂《シハラ》ヒテ他人ノ土地上ニ耕作《コウサク》又ハ牧畜ヲ爲スノ權利ヲ有スルモノデアリマス

第二百七十一條　永小作人ハ土地ニ永久《エイキウ》ノ損害《ソンガイ》ヲ生スヘキ變更《ヘンカウ》ヲ加フルコトヲ得ス

▲參看　舊民法財産編第百五十八條乃至第百六十條

〔註釋〕本條ハ小作人《コサクニン》ニ於テ土地ヲ變更《ヘンカウ》スル塲合《バアヒ》ヲ規定シタル條項デアッテ、而シテ其ノ意義ハ小作人ガ土地ニ永小作權ヲ得ルノ目的《モクテキ》ハ主トシテ荒蕪《クワウブ》又ハ不良《フリヤウ》ノ土地ヲ開墾改良《カイコンカイリヤウ》スルニ在《ア》ルモノナレバ、永小作人ハ此ノ目的ヲ達《タッ》スルニハ充分ノ自由ヲ得ナケレバナラヌ、タレドモ永小作人ハ多小所有者《タセウシヨイウシヤ》タルノ性質《セイシツ》アルモノナレバ例バ小作地上ノ池ヲ田畑《タハタ》ニ變《ヘン》シ藪林《ソウリン》ヲ開墾《カイコン》スルガ如キ現時ハ土地所有者ニ於テ損失《ソンシツ》ハアルモ將來《シヤウライ》ニ至ッテハ培増《ハイゾウ》ノ利益《エキ》アルガ如キ變更《ヘンカウ》ヲ爲スノハ敢《アヘ》テ差支《サシツカ》ヘル處《トコロ》ハナイ、ケレドモ濫《ミダ》リニ土地ヲ變更《ヘンカウ》シテ永《エイ》久《キウ》ノ損害《ソンガイ》ヲ生ゼシムルガ如キコトハ決シテ出來ヌト定メタノデアリマス

第二百七十二條　永小作人ハ其權利《ケンリ》ヲ他人ニ讓渡《ユヅリワタ》シ又其ノ權利ノ存續《ソンゾク》期間內《キカンナイ》ニ於テ耕作若《コイサクモシ》クハ牧畜《ボクチク》ノ爲メ土地ヲ賃貸《チンカシ》スルコトヲ得但設定《セッテイ》行爲《カウヰ》ヲ以テ之ヲ禁《キン》シタルトキハ此ノ限《カギリ》ニ在ラス

▲參看　舊民法財産編第百三十四條第百五十七條

〔註釋〕本條ハ小作人ノ權利ニ關《クワン》スル規定デアッテ、其ノ意義《イギ》ハ永小作人ハ土地所有者《トチシヨイウシヤ》トノ間ニ定メタル契約年限間《ケイヤクチンゲンカン》デ有タナラ、自已ガ自《ミツカラ》ラ小作ヲセズシテ他ノ者ニ其ノ永小作權《エイコサクケン》

ヲ賣渡《ウリワタ》シ若クハ貸渡ストガ出來ル、然シナガラ永小作人ト土地所有者ノ間《アヒダ》ニ斯クノ如キコトハ爲ナイト謂フ契約《ケイヤク》アル時ハ、永小作人ハ其ノ權利ヲ他人ニ賣却、賃貸等《チンカシナド》ヲ爲《ス》ルコトハ出來ナイト規定シタノデアリマス

第二百七十三條　永小作人ノ義務《ギム》ニ付テハ本章《ホンシヤウ》ノ規定及ヒ設定行爲《セツテイカウヰ》ヲ以テ定《サダ》メタルモノヽ外賃貸借《ホカチンタイシヤク》ニ關スル規定ヲ準用《シユンヨウ》ス

▲參看　舊民法財產編第百五十條、第百六十六條、第百六十七條

〔註釋〕本條ハ永小作人ノ義務《キム》ニ關スル規定デアツテ、而シテ本條ノ意義ハ總《スベ》テ小作人ノ義務トシテ守ルベキ條件《デイケン》ハ自巳《ジブン》ト土地所有者ノ間《アヒダ》ニ契約《ケイヤク》シタル條件ト尙《ナ》ホ第二百七十條以下第二百七十九條ニ至ル各條《カクデウ》ト第六百一條以下ニ定メタル賃貸借《チンタイシヤク》ニ關スル各條ヲ併《アハ》セテ皆履行《ミナリカウ》シナケレバナラヌト定メタノデアリマス

第二百七十四條　永小作人ハ不可抗力《フカカウリヨク》ニ因《ヨ》リ收益《シフエキ》ニ付キ損失《ソンシツ》ヲ受ケタルトキト雖《イヘト》モ小作料ノ免除《メンヂヨ》又ハ減額《ゲンガク》ヲ請求《セイキウ》スルコトヲ得ス

▲參看　舊民法財產編第百六十五條

〔註釋〕本條ハ小作料ノ免除《メンヂヨ》又ハ減額ニ就《ツイ》テノ規定デアッテ、而《シカ》シテ其ノ意義ハ永賃借《エイチンシヤ》ハ通常ノ賃貸借トハ違《チガ》ヒ總テ永貸借ノ借賃ハ通常《ツウシヤウ》ノ賃貸借ヨリ安價《アンカ》デアル、又永貸借ハ通常ノ賃貸借トハ權能《ケンノウ》モ廣ク且其ノ期間《キカン》モ永久ナルガ故早晩收穫《サウバンシウクワク》ヲ以テ損害ヲ償《ツグナ》フコトガ出來ル、故ニ本條ハ永小作人ガ例バ永借期間中ニ暴風《バウフウ》、洪水《コウズ井》、其ノ他人力ヲ以テ抗《カウ》スルコトノ出來ナイ非常《ヒジヤウ》ノ出來事アッテ假令《タトヘ》損失ヲ蒙《カウム》ルモ、土地所有者ニ向《ムカ》ッテ小作料ヲ値《ネ》切《ギリ》又ハ勘辨《カンベン》セヨト申出ツルコトハ出來ヌ、斯ル場合《バアヒ》ニ際《アタ》ルモ永小作人ハ土地所有者ニ契約通リノ全額《ゼンガク》ヲ支拂ハナケレバナラヌト定メタノデアリマス

第二百七十五條　永小作人カ不可抗力《フカカウリヨク》ニ因リ引續《ヒキツヾ》キ三年以上全ク收益ヲ得ス又ハ五年以上小作料《コサクレウ》ヨリ少キ收益ヲ得《エ》タルトキハ其ノ權利ヲ拋棄《ハウキ》スルコトヲ得

▲參看　舊民法財產編第百六十九條

〔註釋〕本條ハ前條ノ例外《レイグワイ》ニシテ永小作人ガ損失《ソンシツ》ニ因リテ其ノ權利《ケンリ》ヲ拋棄《ハウキ》スル場合ヲ規定シタルモノデアッテ、其ノ意義《イギ》ハ永小作人ガ小作料ヲ支拂《シハラ》フ所以《ワケ》ハ小作地ヲ使用シテ收益

ヲ得ルヲ目的《モクテキ》トスルモノデアルカラ、其ノ小作地ガ使用《シヨウ》ニ堪ヘズ随《シタガ》ツテ収益スルコトガ出來ナカツタナラバ小作料ヲ支拂《シハラ》フノ原因《ゲンイン》ハ消滅《キヘ》テシモフタト謂《イ》ハナケレバナラヌ、原因ノ消滅《セウメツ》シテ猶ホ義務ノ存《ソン》スル譯ハナイ、故ニ本條《ホンデウ》ハ人力ヲ以テ抗シ得ラレナイ、例バ天災《テンサイ》ガ三年以上モ續《ツヾ》イテ収益ノ無《ナ》キカ又ハ小作料ヲ償《オギナ》フニ足《タ》ラナイ僅少《ワヅカ》ノ収益デ毎年損失ヲ生ズルコトガ五年續クカ二樣何レカ一アル場合ニ於テハ小作人ハ年限中《ネンゲンチウ》デモ其ノ權利ヲ打《ウ》チ捨《ス》テ土地ノ明渡《アケワタ》シヲ爲スコトガ出來ルト定メタノデアル

第二百七十六條　永小作人カ引續《ヒキツヾ》キ二年以上小作料《コサクレウ》ノ支拂ヲ怠《オコタ》リ又ハ破産ノ宣告《センコク》ヲ受ケタルトキハ地主ハ永小作權ノ消滅《セウメツ》ヲ請求スルコトヲ得

▲參看　舊民法財産編第百六十八條

〔註釋〕前條ハ小作人ガ自《ミヅカ》ラノ權利ヲ拋棄《ハウキ》スベキ場合ヲ規定《キテイ》セシガ本條ハ土地所有者ガ小作人ノ權利《ケンリ》ヲ拋棄セシムル場合ヲ規定シタル條項《デウコウ》デアツテ而シテ土地所有者ガ小作人ニ向ヒ永小作權ノ存續《ソンゾク》シツヽアル間ニ其ノ權利ヲ拋棄セシムルコトノ出來《デキ》ル場合ハ永小作人ガ二年以上引續キ小作料ヲ支拂《シハラ》ハザルガ如キ場合ト永小作人ガ破産《ハサン》ノ宣告《センコク》ヲ受ケタル場

合ニ限ルモノト定メタノデアリマス

第二百七十七條　前六條ノ規定《キテイ》ニ異ナリタル慣習《クワンシフ》アルトキハ其ノ慣習ニ從《シタガ》フ

〔註釋〕本條ハ前第二百七十一條以下《イカ》第二百七十六條迄ニ規定《キテイ》シタル各條項ト異《コトナ》リタル舊來ヨリノ習慣ガ其ノ土地《トチ》ニアレバ敢ヘテ是等《コレラ》ノ規定ニ依《ヨ》ルニ及《オヨ》ハヌ、其ノ習慣ニ從フモ差支ヘナイト謂フ例外《レイグワイ》ヲ定メタノデアリマス

第二百七十八條　永小作權ノ存續期間《ソンゾクキカン》ハ二十年以上五十年以下トス若シ五十年ヨリ長《ナガ》キ期間ヲ以テ永小作權ヲ設定《セツテイ》シタルトキハ其ノ期間ハ之ヲ五十年ニ短縮《タンシユク》ス

永小作權ノ設定ハ之ヲ更新《カウシン》スルコトヲ得但其ノ期間《キカン》ハ更新ノ時《トキ》ヨリ五十年ヲ超《コ》ユルコトヲ得ス

設定行爲ヲ以テ永小作權ノ存續《ソンゾク》期間《キカン》ヲ定メサリシトキハ其ノ期間《キカン》ハ別段慣習《クワンシフ》アル　場合ヲ除《ノゾ》ク外之ヲ三十年トス

▲參看　舊民法財産編第百五十五條

〔註釋〕本條ハ永小作權ノ期間《キカン》ニ就テノ規定《キテイ》デアッテ、其ノ第一項ノ意義《イギ》ハ總テ契約ハ各人ノ私益ニ關《クワン》スルモノデアルカラ法律ニ違《タガ》ハナケレバ如何《イカ》ナル契約ヲ締結《テイケツ》スルモ固ヨリ各人ノ自由《ジイウ》デアル、然ルニ本條ノ如ク永小作權ノ存續期間《ソンゾクキカン》ハ二十年以上五十年以下ト限《カギ》リ五十年ヲ超《コ》ユルコトハ出來《デキ》ヌト禁《キン》シタルハ如何ナル譯《ワケ》デアルカト謂ヘバ永小作權ノ期間長キニ失《シツ》スレバ土地所有者ハ畢生間《ヒッセイカン》其ノ所有物ヲ處分《ショブン》スルコトガ出來ヌヤウナル不都合ヲ生ジ、又其ノ期間短《キカンミヂカ》キニ失スレバ永小作人ニ於テ損益相償《ソンエキアヒツグナ》ハヌヤウナル不都合《フツガフ》ヲ生ズルヲ以テ、本條ハ其ノ雙方《サウハウ》ノ利益ニ顧《カヘリ》ミテ永小作權ノ存續期間ヲ最短期《サイタンキ》二十年最長期五十年ト定メ若シ五十年以上ノ契約《ケイヤク》ヲ爲ス者アレバ、必ラズ五十年ニ縮《チヂ》メサスルコトヽシタノデアリマス、而シテ第二項ハ前項《ゼンコウ》ノ如ク永小作權ノ存續ハ五十年以上ヲ超《コ》スコトハ出來ヌモノナルモ土地ノ狀況《ジヤウキヤウ》ニ因リ五十年ニテハ永小作人ノ利《リ》益《エキ》トナラザル場合ナイトモ限ラン故ニ此ノ場合《バアヒ》ニハ假令バ四十年目トカ四十五年目《ネンメ》トカ第一期限ヲ經過《ケイクワ》セヌ前ニ

於テ新《アラ》タニ五十年ノ契約ヲ為スコトガ出來《デキ》ル、然シ此ノ第二契約《ケイヤク》ノ場合ニ於テモ更新ノ時ヨリ五十年ヲ過《スゴ》スコトハ出來ヌ
又第三項ノ意義《イギ》ハ若シ永小作人ト土地所有者トノ間ニ存續《ソンゾク》ノ期間ヲ取極《ドリギ》メズ全ク無期限《キゲン》ノ姿デアル場合ニ於《オイ》テ、別ニ其ノ土地ニ依《ヨ》ルベキ習慣等モナケレバ之ヲ三十年トスルコトニ定メタノデアリマス

第二百七十九條　第二百六十九條ノ規定《キテイ》ハ永小作權ニ之ヲ準用《ジュンヨウ》ス

參看　舊民法財産編第百七十條

〔註釋〕本條ハ永小作權ノ消滅《セウメツ》スル場合ニハ地上權ノ消滅スル場合《バアヒ》ニ適用《テキヨウ》スル第二百六十九條ノ規定ニ從《シタガ》フコトヲ定メタル條項《デウコウ》デアッテ、其ノ意義ハ第二百六十九條ニ詳述《シヤウジュツ》シタレバ就テ見合《ミアハ》サルベシ

第六章　地役權

〔註釋〕地役權《チエキケン》トハ他人ノ土地ヲ自已《ジブン》ガ土地ノ便益《ベンエキ》ニ使用スル權利《ケンリ》ヲ指《サ》シテ稱スル語ニシテ尚ホ地役權ニ在《ア》ッテ就テ屢々散見《サンケン》スル語《ゴ》ガアリマス、則チ要役地、承役地、地役權者ノ

三個デス、此ノ語ハ初學者《ショガクシャ》ニ少シ解《カイ》シ難《ガキ》キモノデアリマスカラ例ヲ以テ其ノ意義《イギ》ヲ説キマスレバ例ハ茲《コヽ》ニ甲者所有ノ土地《トチ》ニ包《ツヽ》マレタル俗ニ袋地《フクロヂ》ト稱ヘル乙者所有ノ土地ガアリマス、此ノ場合ニ於《オイ》テハ乙者ハ甲者所有《シヨイウ》ノ土地ヲ通行《ツウカウ》セヌケレバ公路《コウロ》ニ通フコトガ出來ヌ、故ニ甲乙協議《カンチツケフギ》ノ上甲者所有ノ土地上ニ通路《ツウロ》ヲ開キ茲ニ始メテ乙者ハ通行ノ權利《ケンリ》ヲ得マシタ、此ノ時其ノ袋地ノ所有者乙ナル者ハ甲者ノ土地ヲ自己《ジコ》ノ便益《ベンエキ》ニ供シタルモノデアリマスカラ此ノ乙地ヲ要役地《エウエキチ》ト稱シ、甲者所有ノ土地《トチ》ハ乙者ノ使益ニ供《キヤウ》セラレタルモノデアリマスカラ此ノ甲地ヲ承役地ト稱シ、而《ソウ》シテ此ノ通行ノ權利ヲ得タル乙者ヲ地役權者ト稱《シヨウ》スルノデアリマス

第二百八十條　地役權者ハ設定行爲《セツテイカウヰ》ヲ以テ定メタル目的《モクテキ》ニ從ヒ他人ノ土地ヲ自己ノ土地《トチ》ノ便益ニ供スル權利《ケンリ》ヲ有ス但第三章第一節中ノ公《オホヤケ》ノ秩序《チツジヨ》ニ關スル規定ニ違反《ヰハン》セサルコトヲ要ス

▲參看　舊民法財產編第二百十四條、第二百六十六條

〔註釋〕本條ハ地役權ト謂《イ》フハ如何《イカ》ナル權利ヲ指シテ謂フカヲ規定《キテイ》シタル條項デアッテ、其

ノ意義ハ地役權ト稱スルハ例《タトヘ》バ甲者ト乙者ガ互ヒニ契約《ケイヤク》ヲ爲シ用水權《ヨウスヰケン》トカ通行權トカヲ得ント定メタル其ノ目的《モクテキ》ニ從ヒ甲者ガ自已ノ土地ノ便益《ベンエキ》ニ供スル爲乙者ノ所有ノ土地《トチ》ヲ使用スル權利ヲ謂《イ》フノデアル、然《シカ》シナガラ此ノ地役權ヲ約束《ヤクソク》スルニハ彼《カ》ノ第二百九條ノ立入《タチイリ》、第二百十條ノ通行《ツウカウ》、第二百十四條ノ流水《リウスヰ》、第二百二十條ノ水路《スヰロ》、第二百二十三條ノ標示《ヘウジ》、第二百二十五條ノ圍障《ヰシヤウ》等ノ如キ公ノ秩序《チツジヨ》ニ關ハル規定ヲ遵守シ決シテ違犯《ヰハン》セナイヤウニセナケレバナラヌト定メタノデアリマス

第二百八十一條　地役權ハ要役地《エウエキチ》ノ所有權《シヨイウケン》ノ從トシテ之ト共ニ移轉《ヰテン》シ又ハ要役地ノ上ニ存スル他ノ權利《ケンリ》ノ目的タルモノトス但設定行爲ニ別段ノ定アルトキハ此《コ》ノ限《カギリ》ニ在ラス

地役權ハ要役地《エウエキチ》ヨリ分離《ブンリ》シテ之ヲ讓渡《ユヅリワタ》シ又ハ他ノ權利ノ目的《モクテキ》ト爲スコトヲ得ス

△參看　舊民法財產編第二百六十七條

〔註釋〕本條ハ地役權ノ效力《カウリヨク》ヲ確定シタル條項デアツテ、而《ソウ》シテ其ノ意義ハ地役權ヲ契約ス

ル當初別段ノ約束《ヤクソク》ヲ爲《シ》テ置ケバ兎《ト》モ角《カク》、若シ別段ノ契約《ケイヤク》ヲセナカッタ場合ニハ、例《タト》ヘバ袋地ヲ所有シテ既ニ通行《ツウカウ》ノ地役權ヲ得タル者ガ其ノ袋地《フクロヂ》ヲ他人ニ讓渡ス時ハ其ノ地役權ハ袋地ノ從デアルカラ共《トモ》ニ讓渡サレタルモノデアル、又其ノ袋地ヲ抵當《テイタウ》トシテ金ヲ借《カ》リ入タル時ハ其ノ地役權ハ袋地ノ從トシテ袋地ト等《ヒト》シク抵當ノ内ニ含《フク》ミタルモノデアル、ケレドモ地役權ダケ離《ハナ》シテ別ニ夫《ソレ》ダケヲ讓渡シ若《モシ》クハ抵當トスル等《ナド》ノ如キコトハ出來ヌト定メタノデアリマス

第二百八十二條　土地ノ共有者《キヨウイウシヤ》ノ一人ハ其ノ持分《モチブン》ニ付キ其ノ土地ノ爲メニ又ハ其ノ土地ノ上ニ存《ソン》スル地役權ヲ消滅《セウメツ》セシムルコトヲ得ス

土地ノ分割《ブンカツ》又ハ其ノ一部ノ讓渡ノ場合《バアヒ》ニ於テハ地役權ハ其各部《カクブ》ノ爲メニ又ハ其ノ各部ノ上ニ存《ソン》ス但地役權カ其ノ性質《セイシツ》ニ因リ土地ノ一部ノミニ關《クワン》スルトキハ此ノ限《カギリ》ニ在ラス

▲參看　舊民法財產編第二百六十八條

〔註釋〕本條ハ共有地上ニ存《ソン》スル地役權ノ效力《カウリヨク》ヲ規定シタル條項デアッテ、其ノ第一項ノ意

義ハ例《タトヘ》ハ前例ノ袋地ガ甲乙兩人ノ共有地ナルトスレバ其《ソ》ノ得《エ》タル通行權ハ袋地全体《ゼンタイ》ノ爲メニ得タルモノデアルカラ甲乙兩人ノ共有《キヨウイウ》ナルコトハ明瞭《アキラカ》デアル、而シテ元來共有者〆互ヒニ袋地全体《ゼンタイ》ノ上ニ所有權ヲ有シ居ルモノデアル、故ニ例令其ノ通行路《ツウカウロ》ガ甲ノ持分ニ屬シタリトスルモ原《モ》ト共有ノモノデアルカラ、甲一人ノ意思《イシ》ニテ其ノ通行路ヲ消滅《セウメツ》セシメルコトハ出來ナイ、故《ユヘ》ニ甲カ自已一人ノ持分ヲ他人ニ讓渡《ユヅリワタ》スモ其ノ通行權ハ矢張《ヤハ》リ位然トシテ袋地全体ノ上ニ存《ソン》スルモノデアルケレドモ若シ其ノ通行路ガ甲ノ持分《モチブン》ダケノ用ヲ爲スモノデアッテ乙ノ持分ニ毫《スコシ》モ關係ナキ時ハ斯ル規定《キテイ》ニ依ラズトモヨイト定タノデアリマス

第二百八十三條　地役權ハ繼續《ケイゾク》且《カツ》表現《ヘウゲン》ノモノニ限リ時効《ジカウ》ニ因リテ之ヲ取得スルコトヲ得

△參看　舊民法財産編第二百七十六條第一項

「註釋」本條ハ地役權ヲ時效《ジカウ》ニ因リテ取得スル塲合ヲ規定《キテイ》シタル條項デアッテ、而シテ地役權ヲ時効ニ因リ取得《シユトク》スルニハ地役ノ繼續シタル時ト地役《チエキ》ノ表現《ヘウゲン》シタル時ニ限ルノデアル、ソコデ第一繼續地役トハ如何《イカン》第二表現地役トハ如何此《コ》ノ二個ノ地役ノ何タルヲ知《シ》ルハ

本條ヲ解《カイ》スルニ最モ必要《ヒツエウ》ノコトデアル、故ニ各々《オノ〳〵》例ヲ掲《アゲ》ゲテ其ノ何タルヲ説《ト》キ示《シメ》サンニ

第一 繼續地役トハ例バ疆界線外《キヤウカイセングワイ》ニ雨水ヲ流下《リウカ》シ又ハ承役地ヲ經テ水ヲ引《ヒ》キ入《イ》レ若クハ排泄《ハキイダ》サシムルガ如ク、其ノ雨水ヲ流下スルノ地役《チエキ》又ハ水ヲ引入レ若クハ排泄《ハイセツ》セシムルノ地役ハ其ノ場所ガ傾斜《ケイシヤ》シテ居ルニ因リ何時モ人ノ手《テ》ヲ借《カ》ラズシテ自ラ流《ナガ》レテ要役地ノ便益《ベンエキ》ヲ與ヘ、而シテ承役地ニ累《ワヅラ》ヒヲ爲スモノデアル、斯クノ如キ地役ヲ指《サ》シテ繼續地役ト謂フ、故ニ彼ノ通行權《ツウカウケン》ノ如キ土石ヲ採取《サイシユ》スル地役等ハ之ヲ不繼續地役ト謂《イ》フ、如何トナレバ是等《コレラ》ノ地役ハ必《カナ》ラズ人ノ手《テ》ヲ借《カ》ラザケレバナラヌモノデアル

第二 表現地役トハ例バ水樋《スヰヒ》ヲ設《マウ》クルガ如キ建物ヲ建築《ケンチク》シタルカ如キ外見ノ工事《コウジ》ニ因リテ顯ハルヽモノ及ビ耕作《コウサク》ヲ爲スニ通路ノ爲ニ土地ノ一部《ブ》ヲ除キ其ノ他ヲ耕《タガヤ》スガ如キ形跡ニ因リテ顯《アラ》ハルヽ地役ヲ指《サ》シテ表現地役ト謂フ、故ニ彼ノ地下《チカ》ニ設クル土樋《ドヒ》ノ如キ牛羊《ギウヨウ》ヲ牧畜スル如キ地役等《ナド》ハ之ヲ不表現ノ地役ト謂フ、如何《イカン》トナレバ是等ノ地役ハ彼「相ヨリ見テ觀《ミ》ルコトノ出來《デキ》ヌモノデアル

以上ニ説明《セツメイ》セシ如ク地役ノ權利ガ繼續《ケイゾク》シテ居ルカ或ハ顯《アラ》ハレ居リテ人目《ヒトメ》ニ觸《フ》レ易《ヤス》キモノ「ハ時效ニ因テ取得《シユトク》スルコトハ出來ル、ケレドモ不《フ》繼續《ケイゾク》ノ地役權カ不表現ノ地役權デアツタナラバ時效ニ因リテ取得スルコトハ出來《デキ》ヌ、如何トナレバ元來《グワンライ》取得時效ニ因《ヨ》リテ取得

スルト謂フハ、他人ガ所有物《シヨイウブツ》ヲ占有スルト等《ヒト》シキモノデアルカラ、取得時效ニ必要《ヒツエウ》ナル條件ハ必ラズ占有《センイウ》ニ必要ナル條件デアル、占有必要《センイウヒツエウ》ナル條件ハ第百六十二條以下ニ規定シタル原則《ゲンソク》デアッテ必ラズ公然《コウゼン》ニ人目ニ觸《フ》レ易《ヤス》クシテ且間斷《カンダン》ナク引續キ居ル所爲《シワザ》ヲ以テセナケレバ他人ノ所有物ヲ占有スルコトハ出來《デキ》ヌモノデアル、故ニ取得時效《シカウ》ニ就テモ本各規定ノ如ク繼續《ケイゾク》ト表現《ヘウゲン》ヲ以テ時効ノ必要件《ヒツエウケン》ト爲シタル所以デアリマス

第二百八十四條　共有者ノ一人カ時效《シカウ》ニ因リテ地役權ヲ取得《シユトク》シタルトキハ他ノ共有者モ亦之ヲ取得《シユトク》ス

共有者ニ對スル時效中斷《シカウチウダン》ハ地役權ヲ行使《カウシ》スル各共有者ニ對シテ之ヲ爲スニ非《アラ》サレハ其ノ効力ヲ生セス

地役權ヲ行使《カウシ》スル共有者數人《スウニン》アル場合ニ於テ其ノ一人ニ對《タイ》シテ時效停止ノ原因《ゲンイン》アルモ時效ハ各共有者ノ爲ニ進行《シンカウ》ス

〔註釋〕本條ハ共有者間ニ於ケル時效《シカウ》ノ效力ヲ規定《キテイ》シタル條項デアッテ、其《ソ》ノ第一項ノ意義

ハ例ハ甲乙共有ノ土地《トチ》ノ上ニ於テ甲者ガ一ツノ地役權《チエキケン》ヲ時效《ジカウ》ニ因リ取得シタル時ハ甲者ニ於テモ之ヲ乙者ト等《ヒト》シク取得《シユトク》シタルモノトスルノデアル。如何《イカン》トナレバ第二百八十二條ニ規定《キテイ》シタル如ク地役權ハ分《ワカ》ツベカラザルガ原則《ゲンソク》デアルカラ斯《カク》ノ如ク定タノデアリマス、而シテ第二項ノ意義《イギ》ハ第一項ノ塲合《バアヒ》ニ於テ取得ノ時效《ジカウ》ヲ中斷セントスレバ乙者一名ニ對シテスルモ無效《ムカウ》デアル、故ニ必ラズ時效《ジカウ》ヲ中斷スルニハ甲乙兩者ニ對《タイ》シテ行ハナケレバナラヌト定メタノデ。其ノ理由《リイウ》ハ盡シ不利益《フリエキ》ノコトハ互ヒニ代理《ダイリ》シタリト看做《ミナ》スコトハ出來ヌ道理《ダウリ》ニ因ルモノデアリマス、又第三項ノ意義《イギ》ハ例ハ甲乙丙丁戊巳《ボウキ》ト六人共有ノ一地役權アル塲合《バアヒ》ニ於テ六人中ノ一人則《スナハ》チ甲者ニ於テ第百五十八條以下ニ規定《キテイ》シタル共有物分割ノ如キ塲合ガ生《シヤウ》シタル𪜈ハ甲者一人ハ時效ヲ停止《テイシ》セラル、モ之カ爲《タメ》ニ他ノ五人則チ乙丙丁戊巳ニ對《タイ》シテハ時效ノ停止《テイシ》ノ效力ハ及バヌモノデアル、如何《イカン》トナレバ原因ナキニ結果《ケツクワ》ノ生ズル理由《リイウ》ナキ所以ニ因ルモノデアリマス

第二百八十五條　用水地役權《エキケン》ノ承役地ニ於テ水カ要役地及ヒ承役地《シヨウユキチ》ノ需要ノ爲ニ不足《フソク》ナルトキハ其ノ各地ノ需要《ジユエウ》ニ應シ先ツ之ヲ家用《カヨウ》ニ供シ其ノ殘餘《ザンヨ》ヲ他ノ用ニ供スルモノトス但設定行爲《セツテイカウヰ》ニ別段ノ定アルト

キハ此ノ限ニ在ラス

同一ノ承役地ノ上ニ數個《スウコ》ノ用水地役權ヲ設定《セツテイ》シタルトキハ後ノ地役權者ハ前《マヘ》ノ地役權者ノ水ノ使用《シヨウ》ヲ妨クルコトヲ得ス

△參看　舊民法財產編第二百八十二條

〔註釋〕本條ハ用水地役《ヨウスヰチエキ》ノ給水ニ對シ效力ノ階段《カイダン》ヲ規定シタル條項《デウコウ》デアツテ其ノ第一項ノ意義ハ例《タト》ヘハ甲者ハ乙者ヨリ用水地役權ヲ得テ居レハ乙者ハ先《マ》ヅ甲者ノ需用《シユヨウ》ヲ滿足《マンゾク》セシメ而シテ後自己ノ需用《シユヨウ》ヲ滿《ミ》タスハ承役地ノ所有者タル乙者ノ義務《ギム》デアル、然シナガラ其ノ用水不足シテ此ノ義務ヲ果《ハタ》ス時ハ乙者ハ飲料水《インレウスヰ》ニモ差支ヘル如キコトアレハ甚《ハナハ》ダ不都合デアル、故ニ用水不足ノ場合《バアヒ》ハ甲者ガ家用外ニ使用《シヨウ》スル水ハ乙者ノ家用《カヨウ》ヲ滿《ミ》シタル後ノ餘水ヲ以テ滿《ミタ》サシムルコト、定メタノデアル、ケレトモ甲乙兩者《リヤウシヤ》ガ用水地役ノ契約《ケイヤク》ヲ爲スニ當リ之ト異《コトナ》ル定メヲ爲シ居レハ本條ノ規定《キテイ》ハ用ヒナイノデアリマス、而《ソウ》シテ第二項ノ意義ハ前例ノ承役地ノ所有者《シヨイウシヤ》タル乙者ガ用水ノ地役權者ヲ甲者ノ次《ツギ》ニ丙者其《ソ》ノ次ニ丁者ト謂フ如ク數人《スウニン》ヲ有スル場合ニ於テハ丁者ハ先約《センヤク》ノ丙者ガ水ノ使用《シヨウ》ヲ妨ケルコトハ出來《デキ》ヌ又丁者及ヒ丙者ハ共ニ先約《センヤク》ナル甲者ガ水ノ使用ヲ妨《サマタ》ケルコトハ出來《デキ》ヌ、總テ後ニ約定シ

タル者ハ先約者《センヤクシヤ》ノ使用セシ餘《アマ》リノ水ヲ使用《シヨウ》スルニ止ルモノデアルト定メタノデアリマス

第二百八十六條　設定行爲又ハ特別契約《トクベツケイヤク》ニ因リ承役地ノ所有者カ其費用ヲ以テ地役權ノ行使《カウシ》ノ爲ニ工作物ヲ設ケ又ハ其ノ修繕《シウゼン》ヲ爲ス義務ヲ負擔《フタン》シタルトキハ其ノ義務《ギム》ハ承役地ノ所有者ノ特定承繼人モ亦之ヲ負擔ス

▲參看　舊民法財產編第二百八十四條

〔註釋〕本條ハ承役地ノ所有者ガ地役權ニ關《クワン》スル耕作ノ費用《ヒヨウ》ヲ負擔スル場合ニ於テハ其ノ承役地ノ所有者ガ負擔《フタン》スル義務ノ第三者ニ及ブコトヲ規定《キテイ》シタル條項デアッテ、其ノ意義ハ例ハ甲者ガ乙者ヨリ用水《ヨウスヰ》ノ地役權ヲ得レバ之ニ必要《ヒツエウ》ナル樋門《ヒモン》ノ如キ工作物ハ甲者ノ利益ニ關スルモノデアルカラ甲者ニ於テ拵《コシラ》ヘヌケレバナラヌモノデアル、ケレドモ甲乙間ニ特別ノ約束《ヤクソク》アリテ乙者ニ於テ拵《コシラ》ヘルコト、シタレバ之ヲ拵ヘルハ乙者ノ義務《ギム》デアル、故ニ若シ此ノ約束アル場合《バアヒ》ニ於テ乙者ガ未ダ樋門《ヒモン》ヲ建築セザル前《ゼン》、其ノ承役地ヲ丙者ニ賣渡シタル時ハ特定承繼人タル買主《カヒヌシ》丙者ハ乙者ニ代《カハ》リ樋門ヲ建築シテ乙者ノ約束《ヤクソク》ヲ履行《リカウ》

センケレバナラヌ、是《コレ》其ノ承役地ニ付屬《フゾク》シタル義務ト看做《ナミ》スガ故デアリマス

第二百八十七條　承役地ノ所有者ハ何時《ナンジ》ニテモ地役權ニ必要《ヒツエウ》ナル土地ノ部分ノ所有權ヲ地役權者ニ委棄《ヰキ》シテ前條ノ負擔《フタン》ヲ免ルヽコトヲ得

▲參看　舊民法財產編第二百八十五條第二項

〔註釋〕本條ハ承役地ノ所有者ガ前條《ゼンデウ》ノ負擔義務ヲ免《マヌカ》ルヽ方法ヲ規定シタル條項《デウコウ》デアッテ、其ノ意義《イギ》ハ例《レイ》バ前條ニ例《レイ》シタル承役地ノ所有者乙者ガ地役權者《チエキケンシヤ》タル甲者ニ樋門《ヒモン》ノ建築ヲ負擔スル約束《ヤクソク》ヲ爲シタル時ハ義務《ギム》デアルカラ成シ遂《ト》ゲナケレバナラヌ中途《チウト》ニ於テ其ノ建築ヲ中止《チウシ》スルコトハ到底《タウテイ》出來ヌ、然シ乙者ガ資力《シリヨク》又ハ其ノ他ノ事故《ジコ》アリテ建築《ケンチク》スルコトノ出來ヌ場合ナシトモ限《カギ》ラヌ若シ然ル場合ニハ乙者ノ困難《コンナン》ヲ極ムルダケデナイ至漸《シゼン》甲者ニ損害《ソンガイ》ヲ蒙ラシムル譯《ワケ》ト成ル、故ニ此ノ場合ニハ甲者ノ地役權《チエキケン》ニ必要トスル例バ用水路ニ當ル敷地《シキチ》ノ所有權ヲ甲者ニ引渡《ヒキワタ》シテ其ノ義務《ギム》ヲ免レルコトガ出來ルト定メタノデアリマス

第二百八十八條　承役地ノ所有者《シヨイウシヤ》ハ地役權ノ行使《カウシ》ヲ妨ケサル範圍內ニ

於テ其ノ行使《カウシ》ノ爲ニ承役地ノ上ニ設《ムウ》ケタル工作物ヲ使用《シヨウ》スルコトヲ得

前項ノ塲合《バアヒ》ニ於テハ承役地ノ所有者ハ其ノ利益《エキ》ヲ受クル割合ニ應《オウ》シテ工作物ノ設置《セツチ》及ヒ保存ノ費用ヲ分擔《ブンタン》スルコトヲ要ス

▲參看　舊民法財産編第二百八十六條第二項

〔註釋〕本條ハ承役地ノ所有者ガ其ノ地上ニ建設《ケンセツ》シタル地役權者ノ建設物ヲ使用《シヨウ》スル塲合ヲ規定シタル條項《ジヤウコウ》デアッテ、其ノ意義《イギ》ハ例バ甲者ガ乙者ヨリ用水《ヨウスヰ》ノ地役權ヲ得テ甲者ノ費用ヲ以テ乙者所有ノ土地上ニ樋門《ヒモン》ヲ建設シタル時ハ、乙者ハ甲者ガ水ヲ使用《シヨウ》スルヲ妨ゲナケレバ其ノ樋門《ヒモン》ヲ使用スルコトガ出來《デキ》ル、ケレドモ此ノ塲合《バアヒ》ニハ乙者ハ必ラズ甲者ニ對シテ自巳ガ樋門ヲ使フ爲ニ得ル利益《リエキ》ノ割合ニ應ジテ甲者カ樋門《ヒモン》ヲ建テ又ハ既ニ建テタル樋門ノ修繕費《シウゼンヒ》等保存ニ要スル費用ヲ分擔《ブンタン》セナケレバナラヌト定メタノデアリマス、是經濟上ノ理《リ》ニ基《モトヅ》キシモノニシテ實《ジツ》ニ甲乙雙互ノ利益ヲ保護《ホゴ》シタル條項《デウコウ》デアリマス、如何トナレバ同シ目的ニ使用《シヨウ》スベキ樋門ヲ同シ塲所ニ二個並《ナラ》ベ設クルハ實ニ不經濟《フケイザイ》デアリマス

第二百八十九條　承役地ノ占有者《センイウシヤ》カ取得時效ニ必要《ヒツエウ》ナル條件ヲ具備《グビ》セル占有ヲ為シタルトキハ地役權《チエキケン》ハ之ニ因リテ消滅《セウメツ》ス

參看　舊民法財産編第二百八十七條第二項

〔註釋〕本條ハ地役權ノ消滅《セウメツ》スル一種ノ場合ヲ規定シタル條項《デウコウ》デアツテ其ノ意義ハ例バ甲ガ通行權ヲ得テ居ル承役地ヲ乙ガ占有《センイウ》シテ第百六十二條ニ規定シタル占有ヲ取得《シユトク》スルニ必要ナル條件ヲ具備《ソナ》ヘテ其ノ承役地ヲ占有シ了リ全ク乙者ノ所有ニ歸《キ》シタル時ハ之ニ因リテ甲者カ得《エ》テ居リシ通行ノ地役權ハ消滅《セウメツ》スルモノデアルト定メタノデアリマス

第二百九十條　前條ノ消滅時效《セウメツジカウ》ハ地役權者カ其ノ權利《ケンリ》ヲ行使スルニ因リテ中斷《チウダン》ス

〔註釋〕本條ハ前條ノ例外《レイグワイ》ニシテ取得時效ノ中斷《チウダン》スル場合ヲ規定《キテイ》シタル條項デアツテ、其ノ意義ハ例《タトヘ》バ前例ニ於ケル甲者ガ乙者ノ占有中《センイウチウ》一旦中絶《タンチウゼツ》シ居リシ通行權ヲ再ヒ使用スレバ地役權ノ消滅スル時效《ジカウ》ハ中斷セラルヽモノト定メタノデアリマス

第二百九十一條　第百六十七條第二項ニ規定《キテイ》セル消滅時效《セウメツシカウ》ノ期間ハ不繼續地役權ニ付テハ最後《サイゴ》ノ行使ノ時ヨリ之ヲ起算《サン》シ繼續地役權ニ付テハ其ノ行使ヲ妨クヘキ事實《シジツ》ノ生シタル時ヨリ之ヲ起算《キサン》ス

△參看　舊民法財產編第二百九十條第二項、第三項

〔註釋〕本條ハ地役權ノ消滅《セウメツ》スル時效ノ期間《キカン》ヲ起算スル初点《ショテン》ニ就テ規定スル條項《デウコウ》デアッテ、其ノ意義《イギ》ハ所有權《ショイウケン》外ノ財產權タル地役權等ノ消滅時《シ》效ノ期間ニ對スル原則則チ第百六十七條第二項ニ規定《キテイ》スル二十年間ノ期間《キカン》ハ例《タトヘ》バ通行權ノ如キ不繼續地役權《フケイゾクチエキケン》デアッタナラバ地役權者《チエキケンシヤ》ノ最後《サイゴ》ニ通行《ツウカウ》シタル時ヲ起算ノ初点トシテ二十年ヲ數ヘ、又觀望權ノ如キ繼續《ケイゾク》地役權《チエキケン》デアッタナラバ自己《ジブン》ガ建物ノ前面《ゼンメン》ニ當リテ建物《タテモノ》ヲ建設ナタル時ヲ起算《キサン》ノ初点《ショテン》トシテ二十年ヲ數《カヅ》ヘルモノデアルト定メタル條項デアリマス

第二百九十二條　要役地《エウエキチ》カ數人《スウニン》ノ共有ニ屬《ゾク》スル場合ニ於テ其ノ一人ノ爲ニ時効《ジカウ》ノ中斷《チウダン》又ハ停止《テイシ》アルトキハ其中斷又ハ停止ハ他《タ》ノ共有者《キヤウイウシヤ》ノ爲《タメ》ニモ其ノ効力《カウリヨク》ヲ生ス

▲參看　舊民法財産編第二百九十一條

〔註釋〕本條ハ數人共有《スウニンキヨウイウ》ノ場合ニ於ケル時效《ジカウ》ノ效力ヲ規定シタルモノデアツテ、第二百八十四條ト表裏《ヘウリ》ヲ爲ス條項デアル、故ニ第二百八十四條ハ對手方《アヒテカタ》ガ共有者ニ對スル場合デアツテ本條ハ共有者ガ對手方ニ對《タイ》スル場合デアル、而シテ又前々《マヘ〳〵》ニモ述ベシ如ク地役權ハ不可分《フカブン》ノモノデアルカラ、利益ノ上ヨリ謂《イ》ヘハ數人《スウニン》ノ共有者中ノ一人ガ爲シタル行爲《カウヰ》ノ結果《ケツクワ》ニ因リ得タル利益ハ他ノ共有者ニモ及《オヨ》ブモノナルガ故之ニ對スル不利益《フリエキ》ノ上《ウヘ》ヨリ謂フモ等シク共有者中ノ一人《ヒト》ガ所爲《シヨヰ》ノ結果《ケツクワ》ハ必ラズ他ノ共有者ニ波及《ハキフ》スルハ正當《セイタウ》ノ理デアル、故ニ本條ハ一人ノ爲ニ時效ノ中斷《チウダン》又ハ停止アリタルトキハ其ノ中斷又ハ停止《テイシ》ノ効力ハ他ノ共有者ニモ及《オヨ》ブモノト定《サダ》メタノデアリマス

第二百九十三條　地役權者《チエキケンシヤ》カ其ノ權利《ケンリ》ノ一部ヲ行使《カウシ》セサルトキハ其ノ部分ノミ時効《ジカウ》ニ因《ヨ》リテ消滅《セウメツ》ス

▲參看　舊民法財産編第二百九十二條

〔註釋〕本條ハ地役權《チエキケン》ノ一部ノミガ時效ニ因リテ消滅《セウメツ》スル場合ヲ規定《キテイ》シタル條項《デウカウ》デアツテ、

其ノ意義《イギ》ハ例ハ甲ナル地役權者ガ承役地ニ汲水地役《キフスヰチエキ》ノ權利ヲ得タル場合ニ二個ノ泉源《センゲン》ヲ使用スルコトヲ承役地主《シヨウエキチヌシ》乙ナル者ト約《ヤク》シ、後チ一個ヲ使用《シヨウ》シテ一個ヲ使用シナイ時ハ其ノ使用シナイ方ノ泉源《センゲン》ニ對スル地役權ハ時效ニ因リ消滅《セウメツ》スルモノデアルト定タノデアル

第二百九十四條　共有《キヨウイウ》ノ性質《セイシツ》ヲ有セサル入會權《ニフクワイケン》ニ付テハ各地方《カクチハウ》ノ慣習《クワンシフ》ニ從《シタガ》フ外本章ノ規定《キテイ》ヲ準用ス

〔註釋〕本條ハ入會權《ニフクワイケン》ニ就テノ規定テアッテ、而《シカ》シテ其ノ意義《イギ》ハ入會權デアッテ共有ノ性質ヲ帶《オ》ブルモノデ就《ツイ》テハ既ニ第二百六十三條ニ規定《キテイ》シタレハ其ノ規定《キテイ》ニ因ルモノデアル、然《シカ》シナカラ入會權デアッテ共有ノ性質《セイシツ》ヲ帶《オ》ビテ居ラナイモノハ此ノ地役權《チエキケン》ニ就テ規定シタル第二百七十九條以下第二百九十三條ニ至ル各條ノ規定《キテイ》ニ從《シタガ》ハナケレハナラヌ、ケレドモ若シ各地方ニ於テ本章《ホンシヤウ》ト異ナル習慣アレハ別ニ本章ノ規定ニ因ラズシテ其ノ地方ノ習慣《ナラハセ》ニ因ルモ差支《サシツカ》ヘハナイト定メタノデアリマス

第七章　留置權《リウチケン》

〔註釋〕留置權トハ金ヲ貸《カシ》シタル債權者《サイケンシヤ》ガ借主即チ債務者ニ於テ返金《ヘンキン》ヲ終ルマデ義務履行《ギムリカウ》ノ

保證《ホシヨウ》トシテ借主ノ動產《ドウサン》若クハ不動產ヲ占有シ置ク權利ヲ謂《イ》フノデアリマス、故ニ其ノ保證トシテ留置《リウチ》スル物件ハ必ラズ借主ノ所有《シヨイウ》デナケレハナラン、ケレドモ借主《カリヌシ》ガ他人ヨリ借リテ之ニ充《ア》ツルハ敢《ア》ヘテ差支《サシツカ》ヘハナイ、而シテ元來《グワンライ》此《コ》ノ留置權ナルモノハ債權者《サイケンシヤ》ニ取リテ大ヒナル利益《リエキ》アルモノデアル、如何《イカン》トナレハ借主ニ於テ物件《ブツケン》ノ債權者ニ留置セラルヽ時ハ其ノ負債金《フサイキン》ヲ返還《カヘ》シ終《ヲハ》ルマデハ其ノ物件ヲ處分《シヨブン》スルコトガ出來ヌ、若シ之ヲ處分セントスレハ自分ノ負債金《フサイキン》ヲ返還《カヘ》サナケレハナラヌ、又債權者ハ借主ガ結局《ケツキヨク》負債金ヲ返還ナイ時ハ留置セシ物件《ブツケン》ヲ賣却《バイキヤク》シテ自已ノ貸金ニ充ツルコトガ出來《デキ》ル、故ニ自然ニ義務ノ履行《リカウ》ヲ確《タシ》カメ損害ヲ蒙《カウ》ムルコトナキモノデアリマス

第二百九十五條　他人《タニン》ノ物ノ占有者カ其ノ物ニ關《クワン》シテ生《シヤウ》シタル債權ヲ有スルトキハ其ノ債權ノ辨濟《ベンサイ》ヲ受クルマテ其物ヲ留置《リウチ》スルコトヲ得、但其ノ債權《サイケン》カ辨濟期《ベンサイキ》ニ在ラサルトキハ此ノ限ニ在ラス

前項《ゼンコウ》ノ規定ハ占有《センイウ》カ不法行爲《フハフカウヰ》ニ因リテ始マリタル場合ニハ之ヲ適用《テキヨウ》セス

△參看　舊民法債權擔保編第九十二條

〔註釋〕本條ハ留置權《リウチケン》ノ効用《カウヨウ》ヲ規定シタル條項《デウコウ》デアッテ其ノ第一項ノ意義《イギ》ハ例ハ他人ノ物ヲ買取リ或ハ自已《シブン》ニ使用スル爲《タメ》他人ヨリ物ヲ借入レ若クハ他人ヨリ物ヲ預《アヅ》リ居ル場合ニ於テ自然其ノ買《カ》ヒシ物、借入レ物、預リシ物ヲ占有《センイウ》スルコトガアリマス、是等ノ占有者《センイウシヤ》ガ其ノ物ノ所有者ヨリ取戻《トリモド》シノ請求ヲ受ケタル時ハ、占有者ハ自已《シブン》ノ占有中ニ費消《ヒセウ》シタル費用即チ代價《ダイカ》、保存費《ホゾンヒ》、損害賠償金等《ソンガイバイシヤウキンナド》ヲ其ノ所有者ニ請求《セイキウ》スルコトガ出來《デキ》ル、故ニ占有者ガ此ノ請求《セイキウ》ヲ爲シタル時、所有者ガ其ノ費用ヲ辨償《ベンシヤウ》スル迄其ノ物ヲ占有者ノ手許《テモト》ニ留置シ居ルコトガ出來《デキ》ル、ケレドモ占有者ガ得ル處ノ債權ガ對手方ノ辨濟《ベンサイ》スベキ時期ニ達シ居ラヌ以前《イゼン》ニ其ノ物ヲ留置《リウチ》スルコトハ決《ケツ》シテ出來ヌト定メタノデアリマス、而シテ第二項ノ意義《イギ》ハ第一項ニ規定シタル留置權《リウチケン》ヲ得ル占有者ハ必ラズ善意《ゼンイ》ノモノニ限ル若シ强暴等ニ因テ他人ノ物ヲ占有スル如キ惡意《アクイ》ノ占有者ハ前條規定《ゼンデウキテイ》ノ保護《ホゴ》ヲ得ザルモノデアルト定《サダ》メタノデアリマス

第二百九十六條　留置權者《リウチケンシヤ》ハ債權《サイケン》ノ全部《ゼンブ》ノ辨濟《ベンサイ》ヲ受クルマデハ留置物《リウチブツ》全部《ゼンブ》ニ付キ其ノ權利《ケンリ》ヲ行フコトヲ得

▲參看　舊民法債權擔保編第九十三條

〔註釋〕本條ハ留置權《リウチケン》ハ不可分《フカブン》デアルト謂フコトヲ規定《キテイ》シタル條項デアッテ、其ノ意義ハ例ハ甲ハ乙ニ對《タイ》シ百圓ノ債權《サイケン》ヲ有シ居ルニ因リ乙者ノ或物件《アルブツケン》ヲ其ノ債務《サイム》ノ履行《リカウ》ヲ終ルマデ留置シタルニ乙者ハ某ノ後元金《ゲンキン》ノ内ヘ五拾圓ノ入金《ニフキン》ヲ爲シタリトセンカ、此《コ》ノ場合ニ於テ留置權《リウチケン》ガ不可分ノ權利《ケンリ》デナケレハ、乙者ハ半金ノ辨償《ベンシヤウ》ヲ爲シタルモノデアルカラ甲者ハ留置物《リウチブツ》ノ半額ヲ歸《カヘ》サナケレハナラヌ、ケレトモ本條規定《キテイ》ノ原則《ゲンソク》ニ因レハ留置權ハ不可分ノモノデアルカラ、假令《タトヘ》乙者ガ百圓ノ内金トシテ九拾九圓九拾九錢九厘迄辨償《ベンシヤウ》シ終ルモ、甲者《カフシヤ》ハ尚ホ殘金《ザンキン》壹厘ノ辨償ヲ受ケ全ク百圓トナラザル限《カギ》リハ殘金《ザンキン》壹厘ノ爲ニモ留置物ヲ乙者ニ返還《ヘンクワン》スルノ義務《ギム》ナシト定メタノデアリマス

第二百九十七條　留置權者《リウチケンシヤ》ハ留置物ヨリ生スル果實《クワジツ》ヲ收取《シウシユ》シ他ノ債權者ニ先《サキ》ダチテ之ヲ其ノ債權《サイケン》ノ辨濟《ベンサイ》ニ充當《ジウタウ》スルコトヲ得

前項《ゼンコウ》ノ果實《クワジツ》ハ先ツ之ヲ債權ノ利息《リソク》ニ充當シ尚ホ餘剩《ヨジヤウ》アルトキハ之ヲ元本《ゲンホン》ニ充當スルコトヲ要ス

▲参看　舊民法債權擔保編第九十四條

(註釋)留置物《リウチブツ》ヨリ生スル果實《クワジツ》ノ處分方法ヲ規定シタル條項《デウコウ》テアッテ、而《ソウ》シテ本條第一項ノ意義《イギ》ハ例ハ乙者ニ債權《サイケン》ヲ有スル甲者ガ乙ヨリ留置シタル物件《ブツケン》ガ土地ナル時ノ其ノ土地ヨリ生《シヤウ》スル果實タル收穫物ハ甲者ニ於テ乙者ニ債權アル他ノ丙丁者等《ヘイテイシヤナド》ニ先チ自己《ジブン》ガ債權ノ内ヘ乙者ヨリ入金シタルモノトシテ取得《シユトク》スル事ガ出來ル、ケレドモ此ノ取得シタル果實《クワジツ》ハ總《スベ》テ元金ノ内ヘ組込《クミコ》ムモノカ又利子金《リシキン》ノ準備金《ジユンビキン》ト爲シ置クモノカト謂ヘハ本條第二項ニ規定《キテイ》スル如ク其ノ果實ハ先ツ第一ニ債權額《サイケンガク》ノ利息金ト爲シ若シ餘剩《ヨジヤウ》アレハ之ヲ元金ノ内ヘ組込《クミゴ》ムコトヽ定メタノテアリマス

第二百九十八條　留置權者《リウチケンシヤ》ハ善良《ゼンリヤウ》ナル管理者《クワンリシヤ》ノ注意《チウイ》ヲ以テ留置物《リウチブツ》ヲ占有スルコトヲ要ス

留置權者《リウチケンシヤ》ハ債務者ノ承諾《シヨウダク》ナクシテ留置物ノ使用《シヨウ》若《モシ》クハ賃貸《チンカシ》ヲ爲シ又ハ之ヲ擔保《タンポ》ニ供《キヤウ》スルコトヲ得ス但其ノ物ノ保存《ホゾン》ニ必要《ヒツエウ》ナル使用ヲ爲スハ此ノ限《カギリ》ニ在ラス

留置權者《リウチケンシヤ》カ前《ゼン》二項《コウ》ノ規定ニ違反《井ハン》シタルトキハ債務者ハ留置權ノ消滅《セウメツ》ヲ請求《セイキウ》スルコトヲ得

▲參看　舊民法債權擔保編第九十六條、第百六條、第百七條

、註釋〕本條ハ留置物ヲ管理《クワンリ》セル留置權者ノ責任《セキニン》ヲ規定シタル條項テアッテ、其ノ第一項ノ意義《イギ》ハ元來留置物ハ債務者ガ負擔《フタン》テ辨了《ベンレウ》スル迄擔保品《タンホヒン》トシテ債權者ニ預《アツカ》リ居ル物ナレハ其ノ義務《ギム》ヲ終《チハ》レハ直チニ之ヲ返還《ヘンクワン》シナケレハナラヌモノテアル、サレハ取《ト》リモ直《ナホ》サス債權者ハ債務者ノ所有物件ヲ預《アツカ》リシモノナレハ懇切《コンセツ》ニ其ノ物ヲ取扱《トリアツカ》ヒ苟《イヤシ》クモ毀損《キソン》スル等ノコト無キヤウ注意《チウイ》セナケレハナラヌト謂《イ》フコトテアッテ、第二項ハ留置物《リウチブツ》ハ斯ノ如キ性質ノモノテアルカラ留置權者ハ其ノ留置物ヲ使用《シヨウ》シ若クハ他人ニ賃金《チンキン》ヲ取リテ貸與《カシアタ》ヘ、又ハ他人ヘ抵當《テイタウ》トシテ差入レル等ノコトヲ爲《ナ》サヌトスレハ必ラス留置物件《リウチブツケン》ノ所有主タル債務者ノ承諾《シヨウダク》ヲ得ナケレハナラヌ、ケレトモ其ノ物件ヲ保存《ホゾン》スルニハ使用セナケレハナラヌ物、例《タトヘ》ハ乘馬《ジヤウバ》ノ如キモノテアル時之ヲ保存スル爲メ時々《ジド》使用スルハ格別《カクベツ》テアル、故ニ留置權者ガ此ノ乘馬ノ如キ性質《セイシツ》ニ於テ保存《ホゾン》上使用スル物ノ外、債權者《サイケン》ノ承諾ナクシテ其ノ物件ヲ使用若クハ貸與《カシアタ》ヘ、又ハ擔保品トシ若クハ善意《ゼンイ》ノ保存ヲ爲サヽル等ノコトア

レハ其ノ結果《ケツクワ》債務者ク損害トナル恐《オソレ》アレハ債務者ハ留置權者ヨリ其物件ノ取戻《トリモド》シヲ請求スルコトカ出來《デキ》ルト定メタノガ第三項テアリマス

第二百九十九條　留置權者《リウチケンシヤ》カ留置物ニ付キ必要費《ヒツエウヒ》ヲ出シタルトキハ所有者ヲシテ其ノ償還《シヤウクワン》ヲ爲サシムルコトヲ得

留置權者カ留置物ニ付キ有益費《イウエキヒ》ヲ出タシタルトキハ其ノ價格《カカク》ノ增加カ現存スル場合ニ限リ所有者ノ選擇《センタク》ニ從《シタガ》ヒ其ノ費シタル金額《キンガク》又ハ增價額ヲ償還《シヤウクワン》セシムルコトヲ得但裁判所ハ所有者《シヨイウシヤ》ノ請求《セイキウ》ニ因リ之ニ相當ノ期限《キゲン》ヲ許與《キヨヨ》スルコトヲ得

▲參看　舊民法債權擔保編第百九條

〔註釋〕本條ハ留置物《リウチブツ》ニ對スル保存費用ニ就《ツイ》テノ規定ニシテ、其ノ意義《イギ》ハ留置者ガ留置物ヲ保存《ホゾン》スルニ付必要ナル費用例《タトヘ》ハ乘馬ヲ保存スルノ飼養料《シヤウレウ》ヲ支出シタル時ハ所有者タル債務者ハ之ヲ償還《シヤウクワン》セシメサレハナラヌ、而シテ第二項ハ留置權者《リウチケンシヤ》ガ留置物ヲ保存スル中ニ付有益費《イウエキヒ》則チ物件ノ惡《ア》シキ一部ヲ改良《カイリヤウ》シタル費用、例ハ原價十圓ノ物件《ブツケン》ヲ留置權者ガ四圓ノ費用ヲ以テ改良シタルガ爲メ其ノ價格《カカク》ガ拾五圓ト成リタル場合ニハ其《ソ》ノ物件ノ所有者ハ自已ガ考《ガンガ》ヘテ留置權者ノ實費金四圓ヲ償フカ又ハ増價格《マシカカク》拾五圓ヲ償フカ何レカ一方ヲ償還セナケレハナラヌ、若シ此ノ塲合《バアヒ》ニ於テ所有者ガ留置權者《リウチケンシヤ》ヨリ物件ヲ受取《ウケト》ルト共ニ費用ノ支拂《シハラ》ヒヲスルコトガ出來ナイ時留置權者ニ於テ費用ト引替《ヒキカ》ヘニナケレハ物件ヲ引渡サヌ等ノコトヲ謂《イ》ヒ張《ハ》リ示談調《トヽノ》ハヌ塲合アレハ所有者ニ於テ裁判所ニ訴《ウツタ》フレハ裁判所ハ之ニ相當《サウタウ》ノ猶豫期限ヲ與《アタ》ヘルコトガ出來ルト定《サダ》メタノテアリマス

玆ニ注意《チウイ》スベキハ本條ニ定メタル費用金《ヒヨウキン》ニ就テハ第二百九十六條ノ如キ留置權《リウチケン》ヲ行使スルコトハ出來ヌモノテアル、ケレドモ此ノ費用金ハ債權牽連《サイケンケンレン》シテ生スルモノテアルカラ他ノ債權ニ先《サキ》ダテ得ンコトヲ請求《セイキウ》スルコトガ出來ルモノテアリマス

第三百條　留置權ノ行使《カウシ》ハ債權ノ消滅時効ノ進行《シンカウ》ヲ妨ケス

◎參看　舊民法債權擔保編第百十四條

〔註釋〕本條ハ留置權行使ノ効力《カウリヨク》ヲ規定シタ條項テアッテ、其ノ意義《イギ》ハ留置權ノ行使ハ債權ガ消滅《セウメツ》スル時效ノ進行ニハ關係セヌモノテアル、故ニ留置權《リウチケン》ノ行使ニ因ッテ債權ノ消滅

ズル時効ヲ中斷《チウダン》スルモノテハナイカラ場合《バアヒ》ニ依リテハ債權ハ時效《シカウ》ニ因ツテ消滅スルニモ關ハラス留置物《リウチブツ》ノ存スルコトガアル、故ニ時效ノ消滅《セウメツ》ニ因リ債權ヲ失フトキハ留置物ヲ債務者ニ返還《カヘ》サナケレハナラヌ場合《バアヒ》ノ生ズルモノテアリマス

第三百一條　債務者ハ相當《サウタウ》ノ擔保ヲ供シテ留置權ノ消滅《セウメツ》ヲ請求スルコトヲ得

△參看　現行商法第三百八十七條

〔註釋〕本條ハ留置權消滅ノ場合ヲ規定《キテイ》シタル條項テアツテ、其ノ意義ハ債務者《サイムシヤ》ガ未ダ債務ノ辨償ヲ終《オ》ヘナイ場合ニ留置權者ニ留置《リウチ》セラレタル物件ヲ取戻《トリモド》サヌトスレハ、留置物ニ見代《ミガヘ》ルベキ擔保例ハ先ニ留置《リウチ》サレタル物件ト同價格《ドウカカク》ノ他ノ物品カ又ハ何時《イツ》ニテモ債權ヲ辨償スルニ足《タ》ルベキ資力アル保證人《ホシヤウニン》ヲ立ツルトキハ、留置權者ニ對《タイ》シテ留置物件ノ取戻シヲ請求スルコトカ出來《デキ》ルト定メタノテアリマス

第三百二條　留置權ハ占有《センイウ》ノ喪失ニ因リテ消滅《セウメツ》ス但第二百九十八條第二項ノ規定《キテイ》ニ依リ賃貸又ハ質入《シチイレ》ヲ爲タル場合ハ此ノ限ニ在ラス

△參看　現行商法第三百八十九條

〔註釋〕本條モ前條ト等《ヒト》シク留置權消滅ノ場合ヲ規定《キテイ》シタル條項《デウコウ》デアツテ、其ノ意義《イギ》ハ留置物ハ留置權ノ生ズル原因《ゲンイン》デアルカラ、必ラス留置權者ニ於テ占有《センイウ》シ置カナケレハナラヌモノデアル、若シ留置權者ガ其ノ目的《モクテキ》タル留置物ヲ占有シテ居《ヰ》ラヌ時ハ留置權ハ無效《ムカウ》テアルカラ占有ノ喪失《ソウシツ》ハ留置權消滅ノ原因ト成《ナ》ルノデアル、ケレドモ第二百九十八條第二項規定ノ如ク債務者ノ承諾《シヨウダク》ヲ得テ留置物ヲ他人ニ賃貸《チンガシ》若クハ擔保トシテ手渡《テワタ》シタルトキハ其ノ留置物件ハ留置權者ノ手《テ》ニアラサルガ故ニ皮相《ヒサウ》ヨリ考フレハ留置占有ノ喪失《ソウシツ》セシガ如キ觀《クワン》アルモ其ノ實相ハ殆《ホト》ント代理人ニ因リ占有《センイウ》シテ居ル姿ナレハ此ノ場合ハ占有喪失トハセヌト定メタノデアリマス

第八章　先取特權《サキドリトクケン》

〔註釋〕先取特權トハ當事者間ノ約束《ヤクソク》ヨリ生スル者デハナクシテ債權ノ性質《セイシツ》ニ因リテ法律ガ特ニ其ノ債權ノ原因《ゲンイン》ニ與フル權利デアル、此ノ權利《ケンリ》ハ例バ一ノ債務者ニ對シ債權《サイケン》ヲ有スル者數人アル場合ニ於テ他ノ債權者《サイケンシヤ》ヨリ先ニ自己ノ債權額全部ノ辨償ヲ受クル權利ヲ謂フノデアリマス

第一節　總則

本節ニ網羅《マウラ》シタル各條項ノ第二節以下《イカ》ニ規定シタル先取特權ニ關《クワン》スル各條項ノ原則《ゲンソク》トシテ總テノ條項ニ應用《オウヨウ》スル規定デアル、故ニ此ノ第三百三條以下《イカ》第三百五條ニ至ル三條ヲ總則《ソウソク》ト謂フノデアリマス

第三百三條　先取特權者ハ本法其《ソ》ノ他《タ》ノ法律ノ規定ニ從《シタガ》ヒ其ノ債務者ノ財産ニ付キ他ノ債權者《サイケンシヤ》ニ先チテ自己ノ債權ノ辨濟《ベンサイ》ヲ受クル權利ヲ有ス

△參看　舊民法債權擔保編第百三十一條

〔註釋〕本條ハ先取特權ノ性質《セイシツ》ヲ示シタル條項デアル、而《ソウ》シテ元來先取特權ハ當事者《タウジシヤ》ノ合意ヨリ生ズルモノデナク債權ヲ生《シヤウ》スベキ原因ノ性質《セイシツ》ガ特別ニ保護《ホゴ》セラルベキ理由アル場合ニ法律カ該債權ノ原因《ゲンイン》ニ與ヘル權利デアル、故ニ本條ハ先取特權者ハ法律《ハフリツ》ノ規定ニ從ヒテ其ノ債務者ノ財産ニ付キ他ノ債權《サイケン》ニ先チテ自己ノ債權ノ辨濟《ベンサイ》テ受クル權利ノアルモノト定メタノデ、此ノ權利《ケンリ》ハ必ラズ自己以外ニ別《ベツ》ニ債權者ノナケレバ生《シヤウ》ズルモノデハナイ

今不動産ニ就キ一例《レイ》ヲ示セバ甲者ハ乙者ノ家屋《カオク》ヲ一番抵當《テイタウ》トシテ貸金ヲ為《ナ》セリ然ルニ其ノ家屋ハ丙者丁者ニ於テモ別《ベツ》ニ二番、三番ノ書入抵當《カキイレテイタウ》トシテ貸金ヲ為シ居レル時乙者ハ辨濟ノ資力《シリヨク》ナクシテ分散《ブンサン》ヲ為セバ此甲丙丁ノ三人ハ如何《イカン》ニスルカ、則チ此場合《コノバアヒ》ニ於テハ既定法律ノ定ムル所ニ因《ヨ》リテ甲者ハ丙丁兩人ニ先《サキ》ダテ自已ガ債權額全部ノ辨償ヲ受クルモノデアリマス

第三百四條　先取特權ハ其ノ目的物《モクテキブツ》ノ賣却、賃貸《チンタイ》、滅失又ハ毀損《キソン》ニ因リテ債務者カ受クヘキ金錢《キンセン》其ノ他ノ物ニ對《タイ》シテモ之ヲ行フコトヲ得
但先取特權者ハ其ノ拂渡《ハラヒワタシ》又ハ引渡前ニ差押《サシオサヘ》ヲ為スコトヲ要ス
債權者カ先取特權ノ目的物《モクテキブツ》ノ上ニ設定シタル物權《ブツケン》ノ對價ニ付キ亦同シ

▲參看　舊民法債權擔保編第百三十三條

〔註釋〕本條ハ債務者ガ有シ居ル權利《ケンリ》ハ債權者代《カハ》リテ之ヲ行フコトヲ得ル場合《バアヒ》ヲ規定シタル條項デアツテ、其ノ第一項ノ意義ハ例バ債務者乙ナル者ガ丙ナル者ニ或《ア》ル物件ヲ賃貸《チンガシ》シ

テ賃金ヲ得ツヽアル場合《バアヒ》ニ於テ乙者ニ債權《サイケン》ヲ有スル甲者ハ其ノ賃貸物件《チンガシブツケン》ト其ノ賃金ノ上ニ先取特權《サキドリトクケン》ヲ有スルモノデアルヽケレドモ甲者ニ於テ此ノ權利《ケンリ》ヲ行ヒ其ノ目的《モクテキ》ヲ達セントスレバ、先ツ乙者カ丙者ヨリ賃金《チンギン》ノ支拂ヲ受ケナイ以前カ或ハ賃貸物件ノ引渡《ヒキワタシ》ヲ受ケナイ中ニ其ノ賃金或ハ物件ノ差押《サシオサヘ》ヲセンケレバナラヌ、如何《ナゼ》トナレバ其ノ物件其ノ賃金ハ乙者ノ所有《ショイウ》ニ屬シ或ハ權利ニ屬《ゾク》スルモノデアッテ、第三者タル丙者ノ之ヲ引渡《ヒキワタ》シ或ハ支拂ヲ爲スハ義務《ギム》デアルカラ甲者ニ於テ正當《セイタウ》ノ手續ヲ履《フ》ミテ差押ヲセナケレバ如何《ドウ》シテモ手出《テダ》シノ出來ヌモノデアル、若シ此ノ場合ニ甲者ノ手脫《テヌカ》リアリテ乙者ガ其ノ物件其ノ賃金ヲ丙者ヨリ受取《ウケト》リテ費消スレバ債權ノ辨濟《ベンサイ》ヲ受ケル目的ハ到底《トテ》モ達シ得ルコトハ出來ヌカラ本條ハ必ラズ差押《サシオサヘ》ヲ爲サンケレバナラヌト規定《キテイ》シタノデアル。而シテ又其ノ第二項ハ例ハ乙者ガ丙者ニ對シテ地上權《チジヤウケン》ノ如キ又ハ永小作權ノ如キ其ノ貸料《カシレウ》ヲ得テ居ル場合ニ於テ甲者ハ其ノ貸料《カシレウ》ニ就テモ先取特權ヲ有スルモノデアルト定《サダ》メタノデアル、最モ此ノ場合ニ於テモ甲者ハ前項ノ但書通《タヾシガキドホ》リ其ノ貸料ヲ丙者ヨリ乙者ニ引渡《ヒキワタ》サナイ中ニ差押ヘヌケレバナラヌノデアリマス

第三百五條　第二百九十六條ノ規定《キテイ》ハ先取特權ニ之ヲ準用《ジユンヨウ》ス

〔註釋〕本條ハ先取特權ハ不可分《フカブン》ノモノデアルコトヲ示シタル條項《デウコウ》デアル、故ニ彼ノ留置權ト等《ヒト》シク債權額ノ全部辨償ヲ受《ウ》ケナケレバ擔保品若《モシ》クバ其ノ他債權辨償ノ目的物《モクテキブツ》ヲ債務者ニ戻《モド》サナクトモヨイト定メタノデアリマス

第二節　先取特權ノ種類《シユルヰ》

〔註釋〕本節ハ先取特權ノ種類《シユルヰ》ヲ規定シタルモノデアッテ、其ノ種類ヲ三個《コ》ニ區別《クベツ》シマシタ、即チ第一一般ノ先取特權、第二動產《ドウサン》ノ先取特權、第三不動產ノ先取特權《サキドリトクケン》デアリマス、而シテ一般ノ先取特權トハ動產《ドウサン》ト不動產トヲ問ハズ債務者所有ノ總財產《ソウザイサン》ニ及ボスモノデアッテ動產ノ先取特權ハ動產ノ上《ウヘ》ニ不動產ノ先取特權ハ不動產《フドウサン》ノ上ニ限リテ行ハルヽモノデアリマス

第一款《クワン》　一般ノ先取特權《サキドリトクケン》

第三百六條　左ニ掲ケタル原因《ゲンイン》ヨリ生シタル債權《サイケン》ヲ有スル者ハ債務者ノ總財產ノ上ニ先取特權ヲ有《イウ》ス

一　共益《キヨウエキ》ノ費用

二　葬式《サウシキ》ノ費用

三　雇人《ヤトヒニン》ノ給料《キフレウ》

四　日用品《ニチヨウヒン》ノ供給

△參看　舊民法債權擔保編第百三十七條

〔註釋〕本條ハ債務者《サイムシヤ》ノ總財產ノ上ニ行フコトノ出來《デキ》ル先取特權ノ數《カズ》ヲ限《カギ》リテ規定シタルモノデアツテ、而《ソウ》シテ是等ニ對スル債權ノ性質《セイシツ》及ヒ其ノ廣狹《クワウケフ》等ハ以下條ヲ追テ說明《セツメイ》スレバ玆ニ贅《ゼイ》セサルコト丶シマス、然シ玆ニ注意スベキハ本條定ムル所ノ種類《シユルヰ》其ノ種類ノミヲ示シタルモノデハナイ、種類ヲ示《シメ》スト共ニ先取特權ノ順序《ジユンヂヨ》ヲモ併《アハ》セ示シタルモノデアル、故ニ若シ玆ニ示ス先取特權ガ一ヨリ四迄《マデ》一時ニ起《オコ》リ來《ク》ルトキハ必ラズ此順序《コノジユンヂヨ》ニ從ヒ一ヨリ四迄順次ニ先取特權ヲ行《オコナ》フモノデアルカラ決シテ此順序ヲ代《カ》ヘルコトハ出來ヌノデアリマス

第三百七條　共益費用ノ先取特權ハ各債權者《カクサイケンシヤ》ノ共同利益ノ爲メニ爲シ

タル債務者ノ財産《ザイサン》ノ保存、清算又ハ配當《ハイタウ》ニ關スル費用ニ付存在《ソンザイ》ス

前項ノ費用中總債權者ニ有益《イウエキ》ナラサリシモノニ付テハ先取特權ハ其ノ費用ノ爲メ利益《リエキ》ヲ受ケタル債權者ニ對《タイ》シテノミ存在ス

▲參看　舊民法債權擔保編第百三十八條

〔註釋〕本條ハ前條第一ノ共益費用ニ就テ規定《キテイ》シタル條項デアッテ此ノ共益費用ト謂《イ》フハ舊民法ニ謂フ訟事費用《ソジヒヨウ》デアル、今一例ヲ示《シメ》シテ第一項ノ意義ヲ説《ト》ケバ例ハ甲者ニ貸金《カシキン》ヲ有スル乙丙丁等數人ノ債權者ガ債務者《サイムシヤ》タル甲者ガ死亡《シボウ》シ又ハ破産《ハサン》シタル塲合ニ債權者一同ノ利益《リエキ》ノ爲ニ債權者中ノ一人乙者ガ甲者ノ財産ニ封印《フウイン》ヲ爲シタル時ノ費用《ヒヨウ》或ハ甲者ノ財産目録ヲ作《ツク》リタル費用或ハ甲者ノ財産競賣《キヤウバイ》ヲ爲シタル費用ノ如キヲ取替《トリカ》ヘタル時ハ甲者ノ總財産ノ賣却代金《バイキヤクダイキン》ヨリ乙者ハ他ノ丙丁等ニ先立《サキダ》チ第一番ニ其ノ立替金ヲ取立《トリタ》テ得ルモノデアルト謂《イ》フデ、而《ソウ》シテ第二項ハ前例ノ塲合《バアヒ》ニ於テ乙者ノ爲得ルモノデアルト謂フデ、而《ソウ》シテ第二項ハ前例ノ塲合ニ於テ乙者ノ爲シタル事《コト》ガ若シ丙丁兩人ノ利益《エキ》トナラズ丙者ノミノ利益デアルトキハ先取特權ハ丁者《テイシヤ》及ホサズ丙者ニ對《タイ》シテダケヨリカ行フコトハ出來ヌト謂フ例外デアリマス

第三百八條　葬式費用ノ先取特權ハ債務者ノ身分ニ應シテ爲タル葬式ノ費用《ヒヨウ》ニ付キ存在ス

前項ノ先取特權ハ債務者《サイムシヤ》カ其ノ扶養《フヤウ》スヘキ親族又ハ家族《カゾク》ノ身分ニ應シテ爲シタル葬式《サウシキ》ノ費用ニ付テモ亦存在《ソンザイ》ス

◎參看　舊民法債權擔保編第百三十九條

〔註釋〕本條ハ特權《トクケン》ヲ與フベキ葬式費用ノ性質《セイシツ》ヲ示シタル條項《デウコウ》デアツテ、第一項ノ意義《イギ》ハ例バ甲者ガ乙者ノ死亡《シバウ》シタル時其ノ葬式ノ費用《ヒヨウ》ヲ立替ヘタル場合《バアヒ》ニ於テハ其ノ立替金ヲ乙者ニ貸金アル丙丁等ヨリ先《サ》キニ乙者ノ總財產ヲ賣却《バイキヤク》シタル金ノ中ヨリ取立《トリタ》ツルコトガ出來ル、ケレドモ其ノ葬式《サウシキ》費用ト謂フノハ乙者ノ身分相應《ミブンサウオウ》デナケレバナラヌ、十圓ノ葬式ガ乙者ノ身分相應デアルニ殊更《コトサラ》ニ二十圓ノ費用ヲ出《イダ》シテ爲シタルトキハ其ノ身分相應《ミブンサウオウ》ノ費用金十圓ダケノ上デナケレバ先取特權《ザキドリトクケン》ヲ行フコトハ出來ヌト謂フノデアル、而《ソウ》シテ第二項ハ此ノ先取特權ハ戸主《コシユ》ダケデハナイ其ノ戸主ノ爲ニ養《ヤシナ》ハレテ居ル父母妻子《サイシ》又ハ親族ノ葬式費用ヲ立替《タテカ》ヘタル者ニ就テモ其ノ戸主ノ總財產《ソウザイサン》ノ上ニ先取特權ヲ有《イウ》スルモノデアル、ケレドモ矢張《ヤハ》リ前項ト等シク其ノ父母妻子又ハ親族《シンゾク》ノ身分相應ノ費用額《ヒヨウガク》ノ上ダケデナケレバ此權利ヲ行《オコナ》フコトハ出來ヌト定メタノデアリマス、最《モツト》モ前例ノ如ク葬式ノ費用全体ヲ立替《タテカヘ》タルモノバカリ此權利ヲ有《イウ》スルノデハナイ例バ葬式ノ道具《ダウグ》、棺桶、埋葬《マイサウ》ノ地代等格別ニ貸《カ》シタル者ハ各々其ノ貸賃《カシチン》、代價、取替金ノ上ニ就《ツイ》テ此權利ヲ有《イウ》スルモノデアル此ノ葬式費用《サウシキヒヨウ》ニ先取ノ特權ヲ與《アタ》ヘタルハ一ハ社會衞生上一ハ精神上《セイシンジヤウ》ノ二原因ニヨリシテ必要《ヒツエウ》ヲ生シタルモノデアリマス

第三百九條 雇人給料《ヤトヒニンキウレウ》ノ先取特權ハ債務者ノ雇人《ヤトヒニン》カ受クヘキ最後ノ六ケ月間ノ給料ニ付キ存在《ソンザイ》ス但其ノ金額《キンガク》ハ五十圓ヲ限トス

●參看　舊民法債權擔保編第百四十一條

〔註釋〕本條ハ下女《ゲヂヨ》、下男、車夫《シヤフ》、馬丁、會社、ノ書記《シヨキ》、小使等總テ尋常ノ雇人《ヤトヒニン》ガ其ノ給料ノ上ニ有スル先取特權ノ範圍《ハンヰ》ヲ規定シタル條項デアツテ、是等ノ者ガ主人《シユジン》ノ身代限又ハ死亡ニ際《サイ》シ他債權者ガ其ノ財産ヲ賣却《バイキヤク》シタル場合ニ於テハ其ノ給料全額ヲ他債權者《タサイケンシヤ》ヨリ先ニ取得《トリウ》ルコトガ出來ル、ケレドモ必ラズ其ノ受《ウ》クベキ最後《サイゴ》ノ六ケ月分ニシテ五十圓迄ノ金額デナケレバナラヌ、餘《アマ》リ高額《カウガク》デアルトキハ反テ他ノ債權者ヲ害《ガイ》スル虞《オソ》レガアルカ

ヲ斯ク定メタノデアリマス

第三百十條　日用品供給ノ先取特權ハ債務者《サイムシヤ》又ハ其ノ扶養《フヤウ》スヘキ同居ノ親族竝《ナラビ》ニ家族及ヒ其僕婢《ボクヒ》ノ生活ニ必要ナル最後《サイゴ》ノ六ケ月間ノ飲食品及ヒ薪炭油《タキヾスミアブラ》ノ供給ニ付キ存在《ソンザイ》ス

▲參看　舊民法債權擔保編第百四十二條

〔註釋〕本條ハ日常生活《ニチジヤウセイクワツ》ノ上ニ必要ナル飲食物又ハ薪炭油等ヲ賣込《ウリコ》ミシ者ハ其ノ買主ノ一家ニ養《ヤシナ》ハルヽ者等ノ要スベキ高《タカ》ニシテ六ケ月分ノ金額《キンガク》ニ對シテハ先取《サキドリ》ノ特權ヲ得《ウ》ルモノデアルト定メタル條項《デウコウ》デアッテ、其ノ意義ハ各人ガ生活ニ障害《シヤウガイ》ナカルベキヲ保護《ホゴ》シタルモノデアル、何トナレバ若シ日用品ヲ供給《コウキフ》セシ者ニ此保護ヲ與《アタ》ヘザレバ何人モ貧困者《ヒンコンシヤ》ニ日用品ノ供給ヲ爲《ナ》ス者ナキニ至リ貧者《ヒンシヤ》ハ益々貧ニ竟ニ餓死《ガシ》スルニ至リ社會ニ大害《ダイガイ》ヲ與フルコトヽナリマセウ、ケレドモ如何《イカ》ニ貧者ヲ保護《ホゴ》スレバトテ年月ニ制限《セイゲン》ヲ立テ置カナケレバ其ノ高登《タカノボ》リテ又他ノ債權者ヲ害シマスカラ本條《ホンデウ》ハ六ケ月分ノ金額デナケレバ夫ヨリ以上ノ金額ニ對シテ此權利《コノゲンリ》ナキモノト規定《キテイ》シタノデアリマス

第二欵　動產ノ先取特權《サキドリトクケン》

〔註釋〕本條ハ前欵《ゼンクワン》トハ異リ唯動產ノ上ノミニ就テノ先取特權ヲ規定《キテイ》シタルモノテアリマス

第三百十一條　左《サ》ニ揭《カヽ》ケタル原因ヨリ生シタル債權ヲ有《イウ》スル者ハ債務者ノ特定動產《トクテイドウサン》ノ上ニ先取特權ヲ有ス

一　不動產ノ賃貸借《チンタイシヤク》

二　旅店《リヨテン》ノ宿泊《シユクハク》

三　旅客又ハ荷物ノ運輸《ウンユ》

四　公吏《コウリ》ノ職務上ノ過失《クワシツ》

五　動產ノ保存《ホゾン》

六　動產ノ賣買

七　種苗《タチナヘ》又ハ肥料《ヒレウ》ノ供給

▲參看　舊民法債權擔保編第百四十六條

〔註釋〕本條ハ動産ニ係《カヽ》ル特別ノ先取特權ヲ列記シタル條項デアッテ、是等《コレラ》ノ動産ガ原因ト成リテ債權ヲ有スル者ハ其ノ動産ヲ賣却《バイキヤク》シタル代金ノ中ヨリ他ノ債權者ニ先立《サキダ》チテ自已ノ債權額ヲ先取《センシユ》シ得ラルヽモノデアリマス

第三百十二條　不動産賃貸ノ先取特權《サキドリトクケン》ハ其ノ不動産ノ借賃其ノ他賃貸借關係《クワンケイ》ヨリ生シタル賃借人ノ債務《サイム》ニ付キ賃借人ノ動産ノ上ニ存在ス

▲參看　舊民法債權擔保編第百五十一條

〔註釋〕本條ハ不動産ノ賃貸借ニ就《ツイ》テノ先取特權ヲ規定《キテイ》シタル條項デアッテ、其ノ意義《イギ》ハ例バ彼ノ倉庫《サウコ》ヲ賃貸セシ倉敷料ノ如キ賃借人ノ動産《ドウサン》ヲ倉庫ニ縮《チツ》メシヨリ生シタルモノデ倉庫ヲ貸與《カシアタ》ヘシ者ハ賃借人ノ倉庫ニ納メ物件《ブツケン》ノ上ニ先取特權ヲ得《ウ》ルモノデアル、故ニ其ノ倉庫料金ハ其ノ動産ノ賣却代金《バイキヤクダイキン》ノ中ヨリ他ノ債權者ニ先立テ取得《シユトク》スルコトガ出來ルト定メタノデアリマス

第三百十三條　土地ノ賃貸人《チンカシニン》ノ先取特權ハ賃借地又ハ其ノ利用《リヨウ》ノ爲メニスル建物ニ備付《ソナヘツ》ケタル動産、其ノ土地ノ利用《リヨウ》ニ供シタル動産及ヒ賃借人ノ占有《センイウ》ニ在ル其ノ土地ノ果實《クワジツ》ノ上ニ存在ス

建物ノ賃貸人ノ先取特權ハ賃借人《チンシヤクニン》カ其ノ建物ニ備付ケタル動産《ドウサン》ノ上ニ存在ス

參看　舊民法債權擔保編第百四十七條、第百四十九條

〔註釋〕本條ハ土地及ビ建物《タテモノ》ノ賃貸人ニ對スル先取特權ヲ規定《キテイ》シタル條項《デウコウ》デアッテ、不動産賃貸ノ先取特權ハ賃借人《チンシヤクニン》ノ動産上ニ存在スルコトハ前條ニ依《ヨ》リテ明《アキラ》カデアッテ既ニ一例ヲ示シタルモ未ダ其ノ如何ナル動産《ドウサン》ナルヤハ詳《ツマビラ》カニ解スル事ハ出來ヌ故ニ之レヲ明瞭《アキラカ》ニセン爲本條《ホンデウ》ヲ設ケタルモノデアル、サレバ土地ノ賃貸人ガ得《ウ》ル先取特權ハ如何《イカ》ナル動産ノ上ニ行《オコナ》ヒ得ラルヽヤト謂《イ》ヘバ則チ左《サ》ノ如シ

第一　賃借地ニ建設《ケンセツ》シタル家屋倉庫等ノ建物内ニ備付《ソナヘツ》ケタル動産例バ家具《カグ》其ノ他ノ物件

第二　賃借地ヲ利用《リヨウ》スル爲ニ建設シタル小屋《コヤ》内等《ウチトウ》ニ備付ケタル動産例バ灌水用《クワンスヰヨウ》水車耕作

用ノ器具《キグ》ノ類《ルヰ》

第三　賃借地ヲ利用スルニ供《キヨウ》シタル動産例バ耕作用《コウサクヨウ》ノ器具又ハ耕作用ノ牛馬《ギウバ》ノ類

第四　賃借人ノ占有《センイウ》ニ在ル其ノ土地ノ果實《クワジツ》例バ米穀又ハ牧畜《ボクチク》ノ牛羊豚又ハ樹木《ジユモク》ノ果實ノ類

右ニ掲《カヽ》グル第一ヨリ第四ニ至ル物件ハ總《スベ》テ賃貸人ノ得タル先取特權ノ行《オコナ》ハルヽ目的物デアル、而シテ第二項ハ建物《タテモノ》ノ賃貸人ガ得ル先取特權ノ目的物《モクテキブツ》デアッテ、例バ建物ノ賃借人ガ其ノ家賃金ノ支拂《シハラヒ》ヲ為サヽル塲合ニ於テハ賃貸人ハ其ノ家屋內《カオクナイ》ニ備付クル有体動産ノ上ニ先取特權ヲ有《イウ》スルモノデアルト定メタル條項《デウコウ》デアリマス

第三百十四條　賃借權ノ讓渡《ユヅリワタシ》又ハ轉貸ノ塲合ニ於《オイ》テハ賃貸人ノ先取特權ハ讓受人又ハ轉借人ノ動產《ドウサン》ニ及フ讓渡人又ハ轉貸人カ受《ウ》クヘキ金額ニ付キ亦《マタ》同《オナ》シ

▲參看　舊民法債權擔保編第百五十條

〔註釋〕本條ハ賃借權ノ讓渡又ハ轉貸《マタガシ》アリタル塲合ニ於ケル賃貸人ノ先取特權《サキドリトクケン》ヲ規定シタル

條項デアッテ、其ノ意義《イギ》ハ賃借人カ建物又ハ土地ノ賃借權《チンシヤクケン》ヲ他人ニ讓渡シ或ハ轉貸《マタガシ》スルコトハ本法既ニ規定《キテイ》シテ認《ユル》シテアルカラ出來ル故ニ此場合ニ於《オイ》テハ元來先取特權ハ物權デアッテ人ノ移動《井ドウ》ニ關係ナキモノデアルカラ依然《イゼン》トシテ其ノ讓受人或ハ轉借人《テンシヤクニン》ノ動産上ニ及ブベキモノデアル、而《ソウ》シテ此ノ賃借權ヲ有スルモノガ他人《タニン》ニ其ノ權利ヲ讓渡シ或ハ轉貸ヲ爲ス時《トキ》ハ必ラズ之レガ代價若クハ貸賃《カシチン》ヲ取得ルモノデアル、此代價若《モシ》クハ貸賃ハ卽チ代表物《ダイヘウブツ》デアルカラ第三百四條ノ原則《ゲンソク》ニ因リ賃貸人ノ先取特權ハ其ノ代表物デアル代價若クハ貸賃ノ上《ウヘ》ニマデ及《オヨ》ブベキモノデアルト定メタノデアリマス

第三百十五條　賃借人ノ財産《ザイサン》ノ總清算ノ場合ニ於テハ賃貸人《チンカシニン》ノ先取特權ハ前期、當期《タウキ》及ヒ次期ノ借賃其ノ他ノ債務《サイム》及ヒ前期並《ナラビ》ニ當期ニ於テ生シタル損害《ソンガイ》ノ賠償ニ付テノミ存在《ソンザイ》ス

▲參看　舊民法債權擔保編第百五十一條

［註釋］本條ハ先取特權ノ及《オヨ》ブベキ區域《ク井キ》ヲ規定シタル條項《ソコウ》デアッテ、第一項ノ意義《イギ》ハ賃借人ノ財産ノ總清算則チ債權者《サイケンシヤ》ノ權利ヲ滿足《マンゾク》セシムル爲其ノ所有ニ係ル總財産《ソウザイサン》ノ額ヲ計算セ

ナケレバナラヌ此場合《コノバアヒ》ニ於テ賃借人ノ先取特權ハ左ノ區別《クベツ》ノ如ク行ハルヽモノデアル

第一、例バ甲者ガ乙者ノ家屋《カオク》又ハ土地ヲ借受《カリウ》ケテ永ク其ノ賃金ヲ支拂《シハラ》ハナイ場合デアッテモ家屋如キ月極《ツキギメ》メノモノナレバ前月、今月、來月《ライゲツ》ノ三月分又《ヅト》土地ノ如キモノデアッテ年極《トシギメ》ノモノナレバ前年、今年、來年分ト謂《イ》フ如ク前期、當期及ヒ次期《ジキ》ノ借賃ヨリ上ニハ賃貸人ノ先取特權ハ行《オコナ》ハレヌモノデアル是他債權者ヲ害《ガイ》スルニ因ル所以《ワケ》デアリマス

第二、例バ前例《センレイ》ノ甲者ガ乙者ノ家屋ヲ借入《カリイ》ルヽ時其ノ借入中ノ家屋修繕《カオクシウゼン》ハ甲者ガ爲ス約束デアリシニ之レヲセナイカラ、乙者ハ一時《シ》立替《タテカ》ヘテ其ノ修繕ヲ爲シタル費用金《ヒヨウキン》ニ就テハ乙者ハ先取特權ヲ行《オコナ》フコトガ出來ル、是先取特權ノ保護《ホゴ》ヲ稟《ウ》クル賃貸契約中ニ含《フク》ミ居ル債務《サイム》ナルニ因ル所以《ワケ》デアリマス

第三、例バ前例ノ甲者ガ乙者ヨリ借入《カリイ》レ居ル家屋ヲ破壞《ハクワイ》若クハ毀損《キソン》スル時ハ之ガ爲乙者ノ蒙《カフム》リタル損害ハ甲者ニ於テ償《ツグナ》ハナケレバナラヌ、故ニ乙者ハ前期ト當期分《タウキブン》ノ賠償金ニ就テ先取特權ヲ行フコトガ出來《デキ》ル、是賃借人ハ賃貸物ニ就《ツイ》テハ看守及ヒ保存《ホゾン》ノ義務ヲ負ベキモノナルニ因ル所以テアリマス

而シテ本條中《ホンデウチウ》少シク注意ヲ要《エウ》スルハ先取特權ノ前期ト當期《タウキ》ニ及ブハ至當《シタウ》デアルガ未ダ債權ノ生シナイ次期ニ及ブハ如何《イカ》ナル理由ニ因ルモノデアルカトノ疑惑《ウタガヒ》デアル、此事ハ畢《ヒッ》

竟《キヤウ》本條ハ總テ清算ノ場合《バアヒ》ニ於テ賃借權ノ喪失《ソウシツ》スルヲ想定《サウテイ》シタルノデハナク、引續《ヒキツヾ》キ次期進行スルモノト想定シタルモノデアルカラ未必債權ニ此權利《コノケンリ》ヲ及ボスコトニシテ賃借人ヲ保護《ホゴ》シタルモノデアリマス

第三百十六條　賃貸人カ敷《シ》金ヲ受取タル場合ニ於テハ其ノ敷金ヲ以テ辨濟ヲ受ケサル債權《サイケン》ノ部分ニ付テノミ先取特權ヲ有《イウ》ス

〔註釋〕本條ハ賃貸人ハ敷金《シキン》ノ上ニ就テ先取特權ヲ有《イウ》スルモノデアルコトヲ規定《キテイ》シタル條項デアッテ、賃貸人ガ敷金ニ對《タイ》シ此權利ヲ行フハ我國ノ慣習上至當《クワンシフジヤウシタウ》ノコトデアル、元來敷金ハ賃金滯《トヾコホ》リ又ハ其ノ他賃借主カ賃貸主ニ對シ損害賠償ノ擔保《タンポ》トシテ豫メ提供《テイキヤウ》シ置クモノデアルカラ、賃貸人ハ先ツ滯リ賃金《チンキン》ヲ敷金ヨリ引去リ、而シテ賃金外尚《ナ》ホ債權アレハ其殘額ニ就テ先取特權ヲ行《オコナ》フコトガ出來ルト定メタノテアリマス

第三百十七條　旅店宿泊《リヨテンシユクハク》ノ先取特權ハ旅客、其從者《ソノジウシヤ》及ヒ牛馬ノ宿泊料竝ニ飲食料《インシヨクレウ》ニ付キ其ノ旅店ニ存スル手荷物《テニモツ》ノ上ニ存在ス

▲參看　舊民法債權擔保編第百五十九條

（註釋）本條ハ旅店《リヨテン》ノ主人ガ宿泊料ノ爲メ旅客《リヨカク》ノ手荷物上ニ有スル先取特權ヲ規定シタルモノデアッテ、旅店ノ主人《シユジン》ハ旅客ガ宿泊料幷ニ飲食料若シ從者《ジユウシヤ》又ハ牛馬ヲ引連《ヒキツ》レシ時ハ其ノ宿泊料幷ニ飲食料ニ就キ其ノ旅客ノ手荷物上《テニモツジヤウ》ニ先取特權ヲ有スルモノデアル、是旅籠《ハタゴ》營業ハ總テ一面識《メンシキ》ナキ者ヲ宿泊《シユクハク》セシムルコト多キニ居ルガ故此ノ權利《ケンリ》ナカリセバ實ニ危險ナル營業《エイゲフ》ト謂ハナケレバナラヌ、サレバ法律《ハフリツ》ハ旅客ノ携帶《ケイタイ》シ來ル手荷物ハ其ノ宿泊幷ニ飲食料ニ對スル動産額《ドウサンガク》ト爲ス可キ默止《モクシ》ノ合意《ガフイ》アルモノトノ推測《スヰソク》ヲ下シ主人ニ此權《コノケン》ヲ與ヘテ旅客ノ信用《シンヨウ》ヲ厚クシ且旅店營業ノ安全《アンゼン》ヲ併セ保護《ホゴ》シタルモノデアル、然シ此ノ旅客ノ手荷物ニ對シテハ留置權ヲ生《シヤウ》スルモノデハナイ、如何《イカン》トナレバ宿泊料幷ニ飲食料ハ手荷物ヨリ直接《チヨクセツ》ニ生シタルモノデハアリマセヌ、ケレドモ其ノ物ヲ繕《ツクロ》フ爲又ハ手荷物保存ノ爲取替《トリカヘ》タル金額アル時ハ無論《ムロン》其ノ金額ニ對スル留置權《リウチケン》ノ生スルモノデアリマス

第三百十八條　運輸《ウンユ》ノ先取特權ハ旅客《リヨカク》又ハ荷物ノ運送賃及ヒ附隨《フズヰ》ノ費用ニ付キ運送人《ウンソウニン》ノ手ニ存スル荷物ノ上ニ存在《ソンザイ》ス

▲參看　舊民法債權擔保編第百六十條

（註釋）本條ハ運輸《ウンユ》營業者《エイゲフシヤ》ガ先取特權ニ關スル規定テアッテ、運輸營業者ハ前條ノ旅店主人ト等《ヒト》シク一面《メン》ノ識《シキ》ナキ者ニ運輸《ウンユ》ノ便ヲ供《キヨウ》スルコト多キニ居レバ本條ノ如ク旅客《リヨカク》ノ運送賃、荷物、運送賃、及ヒ之ニ付隨《フズヰ》スル費用例バ荷物ノ配達賃《ハイタツチン》、旅客ノ端舟料《ハシケレウ》等ニ付テ運送人ノ手ニ存在スル荷物ノ上ニ先取特權ヲ行《オコナ》フコトノ出來ルモノテアル、而《ソウ》シテ本條ニ運輸ト謂フハ其ノ海《ウミ》ト陸《リク》トヲ別《ワカ》タス或ハ船ニ或ハ滊車《キシヤ》ニ或ハ車ニ苟《イヤシ》クモ運輸ヲ業《ゲフ》トセルモノハ總テ此中《コノナカ》ニ含ムノテアル然シ運輸《ウンユ》ヲ以テ定業《テイゲン》トセズ偶々《タマ〳〵》他人ノ依囑《イソク》ニ依リ一時之ガ運輸ヲ爲ス者ノ如キハ決《ケツ》シテ此權利ヲ行フコトハ出來《デキ》マセヌ

第三百十九條　第百九十二條乃至《チイシ》第百九十五條ノ規定《キテイ》ハ前七條ノ先取特權ニ之ヲ準用《ジユンヨウ》ス

（註釋）本條ハ先取特權ニ對《タイ》シテ占有權ノ規定ヲ準用《ジユンヨウ》スヘキコトヲ定メタル條項《デウコウ》テアッテ、前第三百十二條以下《イカ》第三百十八條ニ至ル各條規定ノ塲合《バアヒ》ハ何レモ占有セルガ如キ觀アルモノテアルカラ更ニ此特權《コノトクケン》ヲ與ヘタルモノテアリマス

第三百二十條　公吏《コウリ》保證金《ホシヤウキン》ノ先取特權ハ保證金ヲ供シタル公吏ノ職務

上ノ過失《クワシツ》ニ因リテ生シタル債權《サイケン》ニ付キ其ノ保證金ノ上ニ存在《ソンザイ》ス

▲參看　舊民法債權擔保編第百六十一條

〔註釋〕本條ハ公吏《コウリ》ノ保證金ニ對スル先取特權ヲ定メタル條項《デウコウ》デアツテ、其ノ意義《イギ》ハ例ハ公證人ノ如キ執達吏《シツタツリ》ノ如キ、身元保證金ヲ官《クワン》ニ納メテ職務ヲ執《トレ》バ公吏ガ職務上ノ過失《クワシツ》ヨリ損害《ソンガイ》ヲ與ヘタルトキハ其ノ損害ヲ蒙《カフム》リタル者ハ公證人若クハ執達吏《シツタツリ》ガ官ニ納メ居レル保證金ノ上ニ先取特權ヲ有《イウ》スルモノデアル如何《イカン》トナレバ元來身元保證金ナルモノハ公吏《コウリ》ガ職務上ノ過失《クワシツ》ヨリ生ズル過料及ヒ一切ノ賠償ニ充《ア》ツル擔保タル性質《セイシツ》ヲ有スルモノデアルニ因ル所以《ワケ》デアリマス

第三百二十一條　動產《ドウサン》保存《ホゾン》ノ先取特權ハ動產ノ保存費《ホゾンヒ》ニ付キ其ノ動產ノ上ニ存在ス

前項ノ先取特權ハ動產《ドウサン》ニ關スル權利ヲ保存、追認《ツヒニン》又ハ實行《ジツカウ》セシムル爲メニ要シタル費用《ヒヨウ》ニ付テモ亦存在ス

■參看　舊民法債權擔保編第百五十五條

〔註釋〕本條ハ動產ヲ保存《ホゾン》スルニ就テノ先取特權ヲ規定《キテイ》シタル條項デアッテ、其ノ第一項ノ意義ハ例ハ有体《イウタイ》ノ動產物ヲ保存スルニ付キ修繕《シウゼン》ヲ加ヘナケレバ保存《ホゾン》スルコトノ出來《デキ》ヌ場合ガアル此時《コノトキ》ニ際《アタ》リテ費シタル費用ニ就《ツイ》テハ其ノ動產ノ上ニ先取特權ヲ有《イウ》スルモノトシタノデアリマス、故ニ有体ノ動產ヲ保存《ホゾン》スル中ニ改良《カイリヤウ》ヲ加ヘタル費用ニ就テハ明文《メイブン》ナケレバ無論此權利《コノケンリ》ナキモノデアリマス、又第二項ハ第一項ノ先取特權ハ有体物《イウタイブツ》ニ限ルモノデハナイ無体物タル權利ニモ及《オヨ》ブモノデアル故ニ例バ甲ナル者乙ナル者ニ貸金《カシキン》アルモ乙者ハ其ノ期限《キゲン》ヲ經過スルモ返濟《ヘンサイ》セズ最早時効《ジカウ》ニ因テ其ノ貸金ノ權利ヲ失《ウシナ》ハントスル時、甲者ニ債權アル丙者ガ甲者ニ代《カハ》リ乙者ニ對シテ時効中斷ノ爲メ貸金訴訟《カシキンソセウ》ヲ起シタル場合ノ如キハ甲者カ乙者ニ對シ有スル債權保存ノ爲メ行爲《カウヰ》デアル、又乙者ニ其ノ辨濟《ベンサイ》ノ義務ヲ盡《ツク》サシメタル時ハ債權實行《ジツカウ》デアッテ又既ニ時効ニ罹《カカ》ル債權ニ就テ乙者ニ追認《ツヰニン》セシメタル如キハ總《スベ》テ甲者ノ財產ヲ保存シテ他債權者《タサイケンシヤ》ヲ利シタル者デアル、故ニ其ノ行爲ノ爲ニ費シタル費用ハ先取特權アリトスルノデ實ニ當然《タウゼン》ノコトデアリマス、然シ玆《ココ》ニ注意スベキハ本條《ホンデウ》ト第三百七條ノ差違《チガヒ》デアル第三百七條ニ規定スル所ハ共益《キヨウエキ》ノ費用デアルカラ各債權者ノ共同利益ニ係《カカ》ルモノナレドモ本條第二項ハ一已ノ爲《タメ》ニスルモノデアルカラ彼是

相混同《アヒコンドウ》セザランコトヲ記臆《キヲク》セヨ

第三百二十二條　動産賣買ノ先取特權ハ動産《ドウサン》ノ代價及ヒ其ノ利息《リソク》ニ付キ其ノ動産ノ上ニ存在《ソンザイ》ス

▲參看　舊民法債權擔保編第百五十六條、第百五十八條

（註釋）本條ハ動産ノ賣買《バイ〳〵》ニ關スル先取特權ヲ規定《キテイ》シタルモノテアッテ、其ノ意義《イギ》ハ動産ノ賣買ハ日常最モ多《オホ》ク行ハルヽモノテアルカラ法律ハ賣主《ウリヌシ》ノ權利ヲ保全シ其ノ買主《カヒヌシ》ニ對スル信用ヲ厚《アツ》カラシメテ賣買ヲ容易《ヨウイ》ナラシメヤウ爲賣物ニ先取特權ヲ與ヘタルモノテアルヽ若シ賣物ニ此權利ナケレバ賣主ハ總《スベ》テ債權者ト其ノ物件ノ代價《ダイカ》ニ付キ平等ノ分配ヲ受ケ總債權者ガ不當《フタウ》ノ利ヲ得ルノ犧牲《ギセイ》ニ供セラレ竟《ツヒ》ニ賣主ヲシテ代價ヲ得ナケレバ物件ノ引渡シヲ爲《シ》ナク成《ナリ》社會ノ經濟ヲ紊亂《ミダス》スニ至ル故ニ本條ニ賣主ハ動産代價ト其ノ附從物《ジユウブツ》タル利息ニ就テハ其ノ動産ノ上ニ先取特權ヲ得《ウ》ル所以《ワケ》テアル、然シ茲ニ注意《チウイ》セナケレバナラヌノハ其ノ賣渡《ウリワタ》シタル動産ガ買主ノ手《テ》ニ現存《ゲンソン》シテ居ル時デナケレバ此權利ヲ實行《ジツカウ》スル譯《ワケ》ニハ行カヌヽト謂フ点《テン》デアル、何トナレバ動産ハ第百九十二條ニ規定《キテイ》シタル如ク第三者ニ移《ウツ》ル時ハ即時ノ時効《ジカウ》ヲ得ルモノデアルカラ其ノ所有權ハ直ニ第三者ニ移リテ賣主ハ

假令《タトヘ》先取特權ヲ有スルカラト謂ツテ第三者ニ追及《ツヒキウ》シ、。又ハ解除《カイヂヨ》等ヲ爲スコトハ出來ヌ故ニ尙更先取特權ヲ行《オコナ》フコト出來ナイモノデアリマス

第三百二十三條 種苗肥料《シユベウヒレウ》供給ノ先取特權ハ種苗《タチナエ》又ハ肥料《ヒレウ》ノ代價及ヒ其ノ利息《リソク》ニ付キ其ノ種苗又ハ肥料《ヒレウ》ヲ用井タル後一年內ニ之ヲ用井タル土地ヨリ生シタル果實《クワジツ》ノ上ニ存在ス

前項ノ先取特權ハ蠶種《サンシユ》又ハ蠶ノ飼養《シヤウ》ニ供シタル桑葉《サウエフ》ノ供給ニ付キ其ノ蠶種又ハ桑葉《サウエフ》ヨリ生シタル物《モノ》ノ上ニモ亦存在ス

▲參看 舊民法債權擔保編第百五十三條

〔註釋〕本條ハ種苗《タチナエ》及ヒ肥料供給者ノ先取特權ヲ規定《キテイ》シタル條項テアツテ、其ノ第一項ノ意義ハ凡ソ土地ノ耕作《コウサク》ヨリ生スル收獲物ハ總テ土地ト種子ト肥料ト勞力ト四原素《ゲンソ》ヨリ生ズル結果《ケツクワ》デアル故ニ法律ハ此四原素中ノ他動的《タドウテキ》二個原素タル土地ト種子肥料ノ供給者ニ先取特權ヲ與ヘテ雙互《サウゴ》ノ經濟ヲ保護《ホゴ》シタノデアル、サレバ此ニ供給者《コウキヤシヤ》ハ之ヲ與ヘタルガ爲ニ生ズル收獲物《シウクワクブツ》ヨリ其ノ代價ヲ得ル素《モト》ヨリ不思義《フシギ》ノコトニアラズ、故ニ例バ明治廿九年

ニ貸付《カシツケ》タル種子肥料ノ代價ト之ニ付從《フジウ》スル利息金ニ付テハ明治三十年ニ收獲《シウクワク》スル果實ニ先取特權ヲ有《イウ》スルコトヽシタノデアリマス、而《ソウ》シテ第二項ノ意義《イギ》ハ第一項ト同シ理由《ワケ》デ蠶業《サンゲフ》ヲ營ム原素タル蠶種又ハ蠶《カイコ》ヲ飼養スル桑葉《サウエフ》ノ類ヲ賣込ミタル者ハ其ノ蠶種《サンシユ》又ハ桑葉ガ原因ト成《ナ》リテ生シタル生糸《キイト》若クハ繭《マユ》ノ上ニ先取特權ヲ有《イウ》スルモノト定タノデアリマス

第三百二十四條　農工業勞役《ラウエキ》ノ先取特權ハ農業《ノウゲフ》ノ勞役者ニ付テハ最後ノ一年間工業《コウゲフ》ノ勞役者ニ付テハ最後《サイゴ》ノ三ヶ月間ノ賃金《チンキン》ニ付キ其ノ勞役ニ因リテ生シタル果實《クワジツ》又ハ製作物ノ上ニ存在《ソンザイ》ス

▲參看　舊民法債權擔保編第百五十四條

〔註釋〕本條ハ勞役者ガ其ノ工錢《コウセン》ノ上ニ有スル先取特權ヲ規定《キテイ》シタルモノデアツテ、其ノ意義ハ勞役者ハ自已ガ勞働《ラウドウ》ヲ供スベキガ原因ト成リテ其ノ主人《シユジン》タル者ガ一個ノ資産《サン》ヲ組成スルモノデアル、故ニ一朝《テウ》主人タル者ガ他ニ負債《フサイ》ヲ生ジ其ノ資産《シサン》ヲ以テ負擔ニ滿《ミ》テントスル場合ニ當《アタ》リテ本條ノ規定ナクレバ殆《アタカ》モ勞役者ノ身汗《シンカン》ハ他債權ノ利得《リトク》デアル則チ利益デアル、其ノ利益《リエキ》ヲ作リ爲シタル勞役者ガ自己ノ勞働《ラウドウ》ヨリ得ル工錢《コウセン》ヲ此場合ニ他債權《タサイケン》ヲ

排シテ先取スル素ヨリ當然《タウゼン》ノ事デアッテ一点ノ疑《ウタガヒ》ヲ狹《ハサ》ム者ハアリマスマイ、故ニ法律ハ例バ農業勞役者ハ收獲物ノ上ニ工業勞役者《コウゲフラウエキシヤ》ハ製作物ノ上ニ先取特權ヲ行《オコナ》フコトヲ免《ユル》シタノデアル、而《ソウ》シテ農工兩者ノ上ニ一ハ一年《ネン》ニシテ一ハ三ケ月ト謂フ如キ經低《チガヒ》ヲ爲シタルハ不思議ノ如クナルモ工業ハ竣成意《シユンセイ》ノ如ク行クモ農業ハ必《カナ》ラズ一年ノ豫定《ヨテイ》ヲ爲シ置カヌケレバナラナイ道理《ダウリ》ノアッテ存《ソン》スルヨリ斯クハ規定《キテイ》シタルモノデアリマス

第三款　不動産ノ先取特權

〔註釋〕本款《ホンクワン》ハ不動産ニ就テノ先取特權ハ如何《イカ》ナル原因ニ因リテ生シ又如何ナル目的物《モクテキブツ》ノ上ニ存立《ソンリツ》スルモノデアルカヲ規定シタル條項ヲ網羅《マウラ》シタルモノデアリマス

第三百二十五條　左ニ掲ケタル原因《ゲンイン》ヨリ生シタル債權《サイケン》ヲ有スル者ハ債務者ノ特定《トクテイ》不動産ノ上ニ先取特權ヲ有《イウ》ス

一　不動産ノ保存《ホゾン》

二　不動産ノ工事《コウジ》

三　不動産ノ賣買《バイカイ》

△參看　舊民法債權擔保編第百六十九條

〔註釋〕本條ハ不動産ノ上《ウイ》ニ生《シヤウ》スル先取特權ノ種類ヲ規定《キテイ》シタルモノテアツテ、其ノ原因三個アルコトヲ示シタルモノデアル、則チ第一不動産ノ消滅《セウメツ》ヲ防禦《バウギヨ》スルヨリ生《シヤウ》スル件、第二不動産創製ヨリ生スル件、第三不動産賣買ニ因《ヨ》リ起《オコ》ル件デアリマス其ノ詳細《セウサイ》ハ以下各條ニ解説《カイセツ》スレバ玆《コヽ》ニ贅言ハ交《マジ》ヘヌコトヽ致シマス

第三百二十六條　不動産《フダウサン》保存《ホソン》ノ先取特權ハ不動産ノ保存《ホソン》費《ヒ》ニ付キ其ノ不動産ノ上《ウイ》ニ存在ス

第三百二十一條第二項ノ規定《キテイ》ハ前項ノ場合《バアヒ》ニ之ヲ準用ス

〔註釋〕本條ハ不動産保存ニ關《クワン》スル件ヨリ生《シヤウ》スル結果ニ與《アタ》ヘル先取特權デアル、而シテ不動産ノ上ニ與《アタ》ヘル先取特權ハ動産《ダウサン》ニ與ヘルト等《シト》シク不動産ノ保存《ホソン》ニ費シタル費用及ヒ不動産ニ對スル無形《ムケイ》ノ權利ヲ保存シ又《アク》ハ追認セシメ亦ハ實行《シツカウ》セシムル爲ニ要シタル費用ニ付テ其ノ不動産ノ上ニ存《ソン》スルモノト定《サダ》メタノデアリマス

第三百二十七條　不動産工事《コウシ》ノ先取特權ハ工匠《コウセウ》、技師《ギシ》及ヒ請負人カ債務者ノ不動産《フドウサン》ニ關シテ爲シタル工事ノ費用《ヒヨウ》ニ付キ其ノ不動産ノ上ニ存在ス

前項ノ先取特權ハ工事《コウシ》ニ因リテ生シタル不動産ノ增價《ゾウカ》カ現存スル場合ニ限リ其ノ增價額《マシカク》ニ付テノミ存在《ソンザイ》ス

◎參看　舊民法債權擔保編第百七十四條、第百七十五條

〔註釋〕本條ハ工業者《コウギヤウシヤ》ノ有スル先取特權ノ範圍《ハンヰ》ヲ規定シタル條項《デウコウ》デアツテ、其ノ第一項ハ例バ大工《ダイク》ノ家屋ヲ建築シ石工ノ石垣《イシガキ》ヲ築キ技師及ビ請負人《ウケオヒニン》ガ建物、土堤《ドテイ》、其ノ他ノ不動産工事ヲ請負ヒタル時ハ是等《コレラ》ノ工匠、技師、諸請負人等ハ其《ソ》ノ爲《ナ》シタル工事ノ費用《ヒヨウ》ニ就テハ其ノ不動産則チ建物、土堤、石垣等ノ上ニ先取特權《サキドリトクケン》ヲ有スルモノデアルト定メタノデ、最モ是等ノ工匠《コウセウ》、技師、諸負人等ハ直接《チヨクセツ》ニ債務者ト約束《ヤクソク》シタル者ニ限ルノデアル、故ニ彼ノ下職人《シタシヨクニン》若クハ下請負人等ハ決シテ此權利ヲ有スルモノデハナイ、何《ナ》ントナレバ是等ノ者ハ工匠、技師、諸請負人等ノ手足《シユソク》ト成リテ勞働《ラウドウ》シタルモノデアルカラ債務者《サイムシヤ》ニ對

シテハ間接《カンセツ》ノモノデアル、要スルニ此權利《コノケンリ》ヲ得ルモノハ債務者ト直接《チヨクセツ》ニ契約ヲ爲シタル者ニ限ルノデアリマス、而《ソウ》シテ此權利ハ不動產ノ全体《ゼンタイ》ニ及ブベキヤ又一分《ブン》ニ止《ト》マルベキヤト謂フニ第二項ニ規定《キテイ》スル如ク例バ一萬圓ノ土地《トチ》ノ上ニ五千圓ノ建物ヲ建築《ケンチク》シタカラ其ノ土地ハ一萬五千圓ノ價値ト成リタル時位然其ノ建物《タテモノ》ノ存シアル塲合ニ限リ其ノ增價五千圓ニダケ此權利《コノケンリ》ヲ行フモノデアル、故ニ若シ其ノ五千圓ノ建物ガ無《ナ》クナレバ此權利ハ自ラ又無クナルモノデアリマス

第三百二十八條　不動產賣買《バイバイ》ノ先取特權ハ不動產ノ代價《ダイカ》及ヒ其ノ利息ニ付キ其ノ不動產《フドウサン》ノ上ニ存在ス

▲參看　舊民法債權擔保編第百六十六條

〔註釋〕本條ハ不動產賣買ニ就《ツイ》テノ先取特權ヲ規定《キテイ》シタルモノデアッテ、第三百二十二條ニ規定シタル動產賣買ノ理由《リイウ》ト等シク不動產ヲ賣渡シタル者ハ其ノ代價《ダイカ》ト附從物タル利息金トニ就テ其ノ賣渡《ウリワタ》シタル不動產ノ上ニ先取特權ヲ有《イウ》スルモノデアル、而シテ彼《カ》ノ動產ハ卽時ノ時效《ジカウ》ヲ有スルモノデアルカラ第三者ノ手《テ》ニ渡《ワタ》レバ追及《ツヒキフ》スルノ權利ハナイ、然《シカ》シ

不動產ニ就《ツイ》テハ第三百四十條規定《キテイ》ノ如ク登記《トウキ》ヲ經ナケレバナラヌモノデアルカラ假令《タトヘ》第三者ノ手《テ》ニ渡《ワタ》ルモ之ヲ追及スルノ權利《ケンリ》ガアル、故ニ不動產ガ第三者ノ手《テ》ニ渡《ワタ》ルモ先取特權ハ其ノ不動產ニ順《シタガ》ヒ行キ第三者ニ向ツテモ行《オコナ》フコトノ出來ルモノデアル是不動產ニ對スル先取特權ト動產ニ對スル先取特權ノ經底《チガヒ》アルトコロデアリマス

第三節　先取特權ノ順位《ジユンヰ》

〔註釋〕本節ハ先取特權ノ順位《ジユンヰ》則チ一時ニ種々ノ先取特權ガ生《シヤウ》ジタル時ハ何《イヅ》レヲ先ニシテ何レヲ後《ノチ》ニスルカト謂フ順番《ジユンバン》ヲ定メタルモノデアツテ、權利者ノ利害《リガイ》ニ就テハ最モ大切《タイセツ》ナルモノデアル故ニ權利者ガ其ノ辨濟《ベンサイ》ヲ受クル前後ノ規定《キテイ》ヲ定メテ列擧《レツキヨ》シタルモノデアリマス

第三百二十九條　一般ノ先取特權カ互《タガヒ》ニ競合《セリアヒ》スル場合ニ於テハ其ノ優先權ノ順位《ジユンヰ》ハ第三百六條ニ揭ケタル順序《ジユンジヨ》ニ從フ

一般ノ先取特權ト特別《トクベツ》ノ先取特權ト競合スル場合《バアヒ》ニ於テハ特別ノ先

取特權ハ一般ノ先取特權ニ先《サキダ》ツ但共益費用ノ先取特權ハ其ノ利益ヲ受ケタル總債權者ニ對《タイ》シテ優先《イウセン》ノ効力ヲ有ス

◎參看　舊民法債權擔保編第百六十六條

〔註釋〕本條ハ種々《シユ〻》ノ先取特權ガ一時ニ生シタル場合《バアヒ》ニ於テ之ガ前後順序《ゼンゴジユンジヨ》ヲ規定シタル條項デアツテ、其ノ第一項ノ意義《イギ》ハ一般ノ先取特權ガ例バ葬式費用《サウシキヒヨウ》ト日用品ノ供給ト一時ニ生レ或ハ共益費用ト雇人給料ト一時ニ生シ或ハ共益費用ト葬式費用ト日用品供給《ニチヨウヒンキヨウキフ》ト一時ニ生スル如キ場合《バアヒ》ニ於テハ何《イヅ》レカ先《サ》キニシテ何レノ先取特權ヲ有スル者ガ優先權《イウセンケン》ヲ有スルカ其ノ順番ハ如何《ドウ》スルカト謂フニ、斯ノ如ク一般ノ先取特權《サキドリトクケン》ガ二三互《タガ》ヒニ一時ニ生スル時ハ第三百六條ニ掲ケタル順序《ジユンヂヨ》ノ如ク第一番ガ共益費用第二番ガ葬式費用第三番ガ雇人ノ給料第四番ガ日用品供給ト謂《イ》フヤウナ鹽梅式《アンバイシキ》ニ行クノデアル、而シテ先取特權ニモ一般ノ先取特權ト特別《トクベツ》ノ先取特權トカアル第一項ニ謂《イ》フ所ハ一般ノ先取特權カ競合《セリアヒ》シタル場合順序デアツタカ、特別ノ先取特權《サキドリトクケン》ト一般ノ先取特權カ一時ニ生シ等シク突合《ツキア》フコトガアル其ノ時ハ如何《ドウ》スルカ其ノ順番ヲ定《サダ》メタノガ此第二項デアル、本項《ホンコウ》ニ因レバ例バ葬式費用ト旅店宿泊料ト一時ニ生《シ》シタル時ハ先ツ旅店《リヨテン》ノ宿泊料ヲ支拂《シハラ》フテ其ノ餘リ金デ葬式費用ヲ支拂《シハラ》フト謂フ如ク特別ノ動産《ドウサン》ノ先取特權ヲ先《サキ》ニシテ一般ノ先取特權ヲ跡廻《アトマハシ》トスルノデアル、然《シカ》シナガラ一般ノ先取特權中ニモ共益費用《キヨウエキヒヨウ》ニ限リ其ノ性質《セイシツ》ガ違《チガ》フカラ是ダケハ優先《イウセン》ノ效力ヲ有《イヤ》スルモノデアル故ニ例バ共益費用ト不動産ノ保存費《ホゾンヒ》若クハ共益費用ト農工業《ノウコウゲフ》ノ勞役費ト謂フ如ク一時《シ》ニ生スル時ハ先ヅ共益費用ヲ支拂《シハラ》ツテ後其ノ殘金デ不動産ノ保存費又ハ農工業ノ勞役費《ラウエキヒ》ヲ支拂フト謂フ如ク動産、不動産ニ就《ツイ》テノ特別先取特權ハ一般ノ先取特權ハ一般ノ先取特權《センシユトクケン》ノ跡廻《アトマハ》シトナルモノテアル、是共益費用ハ共同ノ利益《リエキ》ヨリ生シタルモノデアルカラ斯《カ》ク例外《レイクワイ》トハ爲シタル所以《ワケ》デアリマス

第三百三十條　同一ノ動産《ドウサン》ニ付キ特別先取特權カ互《タガヒ》ニ競合《キヤウガフ》スル場合ニ於テハ其ノ優先權《イウセンケン》ノ順位左ノ如シ

第一　不動産賃貸《チンガシ》、旅店宿泊《シユクハク》及ヒ運輸《ウンユ》ノ先取特權

第二　動産保存ノ先取特權但數人《スウニン》ノ保存者アリタルトキハ後《ノチ》ノ保存者ハ前ノ保存者《ホゾンシヤ》ニ先ツ

第三　動産賣買、種苗《タネナヘ》肥料《ヒレウ》供給及ヒ農工業勞役《ラウエキ》ノ先取特權

第一順位《シユンヰ》ノ先取特權者カ債權取得《サイケンシユトク》ノ當時第二又ハ第三ノ順位ノ先取特權者アルコトヲ知《シ》リタルトキハ之ニ對《タイ》シテ優先權ヲ行《オコナ》フコトヲ得「ス第一順位者ノ爲《タメ》ニ保存《ホゾン》シタル者ニ對シ亦同《マタオナ》シ」

果實ニ關《クワン》シテハ第一ノ順位ハ農業《ノウゲフ》ノ勞役者ニ第二ノ順位ハ種苗《シユベウ》又ハ肥料ノ供給者《コウキフシヤ》ニ第三ノ順位ハ土地ノ賃貸人《チンガシニン》ニ屬ス

▲參看　舊民法債權擔保編第百六十四條

〔註釋〕前條ニ於テハ一般ノ先取特權ト特別《トクベツ》ノ先取特權カ一時ニ生シタル場合《バアヒ》ノ順序ヲ規定シマシタガ本條《ホンデウ》ハ動産ノ先取特權ガ互《タガ》ヒニ一時ニ競合《キヤウガフ》シタル場合ノ順序《ジユンヂヨ》ヲ規定シタル條項デアル、而《ソウ》シテ第一項ハ一個ノ動産上ニ數件《スウケン》ノ特別先取特權ガ一時ニ生《シ》シタル時ハ第一、第二、第三ノ順位《ジユンヰ》ニ依リテ優先權ノ順番《ジユンバン》ヲ定メルノデアリマス

第一　例バ同一ノ動産《ドウサン》ニ付キ不動産ノ賃貸料《チンガシレウ》ト旅店宿泊料ト運輸賃《ウンユウチン》ト一時ニ競合スル時ハ先ヅ不動産ノ賃貸料ヲ支拂《シハラ》ヒ其ノ殘金《ザンキン》デ宿泊料ヲ支拂ヒ而《ソウ》シテ倘ホ殘金《ザンキン》アレヤ運輸賃ヲ支拂《シハラ》フノデアル

第二　例ハ同一ノ動産ニ付キ保存《ホゾン》ヲ爲シタル者數人《スウニン》アル時ハ最モ後ニ保存《ホゾン》シタル者ノ費用ヲ支拂《シハラ》ヒ其ノ殘金ヲ以テ前《マヘ》ニ保存シタル者ノ費用《ヒヨウ》ヲ支拂フノデアル

第三　例ハ同一ノ動産ニ付キ動産ノ賣代金《ウリダイキン》ト種苗肥料供給ノ代金ト農工業勞役者《ラウエキシヤ》ノ賃金トガ一時ニ競合《キヤウガフ》スル時ハ先ヅ賣代金ヲ支拂《シハラ》ヒ其ノ殘金ヲ以テ種苗肥料代金《シユベウヒレウダイキン》ヲ支拂ヒ尚ホ餘金《ヨキン》アレバ農工業勞役者ノ賃金《チンギン》ヲ支拂《シハラ》フノデアル

然シナガラ若シ第一順位《ジユンヰ》ノ先取特權者タル例ハ旅舍《リヨシヤ》ノ主人ガ旅客《リヨカク》ノ宿泊料ニ對シ先取特權ヲ行ヒ其ノ手荷物《テニモツ》ヲ以テ債權ヲ取得《シユトク》セントスル場合ニ第二又ハ第三順位《ジユンヰ》ノ先取特權者例ハ其ノ手荷物ヲ賣渡《ウリワタ》シタル賣主アリテ旅客《リヨカク》ヨリ未ダ代金ノ支拂《シハライ》ヲ受ケ居ラザルコトヲ知ル時ハ旅舍ノ主人《シユジン》ハ其ノ手荷物ノ上ニ優先權則チ先取特權《センシユトクケン》ヲ行フテ賣主《ウリヌシ》ヨリ先キニ宿泊料ヲ取得《トリウ》ルコトハ出來ヌ、又第一順位者《ジユンヰシヤ》ノ爲ニ物ヲ保存《ホゾン》シタル者アル時モ同ジク保存者ノ費用《ヒヨウ》ニ先チテ第一順位者ハ自己《ジコ》ノ債權ヲ取得スルコトハ出來《デキ》ナイト定メタノガ本條第二項ノ意義《イギ》デアル、而シテ第三項ハ果實《クワジツ》ニ關シテ先取特權ノ例外順位《レイグワイジユンヰ》ヲ定メタノデアル其ノ順位ハ法文《ハフブン》ノ如ク第一番ニ農工勞役者《ラウエキシヤ》ノ賃金ヲ支拂ヒ夫ヨリ種苗代金《シユベウダイキン》夫ヨリ肥料代金夫《ソレ》ヨリ土地ノ貸賃《カシチン》ト謂フ如キ順位デ先取特權ヲ行《オコナ》フモノト定メタノデアリマス

第三百三十一條　同一ノ不動産《フドウサン》ニ付キ特別ノ先取特權カ互《タガヒ》ニ競合スル場合ニ於テハ其ノ優先權《イウセンケン》ノ順位ハ第三百二十五條ニ掲《カヽ》ケタル順序ニ從フ

同一ノ不動産ニ付キ逐次《チクジ》ノ賣買アリタルトキハ賣主相互間《ウリヌシサウゴカン》ノ優先權ノ順位ハ時ノ前後《ゼンゴ》ニ依《ヨ》ル

▲參看　舊民法擔保編第百八十七條

〔註釋〕本條ハ不動産ニ付キ別種《ベツシユ》ノ先取特權アル債權者數名《サイケンシヤスウメイ》アルトキ其ノ相互《サウゴ》ノ優先權ハ如何ナル順位《ジユンヰ》ニ從フテ定ムベキヤヲ規定《キテイ》シタル條項デアッテ、其ノ第一項ニ於テハ例《タトヘ》バ同一ノ不動産則《スナハ》チ一個ノ家屋ニ就テ數種ノ特別先取特權ガ競合《キヤウガフ》スル時ハ其ノ優先權《イウセンケン》ハ第三百二十五條ニ定メタル如ク第一番ニ家屋《カオク》ヲ保存シタル者ガ其ノ費用《ヒヨウ》ヲ受ケ其ノ殘金ニテ家屋ヲ保存《ホゾン》シタル者ガ其ノ費用ヲ受ケ其ノ殘金《ザンキン》ニテ家屋ヲ建築《ケンチク》シタル者ガ其ノ建築代金ヲ受ケ尚ホ殘餘金《ザンヨキン》アレバ家屋ノ賣主《ウリヌシ》ガ其ノ賣代金ヲ受ケルモノト定メタノデアリマス、而シテ第二項ハ前項ノ家屋《カオク》ヲ例バ甲者ヨリ乙者ニ賣渡《ウリワタ》シ其ノ代金ヲ支拂《シハラ》ハナイ内又之ヲ丙者ニ賣渡《ウリワタ》ス等ノ如ク一個ノ家屋ヲ數人《スウニン》ニ賣渡ス時ハ其ノ賣主タル乙丙兩者《リヤウシヤ》カ其ノ家屋上ニ有スル優先權《イウセンケン》ハ如何ナル順位《ジュンヰ》ヲ以テスルカト謂フニ其ノ家屋ヲ賣渡《ウリワタ》シタル時ノ前後ヲ以テスルモノデアル、故ニ此ノ場合《バアヒ》ニ於テハ第一ヲ乙トシ夫《ソレ》ヨリ第二ヲ丙《ヘイ》トスルモノデアリマス

第三百三十二條　同一ノ目的物《モクテキブツ》ニ付キ同一順位ノ先取特權者數人アルトキハ各其債權額ノ割合《ワリアヒ》ニ應シテ辨濟《ベンサイ》ヲ受ク

▲參看　舊民法債權擔保編第百三十五條第三項

〔註釋〕本條ハ同一物ニ對《タイ》シテ同シ順位ノ者數人《スウニン》アル場合ニ於テハ其ノ優先權《イウセンケン》ハ如何ナルカヲ規定《キテイ》シタル條項《デウコウ》デアッテ、其ノ意義《イギ》ハ例バ數人ニテ費用《ヒヨウ》ヲ出《ダ》シ會《ア》ヒ一個ノ動産ヲ保存シタル場合《バアヒ》ノ如キ又ハ田圃《デンボ》ノ耕作人數人アル場合ノ如キハ等《ヒト》シキ順位ノ者數人ナルガ爲メ何レヲ先《サキ》ニシ何レヲ後ニスルト謂《イ》フコトハ出來《デキ》ナイ、故ニ此場合ニ於《オイ》テハ各債權者ハ其ノ債權額ノ割合《ワリアヒ》ニ應シテ辨濟《ベンサイ》ヲ受クルモノト定メタノデアリマス

第四節　先取特權ノ効力

〔註釋〕本節ハ先取特權ハ如何《イカ》ナル效力《カウリヨク》ヲ生スルモノデアルヤヲ規定《キテイ》シタル條項ヲ網羅《マウラ》シタルモノデアリマス

第三百三十三條　先取特權ハ債務者《サイムシヤ》カ其ノ動産ヲ第三取得者《ジユトクシヤ》ニ引渡シタル後ハ其ノ動産《ドウサン》ニ付キ之ヲ行フコトヲ得ス

▲參看　舊民法債權擔保編第百四十八條、第二項以下、第百六十條、第二項以下

〔註釋〕本條ハ動産ニハ追及權《ツヒキフケン》ナキコトヲ規定シタル條項《デウコウ》テアッテ、其ノ意義《イギ》ハ動産ハ元來第百九十二條ニ規定《キテイ》シタル如ク即時ノ時效《ジカウ》ニ因リテ所有權ヲ轉移《テンヰ》スルダケデハナクシテ動産ノ先取特權ハ第三百十九條ニ規定《キテイ》スル如ク占有權《センイウケン》ニ就テノ規定ヲ準用《ジユンヨウ》スルモノデアルカラ先取特權者若クハ債務者《サイムシヤ》ノ手ニ自ラ動産ヲ占有シ居ラナケレバ其ノ動産《ドウサン》ノ上ニ先取特權ヲ行フヿハ出來《デキ》ヌモノデアル故ニ債務者《サイムシヤ》ノ手ヨリ第三者ノ手ニ移《ウツ》リタル時ハ其ノ動産ノ所有權ハ即時《ソクジ》第三者ニ移ルモノテアル既《スデ》ニ第三者ノ手ニ移リ終《ヲハ》ラバ其ノ動産《ドウサン》ハ第三者ノ所有權アルモノデアルカラ先取特權《センシユトクケン》ハ之ニ追及《ツヒキフ》スルノ權利ハナイモノテアリマス

第三百三十四條　先取特權ト動産質權《ドウサンシツケン》ト競合スル場合ニ於テハ動産質

權者ハ第三百三十條ニ掲《カヽ》ケタル第一順位ノ先取特權者ト同一《ドウイツ》ノ權利ヲ有ス

⊗參看　舊民法債權擔保編第百六十四條第四項

〔註釋〕本條ハ先取特權ト動產質權《ドウサンシツケン》ト一時ニ生シタル場合ノ順位《ジユンヰ》ヲ規定シタルモノテアツテ其ノ順位ヲ第三百三十條第一項ノ第一號ニ規定《キテイ》シタル不動產賃貸、旅店宿泊《リヨテンシユクハク》及ヒ運輸ノ先取特權ト同一《ドウイツ》トシタノテアル。故ニ若シ動產質權ト不動產貸料トノ如《ゴト》ク第一順位ノモノガ一時ニ生スル場合《バアヒ》ニ於テハ第三百三十二條ノ規定《キテイ》ニ從ヒ債權額ニ應シテ辨濟《ベンサイ》ヲ受クルモノデアリマス

第三百三十五條　一般ノ先取特權者ハ先《マ》ツ不動產以外《イグワイ》ノ財產ニ付キ辨濟ヲ受ケ尙ホ不足《フソク》アルニ非サレハ不動產ニ付《ツ》キ辨濟ヲ受クルコトヲ得ス

不動產ニ付テハ先《マ》ツ特別擔保ノ目的《モクテキ》タラサル・モノニ付キ辨濟《ベンサイ》ヲ受ク

ルコトヲ要ス
一般ノ先取特權者カ前《ゼン》二項《コウ》ノ規定ニ從ヒテ配當《ハイタウ》ニ加入スルコトヲ怠リタルトキハ其ノ配當加入《ハイタウカニフ》ニ因リテ受クヘカリシモノノ限度《ゲンド》ニ於テハ登記《トウキ》ヲ爲タル第三者ニ對《タイ》シテ其先取特權ヲ行《オコナ》フコトヲ得ス前二項ノ規定ハ不動産以外《イグワイ》ノ財産ノ代價ニ先チテ不動産《フドウサン》ノ代價ヲ配當シ又ハ他ノ不動産ノ代價ニ先《サキダ》チテ特別擔保ノ目的《モクテキ》タル不動産ノ代價《ダイカ》ヲ配當スヘキ場合《バアヒ》ニハ之ヲ適用《テキヨウ》セス

▲參看　舊民法債權擔保編第百四十三條

〔註釋〕本條ハ一般ノ先取特權ノ辨濟《ベンサイ》ニ就キ動産不動産ノ前得區別《ベツ》ヲ規定シタル條項テアツテ、其ノ第一項ハ元來《グワンライ》一般ノ先取特權ハ第三百六條規定《キテイ》ノ如ク債務者ガ總財産《ソウザイサン》ノ上ニ有スル權利《ケンリ》テアルカラ其ノ動産《ドウサン》ト不動産ノ區《ク》別ヲスルニハ及《オヨ》バヌモノテアルケレドモ法律ハ動産ト不動産ノ比較上《ヒカクジヤウ》不動産テ重《オモ》ンズルガ爲メ成《ナル》ベク的《テキ》債務者ノ手《テ》ヨリ不動産《フドウサン》テ動カサナイヤウニ保護《ホゴ》スルモノテアルカラ、一般ノ先取特權ニ依《ヨ》リ債權ノ辨濟《ベンサイ》ヲ受ケントスル者ハ先ツ動産ニ就テ辨濟《ベンサイ》ヲ受ケ若シ不足《フソク》スル時ハ不動産ニ及《オヨ》ボスモノト定《サダ》メタノデアル、而《シカ》シテ又動産ダケデハ不足《フソク》アルガ爲不動産ニ及ボス場合《バアヒ》ニ於テモ特別擔保ト成《ナ》リ居ルモノハ殘《ノコ》シ特別擔保ト成《ナ》ツテ居ラナイ物ヨリ辨濟《ベンサイ》ヲ受ケネケレバナラヌ是《コ》レ本條第二項ノ意義《イギ》デアル、然シナガラ特別擔保以外《イグワイ》ノ物ニテ尚《ナ》ホ不足《フソク》ヲ生ズル時ハ致《イタ》シ方《カタ》ガナイ

擔保品ダトイフモ矢張《ヤハ》リ其ノ上ニ先取特權ヲ行フモ差支《サシツカ》ヘハナイ、兎《ト》モ角《カク》本條第一項及ヒ第二項ハ債務者ガ故意《コイ》ヲ以テ動産ニテ其《ソ》ノ辨濟ヲ終《オハ》ルベキニ其動産ヲ擱《サシオ》キ不動産ヲ先ニシ若クハ擔保外ノ物《モノ》ニテ充分《ジウブン》ナルニ之ヲ擱キ擔保品ニ及《オヨ》ボシ他人ヲ苦《クル》シメル[illegible]ノコトアラシメザラン爲ノ規定《キテイ》デアリマス

第三項ノ意義《イギ》ハ前二項ノ規定ニ從ヒ一般ノ先取特權アル債權者《サイケンシヤ》カ配當ニ加入《カニフ》スルコトヲ怠リタル時ハ動産ニ就《ツイ》テ受クヘキ配當《ハイタウ》ハ不動産ニ就テハ受《ウ》ケルコトハ出來《デキ》ヌ又例バ五百圓ノ債權《サイケン》ヲ有シ居ル者ガ前二項ニ從ヒ配當加入《ハイタウカニフ》ヲ爲シ置ケバ二百圓[illegible]配當金《ハイタウキン》ヲ得ベキニ其ノ加入ヲ怠《オコタ》リタル爲殘金《ザンキン》三百圓ダケデナケレバ不動産ニ對《タイ》シテ優先權ハナイ又其ノ三百圓ノ優先權モ不動産ニ登記《トウキ》ヲ爲シ居ル第三者ニ對《タイ》シテハ行フコトハ出來ヌト定《サダ》メタノデアル是債權者自ラノ過失《クワシツ》ニ因リ他人ノ既得權《キトクケン》ヲ害スルコトハ出來ヌ理由《リイウ》ニ因ルノデア

リマス

第四項ノ意義《イギ》ハ前三項ニ規定《キテイ》スル如ク一般ノ先取特權ハ先ツ動産《ドウサン》ニ就キ配當ヲ受《ウ》ケタル後チデナケレバ不動産ノ上ニ及《オヨ》ボスコトハ出來ナイモノデアル、ケレドモ未《イマ》タ動産ヲ賣ラナイ前ニ不動産ヲ賣《ウ》ラナケレハナラヌ場合ガアル又特別擔保ノ不動産《フドウサン》ヲ他ノ不動産ニ先チテ賣ルコトモアルカラ此場合《コノバアヒ》ニハ第一、第二、第三、ノ原則《ゲンソク》ハ適用《テキヨウ》シナイト定メタノデアリマス

第三百三十六條　一般ノ先取特權ハ不動産《フドウサン》ニ付キ登記《トウキ》ヲ爲サヽルモ之ヲ以テ特別擔保ヲ有《イウ》セサル債權者ニ對抗《タイカウ》スルコトヲ妨ケス但登記ヲ爲シタル第三者ニ對シテハ此限《コノカギリ》ニ在《ア》ラス

▲參看　舊民法債權擔保編第百四十五條、第百九十條

〔註釋〕本條ハ一般ノ先取特權カ他《タ》ノ債權ニ對抗《タイカウ》スル場合ヲ規定《キテイ》シタル條項《デウコウ》デアッテ、其ノ意義ハ一般ノ先取特權ハ債務者ノ總財産《ソウザイサン》ノ上ニ行ハルヽモノデアルカラ、動産《ドウサン》ト不動産ト論《ロン》ズルモノデハナイ、ケレドモ不動産ニ就《ツイ》テハ別ニ登記法《トウキハフ》ノ設ガアッテ之ニ對スル

債權ヲ保護《ホゴ》スルモノデアルカラ一般ノ先取特權ト雖《イヘド》モ其ノ登記ヲ經《ヘ》タル第三者ニハ一歩ヲ讓《ユヅ》ラヌケレバナラヌ、然シ特別擔保モ有セザル債權者ニ對シテハ決《ケツ》シテ讓歩《ジヤウホ》スルニハ及バヌ故ニ此塲合《コノバアヒ》ニハ一般ノ先取特權ヲ有スル債權者《サイケンシヤ》ハ不動產ニ就キ登記《トウキ》ヲ經《ヘ》テ居ラヌデモ其ノ權利《ケンリ》ヲ行フコトガ出來《デキ》ルト規定《キテイ》シタノデアリマス

第三百三十七條　不動產保存ノ先取特權《サキドリトクケン》ハ保存行爲完了《クワンレウ》ノ後直チニ登記ヲ爲《ナ》スニ因リテ其効力ヲ保存《ホゾン》ス

〔註釋〕本條ハ不動產ヲ保存《ホゾン》シタル者ノ有スベキ先取特權ハ如何《イカ》ニスレバ其ノ效力《カウリヨク》ヲ保存シ得ラルヽヤヲ規定《キテイ》シタル條項デアツテ、其ノ意義《イギ》ハ不動產ニ就テハ別《ベツ》ニ登記法ノ設《マウ》ケガアツテ、不動產ニ對スル債權《サイケン》ヲ保護スルモノデアルカラ若シ不動產保存《ホゾン》ニ就テ先取特權ヲ得ヤウトスレバ其ノ保存ノ行爲《カウヰ》ヲ完《オハ》ク了リシ後チ直チニ登記《トウキ》ノ手續ヲ爲《ナ》シ其ノ登記ヲ濟《スマ》サナケレバ效力ヲ保存《ホゾン》スルコトハ出來ヌモノデアルト定《サダ》メタノデアリマス

第三百三十八條　不動產工事《コウジ》ノ先取特權ハ工事ヲ始《ハジ》ムル前ニ其ノ費用

ノ豫算額ヲ登記《トウキ》スルニ因リテ其ノ効力ヲ保存《ホゾン》ス但工事ノ費用《ヒヨウ》カ豫算額ヲ超《コ》ユルトキハ先取特權ハ其ノ超過額《テウクワガク》ニ付テハ存在セス

工事ニ因リテ生《シヤウ》シタル不動産ノ增價額《ゾウカガク》ハ配當加入ノ時裁判所ニ於テ選任《センニン》シタル鑑定人《カンテイニン》ヲシテ之ヲ評價《ヒヤウカ》セシムルコトヲ要ス

▲參看 舊民法債權擔保編第百七十五條、第百八十三條

〔註釋〕本條ハ不動産ノ工事《コウジ》ニ就テノ先取特權ノ效力《カウリヨク》ニ關シテ規定シタル條項《デウコウ》デアッテ、第一項ノ意義《イギ》ハ不動産ノ工事《コウジ》ヲ爲シタル者ガ其ノ工事費ニ對《タイ》シテ先取特權ヲ得《エ》ヤウトスレバ工事ニ着手《チヤクシユ》セントスル前ニ其ノ工事《コウジ》費用《ヒヨウ》ノ豫算額ヲ定メ之ニ登記《トウキ》ヲ爲シ置《オ》カヌケレバ後日債權ノ生シタル時ニ先取特權《サキドリトクケン》ヲ實行スルコトガ出來《デキ》ヌモノデアル而シテ若《モ》シ其ノ工事費用ノ實際額ガ豫算額《ヨサンガク》ヨリ多クナリタリトテ其ノ增額《ゾウガク》ニハ先取特權ハナイモノデアル例バ豫算額千圓デアッテ權利《ケンリ》實行《ジツカウ》ノ場合ニ千五百圓ト成《ナ》ルモ五百圓ノ增額ニ對シ先取特權ヲ實行《ジツカウ》スルコトハ出來ヌト定メタノデアル又第二項ハ例《タトヘ》バ荒地《クワウチ》ニ開墾工事《カイコンコウジ》ヲ加ヘテ良田ト成シタル場合《バアヒ》ニ於テ其ノ開墾工事者ガ配當加入《ハイタウカニフ》ヲ申立《マウシタ》ツル時荒地ガ工事ノ爲メ原價

ヨリ何程《ナニホド》價額《カガク》ヲ增シタルカヲ定ムルニハ裁判所ノ撰《エラ》ミニ因ル鑑定人《カンテイニン》ニ評價ヲサセテ公平ニ其ノ增價額ヲ定《サダ》メナケレバナラヌト規定《キテイ》シタノデアル是工事《コレコウジ》ヨリ生ズル先取特權ハ皆不動產ノ增額《ゾウガク》ニ止ルモノデアルカラ特ニ本項《ホンコウ》ヲ設《マウ》ケテ之レガ鑑定方法ヲ規定《キテイ》シタノデアリマス

第三百三十九條　前二條ノ規定《キテイ》ニ從ヒテ登記《トウキ》シタル先取特權ハ抵當權《テイタウケン》ニ先《サキダ》チテ之ヲ行フコトヲ得

▲參看　舊民法債權擔保編第百三十五條第二項

〔註釋〕本條ハ前二項ノ不動產保存《フドウサンホゾン》ト不動產工事ノ先取特權ハ抵當權《テイタウケン》ニ先ツテ行《オコナ》フコトガ出來ルト規定《キテイ》シタル條項デアツテ、其ノ意義《イギ》ハ抵當權ハ登記ニ因《ヨ》リテ效力ノ生《シヤウ》スルモノデアルカラ不動產保存及ビ不動產工事《フドウサンコウジ》ノ先取特權ト異《コトナ》ル所《トコロ》ナキヤウデハアルガ、此二權《コノケン》ハ一ノ擔保ヲ有《イウ》スルダケ抵當權《テイタウケン》ニ比《クラ》ベテ上位ニ居《ヲ》ラナケレバナラヌ故ニ本條ハ其ノ順位《ジユンヰ》ヲ抵當權ヨリ一段先《ダンサ》キニ爲シテ之ニ利益《リエキ》ヲ與ヘタルモノデアル

第三百四十條　不動產賣買ノ先取特權《センシユトクケン》ハ賣買契約ト同時《ドウジ》ニ未タ代價又

ハ其ノ利息《リソク》ノ辨濟アラサル旨ヲ登記《トウキ》スルニ因リテ其ノ効力《カウリヨク》ヲ保存ス

▲參看　舊民法債權擔保編第百七十八條、第百八十一條

〔註釋〕本條ハ不動産賣買ノ上《ウヘ》ニ有スベキ先取特權ノ効力《カウリヨク》ニ關スル規定《キテイ》デアツテ、其ノ意義ハ不動産ノ讓渡人ハ賣買契約《バイバイケイヤク》ヲ爲スト同時ニ其ノ代價ト利息《リソク》トハ未タ受取《ウケト》ラヌト謂《イ》フコトヲ登記《トウキ》センケレバ先取特權ヲ保存《ホゾン》スルコトハ出來《デキ》ナイト謂フノデアル而《シカ》シテ其ノ理由ハ登記ハ即チ先取特權ノアルコトヲ公示《コウジ》スル方法デアツテ、其ノ代價ト利息《リソク》ノ額ヲ明記スルハ一ノ條件《デウケン》デアル、若シ此條件ノ記載《キサイ》ヲ欲《カ》クトキハ第三者タル他ノ債權者ニ於テ其ノ債務者ノ取得《シユトク》シタル不動産上ニ讓渡人ノ先取特權《センシユトクケン》アルコトヲ知得《チトク》スルコトガ出來ヌカラデアリマス

第三百四十一條　先取特權ノ効力《カウリヨク》ニ付テハ本節《ホンセツ》ニ定メタルモノノ外抵當權ニ關《クワン》スル規定ヲ準用《ジユンヨウ》ス

▲參看　舊民法債權擔保編第百八十八條、第百九十四條

〔註釋〕本條ハ先取特權ノ効力《カウリヨク》ニ就テノ準用規定アルコトヲ示《シメ》シタル條項《デウコウ》デアツテ、先取特

權ノ效力《カウリヨク》ニ就テハ本節既ニ規定《キテイ》スル所アルモ尚ホ第三百六十九條以下《イカ》ニ規定シタル抵當權ニ關スル規定ヲモ準用《シユンヨウ》スルコトヽ定メタノデアリマス

第九章　質權

〔註釋〕本章ハ質權《シチケン》ノ種類《シユルヰ》ニ關スル規定ヲ網羅《マウラ》シタルモノデアツテ、其ノ種類《シユルヰ》ヲ三區ニ別ツ則チ動產質權、不動產質權、權利質《ケンリガシ》デアル、而シテ其ノ質權ニ關《クワン》スル義解《ギカイ》ハ下條既ニ明文アレバ各其《カクソ》ノ條下ニ詳述《シヤウジユツ》スルコトヽ致シマス

第一節　總則

〔註釋〕本節ニ規定《キテイ》シタル各條ハ第三百五十二條以下《イカ》第三百六十八條ニ至ル各條通《カクデウツウ》シ用《モチ》ユル條項デアツテ則《ナハ》チ第三百四十二條ヨリ第三百五十一條ニ至《イタ》ル十ケ條ハ之ヲ質權《シチケン》ノ總則トスルノデアリマス

第三百四十二條　質權者ハ其ノ債權《サイケン》ノ擔保トシテ債務者又ハ第三者《シヤ》ヨリ受取《ウケトリ》タル物ヲ占有シ且其ノ物ニ付《ツ》キ他ノ債權者《サイケンシヤ》ニ先チテ自己ノ債

權ノ辨濟《ベンサイ》ヲ受クル權利《ケンリ》ヲ有ス

▲參看　舊民法債權擔保編第九十七條、第百十一條

〔註釋〕本條ハ質權ノ定義《テイギ》ヲ規定シタル條項《デウコウ》デアツテ、其ノ意義《イギ》ハ質權ヲ有《イウ》スル者ハ債權則チ貸金ノ引當《ヒキアテ》トシテ債務者即チ借主《カリヌシ》又ハ借主ノ最《モ》一ツ向《ムカ》フノ第三者ヨリ受取《ウケト》リタル引當物ヲ自己ノ手ニ引取《ヒキト》リテ占有シ置《オ》クモノデアル、而《ソウ》シテ若シ債務者《サイムシヤ》又ハ第三者ガ産破《ハサン》若クハ家資分散《カシブンサン》ヲ爲シテ其ノ財産《ザイサン》ノ全部若クハ一部ヲ以テ數多《アマタ》ノ貸主ヘ配當セントスル場合ニ於テハ質權者ハ其ノ引當物《ヒキアテモノ》ノ上ニ就テハ他ノ貸主《カシヌシ》ヨリ先キニ自己ノ貸金《カシキン》ト利子金ノ辨濟ヲ受クル權利《ケンリ》ヲ有スルモノデアルト定《サダ》メタノテアリマス、故ニ質權ハ必《カナ》ラス引當物ガアツテ而《ジカ》シテ其ノ引當物ヲ占有《センイウ》シテ居ラナケレバナラヌモノテアル、又此ノ質權《シツケン》ニハ三種ノ區別《クベツ》ガアル例バ甲者ガ乙者ヨリ衣類《イルヰ》ヲ擔保トシテ預《アツカ》リ貸金ヲ爲シタル時ハ之ヲ動産質ト稱シ其ノ衣類《イルヰ》ガ若シ家屋又ハ田地ト替《カヘ》ル時ハ之ナ不動産質ト稱《シヨウ》シ又其ノ家屋田地ガ若シ財産權即チ乙者ガ他人《タコン》ノ土地ニ於テ所有《シヨイウ》スル工作物等ノ如キ地上權《チシヤウケン》ニ關スルモノト替ル特ハ之ヲ權利《ケンリ》質《シツ》ト稱スルノテアリマス

第三百四十三條　質權ハ讓渡《ユヅリワタ》スコトヲ得サル物《モノ》ヲ以テ其ノ目的《モクテキ》ト爲ス

コトヲ得ズ

▲參看　舊民法財産編第二十七條第二項

〔註釋〕本條ハ質權《シツケン》ノ目的トスル性質《セイシツ》ヲ有スル物ヲ限《カギ》リタル規定《キテイ》テアッテ、其ノ意義《イギ》ハ質權ハ若シモ債務者《サイムシヤ》ガ其ノ義務ヲ辨消《ベンセウ》セヌ時ハ擔保品ヲ賣却《バイキヤク》シテ其ノ代金ヲ以テ辨濟《ベンサイ》ヲ受クルモノテアルカラ質權《シツケン》ノ目的物ハ必ラズ讓渡《ユヅリワタ》スコトノ出來ルモノデナケレバナラヌ、然ルニ讓渡《ユヅリワタ》スコトノ出來ナイ不融通物《フユウヅウブツ》ヲモ質權ノ目的《モクテキ》トスルコトガ出來レバ質權ノ實《ジツ》ヲ失フモノテアル故ニ本條ニ於テ質權ノ目的物ハ必ラズ融通物《ユウヅウブツ》デナケレバナラヌト定メタノデアリマス

第三百四十四條　質權ノ設定《セツテイ》ハ債權者ニ其ノ目的物《モクテキブツ》ノ引渡ヲ爲《ナ》スニ因リテ其ノ効力《カウリヨク》ヲ生ス

▲參看　舊民法債權擔保編第百條乃至第百二條、第百十九條

〔註釋〕本條ハ質權《シツケン》ノ設定効力ノ發生《ハツセイ》ヲ規定シタル條項《デウコウ》デアッテ、而《ソシ》テ其ノ意義ハ質權ノ効力ヲ生スルノハ其ノ擔保《タンポ》ノ目的物ヲ債務者《サイムシヤ》ヨリ債務者ノ手《テ》ニ引渡《ヒキワタ》スニ因ルモノデアル

故ニ目的物ヲ引渡《ヒキワタ》サヌ時ハ質權ノ効力《カウリヨク》ハ生ジナイモノデアルト定《サダ》メタノデアリマス

第三百四十五條　質權者ハ質權設定者《シツケンセツテイシヤ》ヲシテ自己ニ代《カ》ハリテ質物《シツブツ》ノ占有ヲ爲《ナ》サシムルコトヲ得《エ》ス

〔註釋〕本條ハ質權者卽チ質權《シツケン》ヲ有スル貸主《カシヌシ》ガ自己ニ占有《センイウ》シナケレバナラヌ質物《シチブツ》ヲ自己ニ代リテ借主《カリヌシ》ニ占有セシムルコトハ出來《デキ》ヌト規定シタル條項《デウコウ》デアツテ、其ノ意義《イギ》ハ元來質權ハ第三百四十四條及第三百四十二條ノ規定《キテイ》ニ因リテ其ノ質物ヲ質權者《シツケンシヤ》自ラガ手《テ》ニ占有《センイウ》シナケレバ後日《ゴジツ》ニ至リ其ノ物ノ上ニ質權《シツケン》アリトシテ他債權者ヲ排斥《ハイセキ》スルコトノ出來《デキ》ナイモノデアル故ニ假令《タトヘ》質權者ガ借主ヲ自己ノ代理《ダイリ》トシテ其ノ質物ヲ占有《センイウ》セシムルモ第三者ニ對シテハ無効《ムカウ》デアル、如何《イカン》トナレバ第三者ハ其ノ質物《シチブツ》ノ現在所有主タル借主《カリヌシ》ノ手ニ存スル以上ハ果《ハタ》シテ質權ノ有スルモノナルヤ否《イナ》ヤヲ識別《シキベツ》スルコトガ出來《デキ》ヌダケデハナイ却テ爭論《ソウロン》ヲ生ジ他ノ債權者ヲ害《ガイ》スルト共ニ質權者ヲモ併《アハセ》テ害スルコトガ出來ル、故《ユヱ》ニ本條ヲ設ケテ質權ノ目的物《モクテキブツ》ハ必ラズ債權者《サイケンシヤ》ガ占有シナケレバナラヌモノデアツテ、假令《タトヘ》代理《ダイリ》トシテモ債務者タル借主《カリヌシ》ノ手ニ占有サセルコトハナラヌ若シ其ノ質物《シチブツ》ガ債務者ノ手《テ》ニ占有シ

テ居ルトキハ其ノ物《モノ》ノ上ニ質權《シツケン》アリトモ質權者ハ第三者ニ對抗《タイカウ》スルコトハ出來《デキ》ヌモノテアルト定メタモノテアリマス

第三百四十六條　質權ハ元本《ゲンポン》、利息《リソク》、違約金《井ヤクキン》、質權實行《ジツカウ》ノ費用、質物保存ノ費用及ヒ債務《サイム》ノ不履行《フリカウ》又ハ質物ノ隱《カク》レタル瑕疵《カシ》ニ因リテ生シタル損害《ソンガイ》ノ賠償ヲ擔保ス但設定行爲《セツテイカウ井》ニ別段ノ定メアルトキハ此限ニ在ラス

◎參看　舊民法債權擔保編第百九條、第百十一條、第百三十條

〔註釋〕本條ハ質權《シツケン》カ擔保スヘキ債務《サイム》ノ限界《ゲンカイ》ヲ規定シタル條項《デウコウ》テアツテ、而《ソウ》シテ其ノ質權ノ存在《ソンザイ》スル物件ヲ以テ負擔《フタン》スル債務ハ六ケ條アル則《スナハ》チ

第一　元本即チ質物《シツブツ》ニ因リテ借入《カリイレ》タル金額ノ辨濟《ベンサイ》債務

第二　利息則チ質物ニ因《ヨ》リテ借入レタル金額《キンガク》ヨリ生スル利子金《リシキン》ノ辨濟債務

第三　違約金《井ヤクキン》例ハ借主カ金ヲ借入《カリイ》ルヽ時受出シ期日ヲ定メ若《モ》シ其ノ期日《キジツ》ニ受出サナイ時ハ何程ノ違約金《井ヤクキン》ヲ差出スト契約《ケイヤク》シタル塲合《バアヒ》ニ於テ借主ガ期日《キジツ》ニ受出サナイ爲生ズ

ル違約金ノ辨濟債務《ベンサイくム》
第四　質權實行《シツケンジツカウ》ノ費用例バ借主ガ契約期日《ケイヤクキジツ》ニ質物ノ受出《ウケダ》シヲ爲サヽルニ依リ質權者《シツケンシヤ》ガ質物ヲ賣却《バイキヤク》スル等ノ爲費《ヒ》ヤシタル費用金《キン》ノ辨濟債務
第五　質物保存ノ費用例《タトヘ》バ穀物等ヲ保存《ホゾン》スル爲倉庫會社ニ寄托《キタク》シタル場合ニ生《シヤウ》ズル倉敷料金等ノ辨濟債務
第六　債務ノ不履行《フリカウ》例バ借主ガ質物《シチモノ》ノ受出シヲ爲サズ債務《サイム》ノ辨濟ヲ怠《オコタ》ルニ依リ質權者ニ於テ債務履行ノ爲裁判所《サイバンシヨ》ニ出訴シタル場合《バアヒ》ニ生ズル裁判費用金ノ辨濟債務
第七　質物ノ隱《カク》レタル瑕疵《カシ》ニ因リテ生シタル損害ノ賠償《バイシヤウ》例バ物質ノ惡《ア》シキ爲メ質物ノ量目ノ減滅《ゲンメツ》シ又ハ變色腐敗《ヘンシヨクフハイ》シタルヨリ生シタル損失金《ソンシツキン》ノ辨濟債務
以上ニ枚擧《マイキヨ》シタル七種ノ債務ハ質物《シチブツ》ノ代金ヲ以テ辨濟《ベンサイ》シナケレバナラヌノテアル、然《シカ》シナガラ債權者ト債務者ノ間ニ別途《ベツト》ノ契約《ケイヤク》アリテ是等ノ義務《ギム》ハ負《オ》ハナイト謂《イ》フコトヲ定メテ居リタル時ハ此ノ規定通《キテイドホ》リ負擔《フタン》シナクトモ其ノ雙互《サウゴ》ノ契約通リスレバヨイト定メタノテアリマス
第三百四十七條　質權者ハ前條《ゼンデウ》ニ掲ケタル債權ノ辨濟《ベンサイ》ヲ受クルマテハ

質物ヲ留置《リウチ》スルコトヲ得但此權利ハ之ヲ以テ自己《ジコ》ニ對シ優先權《イウセンケン》ヲ有ルス債權者《サイケンシヤ》ニ對抗《タイカウ》スルコトヲ得ス

▲參看　舊民法債權擔保編第百六條、第百八條、第百十條、第百二十八條、第百三十條

（註釋）本條ハ質權ニ留置權《リウチケン》ノアルコト、其ノ例外《レイグワイ》トヲ規定シタル條項《デウカウ》テアツテ、其ノ意義ハ質權者ハ債務者《サイムシヤ》ガ前條ニ規定シタル第一ヨリ第七ニ至ル債務ヲ皆濟《カイサイ》セヌ間ハ其ノ質物ヲ留置《リウチ》シテ置ク權利《ケンリ》ガアル、ケレドモ質權者《シチケンシヤ》ハ第三百三十條第一項ノ第一號ニ從ヒ第三百三十四條ノ規定《キテイ》ニ因リテ其ノ質物ニ優先權《イウセンケン》ヲ有スル者例バ其ノ質物《シツブツ》ヲ質入スル時ノ運送賃ヲ貸《カ》シ居ル者ニ對抗《タイカウ》スルコトハ出來ヌ、故ニ此ノ塲合《バアヒ》ニハ質權者ノ債權額《サイケンガク》ト運送賃ノ額ニ應《オウ》シテ配當《ハイタウ》センケレハナラヌ質物ガ不動産《フドウサン》テアツテ先《サ》キニ登記ヲ經《ヘ》テ居ル者ガアル時ハ質權者ハ其ノ者《モノ》ヨリ先ニ辨濟《ベンサイ》ヲ受クルコトハ出來《デキ》ヌト定メタノテアリマス

第三百四十八條　質權者ハ其ノ權利《ケンリ》ノ存續期間内ニ於テ自己《ジコ》ノ責任《セキニン》ヲ以テ質物ヲ轉質《テンシチ》ト爲スコトヲ得此塲合《コノバアヒ》ニ於テハ轉質《テンシチ》ヲ爲ササレハ生セサルヘキ不可抗力《フカカウリヨク》ニ因ル損失《ソンシツ》ニ付テモ亦其ノ責ニ任ス

△參看　舊民法債權擔保編第百七條、第百二十四條第二項

〔註釋〕本條ハ質權者《シツケンシヤ》ガ自已ノ都合《ツガフ》ニ因リ質物ヲ他ニ轉質《マタジチ》ニ入レル場合ニ關《クワン》スル規定デアッテ、其ノ意義《イギ》ハ質權者ハ債務者ト契約《ケイヤク》シタル自己ガ質權ノ引續《ヒキツヾ》キタル期間内例《タト》ヘバ六ケ月契約ノ質權ナレバ其ノ六ケ月間ハ其ノ質物《シチモノ》ヲ他ニ轉質《マタジチ》スルコトガ出來《デキ》ルケレドモ若シ此轉質ヲシタルガ為生《シヤウ》シタル可抗力《カヽウリヨク》ニ因ル損害《ソンガイ》ハ其ノ責《セメ》ヲ負《オ》ハナケレバナラヌ、例バ質權者ガ甲地《カフチ》ニ住《ヂウ》シテ其ノ質物ヲ乙地ノ者ニ轉質《マタジチ》シタル場合《バアヒ》ニ於テ乙地ニ火災《クワサイ》アリテ其ノ質物ノ燒失《ジヤウシツ》シタル時ハ質權者ハ之レガ賠償《バイシヤウ》ヲ為サンケレバナラヌ、如何《イカン》トナレバ若シ質權者ガ乙地ニ轉質センケレバ此大災《コノタイサイ》ニ罹《カヽ》ル憂《ウレ》ヒナケレバ其ノ責ニ任スルハ當然《タウゼン》ノコトデアル、故ニ本條此事《ホンデウコノコト》ヲ規定シタル所以《ワケ》デアリマス

第三百四十九條　質權設定者ハ設定行為《セツテイカウヰ》又ハ債務ノ辨濟期前《ベンサイキゼン》ノ契約ヲ以テ質權者ニ辨濟《ベンサイ》トシテ質物ノ所有權ヲ取得《シユトク》セシメ其ノ他法律《ハフリツ》ニ定メタル方法《ハウハフ》ニ依ラスシテ質物ヲ處分《シヨブン》セシムルコトヲ約《ヤク》スルヿヲ得ス

△參看　舊民法債權擔保編第百十三條、第百三十條

〔註釋〕本條ハ質權《シツケン》ニ就テノ處分禁止《シヨブンキンシ》ヲ規定シタル條項《デウコウ》デアッテ、其ノ意義《イギ》ハ質權者ハ元來債務者ガ意思《イシ》ノ自由ヲ奪《ウバ》フ威權《ヰケン》ヲ資力ノ上ニ有シ居ルモノデアルカラ彼《カ》ノ高歩《タカブ》貸ト稱スル貧民《ヒンミン》ノ膏血《カウケツ》ヲ吸《ス》フ一種ノ惡奸《アクカン》ヲ生シ大ヒニ社會《シヤクワイ》ノ公益《コウエキ》ヲ害スルコトガアル、故ニ本條ハ此ノ弊《ヘイ》ヲ矯《タ》メムトシテ質入主ガ質權者《シツケンシヤ》ヨリ金ヲ借入ル時又ハ借金《シヤクキン》ヲ支拂《シハラ》フ期限ノ來ラザル前ニ爲《ナ》シタル契約ニ基《モト》キ其ノ借金ヲ辨濟《ベンサイ》スル替《カハ》リニ期限前ニ其ノ質物《シチモノ》ノ所有權ヲ質權者ニ取得《シユトク》セシメ又ハ法律ニ定メタル方法《ハウハフ》ニ依ラズシテ其ノ質物《シチモノ》ノ處分ヲ質權者《シツケンシヤ》ニ爲サシムルコトハ出來ヌト禁《キン》シタル所以《ワケ》デアリマス

第三百五十條　第二百九十六條乃至《ナイシ》第三百條及ヒ第三百四條ノ規定《キテイ》ハ質權ニ之ヲ準用《ジユンヨウ》ス

▲參看　舊民法債權擔保編第百十條、第百三十條、第百三十三條

〔註釋〕本條ハ質權《シツケン》ニハ第二百九十六條以下《イカ》第三百條ニ至ル間ニ規定《キテイ》シタル留置權《リウチケン》ニ關スル規定ト而《ソウ》シテ第三百四條ニ規定《キテイ》シタル先取特權ニ關《クワン》スル一原則《ゲンソク》ヲ準用《ジユンヨウ》スヘキコトヲ規定シタル條項デアッテ其ノ意義《イギ》ハ質權ハ其ノ質物ヲ留置《リウチ》シテ其ノ上ニ留置權《リウチケン》ヲ行ヒ且ツ其

ノ債務者ガ受《ウ》クヘキ質物ヨリ生《シヤウ》ズル金錢其他ノ物《モノ》ニ對《タイ》シテハ先取特權ヲ有《イウ》スルモノテアルト定メタノテアリマス故ニ本條ニ枚擧《マイキヨ》シタル留置權及ヒ先取特權ノ各條《カクデウ》ニ對スル意義ハ既ニ講《コウ》シタレハ其ノ各條下《シモ》ニ就テ反讀《ハンドク》シテ能ク記臆《キオク》セラレヨ

第三百五十一條　他人《タニン》ノ債務ヲ擔保スル爲質權《シツケン》ヲ設定シタル者カ其ノ債務ヲ辨濟《ベンサイ》シ又ハ質權ノ實行《ジツカウ》ニ因リテ質物ノ所有ヲ失ヒタルトキハ保證債務ニ關《クワン》スル規定ニ從ヒ債務者《サイムシヤ》ニ對シテ求償權《キウシヤウケン》ヲ有ス

▲參看　舊民法債權擔保編第九十八條、第百十七條

〔註釋〕本條ハ質權ニ對スル代辨者《ダイベンシヤ》ハ債務者ニ對シ求償權《キウシヤウケン》ヲ有スルコトヲ規定《キテイ》シタル條項テアツテ、其ノ意義《イギ》ハ例ハ甲ナル者アリ乙ナル者ヨリ金《カネ》ヲ借入《カリイ》ルヽ場合ニ於テ擔保品ヲ要ズル自己《ジコ》ニ擔保トスヘキ物品ナニキ因《ヨ》リ丙者ヨリ物件《ブツケン》ヲ借入レ之ヲ擔保トシテ乙者《オツシヤ》ニ差入レ金借《キンシヤク》ヲ終《カ》ヘテ後甲者ハ借入金支拂ノ爲其ノ擔保品ノ上《ウヘ》ニ有《イウ》スル丙者ノ所有權《シヨイウケン》ヲ失ヒタル時ハ丙者ハ第四百四十六條以下《イカ》ノ保證債務《ホシヨウサイム》ニ關スル規定《キテイ》ニ從ヒ甲者ニ對《タイ》シテ求償權ヲ有スルモノテアル是《コレ》保證義務《ホシヨウギム》ハ同一ノモノテアルカラ斯《カ》ク規定《キテイ》シタル所以《ワケ》テアリマス

第二節　動產質

〔註釋〕本節ハ質權《シチケン》ノ一種ナル動產質ニ關《カヽ》ル規定ヲ網羅《マウラ》セシモノデアツテ、動產質ト稱スルハ特ニ動產ヲ債務《サイム》ノ擔保ニ供スル契約デアル、故ニ此ノ權利ヲ有《イウ》スル債權者ハ其ノ目的タル動產ノ上ニ就テハ通常《ツウジヤウ》ノ債權者ニ對シ優先權ヲ有《イウ》スルモノデアリマス、其ノ詳細ハ以下各條ニ就テ說明スルコトヽ致シマス

第三百五十二條　動產質權者ハ繼續シテ質物ヲ占有スルニ非サレハ其ノ質權ヲ以テ第三者ニ對抗スルコトヲ得ス

▲參看　舊民法債權擔保編第百二條第一項

〔註釋〕本條ハ動產質權《ドウサンシチケン》ノ第三者ニ對スル效力《カウリヨク》ヲ規定シタルモノデアツテ、而シテ其ノ意義ハ元來動產質ハ其ノ契約《ケイヤク》ヲ締結スルバカリデハ其ノ效力ノ生ジナイモノデアル必《カナ》ラズ債務者ヨリ其ノ目的物《モクテキブツ》タル質物ヲ質權者ノ手ニ引渡《ヒキワタシ》ヲ受ケナケレバナラヌ、如何トナレバ第三者ハ質物ニ此契約《コノケイヤク》ノアルコトヲ知ルコトガ出來ヌカラ計《ハカ》ラザル損害ヲ蒙ルコトガアリマス、故ニ本條ノ如ク動產質權者ハ質物ヲ現實《ゲンジツ》ニ且ツ繼續《ケイゾク》シテ間斷ナク占有シテ居ラ

ムケレバ第三者ニ質權《シツケン》アリトシテ對抗スルコトハ出來《デキ》ヌト定メタノデアル是質物ノ上ニハ既ニ債務《サイム》ヲ負ヒ居ルコトヲ公示《コウシ》シ他人ヲシテ不測《フソク》ノ損害ヲ招《マネカ》サラシメヌ爲デアリマス

第三百五十三條　動產質權者カ質物ノ占有ヲ奪ハレタルトキハ占有回收ノ訴《ウツタヘ》ニ依リテノミ其ノ質物ヲ回復《クワイフク》スルコトヲ得

〔註釋〕本條ハ質權者ガ質物ニ就テ回收訴權《クワイシウソケン》ヲ有スル限界《ゲンカイ》ヲ規定シタル條項デアッテ、其ノ意義ハ動產ノ質權者ガ其ノ權利《ケンリ》ノ存續期間中ニ其ノ占有物ヲ奪《ウバ》ハレタル時ハ其ノ奪取者ニ對シ占有回收ノ訴ヲ起《オコ》シテ其ノ質物ヲ取戻《トリモド》スコトガ出來ルト定《サダ》メタノデアル是占有繼續ハ質權ノ一大要件ナルガ故此ノ訴權ヲ動產質權者ニ與ヘタル所以デアリマス

第三百五十四條　動產質權者カ其ノ債權ノ辨濟ヲ受ケサルトキハ正當ノ理由アル場合ニ限リ鑑定人《カンテイニン》ノ評價ニ從ヒ質物ヲ以テ直《タダ》チニ辨濟ニ充《ア》ツルコトヲ裁判所ニ請求スルコトヲ得此場合《コノバアヒ》ニ於テハ質權者ハ豫メ債務者ニ其ノ請求《セイキウ》ヲ通知《ツウチ》スルコトヲ要ス

▲參看　舊民法債權擔保編第百十二條

〔註釋〕本條ハ質權者ガ質物《シツブツ》ヲ以テ直ニ辨濟《ベンサイ》ニ充《ア》ツル場合ニ關スル規定《キテイ》デアッテ其ノ意義ハ質權者ガ其ノ債權ノ辨濟ヲ受《ウ》クルニ當《アタ》リ例バ其ノ質物ヲ賣《ウ》ラムモ買手《カヒテ》ナク或ハ買手《カヒテ》アルモ價値《カチ》ノ点ニ於テ債務者トノ協義調《ケンギトヽノ》ハヌ等總テ其ノ場合《バアヒ》ノ如何ヲ問《ト》ハズ兎ニ角《カク》債權ノ辨濟ヲ受ケザル時質權者《シツケンシヤ》ニ於テ其ノ質物ニテ直チニ辨濟《ベンサイ》ニ充《ア》テヌトスルトキハ裁判所ニ請求スルコトガ出來ル、若シ質權者ガ裁判所《サイバンシヨ》ニ訴ヘ出ツル場合《バアヒ》ニ於テハ債務者ノ覺悟《カクゴ》モアレバ必ラズ其ノ事ヲ前以《マヘモツ》テ通知シテ置《オ》カナケレバナラヌ、而《ソウ》シテ裁判所ハ此請求《コノセイキウ》アリタル時ハ直チニ鑑定人《カンテイニン》ヲ撰定シテ其ノ質物ノ價値《カチ》ヲ定ムル爲評價《ヒヤウカ》セシムルモノト定メタノデアリマス

第三百五十五條　數個《スウコ》ノ債權ヲ擔保スル爲メ同一《ドウイツ》ノ動産ニ付キ質權ヲ設定《セツテイ》シタルトキハ其ノ質權ノ順位《ジユンヰ》ハ設定ノ前後《ゼンゴ》ニ依《ヨ》ル

〔註釋〕本條ハ動産ニ對シ數個《スウコ》ノ質權アル場合ノ順位《ジユンヰ》ヲ規定シタル條項《デウコウ》デアッテ、其ノ順位ハ契約日付《ケイヤクヒヅケ》ノ前後ニ依ルト定《サダ》メタノデアル、故ニ例《タトヘ》バ今日《ケフ》契約《ケイヤク》シタル者ハ昨日《キノフ》ノ契約者

ガ辨濟《ベンサイ》ヲ受ケタル後チノ殘金《ザンキン》ヲ以テ辨濟、受クルト謂《イ》フ如《ゴト》キ順序《ジユンジヨ》デアリマス

第三節　不動産質

〔註釋〕本節《ホンセツ》ハ不動産質ニ關《クワン》スル規定ヲ網羅《マウラ》シタルモノデアリマス

第三百五十六條　不動産質權者《シツケンシヤ》ハ質權ノ目的《モクテキ》タル不動産ノ用方《ヨウハウ》ニ從ヒ其ノ使用《シヨウ》及ヒ收益《シウエキ》ヲ爲スコトヲ得

▲參看　舊民法債權擔保編第百十六條

〔註釋〕本條ハ不動産質權者ノ有《イウ》スル權利ノ限度《ゲンド》ヲ規定シタルモノデアッテ、其ノ意義ハ不動産ノ上ニ質權《シツケン》ヲ有スルモノハ二個ノ特權《トクケン》ヲ有スルモノデアル、則《スナハ》チ第一債務ノ滿期前《マンキゼン》ニ於テ其ノ用方《モチヒカタ》ニ從ヒ例バ家屋《カオク》ナレバ住居シ土地《トチ》ナレバ耕《タガヤ》ス等其ノ收益例バ家屋《カオク》ナレバ家賃《ヤチン》土地ナレバ貸賃《カシチン》若クハ收穫物《シウクワクブツ》等ヲ收取スル權利《ケンリ》ト第二債務滿期ニ至リテ抵當《テイタウ》ト同一ノ權利デ辨濟《ベンサイ》セザルトキハ其ノ不動産ヲ賣却《バイキヤク》シ他ノ通常債權者ヲ排斥《ハイセキ》シテ自己ガ債權ノ辨濟ニ充《ア》ツルコトガ出來ル二個《コ》ノ特權《トクケン》デアル、故ニ之ヲ約言《ヤクゲン》スレバ不動産質權ハ通常債權者ニ對《タイ》シテハ優先權ヲ有シ他《タ》ノ抵當《テイタウ》ヲ有スル債權者ニ對シテ競合《キヤウガフ》ノ權利ヲ有スルモノ

デアリマス

第三百五十七條　不動産質權者ハ管理《クワンリ》ノ費用ヲ拂《ハラ》ヒ其ノ他不動産《フドウサン》ノ負擔ニ任《ニン》ス

△參看　舊民法債權擔保編第百二十五條

〔註釋〕本條ハ質權者ノ負擔《フタン》スヘキ義務ヲ規定《キテイ》シタル條項《デウコウ》デアツテ、其ノ意義《イギ》ハ不動産ノ質權者ハ前條《ゼンデウ》ニ規定スル如ク使用《シヨウ》、收益ノ二權利ヲ有《イウ》スルモノデアルカラ、其《ソ》ノ不動産ヲ管理《クワンリ》スルハ勿論《モチロン》デアル故ニ其ノ管理ノ費用《ヒヨウ》ヲ支拂《シハラ》ハナケレバナラヌタケデハナイ其《ソ》ノ他ニ要スベキ租税《ソゼイ》若クハ地方賦課《チハウフクワ》税《ゼイ》或ハ修繕費等不動産ノ上ニ生《シヤウ》スル總テノ費用《ヒヨウ》ヲ負擔シテ支拂《シハラ》ハムケレバナラヌノデアル、如何《イカン》トナレバ是等ノ費用《ヒヨウ》ハ不動産ノ收益《シウエキ》ヲ以テ支拂フベキ性質《セイシツ》ノモノデアルカラ其ノ收益《シウエキ》ヲ取得スル質權者《シツケンシヤ》ノ之ヲ支拂フ義務《ギム》アルヤ至當《シタウ》デアツテ毫《ガウ》モ疑《ウタガ》フベキモノデハナイ故ニ本條《ホンデウ》ハ斯ク規定《キテイ》シタル所以《ワケ》デアリマス

第三百五十八條　不動産質權者《シツケンシヤ》ハ其ノ債權ノ利息《リソク》ヲ請求《セイキウ》スルヿヲ得ス

△參看　舊民法債權擔保編第百二十六條

〔註釋〕本條ハ不動產質ハ無利息《ムリソク》デアルコトヲ規定シタル條項《デウコウ》デアッテ、其ノ意義《イギ》ハ不動產質權ハ元來《グワンライ》第三百五十六條ニ規定ノ如ク其ノ使用收益《シヨウシウエキ》ノ二權利ヲ質權者ニ取得《シユトク》シ居レバ其ノ使用、收益ハ則《スナハ》チ不動產質原本ニ對《タイ》スル利息《リソク》デアルカラ此《コノ》規定《キテイ》ヲ設ケタノデアリマス

第三百五十九條　前三條ノ規定《キテイ》ハ設定行爲ニ別段《ベツダン》ノ定アルトキハ之ヲ適用《テキヨウ》セス

▲參看　舊民法債權擔保編第百二十六條第二項但書

〔註釋〕本條ハ前三條ノ規定《キテイ》ニ就テハ別段《ベツダン》ノ契約《ケイヤク》ヲ爲スコトヲ許シタル條項《デウコウ》デアッテ、其ノ意義ハ前三條ノ如ク規定ハスルモノヽ質權者《シツケンシヤ》ト債務者間ニ不動產ノ使用《シヨウ》、收益《シウエキ》ヲ質權者ニ委《ユダ》子ズ又ハ管理費用《クワンリヒヨウ》及ビ其ノ他ノ費用ヲ債務者《サイムシヤ》ニ於テ負擔《フタン》シ亦ハ債務者ニ於テ質權者ニ利息ヲ支拂フ等總テ特別《トクベツ》ノ契約ヲ爲シタル時ハ敢《アヘ》テ前三條ノ規定《キテイ》ニ從ハズトモ其ノ契約ニ基《モトヅ》クモ差支《サシツカ》ヘナイト定メテ其ノ範圍《ハンヰ》ヲ廣《ヒロ》メタルモノデアリマス

第三百六十條　不動產質ノ存續期間《ソンゾクキカン》ハ十年ヲ超《コ》ユルコトヲ得ス若シ之ヨリ長キ期間《キカン》ヲ以テ不動產質ヲ設定《セツテイ》シタルトキハ其期間《ソノキカン》ハ之ヲ十年

ニ短縮《タンシユク》ス

不動產質ノ設定《セツテイ》ハ之ヲ更新《カウシン》スルコトヲ得但其ノ期間《キカン》ハ更新ノ時ヨリ十年ヲ超《コ》ユルコトヲ得《エ》ス

▲參看 舊民法債權擔保編第百十六條第三項、第四項

〔註釋〕本條ハ不動產質權ノ存續期間《ソンゾクキカン》ノ限度ヲ規定《キテイ》シタル條項《デウコウ》デアツテ、其ノ意義《イギ》ハ不動產質權ノ期限《キゲン》ノ餘《アマ》リ永《ナガ》キニ過《ス》グルハ社會經濟ヲ害《ガイ》シ不動產ノ融通《ユウヅウ》ヲ塞《フサ》グモノデアルカラ自由契約ノ原則《ゲンソク》ニ反スルコトアルモ公益上《コウエキジヤウ》其ノ期限ニ制限《セイゲン》ヲ設クルノ必要《ヒツエウ》ガアル。故ニ不動產質權ノ存續期間ヲ十年ニ限《カギ》リ其ノ上永キ契約《ケイヤク》ヲスルコトハ出來ヌ若《モ》シ十年以上ノ契約ヲ爲シタル時ハ十年ニ縮《チヂ》メサセルコトヽ規定《キテイ》シタノデアリマス、ケレドモ此《コノ》十年ト謂フノハ公益上ノ規定《キテイ》デハアレドモ質權者ト債務者間《サイムシヤカン》ニ於テ十年間ニ利益《リエキ》ヲ收《オサ》ムル能ハザル塲合ナイトモ限《カギ》ラヌ。然ルニ其ノ利害《リガイ》ヲモ顧《カヘリ》ミズシテ何《ド》ヲデモ十年デナケレバナラヌト謂ヘバ法律《ハフリツ》ハ反ツテ公益ヲ保護《ホゴ》セムトシテ私益《シエキ》ヲ害《ガイ》スルコトガアルカラ斯《カ》ヽル塲合《バアヒ》ニハ其ノ設定《セツテイ》ヲ更新《カウシン》スルコトガ出來ル。例《タト》ヘバ最初《サイシヨ》十年間ノ契約ヲ設定《セツテイ》シタルニ期間《キカン》ノ中途則チ七年目ニ債務者《サイムシヤ》ニ於テ倒底殘《タウテイノコ》ル三年デハ義務辨了《ベンレウ》ノ目的ガ立《タ》タナイ時更ニ十年ノ更新

契約ヲ為《ナ》スコトハ差支《サシツカ》ヘ无ノデアル、而《ソウ》シテ此ノ更新契約《カウシンケイヤク》ニ於ケル十年ノ計算方《ケイサンカタ》ハ其ノ更新アリタル時ヨリ向《ムカ》フ十年間デアル、故ニ此計算方ニ因《ヨ》レバ最初《サイシヨ》十年ノ契約《ケイヤク》ニシテ七年目ニ更《アラタ》メテ十年ノ契約ヲ為《ナ》ス時ハ最初ヨリ都合《ツガフ》十七年間ト成《ナ》ル譯《ワケ》デアリマス

第三百六十一條　不動産質ニハ本節《ホンセツ》ノ規定ノ外次章《ジシヤウ》ノ規定ヲ準用《ジユンヨウ》ス

〔註釋〕本條ハ不動産質權ニ抵當權《テイタウケン》ノ規定ヲ準用《ジユンヨウ》スルコトヲ規定《キテイ》シタル條項《デウコウ》デアッテ、而《ソウ》シテ其ノ意義《イギ》ハ不動産質權ハ抵當權ト其ノ性質《セイシツ》ヲ異《コト》ニシタル廉少《カドスク》ナク其ノ大部分ハ相等《アヒヒト》シキモノデアル故ニ抵當權ノ規定ヲ準用スルコト、シタノデ今《イマ》其ノ異ル点ヲ揚グルハ僅《ワヅ》カ物件ヲ占有《センイウ》スルト利息《リソク》ノ請求ヲシナイノト存續期間《ソンゾクキカン》ヲ定メタル三点タケデアル故ニ本條ヲ設ケテ別ニ規定《キテイ》スル蛇足《ダソク》ヲ省《ハブ》キシモノデアリマス

第四節　權利質

〔註釋〕本節ハ權利質《ケンリシチ》ニ關シ規定シタル條項ヲ網羅《マウラ》シタルモノデアッテ其《ソ》ノ權利質《ケンリシチ》ト稱スルモノハ財産權則チ會社ノ株券《カブケン》若クハ公債証書若クハ他人《タニン》ノ地所《ヂシヨ》ニ有スル地上權等ノ如《ゴト》キモノ、上ニ有スル質權《シツケン》ヲ謂《イ》フノデアリマス

第三百六十二條　質權ハ財産權《ザイサンケン》ヲ以テ其ノ目的《モクテキ》ト爲スコトヲ得
前項ノ質權ニハ本節《ホンセツ》ノ規定ノ外前三節ノ規定《キテイ》ヲ準用《ジユンヨウ》ス

〔註釋〕本條ハ權利質權ノ目的物《モクテキブツ》ト之ニ準用スベキ他ノ條項《デウコウ》トヲ規定《キテイ》シタルモノデアッテ、其ノ意義《イギ》ハ權利質ノ目的物ト他《タ》ノ質權ノ目的物ト相混交《アヒコンカウ》セザラヌガ爲デアル而《ソウ》シテ權利質權ニ第一節ノ總則《ソウソク》ト第二節ノ動産質權ノ規定《キテイ》ト第三節ノ不動産質權ノ規定等ノ各條項《カクデウコウ》ヲ準用《ジユンヨウ》スルコト丶シタルハ權利質權ノ性質《セイシツ》ガ動不動産兩質權トシテ相等《アヒヒト》シキ既定ノ各條ニ依《ヨ》ラシムルコト丶シタノデアリマス

第三百六十三條　債權《サイケン》ヲ以テ質權ノ目的《モクテキ》ト爲ス場合ニ於テ其ノ債權《サイケン》ノ證書アルトキハ質權《シツケン》ノ設定ハ其ノ證書《シヨウシヨ》ノ交付ヲ爲スニ因《ヨ》リテ其ノ効力ヲ生ス

▲參看　舊民法債權擔保編第百二條、第百三條

〔註釋〕本條ハ債權《サイケン》ヲ擔保トスル權利質ノ效力《カウリヨク》ヲ規定シタル條項《デウコウ》デアッテ、其ノ意義ハ例バ

甲者ガ乙者ノ有《イウ》スル債權ヲ擔保トシテ貸金《カシキン》ヲ爲ス場合《バアヒ》ニ於テ乙者ガ自己《オノレ》ノ債務者タル丙者ヨリ債權証書卽チ貸金ノ証書《シヤウシヨ》ヲ請取リ居ル時ハ甲者ニ於テ乙者ヨリ丙者ノ証書ヲ受取占有スレバ權利《ケンリ》質權《シツケン》ノ效力ヲ生《シヤウ》スルモノデアルト定《サダ》メタノデアリマス

第三百六十四條　指名債權《シメイサイケン》ヲ以テ質權ノ目的《モクテキ》ト爲シタルトキハ第四百六十七條ノ規定《キテイ》ニ從ヒ第三債務者ニ質權《シツケン》ノ設定ヲ通知《ツウチ》シ又ハ第三債務者カ之ヲ承諾《シヨウダク》スルニ非サレハ之ヲ以テ第三債務者《サイムシヤ》其ノ他ノ第三者ニ對抗《タイカウ》スルコトヲ得ス

前項ノ規定《キテイ》ハ記名ノ株式《カブシキ》ニハ之ヲ適用《テキヨウ》セス

▲參看　舊民法債權擔保編第百三條

〔註釋〕本條ハ指名債權《シメイサイケン》ニ對スル權利質權ノ效力《カウリヨク》ヲ規定シタル條項《デウコウ》デアツテ、而《ソウ》シテ指名債權ト謂《イ》フノハ例ハ甲者ガ乙者ニ貸金《カシキン》ヲ爲シタルガ故乙者ヨリ甲者名宛《ナアテ》ノ証書ヲ差入《サシイ》レタル場合ニ於テハ乙者ハ甲者ヲ指名《シメイ》シタルモノデアルノデアル、故ニ此《コ》ノ指名《シメイ》債權ハ甲者ニ於テ擅《ホシヒマヽ》ニ丙者ニ權利質ノ擔保トシテ差入《サシイ》レルコトハ出來ヌ假令《タトヘ》差入《サシイ》ルヽモ質取主タル丙者ニ於テハ全ク無擔保《ムタンポ》ト等シキモノト成《ナ》ルノデアル、如何《イカン》トナレバ人ハ互ニ信用《シンヨウ》ト廉耻《レンチ》トヲ重《オモ》ンズルモノデアッテ他ニ負債《フサイ》アルヲ他人《タニン》ニ知ラルヽハ最モ嫌《キラ》フ所《トコロ》デアル故ニ乙者ニ於テ甲者ノ外《ホカ》ノ人《ヒト》デアレバ金ヲ借《カ》ラザリシヤモ計《ハカ》ラレズ又若シ甲者ニ於《オイ》テ丙者トノ間ニ權利質權ヲ設定《セツテイ》スル如キアレバ直《タヾチ》ニ其ノ借金ノ返濟《ヘンサイ》ヲ爲スベキヤモ計《ハカ》ラレズ況シテ權利質權ニハ第三百六十七條第一項ノ規定《キテイ》アルガ故若シ丙者ガ甲者ニ對《タイ》シ貸金ヲ爲ス塲合ニ於テ指命債權《シメイサイケン》ヲ目的トスル時ハ丙者ハ必《カナ》ラズ其《ソ》ノ旨《ムネ》ヲ乙者ニ通知《ツウチ》シ乙者ノ承諾ヲ得ナケレバ乙者ハ勿論《モチロン》其ノ保証人等ニ向《ムカ》ッテ對抗《ハムカ》フコトハ出來ナイト定メタノデアル、故ニ其ノ裏面《リメン》ヨリ謂ヘバ丙者ノ通知《ツウチ》ニ因リ乙者ガ其ノ事ヲ承諾《ショウダク》スレバ丙者ハ乙者ヘ對スルハ謂《イフ》マデモナク其ノ保証人《ホシヤウニン》ニ對シテモ權利質權ヲ行《オコナ》ヒテ直接ニ其ノ債權ヲ取立《ドリタ》ツルコトガ出來ルノデアリマス、而シテ第二項ハ第一項ノ例外《レイグワイ》デアッテ會社等ノ記名株劵ハ等シク指命債權《シメイサイケン》デアッテモ本條ノ規定ヲ適用《テキヨウ》スルモノデハナイト定メタノデアリマス

第三百六十五條　記名《キメイ》ノ社債ヲ以テ質權ノ目的《モクテキ》ト爲シタルトキハ社債ノ讓渡ニ關《クワン》スル規定ニ從ヒ會社《クワイシヤ》ノ帳簿ニ質權ノ設定《セツテイ》ヲ記入スルニ非

サレハ之ヲ以テ會社《クワイシヤ》其ノ他ノ第三者ニ對抗《タイカウ》スルコトヲ得ス

△參看　舊民法債權擔保編第百四條

〔註釋〕本條ハ會社《クワイシヤ》ノ社債證書ヲ以テ質權《シツケン》ヲ設定《セツテイ》スルニ就テノ規定《キテイ》デアッテ、其ノ意義《イギ》ハ會社ハ夫々《ソレソレ》特別ノ規定ヲ設《マウ》ケ社會ノ信用ヲ以テ立《タ》ツモノデアルカラ其ノ社債證券《サイシヤウケン》ハ普通ノ指名證書トハ自ラ異《コト》ナル所ガアル故ニ此記名《コノキメイ》ノ社債券ヲ以テ質權ノ目的《モクテキ》トスルトキハ社債ノ讓渡ニ關スル規定ニ從《シタガ》ヒテ其旨ヲ會社ノ帳簿《チヤウボ》ニ記入シナケレバ社債證書ノ上ニ權利質權ノ存《ソン》スルモノトシテ會社若クハ其《ソ》ノ他《タ》ノ第三者ニ對抗《タイカウ》スルコトハ出來《デキ》ヌト定メタノデアリマス

第三百六十六條　指圖債權《サシヅサイケン》ヲ以テ質權ノ目的ト爲《ナ》シタルトキハ其ノ證書ニ質權ノ設定《セツテイ》ヲ裏書スルニ非サレハ之ヲ以テ第三者ニ對抗《タイカウ》スルコトヲ得ス

△參看　舊民法債權擔保編第百三條、末項既成商法第三百七十條

〔註釋〕本條ハ指圖債權《サシヅサイケン》即チ彼ノ爲替手形《カハセテガタ》、約束手形、小切手《コギツテ》等ヲ質權ノ目的《モクテキ》トスル場合ニ

關スル效力ヲ規定《キテイ》シタル條項デアッテ、其ノ意義《イギ》ハ是等《コレラ》ノ債權ヲ目的トシテ權利質權ヲ設定スル時ハ其ノ爲替手形《カワセテガタ》約束手形《ヤクソクテガタ》若クハ小切手《コギツテ》ノ裏面ニ此ノ證書ニハ質權ノ設定ヲ爲シタルトノ記載ヲセナケレバ其ノ指圖債權《シヅサイケン》ノ上ニ質權《シツケン》アリトシテ第三者卽チ振出《フリダシ》人支拂人若クハ裏書讓渡人《ユズ・ワタシニン》ニ對抗スルコトハ出來《アキ》ヌト定《サダ》メタル條項デアリマス

第三百六十七條　質權者《シツケンシヤ》ハ質權ノ目的《モクテキ》タル債權《サイケン》ヲ直接《チヨクセツ》ニ取立ツルコトヲ得

債權ノ目的物カ金錢《キンセン》ナルトキハ質權者ハ自己債權額《ジコサイケンガク》ニ對スル部分ニ限リ之《コレ》ヲ取立《トリタ》ツルコトヲ得《ウ》

右ノ債權ノ辨濟期カ質權者《シツケンシヤ》ノ債權ノ辨濟期前ニ到來《タウライ》シタルトキハ質權者ハ第三債務者《サイムシヤ》ヲシテ其《ソ》ノ辨濟金額《ベンサイキンガク》ヲ供託セシムルコトヲ得此場合ニ於テハ質權《シツケン》ハ其ノ供託金《キヨタクキン》ノ上《ウヘ》ニ存在《ソンザイ》ス

債權ノ目的物《モクテキブツ》カ金錢ニ非《アラ》サルトキハ質權者ハ辨濟《ベンサイ》トシテ受《ウ》ケタル物

ノ上《ウヘ》ニ質權《シツケン》ヲ消ス

▲參看　舊民法債權擔保編第百八條第二項、既成商法第三百八十六條第二項、民事訴訟法第六百條

〔註釋〕本條ハ質權者ノ有《イウ》スル權利《ケンリ》ヲ規定シタル條項デアッテ、其ノ第一項ノ意義《イギ》ハ例バ甲者ガ乙者ニ債權ヲ有シ居リテ其ノ債權《サイケン》ヲ丙者ニ質入ト爲《ナ》シタル時ハ其《ソ》ノ質權者タル丙者ハ甲者ノ手ヲ經《ヘ》ズシテ直《タヾチ》ニ乙者ニ掛リテ直接ニ取立ツルコトガ出來《デキ》ル、ケレドモ其ノ取立ノ手續ニ付キ本條《ホンジヤウ》ハ債權ノ目的物《モクテキブツ》如何ニ因リテ區別ヲ立テタルニ依《ヨ》リ若シ債權ノ目的物ガ金錢デアレバ本條《ホンジヤウ》第二第三ノ兩項ニ依リ又物件《ブツケン》デアレバ第四項ニ依《ヨ》ラナケレバナラヌト定《サダ》メタノデアリマス

故ニ若シ債權ノ目的物ガ金錢《キンセン》デアルトキハ質權者ハ自已《ジコ》ノ債權額《サイケンガク》ダケヨリ取立ツルコトガ出來ヌ例バ甲者ガ乙者ニ千圓ノ貸金《カシキン》アリテ其ノ證書《シヤウシヨ》ヲ丙者ニ入質シテ五百圓借入レタル時ハ丙者ハ千圓ノ證書《セウシヨ》ヲ有シテ居《オ》ルモ乙者ニ掛《カヽ》リテ取立ツル時ハ千圓ノ皆金ヲ取立《トリタテ》ツルコトハ出來ヌ丙者《ヘイシヤ》ハ自已ノ甲者ニ貸付《カシツケ》タル五百圓ダケヨリ取立ツルコトガ出來《デキ》ヌノデアル（第二項）而《ソレ》シテ此甲者ト乙者間ノ債權辨濟《サイケンベンサイ》期ガ例バ明治廿九年六月三十日デアッテ

甲者ト丙者間ノ辨濟期ガ例《タトヘ》バ明治二十九年八月三十日デアル如《ゴト》ク債權ノ辨濟期《ベンサイキ》ガ前後スルトキハ丙者ハ自己《ジコ》ノ辨濟期ニ至《イタ》ラサル前デモ乙者ノ甲者ニ對《タイ》スル辨濟期明治二十九年六月三十日ニ於《オイ》テ乙者ニ五百圓ノ金額《キンカク》ヲ供託《キヤウタク》サセルコトガ出來而シテ丙者ハ其ノ供託金ノ上ニ質權ヲ有《イウ》スルモノテアルカラ自己《ジコ》ノ辨濟期タル明治廿九年八月三十日ニ至《イタ》ッテ其ノ金額《キンカク》ヲ取立テルコトヽスルノデアリマス（第三項）

又其ノ債權《サイケン》ノ目的物ガ金錢デナク物件《ブツケン》デアルトキハ前例ノ丙者《ヘイシヤ》ハ辨濟トシテ乙者ヨリ受ケタル物ノ上ニ質權《シツケン》ヲ有《イウ》スルモノデアル、ケレドモ若シ此《コノ》物件ニシテ第三項ノ如キ場合ノ生シタルトキハ民事訴訟法《ミンジソセウハウ》ノ規定ニ從《シタガ》ヒテ差押《サシオサイ》ヲセナケレバナラヌノデアリマス（第四項）

第三百六十八條　質權者《シツケンシヤ》ハ前條《ゼンジヤウ》ノ規定《キテイ》ニ依《ヨ》ル外民事訴訟法ニ定《サダ》ムル執行方法ニ依《ヨ》リテ質權《シツケン》ノ實行ヲ爲《ナ》スコトヲ得《ウ》

△參看　民事訴訟法第六百十三條

〔註釋〕本條ハ質權《シツケン》ヲ實行スルニ就《ツイ》テノ方法ヲ規定シタル條項デアッテ其《ソ》ノ意義ハ質權者ガ其ノ權利《ケンリ》ヲ實行スル場合ニ於《オイ》テハ第三百六十七條ノ規定《キテイ》ニ依《ヨ》ルノ外民事訴訟法第六編中

ニ規定シタル差押《サシオサイ》方法ノ規定ニ依ルコトガ出來《デキ》ルト定《サダ》メタノデアリマス

第十章　抵當權

〔註釋〕本章ハ抵當權《テイタウケン》ニ關スル規定《キテイ》ヲ網羅シタルモノデアツテ、之《コレ》ヲ總則《ソウソク》、效力《カウ》、消滅ノ三節ニ區別《クベツ》シタルモノデアル而《ソウ》シテ此抵當權ト稱《シヤウ》スルノハ不動產《フダウサン》ヲ債權者ノ手ニ引渡サズシテ其《ソ》ノ不動產ノ上ニ債權《サイケン》ヲ有《イウ》スルモノヲ謂《イ》フノデアルカラ不動產質權トハ異《コトナ》ルモノデアル、其ノ詳細《シヤウサイ》ハ以下各條ノ下ニ解說スルコトヽ致《イタ》シマス

第一節　總則

〔註釋〕本節ハ抵當權《テイタウケン》ノ爲ニ規定シタル第三百七十三條以下《イカ》第三百九十八條ニ至ル各條ニ通シ用《モチ》フベキ原則《ゲンソク》ノミヲ網羅《マウラ》シテ揭《カヽ》ゲタルモノデアリマス

第三百六十九條　抵當權者《テイタウケンシヤ》ハ債務者《サイムシヤ》又《マタ》ハ第三者カ占有《センイウ》ヲ移《ウツ》サスシテ債務ノ擔保《タンホ》ニ供《キヤウ》シタル不動產ニ付《ツ》キ他ノ債權者ニ先《サキダ》チテ自己ノ債權ノ辨濟ヲ受《ウ》クル權利《ケンリ》ヲ有《イウ》ス

地上權及ヒ永小《エイコ》作《サク》權《ケン》モ亦之ヲ抵《テイ》當《タウ》權《ケン》ノ目的ト爲《ナ》スコトヲ得此場合ニ於テハ本章《ホンシヤウ》ノ規定《キテイ》ヲ準用《ジユンヨウ》ス

▲參看　舊民法債權擔保編第百九十五條、第二百十一條、第百九十七條、一

〔註釋〕本條ハ抵當權《テイタウケン》ノ性質ヲ規定《キテイ》シタル條項デアッテ其ノ第一項ノ意義《イギ》ハ抵當權ト謂フモノハ金ノ貸主《カシヌシ》（抵當權者《テイタウケンシヤ》）ガ借主（債務者）又ハ借主《カリヌシ》ニ自已所有ノ不動産ヲ貸與《カシアタ》ヘル（第三者）等ヨリ貸金ノ擔保トシテ差入《サシイレ》レル不動産ヲ貸主ノ手《タ》ニ受取《ウケト》ラズシテ其ノ不動産ノ上ニ先取特權ヲ行《オコナ》ヒ自已ガ債權ノ辨濟ヲ受《ウ》クル權利ヲ有《イウ》スルモノデアル故ニ抵當權ノ必要トスル條件ハ第一抵當ノ目的物《モクテキブツ》ハ必ラズ不動産《フダウサン》デアルコト第二抵當不動産ノ占有《センイウ》ヲ移サナイコト、第三抵當不動産ノ上《ウヘ》ニ優先權《イウセンケン》ヲ有《イウ》ヌルコトノ三個條件デアル而シテ抵當權ハ前項ニ規定《キテイ》シタル如ク其ノ目的物《モクテキブツ》ハ必ラズ不動産ニ限《カギ》ルモノデアル、ケレドモ又地上權ト永小《エイコ》作權《サクケン》ノ二物權ハ其ノ目的物トスルコトガ出來《デキ》ル是《コ》レ此ノ二權利ハ物上《ブツジヤウ》權デアルカラ差支《サシツカ》ヘナイノデアル然シ此ノ二物權ニハ夫々《ソレ》別ニ規定アルモ之ヲ抵當《テイタウ》ニ差入ルヽ時ハ本章ノ規定則《スナハ》チ抵當權ニ關《クワン》スル各條ヲ準用《ジユンヤウ》セムケレバヤラヌト定《サダ》メタノデアリマス

第三百七十條　抵《テイ》當《タウ》權《ケン》ハ抵當地ノ上ニ存《ソン》スル建《タテ》物《モノ》ヲ除《ノゾ》ク外其目的タル不動産ニ附《フ》加《カ》シテ之ト一體《タイ》ヲ成シタル物ニ及フ但設《セッ》定《テイ》行《カウ》爲《ヰ》ニ別段ノ定アルトキ及ヒ第四百二十四條ノ規《キ》定《テイ》ニ依リ債《サイ》權者カ債務《ム》者《シャ》ノ行爲ヲ取消スコトヲ得ル塲《バ》合《アヒ》ハ此限ニ在ラス

▲參看　舊民法債權擔保編第二百條

〔註釋〕本條ハ抵《テイ》當《タウ》權《ケン》ヨリ生スル效力ノ限《ゲン》度《ド》ヲ規定シタルモノデアッテ、其ノ意《イ》義《ギ》ハ抵當權ハ其ノ抵當トシタル土《ト》地《チ》ノ上ニ建設シタル建《タテ》物《モノ》ヲ除クノ外其ノ土地ニ付《フ》シテ一体ト成リタル物ノ上ニ及《オヨ》ブモノデアル。例バ抵當地ニ樹《ジュ》木《モク》若クハ竹《タケ》藪《ヤブ》或ハ泉《セン》源《ゲン》等ガアレバ其ノ樹木、竹藪、泉源ハ抵當中ニ含《フク》ムモノデアル而《ソ》シテ其ノ建物ヲ除《ノゾ》キタルハ建物ハ別《ベッ》ニ獨立シテ抵當權ノ目《モク》的《テキ》物《ブツ》トナルモノデアルカラ土《ト》地《チ》タケヲ抵當トシタル時ハ其ノ權利ノ效力ハ建物ニ及《オヨ》バサルモノデアル、ケレドモ契約者雙《サウ》方《ハウ》ガ土地ト建物ト一ツニ抵《テイ》當《タウ》ニ差入レルカ又ハ第四百二十四條ノ規《キ》定《テイ》ニ依リ債權者カ債務者ノ行《カウ》爲《ヰ》ヲ取消スコトノ出《デ》來《キ》ル塲合ハ格《カク》別《ベツ》デアルト定メタノデアリマス

第三百七十一條　前條ノ規定《キテイ》ハ果實ニハ之ヲ適用《テキヨウ》セス但抵當不動産ノ差押アリタル後又ハ第三取得者《シユトクシヤ》カ第三百八十一條ノ通知《ツウチ》ヲ受ケタル後ハ此限《コノカギリ》ニ在《ア》ラス

第三取得者カ第三百八十一條ノ通知《ツウチ》ヲ受ケタルトキハ其ノ後《ノチ》一年内ニ抵當不動産ノ差押《サシオサヘ》アリタル場合ニ限リ前項但書《ゼンコウタヾシガキ》ノ規定ヲ適用《テキヨウ》ス

▲參看　舊民法債權擔保編第二百二條、第二百八十六條

〔註釋〕本條ハ前條ニ規定《キテイ》シタル如ク土地ノ抵當《テイタウ》ニハ其ノ地上ニ付シテ一体《タイ》ト成リタル物ノ上ニ抵當權《テイタウケン》ノ及ブモノデアル、ケレドモ其ノ果實《クワジツ》ニ就テハ場合《バアヒ》ニ依リ自ラ區別《クベツ》ノアルコトヲ規定シタル條項《デウコウ》デアツテ、其ノ意義《イギ》ハ土地ヨリ生スル果實ハ土地《トチ》ニ附テ一体ト成リ居ルモ土地抵當權ノ效力《カウリヨク》ハ其ノ上ニ及ブベキモノデハナイ、ケレドモ抵當權者《テイタウケンシヤ》ガ其ノ權利ヲ實行《ジツカウ》スルニ當リ抵當ノ不動産ヲ差押《サシオサ》ヘタル後カ又ハ第三取得者《シユドクシヤ》則チ第三百七十八條ニ掲グル抵當不動産ニ地上權《チジヤウケン》若クハ永小作權ヲ有《イウ》スルモノニ第三百八十一條ノ通知《ツウチ》ヲ爲シタル後デアレバ其ノ果實《クワジツ》ノ上ニ抵當權ノ效力《カウリヨク》ヲ及ボスコトガ出來ルト定《サダ》メタノデアル

然シナガラ第三取得者《シユトクシヤ》ハ抵當債權者ニ於テ第三百八十一條ノ通知《ツウチ》ヲ爲シ其ノ後一年内ニ抵當不動産ノ差押《サシオサヘ》ヲシナケレバ其ノ果實ノ上ニ抵當《テイタウ》ヲ實行セラルヽコトハナイト定メタノデアリマス

第三百七十二條　第二百九十六條、第三百四條及ヒ第三百五十一條ノ規定ハ抵當權《テイタウケン》ニ之ヲ準用ス

▲參看　舊民法債權擔保編第百九十六條、第二百一條第一項、第二百九條第二項、第二百十一條、第二百五十八條第三項、第二百九十二條第六號、第七號

〔註釋〕本條ハ抵當權ニ對シテハ留置權《リウチケン》ニ關シテ規定シタル第二百九十六條及ビ先取特權ニ關シテ規定《キテイ》シタル總則第三百四條及ビ質權《シツケン》ニ關シテ規定シタル總則《ソウソク》第三百五十一條ノ規定ヲ準用スルモノト定メタル條項《デウコウ》デアリマス、故ニ抵當權者ハ債權全部《サイケンゼンブ》ノ辨償ヲ受クルマデ其ノ抵當不動産ノ上ニ權利ヲ實行《ジツカウ》シ又ハ債務者ガ不動産上ヨリ得《ウ》ル一切《サイ》ノ金錢若クハ物件ヲ差押《サシオサ》ベテ其ノ上ニ權利ヲ實行シ又ハ債務者《サイムシヤ》カ第三者ヨリ借入《カリイ》レ抵當トシタル不動産ナルトキモ其ノ上ニ權利《ケンリ》ヲ實行シテ差支《サシツカ》ヘハナイ此ノ場合ニ於テ第三者ハ債務者ニ

求償權《キウシヤウケン》ヲ有スルモノデアッテ、抵當權者ハ第三者《ダイシヤ》ニ對シテハ權利實行上何《ナン》ノ負《オ》フ責《セキ》モナイモノデアリマス

第二節　抵當權ノ効力

〔註釋〕本節ハ抵當權《テイタウケン》ヨリ生スル效力ニ關スル規定《キテイ》ヲ網羅《マウラ》シタルモノデアリマス

第三百七十三條　數個《スウコ》ノ債權ヲ擔保スル爲メ同一ノ不動產《フドウサン》ニ付キ抵當權ヲ設定《セツテイ》シタルトキハ其ノ抵當權ノ順位《ジユンヰ》ハ登記ノ前後ニ依《ヨ》ル

▲參看　舊民法債權擔保編第二百三十九條第二項、登記法第二十四條

〔註釋〕本條ハ一個《コ》ノ不動產ニ數個ノ抵當權アル場合《バアヒ》ニ關スル效力ノ順序《ジユンヂヨ》ヲ定メタル條項デアッテ、其ノ意義《イギ》ハ例バ一個ノ不動產ヲ甲乙丙丁ト謂《イ》フ如《ゴト》ク數人ヘ抵當ニ差入《サシイ》レ居ル場合ニ於テ其ノ效力ノ順序《ジユンヂヨ》ヲ定ムルニハ抵當權者ガ貸金ヲ爲《ナシ》ダル日付ノ前後ニ因《ヨ》ラズ登記ヲ爲シタル日付《ヒツケ》ノ前後ニ因ルモノト定メタノデアル、故《ユヱ》ニ甲者ハ乙者ヨリ貸金《カシキン》ヲ爲シタル日付ガ前ナルモ登記《トウキ》ヲ爲シタル日付ガ乙者ヨリ後《オク》レタルトキハ甲者ハ二番デアッテ乙

者ガ一番デアル、是登記《コレトウキ》ハ抵當權公示ノ方法《ハウハフ》デアルカラ公益上此ノ公示《コウジ》方法《ハウハフ》ニ因ルヲ至當トシタル所以《ワケ》デアリマス、如何《イカン》トナレバ貸金ヲ爲シタル日付《ヒツケ》ハ公示方法デナイカラ債務者ノ通知《ツウチ》ガナケレバ甲乙互ニ抵當權ノ設定《セツテイ》アリタルコトヲ知ル譯《ワケ》ニハ行カヌ、故ニ往々債務者ノ奸計《カンケイ》ニ陷《オチイ》リ損害ヲ蒙ル者ガアル、ケレドモ登記法《トウキハフ》ハ公示方法デアルカラ第一番ニ登記シタル者ハ自《ジ》己外《コグワイ》ニ債權者ナキコトヲ知《シ》リ二番ノ者ハ既ニ第一番ニ債權者《サイケンシヤ》アルコトヲ知リ得ルコトガ出來《デキ》ル、故ニ債務者ノ惡計《アクケイ》ニ陷リシ不測《フソク》ノ損害ヲ招ク氣遣《キヅカ》ヒナキ譯デアルカラ斯《カ》クハ規定《キテイ》シタルモノデアリマス

第三百七十四條　抵當權者カ利息《リソク》其ノ他ノ定期金ヲ請求スル權利ヲ有スルトキハ其ノ滿期《マンキ》ト爲リタル最終《サイシウ》ノ二年分ニ付テノミ其ノ抵當權ヲ行フコトヲ得但其ノ以前《イゼン》ノ定期金ニ付テモ滿期後特別《トクベツ》ノ登記ヲ爲シタルトキハ其ノ登記《トウキ》ノ時ヨリ之ヲ行フコトヲ妨《サマタ》ケス

▲參看　舊民法債權擔保編第百八十六條、二百四十條

〔註釋〕本條ハ抵當權《テイタウケン》ヨリ生スル利息其ノ他ノ定期金ニ對《タイ》スル效力ヲ規定《キテイ》シタル條項デアツ

デ、其ノ意義《イギ》ハ抵當權ヨリ生スル利息《リソク》又ハ其ノ他ノ定期金ハ必ラズ登記《トウキ》ヲ爲シ置カムケレバナラヌ如何《イカン》トナレバ抵當權ニハ必ラズ利息其《ソ》ノ他《タ》ノ定期金アリト定マリタルモノデハナイ故ニ利息又ハ其ノ他ノ定期金《テイキン》ニ對シ登記ヲ受《ウ》ケタルモノテアルトモ最後《サイゴ》ノ二年分ダケデナケレバ抵當權ヲ行《オコナ》フコト出來ヌ總《スベ》テ利息ノ如キハ必ラズ一ケ月若《モシ》クハ一ケ年位ヨリ永《ナガ》キ契約《ケイヤク》スルモノハ稀《マレ》テアルカラ質權者ハ其ノ都度《ツド》請求《セイキウ》スルノ權利アルニ之レヲ爲サズシテ權利實行ノ場合《バアヒ》ニ二年以上ノ利息滯金《リソクタイキン》ヲ一時取得ムトスルハ不當《フタウ》テアッテ但他ノ債權者ヲ害《ガイ》スルモノデアル、故ニ法律ハ程《ホド》ヲ見計《ミハカラ》ヒ二年以上ノ分ニハ抵當權ヲ行《オコナ》ハシメヌコトヽ定メタノデアル。ケレドモ定期金《テイキン》ニ就テハ滿期後特別ノ登記《トウキ》ヲ爲シタルトキハ其ノ登記ヲ爲シタル時ヨリ抵當權ノ實行《ジツカウ》ヲ爲スコトハ出來ルト定《サダ》メタノデアリマス

第三百七十五條　抵當權者ハ其ノ抵當權《テイタウケン》ヲ以テ他ノ債權ノ擔保ト爲シ又同一ノ債務者《サイムシヤ》ニ對スル他ノ債權者ノ利益《リエキ》ノ爲其ノ抵當權若クハ其ノ順位ヲ讓渡《ユヅリワタ》シ又ハ之ヲ拋棄《ハウキ》スルコトヲ得

前項ノ場合《バアヒ》ニ於テ抵當權者カ數人《スウコン》ノ爲ニ其ノ抵當權ノ處分《シヨブン》ヲ爲シタ

ルトキハ其ノ處分ノ利益《リエキ》ヲ受クル者ノ權利《ケンリ》ノ順位ハ抵當權ノ登記ニ
附記ヲ爲《ナ》シタル前後《ゼンゴ》ニ依ル

▲參看　舊民法債權擔保編第二百四十四條

〔註釋〕本條ハ抵當權者ガ其ノ抵當權《テイタウケン》ヲ處分スル場合ニ關《クワン》スル規定デアッテ而シテ第一項ハ其ノ場合ニ二個ヲ規定《キテイ》シマシタ

第一　抵當權者ハ其ノ抵當權《テイタウケン》ヲ以テ他ノ債權《サイケン》ノ擔保ト爲シ得ラルヽコト例《タト》ヘバ甲ナル抵當權者ガ乙者ニ對スル自分ニ有スル抵當權ヲ轉抵當《テンテイタウ》トシテ丙者ヨリ金ノ借入《カリイレ》ヲ爲スコトガ出來《デキ》ル

第二　抵當權者ハ同一ノ債務《サイム》ニ對スル他ノ債權者ノ利益《リエキ》ノ爲其ノ抵當權若《モシ》クハ其ノ順位ヲ讓渡シ又ハ之ヲ拋棄《ハウキ》シ得ラルヽコト例《タト》ヘバ甲ナル抵當權者ガ乙者ニ抵當權ヲ有《イウ》シ居ル時丙者モ又乙者ニ抵當權ヲ有《イウ》シ居リテ丙者ガ甲者ノ有スル抵當權若《モシ》クハ其ノ順位ヲ讓受《ユヅリウ》クレバ大ヒニ利益《リエキ》アリトスルトキハ甲者ハ之ヲ讓渡スコトガ出來《デキ》ル又ハ甲者カ丙者ノ爲ニ利益アリトシテ其ノ抵當權若クハ順位《ジユンヰ》ヲ拋棄《ハウキ》スルコトモ出來ル
然シ此場合《コノバアヒ》ニ於テハ何レモ抵當權ノ登記ヲ附記《フキ》セムタレバナラヌモノデアルカデ、若《モ》シ其ノ抵當權ノ處分《シヨブン》ニ因リ利益ヲ受《ウ》クル者ガ數人生シタル時ハ其ノ權利《ケンリ》ノ順位ハ登記《トウキ》ニ附記シタル前後《ゼンゴ》ニ依ルモノデアルト定メタノガ第二項デアリマス玆《コヽ》ニ一言《ゲン》シ置クハ讓渡シト拋棄《ハウキ》トノ區別《クベツ》デアル讓渡シト謂フノハ相當《サウタウ》ノ代價ヲ得テ抵當權ヲ賣《ウ》ルノデアツテ拋棄ト謂フノハ無代價《ムダイカ》ニテ抵當權ヲ遺贈《ヰゾウ》スルコトデアル、而《ソウ》シテ最《モ》一《ヒト》ツ注意スベキハ本條ニ抵當權者ガ債務者ニ對《タイ》シテ權利ヲ拋棄スル場合ノ明文《メイブン》ガナイコトデアル、是ハ假令《タトヘ》本條ニ明文ナキモ拋棄シ得《エ》ラルヽヤ原《モト》ヨリ明瞭《メイレウ》デアル而シテ此場合ニ於ケル他ノ債務者《サイムシヤ》ノ順位ハ如何《イカン》トイフニ依然《ヰゼン》トシテ原ノ如ク唯數債權者中ヨリ一ノ席位《セキヰ》ヲ空《ムナ》シクシタルト同一デアル故ニ其ノ順位ニ依《ヨ》リテ順次ニ昇《ノボ》ルノハ各債權者ノ爲《タメ》ニシタル時ニ限《カギ》ルモノデアリマス

第三百七十六條　前條ノ場合《バアヒ》ニ於テハ第四百六十七條ノ規定《キテイ》ニ從ヒ主タル債務者ニ抵當權《テイタウケン》ノ處分ヲ通知シ又ハ其ノ債務者《サイムシヤ》カ之ヲ承諾スルニ非サレハ之ヲ以テ其ノ債務者《サイムシヤ》、保證人、抵當權設定者及ヒ其ノ承繼人ニ對抗《タイカウ》スルコトヲ得ス

主タル債務者カ前項ノ通知《ツウチ》ヲ受ケ又ハ承諾《ショウダク》ヲシタルトキハ抵當權ノ處分ノ利益《リエキ》ヲ受クル者ノ承諾ナクシテ爲シタル辨濟《ベンサイ》ハ之ヲ以テ其ノ受益者ニ對抗《タイカウ》スルコトヲ得ス

▲參看　舊民法債權擔保編第百八十五條第五項、第二百四十四條、第二百四十九條

〔註釋〕本條ハ前條規定ノ場合《バアヒ》ニ於ケル效力ヲ規定《キテイ》シタル條項デアッテ、第一ノ意義《イギ》ハ前條ノ如ク抵當權ヲ以テ他ニ債權ノ擔保ト爲《ナ》シ又ハ抵當權若クハ其《ソ》ノ順位《ジユンヰ》ヲ讓渡シ又ハ之ヲ拋棄スルトキハ第四百六十七條ニ規定《キテイ》シタル債權ノ讓渡ニ關《クワン》スル規定ニ從ヒテ債務者《サイムシヤ》ニ其ノ處分《シヨブン》ヲ爲シタルコトヲ通知《ツウチ》スルカ又ハ之ヲ承諾《シヨウダク》セシメナケレバナラヌ、若シ抵當權者ニ於テ此ノ手續《テツヾキ》ヲセナイカ又ハ債務者ノ承諾ヲ得《エ》ナイ場合《バアヒ》デアレバ其ノ抵當權者ノ爲シタル讓渡シ若クハ拋棄《ハウキ》ハ無效デアル、故ニ此ノ場合《バアヒ》ニハ抵當權者ハ其ノ債務者、保證人、抵當權設定者及ヒ其ノ承繼人《シヨウケイニン》ニ向ッテ對抗《タイカウ》スルコトハ出來ヌノデアル、而《シカ》シテ又第二項ノ意義《イギ》ハ例バ抵當權者甲ナル者ヨリ主《シユ》タル債務者乙ナル者ニ其《ソ》ノ有《イウ》スル抵當權若クハ順位ヲ丙者ヘ讓渡シ又ハ拋棄《ハウキ》シタルコトヲ通知スルカ若クハ其ノ處分《シヨブン》ヲ爲シタルコト

ノ承諾ヲ得《エ》タル場合ニ於テ乙者ガ抵當權《テイケ》ノ處分ノ利益ヲ受《ウ》クル丙者ノ承諾ヲ得《エ》スシテ甲者ヘ債務ノ辨濟《ベンサイ》ヲ爲シタル時ハ其ノ受益者《ジユエキシヤ》タル丙者ニ對抗スルコトカ出來《デキ》ヌ是丙者ハ既ニ甲者ノ位置《ヰチ》ヲ襲《オソ》ヒ甲者ハ又其ノ權利ナキモノデアルカラ此場合《コノバアヒ》ニ於テ丙者ノ請求《セイキウ》ニ因リ乙者ハ再ヒ其ノ債務《サイム》ノ辨濟ヲ爲サムケレバナラヌモノデアルト定メタノデアル、如何トナレバ是レ乙者ノ過失《クワシツ》ニ係《カヽハ》ルモノデアルカラ乙者ニ其ノ責《セメ》ノ歸《キ》スルヤ當然《アタリマヘ》ノコトデアリマス

第三百七十七條

抵當不動産ニ付《ツ》キ所有權又ハ地上權《チシヤウケン》ヲ買受《カヒウ》ケタル第三者カ抵當權者ノ請求《セイキウ》ニ應シテ之ニ其ノ代價《ダイカ》ヲ辨濟シタルトキハ抵當權ハ其第三者ノ爲ニ消滅《セウメツ》ス

〔註釋〕本條ハ抵當權《テイタウケン》ノ消滅スル場合ヲ規定《キテイ》シタル條項デアッテ、其ノ意義《イギ》ハ例バ甲者ノ所有ニシテ乙者ニ抵當ト成《ナ》リ居《オ》ル不動産ヲ買受ケ若クハ地上權《チシヤウケン》ヲ買受ケタル丙者ガ抵當權者則チ乙者ノ請求《セイキウ》アリタルニ依リ甲者ノ手《テ》ヲ經《ヘ》ス直ニ其ノ代價ヲ乙者ニ辨濟《ベンサイ》スルモ差支ヘハナイ、故ニ此場合ニ於テハ其《ソ》ノ乙者ノ有シタル抵當權ハ第三者タル丙者ノ爲《タメ》ニ消滅

スルモノデアルト定メタノデアリマス是元來《コレクワンライ》元物ノ抵當ト爲リアルモノデアルカラ甲者ヨリスルモ丙者ヨリスルモ到底《タウテイ》乙者ノ債權ヲ辨濟《ベンサイ》シナケレバ全ク賣買ノ結了《ケツレウ》スヘキモノデナイカラ便宜《ベンギ》ノ爲此方法ヲ設《マウ》ケ以テ物權授受《ジユ〻》ノ速了《ソクレウ》ヲ保護《ホゴ》シタルモノデアリマス

第三百七十八條　抵當不動産《テイタウフドウサン》ニ付キ所有權、地上權又ハ永小作權《エイコサクケン》ヲ取得シタル第三者ハ第三百八十二條乃至《ナイシ》第三百八十四條ノ規定《キテイ》ニ從ヒ抵當權者ニ提供《テイキヨウ》シテ其ノ承諾ヲ得タル金額ヲ拂渡《ハラヒワタ》シ又ハ之ヲ供託《キヨウタク》シテ抵當權ヲ滌除《アキヂヨ》スルコトヲ得

▲參看　舊民法債權擔保編第二百五十五條、第二百六十八條

〔註釋〕本條ハ前條ト等《ヒト》シク抵當權消滅ノ場合《バアヒ》ヲ規定シタルモノデアルが、然《シカ》シ前條ハ抵當權者ヨリ取得者ニ請求《セイキウ》シタルニ因リ消滅スル場合デアッテ本條《ホンデウ》ハ取得者ヨリ抵當權者ニ滌除《アキヂヨ》ヲ求メテ抵當權ヲ消滅スル場合ヲ規定《キテイ》シタノデアリマス、故ニ例《タト》ヘバ乙者ヨリ甲者ニ抵當ト成《ナ》リ居《チ》ル不動産ノ所有權又ハ地上權亦ハ永小作權《エイコサクケン》ヲ買受ケタル丙者ガ第三百八十二條以下《イカ》第三百八十四條迄ニ規定《キテイ》シタル條項ニ從ヒテ甲者ノ承諾ヲ得《エ》テ其ノ債權金額ヲ

支拂フカ又ハ其ノ金額《キンガク》ヲ供託シテ乙者ノ甲者ニ負《オ》ヒシ抵當權ヲ滌除《デキヂヨ》スルコトカ出來ルト定メタノデアリマス、而《ソウ》シテ玆ニ注意《チウイ》シ置クハ滌除ト謂フコトデアル此滌除ト謂《イ》フハ債務ヲ辨濟スルコトヲ謂《イ》フノデハナイ金額ヲ拂渡《ヘラヒワタ》シ又ハ供託シテ不動產《フドウサン》ノ上ニ存在スル一ノ障碍物《シヤウガイブツ》タル抵當權ヲ滌《アラ》ヒ除《ノゾ》キ其ノ負擔《フタン》ヲ免ガル、方法ヲ謂フ語《ゴ》デアル、元來抵當權ナルモノガ不動產ノ上ニ存在《ソンザイ》スル時ハ恰《テウ》ト其ノ不動產ハ夫カ爲不融通物《フユウヅウブツ》ノ如キ姿《スガタ》ナレバ融通ノ途《ミチ》ヲ塞《フサ》キ社會ノ經濟《ケイザイ》ヲ害スル虞《オソレ》アルガ爲法律ハ此不動產ノ抵當權ヲ滌除《デキヂヨ》スルノ方法ヲ定メタノデ此滌除ノ語《ゴ》ハ本條以下《イカ》ニ於テ往々《ワウ／＼》見ルベキモノナレハ滌除ト辨濟《ベンサイ》トヲ混同セザラム爲ニ注意《チウイ》シ置ク

第三百七十九條　主《シユ》タル債務者、保證人《ホシヨウニン》及ヒ其ノ承繼人ハ抵當權《テイタウケン》ノ滌除ヲ爲《ナ》スコトヲ得《エ》ス

▲參看　舊民法債權擔保編第二百五十七條

〔註釋〕本條ハ抵當權《テイタウケン》ノ滌除ヲ爲シ得ザル人ヲ規定《キテイ》シタルモノデアッテ、其ノ意義《イギ》ハ抵當權ノ滌除ハ債務《サイム》ヲ辨濟スルモノデハナイ不動產ノ所有者《シヨイウシヤ》ト成リタル者ガ唯《タヾ》不動產上ノ抵當

權ノミヲ除去《ヂヨキヨ》スルニ止マルモノナレバ抵當權ノ滌除《デキヂヨ》アルトモ債務者ハ完全《クワンゼン》ノ義務辨濟スルモノデハナイ唯不動產上ノ抵當權ノミヲ除去《ヂヨキヨ》スルニ止《ト》マルモノナレバ抵當權ノ滌除アルトモ債務者ハ完全《クワンゼン》ノ義務辨濟ヲ終《ヲ》ヘタルモノデハナイカラ其ノ債務ノ消滅《セウメツ》ニ至ラサル間ハ抵當債權者ハ抵當權《テイタウケン》ノ滌除アリタルニモ拘《カヽ》ハラズ其ノ不動產ノ賣却《バイキヤク》ヲ請求スルノ權利存スルモノデアル、サレバ其ノ義務《ギム》ヲ負《オ》フ主タル債務者例《タト》ヘバ抵當權者ヨリ金《カネ》ヲ借入タル甲者及ヒ甲者ノ義務辨濟ヲ保證《ホシヨウ》スル乙者若クハ乙者ノ財產ヲ承繼《ウケツ》キタル丙者等ハ抵當權ノ滌除ヲ爲スモ倒底《タウテイ》其ノ債務ヲ免《マヌ》カルヽ者デナイカラ本條ヲ設《マウ》ケテ是等ノ者ガ抵當權ノ滌除ヲ爲《ナ》スコトヲ禁《キン》ジタノデアリマス

第三百八十條　停止《テイシ》條件《デウケン》附《ツキ》第三取得者ハ條件ノ成否未定《セイヒミテイ》ノ間ハ抵當權ノ滌除《デキヂヨ》ヲ爲スコトヲ得ス

▲參看　舊民法債權擔保編第二百五十六條第一項

〔註釋〕本條ハ停止條件附第三取得者《シユトクシヤ》ノ抵當權滌除ノ場合ヲ規定《キテイ》シタル條項デアツテ、其ノ意義ハ停止條件付第三取得者ハ其ノ條件《デウケン》ノ成ルト成ラザルトガ未タ判然定《ハンゼンサダ》マラヌ間ハ抵

當權ノ滌除ヲ爲《ナ》スコトハ出來《デキ》ヌト定メタノデ、元來停止條件附第三取得者《シユトクシヤ》ハ所有權ノ移轉ヲ停止《テイシ》セラレタルモノデアルカラ其ノ條件《デウケン》ノ成ラザル間ハ未ダ所有者ト謂フ能ハザル者デアル故ニ其ノ代價《ダイカ》ニ就テ何ノ債務モ負《オ》ハナイカラ本條ハ此者ガ抵當權ノ滌除《デキヂヨ》ヲ爲スコトヲ禁《キン》シタノデアル、然シ其ノ停止《テイシ》條件《デウケン》ガ成リシナラバ無論《ムロン》滌除ヲ爲スコトハ出來ル又同ジ條件附テモ解除條件附《カイヂヨデウケン》ノ第三取得者デアツタナラ抵當權滌除ヲ爲《ナ》スコトガ出來ルモノデアリマス

第三百八十一條　抵當權者カ其ノ抵當權《テイタウケン》ヲ實行セント欲《ホツ》スルトキハ豫メ第三百七十八條ニ揭《カヽ》ケタル第三取得者ニ其《ソ》ノ旨《ムネ》ヲ通知《ツウチ》スルコトヲ要ス

▲參看　舊民法債權擔保編第二百六十條

〔註釋〕本條ハ抵當權者《テイタウケンシヤ》ガ其ノ權利ヲ實行スル場合《バアヒ》ニ關スル規定デアツテ其ノ意義《イギ》ハ抵當權者ガ自已ノ債權ヲ得ル爲其ノ抵當《テイタウ》ト成リアル不動産ヲ賣却《バイキヤク》シヤウトスル時ハ其ノ事ヲ前以テ第三百七十八條ニ揭《カヽ》ケタル第三取得者則チ其ノ不動産ニ所有權《シヨイウケン》ヲ有シ居ル者又ハ地

上權ヲ有シ居ル者亦ハ永小《エイコ》作權《サクケン》ヲ有シ居ル者等ニ通知《ツウチ》セヌケレバナラヌ、如何《イカン》トナレバ是等ノ人ハ皆抵當權滌除ノ權利《ケンリ》ヲ有シ居ル者デアルカラ其ノ權利ヲ行《オコナ》フノ餘地《ヨチ》ヲ與ヘタルモノデアル

第三百八十二條　第三取得者ハ前條《ゼンデウ》ノ通知ヲ受クルマテハ何時《ナンドキ》ニテモ抵當權ノ滌除《デキヂヨ》ヲ為スコトヲ得《ウ》

第三取得者カ前條《ゼンデウ》ノ通知ヲ受ケタルトキハ一ケ月内《ゲツナイ》ニ次條ノ送達《ソウタツ》ヲ為スニ非サレハ抵權權《テイタウケン》ノ滌除ヲ為スコトヲ得《エ》ス

前條ノ通知《ツウチ》アリタル後ニ第三百七十八條ニ揭《カヽ》ケタル權利ヲ取得《シユトク》シタル第三者ハ前項《ゼンコウ》ノ第三取得者カ滌除ヲ為スコトヲ得ル期間内《キカンナイ》ニ限リ之ヲ為《ナ》スコトヲ得《ウ》

▲參看　舊民法債權擔保編第二百六十條

〔註釋〕本條ハ第三取得者等ガ抵當權ノ滌除ヲ為ス手續《テツヾキ》ヲ規定シタル條項デアッテ其《ソ》ノ意義

ハ抵當權者ガ其ノ抵當ノ不動産《フドウサン》ヲ自巳ガ債權ヲ得ル爲ニ賣却《バイキャク》スル旨ヲ通知シ來《キタ》リタル時ハ其ノ通知《ツウチ》ヲ受ケタル第三取得者則チ所有權者地上權者永小作權者等ハ何時《ナンドキ》ニテモ不動産ノ抵當代金ヲ抵當權者ニ拂渡《ハラヒワタ》シ又ハ供託シテ其ノ抵當權ノ滌除《デキヂョ》ヲ爲スコガ出來ル（第一項）ケレドモ是等ノ第三取得者等ガ此《コ》ノ通知ヲ受《ウ》ケタル後一ヶ月内ニ第三百八十三條ニ規定シタル書面《ショメン》ノ送達《ソウタツ》ヲセナケレバ抵當權ノ滌除ヲ爲《ナ》スコトハ出來ナイ（第二項）又第三百八十一條ノ通知ヲ爲シタル後ニ其《ソ》ノ抵當地上ニ第三取得者ヲ生《シャウ》シタル時モ其ノ第三取得者ハ通知後《ツウチゴ》一ヶ月内デアツタナラバ抵當權《テイタウケン》ノ滌除ヲ爲スコトガ出來ル（第三項）ト定メタノデアリマ

第三百八十三條　第三取得者カ抵當權《テイタウケン》ヲ滌除セント欲《ホツ》スルトキハ登記ヲ爲シタル各債權者《カクサイケンシャ》ニ左ノ書面ヲ送達《ソウタツ》スルコトヲ要ス

一　取得ノ原因《ゲンイン》、年月日、讓渡人及ヒ取得者《シュトクシャ》ノ氏名、住所、抵當不動産ノ性質《セイシツ》、所在、代價其《ソ》ノ他《タ》取得者ノ負擔《フタン》ヲ記載《キサイ》シタル書面《ショメン》

二　抵當不動産ニ關《クワン》スル登記簿ノ謄本《トウホン》但既ニ消滅《セウメツ》シタル權利ニ關スル登記《トウキ》ハ之ヲ掲《カヽ》クルコトヲ要セス

三　債權者カ一ケ月内《ゲツナイ》ニ次條ノ規定ニ從ヒ增價競賣《ゾウカキヤウバイ》ヲ請求セサルトキハ第三取得者ハ第一号《ダイガウ》ニ掲ケタル代價又ハ特《トク》ニ指定《シテイ》シタル金額ヲ債權ノ順位《ジユン井》ニ從ヒテ辨濟又ハ供託《キヨウタク》スヘキ旨ヲ記載《キサイ》シタル書面

▲參看　舊民法債權擔保編第二百六十二條

〔註釋〕本條ハ抵當權ヲ滌除スル塲合《バアヒ》ニ第三取得者ノ為スベキ通知書面《ツウチシヨメン》ノ記載事項ヲ規定《キテイ》シタル條項《デウコウ》テアッテ、其ノ意義ハ抵當權ノ滌除《デキヂヨ》ヲ為スニハ債權者ノ承諾ヲ得《エ》ヌケレバナラヌ、其ノ承諾ヲ得ヌトセハ通知《ツウチ》ヲ為スヤ原《モト》ヨリノコトデアル、故ニ第三取得者《シユトクシヤ》ハ此ノ書面ヲ送達《ソウタツ》シテ債權者ノ承諾スルト否《イナ》トヲ定ムルノデアリマス、而シテ本條別《ベツ》ニ送達ノ方法ヲ規定シマセムケレドモ其ノ送達ノ證據《シヨウコ》ヲ得レバ其ノ方法ハ如何《イカ》ナルモ宜《ヨロ》シカルベキモノト思ヒマス

第三百八十四條　債權者カ前條《ゼンデウ》ノ送達ヲ受ケタル後一ケ月内ニ增價競賣ヲ請求《セイキウ》セサルトキハ第三取得者ノ提供《テイキヨウ》ヲ承諾シタルモノト看做《ミナ》ス

增價競賣ハ若《モ》シ競賣ニ於テ第三取得者カ提供《テイキヨウ》シタル金額ヨリ十分ノ一以上高價ニ抵當不動產ヲ賣却《バイキヤク》スルコト能《アタ》ハサルトキハ十分ノ一ノ增價ヲ以テ自ヲ其ノ不動產ヲ買受クヘキ旨《ムネ》ヲ附言シ第三取得者ニ對《タイ》シテ之ヲ請求《セイキウ》スルコトヲ要ス

前項ノ場合ニ於テハ債權者《サイケンシヤ》ハ代價及ヒ費用ニ付キ擔保《タンポ》ヲ供スルコトヲ要ス

▲參看　舊民法債權擔保編第二百五十五條、第二百六十二條第三號、第二百六十五條、本文第二百六十八條

〔註釋〕本條ハ第三取得者ガ抵當權滌除請求ノ通告《ツウコク》ヲ爲シタル場合ニ於テ其ノ通告ヲ受《ウ》ケタル債權者カ增價競賣《ゾウカキヤウバイ》ヲ請求スル場合ヲ規定《キテイ》シタル條項デアッテ、其ノ意義《イギ》ハ第三取得者

カ抵當權滌除ノ書面《シヨメン》ヲ送達シタルヲ受取《ウケト》リタル後債權者ニ於テ其ノ代價ヲ正當《セイタウ》デアルト思ヘバ一ケ月内ニ回答《クワイタフ》セズシテ打捨置《ウチステオ》ケハ第三取得者ハソレデ自已《ジコ》ノ抵當權滌除ヲ債權者ガ承諾シタルモノトスルノデアル、故ニ若シ債權者《サイケンシヤ》ガ第三取得者ヨリ送達《ソウダツ》ヲ受ケタル代價ヲ不當《フタウ》トスレバ一ケ月内ニ增價競賣ヲ請求《セイキウ》セナケレバナラヌ（第一項）然《シカ》シナガラ此ノ增價競賣ヲ請求シタル債權者《サイケンシヤ》ガ其ノ增價競賣ノ價額《カヽク》ガ第三取得者ノ申出デタル金額ヨリ十分ノ一例《タトヘ》バ第三取得者ノ提供價額ガ百圓デアッテ增價競賣《ゾウカキヤウバイ》ノ價額ガ百十圓以上ニ抵當不動産ヲ賣拂《ウリハラ》フコトガ出來ナカッタナラバ債權者《サイケンシヤ》ハ其ノ不動産ヲ自已《ジコ》ヘ百十圓ニ買取《カヒト》ルト謂フコトヲ付言《フゲン》シテ第三取得者ニ請求《セイキウ》セナケレバナラヌ（第二項）而シテ若シ第三取得者ガ債權者ノ請求ヲ承諾シテ其《ソ》ノ不動産ヲ百十圓ニ債權者ヘ買取《カヒト》ル時ハ債權者ハ其ノ代價ト費用ヲ確ニ支拂フト謂フ擔保ヲ其ノ支拂《シハラ》ヒ濟《スム》マデ差出シテ置《オ》カナケレバナラヌ（第三項）ト定メタノデ、是債權者ヲシテ第三取得者ノ抵當滌除權《テイタウテキヂヨケン》ヲ故ナク差拒《サシコバ》ミ第三取得者ノ利益ヲ害《ガイ》セサラシメム爲斯クハ規定シタル所以《ワケ》デアリマス

第三百八十五條　債權者カ增價競賣《ゾウカキヤウバイ》ヲ請求スルトキハ前條ノ期間内《キカンナイ》ニ債務者及ヒ抵當不動産ノ讓渡人《ユヅリワタシニン》ニ之ヲ通知《ツウチ》スルコトヲ要《エウ》ス

参看　舊民法債權擔保編第二百六十五條第三號、第四號

〔註釋〕本條ハ增價競賣ヲ請求《セイキウ》スル債權者ニ就テ規定《キテー》シタル條項《デウコウ》デアツテ、其ノ意義《イギ》ハ債權者ガ第三取得者ヨリ抵當權滌除ノ通告《ツウコク》ヲ受ケ其ノ代價ヲ不當《フタウ》トシテ增價競賣ヲ請求セントスル時ハ第三百八十四條ト等《ヒト》シキ期間則チ一ケ月內ニ其《ソ》ノ旨《ムネ》ヲ債務者ト抵當不動產ノ讓渡人例《タトヘ》バ債務者ガ他人ニ抵當《テイタウ》トスル爲自己ノ不動產ヲ貸與《カシアタ》ヘタル者ニ通知《ツウチ》シナケレバナラヌト定メタノデアル。是レ債務者若《モシ》クハ抵當不動產ノ讓渡人等ハ共ニ其《ソ》ノ不動產ノ上ニ利害《リガイ》ヲ有スルモノデアルカラ此ノ規定《キテイ》テ爲シタル所以《ワケ》デアリマス

第三百八十六條　增價競賣ヲ請求《セイキウ》シタル債權者ハ登記《トウキ》ヲ爲シタル他ノ債權者ノ承諾《シヨウダク》ヲ得ルニ非サレハ其ノ請求ヲ取消《トリケ》スコトヲ得ス

参看　舊民法債權擔保編第二百六十七條第一項

〔註釋〕本條ハ債權者カ增價競賣ヲ請求シタル場合《バアヒ》ニ就テノ規定デアツテ、其ノ意義《イギ》ハ不動產競賣ニ就テノ利害《リガイ》ハ總テ各債權者共有ノ性質《セイシツ》ヲ有シ居ルモノデアル、故ニ債權者ニ於テ第三取得者ノ通告代價《ツウコクダイカ》ヲ不當トシテ增價競賣ノ請求《セイキウ》ヲ爲シタル時ハ其ノ增價《ゾウカ》ノ利益ハ

他各債權者一般ノ利益《リエキ》デアッテ請求者タル一債權者ノ利益《リエキ》デハナイ、サレバ一度《イツタン》此請求ヲ爲タル者ハ自己外《ジブンクワイ》ノ各債權者ガ承諾ヲ得ナケレバ勝手《カツテ》ニ取消スコトハ出來ヌ如何《イカン》トナレバ請求者ガ擅《ホシイマヽ》ニ取消シ得ヘキモノトスレバ其ノ取消シタル後《ノチ》ハ又他ノ債權者ニ於テ請求セムケレバナラヌ手數《テスウ》ト費用トヲ要《エウ》スルモノデアッテ至漸《シゼン》各債權者ニ損害《ソンガイ》ヲ蒙ラシムルコトガアル故ニ本條ヲ設《マウ》ケテ斯ク定《サダ》メタノデアリマス

第三百八十七條　抵當權者カ第三百八十二條ニ定《サダ》メタル期間内《キカンナイ》ニ第三取得者ヨリ債務《サイム》ノ辨濟又ハ滌除ノ通知《ツウチ》ヲ受ケサルトキハ抵當不動產ノ競賣《キヤウバイ》ヲ請求スルコトヲ得

△參看　舊民法債權擔保編第二百七十八條

〔註釋〕本條ハ抵當權者ニ於テ競賣《キヤウバイ》ヲ請求シ得ヘキ場合ヲ規定《キテイ》シタル條項デアッテ、其意義ハ第三取得者ハ抵當權者カ其ノ抵當權ヲ實行《ジツカウ》スルノ通知ヲ受クルマデハ何時《イツ》ニテモ抵當權ノ滌除ヲ爲《ナ》スノ權利テ有スルモノデアル故ニ又抵當權者《テイタウケンシヤ》ニ於テモ權利實行ノ事《コト》ヲ通知シタル後第三取得者ヨリ一ケ月内《ゲツナイ》ニ債務ノ辨濟又ハ滌除ノ通知ヲ受《ウ》ケナイ時ハ抵當不動

產ノ競賣ヲ請求《セイキウ》スルコトガ出來《デキ》ルト定メタノデアリマス

第三百八十八條　土地及ヒ其《ソ》ノ上《ウヘ》ニ存スル建物カ同一《ドウイツ》ノ所有者ニ屬スル場合ニ於テ其ノ土地又ハ建物《タテモノ》ノミヲ抵當ト爲シタルトキハ抵當權設定者ハ競賣ノ場合《バアヒ》ニ付キ地上權ヲ設定《セッテイ》シタルモノト看做《ミナ》ス
但地代ハ當事者《タウジシヤ》ノ請求ニ因リ裁判所之《コレ》ヲ定《サダ》ム

〔註釋〕本條ハ一人《コン》ニテ二個ノ不動產ヲ所有《ショイウ》シタル者ガ競賣ニ因リ其ノ所有者《ショイウシャ》ノ二人ニ分離《ブンリ》スル場合ニ關《カヽ》ル規定デアッテ、其ノ意義ハ例《タトヘ》バ甲者ガ土地ト家屋《カオク》ヲ所有シタルニ其ノ家屋若クハ土地ノ內何レカ一方ヲ乙者ニ抵當《テイタウ》ニ差入レ期限《キゲン》經過《ケイクワ》スルモ返濟ノ途《ミチ》ナキヨリ抵當權ヲ實行《ジツカウ》セラレ競賣ノ上其ノ家屋ヲ丙者ノ手《テ》ニ競落《キヤウラク》スルトキハ土地ハ依然《イゼン》甲者ノ所有ニシテ土地上ノ家屋《カオク》ハ丙者ノ所有デアル故ニ若シ此ノ場合《バアヒ》ニ於テ甲者ヨリ丙者ニ向《ムカ》ヒ其ノ家屋ノ取拂《トリハラ》ヒヲ請求スルコトガ出來《デキ》モノトスレバ丙者ハ大《オホ》ヒナル損害ヲ蒙《カフ》ムルニ依リ竟《ツヒ》ニ斯ル不動產ヲ買入ルヽ者ガ無《ナ》クナリ其ノ結果《ケツクワ》社會經濟ノ圓滑《エンカツ》ヲ缺クニ至ルヲ慮《オモンバカ》リ本條規定ノ如ク此場《コノバ》合《アヒ》ニ於テハ甲丙兩者間ニ地上權ヲ設定《セッテイ》シタルモノトシテ此《コ》ノ弊害《ヘイガイ》ヲ

防《フセ》ギシモノデアル而《ソウ》〆地代金ノ如キモ原《モ》ト此地上權設定ハ法律ヲ以《モッ》テシタルモノデアル
カラ當事《メウジ》者《シャ》互ニ取極メ難イ塲合ナキニモ限《カギ》ラヌカラ若シ左樣《サウ》謂《イ》フ時ハ當事者ヨリ請求《セイキウ》ス
レバ裁判所ニ於テ定《サダ》ムルモノトシタノデアル、然《シカ》シナガラ是レ雙方《サウハウ》ノ利益ヲ計リ爭論《ソウロン》ア
ラシメム爲ニ法律ノ上ヨリ看做《ミナ》スモノデアルカラ甲丙兩者間ニ於テ自ラ家屋取拂《カオクトリハラ》ヒヲ契
約スルカ又ハ地代金《ダイキン》ヲ定ムルハ勝手《カッテ》デアル、故ニ其ノ塲合ニハ必《カナ》ラズ本條ノ規定ニ依ラ
ザルモ差支《サシツカ》ヘハアリマセヌ

第三百八十九條　抵當權設定ノ後其《ソ》ノ設定者《セッテイシャ》カ抵當地ニ建物ヲ築造《チクゾウ》シ
タルトキハ抵當權者ハ土地《トチ》ト共ニ之ヲ競賣《キャウバイ》スルコトヲ得但其ノ優先
權ハ土地ノ代價《ダイカ》ニ付テノミ之ヲ行フコトヲ得

〔註釋〕前條ハ抵當權設定ノ當時《タウジ》ニ二個ノ不動產合着《ガッチャク》シ居ル塲合ヲ規定シ本條ハ抵當權設定
後ニ二個ノ不動產合着シタル塲合ヲ規定《キテイ》シタル條項デアッテ、其ノ意義《イギ》ハ例《タトヘ》バ甲者ガ乙
者ヘ土地ヲ抵當《テイタウ》トシテ差入レ其《ソ》ノ後チ甲者ニ於テ其ノ土地上ヘ家屋ヲ建設《ケンセツ》シタル時ハ前
條ト異《コトナ》リテ抵當權者ガ其ノ權利ヲ實行《ジッカウ》スル塲合ニハ其ノ土地ト共ニ競賣《キャウバイ》スルコトガ出來

ル。ケレドモ優先權則チ他債權者ヲ排斥《ハイセキ》シテ先キニ自巳ガ債權《サイケン》ノ辨濟ヲ受《ウ》クルハ土地代金ニ就テダケデ建物代金《タテモノダイキン》ニ就テハ先取スルコトハ出來ヌ、債權額ガ土地代金ニテ不足《フソク》スルトキハ建物代金ニ就《ツイ》テハ其ノ殘額《ザンガク》ニ應《オウ》ジテ他ノ債權者ト分配《ブンメイ》シナケレバナラヌノデアリマス」

第三百九十條　第三取得者《シユトクシヤ》ハ競買人ト爲《ナ》ルコトヲ得

△參看　舊民法債權擔保編第二百八十條

〔註釋〕本條ハ第三取得者ハ競賣《キヤウバイ》ニ關係スルコトガ出來ルト規定《キテイ》シタル條項デアツテ、其《ソ》ノ意義ハ第三取得者ハ第三百七十八條ニ因《ヨ》リテ抵當權ノ滌除《テキヂヨ》ヲ爲スベキ權利ヲ有《イウ》スルモノデアルカラ、關係ヲ有《イツ》スル抵當不動產ノ競賣ニ立會《タチア》ヒ是ヲ競落《キヤウラク》スルコトガ出來ルト定メタノデ別ニ縷々《ル》、説明《セツメイ》ヲ要セヌトモ原《モト》ヨリ明瞭《メイレウ》ナル所以《ワケ》デアリマス

第三百九十一條　第三取得者カ抵當不動產《テイタウフドウサン》ニ付キ必要費又ハ有益費《イウエキヒ》ヲ出タシタルトキハ第百九十六條ノ區別《クベツ》ニ從ヒ不動產ノ代價ヲ以テ最

モ先《サキ》ニ其償還《シヤウクワン》ヲ受クルコトヲ得

▲參看　舊民法債權擔保編第二百八十五條

〔註釋〕本條ハ第三取得者ガ抵當不動産ノ競賣《キヤウバイ》ニ際《サイ》シテ有スル優先權ヲ規定《キテイ》シタル條項デアッテ、其ノ意義《イギ》ハ第三取得者ガ費消《ヒセウ》シタル必要又ハ有益《イウエキ》ノ費用ハ其ノ抵當不動産ノ上ニ債權ヲ有スル者ノ爲ニ共通《キヨウツウ》スベキ利益デアルカラ、其ノ費用ハ不動産《フドウサン》ヲ賣却シタル代價ノ内ヨリ第一番ニ先取《サキドリ》スルコトヽ定メタルハ實《ジツ》ニ至當《シタウ》デアリマス、然シナガラ其ノ費用ガ不必要《フヒツエウ》デアルカ又ハ有益《イウエキ》デナイ時ハ無論償還《ムロンシヤウクワン》スルニハ及バヌ又費用ニハ種々《シユぐ》アルモノデアルカラ其ノ區別《クベツ》ハ第百九十六條占有權ニ於《オイ》テ定メタル例《レイ》ニ因ルモノト定メタノデアリマス

第三百九十二條　債權者カ同一《ドウイツ》ノ債權ノ擔保トシテ數個《スウコ》ノ不動産ノ上ニ抵當權ヲ有《イウ》スル場合ニ於テ同時《ドウジ》ニ其ノ代價ヲ配當《ハイタウ》スヘキトキハ其ノ各不動産ノ價額《カガク》ニ準《ジユン》シテ其ノ債權ノ負擔《フタン》ヲ分《ワカ》ツ

或不動産ノ代價《ダイカ》ノミヲ配當《ハイタウ》スヘキトキハ抵當權者ハ其《ア》ノ代價《ダイカ》ニ付キ

債權ノ全部ノ辨濟《ベンサイ》ヲ受クルコトヲ得此場合《バアヒ》ニ於テハ次ノ順位ニ在《ア》ル抵當權者ハ前項《ゼンコウ》ノ規定ニ從ヒ右ノ抵當權者カ他《タ》ノ不動産ニ付キ辨濟ヲ受クヘキ金額ニ滿《ミ》ツルマテ之ニ代位《ダイヰ》シテ抵當權ヲ行《オコナ》フコトヲ得

▲參看　舊民法債權擔保編第二百四十條

〔註釋〕本條ハ一債權ノ擔保トシテ數個《スロコ》ノ不動産ヲ抵當トシタル場合《バアヒ》ニ於テ各不動産ノ負《オ》フ債權額ヲ定《サダ》ムル方法ヲ規定《キテイ》シタル條項デアッテ、其ノ意義《イギ》ハ例バ債權者ガ千圓ノ債權《サイケン》ニ對スル擔保トシテ建物《タテモノ》ト田地ト山林《サンリン》トノ上ニ抵當權ヲ有スル場合ニ於テ其《ソ》ノ抵當權ヲ實行スル時ニ各不動産ヲ賣却《バイキャク》シナケレバナラヌカラ、至漸《シゼン》不動産ノ負擔額ヲ分《ワカ》ツノ必要ガ生スルモノデアル、故ニ其《ソ》ノ時《トキ》ハ各不動産ノ價格《カカク》、例バ建物ガ三百圓田地《デンチ》カ二百圓、山林ガ五百圓デアッタ時ハ債權《サイケン》千圓ノ額ヲ建物《タテモノ》ヘ三百圓、田地ヘ二百圓、山林《サンリン》ヘ五百圓ヲ分《ワ》チテ負擔《フタン》セシムルコトヽシタノデアル(第一項)ケレドモ右三個《ミコ》ノ不動産ヲ賣却《バイキャク》セズトモ其ノ中ノ一個《コ》若クハ二個ヲ賣却スレバ其ノ債權《サイケン》ヲ辨償スルニ足《タ》ル場合ガアル故ニ三個ノ抵當不動産ノ内例《タトヘ》バ山林ダケヲ賣却シテ其ノ代金ヲ配當《ハイタウ》スルトキハ抵當債權者ハ其ノ代價ニ就テ債權全部《サイケンゼンブ》ノ辨償ヲ受クルモノデアル例《タトヘ》バ乙者ガ三百圓ノ建物《タテモノ》ト二百圓ノ田地ヲ甲者ニ抵當トシテ差入《サシイ》レ乙三百圓ヲ借受《カリウ》ケ其ノ後又建物ダケヲ丙者ニ抵當《テイタウ》トシテ差入レ百五十圓ヲ借受《カリウ》ケタル場合ニ於テ建物ヲ賣却シ其ノ代價《ダイカ》ダケヲ以テ配當《ハイタウ》スルトキハ甲者ハ其ノ代價三百圓ニ付キ債權全部ノ辨償《ベンシヤウ》ヲ受ケタルモノデアル（第一項前段）又此場合ニ於テ甲者ノ次ノ順位《ジユンヰ》ニアル丙者ニ於テハ第一項ノ規定《キテイ》ニ從ヒ甲者ガ建物ニ就テ辨濟《ベンサイ》ヲ受クル三百圓ヲ建物ト田地ニ分擔《ブンタン》セシメタル一分ニ就テハ丙者ハ甲者ニ代位《ダイヰ》シテ抵當權ヲ行フコトガ出來《デキ》ルモノデアルカラ丙者ハ甲者ノ代理《ダイリ》ト成リテ請求《セイキウ》スルコトガ出來《デキ》ル（第二項後段）モノデアルト定メタノデアリマス

第三百九十三條　前條ノ規定《キテイ》ニ從ヒ代位ニ因《ヨ》リテ抵當權ヲ行《オコナ》フ者ハ其ノ抵當權ノ登記《トウキ》ニ其ノ代位ヲ附記《フキ》スルコトヲ得

▲參看　舊民法債權擔保編第二百四十三條

〔註釋〕本條ハ代位《ダイヰ》ノ附記ヲ規定《キテイ》シタルモノデアッテ、其ノ意義《イギ》ハ代位ヲ爲ス旨《ムネ》ノ附記ヲ登記シ之ヲ公示《コウジ》セナケレバ他ニ對シテ代位ヲ以テ對抗《タイカウ》スルコトカ出來ヌノデアル、如何《イカン》ト

ナレバ他《タ》ノ者《モノ》ハ登記ニ因テ知《シ》ラナケレバ其ノ代位《ダイヰ》アリタルコトヲ知ルニ術《スベ》ナキガ故デアリマス

第三百九十四條　抵當權者ハ抵當《テイタウ》不動產《フドウサン》ノ代價ヲ以テ辨濟ヲ受《ウ》ケサル債權ノ部分《ブブン》ニ付テノミ他ノ財產ヲ以テ辨濟《ベンサイ》ヲ受クルコトヲ得

前項ノ規定ハ抵當不動產ノ代價《ダイカ》ニ先チテ他ノ財產ノ代價ヲ配當《ハイタウ》スヘキ場合ニハ之ヲ適用《テキヨウ》セス但他ノ各債權者ハ抵當權者ヲシテ前項《ゼンコウ》ノ規定ニ從ヒ辨濟《ベンサイ》ヲ受ケシムル爲之ニ配當《ハイタウ》スヘキ金額ノ供託《キヨウタク》ヲ請求スルコトヲ得

▲參看　舊民法債權擔保編第二百四十七條

〔註釋〕本條ハ抵當債權者ガ他《タ》ノ財產ヲ以テ辨償ヲ受クル場合ニ就テ規定《キテイ》シタル條項デアツテ、其ノ意義《イギ》ハ抵當債權者ハ其ノ債權《サイケン》ノ辨濟ヲ抵當不動產ノ賣却代金《バイキヤクダイキン》ヲ以テ受ケ而シテ若シ不足《フソク》ヲ生スル時ニ限リ抵當《テイタウ》ト成リ居ル不動產外ノ財產《ザイサン》ヲ賣却シテ其ノ不足金ノ辨濟ヲ受クルモノデアル(第一項)ケレトモ抵當不動産《テイタウフドウサン》ノ代價ニ先《サキ》チテ他ノ財産ノ代價ヲ配當スヘキ時ハ抵當權者ハ之レガ配當《ハイタウ》ヲ受クルモノデアル、然《シカ》シ此ノ場合ニ於テハ他ノ各債權者ハ抵當權者ニ向《ムカ》ッテ前項ノ規定ニ從ヒ抵當物ヲ賣却《バイキャク》シテ其ノ代價ニテ辨濟《ベンサイ》ヲ受ケシムル爲メ抵當權者ガ他ノ財産《ザイサン》ヨリ配當ヲ受ケタル金額《キンガク》ヲ供託セヨト請求《セイキウ》スルコトガ出來ル(第二項)ト定メタノデアリマス

第三百九十五條　第六百二條ニ定《サダ》メタル期間ヲ超《コ》エサル賃貸借ハ抵當權ノ登記《トウキ》後《ゴ》ニ登記シタルモノト雖モ之ヲ以テ抵當權者《テイタウケンシャ》ニ對抗スルコトヲ得但其ノ賃貸借カ抵當權者ニ損害《ソンガイ》ヲ及ホストキハ裁判所ハ抵當權者ノ請求《セイキウ》ニヨリ其ノ解除《カイヂョ》ヲ命スルコトヲ得

▲參看　舊民法債權擔保編第二百四十八條第二項

(註釋)本條賃貸借ノ効力《カウリョク》ガ抵當權ノ上ニ及ブヘキコト、其ノ例外《レイグワイ》ヲ規定シタル條項デアッテ、其ノ意義《イギ》ハ賃貸借ガ第六百二條ノ規定ニ因《ヨ》レル期間ヲ起《コ》ヘザルモノデアレバ假令《タトヘ》抵

當權ノ登記《トウキ》ガ先キデアルトモ抵當權者ニ對抗《タイカウ》スルコトガ出來ル、ケレドモ若シ其ノ賃貸借ガ抵當權ヲ害《ガイ》スルヤウノコトガアッタナラバ抵當權者ニ於《オイ》テ裁判所ニ其《ソ》ノ賃貸借ヲ解除セムコトヲ請求《セイキウ》スレバ裁判所ハ直ニ其ノ請求ヲ許《ユル》シ賃貸借ノ解除《カイヂヨ》ヲ命《メイ》ズト定メタル條項デアリマス

第三節　抵當權ノ消滅

〔註釋〕本章ハ抵當權ノ消滅《セウメツ》則チ抵當權ノ無《ナ》クナルハ如何ナル場合《バアヒ》ニ如何ニシテ無《ナ》クナルモノデアルカト謂《イ》フコトヲ期定《キテイ》シタル條項ヲ網羅《マウラ》セシモノデアリマス

第三百九十六條　抵當權《テイタウケン》ハ債務者及ヒ抵當權設定者《セツテイシヤ》ニ對シテハ其ノ擔保スル債權《サイケン》ト同時ニ非サレハ時効《ジカウ》ニ因リテ消滅《セウメツ》セス

▲參看　舊民法債權擔保編第二百九十五條第一項

〔註釋〕本條ハ抵當權ノ時效《ジカウ》ニ因リテ消滅セサル効力《カウリヨク》ヲ規定シタル條項デアッテ、其《ソ》ノ意義ハ元來抵當權ナルモノハ債權《サイケン》ト同一体ノモノデアッテ決《ケツ》シテ別々《ベツベツ》ノモノデハナイ、故ニ

假令《タトヘ》時效ニ因ルモ抵當權ガ消滅《セウメツ》シテ債權ダケ殘《ノコ》ルモノデハナク又債權ガ消滅《セウメツ》シテ抵當權ノミ殘ルモノデハナイサレバ抵當權ガ消滅《セウメツ》シテ債權ガ殘《ノコ》ルトスレバ初メヨリ抵當權《テイタウケン》ト謂フモノハ成立《ナリタ》ツモノデハナイ又債權カ消滅シテ抵當權ノ殘ルト謂《イ》フハ實ニ奇怪《キクワイ》ノ結果ト謂ハナケレバナラヌ故《ユヱ》ニ抵當權ハ必ラズ債權《サイケン》ト一時デナケレバ時效ニ因《ヨ》ルモ消滅《セウメツ》スルモノデハナイト定メタノデアリマス

第三百九十七條　債務者又ハ抵當權設定者《テイタウケンセツテイシヤ》ニ非サル者カ抵當不動産ニ付キ取得時効《シユトクジカウ》ニ必要ナル條件ヲ具備《グビ》セル占有ヲ爲シタルトキハ抵當權ハ之ニ因リテ消滅《セウメツ》ス

▲參看　舊民法債權擔保編第二百九十六條、第二百九十七條

〔註釋〕本條ハ抵當權ノ消滅《セウメツ》スル場合ニ關スル規定《キテイ》デアツテ、其ノ意義《イギ》ハ債務者又ハ抵當權設定者等デナク全《マツタ》ク抵當權ニ關係ナキ者ガ第百六十二條第二項ニ規定《キテイ》スル取得時效ニ關スル條件則チ第一自己《ジコ》ノ所有ニ爲サムトスルノ意思《イシ》、第二平穩《ヘイオン》ニ占有シタルコト、第三公然《コツゼン》ニ占有シタルコト、第四始《ハジ》メヨリ善意《ゼンイ》ヲ以テ占有シタルコト、第五始メヨリ過失《クワシツ》ナ

ク占有シタルコト等ノ五條件ヲ具備《グビ》シテ十年間抵當不動産ヲ占有《センイウ》シタル時ハ抵當權ハ其ノ善良《ゼンリヤウ》ナル占有ノ時效ヨリ消滅《セウメツ》スルモノデアル、如何《イカン》トナレバ十年間ノ永キ期間中《キカンチウ》其ノ抵當權ヲ行ハザルハ先《マ》ヅ有リ得ベキ事實《ジジツ》デハナケレドモ若シ有《ア》リトスレバ其《ソ》ハ抵當權ヲ抛棄《ハウキ》シタルモノデナケレバナラヌ故ニ斯《カ》クハ規定《キテイ》シタルモノデアリマシヤウ

第二百九十八條　地上權又ハ永小作權《エイコサクケン》ヲ抵當ト爲《ナ》シタル者カ其《ソ》ノ權利ヲ抛棄《ハウキ》シタルモ之ヲ以テ抵當權者ニ對抗《タイカウ》スルコトヲ得ス

▲參看　舊民法債權擔保編第二百四十九條

〔註釋〕本條ハ地上權及ビ永小作權ノ抛棄《ハウキ》ハ抵當權ヲ消滅セシムルノ效力《カウリヨク》ナキコトヲ規定シタル條項《デウコウ》デアツテ其意義《イギ》ハ元來地上權及ビ永小作權ハ第二百六十八條第二百七十五條ノ規定ニ依リ抛棄シ得《ウ》ベキモノデアルカラ若《モ》シ惡漢《アクカン》アリテ之ヲ利用シ地上權或ハ永小作權ヲ抵當トシ金借《キンシヤク》ノ目的ヲ達《タツ》シテ後ヲ故意《コイ》ニ權利ヲ抛棄シテ抵當權者ヲ害《ガイ》スルヤウノコト無シトハ限《カギ》ラレヌ。故ニ本條ヲ設《マウ》ケテ地上權或ハ永小作權ヲ抵當《テイタウ》トシタルトキハ其ノ權利ヲ抛棄スルモ抵當權ハ依然《イゼン》トシテ原《モト》ノ如ク存シ其ノ債務《サイム》ノ消滅スルモノデハナイト定

メタノデアリマス

第二編物權篇畢

改正新民法註釋　總則編・物權編
日本立法資料全集　別巻 1153

平成29年 5 月20日　　復刻版第 1 刷発行

著　者　川　原　閑　舟
　　　　池　田　撝　卿

発行者　今　井　　　貴
　　　　渡　辺　左　近

発行所　信　山　社　出　版
〒113-0033　東京都文京区本郷 6 - 2 - 9 -102
モンテベルデ第 2 東大正門前
電　話　03（3818）1019
ＦＡＸ　03（3818）0344
郵便振替　00140-2-367777（信山社販売）

Printed in Japan.

制作／(株)信山社，印刷・製本／松澤印刷・日進堂

ISBN 978-4-7972-7263-5 C3332

別巻　巻数順一覧【950～981巻】

巻数	書　名	編・著者	ISBN	本体価格
950	実地応用町村制質疑録	野田藤吉郎、國吉拓郎	ISBN978-4-7972-6656-6	22,000円
951	市町村議員必携	川瀬周次、田中迪三	ISBN978-4-7972-6657-3	40,000円
952	増補 町村制執務備考 全	増澤鐵、飯島篤雄	ISBN978-4-7972-6658-0	46,000円
953	郡区町村編制法 府県会規則 地方税規則 三法綱論	小笠原美治	ISBN978-4-7972-6659-7	28,000円
954	郡区町村編制 府県会規則 地方税規則 新法例纂 追加地方諸要則	柳澤武運三	ISBN978-4-7972-6660-3	21,000円
955	地方革新講話	西内天行	ISBN978-4-7972-6921-5	40,000円
956	市町村名辞典	杉野耕三郎	ISBN978-4-7972-6922-2	38,000円
957	市町村吏員提要〔第三版〕	田邊好一	ISBN978-4-7972-6923-9	60,000円
958	帝国市町村便覧	大西林五郎	ISBN978-4-7972-6924-6	57,000円
959	最近検定 市町村名鑑 附 官国幣社 及 諸学校所在地一覧	藤澤衛彦、伊東順彦、増田穆、関惣右衛門	ISBN978-4-7972-6925-3	64,000円
960	鼇頭対照 市町村制解釈 附 理由書 及 参考諸布達	伊藤寿	ISBN978-4-7972-6926-0	40,000円
961	市町村制釈義 完　附 市町村制理由	水越成章	ISBN978-4-7972-6927-7	36,000円
962	府県郡市町村 模範治績　附 耕地整理法 産業組合法 附属法令	荻野千之助	ISBN978-4-7972-6928-4	74,000円
963	市町村大字読方名彙〔大正十四年度版〕	小川琢治	ISBN978-4-7972-6929-1	60,000円
964	町村会議員選挙要覧	津田東璋	ISBN978-4-7972-6930-7	34,000円
965	市制町村制 及 府県制　附 普通選挙法	法律研究会	ISBN978-4-7972-6931-4	30,000円
966	市制町村制註釈 完　附 市制町村制理由〔明治21年初版〕	角田真平、山田正賢	ISBN978-4-7972-6932-1	46,000円
967	市町村制詳解 全　附 市町村制理由	元田肇、加藤政之助、日鼻豊作	ISBN978-4-7972-6933-8	47,000円
968	区町村会議要覧 全	阪田辨之助	ISBN978-4-7972-6934-5	28,000円
969	実用 町村制市制事務提要	河邨貞山、島村文耕	ISBN978-4-7972-6935-2	46,000円
970	新旧対照 市制町村制正文〔第三版〕	自治館編輯局	ISBN978-4-7972-6936-9	28,000円
971	細密調査 市町村便覧(三府 四十三県 北海道 樺太 台湾 朝鮮 関東州)　附 分類官公衙公私学校銀行所在地一覧表	白山榮一郎、森田公美	ISBN978-4-7972-6937-6	88,000円
972	正文 市制町村制 並 附属法規	法曹閣	ISBN978-4-7972-6938-3	21,000円
973	台湾朝鮮関東州 全国市町村便覧 各学校所在地〔第一分冊〕	長谷川好太郎	ISBN978-4-7972-6939-0	58,000円
974	台湾朝鮮関東州 全国市町村便覧 各学校所在地〔第二分冊〕	長谷川好太郎	ISBN978-4-7972-6940-6	58,000円
975	合巻 佛蘭西邑法・和蘭邑法・皇国郡区町村編成法	箕作麟祥、大井憲太郎、神田孝平	ISBN978-4-7972-6941-3	28,000円
976	自治之模範	江木翼	ISBN978-4-7972-6942-0	60,000円
977	地方制度実例総覧〔明治36年初版〕	金田謙	ISBN978-4-7972-6943-7	48,000円
978	市町村民 自治読本	武藤榮治郎	ISBN978-4-7972-6944-4	22,000円
979	町村制詳解　附 市制及町村制理由	相澤富蔵	ISBN978-4-7972-6945-1	28,000円
980	改正 市町村制 並 附属法規	楠綾雄	ISBN978-4-7972-6946-8	28,000円
981	改正 市制 及 町村制〔訂正10版〕	山野金蔵	ISBN978-4-7972-6947-5	28,000円

別巻　巻数順一覧【915～949巻】

巻数	書名	編・著者	ISBN	本体価格
915	改正 新旧対照市町村一覧	鍾美堂	ISBN978-4-7972-6621-4	78,000円
916	東京市会先例彙輯	後藤新平、桐島像一、八田五三	ISBN978-4-7972-6622-1	65,000円
917	改正 地方制度解説〔第六版〕	狭間茂	ISBN978-4-7972-6623-8	67,000円
918	改正 地方制度通義	荒川五郎	ISBN978-4-7972-6624-5	75,000円
919	町村制市制全書 完	中嶋廣蔵	ISBN978-4-7972-6625-2	80,000円
920	自治新制 市町村会法要談 全	田中重策	ISBN978-4-7972-6626-9	22,000円
921	郡市町村吏員 収税実務要書	荻野千之助	ISBN978-4-7972-6627-6	21,000円
922	町村至宝	桂虎次郎	ISBN978-4-7972-6628-3	36,000円
923	地方制度通 全	上山満之進	ISBN978-4-7972-6629-0	60,000円
924	帝国議会府県会郡会市町村会議員必携 附関係法規 第1分冊	太田峯三郎、林田亀太郎、小原新三	ISBN978-4-7972-6630-6	46,000円
925	帝国議会府県会郡会市町村会議員必携 附関係法規 第2分冊	太田峯三郎、林田亀太郎、小原新三	ISBN978-4-7972-6631-3	62,000円
926	市町村是	野田千太郎	ISBN978-4-7972-6632-0	21,000円
927	市町村執務要覧 全 第1分冊	大成館編輯局	ISBN978-4-7972-6633-7	60,000円
928	市町村執務要覧 全 第2分冊	大成館編輯局	ISBN978-4-7972-6634-4	58,000円
929	府県会規則大全　附 裁定録	朝倉達三、若林友之	ISBN978-4-7972-6635-1	28,000円
930	地方自治の手引	前田宇治郎	ISBN978-4-7972-6636-8	28,000円
931	改正 市制町村制と衆議院議員選挙法	服部喜太郎	ISBN978-4-7972-6637-5	28,000円
932	市町村国税事務取扱手続	広島財務研究会	ISBN978-4-7972-6638-2	34,000円
933	地方自治制要義 全	末松偕一郎	ISBN978-4-7972-6639-9	57,000円
934	市町村特別税之栞	三邊長治、水谷平吉	ISBN978-4-7972-6640-5	24,000円
935	英国地方制度 及 税法	良保両氏、水野遵	ISBN978-4-7972-6641-2	34,000円
936	英国地方制度 及 税法	髙橋達	ISBN978-4-7972-6642-9	20,000円
937	日本法典全書 第一編 府県制郡制註釈	上條慎蔵、坪谷善四郎	ISBN978-4-7972-6643-6	58,000円
938	判例挿入 自治法規全集 全	池田繁太郎	ISBN978-4-7972-6644-3	82,000円
939	比較研究 自治之精髄	水野錬太郎	ISBN978-4-7972-6645-0	22,000円
940	傍訓註釈 市制町村制 並ニ 理由書〔第三版〕	筒井時治	ISBN978-4-7972-6646-7	46,000円
941	以呂波引町村便覧	田山宗堯	ISBN978-4-7972-6647-4	37,000円
942	町村制執務要録 全	鷹巣清二郎	ISBN978-4-7972-6648-1	46,000円
943	地方自治 及 振興策	床次竹二郎	ISBN978-4-7972-6649-8	30,000円
944	地方自治講話	田中四郎左衛門	ISBN978-4-7972-6650-4	36,000円
945	地方施設改良 訓諭演説集〔第六版〕	鹽川玉江	ISBN978-4-7972-6651-1	40,000円
946	帝国地方自治団体発達史〔第三版〕	佐藤亀齢	ISBN978-4-7972-6652-8	48,000円
947	農村自治	小橋一太	ISBN978-4-7972-6653-5	34,000円
948	国税 地方税 市町村税 滞納処分法問答	竹尾高堅	ISBN978-4-7972-6654-2	28,000円
949	市町村役場実用 完	福井淳	ISBN978-4-7972-6655-9	40,000円

別巻　巻数順一覧【878～914巻】

巻数	書　名	編・著者	ISBN	本体価格
878	明治史第六編 政黨史	博文館編輯局	ISBN978-4-7972-7180-5	42,000円
879	日本政黨發達史 全〔第一分冊〕	上野熊藏	ISBN978-4-7972-7181-2	50,000円
880	日本政黨發達史 全〔第二分冊〕	上野熊藏	ISBN978-4-7972-7182-9	50,000円
881	政党論	梶原保人	ISBN978-4-7972-7184-3	30,000円
882	獨逸新民法商法正文	古川五郎、山口弘一	ISBN978-4-7972-7185-0	90,000円
883	日本民法鼇頭對比獨逸民法	荒波正隆	ISBN978-4-7972-7186-7	40,000円
884	泰西立憲國政治攬要	荒井泰治	ISBN978-4-7972-7187-4	30,000円
885	改正衆議院議員選擧法釋義 全	福岡伯、横田左仲	ISBN978-4-7972-7188-1	42,000円
886	改正衆議院議員選擧法釋義 附 改正貴族院令,治安維持法	犀川長作、犀川久平	ISBN978-4-7972-7189-8	33,000円
887	公民必携 選擧法規ト判決例	大浦兼武、平沼騏一郎、木下友三郎、清水澄、三浦數平	ISBN978-4-7972-7190-4	96,000円
888	衆議院議員選擧法輯覽	司法省刑事局	ISBN978-4-7972-7191-1	53,000円
889	行政司法選擧判例總覽―行政救濟と其手續―	澤田竹治郎・川崎秀男	ISBN978-4-7972-7192-8	72,000円
890	日本親族相續法義解 全	髙橋捨六・堀田馬三	ISBN978-4-7972-7193-5	45,000円
891	普通選擧文書集成	山中秀男・岩本溫良	ISBN978-4-7972-7194-2	85,000円
892	普選の勝者 代議士月旦	大石末吉	ISBN978-4-7972-7195-9	60,000円
893	刑法註釋 巻一～巻四(上巻)	村田保	ISBN978-4-7972-7196-6	58,000円
894	刑法註釋 巻五～巻八(下巻)	村田保	ISBN978-4-7972-7197-3	50,000円
895	治罪法註釋 巻一～巻四(上巻)	村田保	ISBN978-4-7972-7198-0	50,000円
896	治罪法註釋 巻五～巻八(下巻)	村田保	ISBN978-4-7972-7198-0	50,000円
897	議會選擧法	カール・ブラウニアス、國政研究科會	ISBN978-4-7972-7201-7	42,000円
901	鼇頭註釈 町村制　附 理由 全	八乙女盛次、片野続	ISBN978-4-7972-6607-8	28,000円
902	改正 市制町村制　附 改正要義	田山宗堯	ISBN978-4-7972-6608-5	28,000円
903	増補訂正 町村制詳解〔第十五版〕	長峰安三郎、三浦通太、野田千太郎	ISBN978-4-7972-6609-2	52,000円
904	市制町村制 並 理由書　附 直接間接税類別及実施手続	高崎修助	ISBN978-4-7972-6610-8	20,000円
905	町村制要義	河野正義	ISBN978-4-7972-6611-5	28,000円
906	改正 市制町村制義解〔帝國地方行政学会〕	川村芳次	ISBN978-4-7972-6612-2	60,000円
907	市制町村制 及 関係法令〔第三版〕	野田千太郎	ISBN978-4-7972-6613-9	35,000円
908	市町村新旧対照一覧	中村芳松	ISBN978-4-7972-6614-6	38,000円
909	改正 府県郡制問答講義	木内英雄	ISBN978-4-7972-6615-3	28,000円
910	地方自治提要 全　附 諸届願書式 日用規則抄録	木村時義、吉武則久	ISBN978-4-7972-6616-0	56,000円
911	訂正増補 市町村制問答詳解　附 理由及追輯	福井淳	ISBN978-4-7972-6617-7	70,000円
912	改正 府県制郡制註釈〔第三版〕	福井淳	ISBN978-4-7972-6618-4	34,000円
913	地方制度実例総覧〔第七版〕	自治館編輯局	ISBN978-4-7972-6619-1	78,000円
914	英国地方政治論	ジョージ・チャールズ・ブロドリック、久米金彌	ISBN978-4-7972-6620-7	30,000円

別巻　巻数順一覧【843 ～ 877 巻】

巻数	書　名	編・著者	ISBN	本体価格
843	法律汎論	熊谷直太	ISBN978-4-7972-7141-6	40,000 円
844	英國國會選擧訴願判決例 全	オマリー、ハードカッスル、サンタース	ISBN978-4-7972-7142-3	80,000 円
845	衆議院議員選擧法改正理由書 完	内務省	ISBN978-4-7972-7143-0	40,000 円
846	戇齋法律論文集	森作太郎	ISBN978-4-7972-7144-7	45,000 円
847	雨山遺稾	渡邉輝之助	ISBN978-4-7972-7145-4	70,000 円
848	法曹紙屑籠	鷺城逸史	ISBN978-4-7972-7146-1	54,000 円
849	法例彙纂 民法之部 第一篇	史官	ISBN978-4-7972-7147-8	66,000 円
850	法例彙纂 民法之部 第二篇〔第一分冊〕	史官	ISBN978-4-7972-7148-5	55,000 円
851	法例彙纂 民法之部 第二篇〔第二分冊〕	史官	ISBN978-4-7972-7149-2	75,000 円
852	法例彙纂 商法之部〔第一分冊〕	史官	ISBN978-4-7972-7150-8	70,000 円
853	法例彙纂 商法之部〔第二分冊〕	史官	ISBN978-4-7972-7151-5	75,000 円
854	法例彙纂 訴訟法之部〔第一分冊〕	史官	ISBN978-4-7972-7152-2	60,000 円
855	法例彙纂 訴訟法之部〔第二分冊〕	史官	ISBN978-4-7972-7153-9	48,000 円
856	法例彙纂 懲罰則之部	史官	ISBN978-4-7972-7154-6	58,000 円
857	法例彙纂 第二版 民法之部〔第一分冊〕	史官	ISBN978-4-7972-7155-3	70,000 円
858	法例彙纂 第二版 民法之部〔第二分冊〕	史官	ISBN978-4-7972-7156-0	70,000 円
859	法例彙纂 第二版 商法之部・訴訟法之部〔第一分冊〕	太政官記録掛	ISBN978-4-7972-7157-7	72,000 円
860	法例彙纂 第二版 商法之部・訴訟法之部〔第二分冊〕	太政官記録掛	ISBN978-4-7972-7158-4	40,000 円
861	法令彙纂 第三版 民法之部〔第一分冊〕	太政官記録掛	ISBN978-4-7972-7159-1	54,000 円
862	法令彙纂 第三版 民法之部〔第二分冊〕	太政官記録掛	ISBN978-4-7972-7160-7	54,000 円
863	現行法律規則全書（上）	小笠原美治、井田鐘次郎	ISBN978-4-7972-7162-1	50,000 円
864	現行法律規則全書（下）	小笠原美治、井田鐘次郎	ISBN978-4-7972-7163-8	53,000 円
865	國民法制通論 上卷・下卷	仁保龜松	ISBN978-4-7972-7165-2	56,000 円
866	刑法註釋	磯部四郎、小笠原美治	ISBN978-4-7972-7166-9	85,000 円
867	治罪法註釋	磯部四郎、小笠原美治	ISBN978-4-7972-7167-6	70,000 円
868	政法哲學 前編	ハーバート・スペンサー、濱野定四郎、渡邊治	ISBN978-4-7972-7168-3	45,000 円
869	政法哲學 後編	ハーバート・スペンサー、濱野定四郎、渡邊治	ISBN978-4-7972-7169-0	45,000 円
870	佛國商法復説 第壹篇自第壹卷至第七卷	リウヒエール、商法編纂局	ISBN978-4-7972-7171-3	75,000 円
871	佛國商法復説 第壹篇第八卷	リウヒエール、商法編纂局	ISBN978-4-7972-7172-0	45,000 円
872	佛國商法復説 自第二篇至第四篇	リウヒエール、商法編纂局	ISBN978-4-7972-7173-7	70,000 円
873	佛國商法復説 書式之部	リウヒエール、商法編纂局	ISBN978-4-7972-7174-4	40,000 円
874	代言試驗問題擬判録 全 附録明治法律學校民刑問題及答案	熊野敏三、宮城浩蔵 河野和三郎、岡義男	ISBN978-4-7972-7176-8	35,000 円
875	各國官吏試驗法類集 上・下	内閣	ISBN978-4-7972-7177-5	54,000 円
876	商業規篇	矢野亨	ISBN978-4-7972-7178-2	53,000 円
877	民法実用法典 全	福田一覺	ISBN978-4-7972-7179-9	45,000 円

別巻　巻数順一覧【810～842巻】

巻数	書　名	編・著者	ISBN	本体価格
810	訓點法國律例 民律 上卷	鄭永寧	ISBN978-4-7972-7105-8	50,000円
811	訓點法國律例 民律 中卷	鄭永寧	ISBN978-4-7972-7106-5	50,000円
812	訓點法國律例 民律 下卷	鄭永寧	ISBN978-4-7972-7107-2	60,000円
813	訓點法國律例 民律指掌	鄭永寧	ISBN978-4-7972-7108-9	58,000円
814	訓點法國律例 貿易定律・園林則律	鄭永寧	ISBN978-4-7972-7109-6	60,000円
815	民事訴訟法 完	本多康直	ISBN978-4-7972-7111-9	65,000円
816	物権法(第一部)完	西川一男	ISBN978-4-7972-7112-6	45,000円
817	物権法(第二部)完	馬場愿治	ISBN978-4-7972-7113-3	35,000円
818	商法五十課 全	アーサー・B・クラーク、本多孫四郎	ISBN978-4-7972-7115-7	38,000円
819	英米商法律原論 契約之部及流通券之部	岡山兼吉、淺井勝	ISBN978-4-7972-7116-4	38,000円
820	英國組合法 完	サー・フレデリック・ポロック、榊原幾久若	ISBN978-4-7972-7117-1	30,000円
821	自治論 一名人民ノ自由 卷之上・卷之下	リーバー、林董	ISBN978-4-7972-7118-8	55,000円
822	自治論纂 全一册	獨逸學協會	ISBN978-4-7972-7119-5	50,000円
823	憲法彙纂	古屋宗作、鹿島秀麿	ISBN978-4-7972-7120-1	35,000円
824	國會汎論	ブルンチュリー、石津可輔、讃井逸三	ISBN978-4-7972-7121-8	30,000円
825	威氏法學通論	エスクバック、渡邊輝之助、神山亨太郎	ISBN978-4-7972-7122-5	35,000円
826	萬國憲法 全	高田早苗、坪谷善四郎	ISBN978-4-7972-7123-2	50,000円
827	綱目代議政體	J・S・ミル、上田充	ISBN978-4-7972-7124-9	40,000円
828	法學通論	山田喜之助	ISBN978-4-7972-7125-6	30,000円
829	法學通論 完	島田俊雄、溝上與三郎	ISBN978-4-7972-7126-3	35,000円
830	自由之權利 一名自由之理 全	J・S・ミル、高橋正次郎	ISBN978-4-7972-7127-0	38,000円
831	歐洲代議政體起原史 第一册・第二册／代議政體原論 完	ギゾー、漆間眞學、藤田四郎、アンドリー、山口松五郎	ISBN978-4-7972-7128-7	100,000円
832	代議政體 全	J・S・ミル、前橋孝義	ISBN978-4-7972-7129-4	55,000円
833	民約論	J・J・ルソー、田中弘義、服部德	ISBN978-4-7972-7130-0	40,000円
834	歐米政黨沿革史總論	藤田四郎	ISBN978-4-7972-7131-7	30,000円
835	内外政黨事情・日本政黨事情 完	中村義三、大久保常吉	ISBN978-4-7972-7132-4	35,000円
836	議會及政黨論	菊池學而	ISBN978-4-7972-7133-1	35,000円
837	各國之政黨 全〔第1分冊〕	外務省政務局	ISBN978-4-7972-7134-8	70,000円
838	各國之政黨 全〔第2分冊〕	外務省政務局	ISBN978-4-7972-7135-5	60,000円
839	大日本政黨史 全	若林淸、尾崎行雄、箕浦勝人、加藤恒忠	ISBN978-4-7972-7137-9	63,000円
840	民約論	ルソー、藤田浪人	ISBN978-4-7972-7138-6	30,000円
841	人權宣告辯妄・政治眞論一名主權辯妄	ベンサム、草野宣隆、藤田四郎	ISBN978-4-7972-7139-3	40,000円
842	法制講義 全	赤司鷹一郎	ISBN978-4-7972-7140-9	30,000円

巻数	書　名	編・著者	ISBN	本体価格
776	改正 府県制郡制釈義〔第三版〕	坪谷善四郎	ISBN978-4-7972-6602-3	35,000 円
777	新旧対照 市制町村制 及 理由〔第九版〕	荒川五郎	ISBN978-4-7972-6603-0	28,000 円
778	改正 市町村制講義	法典研究会	ISBN978-4-7972-6604-7	38,000 円
779	改正 市制町村制講義 附 施行諸規則 及 市町村事務摘要	樋山廣業	ISBN978-4-7972-6605-4	58,000 円
780	改正 市制町村制義解	行政法研究会、藤田謙堂	ISBN978-4-7972-6606-1	60,000 円
781	今時獨逸帝國要典 前篇	C・モレイン、今村有隣	ISBN978-4-7972-6425-8	45,000 円
782	各國上院紀要	元老院	ISBN978-4-7972-6426-5	35,000 円
783	泰西國法論	シモン・ビッセリング、津田真一郎	ISBN978-4-7972-6427-2	40,000 円
784	律例權衡便覽 自第一冊至第五冊	村田保	ISBN978-4-7972-6428-9	100,000 円
785	檢察事務要件彙纂	平松照忠	ISBN978-4-7972-6429-6	45,000 円
786	治罪法比鑑 完	福鎌芳隆	ISBN978-4-7972-6430-2	65,000 円
787	治罪法註解	立野胤政	ISBN978-4-7972-6431-9	56,000 円
788	佛國民法契約篇講義 全	玉乃世履、磯部四郎	ISBN978-4-7972-6432-6	40,000 円
789	民法疏義 物權之部	鶴丈一郎、手塚太郎	ISBN978-4-7972-6433-3	90,000 円
790	民法疏義 人權之部	鶴丈一郎	ISBN978-4-7972-6434-0	100,000 円
791	民法疏義 取得篇	鶴丈一郎	ISBN978-4-7972-6435-7	80,000 円
792	民法疏義 擔保篇	鶴丈一郎	ISBN978-4-7972-6436-4	90,000 円
793	民法疏義 證據篇	鶴丈一郎	ISBN978-4-7972-6437-1	50,000 円
794	法學通論	奥田義人	ISBN978-4-7972-6439-5	100,000 円
795	法律ト宗教トノ關係	名尾玄乘	ISBN978-4-7972-6440-1	55,000 円
796	英國國會政治	アルフユース・トッド、スペンサー・ヲルポール、林田龜太郎、岸清一	ISBN978-4-7972-6441-8	65,000 円
797	比較國會論	齊藤隆夫	ISBN978-4-7972-6442-5	30,000 円
798	改正衆議院議員選擧法論	島田俊雄	ISBN978-4-7972-6443-2	30,000 円
799	改正衆議院議員選擧法釋義	林田龜太郎	ISBN978-4-7972-6444-9	50,000 円
800	改正衆議院議員選擧法正解	武田貞之助、井上密	ISBN978-4-7972-6445-6	30,000 円
801	佛國法律提要 全	箕作麟祥、大井憲太郎	ISBN978-4-7972-6446-3	100,000 円
802	佛國政典	ドラクルチー、大井憲太郎、箕作麟祥	ISBN978-4-7972-6447-0	120,000 円
803	社會行政法論 全	H・リョースレル、江木衷	ISBN978-4-7972-6448-7	100,000 円
804	英國財産法講義	三宅恒徳	ISBN978-4-7972-6449-4	60,000 円
805	國家論 全	ブルンチュリー、平田東助、平塚定二郎	ISBN978-4-7972-7100-3	50,000 円
806	日本議會現法 完	増尾種時	ISBN978-4-7972-7101-0	45,000 円
807	法學通論 一名法學初歩 全	P・ナミュール、河地金代、河村善益、薩埵正邦	ISBN978-4-7972-7102-7	53,000 円
808	訓點法國律例 刑名定範 巻一巻二 完	鄭永寧	ISBN978-4-7972-7103-4	40,000 円
809	訓點法國律例 刑律従巻 一至巻四 完	鄭永寧	ISBN978-4-7972-7104-1	30,000 円

別巻　巻数順一覧【741 ～ 775 巻】

巻数	書　名	編・著者	ISBN	本体価格
741	改正 市町村制詳解	相馬昌三、菊池武夫	ISBN978-4-7972-6491-3	38,000 円
742	註釈の市制と町村制　附 普通選挙法	法律研究会	ISBN978-4-7972-6492-0	60,000 円
743	新旧対照 市制町村制 並 附属法規〔改訂二十七版〕	良書普及会	ISBN978-4-7972-6493-7	36,000 円
744	改訂増補 市制町村制実例総覧 第 1 分冊	田中廣太郎、良書普及会	ISBN978-4-7972-6494-4	60,000 円
745	改訂増補 市制町村制実例総覧 第 2 分冊	田中廣太郎、良書普及会	ISBN978-4-7972-6495-1	68,000 円
746	実例判例 市制町村制釈義〔昭和十年改正版〕	梶康郎	ISBN978-4-7972-6496-8	57,000 円
747	市制町村制義解　附 理由〔第五版〕	櫻井一久	ISBN978-4-7972-6497-5	47,000 円
748	実地応用町村制問答〔第二版〕	市町村雑誌社	ISBN978-4-7972-6498-2	46,000 円
749	傍訓註釈 日本市制町村制 及 理由書	柳澤武運三	ISBN978-4-7972-6575-0	28,000 円
750	鼇頭註釈 市町村制俗解　附 理由書〔増補第五版〕	清水亮三	ISBN978-4-7972-6576-7	28,000 円
751	市町村制質問録	片貝正晉	ISBN978-4-7972-6577-4	28,000 円
752	実用詳解町村制 全	夏目洗蔵	ISBN978-4-7972-6578-1	28,000 円
753	新旧対照 改正 市制町村制新釈　附 施行細則及執務條規	佐藤貞雄	ISBN978-4-7972-6579-8	42,000 円
754	市制町村制講義	樋山廣業	ISBN978-4-7972-6580-4	46,000 円
755	改正 市制町村制講義〔第十版〕	秋野沆	ISBN978-4-7972-6581-1	42,000 円
756	註釈の市制と町村制 市制町村制施行令他関連法収録〔昭和4年4月版〕	法律研究会	ISBN978-4-7972-6582-8	58,000 円
757	実例判例 市制町村制釈義〔第四版〕	梶康郎	ISBN978-4-7972-6583-5	48,000 円
758	改正 市制町村制解説	狭間茂、土谷覺太郎	ISBN978-4-7972-6584-2	59,000 円
759	市町村制註解 完	若林市太郎	ISBN978-4-7972-6585-9	22,000 円
760	町村制実用 完	新田貞橘、鶴田嘉内	ISBN978-4-7972-6586-6	56,000 円
761	町村制精解 完　附 理由 及 問答録	中目孝太郎、磯谷郡爾、高田早苗、両角彦六、高木守三郎	ISBN978-4-7972-6587-3	35,000 円
762	改正 町村制詳解〔第十三版〕	長峰安三郎、三浦通太、野田千太郎	ISBN978-4-7972-6588-0	54,000 円
763	加除自在 参照条文　附 市制町村制　附 関係法規	矢島和三郎	ISBN978-4-7972-6589-7	60,000 円
764	改正版 市制町村制並ニ府県制及ビ重要関係法令	法制堂出版	ISBN978-4-7972-6590-3	39,000 円
765	改正版 註釈の市制と町村制 最近の改正を含む	法制堂出版	ISBN978-4-7972-6591-0	58,000 円
766	鼇頭註釈 市町村制俗解　附 理由書〔第二版〕	清水亮三	ISBN978-4-7972-6592-7	25,000 円
767	理由挿入 市町村制俗解〔第三版増補訂正〕	上村秀昇	ISBN978-4-7972-6593-4	28,000 円
768	府県制郡制註釈	田島彦四郎	ISBN978-4-7972-6594-1	40,000 円
769	市制町村制傍訓 完　附 市制町村制理由〔第四版〕	内山正如	ISBN978-4-7972-6595-8	18,000 円
770	市制町村制釈義	壁谷可六、上野太一郎	ISBN978-4-7972-6596-5	38,000 円
771	市制町村制詳解 全　附 理由書	杉谷庸	ISBN978-4-7972-6597-2	21,000 円
772	鼇頭傍訓 市制町村制註釈 及 理由書	山内正利	ISBN978-4-7972-6598-9	28,000 円
773	町村制要覧 全	浅井元、古谷省三郎	ISBN978-4-7972-6599-6	38,000 円
774	府県制郡制釈義 全〔第三版〕	栗本勇之助、森惣之祐	ISBN978-4-7972-6600-9	35,000 円
775	市制町村制釈義	坪谷善四郎	ISBN978-4-7972-6601-6	39,000 円